दीनदयाल उपाध्याय
कर्तृत्व एवं विचार

दीनदयाल उपाध्याय

कर्तृत्व एवं विचार

डॉ. महेशचंद्र शर्मा

प्रकाशक

प्रभात प्रकाशन प्रा. लि.

4/19 आसफ अली रोड, नई दिल्ली–110002

फोन : 011–23289777 • हेल्पलाइन नं. : 7827007777

इ–मेल : prabhatbooks@gmail.com ❖ वेब ठिकाना : www.prabhatbooks.com

संस्करण

2024

पेपरबैक मूल्य

छह सौ रुपए

मुद्रक

नरुला प्रिंटर्स, दिल्ली

———————— ★ ————————

DEENDAYAL UPADHYAY : KARTRITVA EVAM VICHAR
by Dr. Mahesh Chandra Sharma

Published by **PRABHAT PRAKASHAN PVT. LTD.**
4/19 Asaf Ali Road, New Delhi-110002

ISBN 978-93-5186-263-5

₹ 600.00 (PB)

महानिदेशक

डॉ. विनय सहस्रबुद्धे

रामभाऊ म्हाळ्गी प्रबोधिनी, मुंबई
एवं
राष्ट्रीय उपाध्यक्ष, भारतीय जनता पार्टी

प्राक्कथन

पं. दीनदयाल उपाध्याय अर्वाचीन भारत के एक ऋषितुल्य नेता थे। वे राजनीतिज्ञ थे, मगर उससे कहीं अधिक वे दार्शनिक और चिंतक थे। राष्ट्रीय स्वयंसेवक संघ के प्रचारक रहे दीनदयालजी ने भारतीय जनसंघ की संगठनात्मक संरचना की मजबूत नींव रखी। सिद्धांतों और नीतियों को आकार दिया, और सबसे महत्त्वपूर्ण तो आधुनिक तथा मनुष्य जीवन के सभी अंगों के विषय में सूत्रात्मक, मूलभूत दिशा-निर्देश करनेवाला परिपूर्ण दर्शन 'एकात्म मानववाद' प्रस्तुत किया। दीनदयालजी की सबसे महत्त्वपूर्ण विशेषता तो यह है कि उन्होंने स्थापित किया कि कथनी और करनी में शत-प्रतिशत सामंजस्य बनाते हुए राजनीति में भी सात्त्विकता बरकरार रह सकती है।

भारतीय चिंतन का मूल आधार बनाते हुए महात्मा गांधी ने सर्वोदय की दार्शनिक अवधारणा प्रस्तुत की, जिसमें इस देश की मिट्टी की सुगंध थी। गांधीजी के बाद दीनदयालजी ही थे, जिन्होंने एतद्देशीय चिंतनधारा के आधुनिक आविष्कार के रूप में एक सर्वगामी मानवदर्शन प्रस्तुत किया, जिसे विश्व 'एकात्म मानववाद' के नाम से जानता है। वैसे तो दीनदयालजी ने अपने भाषणों और लेखों के माध्यम से दार्शनिक रूपरेखा प्रस्तुत की, मगर दुनिया ने उनके विचारों की गहराई को समझा उनके कार्य-कर्तृत्व से, और शायद उससे भी अधिक उनके जीवन से। किसी भी तत्त्ववेत्ता को केवल ग्रंथों के माध्यम से जानने की कोशिश आधी-अधूरी रहती है। दार्शनिकों के विचार को समाज तराशे बगैर स्वीकारता नहीं। दार्शनिक का दर्शन जब उसके जीवन और कार्य से झलकता है, तभी समाज उसके प्रति गंभीरता से देखता है।

शायद यही कारण है कि दीनदयालजी द्वारा प्रस्तुत एकात्म मानववाद को समग्रता से हमारे सम्मुख रखने हेतु डॉ. महेशचंद्र शर्मा ने जो शोध-प्रबंध प्रस्तुत किया, उसका शीर्षक है 'दीनदयाल उपाध्याय : कर्तृत्व एवं विचार'।

शोधकर्ता, लेखक एवं विचारक राजनेता डॉ. महेशचंद्र शर्मा ने अपने शोध-प्रबंध को एक ग्रंथ के रूप में पुनः प्रकाशित करने का विचार किया, उसका महत्त्वपूर्ण कारण

है—दीनदयालजी के विचारों की प्रासंगिकता। मुझे लगता है कि यह प्रासंगिकता मुख्यत: तीन बिंदुओं पर आधारित है और वह है उनके विचारों की समग्रता, संतुलितता और शाश्वतता।

दीनदयालजी का मनुष्य जीवन की समग्रता का आकलन उनकी चिंतनधारा को परिपूर्ण बनाता है। मनुष्य की सभी प्रेरणाएँ (धर्म, अर्थ, काम, मोक्ष), मनुष्य जीवन की परिपूर्णता के मूलाधार (शरीर, मन, बुद्धि, आत्मा) और पिंड से लेकर ब्रह्मांड तक (व्यष्टि, समष्टि, सृष्टि और परमेष्टि), सभी के परस्पर संबंधों की शृंखला दीनदयालजी के विचार-व्यूह के मुख्य सूत्र रहे। इन सूत्रों के सुस्पष्ट और विस्तृत स्पष्टीकरण के आधार पर दीनदयालजी ने मनुष्य जीवन की जटिलता को बहुत आसानी और सहजता से समझाने की कोशिश की। इस कोशिश में दीनदयालजी ने जो भी कहा, जिन सूत्रों का निरूपण किया और जिस शब्दावली का उपयोग किया, वह सारा हर भारतीय के लिए परिचित था। शायद यही कारण है, आकलन के लिए कठिन संज्ञाओं से लैस अन्य किसी भी सैद्धांतिक थ्योरी से बहुत मूल्यवान, मूलभूत और पथ-प्रदर्शक जैसी कई बातें एकात्म मानवदर्शन में हैं। इस सहजता का अहसास भारतीयता को व्यक्त करनेवाले अनेक विद्वानों को हुआ ही नहीं। भारतीय संस्कृति केवल संस्कृत एवं प्राकृत साहित्य में ही नहीं, लोक भाषाओं में भी व्यक्त है। दीनदयालजी ने इनका समन्वय किया।

बावजूद इसके, उनके विचार-व्यूह की समग्रता अन्य कई विचारधाराओं की तुलना में असाधारण है, इसमें किसी को कोई संदेह नहीं होना चाहिए।

एकात्म मानववाद की समग्रता में ही संतुलितता या संतुलन समाहित है। वैसे तो समूचे मानव जीवन में और प्रकृति की व्यवस्था में भी एक अव्यक्त, अपरिभाषित संतुलन हमेशा रहा है और दीनदयालजी ने उसे गहराई में जाकर समझा था। इसी संतुलन की कोख से समन्वय की स्वाभाविक उपज होती है, और समन्वय संघर्ष का निराकरण करता है।

परस्पर संबंधों की यह शृंखला हमें एकात्म मानववाद की प्रासंगिकता को तीसरे बिंदु पर ले जाती है, और वह है—शाश्वतता। एकात्म मानववाद के प्रतिपादन के बाद आधा शतक बीत गया है, बावजूद इसके उसकी प्रासंगिकता रत्ती भर भी कम नहीं हुई है और न ही हो सकेगी। मनुष्य जीवन की उद्देश्यपूर्णता, एकात्मता और समग्रता तथा उनमें अंतर्निहित परस्परता एवं परिपूर्णता इनका इतना सहज, सरल और सुगम आलेख शायद ही इसके पूर्व किसी चिंतक के द्वारा वैश्विक समुदाय के सम्मुख आया हो।

दीनदयालजी प्रवृत्ति से चिंतक और विचारक थे, मगर उन्हें भूमिका मिली थी एक राजनेता की। मगर राजनीति में भी उन्होंने चिंतक और संगठक के तौर पर ही अधिक कार्य किया। राजनीति में समझौता करने के लिए स्पर्धा उत्पन्न होने का न

केवल डर रहता है, बल्कि वह एक बाध्यता भी बन जाती है। दीनदयालजी ने अपने जीवनकाल में भारतीय जनसंघ को स्पर्धात्मक समझौतावाद से बचाने की पुरजोर कोशिश की। जनतांत्रिक मूल्यों के प्रति निष्ठा रखते हुए भी दीनदयालजी जनतंत्र के स्थापित ढाँचे की मर्यादाओं के प्रति सजग रहे। इन मर्यादाओं को उन्होंने अपने दल के ऊपर हावी नहीं होने दिया। मगर केवल इतना ही नहीं, जनतांत्रिक व्यवस्था के महत्त्वपूर्ण अंग के रूप में राजनीतिक दलों के और प्रशासनिक व्यवस्था के रूप में पूरे जनतंत्र के संस्थाकरण के प्रति वे निरंतर आग्रही रहे। देश ने जिस जनतांत्रिक ढाँचे को स्वीकार किया, उसके प्रति मोहभंग के कारण जयप्रकाश नारायण जैसों ने सुधारों के लिए संघर्ष का रास्ता अपनाने से कई वर्ष पहले दीनदयालजी ने जनतांत्रिक सुधारों की ओर देश का ध्यान आकर्षित किया था। दीनदयालजी दूरदर्शी राजनेता ठहराए जाते हैं तो इसी कारण।

दीनदयालजी के विचारों की समग्रता को अत्यधिक आसानी से प्रस्तुत करने में यह पुस्तक सफल होती है। इस लेखन की संरचना, भाषा और लेखन-शैली की ओजस्विता पुस्तक को वाचनीय बनाती है। डॉ. महेशचंद्र शर्मा एक स्तंभकार के नाते पत्रकारिता में हैं और पत्रकारिता का मर्म आसान संप्रेषण शैली में है। शायद यही कारण है कि महेशजी शीर्षक के कारण बेवजह कठिन लगनेवाली इस सैद्धांतिक विषयवस्तु को बड़ी सहजता से समझने और उपयुक्त बनाने में सफल हुए हैं।

अंत में लेखक तथा शोधकर्ता डॉ. महेश शर्मा के बारे में भी कुछ लिखना आवश्यक है। महेशजी एक कृतशील विचारक हैं। विचारों का अध्ययन, विवरण और विचारों के माध्यम से जन-जागरण, इन तीनों में वे निरंतर भूमिका निभाते रहे हैं। उनके द्वारा 1983 में लिखे गए इस शोध प्रबंध को आज तीस साल बाद के वर्तमान संदर्भों के साथ वे और अधिक स्पष्ट करते तो पुस्तक की विषयवस्तु अधिक रोचक हो सकती थी। शायद यह कार्य उन्होंने पाठकों की अध्ययन प्रवृत्ति पर छोड़ा है। पाठकों को चाहिए कि वे इस काम को करते हुए इस अध्ययन यात्रा का स्वाध्याय के माध्यम से कुछ अनुवर्तन भी करें।

हिंदी में प्रकाशित इस पुस्तक का अंग्रेजी संस्करण भी अति आवश्यक है। लेखक-मित्र मेरे इस अनुरोध को भी स्वीकार करें, यह प्रार्थना है।

जब विश्व में एकात्म मानववाद की अर्धशताब्दी मनाई जा रही है, लगभग उसी समय भारत प्रधानमंत्री नरेंद्र मोदी के नेतृत्व में अपरिमित उम्मीदों और उमंगों के साथ एक नए 'आकांक्षा युग' में प्रविष्ट हो रहा है। मगर भारत के आकांक्षावान मध्यवर्ग को अपनी मंजिलें तय करना तभी संभव होगा, जब वह उपेक्षाग्रस्त वंचितों का ध्यान रखेगा। 'एकात्म मानववाद' में अंतर्निहित राष्ट्र की चिती और जन का विराट् तब ही

जगेगा, जब बलसागर भारत का प्रत्येक बिंदु उगते सूरज के तेज में नहाते हुए मनुष्य-जीवन की सतरंगी संपन्नता की अनुभूति ले पाएगा।

एकात्म मानववाद का आकलन सक्षमों को संवेदनशील बनाते हुए अभावग्रस्तों का पीड़ाहरण करने में सफल हो पाएगा, तभी सही अर्थ में वह एकात्म कहलाएगा और मानववाद को सार्थक करेगा। इस पूरे क्रम के प्रारंभ बिंदु के रूप में यह पुस्तक अत्यंत महत्त्वपूर्ण है और मित्रवर डॉ. महेशचंद्र शर्मा का कार्य अभिनंदनीय एवं ऐतिहासिक है। उनको बधाई देते हुए मैं उनके प्रति अपनी कृतज्ञता भी अभिव्यक्त करता हूँ।

—विनय सहस्रबुद्धे
vinays57@gmail.com

निवेदन

इस शोध प्रबंध की प्रेरणा मुझे स्वयं पं. दीनदयाल उपाध्याय की वैचारिक प्रगल्भता से प्राप्त हुई। उस समय मैं केवल सोलह–वर्षीय किशोर था, जब मैंने पहली बार उनको राजस्थान के संघ शिक्षा वर्ग (1964), उदयपुर में सुना। वह उनका ऐतिहासिक भाषण था। उसी में उन्होंने अपने 'एकात्म मानववादी–घन' को रेखांकित किया था। उसकी महत्ता का तब अनुभव नहीं हुआ, लेकिन आगे चलकर मुझे उसका अहसास हुआ। जब मैंने राजनीति विज्ञान में अपना अधिस्नातकीय अध्याय प्रारंभ किया, भारतीय राजनीतिक विचारों के इतिहास में दीनदयाल उपाध्याय के विचारों का उल्लेख न पाकर, मन में यह इच्छा हुई कि मुझे इस संदर्भ में कार्य करना चाहिए। अपने श्रद्धेय प्राध्यापक डॉ. इकबाल नारायण के सम्मुख जब मैंने अपना मंतव्य रखा, उन्होंने इस विषय पर अनुसंधान के लिए मुझे अपना शोध–छात्र बनाना स्वीकार किया, अत: मन पक्का हुआ कि यह कार्य करना ही चाहिए।

विषय के लिए सामग्री–चयन एक बड़ी चुनौती थी। उसके लिए मैंने तत्कालीन क्षेत्रीय संघ प्रचारक श्री बापूराव मोघे, भारतीय मजदूर संघ के महामंत्री श्री दत्तोपंत ठेंगड़ी व भारतीय जनसंघ के संगठन मंत्री श्री नानाजी देशमुख से विमर्श किया। इन वरिष्ठजनों ने उत्साहित किया, लेकिन मैं कार्य प्रारंभ न कर सका। बीच–बीच में डॉ. इकबाल नारायण से जब भी संपर्क हुआ, वे मार्गदर्शन के लिए सदैव तत्पर थे। लेकिन सन् 1971–72 में अधिस्नातकीय उपाधि लेने के बाद, मैं राष्ट्रीय स्वयंसेवक संघ व विद्यार्थी परिषद् के कार्य में इस प्रकार व्यस्त हो गया कि शोध–प्रबंध के लायक स्थैर्य नहीं जुटा पाया। अंततोगत्वा सन् 1983 में, सब कार्यों से मुक्ति लेकर, शोध–कार्य में जुटना तय किया। इसी दौरान डॉ. इकबाल नारायण पहले राजस्थान विश्वविद्यालय व बाद में काशी हिंदू विश्वविद्यालय के कुलपति नियुक्त हो गए। अपनी हर व्यस्तता के बावजूद मुझे उनका समय व सान्निध्य मिलता रहा। उनके घर में ही ठहरकर, मैं वाराणसी में कई–कई दिनों तक काम करता था, उनके पास रहने का वह बहुत ही

गरिमापूर्ण एवं शिक्षाप्रद अनुभव था। उसके पश्चात् डॉ. साहब भारतीय समाज विज्ञान अनुसंधान परिषद्, दिल्ली के सदस्य-सचिव नियुक्त हो गए। उनकी प्रशासकीय, अनुसंधानमूलक व भ्रमणात्मक व्यस्तताएँ बहुत बढ़ गईं, तो भी दिल्ली में रहते हुए लगभग नित्य ही उन्होंने मेरे लिए अपना मध्याह्न का समय खाली रखा। सौम्य मार्गदर्शन के उनके कुशल निदेशन ने मुझे बार-बार अभिभूत किया। उनके प्रज्ञापूर्ण निदेशन का ही फल है, यह शोध प्रबंध। आभार में हालाँकि एक औपचारिकता होती है, तो भी सगुण-भक्ति का मेरा संस्कार मुझे प्रेरित करता है कि मेरे प्रथम आभारी-प्रणाम् के वे ही हकदार हैं, अतः पुनः-पुनः कृतज्ञतापूर्वक आभार।

शोध प्रबंध के लिए दिल्ली में रहकर कार्य करने की इच्छा का इजहार मैंने दीनदयाल शोध संस्थान के अध्यक्ष श्री नानाजी देशमुख के सम्मुख किया। उन्होंने वत्सल स्नेह के साथ मुझे संस्थान में रहने की सब प्रकार की सुविधा तो प्रदान की, दीनदयालजी के निकट सहयोगी होने के नाते सामग्री संकलन, दीनदयालजी से संबंधित व्यक्तियों की जानकारी एवं उनके वैचारिक आग्रहों के संबंध में भी, उनका यथायोग्य मार्गदर्शन मुझे मिलता रहा। इस सुविधा व निदेशन के अभाव में इस कार्य को पूरा करना कठिन होता। अतः इस प्रलेख में उनके प्रति अपनी श्रद्धापूर्ण कृतज्ञता व्यक्त करना मेरा धर्म है।

साथ ही संस्थान के निदेशक श्री देवेंद्र स्वरूप व अभिलेखागार प्रभारी श्री कृष्णानंद सागर ने सामग्री उपलब्ध करवाने मे सार्थकतापूर्वक सहयोग किया। राष्ट्रीय स्वयंसेवक संघ, विदेश विभाग के प्रभारी एवं भूतपूर्व कार्यालय प्रमुख श्री चमनलाल, दिल्ली, और राष्ट्रीय स्वयंसेवक संघ, राजस्थान प्रांत के भूतपूर्व बौद्धिक प्रमुख व वर्तमान शिक्षा क्षेत्र प्रभारी श्री जयदेव पाठक ने, क्रमशः दिल्ली व राजस्थान प्रदेश के संघ शिक्षा वर्गों की पंजिकाएँ मुझे उपलब्ध करवाईं, एतदर्थ इन सबके प्रति विनम्रतापूर्वक आभारी हूँ।

सामग्री संकलन के लिए मुझे देश के कई हिस्सों में जाना पड़ा, राष्ट्रधर्म, लखनऊ के संपादक श्री वीरेश्वर द्विवेदी; दैनिक स्वदेश, ग्वालियर के श्री हरिमोहन शर्मा व उनके सहयोगियों ने अपेक्षित लोगों से मिलवाने में बहुत सहायता की। नागपुर में केंद्रीय संघ कार्यालय के प्रमुख श्री केशवराव गोरे, भूतपूर्व बौद्धिक प्रमुख श्री बालासाहब सकदेव तथा विद्यार्थी परिषद् के कार्यकर्ता श्री राजेश देशमुख, श्री विनोद थावड़े, श्री मुकुंद तापकीर, श्री धनंजय कुलकर्णी, सुश्री शोभना तथा राष्ट्रीय स्वयंसेवक संघ के तत्कालीन पूना महानगर प्रचारक श्री माधवराव कुलकर्णी (संप्रति गुजरात प्रांत-प्रचारक) तथा बंबई में श्री यशवंतराव केलकर, श्री राजाभाऊ नेने व श्री अविनाश पेठे; इस संदर्भ में आभार के अधिकारी हैं। समता संगठन के मेरे मित्र श्री विजय प्रताप ने लोहिया संदर्भित जानकारियों के लिए सहयोग किया। 'पाञ्चजन्य' के संपादक श्री प्रवाल मैत्र ने सन् 1947 से 1968 तक की 'पाञ्चजन्य' की सब पंजिकाएँ मुझे उपलब्ध करवाई। इनके इस सहयोग के कारण ही मैं इस अनुसंधान

कार्य के लिए अपेक्षित संदर्भ जुटा सका। इन सबके प्रति अपना आभार प्रकट करता हूँ।

इस शोध-कार्य के लिए अपेक्षित साक्षात्कारों के संदर्भ में मैं बहुत भाग्यवान रहा, दीनदयाल उपाध्याय के निकटतम सहकारी एवं संघ-आंदोलन के वरिष्ठतम लोगों ने मुझे सार्थक सूचनाओं से अभिज्ञ किया। दीनदयाल शोध संस्थान में रहते हुए संस्थान के उपाध्यक्ष व 'ऑर्गेनाइजर' के भूतपूर्व संपादक श्री के.आर. मलकानी का मुझे सहज सान्निध्य उपलब्ध था। उनके साथ चर्चा करना ज्ञाम-गंगा में डुबकी लगाने के समान है, मैं बहुत-बहुत आभारी हूँ।

लेखन में तकनीकी सहायता के लिए भगिनी आरती व रजनी ने बहुत सहायता की, स्नेहपूर्वक आभार। कितने ही अवसरों पर मुझे राजनीति विज्ञान विभाग, दिल्ली विश्वविद्यालय के प्रो. एम.एम. शंखधर से विमर्श प्राप्त होता रहा, संस्कृत के प्राध्यापक एवं नवभारत टाइम्स के सह-संपादक डॉ. सूर्यकांत बाली ने संस्कृत उद्धरणों के अनुवाद में तथा दिल्ली विश्वविद्यालय के ही हिंदी प्राध्यापक श्री ओमप्रकाश कोहली, पंजाब नेशनल बैंक, अहमदाबाद क्षेत्र के राजभाषा अधिकारी श्री नानकराम टेकवाणी ने भाषा संबंधी कठिनाइयों में अपना अमूल्य सहयोग प्रदान किया, सादर आभारी हूँ।

राजस्थान विश्वविद्यालय के वाणिज्य संकाय अधिष्ठाता डॉ. मूलचंद खंडेलवाल का अग्रजतुल्य सहकार, मुझको व्यावहारिक कौशल व योग्य तकनीक से अभिज्ञ करते हुए निरंतर उत्साहित करता रहा, शोध प्रबंध के अंतिम चरण में तो मैं उनके निवास पर ही रहा, आदरणीया भाभीजी श्रीमती खंडेलवाल ने स्नेहपूर्वक सब सुविधाओं का संयोजन किया। वाणिज्य महाविद्यालय के सहायक प्राचार्य डॉ. राकेश कोठारी तथा विधि महाविद्यालय के डॉ. बाबर वर्मा भी इस संदर्भ में सहकारी रहे। कार्यालयीन कार्यों में मित्रवर डॉ. ओमप्रकाश गुप्ता का सहयोग भी उल्लेखनीय है। शब्दों में इनके प्रति आभार प्रकट करना कठिन है अत:··· ।

इस शोध प्रबंध के लेखन में भीलवाड़ा के श्री लक्ष्मीनारायण डाड व मेरे मित्र परिवार की भी निर्णायक भूमिका रही है। मैंने श्री रामरिछपालजी नुवाल (संप्रति अध्यक्ष नगर विकास न्यास) तथा अपने परम मित्र श्री शांतिलालजी जैन के घर पर लेखन कार्य को पूरा किया था। इन्होंने सभी सुविधाओं से युक्त लेखन योग्य एकांत प्रदान किया। आदरणीया मम्मीजी व भाभीजी ने मुझे वात्सल्य प्रदान किया। अभिवादन व आभार का हर शब्द मुझे इस संदर्भ में अपनी भावाभिव्यक्ति के लिए अपर्याप्त लग रहा है।

वाराणसी में रहते हुए श्रीमती इकबाल नारायण का मातृवत् दुलार प्राप्त हुआ, दीनदयाल शोध संस्थान में श्रीमती कुमुद, सुश्री सुमीता व श्री प्रशांत ने मुझे स्नेहिल व सुखी परिवेश प्रदान किया। पिंटू व संतोष को भी इस संदर्भ में भूला नहीं जा सकता। और अंतत: इस शोध कार्य के टंकक श्री वासुदेव के प्रति आभारी हूँ, जिनके कारण यह

प्रबंध अपने आकार में आ सका।

अंततः इस ग्रंथ के प्रकाशन की बेला आई, इसकी प्रकाशन योग्य पांडुलिपि तैयार करने तथा अध्यायों का पुनर्समायोजन करने में डॉ. राधेश्यामजी शर्मा (अध्यक्ष, भारतीय साहित्य परिषद्, राजस्थान) ने निर्णायक मार्गदर्शन व सहयोग किया। दोष-रहित प्रकाशन के लिए मान्यवर डॉ. प्रेमप्रकाश भट्ट ने बहुत कष्ट उठाकर मेरा सहयोग किया, कृतज्ञ एवं आभारी हूँ।

1 फरवरी, 1988

—डॉ. महेशचंद्र शर्मा

पुनश्च

पुनर्समायोजन के साथ ही पांडुलिपि के पुनर्पठन का भी एक आवश्यक कार्य था, श्री अवनींद्र वत्स व श्री रामेश्वर मिश्र 'पंकज' ने इस कार्य में मेरा सहयोग किया। दीनदयाल शोध संस्थान के कंप्यूटर प्रभारी श्री श्रीकांत प्र. सिंह ने लेजर पर कंपोजिंग का गुरुतर दायित्व सँभाला। इस संदर्भ में सुश्री लक्ष्मी ने भी परिश्रमपूर्वक इस कार्य में सहयोग किया। वसुधा पब्लिकेशंस प्रा.लि. के प्रबंधक मित्रवर श्री देव भारद्वाज के अथक परिश्रम से शोध प्रबंध की पांडुलिपि प्रकाशन योग्य बनी तथा प्रकाशित होकर हम सबके लिए उपलब्ध हुई, इन सबके प्रति अपना स्नेहिल आभार प्रकट करता हूँ।

1 फरवरी, 1994

—डॉ. महेशचंद्र शर्मा

यह पुनः प्रकाशन

एकात्म मानववाद की अर्द्धशताब्दी पर इस शोध प्रबंध का पुनः प्रकाशन हो रहा है, यह आनंद का विषय है। भारतीय जनता पार्टी के राष्ट्रीय उपाध्यक्ष एवं रामभाऊ म्हाल्गी प्रबोधिनी के महानिदेशक तथा अ.भा. विद्यार्थी परिषद् के पुराने साथी डॉ. विनय सहस्रबुद्धे ने इसका प्राक्कथन लिखा, मैं आभारी हूँ। उनका कहना ठीक है कि तीन दशकों बाद पुनः प्रकाशित होनेवाले इस ग्रंथ का कुछ सामयिक संपादन व अभिवर्धन होना चाहिए था। फिलहाल मैं दीनदयाल संपूर्ण वाङ्मय के संपादन में लगा हूँ। उसमें सामयिकता का संस्पर्श रहेगा। संपूर्ण वाङ्मय में इतनी सामग्री है कि उससे समय की आवश्यकता के अनुकूल बहुत से शोध प्रबंध लिखे जा सकेंगे। इस पुनर्प्रकाशन के लिए मैं प्रभात प्रकाशन का नितांत आभारी हूँ।

11 फरवरी, 2015
(पं. दीनदयाल उपाध्याय की पुण्यतिथि)

—डॉ. महेशचंद्र शर्मा

अनुक्रम

1

प्रारंभिक जीवन

दीनदयाल उपाध्याय का बचपन एक सामान्य उत्तर भारतीय निम्न मध्यवर्गीय सनातनी हिंदू परिवार के वातावरण में बीता। ब्रजभूमि के मथुरा जिले के नंगला चंद्रभान ग्राम में दीनदयाल उपाध्याय के प्रपितामह विख्यात ज्योतिषी पं. हरिराम उपाध्याय रहा करते थे। श्री झंडूराम इनके सहोदर लघु भ्राता थे।

पं. हरिराम उपाध्याय के तीन पुत्र थे—भूदेव, रामप्रसाद तथा रामप्यारे। झंडूरामजी के दो पुत्र थे—शंकरलाल और बंशीलाल।

श्री रामप्रसाद के पुत्र थे श्री भगवती प्रसाद। भगवती प्रसादजी का विवाह श्रीमती रामप्यारी से हुआ था। वे बड़ी धर्मपरायणा थीं। आश्विन कृष्णा त्रयोदशी संवत् 1973 विक्रमी तदनुसार दिनांक 25 सितंबर, 1916 को श्री भगवती प्रसाद के घर में पुत्र का जन्म हुआ। बालक का पूरा नाम दीनदयाल व पुकारने का नाम 'दीना' रखा गया। दो वर्ष बाद रामप्यारीजी की गोद में दूसरा बच्चा आया, जिसका नाम शिवदयाल व पुकारने का नाम 'शिबू' रखा गया।

1. संयुक्त परिवार परंपरा

पं. हरिराम के घर में संयुक्त परिवार परंपरा अभी तक अबाध चल रही थी। अत: परिवार बड़ा था। स्वाभाविक रूप से महिलाओं में कलह रहती थी। दीनदयाल अभी ढाई वर्ष के ही थे। इनके पिता भगवती प्रसाद उन दिनों जलेसर में सहायक स्टेशन मास्टर थे। उन्होंने गृहकलह को शांत करने के लिए अपनी चाची तथा विमाता को अपने पास जलेसर बुलवा लिया तथा दीना, शिबू व रामप्यारी को राजस्थान के धनकिया नामक ग्राम में भेज दिया जहाँ रामप्यारी के पिता चुन्नीलाल शुक्ल स्टेशन मास्टर थे। चुन्नीलाल का पैतृक घर अर्थात् रामप्यारी का मायका तथा दीनदयाल का ननिहाल आगरा जिले में

फतेहपुर सीकरी के पास गुड़-की-मँड़ई नामक ग्राम में था।

ढाई साल की अवस्था में पितृगृह छूटने के बाद दीनदयाल वापस वहाँ रहने के लिए कभी नहीं लौटे। उनका पालन-पोषण व विकास एक प्रकार से असामान्य स्थिति में हुआ। वे स्थितियाँ ऐसी भी थीं कि जिसमें व्यक्ति का व्यक्तित्व बुझ जाए; लेकिन दीनदयाल ने उसी परिवेश से ऊर्जा ग्रहण कर अपने व्यक्तित्व का विकास किया। निश्चय ही उनके जीवन पर उनकी बाल्यावस्था के भरपूर संस्कार थे।

2. मृत्युदर्शन

मृत्यु का दर्शन जीवितजनों में वैराग्य उत्पन्न करता है। दीनदयाल उपाध्याय को बचपन से ही प्रियजनों की मृत्यु का घनीभूत अहसास हुआ। ढाई साल की अवस्था में दीनदयाल अपने नाना के पास आए ही थे कि कुछ ही दिनों में समाचार आया कि उनके पिता भगवती प्रसाद का देहांत हो गया है। दीनदयाल पितृहीन हो गए व रामप्यारी विधवा हो गईं। दीनदयाल की शिशु आँखों ने अपनी विधवा माँ की गोद व आँसुओं का तथा दामादविहीन नाना के बेबस व उदास चेहरे का टुकुर-टुकुर अबोध पर संवेदनशील अनुभव ग्रहण किया होगा। पितृहीन शिशु दीनदयाल माँ की गोद में बाल्यावस्था को प्राप्त हुए। पर विधवा, शोकाकुल व चिंताकुल रामप्यारी पीड़ा व अपोषण की शिकार होकर क्षयरोगग्रस्त हो गईं। उन दिनों क्षयरोग का अर्थ था निश्चित मृत्यु। अभी दीनदयाल सात वर्ष के तथा शिवदयाल पाँच वर्ष के ही हुए थे कि दोनों बच्चों को नाना की गोद में छोड़कर रामप्यारी वास्तव में राम को प्यारी हो गईं। दीनदयाल पिता व माता दोनों की स्नेहछाया से वंचित हो गए।

माँ के देहांत को दो ही वर्ष हुए थे कि वृद्ध व स्नेही पालक, जो अपनी बेटी की अमानत को पाल रहे थे, नाना चुन्नीलाल भी स्वर्ग सिधार गए। यह सन् 1926 का सितंबर माह था। दीनदयाल अपनी आयु के दसवें वर्ष में थे। पिता-माता व नाना के वात्सल्य से वंचित होकर वे अपने मामा के आश्रय में पलने लगे। मामी नितांत उदार, स्नेहिल व मातृवत् थीं; पर दीनदयाल बहुत गंभीर रहते थे। दस वर्ष का दीनदयाल अपने छोटे भाई शिवदयाल की भी चिंता करता था, उसे स्नेह भी देता था।

दीनदयाल सातवीं की पढ़ाई राजस्थान के कोटा नगर में कर रहे थे। यह सन् 1939 था। उन्हें कोटा से राजगढ़ (जिला अलवर) आना पड़ा; क्योंकि उनकी मामीजी का देहांत हो गया था। अपने पालकों की मृत्यु को निहारते दीनदयाल का यह पंद्रहवाँ वर्ष था।

इसी छोटी आयु में दीनदयाल अपने सहोदर लघु भ्राता शिवदयाल के पालक भी थे। विधाता की प्रताड़नाओं ने इनका परस्पर स्नेह अधिक संवेदनशील व स्निग्ध कर दिया था। अभी तक दीनदयाल ने अपने पालकों की मृत्यु का ही अनुभव किया था।

शायद नियति इस बालक को मृत्यु का सर्वांगत: दर्शन करवाने पर तुली थी। जब दीनदयाल नवीं कक्षा में पढ़ रहे थे और अठारहवें वर्ष में थे तब छोटा भाई शिवदयाल रोगग्रस्त हो गया। उसे मोतीझरा हो गया था। दीनदयाल ने अपने छोटे भाई को बचाने की बहुत कोशिश की। सब प्रकार के उपचार करवाए। पर 18 नवंबर, 1934 को शिवदयाल अपने बड़े भाई दीनदयाल को अकेला छोड़कर संसार से विदा हो गया।

अभी भी दीनदयाल पर एक झुर्रियों भरा स्नेहिल आशीर्वाद का हाथ था। वृद्धा नानी दीनदयाल को बहुत प्यार करती थी। हालाँकि अपनी पढ़ाई व अन्य पारिवारिक कारणों से वे नानी के पास अधिक न रह सके थे तो भी नानी-दुहिते में अनन्य स्नेह था। यह 1935 का वर्ष था। दीनदयाल ने दसवीं पास की थी। वे उन्नीस साल के हो गए थे। इसी वर्ष जाड़े के दिनों में नानी बीमार हुईं और चल बसीं।

पिता, माता, नाना, मामी, लघु भ्राता और अब नानी की मृत्यु ने दीनदयाल को अनुभवसिद्ध किया। उनकी चेतना मौत के प्रहारों से कुम्हलाई तो नहीं, पर युवक दीनदयाल एक सतेज उदासी का धनी बनता जा रहा था। दीनदयाल की एक ममेरी बहन थी। बहन-भाई के स्नेह-स्निग्ध रिश्ते की सभी तरलताएँ इन दोनों के मध्य पूरे तौर पर सुविकसित हुई थीं। दीनदयाल आगरा में एम.ए. (अंग्रेजी) की पढ़ाई कर रहे थे। बहन रामादेवी बहुत बीमार हो गई थीं। दीनदयाल ने अपनी पढ़ाई छोड़कर रामादेवी की सेवा तथा उपचार के सब साधन जुटाए। पर नियति को यही मंजूर था कि अपनी बहन की मौत का साक्षात्कार भी दीनदयाल को होना चाहिए। बचाने की सब कोशिशों के बावजूद रामादेवी के प्राणपखेरू उड़ गए। यह सन् 1940 था। दीनदयाल चौबीस वर्ष के हो गए थे।

मृत्यु ने उनके शिशु, बाल, किशोर व युवा मन पर निरंतर आघात किए। न मालूम उनके चिरप्रशंसित वैरागी जीवन में नियति के इस तथाकथित क्रूर निदर्शन का कितना हाथ था!

3. अक्षरशः अनिकेत

दीनदयालजी अक्षरश: अनिकेत थे। शिशु अवस्था के केवल ढाई वर्ष वे अपने पिता के घर रहे। उसके बाद उनका प्रवासी जीवन प्रारंभ हो गया। वे कभी लौटकर रहने के लिए अपने घर नहीं आए। पारिवारिक कारणों से उन्हें अपने नाना चुन्नीलाल के साथ रहने के लिए धनकिया जाना पड़ा। चुन्नीलाल अपने दो पुत्रों नत्थीलाल व हरिनारायण तथा बाद में दामाद भगवती प्रसाद (दीनदयालजी के पिता) की मृत्यु से बहुत आहत हुए। उन्होंने नौकरी छोड़ दी तथा वे अपने घर गुड़-की-मँड़ई आ गए तो दीनदयाल भी धनकिया ग्राम से गुड़-की-मँड़ई आ गए। दीनदयाल के नौ वर्ष के होने पर भी उनके अध्ययन की कोई व्यवस्था न थी। अत: वे अपने मामा राधारमण, जो गंगापुर में सहायक स्टेशन मास्टर

थे, के पास आ गए। यहाँ वे चार वर्ष रहे। गंगापुर में उस समय कक्षा चार से आगे की पढ़ाई की व्यवस्था नहीं थी। अत: 12 जून, 1929 को कोटा के एक स्कूल में उनका प्रवेश हुआ। वे वहाँ 'सेल्फ सपोर्टिंग हाउस' में रहते थे। तीन साल वहीं रहे। तत्पश्चात् उन्हें राजगढ़ (अलवर जिला) आना पड़ा। मामा राधारमण के चचेरे भाई नारायण शुक्ल यहाँ स्टेशन मास्टर थे। दीनदयाल उनके पास दो साल रहे। सन् 1934 में नारायण शुक्ल का स्थानांतरण सीकर हो गया। एक साल सीकर में रहकर दसवीं कक्षा उत्तीर्ण की। वहाँ से उच्च शिक्षा के लिए पिलानी गए और दो वर्ष रहकर इंटरमीडिएट किया। यह सन् 1936 था। इसी वर्ष बी.ए. की पढ़ाई के लिए कानपुर गए। यहाँ दो वर्ष रहकर एम.ए. की पढ़ाई के लिए आगरा गए। यहाँ राजामंडी में किराए के मकान में रहे। दो वर्ष यहाँ रहकर सन् 1941 में 25 वर्ष की अवस्था में बी.टी. करने के लिए प्रयाग चले गए। इसके साथ ही उनका प्रवेश सार्वजनिक जीवन में हुआ और वे अखंड प्रवासी हो गए।

25 वर्ष की अवस्था तक दीनदयाल उपाध्याय राजस्थान व उत्तर प्रदेश के कम-से-कम ग्यारह स्थानों पर कुछ-कुछ समय रहे। अपना घर, सुविधा व स्थायित्व का जीवन शायद लोगों में मोह उत्पन्न करता है। दीनदयाल का बचपन कुछ यों बीता कि ऐसे किसी मोहजाल की कोई संभावना न थी। सार्वजनिक जीवन में आकर आजीवन बेघर व घुमंतू रहने में प्रारंभिक काल का यह अनिकेती जीवन निश्चय ही उनकी मानसरचना में सहायक हुआ होगा।

नए-नए स्थान, नए-नए अपरिचित लोगों से मिलना, उनमें पारिवारिकता उत्पन्न करना उन्होंने बचपन की इस अनिकेत अवस्था में ही सीखा होगा, शायद!

4. मेधासंपन्न

स्थितियाँ जिस प्रकार की रहीं तद्नुसार नौ वर्ष की अवस्था तक उनकी पढ़ाई की कोई व्यवस्था न हो सकी। सन् 1925 में गंगापुर में अपने मामा राधारमण के यहाँ आने पर उनकी शिक्षा प्रारंभ हुई। घर में कोई अन्य विद्यार्थी नहीं था। पढ़ाई का वातावरण नहीं था। गृहदशा पारिवारिक आपदाओं के कारण बहुत क्लांत व तनावभरी थी। सुविधाएँ कुछ न थीं। दीनदयाल दूसरी कक्षा के छात्र थे। उनके मामा राधारमण बहुत बीमार पड़ गए। दीनदयाल मामा की सेवा के लिए उनके उपचारार्थ उनके साथ आगरा गए। परीक्षा के कुछ ही दिन पूर्व राधारमण वापस गंगापुर आए। दीनदयाल ने परीक्षा दी। वे कक्षा में प्रथम आए। मामा की सेवा करते हुए ही उन्होंने तीसरी व चौथी की परीक्षा उत्तीर्ण की। उसी काल में उनके मेधावी विद्यार्थी होने का परिवार व विद्यालय के लोगों को अहसास हुआ।

कक्षा 5 से 7 तक की पढ़ाई कोटा में कर उन्होंने 8वीं कक्षा के लिए राजगढ़ में प्रवेश लिया। अंकगणित में उनकी अद्भुत क्षमता का यहाँ परिचय मिला। जब वे नवीं में

हुए तो कहते हैं कि दसवीं के विद्यार्थी भी उनसे गणित के सवाल हल करवाया करते थे। लेकिन अगले ही वर्ष उन्हें अपने मामाजी के स्थानांतरण के कारण सीकर जाना पड़ा। उन्होंने दसवीं की परीक्षा कल्याण हाई स्कूल सीकर से दी। वे न केवल प्रथम श्रेणी में उत्तीर्ण हुए वरन् समस्त बोर्ड की परीक्षा में वे सर्वप्रथम रहे। सीकर के तत्कालीन महाराजा कल्याण सिंह ने उन्हें तद्‌निमित्त स्वर्णपदक प्रदान किया, 10 रुपए माहवार छात्रवृत्ति व पुस्तकों आदि के लिए 250 रुपए की राशि पारितोषिक के रूप में दी।

उन दिनों पिलानी उच्च शिक्षा का प्रसिद्ध केंद्र था। दीनदयाल इंटरमीडिएट की पढ़ाई के लिए सन् 1935 में पिलानी चले गए। सन् 1937 में इंटरमीडिएट बोर्ड की परीक्षा में बैठे और न केवल समस्त बोर्ड में सर्वप्रथम रहे वरन् सब विषयों में विशेष योग्यता के अंक प्राप्त किए। बिरला कॉलेज का यह प्रथम छात्र था जिसने इतने सम्मानजनक अंकों से परीक्षा पास की थी। सीकर महाराजा के समान ही घनश्यामदास बिड़ला ने एक स्वर्णपदक, 10 रुपए मासिक छात्रवृत्ति तथा पुस्तकों आदि के खर्च के लिए 250 रुपए प्रदान किए।

सन् 1939 में सनातन धर्म कॉलेज, कानपुर से प्रथम श्रेणी में बी.ए. की परीक्षा उत्तीर्ण की। अंग्रेजी साहित्य में एम.ए. करने के लिए सेंट जॉन्स कॉलेज में प्रवेश लिया। एम.ए. प्रथम वर्ष में उन्हें प्रथम श्रेणी के अंक मिले। बहन की बीमारी के कारण एम.ए. उत्तरार्द्ध की वे परीक्षा न दे सके। मामाजी के बहुत आग्रह पर वे प्रशासनिक परीक्षा में बैठे। उत्तीर्ण हुए। साक्षात्कार में भी वे चुन लिए। पर उन्हें प्रशासनिक नौकरी में रुचि न थी। अत: बी.टी. करने के लिए प्रयाग चले गए। इसके साथ ही उनका प्रवेश सार्वजनिक जीवन में हुआ और वे अखंड प्रवासी हो गए।

उनकी यह अध्ययन-ऊर्जस्विता सार्वजनिक जीवन में जाने के बाद प्रखरतर होती चली गई। प्रभूत सामाजिक एवं दार्शनिक साहित्य की सृजन-क्षमता के बीज हमें उनके विद्यार्थी काल में दिखाई देते हैं।

5. निर्भीक एवं सेवाभावी

बाल्यावस्था में जब दीनदयाल केवल सात-आठ वर्ष के थे, एक बार उनके घर पर डाकुओं ने आक्रमण कर दिया। एक डाकू ने उनकी मामी को धकेलते हुए तथा दीनदयाल को गिराकर उनकी छाती पर पाँव रखकर घर के आभूषण माँगे। दीनदयाल ने डाकू के पाँव के नीचे दबे-दबे ही कहा, "हमने सुना था कि डाकू गरीबों की रक्षा के लिए अमीरों का धन लूटते हैं; किंतु तुम तो मुझ गरीब को भी मार रहे हो।" डाकू सरदार पर अबोध बालक की निर्भयता का असर हुआ। वह गिरोह लेकर वहाँ से चला गया।

जिस प्रकार के वातावरण में दीनदयाल पले थे उसमें दो संभावनाएँ थीं। या तो वे कुंठाग्रस्त होकर विद्रोही बन जाते अथवा संयमी व सेवाभावी। दीनदयाल पर दूसरे प्रकार

के मनोवैज्ञानिक नियम का असर हुआ। सन् 1927 में जब दीनदयाल केवल ग्यारह वर्ष के थे, उनके मामा राधारमण सख्त बीमार हुए। उनके उपचार व सेवा के लिए कोई न था। उन्हें आगरा जाना था। दीनदयाल ने आगरा साथ जाकर आगे होकर सेवा की जिम्मेदारी ली। माता-पिता, नाना-नानी सभी के अभाव के बावजूद मामाओं के परिवार में दीनदयाल ससम्मान अपना स्थान बनाए रख सके। इसके पीछे उनकी सेवाभावना व विनम्रता का महत्त्वपूर्ण हाथ था। राजगढ़ में मामा नारायण शुक्ल के यहाँ रहते हुए उनके चार बच्चों को उन्होंने अग्रजतुल्य स्नेह व सेवाभाव प्रदान किया। जब वे पिलानी में पढ़ते थे तो मामा राधारमण के पुत्र प्रभुदयाल शुक्ल व तीसरे चचेरे मामा बाबर के पुत्र कामेश्वरनाथ व रामेश्वरनाथ को भी उन्होंने अपने साथ पिलानी में रखकर पढ़ाया व उनकी सब प्रकार की व्यवस्था की।

छोटे भाई शिवदयाल को वे लंबे दौर तक पालते, इसका अवसर तो उन्हें न मिला लेकिन छोटे भाई के प्रति सेवा व स्नेह का दायित्व उन्हें सदा स्मरण रहता था। बीमारी में दीनदयाल ने उसकी अथक सेवा की। इसी प्रकार सन् 1917 में ममेरी बहन रामा के बीमार होने पर उसकी सेवा के लिए न केवल अपनी एम.ए. की पढ़ाई छोड़ दी वरन् जब डॉक्टर व वैद्यों के उपचार से कोई लाभ न हुआ तो स्वयं अध्ययन कर उसको निसर्गोपचार दिया पर वे उसे भी बचा न सके।

राजगढ़ व सीकर में उनकी अध्ययन-क्षमता की धाक तो जम ही गई थी; लेकिन दीनदयाल में इस कारण अहम् नहीं वरन् कमजोर छात्रों के प्रति करुणा का भाव उत्पन्न हुआ। पिलानी में कमजोर छात्रों को पढ़ाने के लिए उन्होंने 'जीरो एसोसिएशन' का निर्माण किया जिसमें कमजोर विद्यार्थियों को पढ़ाने की व्यवस्था थी।

स्थितियाँ ऐसी थीं ही नहीं कि दीनदयाल के उपद्रवों को कोई सहता। तो भी बालसुलभ चांचल्य तो उनमें था ही। लेकिन एक बार यदि किसी ने उनको टोक दिया तो फिर वे किसी ऐसी घटना की पुनरावृत्ति नहीं होने देते थे। उनके ममेरे भाई व उनकी मामी अभी भी उनके इस स्वभाव को याद करते हैं। स्वाभाविक है, जिस प्रकार की स्थितियाँ थीं उसमें उनका चांचल्य उपद्रवकारी बने, इसकी कोई संभावना न थी।

विद्यार्थीकाल में आगरा में नाना देशमुख व दीनदयाल उपाध्याय साथ-साथ रहते थे। उनकी सहज ईमानदारी को अभिव्यक्त करनेवाली एक घटना नानाजी इस प्रकार लिखते हैं—

"एक दिन प्रातः हम दोनों मिलकर सब्जी खरीदने बाजार गए। दो पैसे की सब्जी खरीदी। लौटकर घर पहुँचने को ही थे कि दीनदयालजी एकाएक रुक गए। उनका एक हाथ जेब में था। वे बोले, 'नाना! बड़ी गड़बड़ हो गई।' मेरे पूछने पर उन्होंने कहा, 'मेरी जेब में चार पैसे थे। उनमें से एक पैसा खोटा था। वह पैसा ही उस सब्जीवाली को दे आया

हूँ। मेरी जेब में बचे पैसे अच्छे हैं। वह क्या कह रही होगी। चलो, उसे ठीक पैसा दे आएँ।'

"उनके चेहरे पर अपराधी जैसा भाव उभर आया था। हम लोग वापस सब्जीवाली के पास पहुँचे। उसे वास्तविकता बताई तो वह कहने लगी, 'कौन ढूँढ़ेगा तुम्हारा खोटा पैसा? जाओ, ठीक है जो दे दिया।' किंतु दीनदयालजी नहीं माने। उन्होंने उस बुढ़िया के पैसे के ढेर में से अपना चिकना, काला और खोटा पैसा ढूँढ़ निकाला। उसके बदले में अपनी जेब से दूसरा अच्छा पैसा उस बुढ़िया को दे दिया। तब कहीं उनके चेहरे पर संतोष का भाव उभरा। बुढ़िया की भी आँखें डबडबा आई। वह कहने लगी, 'बेटा! कितने अच्छे हो तुम। भगवान् तुम्हारा भला करे।[1]"

6. राष्ट्रीय स्वयंसेवक संघ से संपर्क

दीनदयाल उपाध्याय जब सन् 1937 में बी.ए. की पढ़ाई के लिए कानपुर गए तब अपने सहपाठी बालूजी महाशब्दे[2] के माध्यम से वे राष्ट्रीय स्वयंसेवक संघ के संपर्क में आए। वहीं उनकी भेंट संघ संस्थापक डॉ. हेडगेवार से हुई। श्री बाबासाहब आपटे[3] व दादाराव परमार्थ[4] इनके छात्रावास में ही ठहरते थे। इनकी दीनदयालजी से बहुत बातें होती थीं। स्वातंत्र्य वीर सावरकर जब कानपुर आए तो दीनदयालजी ने उन्हें शाखा पर आमंत्रित कर 'बौद्धिक वर्ग' करवाया। कानपुर में सुंदर सिंह भंडारी[5] भी उनके सहपाठी थे। कानपुर के इस विद्यार्थी जीवन से ही पं. दीनदयाल उपाध्याय का सार्वजनिक जीवन प्रारंभ हो जाता है।

सन् 1937 के बाद 1941 तक वे छात्र रहे। सन् 1941 में प्रयाग से बी.टी. की परीक्षा उत्तीर्ण की; लेकिन उन्होंने नौकरी नहीं की, गृहस्थी भी नहीं बसाई। कानपुर, आगरा व प्रयाग में अध्ययन के दौरान उन्होंने राष्ट्रीय स्वयंसेवक संघ का नागपुर में ग्रीष्मावकाश के 40 दिन तक लगनेवाला 'संघ शिक्षा वर्ग' का प्रशिक्षण[6] प्रथम वर्ष सन् 1939 में व द्वितीय वर्ष सन् 1942 में प्राप्त किया। संघ के शारीरिक कार्यक्रमों को दीनदयाल उपाध्याय बहुत ठीक प्रकार नहीं कर पाते थे; लेकिन बौद्धिक परीक्षा में वे प्रथम आए। इस संदर्भ में श्री बाबासाहब आपटे लिखते हैं, "पं. दीनदयालजी ने उत्तरपुस्तिका में कई हिस्से पद्यबद्ध लिखे थे; किंतु वह केवल तुकबंदी नहीं थी अथवा केवल कल्पना का विचार भी नहीं था। गद्य के स्थान पर पद्य का माध्यम अपनाया गया था। विवेचन नपे-तुले शब्दों में था और तर्कशुद्ध था। मैं प्रभावित हुए बिना नहीं रह सका।"[7]

अपनी पढ़ाई पूर्ण करने तथा संघ का द्वितीय वर्ष का प्रशिक्षण प्राप्त करने के बाद पं. दीनदयाल उपाध्याय राष्ट्रीय स्वयंसेवक संघ के प्रचारक[8] बन गए। वे आजीवन संघ के प्रचारक ही रहे। संघ के माध्यम से ही वे राजनीति में गए, भारतीय जनसंघ के महामंत्री बने, अध्यक्ष रहे तथा एक संपूर्ण राजनीतिक विचार के प्रणेता बने।

भारतीय सार्वजनिक किंवा राजनीतिक क्षेत्र से पं. दीनदयाल का संपर्क सन् 1937 में राष्ट्रीय स्वयंसेवक संघ के माध्यम से ही हुआ। तब श्री उपाध्याय 21 वर्ष के नवयुवा थे। तत्कालीन भारतीय राजनीति में क्रांतिकारियों व कांग्रेस के प्रयत्नों के साथ कभी उनका संपर्क नहीं हुआ। संघ के स्वयंसेवक के नाते ही दीनदयालजी ने इन आंदोलनों को देखा। उन्होंने संघधारा को ही अपनी जीवनधारा बनाना स्वीकार किया। आगामी अध्यायों में हम इस संदर्भ में उनके विचारों व तत्कालीन भारतीय स्थितियों का अध्ययन करेंगे।

संदर्भ–

1. इस अध्याय में वर्णित पंडित दीनदयालजी के प्रारंभिक जीवन विषयक सभी जानकारियाँ कमल किशोर गोयनका द्वारा संपादित 'पंडित दीनदयाल उपाध्याय : व्यक्ति-दर्शन' की 'प्रस्तावना' एवं 'जीवनरेखा' शीर्षक (प्रथम) अध्याय से साभार संकलित। दोनों अध्यायों के लेखक नाना देशमुख। प्रकाशक : दीनदयाल शोध संस्थान, 7-ई, स्वामी रामतीर्थ नगर, रानी झाँसी मार्ग, झंडेवालान एक्सटेंशन, नई दिल्ली-110055
2. श्री बालूजी महाशब्दे आजकल बंबई में विलेपार्ले में रहते हैं। लेखक ने दिनांक 16-1-1984 को उनसे भेंटकर दीनदयाल उपाध्याय के संघ प्रवेश संबंधी जानकारी प्राप्त की। श्री महाशब्दे के अनुसार दीनदयाल उपाध्याय शायरी भी करते थे। एक सार्वजनिक समारोह में उन्होंने कव्वाली बोली थी। दीनदयाल उपाध्याय से संबद्ध अन्य लोगों से चर्चा करने पर यह तथ्य प्रमाणित नहीं हो सका। स्वयं महाशब्देजी को उक्त कव्वाली का न तो कोई शब्द याद था, न अन्य प्रमाण।
3. बाबासाहब आपटे, इनका पूरा नाम उमाकांत केशव आपटे था। ये राष्ट्रीय स्वयंसेवक संघ के प्रथम अखिल भारतीय प्रचारक थे।
4. दादाराव परमार्थ राष्ट्रीय स्वयंसेवक संघ के प्रारंभिक प्रचारकों में से एक थे। इन्होंने मद्रास केंद्र से दक्षिण भारत में संघ का कार्य प्रारंभ किया।
5. सुंदर सिंह भंडारी उदयपुर, राजस्थान के निवासी। पहले अध्यापक, बाद में संघ के प्रचारक बने। भारतीय जनसंघ राजस्थान के प्रथम प्रदेशमंत्री, दीनदयाल उपाध्याय की मृत्यु के बाद भारतीय जनसंघ के महामंत्री। संप्रति भारतीय जनता पार्टी के राष्ट्रीय उपाध्यक्ष।
6. संघ शिक्षा वर्ग : राष्ट्रीय स्वयंसेवक संघ में स्वयंसेवकों के वैचारिक व कार्यपद्धति संबंधी प्रशिक्षण के लिए इन वर्गों की व्यवस्था होती है जो प्रतिवर्ष देशभर में सभी प्रदेशों में आयोजित होते हैं। इन वर्गों का व्यय-भार शिक्षार्थी शुल्क देकर स्वयं वहन करते हैं। पहले इन वर्गों को ओ.टी.सी. अर्थात् अधिकारी शिक्षण वर्ग या ऑफिसर्स ट्रेनिंग कोर्स कहा जाता था; लेकिन आजकल इन वर्गों का नामकरण 'संघ शिक्षा वर्ग' कर दिया गया है। डॉ. हेडगेवार के समय ये वर्ग ग्रीष्मावकाश में 40 दिनों के होते थे। द्वितीय सरसघचालक माधवराव गोलवलकर के काल में 30 दिन के होने लगे। प्रथम व द्वितीय वर्ष का शिक्षण प्रदेशानुसार होता था, तृतीय वर्ष के शिक्षण के लिए सभी को नागपुर जाना पड़ता था। अब इस व्यवस्था में कुछ परिवर्तन हो गया है। अब प्रथम वर्ष के शिक्षा वर्ग प्रांत के एक से अधिक केंद्रों पर संभागानुसार होते हैं जो केवल 15 दिन के लिए लगाए जाते हैं।

द्वितीय वर्ष के शिक्षण वर्ग क्षेत्रानुसार होते हैं। (संघ ने देश को अपने कार्य की दृष्टि से तीन-तीन, चार-चार प्रांतों को मिलाकर छह क्षेत्रों में बाँट रखा है)। तृतीय वर्ष का शिक्षण अभी भी नागपुर में होता है जिसका पाठ्यक्रम 30 दिन का रहता है। द्वितीय वर्ष का पाठ्यक्रम आजकल 25 दिन का कर दिया गया है। ये परिवर्तन तृतीय सरसंघचालक श्री बालासाहब देवरस के कार्यकाल में हुए हैं।

7. युगपुरुष दीनदयाल, लेखक-पुत्तीलाल यादव, अध्याय 4 राष्ट्रभाषा प्रकाशन, कानपुर-11; पृ. 20

8. प्रचारक : राष्ट्रीय स्वयंसेवक संघ में 'प्रचारक' सर्वाधिक महत्त्वपूर्ण कार्यकर्ता इकाई है। यह बौद्धभिक्षुओं व शंकराचार्य के युवा वैदिक संन्यासियों की सी ही एक परंपरा है। संघ के प्रचारक साधारण वेश में रहते हैं। ये सामान्यतः अगृहस्थ होते हैं। कोई निजी व्यवसाय नहीं करते हैं। संघकार्य के लिए ही अपना जीवन दान करते हैं। संघ के संविधान में अधिकरण 26 के तहत प्रचारक व्यवस्था का निम्न प्रकार वर्णन है :

(क) "अपना संपूर्ण समय लगाकर कार्य करनेवाले कार्यकर्ता प्रचारक होंगे। ये उन निष्ठावान तथा चरित्रवान कार्यकर्ताओं में से चुने जाएँगे जिनका ध्येय संघकार्य के माध्यम से समाजसेवा करना है और जो स्वेच्छा से अपने आपको समाजसेवा के लिए अर्पित करते हैं।

(ख) वे अवैतनिक रहेंगे।

(ग) प्रचारक की नियुक्ति।

(ग.1) संबंधित प्रांत संघचालक के परामर्श तथा सरकार्यवाह की स्वीकृति से अ.भा. प्रचारक-प्रमुख, प्रांत-प्रचारक की नियुक्ति करेगा।

(ग.2) प्रांत के विभिन्न अंगों के लिए प्रचारकों की नियुक्ति प्रांत संघचालक से परामर्श करके प्रांत-प्रचारक करेगा।

(ग.3) प्रचारकों की नियुक्ति, स्थानांतरण तथा उनकी सेवाओं को समाप्त करने के अंतिम अधिकार सरकार्यवाह को ही होंगे। (आश्विन कृष्णा 8 गुरु 2006, पाञ्चजन्य में प्रकशित राष्ट्रीय स्वयंसेवक संघ का संविधान, पृ. 7)।

□

2

राष्ट्रीय स्वयंसेवक संघ से संबंध

दीनदयाल उपाध्याय ने प्रत्यक्ष राजनीति में जाने से पूर्व राष्ट्रीय स्वयंसेवक संघ के माध्यम से अपने सार्वजनिक जीवन का प्रारंभ किया। वे राष्ट्रीय स्वयंसेवक संघ के प्रचारक बन गए।

दीनदयाल उपाध्याय का प्रत्यक्ष राष्ट्रीय स्वयंसेवक संघ का कार्यकाल सन् 1937 से 1951 तक, सामान्यत: चौदह वर्ष रहा। सन् 1937 से 1947, यह दस वर्ष का काल आजादी के आंदोलन का काल था। सन् 1948 से 1951, भारतीय जनसंघ की स्थापना के पूर्व की प्रमुख घटनाओं का काल था। आजादी एवं विभाजन का आगमन, महात्मा गांधी की हत्या, संघ पर प्रतिबंध, संघ द्वारा सत्याग्रह और प्रतिबंध से मुक्ति, संविधान-निर्माण व भारतीय गणतंत्र की स्थापना, देशी राज्यों का एकीकरण व नवीन राजनीतिक दलों का निर्माण—इस दौरान दीनदयाल की भूमिका संघ के स्वयंसेवक एवं प्रचारक की रही। हालाँकि, जीवनपर्यंत[1] उनकी यह भूमिका बनी रही; परंतु भारतीय जनसंघ की स्थापना के बाद उनका कार्यक्षेत्र बदल गया।

1. संघ प्रचारक एवं दृष्टिपथ

सन् 1937 से 1941 तक तो दीनदयाल उपाध्याय छात्र ही थे। वे अध्ययन करते हुए परिश्रमपूर्वक संघ कार्य करते थे। दादाराव परमार्थ, बाबासाहब आपटे एवं भाऊराव देवरस के संपर्क ने उन्हें अपना जीवन संघ कार्य के लिए समर्पित करने को उत्प्रेरित किया। अपना छात्रजीवन पूर्ण करने के बाद उन्होंने सन् 1942 में संघ के प्रचारक के रूप में अपने आपको समर्पित कर दिया। लखीमपुर जिले में जिलाप्रचारक के नाते उनकी नियुक्ति हुई। उस समय उनकी मन:स्थिति व समाज एवं संघ के बारे में उनकी अवधारणा को उजागर करनेवाला एकमात्र साहित्य वे दो पत्र हैं जो 21 जुलाई, 1942 को अपने को

संघ कार्य को समर्पित कर देने के संदर्भ में उन्होंने अपने मामाजी तथा 10 मार्च, 1944 को अपने ममेरे भाई बनवारीलाल को लिखे थे। वे अपने मामाजी को लिखते हैं[2]—

"परसों आपका पत्र मिला। तभी से विचारों एवं कर्तव्य का तुमुल युद्ध चल रहा है। एक ओर भावना और मोह खींचते हैं, तो दूसरी ओर पुरखों की आत्माएँ पुकारती हैं।"

"(मुझे) एक जिले में कार्य करना होगा। इस प्रकार सोते हुए हिंदू समाज से मिलनेवाले कार्यकर्ताओं की कमी को पूरा करना होता है। सारे जिले में काम करने के कारण न तो एक स्थान पर दो-चार दिन से अधिक ठहरना संभव है और न किसी प्रकार की नौकरी। संघ के स्वयंसेवक के लिए पहला स्थान समाज और देश के कार्य का रहता है और फिर अपने व्यक्तिगत कार्यों का। अतः मुझे समाज कार्य के लिए जो आज्ञा मिली थी, उसका पालन करना पड़ा।"

अपने इसी पत्र में संघ के बारे में दीनदयाल लिखते हैं. "संघ के विषय में आपको अधिक मालूम न होने के कारण आप डर गए हैं। इसका कांग्रेस से किसी भी प्रकार का संबंध नहीं है और न ही अन्य किसी राजनीतिक संस्था से। यह आजकल की किसी भी राजनीति में भाग नहीं लेता। न सत्याग्रह करता है, न जेल जाने में विश्वास करता है, न यह अहिंसावादी है और न हिंसावादी ही; इसका एकमात्र कार्य हिंदुओं में संगठन करना है।"

समाज के बारे में अपनी तत्कालीन दृष्टि को भी वे इस पत्र में स्पष्ट करते हैं. "हिंदुस्तान में ही आप हमारे बड़े-से-बड़े आदमी को ले लीजिए। क्या उसकी वास्तविक उन्नति है? मुसलमान गुंडे बड़े-से-बड़े आदमी की इज्जत पल भर में खाक में मिला देते हैं; क्योंकि वे स्वयं बड़े हो सकते हैं पर जिस समाज के वे अंग हैं वह तो दुर्बल है, अध:पतित है, शक्तिहीन और स्वार्थी है।…क्या आपको विश्वास है कि मौका पड़ने पर समाज आपका साथ देगा? नहीं। इसलिए कि हमारा समाज संगठित नहीं है, दुर्बल है। इसीलिए हमारी आरती और बाजों पर लड़ाइयाँ होती हैं। इसलिए हमारी माँ-बहनों को मुसलमान भगाकर ले जाते हैं। अंग्रेज सिपाही उन पर निशंक होकर दिन-दहाड़े अत्याचार करते हैं और हम अपनी बड़ी भारी इज्जत का दम भरनेवाले, समाज में ऊँची नाक रखनेवाले, फूटी आँखों से देखते रहते हैं। हम उसका प्रतिकार नहीं कर सकते। अधिक हुआ तो इस सनसनीखेज मामले की खबर अखबार में दे दी, या महात्माजी ने 'हरिजन' में एक आर्टिकल लिख दिया। क्यों? क्या हिंदुओं में ऐसे ताकतवर आदमियों की कमी है जो इन दुष्टों का मुकाबला कर सकें?

"हमारे पतन का कारण हममें संगठन की कमी है। बाकी बुराइयाँ अशिक्षा आदि तो पतित अवस्था के लक्षण मात्र हैं।…रही व्यक्तिगत नाम और यश की बात, सो तो आप जानते ही हैं कि गुलामों का कैसा नाम और कैसा यश?'

अपने कार्य की प्रेरणा इस युवाकाल में उन्होंने इतिहास की जिस धारा से ग्रहण की

थी, उसकी ओर भी वे इस पत्र में संकेत करते हैं—

"जिस समाज और धर्म की रक्षा के लिए राम ने वनवास सहा, कृष्ण ने अनेकों कष्ट उठाए, राणाप्रताप जंगल-जंगल मारे फिरे, शिवाजी ने सर्वस्व अर्पण कर दिया, गुरु गोविंद के छोटे-छोटे बच्चे जीते-जी किले की दीवारों में चुने गए क्या उसकी खातिर हम अपनी जीवन की आकांक्षाओं का, झूठी आकांक्षाओं का त्याग भी नहीं कर सकते?"

दूसरा पत्र जो उन्होंने अपने ममेरे भाई को लिखा है, वह अधिक भावात्मक है। उसमें उनके मन में संघकार्य के प्रति लगन, त्याग करने की महती प्रेरणा व पारिवारिक मोह का अंतर्द्वंद्व झलकता है। उसमें उन्होंने किसी सामाजिक व राजनीतिक मुद्दे को नहीं उठाया है।[3]

2. आजादी के आंदोलन के प्रति धारणा

उपर्युक्त उद्धरणों में हालाँकि उनकी तत्कालीन सामाजिक व राजनीतिक दृष्टि तथा कांग्रेस व गांधीजी के प्रति उनके विचारों की झलक मिलती है; परंतु आधारभूत दृष्टि से यह कहना अनुचित नहीं होगा कि दीनदयाल उपाध्याय की तात्कालिक समाजदृष्टि हिंदू-मुसलिम संबंधों से अधिक प्रभावित हुई। सामाजिक सुधार के आंदोलन एवं राजनीतिक स्वातंत्र्य के स्थान पर मुसलिम सांप्रदायिकता के प्रतिकार के लिए हिंदू समाज का संगठन उनकी दृष्टि में सामाजिक प्राथमिकता थी। तब दीनदयाल केवल 26 वर्ष के नवयुवा थे। उनके ही समान अनेक युवकों ने उक्त पत्र में उद्धृत प्रेरणा के आधार पर अपने जीवन को संघ के माध्यम से हिंदूसमाज के संगठन के लिए समर्पित किया था। ये लोग भी दीनदयाल उपाध्याय के साथ ही प्रचारक बने। उनके ही समवयस्क कुछ लोगों से मिलकर इस शोध में यह जानने का प्रयत्न किया गया है कि उस समय अंग्रेजों के खिलाफ आजादी के गतिमान आंदोलन के प्रति उनकी क्या धारणा थी। उन साक्षात्कारों के कुछ उद्धरण यहाँ प्रस्तुत किए जा रहे हैं।

श्री जयगोपाल[4], जो दीनदयाल के साथ ही संघ के प्रचारक बने, आजकल पूर्वी उत्तर प्रदेश के प्रांत प्रचारक हैं, उनसे यह पूछे जाने पर कि आजादी के आंदोलन के प्रति उनका क्या मनोभाव था, उन्होंने कहा, "जब सन् 1942-43 में प्रचारक बने, तो बहुत समझने व चिंतन करने की हमारी स्थिति नहीं थी।

"कांग्रेस द्वारा चल रहे आजादी के आंदोलन के प्रति हम उदासीन थे। हमको लगता था कि संघ के द्वारा ही सबकुछ होगा। संघ का कार्य भी हम, कोई केवल अंग्रेजों को भगाकर आजादी लाना है, इस मनोभाव से नहीं करते थे वरन् हमारा सोचना था 'संगठन के लिए संगठन।' संगठन समाज की स्वाभाविक अवस्था है। आज अपना समाज स्वाभाविक स्थिति में नहीं है। उसे स्वाभाविक संगठित स्थिति में लाने से सब

बातें अपने आप ठीक होंगी। आजादी के कांग्रेस द्वारा चलाए गए आंदोलन अथवा क्रांतिकारी आंदोलन के प्रति हम लोगों में रुझान पैदा नहीं करते थे, उसके प्रति कोई नकारात्मक बात भी नहीं बोलते थे। यदि उन आंदोलनों में कोई भाग लेना ही चाहे तो हम उसे अनुत्साहित नहीं करते थे, या मार्ग में बाधा भी नहीं डालते थे। हम लोग नितांत कम आयु के थे। संघ का तो उत्तर प्रदेश में एकदम प्रारंभ का ही काल था।''

बाबासाहब नातू[5] सन् 1946 से संघ के प्रचारक हैं व आजकल मध्य भारत के प्रांत प्रचारक के नाते दायित्व सँभालते हैं, उनसे जब पूछा कि आजादी के आंदोलन को छोड़कर संघ में क्यों आए? तो बोले, संघकार्य से ही आजादी आएगी, ऐसा मन में था। कॉलेज के जीवन में वे भी जेल गए थे। उन्होंने कहा हमारी आयु बहुत छोटी थी, बहुत सी बातों को हम लोग समझते नहीं थे। संघकार्य हमें देशसेवा का प्रखर मार्ग लगा। हम लोग काम में जुट गए।

भाऊराव जुगादे[6] सन् 1940 से संघ के प्रचारक हैं। जब दीनदयाल लखीमपुर में प्रचारक थे, जुगादे आगरा में कार्य देखते थे। भारतीय जनसंघ की स्थापना के बाद पश्चिम बंगाल के प्रदेशमंत्री रहे। सन् 1977 से अस्वस्थ हैं। अपने गृह ग्राम अचलपुर में रहते हैं। आजादी के आंदोलन के बारे में भाऊराव ने बाबासाहब आपटे से हुई अपनी वार्त्ता का वर्णन किया। उन्होंने कहा कि ''आपटेजी ने मुझे समझाया कि अपरिणामकारी आंदोलन में शरीक होकर, अपने संगठनात्मक मूलकार्य में रोड़े अटकाने में कुछ बुद्धिमानी नहीं है। सन् 1942 का आंदोलन इतना अव्यवस्थित था कि उसमें कोई परिणाम आने की संभवना नहीं थी। यदि देश के नेता कोई गंभीर योजना करेंगे तो वे सभी राष्ट्रवादियों को आमंत्रित करके ही कोई योजना करेंगे। ऐसी अवस्था में हम अवश्य आजादी के आंदोलन में भाग लेंगे। पर ऐसा तो कुछ हुआ नहीं।...हम लोग संघ के नाते इस आंदोलन से दूर थे पर अनेक स्वयंसेवकों ने आंदोलन में भाग लिया। वे एक बार पैर आगे बढ़ाने के बाद पीछे न हटावें, डरें न, इसके लिए हम लोग उनकी हिम्मत अफजाई करते थे। पर इस सारे में संघ कोई विवादास्पद संगठन न बन जाए, इसकी भी हम चिंता करते थे।''

प्रभाकर गजानन (भैयाजी) सहस्त्रबुद्धे[7]' सन् 1942 से 1952 तक प्रचारक रहे। उत्तर प्रदेश में दीनदयाल उपाध्याय के साथ ही सह-प्रांत प्रचारक बनाए गए थे। आजकल महाराष्ट्र में अपने गृहग्राम खामगाँव में रहते हैं तथा रा.स्व. संघ के विभाग-संघचालक के नाते दायित्व सँभालते हैं। आजादी के आंदोलन के विषय में अपनी तात्कालिक मन:स्थिति बताते हुए उन्होंने कहा, ''हम आश्वस्त थे कि हमारा मार्ग ठीक है। 'अंग्रेज हटाओ' का नकारात्मक विचार सकारात्मक 'स्वतंत्रता' को निष्पन्न नहीं कर सकता। मैं खामगाँव में उन दिनों डॉ. अभ्यंकर के भाषण सुना करता था। कोई भी नेता यहाँ आता, मैं भाषण जरूर सुनने जाता था। किंतु उन सबके भाषणों में अंग्रेजों को गाली-गलौच ही

ज्यादा रहती थी, सकारात्मक दृष्टि बहुत कम रहती थी। हमारी आयु उस समय बहुत छोटी थी। बहुत ज्यादा तुलनात्मक अध्ययन करने की हमारी स्थिति नहीं थी। संघ में आत्मीयता व पारिवारिकता का एक ऐसा भाव था कि हमें संघ संगठन से ही आत्मीयता हो गई थी। अत: वैचारिक स्तर पर तुलना करके हम स्वयं मार्ग तय करें, ऐसी हमारी स्थिति नहीं थी। संघ के अधिकारियों का कथन हमको रंजित करता था। देश की घटनाओं के बारे में अपना कर्तव्य निश्चित करनेवाला विचार-विमर्श कभी बैठकों में हमने किया हो, ऐसा मुझे ध्यान नहीं आता। बैठकों में कार्यक्रमों की योजना व वृत्त, ये दो ही काम मुख्य रहते थे। अत: दीनदयालजी की भी वही स्थिति रही होगी जो मेरी थी, ऐसा मैं सोचता हूँ।''

उपर्युक्त सभी लोग वे हैं जो दीनदयाल उपाध्याय के लगभग साथ प्रचारक बने। इसलिए यह मान्यता स्वाभाविक है कि राष्ट्रीय आंदोलन के प्रति दीनदयाल उपाध्याय की धारणा भी इन प्रचारकों के समान ही रही होगी। इस संदर्भ में चंद्रपाल सिंह[8] की भेंट भी कुछ अन्य आयामों को उजागर करनेवाली थी। चंद्रपाल सिंह आयु में पं. दीनदयाल से पाँच वर्ष बड़े हैं। जब दीनदयाल उपाध्याय लखीमपुर में विभाग-प्रचारक थे तब ये हरदोई के एक कॉलेज में प्राध्यापक व संघ दृष्टि से हरदोई जिले के कार्यवाह थे। दीनदयाल उपाध्याय अपने हरदोई प्रवास के दौरान इन्हीं के यहाँ ठहरते थे। आजकल चंद्रपाल सिंह 'विद्या भारती' में कार्यरत हैं। 'विद्या भारती प्रदीपिका' पत्रिका के संपादक हैं। आजादी के आंदोलन के दौरान सामाजिक कार्यकर्ता होने के बावजूद वे आजादी के इस आंदोलन में शरीक होने के बजाय संघ में क्यों आए? इसके बारे में चंद्रपाल सिंह के अनुसार दो मुख्य कारण रहे हैं, ''एक तो कांग्रेस की मुसलिम तुष्टीकरण की नीति, जो खिलाफत आंदोलन के बाद पूरी तरह उजागर हो गई थी, हम लोगों को अरुचिकर थी। दूसरा कारण था, हमको लगता था कि आजादी के बाकी सारे प्रयत्न खोखले व अधूरे हैं। अपने विद्यार्थीकाल में मैंने भी कांग्रेस के आंदोलन में भाग लिया था। मैंने वहाँ पाया कि व्यवस्था और अनुशासन नाम की वहाँ कोई चीज नहीं है। नेता बनने, चुनाव लड़ने की लालसाओं ने, उन्हें आजादी के आंदोलन से संबद्ध कर रखा है। इसकी तुलना में संघ के कार्यकर्ता व्यवस्थित, अनुशासित व चरित्रवान् थे। संघ के आंदोलन में एक व्यवस्था नजर आती थी। नेतागिरी व नामवरी की कोई लालसा नहीं थी। उस समय हमें हिटलर व मुसोलिनी के प्रयत्न अधिक अनुशासित, प्रखर व देशभक्तिपूर्ण लगते थे।'' चंद्रपाल सिंह का अब भी मानना है कि हमें आजादी कांग्रेस के द्वारा चलाए गए आंदोलन के कारण प्राप्त नहीं हुई वरन् द्वितीय महायुद्ध के बाद बनी संसार की परिस्थितियाँ व अंग्रेजों के शक्ति-क्षय के परिणामस्वरूप प्राप्त हुई।

दीनदयाल उपाध्याय द्वारा बनाए गए एक स्वयंसेवक वचनेश त्रिपाठी[9] जो भारत के

क्रांतिकारी आंदोलन के प्रखर अध्येता हैं, आजकल लखनऊ से निकलनेवाले, दीनदयाल उपाध्याय द्वारा ही प्रस्थापित 'राष्ट्र धर्म' मासिक पत्रिका के संपादक हैं। वचनेश त्रिपाठी का कहना है कि प्रथम बार संघशाखा पर सुने 'बौद्धिक वर्ग' का उन पर प्रतिकूल असर हुआ। उन्हें लगा कि बौद्धिककर्ता अंग्रेज सरकार का एजेंट है। पर धीरे-धीरे सब बातें समझ में आने लगीं। उन्हें लगता है कि यदि वे दीनदयाल उपाध्याय के संपर्क में न आए होते तो पूर्णकालिक साम्यवादी कार्यकर्ता बने होते। उन्होंने कहा कि आजादी के आगमन की बातों पर संघ में यह धारणा बनी थी कि यह आनेवाली आजादी वास्तविक सीता नहीं वरन् सुलोचना है।

उपर्युक्त उद्धरणों में प्रस्तुत मानसिकता एवं वैचारिक आधार पर, दीनदयाल व उनके सरीखे अनेक नौजवानों ने आजादी के आंदोलन की मुख्य धारा को छोड़कर, राष्ट्रीय स्वयंसेवक संघ की भिन्न धारा को स्वीकार किया। तब संघ का संपूर्ण नेतृत्व ही सामान्यत: नौजवान था। सन् 1940 में डॉ. हेडगेवार की मृत्यु के बाद संघ का नेतृत्व माधवराव सदाशिवराव गोलवलकर ने सँभाला। उनकी आयु उस समय केवल 33 वर्ष की थी। उनके अपने जीवन की कोई राजनीतिक पृष्ठभूमि नहीं थी। वास्तव में संघ एवं राजनीति तथा संघ एवं आजादी का आंदोलन, ये भारतीय राजनीति शास्त्र के इतिहास में बहुत उलझे हुए मुद्दे रहे हैं। लोग आजादी के आंदोलन के संदर्भ में बहुत बार संघ की नीयत पर ही संदेह करते हैं तथा राजनीति के बारे में उसकी धारणा के कुछ प्रच्छन्न अर्थ खोजते हैं। वस्तुत: इस विषय को ठीक से समझने की आवश्यकता है, इसका एक ऐतिहासिक तथा वैचारिक परिप्रेक्ष्य है।

3. डॉ. हेडगेवार की राजनीतिक दृष्टि

डॉ. हेडगेवार मुख्यत: राजनीतिक व्यक्तित्व थे। आजादी के आंदोलन की सहभागिता से ही उनका राजनीतिक किंवा सार्वजनिक जीवन प्रारंभ होता है। आजादी के तत्कालीन आंदोलनों व नेतृत्व से उनका मोह भंग हुआ था। वे लोकमान्य तिलक की विचारधारा की श्रेणी में आते हैं, अत: उन्हें कांग्रेस पर गोखले पक्ष का प्रभावी होना, अरुचिकर लगता था। लोकमान्य तिलक के बाद महात्मा गांधी भारतीय राजनीतिक पटल पर उभरे, उनका खिलाफत आंदोलन व हिंदू-मुसलमानों की सांझी राष्ट्रीयता की धारणा डॉ. हेडगेवार की विचार-पद्धति के अनुकूल नहीं थी। उन्हें लगता था कि हिंदू-मुसलिम एकता की कल्पना के पीछे "हिंदू समाज अकेला आत्मनिर्भर होकर अंग्रेजों का मुकाबल नहीं कर सकता, यह आत्मविश्वासहीन एवं दुर्बल मनोवृत्ति काम कर रही थी।"[10] महात्मा गांधी व अली बंधुओं के विषय में उनका मत था, "एक के हृदय में भोली राष्ट्रभक्ति थी तो दूसरे के मन में देश-बाह्य निष्ठा से उत्पन्न राजनीतिक कुटिलता।"[11] ईसी प्रकार "केवल

शांतिपूर्ण तथा वैधानिक मार्ग ही स्वातंत्र्य प्राप्ति का न्याय मार्ग है, इस सिद्धांत से उनका कड़ा विरोध था।''[12]

इस कारण उन्होंने अपने आपको कांग्रेस से व तात्कालिक राजनीतिक प्रक्रिया से पृथक कर लिया तथा वे संघ के माध्यम से हिंदू समाज के संगठन का गैर-राजनीतिक कार्य करने लगे। वास्तव में संघ द्वारा प्रयुक्त 'गैर-राजनीतिक' शब्द का निर्पेक्षत: कोई अर्थ नहीं है।[13] इसका केवल इतना ही मतलब है कि वह परंपरागत राजनीति, जो दल एवं निर्वाचन आदि में भाग लेकर की जाती है, उससे वह पृथक प्रकार की है। संघ को संगठनात्मक रूप से विवादों से बचाने के लिए भी ऐसा कहा जाता था। इस दृष्टि से डॉ. हेडगेवार के समय संघ के सोचने के तरीके को निम्न उद्धरणों से समझा जा सकता है—

''सन् 1938 में हिंदू महासभा ने भागा नगर (हैदराबाद) सत्याग्रह की घोषणा की···अनेक हिंदू महासभाई मित्रों ने आग्रह किया कि राष्ट्रीय स्वयंसेवक संघ आंदोलन में कूदने की घोषणा करे। परंतु डॉक्टरजी की संघ विषयक नीति स्पष्ट व दृढ़ थी। उन्होंने कहा कि संघ सत्याग्रह आंदोलन में भाग नहीं लेगा। संघ के स्वयंसेवक व्यक्तिश: आंदोलन में भाग लेने को स्वतंत्र है···यह स्मरणीय है कि सन् 1930 में सत्याग्रह आंदोलन में (जंगल सत्याग्रह) स्वयं भाग लेते समय भी उन्होंने अपने आपको सरसंघचालक पद के उत्तरदायित्व से मुक्त कर लिया था। स्व. सावरकरजी और हिंदू महासभा द्वारा संपादित इस भागानगर सत्याग्रह में भैयाजी दाणी[14] कूद पड़े। संघ के सैकड़ों स्वयंसेवक इस सत्याग्रह में शामिल हुए थे।''[15]

संघ कार्य के लिए डॉ. हेडगेवार को महाराष्ट्र में जो स्थान-स्थान पर संघचालक प्राप्त हुए, वे सामान्यत: कांग्रेस की तिलकवादी धारा के अथवा हिंदूसभाई पृष्ठभूमि के लोग थे। संघ के स्वयंसेवक 'हिंदू राष्ट्र की स्वतंत्रता' के लिए प्रतिज्ञाबद्ध[16] किए जाते थे। डॉ. हेडगेवार संघ के माध्यम से ही आजादी प्राप्त की जाए, इसके लिए निरंतर सचेष्ट थे। ''डॉ. हेडगेवार के मन में यह विचार बराबर चलता रहता था कि तात्कालिक परिस्थिति में संघ का कार्य इतना बढ़ जाए कि स्वतंत्रता के लिए प्रत्यक्ष प्रयत्न किया जा सके।''[17]

एक पत्र में वे लिखते हैं, ''अपने संघ को प्रभावी बनाने के लिए आपके सम्मुख एक ही विचार रखता हूँ कि तीन वर्षों में (1940-1942) अपने प्रांत में तरुण गणवेशधारी स्वयंसेवकों की संख्या जनसंख्या के हिसाब से ग्रामों में एक प्रतिशत तथा नगरों में तीन प्रतिशत हो जानी चाहिए।''[18]

आजादी के प्रत्यक्ष राजनीतिक आंदोलन से कटकर, केवल संघ के बल पर, स्वतंत्रता के प्रयत्नों की उनकी कल्पना आज अजीब लग सकती है। लेकिन वे अपने हिसाब से भारत की आजादी के लिए ही कार्य कर रहे थे। ''जब कांग्रेस ने 26 जनवरी, 1929 को पूर्ण स्वराज्य को अपना ध्येय घोषित किया, केशवराव अत्यंत प्रसन्न हुए।

उन्होंने देशभक्तिपूर्ण गीतों, भाषणों, प्रतिज्ञा एवं संचलन के साथ दिवस मनाने के लिए सभी शाखाओं को निर्देशित किया।''[19]

4. गोलवलकर की सांस्कृतिक दृष्टि

केवल कांग्रेस व हिंदू महासभा की परंपरागत दलीय राजनीति से पृथक होना ही डॉ. हेडगेवार के समय में संघ के गैर-राजनीतिक होने का तात्पर्य था; लेकिन गोलवलकर के सरसंघचालक बनने के बाद संघ के गैर-राजनीतिकवाद को एक दार्शनिक आयाम प्राप्त हो गया। गोलवलकर ने युग-युग तक चलनेवाले सांस्कृतिक प्रवाह के संगठन के रूप में संघ को विकसित करने का प्रयत्न किया। वे संघ को एक गैर-राजनीतिक राष्ट्रव्यापी हिंदू संगठन बनाना चाहते थे। स्वाधीनता प्राप्ति के बारे में उनका विचार था, ''संपूर्ण हिंदू समाज को संगठित करने के अपने उद्देश्य तक पहुँचते समय मार्ग में कई स्टेशन मिलेंगे। वैसे ही आसेतु हिमाचल संपूर्ण हिंदू समाज की संगठित स्थिति, यह अंतिम स्थिति है। इस स्थिति तक पहुँचने के पूर्व ही अपनी कई समस्याएँ सुलझ जाएँगी। इस मार्ग में स्वाधीनता प्राप्ति भी एक स्टेशन है।''[20] तत्कालीन राजनीति, महात्मा गांधी व अहिंसा आदि के बारे में गोलवलकर के विचार तुलनात्मक रूप से अधिक तीखे थे, ''अपने देश के विगत सौ वर्षों के इतिहास में हमें विदेशियों का अंधानुकरण दिखाई देगा। यहाँ के आंदोलन का तंत्र, राजनीतिक विचारप्रवाह विदेशियों की नकल मात्र हैं।''[21]

''शस्त्र न उठाने की अप्रतिकार की भाषा का सर्वत्र प्रयोग हो रहा है। अर्जुन तो वीर था, पर मैं कदापि मान नहीं सकता कि प्रतिकारहीनता की वर्तमान भाषा वीरताजन्य है। इसमें केवल कायरता और आत्मप्रवंचना मात्र है। क्या वर्तमान संघर्षमय जीवन में अप्रतिकार के भाव से देश का कल्याण होगा? संघर्ष अनिवार्य है।''[22] गोलवलकर सोचते थे कि भारत को 'अहिंसा' की भूमि कहना हास्यास्पद है। प्रत्यक्षत: केवल धर्मोपदेशों से ही मध्य एशिया और दक्षिण-पूर्व एशिया तक हमारा विस्तार नहीं हुआ था। यह अर्थपूर्ण तथ्य है कि सभी हिंदू देवता सशस्त्र हैं।[23]

अब तक हमने हेडगेवार और गोलवलकर के विचारों का किंचित् वर्णन किया है। इन विचारों का दीनदयाल के चिंतन पर प्रभाव पड़ा था। उनके विचारों को हेडगेवार और गोलवलकर के चिंतन की पृष्ठभूमि में ही समझा जा सकता है।

पं. दीनदयाल उपाध्याय इस राजनीतिक, वैचारिक किंवा सांस्कृतिक पृष्ठभूमि वाले राष्ट्रीय स्वयंसेवक संघ के प्रचारक के नाते सार्वजनिक जीवन में आए थे। डॉ. हेडगेवार का सान्निध्य नितांत संक्षिप्त था। गोलवलकर के नेतृत्व में ही वास्तव में उन्होंने अपना कार्य प्रारंभ किया। सन् 1942 से 1945 तक वे पहले लखीमपुर जिला व बाद में लखीमपुर विभाग प्रचारक रहे। लेकिन शीघ ही उनकी प्रगल्भ प्रतिभा को देखकर उन्हें

सन् 1945 में उत्तर प्रदेश के सह-प्रांतप्रचारक के नाते पदोन्नत कर दिया गया। इस पदोन्नति से उन्हें नेतृत्व करने का अवसर मिला। वे शीघ्र ही संघ विचारधारा के आधिकारिक प्रवक्ता व विचारक बन गए। गोलवलकर के भाषण संकलनों के अलावा उस काल में जिस संघ साहित्य का निर्माण हुआ, दीनदयाल का उसमें सर्वाधिक योगदान था।

सन् 1945 से 1951 तक वे उत्तर प्रदेश के सह-प्रांतप्रचारक रहे। उन्होंने संगठनात्मक कार्य के साथ-साथ संघ विचार के प्रसार व लोक शिक्षण के लिए साप्ताहिक व मासिक पत्रिकाएँ प्रारंभ की। संघ में सामान्यत: नौजवान विद्यार्थी ही आया करते थे। ऐतिहासिक पात्रों के ललित साहित्य के माध्यम से उन्होंने संघ विचार को संप्रेषित करने के लिए इसी काल में दो महत्त्वपूर्ण साहित्यिक कृतियों 'सम्राट् चंद्रगुप्त' व 'जगद्‌गुरु शंकराचार्य' का प्रणयन किया।

5. प्रथम साहित्यिक कृति 'सम्राट चंद्रगुप्त'

'सम्राट् चंद्रगुप्त' उपन्यास दीनदयाल उपाध्याय की साहित्यिक क्षमता व अध्यवसाय का परिचायक है।[24] जिस परिवेश में दीनदयाल ने इस बाल-किशोरोपयोगी उपन्यास का लेखन किया, उस परिवेश का वर्णन करते हुए उनके एक सहयोगी नाना देशमुख[25] कहते हैं, ''संघ की कार्यशैली ऐसी थी कि दीनदयाल जैसे आदमी की प्रतिभा का तुरंत आकलन संभव नहीं था। सन् 1936 से 1946 तक का ऐसा काल था जब पढ़ना-लिखना हमारे यहाँ सराहा नहीं जाता था। यहाँ तक कि नित्य अखबार भी हम लोग नहीं पढ़ते थे। सन् 1942 के बाद बाबासाहब आपटे ने प्रचारकों में पढ़ने-लिखने, पुस्तकें सुझाने, पुस्तकालयों में जाने आदि का आग्रह प्रारंभ किया। सन् '42 के राष्ट्रीय घटनाचक्र ने शाखाओं में संख्या को बहुत प्रभावित किया था। बाबासाहब ने ही दीनदयालजी की अध्ययन-प्रतिभा को पहचाना। उन्हीं के आग्रह पर 'सम्राट् चंद्रगुप्त' नामक उपन्यास का उन्होंने एक ही बैठक में लेखन किया।'' इसी बात की पुष्टि भाऊराव देवरस[26] अपने एक लेख में इस प्रकार करते हैं'', अपने युवकोचित उत्साह में हम लोगों को लगता था कि यदि हम सब लोग पढ़ने-लिखने में लग गए तो शाखाओं का विस्तार कैसे होगा? बौद्धिक चिंतन-मनन तो बाद में भी हो सकता है। क्यों न पहले पूरी शक्ति लगाकर संघ कार्य का विस्तार किया जाए; क्यों न वीरवृत्ति से ओत-प्रोत कुशल युवकों का देशव्यापी अभेद्य संगठन खड़ा कर मातृभूमि की स्वाधीनता के लिए एक निर्णायक प्रयत्न किया जाए।''[27]

स्वतंत्रता के तत्कालीन प्रयत्नों से संघ की सहमति नहीं थी। वे उसमें नीतिमत्ता व वीर वृत्ति का अभाव देखते थे। 'सम्राट् चंद्रगुप्त' में ऐतिहासिक पात्रों चंद्रगुप्त व चाणक्य के माध्यम से दीनदयाल उपाध्याय ने पराक्रमी व रणनीतिकुशल स्वातंत्र्य-प्रयत्नों की ओर किशोर हृदयों को प्रवृत्त करने का प्रयत्न किया है। वे अपने प्रयत्न में इस माने में

सफल कहे जा सकते हैं कि अपने 'मनोगत' विचार का प्रतिपादन वे बखूबी इस पुस्तिका में कर सके हैं। कथाप्रवाह इतना प्रखर है कि एक बार पुस्तक पढ़ना आरंभ करने पर उसे पूरा पढ़ने का आकर्षण उत्पन्न होता है। वैचारिक व दार्शनिक पक्ष से पुस्तक को बोझिल नहीं होने दिया गया है। भावों की तेजस्विता, भाषा का लालित्य व कथा का प्रवाह इस कृति की विशेषता है।

'मनोगत' में दीनदयाल उपाध्याय लिखते हैं, ''जिनके लिए यह पुस्तक लिखी गई है उन्हें सब प्रकार के ऐतिहासिक तथ्यों के वन में भ्रमण कराने की आवश्यकता नहीं है। उन्हें इतना जानना पर्याप्त है कि यूरोपियन विद्वानों द्वारा प्रयत्नपूर्वक तथा उनका अंधानुकरण करनेवाले भारतीय विद्वानों द्वारा अनजाने में फैलाए हुए अंधकार को नष्ट करनेवाले ऐतिहासिक शोध के सूर्यप्रकाश में देखी गई ये सत्य घटनाएँ हैं।''[28] इस कथन का पूर्वार्द्ध ठीक हो सकता है लेकिन उत्तरार्द्ध से सहमत हो पाना कठिन है। पुस्तक में इस प्रकार के अंश हैं जिनके बारे में 'ऐतिहासिक शोध' के सूर्यप्रकाश में देखी हुई घटनाओं के स्थान पर 'भावात्मक शोध' के उत्साही प्रकाश में देखी हुई सत्य घटनाएँ कहा जाए तो अधिक सटीक होगा।

'सम्राट् चंद्रगुप्त' विशिष्ट विचारधारा से आप्लावित एक किशोरोपयोगी ऐतिहासिक उपन्यास विधा में रचित उत्तम साहित्यिक कृति है। यदि दीनदयाल उपाध्याय ने उसे एक बैठक में लिख डाला तो यह उनकी विलक्षण साहित्यिक व बौद्धिक क्षमता का परिचायक है। बिना संदर्भग्रंथों की सहायता लिए ऐसी कृति की रचना उनकी अध्ययनप्रवणता पर प्रकाश डालता है तथा स्मरणशक्ति के वैशिष्ट्य को प्रकट भी करता है।

6. द्वितीय औपन्यासिक रचना : जगद्गुरु शंकराचार्य

दीनदयाल उपाध्याय की यह द्वितीय औपन्यासिक कृति है जिसमें पात्र एवं घटनाएँ पुरानी हैं पर भाव, विचार व परिवेश नया है। दीनदयाल जिस शाखापद्धति से संघकार्य करते थे उसमें समय देने के लिए जवानों को प्रेरित करना, उनमें देश के सांस्कृतिक गौरव का अभिमान उत्पन्न करना तथा अपना जीवन समर्पित करने की आकांक्षा पैदा करना इस कृति का उद्देश्य था।

शंकराचार्य ने जिस प्रकार बौद्धधर्म की विकृति से हिंदू समाज की रक्षा की, शायद उसी प्रकार राष्ट्रीय स्वयंसेवक संघ तत्कालीन विदेशियत भरे राजनीतिक व सांस्कृतिक परिवेश से समाज को मुक्त करने का प्रयास कर रहा था। संघशाखा में छोटी आयु में ही बालकों की भरती होती है। गुरुकुल प्रसंग पर अपनी इस कृति में दीनदयाल अपने एक पात्र सोमदेव से कहलवाते हैं—

''आजकल तो जितनी छोटी आयु में हो सके उतने में ही बालक को गुरु के पास

भेज देना चाहिए। चारों ओर नास्तिकतावादी बौद्धों तथा वाममार्गियों का इतना प्रभाव बढ़ता जा रहा है कि यदि छोटी आयु में वैदिक धर्म के भले संस्कार न पड़े तो कुमार्ग पर बह जाने का डर रहता है। न जाने कब इन वेदविरोधियों का नाश होगा?''[29]

तत्कालीन समाज में व्यक्तिगत धनार्जन की प्रवृत्ति व सामाजिक-आर्थिक कल्याण की ओर दुर्लक्ष्य दीनदयाल उपाध्याय को पीड़ित करता था। वे यह भी देख रहे थे कि धर्मविरोधी वामपंथी लोग इस सामाजिक दुर्बलता का लाभ लेकर युवकों से विद्रोही बना रहे हैं। अतः उन्होंने समाज के आर्थिक कल्याण की उपेक्षा व व्यक्तिगत धनार्जन की वृत्ति को एक सामाजिक विडंबना बताया। जब शंकराचार्य एक गरीब घर की आर्थिक दुर्दशा देखकर उसके धनाढ्य पड़ोसी के घर भिक्षा के लिए गए तो···वह धनी व्यक्ति भिक्षा लेकर उपस्थित हो गया। शंकराचार्य ने भिक्षा के लिए हाथ आगे बढ़ाने के स्थान पर हाथ पीछे खींच लिए तथा मृदुस्मित हास्य के साथ मधुर शब्दों में बोले, 'जो अपने समाज के लोगों को अपना नहीं समझता, जिसके हृदय में अपने लोगों के लिए प्रेम नहीं, ममता नहीं, उसका अन्न खाकर क्या धर्मवृत्ति उत्पन्न होगी?'[30]

''जिसके बगल में इतना निर्धन परिवार हो वह स्वयं सुख और वैभव की गोद में खेलकर भी अपने को समाजसेवक कहे, अपने धर्म की दुहाई दे, यह कैसी विडंबना है?''[31]

इस उपन्यास में जिस काल का ऐतिहासिक परिवेश है उस समय बौद्धधर्म के प्रचार-प्रसार की प्रतिक्रिया में वैदिकजन अधिक कर्मकांडी व पोथी-पंथी हो चले थे। शंकराचार्य ने इस कर्मकांडिता व पोथी-पंथिता का विरोध किया था। वैदिक मतानुसार पहले ब्रह्मचर्य, फिर गृहस्थ, उसके बाद वानप्रस्थ तथा अंत में संन्यास आश्रम की व्यवस्था है जिसका अर्थ है संसारत्याग; लेकिन शंकराचार्य ने इस आश्रमव्यवस्था का उल्लंघन करते हुए बौद्धों के समान युवावस्था में संन्यास ग्रहण किया। शंकराचार्य की संन्यास ग्रहण करने के लिए अपनी माता आर्यम्बा से दीनदयाल ने जिस प्रकार वार्त्ता करवाई है, शंकराचार्य के इधर-उधर घूमने का जैसा वर्णन किया है वह ऐसा है जैसे कोई संघ का कार्यकर्ता संघ कार्य के लिए इधर-उधर घूम रहा हो। ग्राह द्वारा पाँव ग्रसने तथा माँ द्वारा संन्यास की आज्ञा पाने के सारे दृश्य ऐसे हैं जैसे कोई स्वयंसेवक प्रचारक बनने के लिए अपने घरवालों को मनाता है।

''उस समय के हिंदू संन्यास लेकर देश का कार्य करने के पुराने आदर्श को न केवल भूल ही गए थे, अपितु उसको बुरा भी समझते थे; क्योंकि बौद्धों ने अपने धर्म में संन्यास को प्रमुख स्थान दे रखा था। अतः साधारणतया अप्रचलित संन्यासधर्म का आश्रय शंकर ले, यह वे (आर्यम्बा) नहीं चाहती थीं।''[32]

संन्यास का तात्पर्य वैराग्य नहीं, संसार का त्याग नहीं, वरन् देशसेवा का सामाजिक

कार्य है। हिंदू शास्त्रों में इसकी व्यवस्था रही हो या नहीं, संघ में प्रचारक व्यक्ति गृहत्याग कर सामाजिक कार्यकर्ता बनता है। शंकराचार्य शायद वैदिक धर्म के ऐसे प्रथम संन्यासी थे। उन्होंने कहा, "हम नियमों के दास नहीं, स्वामी हैं।...नहीं भाई, जंगल नहीं जाऊँगा। संन्यास का अर्थ संसार को छोड़कर वन में तपस्या करना नहीं है। मैंने कर्मसंन्यास लिया है, जिसका अर्थ कर्म छोड़ना नहीं, कर्म करना है, देश और धर्म के कर्म करना है जो सत्य है तथा मनुष्य को कर्मफल बंधन में नहीं बाँधते।"[33]

"...वर्णाश्रम-व्यवस्था समाज के कल्याण के लिए समाज द्वारा निर्मित व्यवस्था है। अपने बनाए नियमों के हम स्वामी हैं, दास नहीं।"

इसके अतिरिक्त इस संदर्भ में यह वाक्य भी उल्लेखनीय है : "...व्यवस्था और नियम साध्य नहीं, साधन हैं। साधन का उपयोग तब तक है जब तक वह साध्य को प्राप्त कराने में सहायक हो। केवल लकीर पीटने से क्या लाभ?[34]

शंकराचार्य ने संन्यास के स्वरूप पर भी इन शब्दों में प्रकाश डाला है "इस संन्यास में अलगाव नहीं, अपनाव है; विरक्ति नही, प्रेम है। हाँ, इस प्रेम में आसक्ति नहीं, बंधन नहीं, मोह नहीं। इसमें संकुचितता नहीं, विशालता है; दुर्बलता नहीं, शक्ति है; व्यक्ति के लिए समाज का त्याग नहीं, समाज के लिए व्यक्ति का राग है।"[35]

उपर्युक्त उद्धरण की अंतिम पंक्तियों में डॉ. हेडगेवार द्वारा श्री गोलवलकर को उस समय कहे वाक्यों की ध्वनि है, जब गोलवलकर आत्मोद्धार के लिए आध्यात्मिक साधना के हेतु हिमालय पर चले जाना चाहते थे, तब डॉ. हेडगेवार ने उन्हें कहा था कि अपनी आत्मा की मुक्ति के लिए समाज को छोड़कर साधना करना, क्या अपने कोटि-कोटि समाज बंधुओं की मुक्ति का विचार न करते हुए किया गया व्यक्तिगत स्वार्थभरा कार्य नहीं होगा? इस वार्त्तालाप के कारण गोलवलकर ने हिमालय पर जाने का विचार त्याग दिया था।

सामाजिक कार्यकर्ता एवं सामाजिक परिस्थिति का चित्रण दीनदयाल उपाध्याय ने जहाँ कुशलतापूर्वक किया है, वहीं यह पुस्तक उनके बहुश्रुत व बहुपठित होने की भी परिचायक है। इसमें भारतीय वैदिक परंपरा, दर्शन व औपनिषदिक परंपरा के इतिहास का विशद् एवं सुरुचिपूर्ण वर्णन है। दीनदयाल उपाध्याय दार्शनिक स्तर पर समाज की अवस्था को माया कहकर उपेक्षित करनेवालों व अध्यात्म की बात करनेवालों को चुनौती देते हैं—

"आर्त की पुकार में जिनको भगवान् की वाणी नहीं सुनाई देती, उसके कान भगवान् के शांत स्वर को नहीं सुन सकते। दुर्बल और दुःखी की आत्मा को जो नहीं पहचान सकता वह सर्वात्मा का क्या दर्शन कर सकेगा?"[36]

संघ की कार्य-पद्धति में कार्यकर्ता बनाने की प्रक्रिया को बहुत महत्त्व दिया जाता

है। शाखा पद्धति को व्यक्ति निर्माण की कार्य-पद्धति ही कहा जाता है। अत: आश्रम में शंकराचार्य की शिक्षा के संदर्भ में दीनदयाल लिखते हैं, "वे शंकर को कच्चा नहीं निकलने देना चाहते थे, क्योंकि वे जानते थे कि जहाँ एक अच्छा कार्यकर्ता समाज को अवनति की गर्त से निकालकर हिमाद्रि के उत्तुंग शिखर पर आसीन कर सकता है, वहाँ एक अयोग्य कार्यकर्ता समाज के मार्ग में रोड़े ही अटकाएगा तथा किसी-न-किसी दिन अपने व्यक्तिगत स्वार्थ, नाम और यश के पीछे धर्म का घात करने को तैयार हो जाएगा। अहंकार वैसे तो प्रत्येक व्यक्ति को गहरे गर्त में डालता है, किंतु समाज के कार्यकर्ता का अहंकार तो उसके साथ-साथ संपूर्ण समाज में फैलकर चारों ओर के वातावरण को विषाक्त कर देता है। वे जानते थे कि शंकर अहंकार आदि दुर्गुणों से कोसों दूर है, परंतु फिर भी उन्होंने उसे अपने पास और चार वर्ष रखा, स्वयं उसको शिक्षा दी तथा दोषों को बीन-बीन कर निकाल फेंका।"[37]

जिस समय यह ग्रंथ लिखा गया था, तब संघ की राजनीतिक किंवा सांस्कृतिक भूमिका पर थोड़ा-बहुत विवाद था ही। दीनदयाल उपाध्याय ने इस बात पर बल दिया है कि संघ के जीवन में सांस्कृतिक पक्ष प्रबल है। स्वयं उनके शब्दों में, "वहाँ उन्होंने (शंकराचार्य ने) निर्णय किया हो तो क्या आश्चर्य कि बिना सांस्कृतिक एकता के, बिना विचारों के एकछत्र साम्राज्य के, राजनीतिक एकता टिकाऊ नहीं होती। राजनीतिक एकता के मूल में सांस्कृतिक एकता चाहिए। सांस्कृतिक एकता हुई तो फिर राजनीतिक एकता के लिए प्रयत्न करनेवाले वीर जन्म ले सकते हैं। सांस्कृतिक एकता होते हुए, राजनीतिक विभिन्नता भी राष्ट्र का गला नहीं घोट सकती, उसके शरीर को चाहे कृश कर दे पर आत्मा को नष्ट नहीं कर सकती।"[38]

राष्ट्रीय स्वयंसेवक संघ की कार्यपद्धति में 'एकचालकानुवर्तित्व' की अवधारणा है, तद्नुरुप स्वयंसेवकों में नेतृत्व के प्रति श्रद्धा का भाव उत्पन्न किया जाता है। प्राचीन आख्यान इस प्रकार है कि शंकराचार्य की शिष्यमंडली में एक शिष्य था, जिसका नाम पद्मपाद था। वह नाम इसलिए पड़ा कि एक बार आचार्य ने उसे गंगा पार से आवाज लगाई तो पद्मपाद नंगे पाँव गंगा के ऊपर से दौड़ता हुआ चला आया। उसने गंगा पर जहाँ-जहाँ पाँव रखा, वहाँ-वहाँ कमल उत्पन्न हो गए और वह आचार्य के पास पहुँच गया। इस आख्यान को दीनदयाल इस प्रकार वर्णित करते हैं—

"अथाह जलराशि में पग-पग पर उसको प्रस्फुटित पद्मपुष्प मिलते चले गए, जिन पर पाँव रखता हुआ वह सानंद पार आ गया। इसीलिए उसका नाम पद्मपाद रखा गया। अपने ध्येय और नेता में श्रद्धा रखकर नेता की आज्ञा मिलने पर बिना हिचकिचाहट दौड़ पड़नेवाले को कोई कठिनाई नहीं रोक सकती। जिसको श्रद्धा का सहारा है उसे भला कौन डुबो सकेगा? उसे मार्ग में काँटे नहीं मिलते, मार्ग के शूल भी उसके लिए

फूल हो जाते हैं। विपत्तियों को तिल का ताड़ बनानेवाले अश्रद्धालु एवं शंकाशील व्यक्तियों के मार्ग में सदैव ही अलंघ्य पर्वत तथा असीम सागर रहता है, क्योंकि उनकी दृष्टि अपने ध्येय पर नहीं, अपने पैरों की ओर लगी रहती है।''[39]

शंकराचार्य द्वारा बौद्ध धर्म के उच्चाटन एवं वैदिक धर्म के प्रचार के अभियान का दीनदयाल उपाध्याय ने बड़ा प्रभावी व प्रखर वर्णन किया है। साहित्यिक शैली में जिस प्रकार उन्होंने वर्णन किया है, उससे पाठक के मन में एक वातावरण उत्पन्न होने लगता है। शब्द प्रयोग बड़े अलंकारपूर्ण हैं। ''समन्वयता मानो संपूर्ण गगन मंडल में गूँज के साथ छा गई। सरलता और शांति की मानो घोषणा हुई हो। स्पष्टवादिता सीधी-सीधी सुनाने को समुद्यत हो गई। मेल-मिलाप मनमुटाव को मटियामेट करके मोद मनाने लगे। शूरता सिर पर सवार थी, वीरता बढ़कर बातें करने लगी। दया दिल खोलकर दान देने लगी। अभेद और अद्वैत आनंदातिरेक से आपे से बाहर हो रहे थे।''[40]

वैदिक मतों के मतमतांतर शंकराचार्य के काल में वैसे ही थे जैसे दीनदयाल उपाध्याय के काल में विभिन्न हिंदू संप्रदायों की आपसी स्थिति थी। अपने को अपेक्षित हिंदू एकता के लिए वे शंकराचार्य से कहलवाते हैं, ''सभी देवी-देवता एक ही परब्रह्म के भिन्न-भिन्न स्वरूप हैं···रामेश्वरम् में शिव की प्रतिष्ठा और उपासना करके समुद्रोत्तरण व लंका विजय करनेवाले राम और राम का नाम लेकर हलाहल पान करनेवाले शिव में विरोध कैसा? सती के शव को कंधे पर रखकर भारत-भ्रमण करनेवाले शिव और दूसरे जन्म में भी शिव को वरण करने की इच्छा से घोर तपस्या करनेवाली गिरिजा में कैसा अंतर? ये सब तो एक ही हैं। जो वैष्णव है वह शैव है और वही शाक्त भी है।''[41]

कुमारिल भट्ट के प्रखर कर्मकांडितापोषक शिष्य मंडन मिश्र से शंकराचार्य का बड़ा ऐतिहासिक शास्त्रार्थ हुआ था। दीनदयाल उपाध्याय ने उस शास्त्रार्थ को बड़े सौम्य एवं समन्वयकारी वार्त्तालाप में बदल दिया। जब श्राद्ध कर्म कर रहे मंडन मिश्र के पास शंकर पहुँच गए तो मिश्र ने आवेशपूर्वक शंकराचार्य से कहा, ''वैदिक धर्म की बातें तो खूब करते हो किंतु व्यवहार तो बौद्धों जैसा ही है। वैदिक धर्म में संन्यास कहाँ है? और फिर संन्यासी की श्राद्धकर्म में उपस्थिति घोर वेदविरोधी कृत्य है।'' दीनदयाल के शंकराचार्य इस कर्मकांडिता व शास्त्रीयता के विवाद में उलझते नहीं तथा कहते हैं, ''मिश्र प्रवर! आज की देश की दशा आपसे छिपी नहीं है। यह बात सत्य है कि भट्टपादाचार्य कुमारिल ने अपना जीवनसर्वस्व इस धर्म की सेवा में लगा दिया, जीवन का एक-एक क्षण वैदिक धर्म की पुनर्स्थापना और वेदविरुद्ध धर्मों के खंडन में ही बिताया। उसमें उन्हें सफलता भी मिली; किंतु आज भी तो बौद्ध धर्म उत्तर-पश्चिम प्रांतों में विद्यमान है तथा इस राष्ट्र के लिए आपत्ति का कारण बना हुआ है। आओ, हम दोनों मिलकर इन राष्ट्रविरोधियों को समाप्त करें; संपूर्ण भारतवर्ष में हिंदू धर्म का प्रचार करें तथा भट्टपाद

के अधूरे कार्य को पूरा करें।''[42]

राष्ट्रीय स्वयंसेवक संघ में हालाँकि महिलाओं को प्रवेश नहीं है, न ही वैदिक मतों में महिला के संन्यास की व्यवस्था है; लेकिन ऐतिहासिक तथ्य के आधार पर दीनदयाल उपाध्याय मंडन मिश्र की पत्नी से महिला के अधिकारों का वर्णन करवाते हुए उसे शास्त्रार्थ का अधिकार देकर, अंत में उसे संन्यास ग्रहण करवा देते हैं। महिला अधिकारों के लिए भारती तर्क देती है : ''स्त्री हूँ तो क्या हुआ आचार्य? स्त्री के क्या विचार नहीं होते? उसके मन में क्या शंकाओं-कुशंकाओं की आँधी नहीं उठ सकती? उसके पास भी मस्तिष्क है, हृदय है और फिर वह भी तो राष्ट्र का अंग है। उसका भी राष्ट्र के प्रति दायित्व है और उस दायित्व को निभाने का उसको भी अधिकार है।...और आचार्य, स्त्रियों के साथ क्या शास्त्रार्थ नहीं हुए हैं? गार्गी व याज्ञवल्क्य का संवाद आपको ज्ञात नहीं है? गार्गी क्या पुरुष थी? और उसका शास्त्रार्थ भी किसी साधारण विषय पर नहीं किंतु आत्मा के संबंध में हुआ था। जनक और सुलभा का शास्त्रार्थ तो प्रसिद्ध ही है। सुलभा भी कोई पुरुष नहीं थी। जनक और याज्ञवल्क्य भी कोई साधारण मनुष्य नहीं थे किंतु अत्यंत प्रसिद्ध महात्मा थे। यदि ये महात्मागण स्त्रियों से विवाद कर सकते हैं तो आप मुझसे क्यों नहीं कर सकते?''[43] तत्कालीन वैदिक समाज अपनी कर्मकांडिता के कारण सिकुड़ता जा रहा था। बौद्धों की प्रचारपद्धति व तर्कशक्ति ने उसे पर्याप्त आहत किया था। शंकराचार्य ने एक प्रकार से बौद्धपद्धति से ही वैदिक धर्म का पुनर्स्थापन व बौद्धों का उच्चाटन किया था। इसीलिए शंकराचार्य पर प्रच्छन्नबौद्ध होने का भी आक्षेप है।

बौद्धों को पराजित करने के लिए जिन तरीकों व तर्कों का उपयोग शंकराचार्य ने किया है, वे संघ के व्यवहार चिंतन से मेल खाते हैं। उनकी न्यायसंगतता को सिद्ध करने के लिए कुमारिल भट्ट के एक कथन पर टिप्पणी करते हुए शंकराचार्य कहते हैं, ''...ध्येय की भलाई-बुराई से साधनों की भलाई-बुराई का निर्णय होता है; साधन की कोई स्वतंत्र सत्ता नहीं है।''[44] संभवत: सभी व्यवहारवादी सामाजिक जन इस विचार के अनुसार ही आचरण करते हैं। महात्मा गांधी जिस विचार-सरणी का उस समय प्रचार व व्यवहार कर रहे थे वह इसके एकदम प्रतिकूल तथा आदर्शवादी थी। वे साधनशुचिता के बिना साध्यसुचिता को अव्यवहार्य व अप्राप्य मानते थे।

बौद्धों के तर्कवाद को दीनदयाल उपाध्याय किंकर्तव्यविमूढ़ बनानेवाला वर्णित करते हैं, ''कर्मण्यता का पौधा तर्क की मरुभूमि में नहीं किंतु भावना की उपत्यका में लहलहाता है, शब्दों का जंजाल तो व्यवहार को किंकर्तव्यविमूढ़ बना देता है।''[45]

बौद्ध भिक्षुओं से वार्त्तालाप में शंकराचार्य कटु यथार्थ को जिस मृदुता, शालीनता व दृढ़ता से कहते हैं, शायद वही दृढ़ता, राष्ट्रीय स्वयंसेवक संघ व दीनदयाल उपाध्याय को तत्कालीन कांग्रेसी नेतृत्व से मुसलमानों के लिए अभिप्रेत थी। मुसलमानों की अलग

पहचान को स्वीकार कर उन्हें तुष्ट करने की वृत्ति के दीनदयाल उपाध्याय आलोचक थे। उनके चिंतन का यह पहलू शंकराचार्य के इन शब्दों का स्मरण कराता है—

"भगवान् बुद्ध मेरे ही पूर्वज थे…मुझे भगवान् बुद्ध से विरोध नहीं है, न उनके नैतिक आदेशों से ही विरोध है। परंतु तनिक सोचो भिक्षुश्रेष्ठ! क्या आज हम उनके आदर्श का पालन कर रहे हैं? उनकी आत्मा की पुकार आज हम सुन पा रहे हैं?… हम अपनी इन आँखों से शकों और हूणों के अत्याचार नहीं देखते?"[46]

"शक और हूण बौद्धधर्म में इसलिए दीक्षित नहीं हुए कि उन्हें बौद्धधर्म प्रिय था अथवा उन्हें भगवान् बुद्ध से प्रेम था…उन्होंने बौद्धधर्म को अपनी राजनीति के चंगुल में फँसाया। उनके बौद्धधर्म स्वीकार करने से तुमने समझा कि वे अपने हो गए।…कनिष्क ने बौद्धधर्म का पुनःसंस्कार भी किया और साथ ही भारत की स्वतंत्रता का गला भी घोंटता रहा। तुमने एक को देखा पर दूसरे की ओर ध्यान देना तो दूर उल्टे उसकी सहायता ही की।…शासक का कोई धर्म नहीं होता भिक्षुवर।"[47]

बौद्धों के तथाकथित अंतरराष्ट्रीयतावाद व पृथक पहचान को नकारते हुए शंकराचार्य कहते हैं, "आप इस पुण्यभूमि हिंदुस्तान के निवासी आर्यों की संतान हैं, प्राचीन परंपरा के माननेवाले हैं, राम और कृष्ण की संतान हैं। अतः हिंदू हैं; भगवान् बुद्ध की आत्मा का आपने साक्षात्कार किया है; अतः बौद्ध हैं। विष्णु के अवतार भगवान् बुद्ध के पुजारी होने के नाते वैष्णव हैं और राष्ट्र के शिव की आराधना आपको शैव भी बनाएगी।"[48]

इस उपन्यास में जहाँ वर्तमान परिप्रेक्ष्य व ऐतिहासिक परिवेश का दीनदयाल उपाध्याय ने एक मंजुल सामंजस्य प्रस्तुत किया है वहीं उनकी साहित्यिक प्रतिभा भी इसमें झलकती है। स्थान-स्थान पर सुंदर एवं कोमल दृश्यों का वे सृजन करते हैं, शब्दचयन एवं वाक्य-द्युति चमकती हुई दिखाई पड़ती है, "तक्षशिला से आचार्य शंकर कश्मीर की ओर चले। महर्षि कश्यप की भूमि कश्मीर के क्रोड़ में केवल कुमकुम की क्यारियाँ ही नहीं किंतु काव्य और कला भी क्रीड़ा करती थी।"

इसी प्रकार निम्न पंक्तियों में प्रकृति का सजीव और सुंदर वर्णन उनकी उच्चकोटि की साहित्यिक प्रतिभा को दरशाता है, "आचार्य शंकर शारदा का ध्यान करते हुए मंदिर की ओर बढ़ते जाते थे। प्रकृति-नटी ने साज-श्रृंगार करके उनको विमोहित करना चाहा; प्रस्फुटित पुष्पों ने हँसकर उनका स्वागत किया और दो बातें करनी चाहीं, कलियों ने चटककर धीरे से कान में अपना प्रेमभरा राग सुनाया और करस्पर्श की लालसा प्रकट की, अप्सराएँ सरोवर में अपना स्वरूप देखने के बहाने उतर आईं, गंधर्व पक्षियों के स्वर में गाने लगे किंतु कोई भी आचार्य शंकर को रोक नहीं पाया।"

"प्रातःकाल बालारुण की स्वर्णिम रश्मियाँ जब हिमाच्छादित श्रृंगों पर पड़तीं तो केसर की क्यारियों की प्रतिच्छाया और आचार्य शंकर के दृढ़ निश्चय का तेज एक साथ

हिमालय की चोटियों पर चमक उठता। उषा विदा होते-होते अपने कर से केसर का तिलक भारत के भाल पर लगा जाती। आचार्य शंकर आगे बढ़ते और भारतीय आत्मा का आध्यात्मिक, आधिदैविक और आधिभौतिक स्वरूप संपूर्ण दृश्य में नाच उठता।''[49]

इस उपन्यास को लिखने का हेतु न तो निरपेक्ष रूप से साहित्य सृजन का था, न इतिहास लिखने का। दीनदयाल उपाध्याय अपने सामाजिक राष्ट्रीय किंवा राजनीतिक-सांस्कृतिक विचारों के प्रसार के माध्यम के रूप में इस औपन्यासिक विधा का उपयोग करना चाहते थे, और वह उन्होंने प्रभावी ढंग से किया। साहित्यिक, ऐतिहासिक, तर्क अथवा दर्शन की कसौटी पर यदि हम इस पुस्तक को कसना चाहेंगे तो हमें इसमें विधागत भूलें, विसंगतियाँ व अनैतिहासिकता दिखाई पड़ेगी। ऐतिहासिक उपन्यासकार जितना अपने द्वारा स्वीकृत ऐतिहासिक आख्यान की ऐतिहासिकता की रक्षा करने में सचेत रहता है, दीनदयाल ने इसकी बहुत परवाह नहीं की है। 'सामाजिक कार्यकर्ता', 'हिंदू', 'देश-धर्म' आदि शब्दों का प्रयोग जितनी प्रचुर मात्रा में इस उपन्यास में वे करते हैं, यह शब्दावली आचार्य शंकर के काल की शब्दावली नहीं है। जहाँ मौलिक कृतियों को दीनदयाल उपाध्याय ने अपने इस ग्रंथ में उद्धृत किया है वहाँ प्रसंग एवं संदर्भ के साथ उसमें विसंगति आ गई है। यथा, शंकराचार्य की दिग्विजय यात्रा के प्रारंभ के वर्णन की पृष्ठभूमि में वे 'जन-आंदोलन', 'न्याय-अन्याय के संघर्ष' आदि के संदर्भ प्रस्तुत करते हैं। इसी संदर्भ में वे गंगा किनारे शिष्यवर्ग से प्रयाण करवाते हैं; लेकिन प्रयाणगीत में केवल गंगा की स्तुति है।[50] उसमें संदर्भगत 'जन-आंदोलन' अथवा 'समग्रता व समन्वय' की कोई ध्वनि नहीं है। इसका कारण यह है कि 'गंगास्तुति' शंकराचार्य द्वारा रचित मौलिक कृति है तथा पृष्ठभूमिगत संदर्भ की संरचना उपन्यासकार ने अपनी तत्कालीन मानसिकता के अनुरूप की है।

'सम्राट् चंद्रगुप्त' तथा 'जगद्गुरु शंकराचार्य' जिनका प्रणयन क्रमशः सन् 1946 व 1947 में हुआ, दीनदयाल उपाध्याय के संपूर्ण साहित्य में ये दो ही साहित्यिक कृतियाँ हैं। उनका साहित्यिक रूप इन प्रथम कृतियों में ही इतना प्रगल्भतापूर्ण है कि यदि दीनदयाल उपाध्याय अपने आगामी जीवन में साहित्यिक क्षेत्र को ही चुनते तो वे संभवतः भारत के बड़े साहित्यकारों में गिने जाते। लेकिन सन् 1947 के बाद उन्होंने किसी अन्य साहित्यिक कृति का सृजन नहीं किया। आगे का उनका साहित्य विचारप्रधान व सामाजिक, राजनीतिक, सांस्कृतिक एवं दार्शनिक निबंधों, भाषणों व पुस्तकों का संकलन है। इस साहित्य में वह लालित्य व भावप्रवणता नहीं है जो इन प्रथम दो रचनाओं में है।

7. 'पाञ्चजन्य 'साप्ताहिक एवं 'राष्ट्रधर्म 'मासिक का प्रकाशन

दीनदयाल उपाध्याय के प्रयत्न व प्रेरणा से सन् 1945 में मासिक 'राष्ट्रधर्म 'व

साप्ताहिक 'पाञ्चजन्य 'का प्रकाशन प्रारंभ हुआ। बाद में 'स्वदेश' दैनिक भी चला। इन पत्रिकाओं के प्रत्यक्ष संपादक दीनदयाल उपाध्याय कभी नहीं रहे; लेकिन वास्तविक संचालक, संपादक व आवश्यकता होने पर उसके 'कंपोजिटर', 'मशीनमैन व सब कुछ दीनदयाल उपाध्याय ही थे।''[51]

इस प्रकार से वस्तुस्थिति यह रही कि संपादन नीति एवं विषयवस्तु के सूत्रधार दीनदयाल उपाध्याय ही थे। इसके अतिरिक्त, वे प्रत्यक्ष भी इन पत्रों में लिखकर अपने सामाजिक, सांस्कृतिक एवं राजनीतिक विचारों का संप्रेषण करते थे। उनके उस काल के चिंतन को जानने का प्राथमिक स्रोत 'पाञ्चजन्य' व 'राष्ट्रधर्म' की पंजिकाएँ ही हैं। उन्हीं के प्रकाश में हम उनके विचारों का आकलन यहाँ करेंगे।

8. दीनदयाल उपाध्याय की इतिहास दृष्टि

ऐतिहासिक पात्र, जिनका कि चयन उन्होंने अपने लेखन के लिए किया, वे ही उनकी विशिष्ट इतिहास दृष्टि के परिचायक हैं। अपने लेखन में उन्होंने जिन ऐतिहासिक महापुरुषों को चुना, वे हैं श्रीकृष्ण, शंकराचार्य, तुलसीदास, शिवाजी व लोकमान्य तिलक। ये सभी महापुरुष भारत की सनातनधर्मी वैदिक धारा की निरंतरता के प्रतिनिधि हैं। इसी ऐतिहासिक निरंतरता को दीनदयाल उपाध्याय ने भारत की सनातन राष्ट्रीयता के नाते व्याख्यायित किया है और यही उनकी इतिहास संबंधी विचारधारा भी रही है।

(क) भगवान् कृष्ण : उपाध्याय निरंतरता के साथ परिवर्तन के हामी थे। जिस परिवर्तन से सामाजिक निरंतरता में बाधा आती है उसे न केवल वे स्वीकार नहीं करते वरन् उसे समाज के लिए विभेदकारी व अवांछनीय भी मानते थे। श्रीकृष्ण ने वैदिक कर्मकांड को चुनौती देते हुए 'भागवत धर्म' की स्थापना की; लेकिन भागवत धर्म वैदिक धर्म से अपनी पृथकता का आग्रह नहीं करता। वह उसी का एक विकास-चरण था। अत: दीनदयाल श्रीकृष्ण को एक रचनात्मक एवं संगठनकुशल[52] समाजसुधारक के रूप में प्रस्तुत करते हैं।

''भागवतधर्मी भगवान् कृष्ण ने, जहाँ वैदिक इंद्र आदि देवताओं की पूजा-अर्चना बंद करके गोवर्धन पूजा की पद्धति चलाई, वहीं वेदों तथा वैदिक व्यवस्था के प्रति पूर्ण आदर की भावना भी दिखाई। जीवन में यज्ञादि का विरोध करते हुए भी युधिष्ठिर को राजसूय यज्ञ करने के लिए प्रेरित किया तथा स्वयं उसमें प्रमुख स्थान ग्रहण किया। भागवत धर्म का विरोध बुराई से था न कि संपूर्ण समाज व्यवस्था से।''[53]

लेकिन भगवान् बुद्ध द्वारा जिस प्रकार वैदिक परंपरा से विद्रोह किया गया, दीनदयाल उपाध्याय उसे राष्ट्रीय परंपरा को तोड़ने[54] का प्रयत्न मानते हैं। वे भगवान् बुद्ध व बौद्धधर्म को 'केंद्रापगामी'[55] घोषित करते हैं। बुद्ध द्वारा किए गए विद्रोह पर वे अपनी

आपत्तियों का निम्न प्रकार से वर्णन करते हैं—

"कर्मकांड में हिंसा को देखकर उन्होंने (भगवान् बुद्ध ने) केवल कर्मकांड का ही विरोध नहीं किया; अपितु वेद और ब्राह्मणों को सब पापों की जड़ समझकर उनकी सत्ता ही निर्मूल कर दी। प्राचीनकाल से चली आनेवाली पद्धतियों को पूर्णतः त्याग दिया। उन्होंने अपना प्रचार संस्कृत के स्थान पर पाली में किया। वर्णव्यवस्था को ठुकरा दिया तथा इस प्रकार वैदिक परंपरा की व्यवस्था से अपने संबंध का पूर्णतः विच्छेद कर लिया।"[56]

श्रीकृष्ण के भागवत्धर्म व बुद्ध के बौद्धधर्म के इस तुलनात्मक अध्ययन के साथ ही भगवान् कृष्ण की नीतिमत्ता के भी दीनदयाल समर्थक हैं। तत्कालीन 'साध्य-साधन शुचिता'[57] की बहस के संदर्भ में उनके इस कथन को देखा जा सकता है—

"कृष्ण ने इनमें से केवल पांडवों को ही धर्मसाम्राज्य के योग्य समझा और फिर अपनी संपूर्ण शक्ति अपने इस कार्य के लिए लगा दी। एक बार राष्ट्र का ध्येय निश्चित होने पर सर्वस्व उस ध्येय की पूर्ति के लिए लगाना आवश्यक हो जाता है। फिर उसके लिए पग-पग पर नीति-अनीति, सत्य-असत्य का विचार करने की आवश्यकता नहीं रहती। जो ध्येयपूर्ति में सहायक हो वही नीति है, जो ध्येय को सत्य-सृष्टि में परिणत कर सके, वही सत्य है। धर्म की विवेचना करनेवाले भगवान् कृष्ण के जीवन में यही सिद्धांत स्पष्ट दिखाई देता है।"[58]

(ख) शंकराचार्य : इन्हीं दिनों में दीनदयाल उपाध्याय ने जगद्गुरु शंकराचार्य पर एक उपन्यास की रचना तो की ही थी, साथ ही उन्होंने आचार्य शंकर को अपने लेखों का विषय भी बनाया। शंकराचार्य के ऐतिहासिक कार्य को वे बौद्धधर्म के विनाशकर्ता के रूप में नहीं देखते वरन् उनकी मान्यता है कि शंकराचार्य ने 'केंद्रापगामी' बौद्धधर्म तथा 'केंद्राभिमुखी'[59] हिंदू धर्म में समन्वय का कार्य कर राष्ट्रीय एकात्मता की स्थापना की।

शंकराचार्य का आचार्य किंवा दार्शनिक पक्ष दीनदयाल उपाध्याय के लेखों की विषय वस्तु नहीं बना है। वे एक इतिहासचक्र का वर्णन करते हैं जिसके अनुसार भारत में विद्रोह व सृजन की एक सनातन परंपरा है। विद्रोह व सृजन की एक समन्वयात्मक धारा है। उस धारा का ऐतिहासिक, धार्मिक एवं राष्ट्रीय दृष्टि से स्वामी शंकराचार्य ने प्रतिनिधित्व किया। वैदिक धारा के साथ जिनका विद्रोह का संबंध रहा उनकी परंपरा उपनिषदों से प्रारंभ हुई। श्रीकृष्ण के भागवत धर्म, तीर्थंकरों के जैन धर्म व महात्मा बुद्ध तक आते-आते यह स्थिति तीव्रतम हो गई। शंकराचार्य के व्यक्तित्व में विद्रोहधारा व मूल वैदिकधारा का समन्वय दृष्टिगोचर होता है जिसमें न केवल धार्मिक एवं दार्शनिक समन्वय है वरन् राष्ट्रीय एकात्मता की परिपुष्टि भी है। बुद्ध के पूर्व हुए सभी विद्रोहों को दीनदयाल उपाध्याय इसलिए राष्ट्रीयधारा का अंग मानते हैं क्योंकि इन विद्रोही महापुरुषों ने भारत की भूमि, पर्वत, नदियों, वन आदि से तथा अपने ऐतिहासिक पूर्वजों से अपना

संबंध विच्छेद नहीं किया। इसके विपरीत बौद्धों के 'देश-देशांतरवाद' किंवा अंतरराष्ट्रीयतावाद ने उन्हें भारतभूमि के ममत्व से काट दिया। परिणामत: कालांतर में भारतीय बौद्धों को अपने देशवासियों की तुलना में आक्रमणकारी 'धर्मबंधु' अधिक निकट लगने लगे। दीनदयाल बौद्धों के इस स्वरूप को उनका अहिंदू स्वरूप कहते हैं।

स्वामी शंकराचार्य ने युवा संन्यासियों की आश्रमविरोधी बौद्धपरंपरा एवं बौद्धविहारों के समान 'मठों' की परंपरा को वैदिक धर्म में जोड़ दिया। बुद्ध को विष्णु का अवतार घोषित किया। इसीलिए तत्कालीन परंपरावादी शंकराचार्य को प्रच्छन्नबौद्ध भी कहते थे। 'बौद्धधर्म के नाशक' शंकराचार्य अथवा 'प्रच्छन्नबौद्ध' शंकराचार्य के अतिवादी उपागमों को दीनदयाल उपाध्याय स्वीकार नहीं करते हैं। उनकी मान्यता है कि शंकराचार्य के कुशल व प्रखर प्रयत्नों के परिणामस्वरूप ''...बौद्ध धर्म एवं हिंदू धर्म इतने निकट आ गए थे कि उनके भगवान् बुद्ध को अवतार मानने पर तथा वेदांत की स्थापना करने पर जो कि बौद्धों को अपने शून्यवाद से मिलता-जुलता ही प्रतीत हुआ, बौद्ध धर्म का स्वतंत्र अस्तित्व अनावश्यक हो गया, वह हिंदू धर्म में मिल गया।''[60]

इस संपूर्ण ऐतिहासिक विवेचन में से दीनदयाल उपाध्याय ने अपनी राष्ट्रवाद की कल्पना का पोषण करने का प्रयत्न किया है, जो तत्कालीन भारत के अन्य राजनीतिक आंदोलनों के राष्ट्रवादी विचारों से सर्वथा पृथक थी। राष्ट्रवाद की तत्कालीन राजनीतिक स्थापना के विरुद्ध दीनदयाल उपाध्याय ने अपने सांस्कृतिक राष्ट्रवाद को स्थापित किया। इसी स्थापना के कारण दीनदयाल व उनका संगठन राष्ट्रीय स्वयंसेवक संघ पुनरुत्थानवादी, सांप्रदायिक आदि भी कहलाया। संघ तत्कालीन राष्ट्रवाद को 'क्षेत्रीय व राजनीतिक राष्ट्रवाद' कहकर आलोचित करता था तथा 'शुद्ध व सांस्कृतिक राष्ट्रवाद' के नाम से अपनी अवधारणा को अभिमंडित करता था। अपने संपूर्ण विवेचन के निष्कर्ष के रूप में दीनदयाल कहते हैं'। ''हमारी यह भावना बराबर बनी रही है कि हम स्वयं अपने स्वामी बने रहे। ईश्वरदत्त देश आर्यावर्त में हम स्वतंत्रतापूर्वक रह सकें। यह एक ऐसी भावना है जो राजनीतिक भी है और भौगोलिक भी। इसके अनुसार लोग आरंभ से ही यह समझते रहे हैं कि आर्यावर्त में हिंदुओं का ही राज्य रहना चाहिए। इसका उल्लेख मानव धर्मशास्त्र (2, 22, 23) तक में है और यह भावना पतंजलि के समय से मेधातिथि (आक्रम्याक्रम्य न चिरं तत्र म्लेच्छास्त्रातारो भवन्ति) और बीसलदेव तक बराबर लोगों के मन में जीवित रही है (आर्यावर्त यथार्थ पुनरपि कृतवान् म्लेच्छोदनादिभि:)। इस भावना को इस युग के तत्त्वज्ञों ने अत्यंत पुष्ट किया। मनुस्मृति में तो संपूर्ण भारत का वर्णन करके इसको पुण्यभूमि के नाम से अभिहित किया है तथा शेष संपूर्ण देशों को म्लेच्छ कहा है।''[61]

'म्लेच्छोच्छेदन' के सुरक्षापरक किंवा आक्रामक भाव के साथ इस ऐतिहासिक परंपरा ने भारत की भौगोलिक एकता को सांस्कृतिक आयाम दिया। इसके लिए स्थान-

स्थान पर दीनदयाल अपने लेखन में भारतव्यापी तीर्थपरंपरा, सूर्य के बारह मंदिर, गाणपत्यों के द्वादश विनायक, शैवों के अठारह ज्योतिर्लिंग, शाक्तों के इक्यावन शक्तिपीठ आदि का वर्णन करते हैं। राम की दक्षिणयात्रा व कृष्ण की पूर्वयात्रा को भारत की एकता का नियामक मानते हैं। इन नियमनों में आए शैथिल्य को समाप्त करने के लिए शंकराचार्य ने देश के चारों कोनों में चार मठों की स्थापना की। अत: शंकराचार्य भारतीय राष्ट्रधारा के पुण्यप्रवाह के एक अद्वितीय भगीरथ थे, ऐसा दीनदयाल उपाध्याय ने अपने लेखों में प्रतिपादित किया है।

(ग) तुलसीदास : राष्ट्रीयता की धारा की इसी ऐतिहासिक संगति का निरूपण मध्यकाल में जिन महापुरुषों के विवेचन के साथ दीनदयाल उपाध्याय करते हैं उनमें तुलसीदास प्रमुख हैं। वे उस धारा से अपनी असहमति प्रकट करते हैं जो अकबर को राष्ट्रीयधारा का महापुरुष निरूपित करना चाहती है। "तुलसीदासजी ने हमें तब चेतना दी जब हम आत्मसम्मान खो रहे थे। उस राष्ट्रीय कहे जानेवाले अकबर ने हिंदू धर्म और संस्कृति के ह्रास का पूरा प्रयत्न किया था। यदि वह हिंदू-मुसलिम ऐक्य का निर्माण करता होता तो राणाप्रताप[62] को क्यों नष्ट करना चाहता?"[63]

(घ) छत्रपति शिवाजी : छत्रपति शिवाजी न केवल राष्ट्रीय स्वयंसेवक संघ की संपूर्ण विचार-शृंखला के एक प्रिय पात्र हैं वरन् प्रतिपादनों की सहमति-असहमति के बावजूद शिवाजी भारतीय समाज एवं साहित्य के लोकपूज्य नायक हैं। मुसलिम आक्रमणों से देश की रक्षा करनेवाले नायकों की त्रिमूर्ति शिवाजी, प्रताप व गुरुगोविंद सिंह हमारे देश के मानसपटल पर अंकित है। शिवाजी के व्यक्तित्व व कृर्तृत्व का आकलन दीनदयाल उपाध्याय इन शब्दों में करते हैं, "छत्रपति शिवाजी ने हिंदू राष्ट्र की आत्मा का साक्षात्कार किया और अपने जीवनकाल में जब चारों ओर परकीयों[64] के अत्याचार से देशवासी त्रस्त थे एक हिंदू साम्राज्य का निर्माण कर उन्होंने सारे देश की जनता के सम्मुख आदर्श उपस्थित किया और उसको हिंदू राष्ट्र के ऐतिहासिक सत्य का साक्षात्कार करवाया। बाद की घटनाओं के कारण उनका स्वप्न अधूरा ही रह गया; किंतु हम उस भग्न संकल्प को पूर्ण करने का ध्रुव संकल्प करें। यही देश के सारे वर्तमान दु:खों एवं कष्टों को दूर करने का एकमेव मार्ग है।"[65]

(ङ) लोकमान्य तिलक व कांग्रेस : इतिहासचक्र की इस विशिष्ट व्याख्याशैली से जिस 'हिंदू राष्ट्र' अवधारणा को उन दिनों दीनदयाल उपाध्याय पुष्ट कर रहे थे, उस अवधारणा की आधुनिक अभिव्यक्ति दीनदयाल उपाध्याय को लोकमान्य तिलक के चिंतन में दिखाई देती है। अत: लोकमान्य तिलक पर अपनी टिप्पणी प्रस्तुत करते हुए उन्होंने तत्कालीन अन्य महापुरुषों एवं कांग्रेस के अंदर चल रहे वैचारिक द्वंद्व को भी अपने प्रकार से व्याख्यायित करने का प्रयत्न किया है।

सन् 1905 से 1920 तक का काल दीनदयाल उपाध्याय 'तिलक युग' मानते हैं। उनका यह भी कहना है कि जिस तरह सन् 1905 के बाद 'लाल, बाल व पाल' त्रिमूर्ति की चर्चा हुई उसी प्रकार सन् 1905 के पूर्व विवेकानंद, दयानंद व तिलक की त्रिमूर्ति प्रसिद्ध थी।[66] तिलक ने दोनों युगों को मिलाने में कड़ी का काम किया। लोकमान्य तिलक जिस उग्रवाद अथवा 'स्वराज्यवाद' के प्रवक्ता थे, दीनदयाल उपाध्याय उसके प्रशंसक थे तथा उनके समानांतर गोपालकृष्ण गोखले सदृश उदारवादी अथवा 'सुराज्यवादी' नेताओं को वे 'भिक्षाम् देहि' वृत्तिवाले 'राजमान्य' नेता मानते थे।[67] साथ ही उनका यह भी विचार था कि वह आधारभूत दृष्टि से ब्रिटिश साम्राज्य के प्रति भक्ति का दृष्टिकोण रखते थे। गोपालकृष्ण गोखले की यह आलोचना पूरी तरह से न्यायसंगत नहीं है, क्योंकि यद्यपि वह अंग्रेजों की न्यायप्रियता में विश्वास के कारण यह मानते थे कि वे भारत में प्रतिनिध्यात्मक संस्थाएँ स्थापित करेंगे, फिर भी जहाँ तक देशभक्ति का प्रश्न था वह किसी मात्रा में भी तिलक से कम नहीं थे। यह बात गोखले के आलोचकों ने भी स्वीकार की है। लेकिन दीनदयाल उपाध्याय का मत था कि लोकमान्य तिलक के हाथों से निकलकर "कांग्रेस शासनाभिमुख लोगों के हाथों में चली गई और लोकमान्य का दल बाहर निकल आया।"[68]

दादाभाई, गोखले व रानाडे द्वारा जिन राजनीतिक मुद्दों को लेकर कांग्रेस व आजादी के आंदोलन को नेतृत्व दिया जा रहा था उसके परिणामस्वरूप कांग्रेस एक जनांदोलन नहीं बन पा रही थी। लोकमान्य तिलक ने 'शिवाजी-उत्सव', 'गणेश-उत्सव' आदि को जोड़कर कांग्रेस के राजनीतिक आंदोलन को एक नया आयाम दिया तथा उसे जनांदोलन के रूप में विकसित कर दिया। शिवाजी व गणेशोत्सवों की दिशा दीनदयाल उपाध्याय के सांस्कृतिक राष्ट्रवाद के अनुकूल थी; लेकिन वास्तव में तिलक दीनदयाल उपाध्याय द्वारा प्रणीत राष्ट्रवाद के पूर्ण प्रतिनिधि नहीं थे। मुसलिम लीग के साथ प्रथम 'लखनऊ समझौता' सन् 1916 में तिलक के नेतृत्व में ही हुआ था। इस समझौते को हिंदू राष्ट्रवादियों ने सदैव निंदित किया तथा इसे मुसलिम तुष्टीकरण का प्रारंभिक प्रलेख कहा।

9. दीनदयाल उपाध्याय की सांस्कृतिक दृष्टि

दीनदयाल उपाध्याय व राष्ट्रीय स्वयंसेवक संघ के विचारों में राजनीति व संस्कृति इतनी घुली-मिली रही है कि उनको अलग-अलग कर पाना बहुत कठिन कार्य है। राष्ट्रीय स्वयंसेवक संघ के वर्तमान सरसंघचालक तथा जिन दिनों के दीनदयाल चिंतन का हम अध्ययन कर रहे हैं उन दिनों के सह-सरकार्यवाह बालासाहब देवरस ने संघ की संस्कृति एवं राजनीतिक अवधारणा के विषद् में लिखा है: "संस्कृति जीवन के प्रत्येक प्रश्न और पहलू को स्पर्श करनेवाली होने के कारण, सांस्कृतिक कार्य में स्वाभाविक रूप

से सब बातों का समावेश होता है।

संस्कृति की हमारी कल्पना संकुचित न होकर अत्यंत विशाल है। संस्कृति जीवन-धारा का नाम है और इसलिए सांस्कृतिक कार्य में जीवन से संबंधित प्रत्येक प्रश्न आता है। सांस्कृतिक कार्य जीवन का कार्य होने के कारण उसमें राजनीति, अर्थशास्त्र, अंतरराष्ट्रीयता, भाषावार प्रांतरचना आदि सभी बातें समाविष्ट हैं···राजनीतिक प्रश्नों की ओर देखने का हमारा विशिष्ट दृष्टिकोण है, निश्चित मत है और आकांक्षाएँ भी हैं। किंतु अन्य लोगों की भाँति हम बलपूर्वक या चुनाव द्वारा सत्ता हस्तगत करने में विश्वास नहीं करते। हम राजनीति को जीवन का केंद्र नहीं मानते।''[69]

दीनदयाल उपाध्याय के अध्ययन में राजनीतिक चिंतन की झलक हम उनके इतिहास-दृष्टि के साथ भी देख ही सकते हैं; लेकिन सांस्कृतिक आप्लावन एवं संस्कृति के बारे में उनका चिंतन जिन तत्कालीन लेखों में प्रस्फुटित हुआ, उनके माध्यम से हम उनकी संस्कृतिविषयक अवधारणा व चिंतन को समझने का प्रयत्न करेंगे।

(क) चिति : दीनदयाल उपाध्याय ने 'संस्कृति' की व्याख्या करते हुए 'चिति' शब्द का प्रयोग किया है। यह सामाजिक किंवा राष्ट्रीय 'चित्त' को अभिव्यक्त करनेवाला तकनीकी शब्द है। चिति की परिभाषा करते हुए दीनदयाल उपाध्याय अपने एक लेख में लिखते हैं—

''राष्ट्र के प्रति भक्ति तथा अपने राष्ट्र के जनसमूह के प्रति सहानुभूति की भावना का मूल कारण न तो हमारी यह स्वार्थों की एकता है और न ही समान शत्रुत्व या मित्रत्व ही। हमारी देशभक्ति तो राष्ट्र के संपूर्ण जन-समाज के प्रति ममत्व की भावना के कारण है जो कि एकात्मत्व का परिणाम है। व्यक्ति की आत्मा के समान ही राष्ट्र की भी आत्मा होती है। राष्ट्र की इस आत्मा को हमारे शास्त्रकारों ने 'चिति' कहा है।''[70]

संपूर्ण दीनदयाल एवं संघ साहित्य में 'स्व', 'स्वत्व', 'भारतीयत्व', 'राष्ट्रीय आत्मा' आदि शब्दों का बहुतायत से प्रयोग होता है। मनुष्य की आत्मा के समान ही 'चिति' भी अगोचर है। दीनदयाल उपाध्याय मानते हैं कि किसी देशविशेष पर रहने के कारण समाज में ही स्वाभाविक रूप से विकसित होकर इसकी अभिव्यक्ति साहित्य, संस्कृति व धर्म में होती है। इसी से सामाजिक परंपराओं एवं ऐतिहासिक एकता का भी निर्माण होता है। इसलिए केवल विदेशी सत्ता के विरोध मात्र के कार्य को दीनदयाल उपाध्याय देशभक्ति का अथवा राष्ट्रीय कार्य मानने को तैयार नहीं हैं। 'चिति' के इस प्रकाश को उज्ज्वलतर बनाने का कार्य ही देशभक्ति का मुख्य आधार होता है। राष्ट्र को इस आत्मसाक्षात्कार के मार्ग पर ले चलनेवाला ही देशभक्त होता है, केवल विदेशियों का विरोध करनेवाला नहीं।[71]

(ख) संप्रदाय व राष्ट्र : व्यक्तिगत एवं राष्ट्रीय आत्मा को समाज द्वारा समझने एवं अनुभव करने के संपूर्ण प्रयत्नों का नाम ही जीवन है। ''यह आत्मा क्या है जिसके

लिए मानव इतना तड़पता है? इस संबंध में अनेक मतभेद हैं। इन्हीं मतभेदों के कारण विश्व में अनेक संप्रदायों की सृष्टि हुई है।''[72]

संप्रदायों का निर्माण तो संस्कृति किंवा आत्मा की खोज के लिए होता है; किंतु जब मार्ग ही मंजिल बन जाता है तो न केवल सत्य को खोजने के मार्ग अवरुद्ध हो जाते हैं वरन् विभिन्न संप्रदायों की सरफुटव्वल मनुष्य को और संकुचित बना देती है। ''अज्ञानवश मानव आत्मा के स्वरूप को संकुचित करने का प्रयत्न करता है; किंतु सत्य का ज्ञान सतत अज्ञानपटल को भेदने के लिए प्रयत्नशील रहता है।''[73] अज्ञानपटल को भेदने के इस कार्य को ही दीनदयाल उपाध्याय 'सांस्कृतिक कार्य' कहते हैं; लेकिन यह तथाकथित सांस्कृतिक कार्य किसी विशेष संप्रदाय, समुदाय व राष्ट्र के नाम के साथ जुड़ने पर शायद निश्चित रूप से संकुचित होकर सांप्रदायिक एवं साम्राज्यवादी बन जाता है। उन दिनों लिखित अपने इन लेखों में दीनदयाल उपाध्याय ने इस आयाम की कोई विशद व्याख्या प्रस्तुत नहीं की है।

जब व्यक्ति अपने 'स्वत्व' की खोज जाति, संप्रदाय या देशविशेष की सीमा में करेगा तो उसमें निश्चित ही दूसरी जाति, दूसरे संप्रदाय व दूसरे देश के प्रति परायेपन का भाव जागेगा। परायेपन का भाव ही शायद अनात्मीयता का जनक है। यह अनात्मीयता ही दूसरे के प्रति शत्रुभाव का सृजन करती है। दूसरों के प्रति शत्रुता का भाव सृजन करनेवाला संस्कार मानव की एकात्मता के लिए खतरनाक ही होगा। इस तार्किक पहुँच के प्रति दीनदयाल उपाध्याय सचेत थे। अत: उन्होंने लिखा, ''प्रत्येक राष्ट्र अपनी विशिष्ट पद्धति को ही सत्य समझने लगता है तथा अपने को ही एकमेव प्रतिभावान् मानकर दूसरे राष्ट्र पर अपनी पद्धतियाँ लादने का प्रयत्न करता है। यदि यह प्रयत्न शांतिमय होता तो भी कुछ बात नहीं; किंतु यह जबर्दस्ती अपने सत्य को दूसरों के गले उतारना चाहता है। मानव के सुख और शांति को नष्ट करता है, उसके प्राकृतिक विकास में बाधा डालता है। फलत: एक राष्ट्र दूसरे राष्ट्र पर विजय प्राप्त कर लेता है और उसे गुलाम बना लेता है।''[74]

सांस्कृतिक मानवीय एकात्मता की तार्किक संगति में दीनदयाल उपाध्याय के ये विचार साम्राज्यवाद विरोधी व मानवता के पोषक नजर आते हैं; लेकिन उनके विचारों में प्रतिपादित प्रखर राष्ट्रवाद,. पराक्रमवाद, चक्रवर्ती एवं अन्य प्रकार से चिरप्रशंसित साम्राज्यपरक विचार तथा वस्तुओं के स्वीकार व बहिष्कार के स्वदेशीयत व विदेशीयत के निष्कर्ष आदि का जिस प्रकार प्रणयन हुआ है, उससे इन विचारों की संगति बैठना कठिन लगता है। संभवत: इसके पीछे यह मनोवैज्ञानिक कारण रहा है कि हम पश्चिमी साम्राज्यवाद एवं विदेशी इसलामी आक्रमणों से आक्रांत रहे हैं। इन आक्रमणों की प्रतिक्रिया में उन्हें प्रखर एवं पराक्रमवादी राष्ट्रवाद समय की माँग किंवा 'युगधर्म' नजर आया हो। लेकिन विधायक रूप से सोचने पर उदार मानवीय एकात्मता ही दीनदयाल उपाध्याय की

मूल संस्कृति दृष्टि थी। 'युगधर्म' एवं 'शाश्वत धर्म' को यदि एक साथ आमने-सामने रखा जाए तो कुछ-न-कुछ विसंगति उसमें अवश्य दिखाई पड़ेगी। दीनदयाल उपाध्याय ही नहीं, शायद दुनिया का कोई भी कार्यप्रवण विचारक इसका अपवाद न होगा।

(ग) जयिष्णु राष्ट्रवाद : राष्ट्रीय स्वयंसेवक संघ 'युगधर्म' के नाम पर प्रखर राष्ट्रवाद का प्रवक्ता था जिससे कभी-कभी उसके साम्राज्यवादी होने की सी झलक मिलती है। दीनदयाल उपाध्याय तत्कालीन भारतीय राजनीति में मानवीय संस्कृति की सहिष्णु वृत्ति का अतिरेक देखते थे। अत: उपर्युक्त समन्वय एवं सहिष्णुतावादी मानवीय संस्कृति के विवेचन के बावजूद वे उसे समय के अनुसार व्यावहारिक बनाना चाहते थे। व्यावहारिकता के प्रति यह भिन्न दृष्टिकोण ही उन्हें गांधी की विचारधारा से अलग करता था। उनका कहना था, "आज पश्चिम का जीवन और उसका इतिहास ही प्रमुखतया अपने सम्मुख होने के कारण हमको अपनी सहिष्णुता की सहज प्रवृत्ति पर अभिमान होने लगा है। इतना ही नहीं, सहिष्णुता की वृत्ति पर इतना जोर दिया जाने लगा है कि जीवन की दूसरी आवश्यक प्रवृत्ति अर्थात् जयिष्णुता की प्रवृत्ति की ओर हमारा दुर्लक्ष्य हो गया है। फलत: सहिष्णुता का अर्थ हो गया है महत्त्वाकांक्षा से हीन, दुनिया की हर जाति के सामने झुकते जाना, अपने स्वत्व और जीवन को बिलकुल धूल में मिला देना। युद्ध चाहे वह आत्मरक्षार्थ ही क्यों न हो, हमारे लिए पाप कार्य हो गया है। 'Live and let live' के सिद्धांत में 'let live' के ऊपर इतना आग्रह हो गया है कि हम 'live' की चिंता ही नहीं कर रहे।"[75] उपर्युक्त कथनों की तुलना करें तो दीनदयाल प्रथम चरण में विशुद्ध आदर्शवादी तथा मानवतावादी लगते हैं; फिर सहिष्णुता के साथ 'जयिष्णुता' का समन्वय कर वे व्यावहारिक राष्ट्रवादी बनते दिखाई देते हैं; लेकिन आगे चलकर जयिष्णुता व सहिष्णुता में समन्वय के स्थान पर जयिष्णुता को प्रथम वरीयता प्रदान कर देते हैं। "वास्तव में सहिष्णुता के समान ही जयिष्णुता का सिद्धांत भी आवश्यक है। यदि यह कहा जाए कि जयिष्णुता अधिक आवश्यक है तो अनुचित न होगा। बिना जयिष्णुता की भावना के न तो कोई समाज जिंदा रह सकता है, न वह अपने जीवन का विकास ही कर सकता है।"[76]

समाज में यह 'जयिष्णु वृत्ति' उत्पन्न करना ही राष्ट्रीय स्वयंसेवक संघ की मूल सांस्कृतिक प्रवृत्ति है। इसी जयिष्णु प्रवृत्ति के पुरस्कार के कारण वे इस प्रकार के शब्दों का प्रयोग करते हैं। 'आसुरी जीवन का आदर्श ही हमारे पतन का मूल कारण'[77] अथवा अपनी राष्ट्रचिति को वे इस प्रकार व्याख्यायित करते हैं, "अत्याचारी धर्मविहीन राज्य को नष्ट करके धर्मराज्य की स्थापना करना ही हमारे देश का चिरंतन आदर्श है। आज 'सेक्युलर राज्य' का नारा लगाया जा रहा है; किंतु देश की राष्ट्रीय परंपराओं और सांस्कृतिक जीवनपद्धति की अवमानना करना 'सेक्युलरिज्म' नहीं है। भौतिकवाद पर आधारित 'सेक्युलरिज्म' का

सिद्धांत हमारे देशवासियों के स्वभाव के अनुकूल नहीं हो सकता।''[78]

उपर्युक्त विचारप्रवाह का संकलित अध्ययन करने पर यह लगता है कि दीनदयाल उपाध्याय की सांस्कृतिक दृष्टि अंतिम उद्धरण तक आते-आते पर्याप्त राजनीतिक हो गई है। राजनीतिक व सांस्कृतिक दृष्टि का यह सम्मिश्रण ही वस्तुतः राष्ट्रीय स्वयंसेवक संघ की स्वघोषित शुद्ध सांस्कृतिक विचार-सरणी है। उपाध्याय ने उसे शब्द व तर्क देने का भगीरथ प्रयत्न किया। आगे के अध्यायों में हम पाएँगे कि उन्होंने इसका पर्याप्त तर्कसंगत सुधार व विकास भी किया है।

10. दीनदयाल उपाध्याय की राजनीतिक दृष्टि

अपने तत्कालीन लेखों में श्री उपाध्याय ने जिस प्रकार अपना 'इतिहास' व 'संस्कृति' विचार प्रस्तुत किया है उसका राजनीतिक आप्लावन सहज ही दृष्टिगम्य है। उस काल की जिन प्रत्यक्ष राजनीतिक घटनाओं पर उन्होंने अपने लेखों में सर्वाधिक शब्द व पंक्तियाँ समर्पित की हैं, उनमें मुख्य हैं—भारत का संविधान, कांग्रेस व भारत के अन्य राजनीतिक दल, स्वतंत्रता, समाजवाद, व्यक्तिवाद, धर्मनिरपेक्षता आदि अवधारणाएँ तथा कश्मीर व हैदराबाद का भारतीय संघ में विलय आदि।

(क) स्वतंत्रता साध्य नहीं साधन : भारतीय आजादी के संग्राम के स्वरूप से संघ ने अपनी असहमति अभिव्यक्त की थी। 15 अगस्त, 1947 को जो स्वतंत्रता आई, संघ तथा दीनदयाल उस स्वतंत्रता का निर्द्वंद्व स्वागत न कर सके। इस स्वतंत्रता का स्वागत न कर पाने का एक बड़ा कारण भारत का विभाजन रहा है। लेकिन दीनदयाल उपाध्याय ने जिस मार्ग से हमने स्वतंत्रता प्राप्त की, उस मार्ग के प्रति तथा राजनीतिक स्वतंत्रता की पृष्ठभूमि में कार्य कर रहे पश्चिमी दृष्टिकोण के प्रति ज्यादा शिकायत की है। पाञ्चजन्य में उनका यह भाषण 'स्वतंत्रता साध्य नहीं, साधन है, भारत का समन्वयवाद ही पूँजीवाद और तानाशाही के दोषों का हल संघ शाश्वत तत्त्वों का उपासक' इस बड़े शीर्षक के साथ छपा है। इसमें वे कहते हैं, ''कोई कुछ भी कहे, आज देश में व्याप्त अधिकाधिक अधिकार प्राप्ति की प्रवृत्ति और स्वतंत्रता से कुछ लूट मचाने की इच्छा दीखती है। हमारी स्वतंत्रता जन साधारण के पुरुषार्थ और पराक्रम से प्राप्त न होने के कारण ही ऐसा है। इसीलिए हममें कर्म-चेतना तथा देश के निर्माण के हेतु परिश्रम की भावना नहीं है।''[79] पाश्चात्य आदर्शों को वे हमारी दासता का प्रतीक मानते थे, ''स्वतंत्र होने के बाद के हम चौराहे पर खड़े हैं। हमारे सामने आज दो आदर्श हैं। एक की रचना हमारे ऋषि, विचारकों, तत्त्वज्ञों ने की है तथा उसकी रक्षा हमारे वीरों, महात्माओं और बहनों ने अपनी बलि देकर की है। इस रचना के पीछे इतिहास है, अनुभव है, प्रकृति है। दूसरा पाश्चात्य आदर्श हमारी 250 वर्ष की लंबी दासता का प्रतीक है। उसे बलपूर्वक

पश्चिम के द्वारा हमारे ऊपर लादा गया है। वह हमारी आत्मा की अभिव्यक्ति नहीं, अभिव्यक्ति में रोड़ा है। हम मानसिक दासता की नहीं, स्वतंत्रता की स्थापना करें और भारतवर्ष को भारतवर्ष ही रहने दें।''[80] जिस ऐतिहासिक 'स्वर्णयुग'[81] की दीनदयाल उपाध्याय कल्पना करते थे वैसी यह आजादी उनको नहीं लगी। संघ के विचारों की स्वातंत्र्य कल्पना कैसी थी, इसकी एक झलक प्रथम 15 अगस्त, 1947 के अवसर पर प्रकाशित राष्ट्रधर्म के एक लेख की इन पंक्तियों से शायद स्पष्ट हो सके:

''हे नेतृवर्ग! अब हमें विश्वबंधुत्व के भुलावे में मत डालो। हमें अपने विक्रमादित्य, ईशान, वर्मन, अशोक, शिवा, प्रताप और गोविंद से राष्ट्रधर्म की स्फूर्ति मिलने दो। हमारी प्राचीन संस्कृति के महत्त्व से विश्व के विचारशील व्यक्ति प्रभावित हो चुके हैं। आज हमें उसकी प्रकट आराधना कर लेने दो। भारत की वीर सैनिक जातियों को संगठित हो लेने दो जिससे नोआखाली और मुलतान के नरमेधों की पुनरावृत्ति शत्रु न कर सके। हम शत्रुओं की दया के पात्र होकर जीना नहीं चाहते। अब तो 'अदीनाः स्याम शरदः शतम्' इस वैदिक संदेश के अनुरूप हमें बनने दो। तभी हम अपनी स्वतंत्रता को पूर्ण बना सकेंगे और आत्मसम्मान को जीवित रख सकेंगे।''[82]

(ख) भारतीय संविधान : संविधानसभा जब संविधान की रूपरेखा पर बहस कर रही थी, दीनदयाल उपाध्याय इस दिशा में सचेत थे। उस दौरान अनेक लेख लिखकर उन्होंने संविधान के स्वरूप के विषय में अपने मत को प्रकट किया। भारत का संविधान भारतीयों द्वारा निर्मित हो रहा था अतः वे संविधानसभा व सविधान के प्रति आत्मीयता का भाव रखते थे। 'अपने संविधान'[83] की दृष्टि से इस ओर देखना वे प्रत्येक देशभक्त का कर्तव्य[84] मानते थे; परंतु उन्होंने संविधान की मूल अवधारणाओं, विशेषकर 'संघवाद' एवं 'सेक्यूलरिज्म' से अपनी गहरी असहमति व्यक्त की।

'संघवाद' एवं 'सम्मिश्र राष्ट्रीयता' के विचार से दीनदयाल उपाध्याय को कुछ अधिक ही शिकायत रही है। वे इस बात को 'भारतीय राजनीति की मौलिक भूल'[85] मानते हैं कि हमने अपने राष्ट्रीय अस्तित्व के अलावा क्षेत्रीय व वर्गीय अस्तित्वों को स्वीकार किया है। भाषावार राज्यरचना के वे कटु आलोचक थे, ''भारत को 'संपूर्ण प्रभुत्वसंपन्न' तो घोषित कर दिया है, किंतु उसका यह प्रभुत्व रह सके इसकी व्यवस्था भली-भाँति नहीं की गई है। देश में एक नागरिकता तथा केंद्र को पर्याप्त शक्ति देकर यद्यपि भारत की एकता को सुदृढ़ करने का प्रयत्न किया गया है; किंतु उसको विभिन्न राज्यों का संघ मानकर तो उसकी एकता के मूल पर ही कुठाराघात किया गया है। शरीर विभिन्न अंगों का समुच्चय नहीं; अपितु शरीर के विभिन्न अंग हैं। संघीय कल्पना का परिणाम निश्चित ही भारत की एकता के लिए घातक होगा तथा देश में राष्ट्रविरोधी भावनाओं को प्रश्रय मिलेगा। राज्यों के अधिकार की लड़ाई, राष्ट्रीयता के अभाव में

कभी भी भयानक रूप धारण कर सकती है तथा आज भाषानुसार प्रांत रचना की माँग के पीछे इस दुष्प्रवृत्ति की झलक स्पष्ट दिखाई देती है। भारत की संघीय कल्पना एक मौलिक भूल है जिसका पुरस्कार किसी भी मूल्य पर नहीं किया जा सकता।''[86]

हालाँकि हमारे संविधान ने अपने देश के जन को 'भारतीय' अथवा 'इंडियन' के नाम से पहचाना है। नागरिकता की यह पहचान एक प्रकार से राष्ट्रीयता की पहचान का ही परिचायक थी। दीनदयाल उपाध्याय उन दिनों जिस प्रकार की राष्ट्रकल्पना को माननेवाले थे, उस समय इस विषय में चल रही बहस के संदर्भ में वे लिखते हैं।''...पं. जवाहरलाल नेहरू ने अनेक बार कहा है कि स्वतंत्र भारत का राज्य न हिंदू का होगा, न मुसलमान का, न ईसाई का। प्रश्न आता है फिर किसका होगा? इसका उत्तर बहुत लोगों ने यह कहकर दिया है कि वह हिंदुस्तानियों का होगा। किंतु फिर झगड़ा आता है यह हिंदुस्तानी कौन? इसमें किसका कितना समावेश होगा?[87] ''दीनदयाल उपाध्याय अपनी इतिहास दृष्टि व पाकिस्तान निर्माण की पृष्ठभूमि में गैरहिंदुओं की राष्ट्रीयता के प्रति शंकित थे। अत: 'धर्मनिरपेक्ष' राज्य के स्वरूप के भी उन दिनों वे कटु आलोचक थे। 'धर्मनिरपेक्षता' हमारे राष्ट्रीय संदर्भ में मिश्रित राष्ट्रीयता की स्वीकृति का परिचायक थी, वहीं दार्शनिक धरातल पर वह पश्चिम की 'भौतिकवादी'[88] राज्यकल्पना की भी प्रतीक थी। दोनों ही अर्थों में दीनदयाल इसके विरोधी थे। ऐसे ही विभिन्न तत्त्वों के कारण दीनदयाल मानते थे कि यह भारतीय लोगों द्वारा निर्मित 'भारतीयताविहीन' सविधान है:''...उसका आधार पश्चिम का ज्ञान रहा है। अमेरिका की अध्यक्षात्मक प्रणाली से ब्रिटेन की संसदात्मक प्रणाली का विचित्र मेल बैठाने का प्रयत्न किया गया है। संसद् और राष्ट्रपति यदि विभिन्न दलों के हुए तो दोनों की खींचतान दुनिया के मजे की और देश के लिए संकट की चीज हो जाएगी। भारत के संविधान में भारतीयता का अभाव अनहोनी-सी बात है, किंतु है अवश्य। देश के नाम, राष्ट्रभाषा आदि प्रश्नों के ऊपर जो निर्णय हुए हैं, वे राष्ट्रजीवन की मौलिक कल्पना की विकृति के ही परिचायक हैं।''[89]

इसी प्रकार संविधान के आकार, उसकी जटिलता आदि के भी वे आलोचक थे। उनका मत था कि संविधान निर्माण करने की बजाय हमें क्रमश: संविधान का विकास करना चाहिए। यह लिखित एवं जटिल संविधान हमारी आगे आनेवाली पीढ़ियों की बेड़ियाँ भी बन सकता है। उपर्युक्त विचारों से दीनदयाल उपाध्याय की तत्कालीन घटनाचक्र के प्रति जागरूकता का परिचय मिलता है। ये विचार उनके प्रारंभिक सार्वजनिक जीवन के अंग थे जिनमें आगे चलकर पर्याप्त परिवर्तन भी हुआ। ये विचार राष्ट्रजीवन में उस काल में चल रही बहस का हिस्सा हैं। दीनदयाल उपाध्याय आगे चलकर लोकतंत्र व वयस्क मताधिकार के बड़े उत्साही समर्थक बन गए थे; लेकिन उस समय वे वयस्क-मताधिकार के बारे में कुछ शंका रखते थे, ''लोकतंत्र के आदर्श के अनुसार वयस्क मताधिकार और

पूर्णत: लोकतंत्रीय शासनपद्धति तो अभिमान की वस्तु है, प्रगति का वह बिंदु है जहाँ पर बड़े-बड़े सभ्य देश भी नहीं पहुँच पाए है। किंतु जनता में राजनीतिक क्षमता का अभाव, उनका गिरा हुआ नैतिक स्तर जिस पर वह तो क्या, उनके नेता भी सहज भ्रष्ट हो सकते हैं, आत्माभिमान की कमी, एक हजार वर्ष की गुलामी और निरंकुश शासन में रहते-रहते स्वशासन एवं लोकतांत्रिक परंपराओं से शून्य स्थिति, अंतर्बाह्य अशांति की अवस्था तथा अधिकारियों द्वारा लोकमत की उपेक्षा का प्रचलित भाव देखकर आशंका होती है कि इस आदर्श को हम व्यवहार में कितना उपयोगी बना सकेंगे?''[90]

(ग) व्यक्तिवाद व समाजवाद : कालांतर में दीनदयाल उपाध्याय ने पश्चिमी राज्य शास्त्र की तार्किक निष्पत्ति के रूप में व्यक्तिवाद व समाजवाद का तुलनात्मक रूप से विशद विवेचन किया है; लेकिन इस काल में इन 'वादों' को नकारने का बड़ा कारण उनकी विदेशियत भी थी : ''अमेरिका और रूस आज क्रमश: व्यक्तिवाद तथा समष्टिवाद के प्रतीक हैं। व्यक्तिवाद हमें अंत में पूँजीपतियों के हाथ का खिलौना और उनके शोषण का पात्र बनाता है और रूस के सिद्धांत को मानने से मनुष्य का व्यक्तित्व ही समाप्त हो जाता है। हम दोनों का समन्वय करके मध्यवर्ती मार्ग अपनाना चाहते हैं। भारतीय विचारधारा ऐसे ही मार्ग को मान्य करती है।''

''नवनिर्माण की भावना तथा जीवन-सत्य तत्त्वों की सदैव हम अभारतीय तत्त्वों से रक्षा करेंगे और इस प्रकार जीवन के समस्त क्षेत्रों में अपने सत्य तत्त्वों का विकास कर हम संसार को कुछ देने में समर्थ हो सकेंगे और देश में स्वर्णयुग को और निकट ला सकेंगे।'''[91]

दीनदयाल उपाध्याय के इन्हीं विचारों का विकास आगे चलकर 'एकात्म मानववाद' के रूप में हुआ जो कि उनके द्वारा प्रतिपादित एक राजनीतिक दर्शन है।

(घ) हैदराबाद व कश्मीर : भारतीय रियासतों के भारतीय संघ में विलयीकरण का महान् अनुष्ठान उस समय सरदार पटेल के नेतृत्व में चल रहा था। हैदराबाद रियासत का आंध्र प्रदेश में विलय निजाम के अड़ियल एवं पाकिस्तान की ओर देखने की उसकी सांप्रदायिक दृष्टि के कारण कुछ कठिन हो रहा था। उस समय दीनदयाल ने कहा, ''निजाम को रजाकारों की कठपुतली समझना भारी भूल है। भारतवर्ष के पेट में छेद करनेवाले निजाम ने आतंकवादियों को जनता का नाश करने की खुली छूट दे दी थी और स्वयं भारत से युद्ध की घोषणा की। निजाम के साथ देशद्रोही और आतंकवादियों की तरह कठोर व्यवहार होना चाहिए…हैदराबाद रियासत व निजामशाही को हटाने के लिए आंध्र, महाराष्ट्र व मध्य प्रांत मिला देने चाहिए…क्या हैदराबाद स्वतंत्र देश रहेगा जो वहाँ विधान परिषद् बनने जा रही है?''[92]

अंतत: हैदराबाद पर पुलिस काररवाई करनी पड़ी तथा उसके स्वतंत्र अस्तित्व को

समाप्त कर आंध प्रदेश में शामिल कर दिया गया। कुछ इसी प्रकार की कठिनाई कश्मीर के विषय में भी थी; लेकिन कश्मीर का विषय जवाहरलाल नेहरू स्वयं देख रहे थे। अत: वहाँ वैसा कड़ा कदम नहीं उठाया जा सका। नेहरू कश्मीरियों के आत्मनिर्णय के अधिकार से सहमत हो गए थे। दीनदयाल उपाध्याय ने इसका विरोध किया, "अत्यंत प्राचीनकाल से भारत अखंड व अविभाज्य राष्ट्र रहा है; किंतु इस सिद्धांत को भुलाकर कश्मीर के भाग्यनिर्णय का अधिकार वहाँ के चालीस लाख निवासियों को देने की गलत घोषणा की जा रही है।"[93] बाद में जब दीनदयाल भारतीय जनसंघ के महामंत्री बने, कश्मीर का विषय लेकर जनसंघ ने राष्ट्रव्यापी आंदोलन चलाया जिसमें जंबू जेल में डॉ. श्यामाप्रसाद मुखर्जी की दुर्भाग्यपूर्ण मृत्यु हुई; लेकिन कश्मीर के पृथक विधान, पृथक निशान व पृथक प्रधान के खिलाफ यह आंदोलन सफल रहा।

(ड.) कांग्रेस व अन्य राजनीतिक दल : कांग्रेस की कार्यपद्धति व विचारधारा से संघ की निरंतर असहमति रही जिसने कभी-कभी कटुता भी धारण की। देश के विभाजन के बाद भी कांग्रेस की विचारधारा में परिवर्तन न आना संघ की नजर में कांग्रेसी नेतृत्व की हठवादिता मात्र थी। नवंबर-दिसंबर 1947 के 'राष्ट्रधर्म' के संपादकीय[94] में इस संदर्भ में लिखा गया कि "ठोकर खाकर भी न समझनेवालों को आँख का अंधा कहा जाता है। जिन सिद्धांतों को साठ वर्षों के अनुभव ने गलत सिद्ध कर दिया है उन पर डटे रहने में बुद्धिमानी कम है हठ अधिक है। कांग्रेस कार्यसमिति ने एक प्रस्ताव में कहा है, "भारत बहुत से धर्म तथा जातियों वाला देश है और उसे ऐसा ही रहना चाहिए।" इसका अर्थ यह है कि मुसलमानों का अलग राज्य स्थापित होने के बाद भी कहीं की ईंट कहीं का रोड़ा जोड़कर भानुमति का कुनबा बनाने का प्रयत्न चालू रहेगा। प्रादेशिक राष्ट्रवाद का सिद्धांत बुरी तरह असफल सिद्ध हो चुका है। इस प्रयत्न का एक ही परिणाम हो सकता है कि जो राहु और केतु अभी देश के दो सीमाप्रदेशों को लगे हैं, वे बढ़ते-बढ़ते अपनी काली छाया से देश के पूर्णचंद्र को ग्रस ले और विश्व का प्रकाशस्तंभ हमारा हिंदुस्तान अंधकार के गर्त में विलीन हो जाए।"[95] दीनदयाल उपाध्याय कांग्रेस की तिलक धारा के समर्थक थे। उन दिनों उस धारा का प्रतिनिधित्व सरदार पटेल व पुरुषोत्तमदास टंडन करते थे। कांग्रेस के इस आंतरिक द्वंद्व पर दीनदयाल उपाध्याय ने एक विस्तृत निबंध लिखा। उन दिनों सन् 1950 में पुरुषोत्तमदास टंडन कांग्रेस के अध्यक्ष चुने गए थे। उसके बाद हुआ कांग्रेस का नासिक अधिवेशन भी कांग्रेस के इतिहास में वैसा ही स्थान रखता है जैसा सन् 1907 का प्रसिद्ध सूरत अधिवेशन; क्योंकि जवाहरलाल नेहरू पुरुषोत्तमदास टंडन के विचारों से उग्रतापूर्वक असहमत थे तथा उन्होंने यह घोषणा कर दी थी कि "यदि कांग्रेसजन अभी तक के···अपने सिद्धांतों को छोड़ देने को तैयार हों तो कांग्रेस मर जाएगी। ऐसे मुर्दों की मुझे आवश्यकता नहीं।"[96] अत: यह धारणा बन गई थी कि यदि प्रस्तावों के पारित होने में नेहरू के विचार स्वीकार

न किए गए तो वे कांग्रेस छोड़ देंगे। शायद पुरुषोत्तमदास टंडन व उनके गुट के लोग इतनी जोखिम उठाने को तैयार न थे। अत: वे प्रस्तावों के विषय में चुप रहे। "नौ प्रस्तावों को पास करने के पश्चात् नासिक में होनेवाला कांग्रेस का 56 वाँ अधिवेशन 21 सितंबर की रात्रि को समाप्त हो गया। चक्रवर्ती राजगोपालाचारी ने कहा, 'उनके द्वारा (पं. नेहरू के द्वारा) प्रस्तावित प्रत्येक बात स्वीकार की गई और जो मान्य न हो ऐसा कोई प्रस्ताव स्वीकृत नहीं किया गया।'[97]

इस संदर्भ में दीनदयाल उपाध्याय ने यह प्रतिपादित किया कि अनेक ऐसे अवसर आए जब कांग्रेस में जनाभिमुखी व राष्ट्रवादी स्वर उभरने की स्थितियाँ आईं; पर अंतत: कांग्रेस सत्तावादियों व समझौतावादियों के हाथ में ही रही। तिलक की प्रखर एवं जनाभिमुख प्रतिभा के बावजूद सन् 1906 व 1907 में नेतृत्व दादाभाई नौरोजी व गोखले के हाथ में रहा। सन् 1923, 1928, 1921, 1934-35 आदि वर्षों में कांग्रेस में यह संघर्ष बदस्तूर चलता रहा। सन् 1931 में सुभाषबाबू के नेतृत्व में जनाभिमुखी नेतृत्व फिर उभरा, लेकिन अंतत: सुभाष को भी कांग्रेस छोड़नी पड़ी। "...नासिक अधिवेशन टंडन अधिवेशन न होकर नेहरू अधिवेशन हुआ। फिर एक बार कांग्रेस जनता की भावनाओं की अवहेलना करके शासन की कदमबोसी करती हुई अवश्य प्रतीत होती है।"[98]

आजादी के आंदोलन के दौरान कांग्रेस देश की मुख्य राजनीतिक धारा थी, हालाँकि अन्य दल भी थे। आजादी के बाद जब नए सिरे से राजनीतिक दलों का प्रणयन हो रहा था तब दीनदयाल उपाध्याय ने भारतीय राजनीतिक दलों के विषय में अपने विचार प्रस्तुत करनेवाला 'राष्ट्रजीवन की समस्याएँ,'[99] निबंध लिखा तथा तत्कालीन राजनीतिक दलों को चार वर्गों में विभाजित किया—(1) अर्थवादी, (2) राजनीतिवादी, (3) मतवादी तथा (4) संस्कृतिवादी। साम्यवादी व समाजवादी दलों को उन्होंने अर्थवादी बताया, कांग्रेस उनकी दृष्टि में मुख्यत: राजनीतिवादी दल था। "अर्थवादी यदि एकदम उद्योगों का राष्ट्रीयकरण अथवा बिना मुआवजा दिए जमींदारी उन्मूलन चाहते हैं, तो राजनीतिवादी राजनीतिक कारणों से ऐसा करने में असमर्थ हैं। इनके लिए, इसी प्रकार संस्कृति एवं मजहब का मूल्य भी अपनी राजनीति के लिए ही है, अन्यथा नहीं। इस वर्ग के अधिकांश लोग कांग्रेस में हैं।" मतवादी वर्ग में दीनदयाल उपाध्याय किसी दल का नाम नहीं लिखते, "इस प्रकार का वर्ग मुल्ला-मौलवियों अथवा रूढ़िवादी कट्टरपंथियों के रूप में अन्य भी विद्यमान है।" शायद उनका संकेत 'मुसलिम-लीग' एवं 'रामराज्य-परिषद्' के लिए है। चतुर्थ वर्ग संस्कृतिवादी माना गया है। दीनदयाल उपाध्याय की मान्यता है, "यह वर्ग भारत में बहुत बड़ा है। इसके लोग राष्ट्रीय स्वयंसेवक संघ तथा कुछ अंशों में कांग्रेस में हैं...हिंदीवादी सभी लोग इस वर्ग के हैं।"

अपने उपर्युक्त विवेचन को ही अधिक विशद करते हुए दीनदयाल उपाध्याय

कहते हैं कि हमारी समस्या राजनीतिक नहीं, वरन् सांस्कृतिक है। आज हम जिसे राजनीतिक किंवा सामाजिक संघर्ष मान रहे हैं, वह वास्तव में एक-संस्कृतिवाद, द्वि-संस्कृतिवाद व बहु-संस्कृतिवाद का संघर्ष है।

वे संघ व कांग्रेस के पुरुषोत्तमदास टंडन गुट को एक-संस्कृतिवादी निरूपित करते हैं। द्वि-संस्कृतिवादी दो प्रकार के हैं, एक प्रत्यक्ष व दूसरे प्रच्छन्न; इनमें, प्रत्यक्ष द्वि-संस्कृतिवादी कांग्रेस के उस गुट को मानते हैं जो हिंदू-मुसलिम संस्कृति को मिलाकर हिंदुस्तानी संस्कृति का निर्माण करना चाहते हैं। उपाध्याय अपने इस निबंध में निरूपित करते हैं कि "जिसको मुसलिम संस्कृति नाम से पुकारा जाता है वह किसी मजहब की संस्कृति न होकर अनेक अभारतीय संस्कृतियों का समन्वय मात्र है। फलतः उसमें विदेशीपन है, जिसका मेल भारतीयत्व से बैठाना कठिन ही नहीं, असंभव भी है।" पर वे इसी निबंध में आगे लिखते हैं कि भारतीय संस्कृति हिंदू संस्कृति है अतः "भारत हिंदू राष्ट्र है जिसके अंदर मुसलमान भी आ जाते हैं।"

साम्यवादी दल एवं कांग्रेस के अंदर के भाषावार प्रांतरचना व 'आत्मनिर्णय' के अधिकार को माननेवाले वर्गों को वे बहुसंस्कृतिवादी निरूपित करते हैं। इस संस्कृति-संघर्ष में से भारतीय राजनीतिक दलों का उद्भव होगा, ऐसा उनका विश्वास था तथा वे सोचते थे कि कांग्रेस में इन तीनों धाराओं[100] के लोग हैं; उसका विभाजन अवश्यंभावी है।

दीनदयाल उपाध्याय का उपर्युक्त विश्लेषण हिंदू राष्ट्रवाद और हिंदू संस्कृति का पोषक है जिसमें वे मुसलमानों को स्थान तो दे सकते हैं परंतु उनके पृथक राष्ट्रवाद एवं पृथक संस्कृति के पक्ष में वे नहीं हैं।

11. राष्ट्रीय स्वयंसेवक संघ के कार्य में योगदान

दीनदयाल उपाध्याय का यह काल, अर्थात प्रत्यक्ष कार्य के संदर्भ में संघ-प्रचारक के नाते का कार्यकाल, जुलाई 1942 से 21 सितंबर, 1951 तक का कार्यकाल है। सन् 1945 से 1951 तक तो वे उत्तर प्रदेश के सहप्रांतप्रचारक थे। उनकी संगठनात्मक प्रतिभा व योगदान को उनके उस समय के प्रांतप्रचारक भाऊराव देवरस ने इन शब्दों में निरूपित किया है, "संघ के उन प्रारंभिक दिनों में जब कार्य अत्यंत कंटकाकीर्ण था, उस समय तुम (श्री उपाध्याय) कार्य के लिए चल निकले। तब संघकार्य के विचारों को उत्तर प्रदेश में कोई जानता नहीं था। तुमने स्वयंसेवक के नाते इस कार्य का जुआ अपने कंधे पर उठा लिया। उत्तर प्रदेश में संघकार्य की नींव में तुम्हीं हो। आज का यह संघ का रूप तुम्हारे ही परिश्रम का, तुम्हारे ही कर्तृत्व का फल है। अनेक संघ कार्यकर्ता तुम्हारे जीवन से प्रेरणा लेकर चल रहे हैं। अपने जीते जी तुम इसी मार्ग पर चलने को प्रत्येक को प्रोत्साहित करते रहे।…हे आदर्श स्वयंसेवक! संघ के संस्थापक के मुख से आदर्श

स्वयंसेवक के गुणों पर भाषण सुना था, तुम उसके मूर्तिमंत प्रतीक थे। प्रखर बुद्धिमत्ता, असामान्य कर्तृत्व, निरहंकार, नम्रता के आदर्श।''[101]

राष्ट्रीय स्वयंसेवक संघ इन प्रारंभिक दिनों में उत्तर प्रदेश के विश्वविद्यालयीन केंद्रों पर अधिक पुष्पित व पल्लवित हुआ। दीनदयाल उपाध्याय बहुत मात्रा में इसके लिए कारणीभूत थे। जब महात्मा गांधी की हत्या के बाद संघ पर प्रतिबंध लगा, दीनदयाल उपाध्याय प्रचार एवं सत्याग्रह संचालन के सूत्रधार बने। 'पाञ्चजन्य' को सरकार ने प्रतिबंधित कर दिया। दीनदयाल ने भूमिगत रहते हुए 'हिमालय' निकाला; वह भी जब्त कर लिया गया, फिर उन्होंने 'राष्ट्रभक्त' निकाला। इसी दौरान राष्ट्रीय स्वयंसेवक संघ का संविधान लिखा गया। दीनदयाल उपाध्याय की इसमें महत्त्वपूर्ण भूमिका थी।

राष्ट्रीय स्वयंसेवक संघ में कार्यकर्ता निर्माण का महत्त्वपूर्ण साधन है, 'संघ शिक्षा वर्ग।' इन वर्गों में दीनदयाल स्वयंसेवकों की वैचारिक शिक्षा के लिए देश भर में प्रवास करते थे। भारतीय जनसंघ में जाने के बाद भी उनका यह क्रम चलता रहा। उत्तर प्रदेश में इन वर्गों की परंपरा प्रारंभ करने में भाऊराव देवरस, दीनदयाल उपाध्याय व नानाजी देशमुख की महत्त्वपूर्ण भूमिका रही है। दीनदयाल उपाध्याय संघ के कार्यकर्ताओं में अपने संत स्वभाव, सरलता व स्नेहशीलता के कारण अधिक लोकप्रिय थे। दीनदयाल उपाध्याय की कार्यपद्धति मौनसाधना व प्रसिद्धि-पराङ्मुखता की थी।

राष्ट्रीय स्वयंसेवक संघ में कार्य करते हुए जिस विविधायामी जीवन का उन्होंने परिचय दिया उसका एक छोटा पहलू और है। हमने उपर्युक्त विवेचन में उनके दो साहित्यिक उपन्यासों व विविध विषयों पर उनके लेखों व भाषणों के आधार पर उनके चिंतन व कर्तृत्व को समझने का प्रयत्न किया। उनके इस निबंध समुच्चय में राजनीतिपरक दो व्यंग्य लेख भी हैं। 'धारा 144'[102] तथा राजनीतिक 'आय-व्यय पत्रक'।[103] ये आलेख उनकी ललित साहित्य की अंतर्निहित क्षमताओं के परिचायक हैं। दीनदयाल उपाध्याय का कर्मक्षेत्र ललित साहित्य नहीं था। अत: उनकी इस प्रतिभा का आगे प्रकाशन नहीं हो सका।

देश एवं राष्ट्रीय स्वयंसेवक संघ एक ऐसी परिस्थिति में प्रविष्ट हुए कि 'भारतीय जनसंघ' नाम के राजनीतिक दल की स्थापना हुई। दीनदयाल उपाध्याय सन् 1951 में जनसंघ की स्थापना के साथ ही उस दल में चले गए। यहीं से उनके प्रत्यक्ष राजनीतिक जीवन का प्रारंभ होता है। अभी तक हमने उनके जिस जीवन का आकलन किया है वह उसकी पूर्वपीठिका मात्र है।

इस अध्याय में उपाध्याय के विचारों का एक प्राथमिक स्वरूप ही है। अपने आगामी व्यावहारिक जीवन एवं प्रज्ञासंपन्न राष्ट्रीय दृष्टि के कारण उनके विचारों में एक क्रमिक विकास हुआ है, एक परिवर्तन आया है। लेकिन यह परिवर्तन अपने पूर्व चिंतन

से प्रस्थान नहीं, वरन् संबद्धता लिए हुए है। उनके विकासक्रम में टूटन अथवा विभक्ति नहीं वरन् निरंतरता है, जिसे हम आगामी अध्यायों में देख सकेंगे।

संदर्भ–

1. "आगे चलकर जब वे (दीनदयाल) राजनीतिक क्षेत्र में गए तो उनका एक प्रभावशाली नेतृत्व विकसित हुआ। मैं उनको संघ के प्रचारक के नाते तथा राजनीतिक नेता के नाते भी जानता था। राजनीतिक नेतृत्व करते हुए भी वे इस बात को कभी भूले नहीं कि वे संघ के स्वयंसेवक थे। जब ट्रेन में उनकी हत्या हुई और उनका सामान खोला गया तो उनके सामान में खाकी हाफ पैंट व काली टोपी उस समय निकली···उनका और संघ का नाता अटूट था।" दीनदयाल स्मारक सभागृह, नागपुर के उद्घाटन के अवसर पर दिया गया सरसंघचालक बालासाहब देवरस का भाषण। पाञ्चजन्य, 22 मई, 1983, पृ. 6 (सफेद कमीज, खाकी नेकर व काली टोपी संघ का गणवेश है)।
2. दीनदयाल उपाध्याय का पत्र, मार्फत पं. श्यामनारायण मिश्र, एडवोकेट, लखीमपुर खीरी, ता. 29-7-1942, श्रीमान् मामाजी को। 'दीनदयाल उपाध्याय : व्यक्ति दर्शन', संपादक-कमलकिशोर गोयनका, दीनदयाल शोध संस्थान, नई दिल्ली अगस्त 1972, अध्याय 13, पृ. 153-157
3. युगपुरुष दीनदयाल, लेखक-पुत्तीलाल यादव; राष्ट्रभाषा प्रकाशन, कानपुर, 1969, अध्याय 20, आदर्श स्वयंसेवक, पृ. 36
4. श्री जयगोपाल का मुख्यालय लखनऊ में है। लेखक ने वहीं संघ कार्यालय में 26 नवंबर, 1983 को भेंट की। साक्षात्कार पंजिका, पृ. 28
5. बाबासाहब नातू का मुख्यालय भोपाल है; लेकिन लेखक ने उनसे ग्वालियर संघ कार्यालय में 14 अप्रैल, 1984 को भेंट की। साक्षात्कार पंजिका, पृ. 54
6. भाऊराव जुगादे महाराष्ट्र के अकोला जिले के अचलपुर ग्राम में रहते हैं, अस्वस्थ होने के कारण, अपने कार्यक्षेत्र बंगाल से सन् 1977 में यही आ गए। डॉ. हेडगेवार के परिवार से इनके परिवार की रिश्तेदारी है। लेखक ने अचलपुर में इनके घर पर ही 18 अप्रैल, 1984 को भेंट की। साक्षात्कार पंजिका, पृ. 58
7. भैयाजी सहस्त्रबुद्धे आजकल अध्यापन कार्य से निवृत्त हो गए हैं। खामगाँव में रहते हैं। खामगाँव महाराष्ट्र के अकोला जिले के अंतर्गत आता है। सहस्त्रबुद्धे मराठी व हिंदी के अच्छे लेखक हैं। दीनदयाल उपाध्याय की पुस्तक 'राष्ट्र-जीवन की दिशा 'का इन्होंने मराठी में अनुवाद किया है। लेखक ने खामगाँव जाकर 11 अप्रैल, 1984 को इनसे भेंट की। साक्षात्कार पंजिका, पृ. 60
8. चंद्रपाल सिंह का मुख्यालय ग्वालियर में है। वे 'विद्या भारती 'के केंद्रीय कार्यालय में ही रहते हैं। लेखक ने ग्वालियर में इनसे 13 अप्रैल, 1984 को भेंट की। साक्षात्कार पंजिका, पृ. 59
9. वचनेश त्रिपाठी का मुख्यालय लखनऊ में है। 'राष्ट्रधर्म' के संपादन कार्यालय में इनसे 26 नवंबर, 1983 को भेंट हुई। साक्षात्कार पंजिका, पृ.18
10. नारायण हरिपालकर, 'डॉ. हेडगेवार' प्रस्तावना—मा.स. गोलवलकर, प्रकाशक : हरि

बिनायक दात्ये, पुणे गु.पू., शक 1882, पृ. 72

11. वही; पृ. 72
12. वही; पृ. 72-7 3
13. "It (RSS) was non political only in one sense it did not take part in elections, nor was it organised for electoral purposes···" ···; Myron Weinēr, Party Politics in India, Princeton, Princeton University Press, 1957; p.182-183.
14. भैयाजी दाणी का ही नाम प्रभाकर बलवंत दाणी था। वे संघ के सरकार्यवाह अर्थात् अ.भा. महामंत्री थे।
15. चं.प. भिषिकर, 'श्री भैयाजी दाणी', अनुवादक—ओंकार भावे, लखनऊ, लोकहित प्रकाशन, 1984, पृ.19
16. संघ में स्वयंसेवकों द्वारा ली जानेवाली प्रतिज्ञा : सर्वशक्तिमान परमेश्वर तथा अपने पूर्वजों का स्मरण कर मैं प्रतिज्ञा करता हूँ कि अपने पवित्र हिंदू धर्म, हिंदू संस्कृति तथा हिंदू समाज की रक्षा करके हिंदू राष्ट्र को स्वतंत्र कराने के लिए मैं राष्ट्रीय स्वयंसेवक संघ का सदस्य बना हूँ। मैं निष्ठापूर्वक, नि:स्वार्थ भाव तथा पूरी शक्ति से संघ का कार्य करूँगा और इस व्रत का आजन्म पालन करूँगा।
17. क्र. 10, पृ. 397
18. वही; पृ. 401
19. "When congress on January 26, 1929, declared complete independence as its goal, Keshav Rao was supremely happy. He directed all Shakhas to observe the day with parades, pledges, lectures and patriotic songs." K.R. Malkani, The R.S.S Story, New Delhi, Impex; India, 1980; p.21.
20. 1939 में लाहौर संघ शिक्षा वर्ग में दिए गए बौद्धिक वर्ग से; 'श्रीगुरुजी समग्र दर्शन, खंड-1', नागपुर, भारतीय विचार साधना, 2 मार्च, 1981, पृ. 8
21. वही; पृ. 8. 62, दि. 15-5-1946, पूना में महाराष्ट्र के कार्यकर्ताओं की बैठक में समापन भाषण।
22. वही; पृ. 8, 62, 94; नागपुर शाखा के विजयादशमी महोत्सव, सन् 1946, सीमोल्लंघन समारोह पर भाषण (स्वतंत्रता की संभावना को भ्रम बताते हुए सीता व सुलोचना की कथा इसी भाषण में कही गई थी)।
23. He (Golwalkar) thought it was ridiculous to describe India as a land of Ahimsa. Obviously we did not expand into Central Asia and South-East Asia by sermons alone. It is significant that every Hindu god is armed— No. 19; p.42
24. इस कृति की रचना वर्ष प्रतिपदा 2003, तदनुसार अप्रैल 1946 में हुई।
25. नाना देशमुख 1938 से संघ के प्रचारक हैं। जब दीनदयाल उपाध्याय लखीमपुर में प्रचारक थे, नानाजी गोरखपुर जिले का काम देखते थे। भारतीय जनसंघ के महामंत्री के नाते दीनदयाल उपाध्याय ने उत्तर प्रदेश छोड़ा तथा अखिल भारतीय कार्य के लिए दिल्ली आ गए, तब नाना देशमुख को उत्तर प्रदेश जनसंघ का संगठनमंत्री बनाया गया। नाना देशमुख दीनदयाल उपाध्याय के अखंड सहकर्मी रहे। संप्रति दीनदयाल शोध

संस्थान के माध्यम से शोधपरक एवं रचनात्मक कार्यों में संलग्न हैं तथा चित्रकूट ग्रामोदय विश्वविद्यालय के कुलाधिपति हैं। लेखक ने 1 जनवरी, 1984 को दिल्ली में उनसे प्रथम भेंटवार्त्ता की।

26. स्व. भाऊराव देवरस भी 1938 से ही संघ के प्रचारक रहे। उत्तर प्रदेश में संघ के प्रथम प्रांतप्रचारक के नाते गए। दीनदयाल उपाध्याय इन्हीं के साथ सह-प्रांतप्रचारक थे। बाद में ये पूर्वांचल के क्षेत्रीय प्रचारक व सह-सरकार्यवाह रहे, वे संघ के केंद्रीय कार्यकारी मंडल के सद्स्य भी रहे। स्व. भाऊराव देवरस वर्तमान सर-संघचालक बालासाहब देवरस के छोटे भाई थे।
27. अविस्मरणीय बाबासाहब आपटे, संपादक : रामशंकर अग्निहोत्री, नई दिल्ली, सुरुचि साहित्य, जुलाई 1973, 'स्वयंसेवक के विकास के प्रति जागरुक', लेखक : श्री भाऊराव देवरस, पृ. 37
28. सम्राट चंद्रगुप्त, दीनदयाल उपाध्याय, मनोगत, लोकहित प्रकाशन, लखनऊ, 1946
29. जगदगुरु शंकराचार्य, दीनदयाल उपाध्याय; राष्ट्रधर्म प्रकाशन, लखनऊ, 1947, 'अवतरण', पृ. 2
30. वही; बाल्यकाल, पृ. 110
31. वही; बाल्यकाल, पृ. 12
32. वही; आकांक्षा, पृ. 14
33. वही; ध्येयपथ, पृ. 19-203
34. वही; ध्येयपथ, पृ. 20-21
35. वही; पृ. 22
36. वही; शिक्षा : माया और संसार, पृ. 32-33
37. वही; पृ. 35-36
38. वही; जनजीवन का साक्षात्कार, पृ. 47
39. वही; पृ. 49
40. वही; दिग्विजय यात्रा, पृ. 56
41. वही; पृ. 59
42. वही; मंडन मिश्र से शास्त्रार्थ, पृ. 77
43. वही; भारती का समाधान, पृ. 85-86
44. वही; कुमारिल भट्ट, पृ. 71
45. वही; राष्ट्र, धर्म और संप्रदाय, पृ. 100
46. वही; पृ. 101-102
47. वही; पृ. 102-103
48. वही; राष्ट्र, धर्म और संप्रदाय, पृ. 100
49. वही; हिमालय की चोटियों पर, पृ. 107-108
50. वही; दिग्विजय यात्रा, पृ. 57
51. क्र. 2, दीनदयाल उपाध्याय-व्यक्ति दर्शन, पृ. 19
52. दीनदयाल उपाध्याय, कृष्ण, भगवान् राष्ट्रधर्म, अंक-2, भाद्रपदी पूर्णिमा 2004 (सितंबर 1947), पृ. 52

53. दीनदयाल उपाध्याय, भारतीय कृष्ण, राष्ट्रधारा का पुण्य प्रवाह, राष्ट्रधर्म, अंक-1, श्रावणी पूर्णिमा, 2004 (अगस्त 1947), पृ. 35
54. वही; पृ. 36
55. वही; पृ. 3
56. वही; पृ. 35
57. दीनदयाल के इस लेखन के समय महात्मा गांधी के 'साध्य-साधन शुचिता' के विचार पर समाज में एक बहस चल रही थी। गांधीजी सत्य व अहिंसा आदि आदर्शों को स्वराज्य से बड़ा मानते थे। उन्होंने कहा, "अहिंसा व स्वराज्य दोनों में से यदि मुझे एक चुनना पड़े तो मैं अहिंसा को चुनूँगा। अनीतिपूर्वक प्राप्त किया गया ध्येय नैतिक नहीं हो सकता" आदि।
58. क्र. 52; पृ. 53
59. वही; पृ. 34
60. वही; पृ. 40
61. वही; पृ. 45
62. "अभारतीय, विदेशी तथा भिखारी मनोवृत्ति को लेकर स्वराज्य की कल्पना महाराणा प्रताप का स्वराज्य नहीं हो सकती। उसके द्वारा गौ-ब्राह्मण प्रतिपालन तथा स्वधर्मरक्षा नहीं की जा सकती।"; बहराइच में सह-प्रांतप्रचारक दीनदयाल उपाध्याय का भाषण, पाञ्चजन्य, 3 मई, 1951, पृ. 4
63. तुलसीदास जयंती पर दीनदयाल उपाध्याय द्वारा लखनऊ में दिया गया भाषण; पाञ्चजन्य, श्रावण शुक्ल 15, सं. 2005 (अगस्त 1947), पृ. 17
64. औरंगजेब को दीनदयाल उपाध्याय धर्मांध व अत्याचारी शासक ही नहीं, परकीय अर्थात् विदेशी भी मानते हैं।
65. हिंदू साम्राज्य दिनोत्सव पर सह-प्रांतप्रचारक दीनदयाल उपाध्याय का भाषण; पाञ्चजन्य, आषाढ़ कृष्णा 2, सं. 2008 (जून 21, 1951)।
66. श्रीअरविंद ने इस त्रिमूर्ति को अपने लेखन का विषय बनाया; लेकिन सामान्यत: सामाजिक आंदोलन के साहित्य में विवेकानंद, दयानंद व राजा राममोहन राय की त्रिमूर्ति अधिक प्रसिद्ध है।
67. 'लोकमान्य तिलक की राजनीति' शीर्षक से यह लेख विचार-वीथी में दीनदयाल उपाध्याय ने 'पाराशर' के नाम से लिखा है; पाञ्चजन्य, श्रावण कृष्णा 8, संवत् 2005, पृ. 4
68. दीनदयाल उपाध्याय, कांग्रेस का आंतरिक संघर्ष और उसका भविष्य; राष्ट्रधर्म, अंक-8, भाद्रपद पूर्णिमा 2007 (अगस्त-सितंबर 1950) पृ. 6
69. कानपुर संघ शिक्षावर्ग में श्री बालासाहब देवरस का भाषण; पाञ्चजन्य, आषाढ़ शुक्ल 14, सं. 2007 (11 जून, 1950), पृ. 8-9
70. राष्ट्रधर्म, अंक 3-4, कार्तिक पूर्णिमा 2004 (दिसंबर-जनवरी 1947-48), पृ. 125
71. वही; पृ. 126
72. दीनदयाल उपाध्याय, जीवन का ध्येय, पाञ्चजन्य, भाद्रपद कृष्ण 9, गुरुवार सं. 2006

(18 अगस्त, 1947), पृ. 3

73. वही; पृ. 04
74. वही; पृ. 05
75. दीनदयाल उपाध्याय, विजयादशमी; पाञ्चजन्य, विजयादशमी विशेषांक, सं. 2006, (सन् 1947) पृ. 2
76. वही; पृ. 2
77. पाञ्चजन्य, 3 मई, 1951, पृ. 4
78. पाञ्चजन्य, आषाढ़ कृष्ण 2, सं. 2008 (21 जून, 1951)।
79. पाञ्चजन्य, आश्विन कृष्ण 2, सं. 2007 (28 सितंबर, 1950)।
80. नागरिक समाज के मंच पर 10 जुलाई, 1949 को संयुक्त प्रांत के सह-प्रचारक दीनदयाल उपाध्याय का भाषण (मंच के मंत्री निसार अहमद शेरवानी थे)। पाञ्चजन्य, श्रावण कृष्ण 11, सं. 2006, पृ.13
81. ''अब से प्राय: तीन हजार वर्ष पूर्व भारतवर्ष के जनजीवन में कर्मचेतना, क्रांतिभावना तथा महत्त्वाकांक्षाओं का उदय हुआ था और उस समय देश के समस्त समाज ने अपने-अपने क्षेत्र में उन महत्त्वाकांक्षाओं का प्रकटीकरण कला-कौशल तथा वाणिज्य व्यवसाय की उन्नति, क्षात्रबल के विकास तथा ब्राह्मणों द्वारा स्याम, इंडो-चाइना, चीन और जापान आदि में ज्ञानदीप का प्रसार करके वृहत्तर भारत में सांस्कृतिक साम्राज्य की स्थापना द्वारा किया था। वह हमारा 'स्वर्ण युग' था।''—मेरठ में दीनदयाल उपाध्याय का भाषण, पाञ्चजन्य, आश्विन कृष्ण 2, सं. 2007 (28 सितंबर, 1950)
82. लक्ष्मीकांत शास्त्री, स्वतंत्रते स्वागत, राष्ट्रधर्म, श्रावण पूर्णिमा 2004, पृ.54
83. संविधान सभा की माँग अपनी स्वतंत्रता की लड़ाई की माँग थी, क्योंकि स्वतंत्रता का स्पष्टार्थ है हमारा नियमन करनेवाला तंत्र 'स्व' द्वारा ही निर्मित होना चाहिए। दीनदयाल उपाध्याय, भारतीय संविधान पर एक दृष्टि, पाञ्चजन्य, मार्गशीर्ष शुक्ल 4, 2006 (नवंबर 1949), पृ. 3-4
84. '...आज के भारत के संविधान का सबसे बड़ा गुण यह है कि उसका निर्माण देश के कतिपय लोगों ने किया है। इसलिए इस संविधान को स्वीकार करना प्रत्येक देशभक्त का कर्तव्य हो जाता है।''—दीनदयाल उपाध्याय, इस संविधान का क्या करें—पुरस्कार, बहिष्कार या परिष्कार? राष्ट्रधर्म, माघ शुक्ल पूर्णिमा 2006 (जनवरी-फरवरी—1950), पृ. 11
85. राष्ट्रधर्म, मार्गशीर्ष पूर्णिमा, सं. 2006 (नवंबर 1949), पृ.14
86. राष्ट्रधर्म, माघ पूर्णिमा, 2006 (जनवरी-फरवरी 1950), पृ.12
87. राष्ट्रधर्म, मार्गशीर्ष पूर्णिमा, 2006 (नवंबर-दिसंबर 1941), पृ.13
88. पाञ्चजन्य, आषाढ़ कृष्ण 2, सं. 2008 (जून 21, 1951)
89. राष्ट्रधर्म, माघ पूर्णिमा, 2006, (जनवरी-फरवरी 1950) पृ.13
90. राष्ट्रधर्म, माघ पूर्णिमा, 2006, (जनवरी-फरवरी 1950) पृ.12
91. पाञ्चजन्य, आश्विन कृष्ण 2, सं. 2007 (28 सितंबर, 1950), पृ.4
92. पाञ्चजन्य, आश्विन कृष्ण 12, सं. 2005, पृ.16

93. पाञ्चजन्य, 3 मई, 1951, पृ.4, इन संदर्भों में निम्न पुस्तकें पठनीय हैं—
The Intergration of the Indan States : V.P. Menon, Bombay, Orient Longman; 1961.
Kashmir : Centre of New Alignments : Balraj Madhok, New Delhi, Deepak Prakashan; 1956.
94. संपादक राजीव लोचन व अटल बिहारी वाजपेयी थे।
95. संपादकीय—बिंदु-बिंदु विचार, राष्ट्रधर्म, अंक 3-4, कार्तिक पूर्णिमा, 2004, पृ.158
96. बिंदु-बिंदु विचार, राष्ट्रधर्म, वर्ष-2, अंक-8, भाद्रपद पूर्णिमा, 2007, (अगस्त-सितंबर 1950), पृ. 62
97. वही।
98. दीनदयाल उपाध्याय, कांग्रेस का आंतरिक संघर्ष और उसका भविष्य, राष्ट्रधर्म, भाद्रपद पूर्णिमा, 2007, पृ. 6
99. राष्ट्रधर्म, अंक 9, शरद पूर्णिमा, संवत 2006 (अक्तूबर-नबंबर 1949)
100. दीनदयाल उपाध्याय के निरूपण के अनुसार कांग्रेस के अंतर्गत इन तीन धाराओं को तिलक-पटेल-टंडन धारा (एक-संस्कृतिवादी), महात्मा गांधी व आजाद की धारा (द्वि-संस्कृतिवादी) तथा पं. नेहरू व समाजवादियों की धारा (बहु-संस्कृतिवादी), ऐसा भी कहा जा सकता है।
101. क्र. 3, पृ. 34
102. 'धारा 144' लेख का एक उद्धरण यहाँ दृष्टव्य है, "…मैकाले के दिमाग की उपज है धारा 144। देखने में बड़ी सीधी-सादी व शब्दों में भी मधुर है। हाँ, वे मधुर शब्द रसगुल्ले की तरह गोल-गोल हों तो कोई आश्चर्य नहीं; क्योंकि अंग्रेजों का संपूर्ण कानून ही गोल-मोल रहता है।"—पाञ्चजन्य, भाद्रपद शुक्ल 7, गु. पू. 2005, पृ. 6
103. उदाहरणार्थ, आय-व्यय का प्रथम आँकड़ा यहाँ प्रस्तुत है। ऐसे ही दीनदयाल उपाध्याय ने आय के 9 तथा व्यय के 11 आँकड़े विश्लेषित किए हैं।
    (क) आय—भारतवर्ष से अंग्रेजों की विदाई तथा भारत को औपनिवेशिक स्वराज्य की प्राप्ति।
    (ख) व्यय—भारत का विभाजन, पूर्ण स्वराज्य के आदर्शों का त्याग तथा देश में अंग्रेज विशेषज्ञों एवं कारीगरों का आगमन। —पाञ्चजन्य, कार्तिक शुक्ल 10, 2005 (अक्तूबर 1948), पृ. 1

□

3

जनसंघ के महामंत्री व अध्यक्ष

पं. दीनदयाल उपाध्याय का सार्वजनिक जीवन प्रथमत: संघ के स्वयंसेवक व प्रचारक के रूप में प्रारंभ हुआ। द्वितीयत: प्रत्यक्ष राजनीति में उनका प्रवेश देश के एक महत्त्वपूर्ण राजनीतिक घटनाचक्र के कारण हुआ। इस घटनाचक्र के परिणामस्वरूप आजादी के बाद भारत के राजनीतिक दलों का रूपायन हुआ। दीनदयाल उपाध्याय का राजनीति में प्रवेश भारतीय जनसंघ की स्थापना के कारण हुआ।

1. जनसंघ की जन्मकथा

जनसंघ की जन्मकथा का अभी तक ठीक प्रकार से अनुसंधान नहीं हुआ है। अत: यहाँ पर जनसंघ की जन्मकथा पर विचार करना आवश्यक है। 'ए बायोग्राफी ऑफ ए पॉलिटिकल पार्टी : जनसंघ' में क्राइग बैक्स्टर लिखते.हैं' जनसंघ, एक दलविहीन नेता श्यामाप्रसाद मुखर्जी तथा नेताविहीन दल आर.एस.एस. के सम्मिलन का परिणाम था।''[1] बैक्स्टर का यह निष्कर्ष स्थिति का ज्यादा ही सरलीकरण करता है। चीजें इतनी सरल नहीं थीं। राष्ट्रीय स्वयंसेवक संघ की शक्ति एवं स्थिति को जो बहुत संशय की नजर से देखते हैं, वे भी संघ को नेतृत्वहीन दल नहीं मानते तथा संघ के तत्कालीन सरसंघचालक मा.स. गोलवलकर की नेतृत्व-क्षमता पर कोई शंका नहीं करते। महात्मा गांधी की हत्या का घिनौना अपराध संघ पर मढ़कर संघ को प्रतिबंधित किया गया था एवं श्री गोलवलकर को बंदी बनाया गया था। बंदी-मुक्ति के बाद गोलवलकर का विराट् जनसमूहों द्वारा जो देशव्यापी स्वागत किया गया, वह उनके व्यक्तित्व के करिश्मे का ही परिचायक था। उन स्वागत समारोहों के संदर्भ में उस समय बी.बी.सी. ने कहा, ''भारत में केवल पं. नेहरू इतने विराट् जन समूह को आकर्षित कर सकते हैं। आज भारत में कोई भी श्री गोलवलकर के राजनीतिक महत्त्व तथा उनके संगठन की शक्ति को कम नहीं आँकता।''[2]

इसी प्रकार डॉ. श्यामाप्रसाद मुखर्जी राष्ट्रीय ख्याति के सांसद, हिंदू महासभा के अध्यक्ष तथा बंगाल के नितांत लोकप्रिय नेता थे। वास्तव में जनसंघ-स्थापना की पृष्ठभूमि मुखर्जी के संघ संपर्क से बहुत पहले प्रारंभ होती है। कांग्रेस का आंतरिक अंतर्द्वंद्व, संघ में व्यापक बहस, हिंदू महासभा व संघ के तनाव तथा तत्कालीन राजनीतिक आवश्यकता की उपज के रूप में जनसंघ का जन्म हुआ था। डॉ. मुखर्जी का उसी समय नेहरू मंत्रिमंडल छोड़कर सरकार से बाहर आना पूरे घटनाचक्र का एक महत्त्वपूर्ण, लेकिन छोटा पहलू है।

2. कांग्रेस का अंतर्द्वंद्व

कांग्रेस सदैव विभिन्न वैचारिक धाराओं एवं अनेक प्रतिभासंपन्न जननेताओं का संगम रही है। जब कांग्रेस राष्ट्रीय आंदोलन के शिखर पर थी तब महात्मा गांधी ने कांग्रेस की भीतरी विचारधारा व व्यक्तित्वमूलक समीकरणों को सँभाला लेकिन महात्माजी की मृत्यु के बाद यह संभव नहीं रहा। उनकी मृत्यु के तुरंत बाद फरवरी 1948 में कांग्रेस समाजवादी पार्टी ने अपने आपको भारतीय राष्ट्रीय कांग्रेस से अलग कर लिया। पं. नेहरू व पटेल के मतभेद इतने तीव्र हो गए कि दोनों का एक साथ पार्टी में रहना असंभव सा लगने लगा था। राष्ट्रीय स्वयंसेवक संघ को लेकर दोनों के मौलिक मतभेद सार्वजनिक रूप से उजागर हो गए थे। पं. नेहरू संघ के प्रखर विरोधी थे, ''स्पष्ट रूप से मेरी सरकार आर.एस.एस. पर बहुत विश्वास नहीं रखती। हम उन पर बहुत सख्त निगरानी रखे हुए हैं।''[3] जबकि सरदार पटेल का मत था,'' कांग्रेस के जो लोग सत्ता में हैं वे सोचते हैं कि अपनी सत्ता के बल पर आर.एस.एस. को समाप्त करने में समर्थ हो जाएँगे। डंडे से आप किसी संगठन को नहीं दबा सकते। आखिर डंडा चोरों के लिए है…इसका उपयोग अधिक सार्थक नहीं होगा। अंततः आर.एस.एस. के लोग कोई चोर और डाकू तो हैं नहीं। वे अपने देश को प्यार करते हैं। केवल उनकी विचारपद्धति भिन्न है। कांग्रेसजन स्नेह से उन पर विजय प्राप्त कर सकते हैं।''[4] संघ पर से प्रतिबंध हटवाने में सरदार पटेल ने महत्त्वपूर्ण भूमिका निभाई थी। उन्होंने प्रतिबंध के दौरान पत्र-व्यवहार में गोलवलकर को कांग्रेस के साथ मिलकर काम करने का आग्रह किया[5] तथा प्रतिबंध हटने के बाद नागपुर जाते हुए व्यंकटराम शास्त्री, जो प्रतिबंध हटने के समय सरकार तथा संघ के बीच मध्यस्थ थे, को 17 जुलाई, 1949 को एक पत्र लिखा : ''मुझे खुशी है कि आप श्री गोलवलकर से मिलने जा रहे हैं। उन्हें उचित सलाह दें। मैं समझता हूँ उन्हें इसकी जरूरत है। आप उन स्थितियों को जानते हैं जो स्वयं आपके प्रदेश में हो रही है। आपको यह भी ध्यान है ही कि यह सुनिश्चित है कि कांग्रेस का एकमात्र विकल्प अराजकता है। कोई राजनीतिक संस्था उस संगठन को बलवान बनाने के लिए नहीं है।

मैंने पहले भी संघ को यह सलाह दी थी कि यदि वे समझते हैं कि कांग्रेस गलत रास्ते पर जा रही है तो उनके लिए केवल यही रास्ता है कि वे कांग्रेस का अंदर से सुधार करें। यदि आप मुझसे सहमत हैं तो आप उन्हें यही समझाएँ।''[6]

(क) संघ को आमंत्रण एवं स्पष्टीकरण : सरदार पटेल कांग्रेस पर नेहरू के प्रभाव से बहुत चिंतित थे। वे कांग्रेस को तोड़ना देश के हित में नहीं समझते थे। अत: संघ की शक्ति को कांग्रेस से जोड़कर कांग्रेस को पूरी तरह अपने अधिकार में करना चाहते थे। अक्तूबर, 1949 में जब जवाहरलाल नेहरू विदेशयात्रा पर गए थे, पटेल ने अपने प्रभाव से कांग्रेस कार्यकारिणी में संघ के स्वयंसेवकों को कांग्रेस में प्रवेश देने का प्रस्ताव पारित करवा दिया। कांग्रेस में पटेल के सहयोगी बड़े नेताओं में राजर्षि पुरुषोत्तमदास टंडन थे। उन्होंने कहा, ''राष्ट्रीय स्वयंसेवक संघ राजनीतिक संस्था नहीं है। उसके लोग कभी चुनाव के झंझट में नहीं पड़े हैं। वास्तव में जमीयत-उल-उलेमा जैसी सांप्रदायिक संस्था के लोग कांग्रेस में घुसे हुए हैं। उनको रोकना चाहिए। कांग्रेस कार्यसमिति का संघ संबंधी निर्णय बिलकुल ठीक है। संघ का सांस्कृतिक दृष्टिकोण शास्त्रशुद्ध है। संघ के सदस्य सुशिक्षित व चरित्रवान लोग हैं। वे यदि कांग्रेस में आकर काम करने लगेंगे तो कांग्रेस तथा देश दोनों का कल्याण होगा।''[7] मध्य भारत के गृहमंत्री द्वारकाप्रसाद मिश्र के ऐसे ही विचारों को बैक्सटर ने अपनी पुस्तक में उद्धृत किया है।[8] इस प्रस्ताव ने कांग्रेस में तीव्र मतभेद उत्पन्न कर दिए। कांग्रेस अध्यक्ष डॉ. पट्टाभि सीतारमैया, महामंत्री श्री वेंकटराम, डॉ. राजेंद्र प्रसाद व श्री शंकरदेव ने कार्यसमिति के निर्णय का समर्थन किया। जयप्रकाश नारायण, मौलाना अबुल कलाम आजाद, मौलाना हफीजुर्रहमान तथा गोविंद सहाय ने निर्णय का कड़ा विरोध किया। दिल्ली व महाराष्ट्र की प्रांतीय कार्यसमितियों ने भी इस निर्णय पर आपत्ति की। मध्य भारत ने इसे खुले अधिवेशन में रखने की माँग की। जवाहरलाल नेहरू के अमेरिका से लौटकर आते ही विरोधी स्वर और मुखर हो गया तथा नेहरू ने अपने प्रभाव का उपयोग करते हुए एक 'स्पष्टीकरण' के नाम पर इस निर्णय को बदलवा दिया। इस अवसर पर दीनदयाल उपाध्याय द्वारा प्रारंभ किए हुए मासिक पत्र 'राष्ट्रधर्म' ने अपने संपादकीय में लिखा, ''कांग्रेस कार्यसमिति ने संघ के स्वयंसेवकों को कांग्रेस में प्रवेश देने के संबंध में एक प्रस्ताव स्वीकृत किया है जिसमें कहा गया है कि संघ के स्वयंसेवकों को कांग्रेस का सदस्य बन जाने के बाद संघ या अन्य स्वयंसेवक दल का सदस्य रहने या उसका संगठन करने का अधिकार नहीं रहेगा। इस प्रकार कार्यसमिति ने सवा मास पूर्व लिया निर्णय बदल डाला।…उसका कहना है कि कांग्रेसजन केवल कांग्रेस सेवादल के ही सदस्य हो सकते हैं, अन्य किसी स्वयंसेवक दल के नहीं। यदि यह बात सच है और कार्यसमिति ने इसे केवल मुँह छिपाने भर के लिए नहीं कहा है तो क्या 'आर्यवीर दल', 'स्काउट एसोसिएशन', 'महावीर दल' तथा 'हिंदू रक्षक दल' के कांग्रेस सदस्य दो

में से किसी एक संस्था से त्यागपत्र देने को तैयार हैं?…यदि ऐसा नहीं होगा और कार्यसमिति अपने निर्णय को सभी पर लागू नहीं करेगी तो हम यह कहने को विवश होंगे कि उसने अनुशासन के नियम का बहाना भर किया है।''[9]

(ख) पुरुषोत्तमदास टंडन विजयी : कांग्रेस का आंतरिक विवाद तीव्रतर हो गया। दोनों गुट शक्तिपरीक्षण पर आमादा हो गए। इस संदर्भ में झंगियानी अपने शोधप्रबंध में लिखते हैं, ''दल पर नियंत्रण करने के लिए आंतरिक संघर्ष प्रारंभ हो गया। यह एक पार्टी का अंत:संग्राम था। सन् 1950 के दलीय अध्यक्ष के चुनाव ने इसको रेखांकित किया। चुनाव में श्री पुरुषोत्तमदास टंडन विजयी हुए जो पटेल द्वारा समर्थित थे। नेहरू के प्रत्याशी आचार्य कृपलानी पराजित हो गए। पंडित नेहरू इस स्थिति से समझौता नहीं कर सकते थे।…नेहरू ने कार्यकारिणी में रहने से इनकार कर दिया। लेकिन बाद में उन्हें मना लिया गया। कांग्रेस का संकट गहरा हो गया।''[10] संगठन पर पटेल की पकड़ मजबूत थी; लेकिन नेहरू अधिक जनप्रिय एवं अपनी विचारधारा के प्रति आग्रही थे। उन्होंने अपनी इस क्षमता के बल पर पटेल गुट को चुनौती दी। सितंबर 1950 में कांग्रेस का 56वाँ अधिवेशन नासिक में हुआ। टंडन की विजय को पंडित नेहरू ने 'संप्रदायवाद' की विजय माना था। पं. नेहरू यह ठानकर अधिवेशन में गए कि वे प्रतिनिधियों के समक्ष स्पष्टता व आग्रहपूर्वक अपनी बात रखेंगे। यदि कांग्रेस 'धर्मनिरपेक्षता' के स्थान पर 'हिंदू संप्रदायवाद' को स्वीकार करती है तो वे कांग्रेस से अलग हो जाएँगे। उन्होंने कहा, ''यदि कांग्रेसजन अभी तक के अपने सिद्धांतों को छोड़ देने को तैयार हों तो कांग्रेस मर जाएगी। ऐसे मुर्दों की मुझको आवश्यकता नहीं।''[11] वैचारिक दृष्टि से पटेल गुट इतना प्रखर व मुखर नहीं था। नेहरू का यह रूप देखकर उन्होंने मौन साध लिया। संगठन के पदाधिकारियों पर पटेल गुट की पकड़ थी। आम प्रतिनिधि पर नेहरू के व्यक्तित्व के करिश्मे का प्रभाव था। परिणामत: नासिक अधिवेशन में नौ प्रस्ताव पारित हुए, सभी पर नेहरू हावी रहे। श्री चक्रवर्ती राजगोपालाचारी ने कहा, ''उनके द्वारा (पं. नेहरू के द्वारा) प्रस्तावित प्रत्येक बात स्वीकार की गई और जो उनको मान्य न हो, ऐसा कोई प्रस्ताव स्वीकृत नहीं किया गया।''[12]

टंडन के अध्यक्ष चुने जाने से संघ क्षेत्र में बहुत प्रसन्नता हुई। 'पाञ्चजन्य' के मुखपृष्ठ पर 'कांग्रेस के भविष्यनिर्माता' शीर्षक के साथ पुरुषोत्तमदास टंडन का रंगीन चित्र छापा गया।[13] नासिक अधिवेशन में दिया गया उनका अध्यक्षीय भाषण भीतरी पृष्ठों में बहुत प्रमुखता से व पूरा छापा गया।[13] इसके तुरंत बाद आए अंक के मुखपृष्ठ पर 'सरदार चिरायु हों' शीर्षक के साथ सरदार पटेल का बड़ा चित्र छपा तथा भीतरी पृष्ठों में 'पं. नेहरू एक विरोधाभास' संपादकीय लिखा गया।[14] इसी प्रकार 'राष्ट्रधर्म' व 'ऑर्गेनाइजर' ने भी पटेल व टंडन की छवि का मुखरतापूर्वक प्रकाशन किया; परंतु नासिक अधिवेशन

में वैचारिक विषयों में उन्होंने जो दब्बूपन दिखाया, उस पर अपनी नाराजगी जाहिर की। 'पाञ्चजन्य' ने लिखा, "सरदार पटेल के सभी समर्थक, जिनकी संख्या बहुत अधिक है, यही चाहते हैं कि कांग्रेस के संगठन में खुलकर सामने आएँ, अपने व्यावहारिक कार्यक्रम की घोषणा करें और सुयोग्य नेतृत्व की बागडोर सँभालें। तभी वे समय की पुकार पर सामने आनेवाले नेता सिद्ध होंगे और देश को झूठी भावुकता से तथा थोथे आदर्शवाद और हवाई नारों से बचा सकेंगे। यदि वे नेहरू की नीति को स्वीकार करना चाहते हों तो वे कांग्रेस संगठन पर नियंत्रण रखने का प्रयत्न छोड़ दें, और यदि वे शासन के सर्वोच्च पद के इच्छुक हों तो नीति और सिद्धांत की दृष्टि से निर्भय होकर उसकी माँग पेश करें।"[15] संभवतः नेहरू को चुनौती देने की क्षमता पटेल व टंडन में नहीं थी। कांग्रेस की आधिकारिक नीति तो वह थी जो प्रस्तावों के रूप में पारित हुई थी। ऐसी स्थिति में पुरुषोत्तमदास टंडन के हिंदूवादी विचार उनके व्यक्तिगत विचार हो गए। कांग्रेस का अध्यक्ष होते हुए भी कांग्रेस की आधिकारिक नीति के वे प्रवक्ता न थे। ऐसे में हिंदू राष्ट्रवादियों में उनके प्रति निराशा आने लगी। 'पाञ्चजन्य' ने 'अंत का आरंभ' शीर्षक से एक लंबा संपादकीय लिखा, कांग्रेस अध्यक्ष निर्वाचित होने के बाद टंडनजी ने पं. नेहरु को संतुष्ट करने के लिए अपने कई सिद्धांतों पर समझौता किया है।··· खिचड़ी संस्कृति और हिंदू राष्ट्र संबंधी राजर्षि के विचार अब कुछ बदले हुए प्रतीत होते हैं। यदि यह सब पं. नेहरू को संतुष्ट करने के लिए, उनको किसी प्रकार अपने साथ रखने के लिए है तो हमारी समझ में सब व्यर्थ है। व्यक्तिविशेष को प्रसन्न रखने के लिए राष्ट्रीयता के शाश्वत सिद्धांतों पर समझौता करना देश के हित के विपरीत होगा। मुसलमानों के तुष्टीकरण का परिणाम क्या हुआ? आज पुनः वैसी ही सांप्रदायिकता के सामने झुकना, इतिहास की अभी-अभी की शिक्षा की ओर दुर्लक्ष्य करना है।"संपादकीय में टंडनजी से आह्वान किया गया कि "वे कांग्रेस को तोड़ दें। कांग्रेस के अंत का प्रारंभ हो गया है··· चिंता की कोई बात नहीं है। देश का महत्त्व दल से अधिक होता है। व्यक्ति और दल तो बनते-बिगड़ते रहते हैं; किंतु राष्ट्र की सत्ता चिरंतन है। कांग्रेस के विघटन का उनको सभापतित्व करना है। ऐसी नाजुक घड़ी में टंडनजी दृढ़ता व धैर्य से काम लें। यही समय की माँग है।"[16]

(ग) टंडन का त्यागपत्र एवं पटेल की मृत्यु : अंततः स्थिति यह आई कि कांग्रेस व सरकार पर से पं. नेहरू का प्रभाव समाप्त करने अथवा कांग्रेस का नेतृत्व करने की क्षमता टंडनजी सिद्ध न कर सके, उलटे पं. नेहरू के दबाव में आकर उन्हें ही अध्यक्ष पद से त्यागपत्र देना पड़ा। पटेल शारीरिक रूप से बहुत अस्वस्थ हो गए थे; 15 दिसंबर, 1950 को उनका देहांत हो गया। परिणामतः पटेल गुट अंतिम रूप से कांग्रेस में निष्प्रभावी हो गया।

इस संदर्भ में पं. दीनदयाल उपाध्याय ने 'ऑर्गेनाइजर' में लिखा, "श्री टंडन निश्चित

रूप से कांग्रेस पार्टी में अंतिम विचारवान् व्यक्ति थे। वे पार्टी में 'भारतीय' तत्त्व का प्रतिनिधित्व करते थे। पं. नेहरू के समक्ष निष्प्रभ होने के बाद, जिसके कारण उनको कांग्रेस-अध्यक्ष पद छोड़ना पड़ा, विचारधारा की दृष्टि से कांग्रेस क्रमश: राष्ट्रवादी भारतीय भावनाओं से दूर होती चली गई। यदि श्री टंडन कांग्रेस के अध्यक्ष बने रहते तथा कांग्रेस उनके द्वारा प्रतिपादित विचारों को स्वीकार कर लेती तो संभवत: जनसंघ की स्थापना की आवश्यकता न रहती।''[17] भारतीय राजनीति में पटेल संघ के साथ साझापन निभाते हुए कांग्रेस पर कब्जा कर लेते या कांग्रेस से बाहर आकर विरोधी दल का नेतृत्व करते तो भारतीय दलों के इतिहास की दिशा भिन्न होती; लेकिन पटेल की मृत्यु ने पं. नेहरू की एकछत्रता को प्रस्थापित कर दिया। स्वतंत्र भारत में संघ की शक्ति की, पटेल द्वारा इच्छित राजनीतिक भूमिका की संभावना अस्त हो गई। अन्य संभावनाओं के विषय में संघ में पर्याप्त बहस उस समय हुई जिसकी परिणति अंतत: भारतीय जनसंघ की स्थापना में हुई।

3. संघ में व्यापक बहस

स्वतंत्र भारत में संघ की भूमिका क्या हो? इस विषय पर संघ में व्यापक बहस हुई। संघ को इस बात से बहुत धक्का लगा कि जब सत्ता ने उस पर प्रतिबंध लगाकर उसके व्यक्तित्व को ही चुनौती दे दी तो देश का कोई राजनीतिक नेता या दल उसके पक्ष में सक्रिय नहीं हुआ। अनेक लोगों को लगता था कि यदि हमें राजनीतिक मंच का संबल प्राप्त होता तो सरकार हमें इस प्रकार न दबा पाती। महात्मा गांधी की हत्या करनेवाले नाथूराम गोडसे का हिंदू महासभा से प्रत्यक्ष संबंध था; लेकिन महासभा पर प्रतिबंध नहीं लगाया गया। साथ ही यह भी महसूस किया गया कि प्रतिबंध के दौरान संघ द्वारा सरकार से की जानेवाली वार्त्ता व सत्याग्रह-आंदोलन के स्थगन को संघ की कमजोरी माना गया। अत: संघ में नेतृत्वधारक लोगों को यह लगने लगा था कि हमें राजनीतिक दल की स्थापना कर सरकार का सामना करना चाहिए। इस संदर्भ में तत्कालीन सरकार्यवाह (महासचिव) भैयाजी दाणी ने श्री एकनाथ रानाडे'[18] को 25 मार्च, 1949 को एक पत्र लिखा : ''सरकार अपने को आमंत्रित करेगी नहीं। हमको राजनीतिक दल बनाना पड़ेगा। उसका संविधान आदि पुणतांबेकर सरीखे व्यक्ति से बनवाकर सब प्रकार से तैयारी में लगें। समय न गँवाएँ। मैं समझता हूँ अपने पास बहुत अल्प समय है। लालाजी का पैरोल चल रहा है। आज उनके साथ ही यह पत्र भेज रहा हूँ।'' (25 मार्च, 1949)।[19]

अंतत: जुलाई 1949 में सरकार ने प्रतिबंध हटा लिया। लेकिन इससे संघ की राजनीतिक भूमिका संबंधी बहस समाप्त नहीं हुई वरन् और तेज हो गई। एक ओर सरदार पटेल का संघ को निमंत्रण था; दूसरी ओर संघ के अनेक कार्यकर्ता व समर्थक यह महसूस करते थे कि अब आजादी के आगमन के बाद संघ की भूमिका राजनीतिक

दल के रूप में ही हो सकती है। कांग्रेस देश को राष्ट्रवादी नेतृत्व देने में असमर्थ है। संघ के नेतृत्वक्षम कार्यकर्ताओं को देश की राजनीतिक बागडोर सँभालनी चाहिए। संघ से संबद्ध प्रमुख पत्रों 'पाञ्चजन्य' तथा 'ऑर्गेनाइजर' में इस संदर्भ में अनेक लेख छपे। 'संघ और राजनीति' विषय पर सी. परमेश्वरन ने दो लेख लिखे।[20] इसी संदर्भ में बलराज मधोक[21] व के.आर. मलकानी ने[22] भी लेख लिखे। 'संघ की राजनीतिक भूमिका' का दादाराव परमार्थ ने प्रतिपादन किया। इन सभी का मत था कि संघ देश को राजनीतिक नेतृत्व प्रदान करे। 'पाञ्चजन्य' में 'क्या संघ राजनीति में प्रवेश करे?'[23] इस विषय पर बहस आयोजित की गई। 'भारत में राजनीतिक दलबंदी' शीर्षक से ध्रुवनारायण सिंह ने तीन किस्तों में विस्तृत लेख लिखा, जिसमें निष्कर्ष निकाला गया कि ''संघ-विचारधारा और कार्यपद्धति के आधार पर नई राजनीतिक संस्था की स्थापना हो।''[24]

(क) राजनीतिक दल नहीं : अनेक कार्यकर्ताओं का मत था कि संघ विभिन्न सामाजिक समस्याओं के समाधान के लिए कार्य करना प्रारंभ करे। इस प्रकार, संघ गैर राजनीतिक-सामाजिक आंदोलन के नाते काम करे; राजनीतिक दल के रूप में अपने को परिवर्तित कर ले अथवा अपने समर्थन से किसी राजनीतिक दल की स्थापना करे, आदि विषय संघ को अंदर से आंदोलित कर रहे थे। संघ के तत्कालीन सरसंघचालक मा.स. गोलवलकर इन सभी बातों से असहमत थे। वे संघ के परंपरागत स्वरूप को ही बनाए रखना जरूरी समझते थे। इस संदर्भ में गोलवलकर ने लखनऊ में दिसंबर 1949 को एक ऐतिहासिक भाषण दिया, जो 'ध्येय-दर्शन' नाम से प्रकाशित हुआ है। इसमें उन्होंने विस्तार से उन तर्कों का खंडन किया है जो राजनीतिक दल की स्थापना के पक्ष में प्रस्तुत किए गए थे। आजाद भारत में तथा लोकतांत्रिक व्यवस्था में राजनीतिक माध्यम से ही अपनी भूमिका निभाई जा सकती है, लोकतंत्र में राजनीति जीवन का सर्वाधिक एवं निर्णायक महत्त्व का पक्ष होता है, इस प्रकार सोचनेवालों को गोलवलकर ने कहा, ''जिन्हें राजनीति करना है वे करें; किंतु इसके अतिरिक्त कुछ कार्य नहीं है, यह कहना उनके अधिकारक्षेत्र के बाहर की बात है। राजनीति जीवन का अल्पतम अंग है, जीवन को व्याप्त करनेवाला साधन नहीं।··· जनतंत्र का जमाना है···प्रजा दुर्बल रहेगी तो राजा भी दुर्बल होगा।''[25]

आजादी के बाद परिस्थितियाँ बदल गई हैं अत: अब बदली हुई परिस्थितियों के अनुसार हमें भी बदलना चाहिए, इस मत से भी असहमत होते हुए तथाकथित परिवर्तन के प्रवाह में बहने की सोचनेवालों को सचेत करते हुए उन्होंने कहा, ''··· अभी तो स्वतंत्र कहना भी कठिन होगा। हम स्वाधीन अवश्य हो गए है, किंतु अभी अपना तंत्र उत्पन्न नहीं हुआ है। अभारतीयता के प्रचार का चारों ओर प्रयत्न हो रहा है।···अत: हिंदू राष्ट्र का सिद्धांत आग्रहपूर्वक प्रतिपादन करने की आवश्यकता आज पहले से भी अधिक है। यदि यह नहीं किया गया तो भारत का ईरान बनेगा।''[26]

गोलवलकर संगठन को राजनीतिक दल के रूप में परिवर्तित करने के इसलिए खिलाफ थे क्योंकि कोई भी एक दल संपूर्ण 'हिंदू समाज' के संगठन के लक्ष्य की पूर्ति नहीं कर सकता। दलवाद से समाज बँटेगा। कुछ लोगों का मत था कि हम दल बनाकर भी दलवाद से मुक्त रह सकते हैं। गोलवलकर इससे सहमत न थे "...लोग कहते हैं कि दल बनाकर भी ऐसा हो सकता है कि दल के संस्कार न हों...दल बनाकर दलगत स्वार्थ से ऊपर उठने की बात असंभव है। इसीलिए हमने अपने को किसी दल या राजनीतिक पक्ष या पंथ के रूप में नहीं रखा।... कांग्रेस के लोगों का पतन हुआ होगा, हमारा नहीं होगा, यह मिथ्याभिमान है।"[27]

इस काल में (1949-50) गोलवलकर ने आग्रहपूर्वक अपने कार्यकर्ताओं को संघ के पारंपरिक रूप को न बदलते हुए राजनीतिक एवं अनेक प्रकार के सामाजिक कार्यों को अपनाने के आग्रह को छोड़कर, संगठन का बल बढ़ाना चाहिए, इसके लिए सबको तैयार करने का भरपूर प्रयत्न किया। नागपुर में 18 अक्तूबर, 1949 से 22 अक्तूबर, 1949 तक कार्यकर्ताओं का एक सम्मेलन हुआ। मा.स. गोलवलकर ने इसमें प्रतिदिन एक भाषण दिया जो कार्यकर्ताओं द्वारा अपना मत अभिव्यक्त करने के बाद होता था। अपने प्रथम भाषण में उन्होंने कहा, "दैनिक जीवन की समस्याओं को हाथ में न लेकर; आर्थिक व राजनीतिक समस्याओं का ज्ञान होने पर भी उनकी ओर दुर्लक्ष्य कर, उन्हें अपने व्यवहार की सीमा से परे रखकर काम चालू रखना सफलता प्राप्ति की दृष्टि से कहाँ तक लाभदायी होगा? इस विचार से आघात होता होगा। इन कारणों का सम्यक् विचार होना ही चाहिए।"[28]

संघ पर प्रतिबंध, संघ द्वारा सत्याग्रह, प्रतिबंध हटने के बाद गोलवलकर का देश भर में भव्य स्वागत तथा पटेल व नेहरू में संघ को लेकर विवाद आदि कारणों से संघ राजनीतिक दृष्टि से समाज में बहुत चर्चित हो गया था। देश के उच्चतम नेताओं तथा विचारकों ने संघ की शक्ति को मान्यता प्रदान की थी। इन सब बातों का कार्यकर्ताओं के मन पर प्रभाव था। इस प्रभाव की ओर इंगित करते हुए गोलवलकर ने कहा, "आज जो कुछ संघ को प्रतिष्ठा प्राप्त हुई दिखाई देती है वह अधिकतर काल्पनिक है। समाचार-पत्रों ने वह निर्माण की है। लोग समझते हैं संघ के पास अपार मनुष्य-शक्ति और सामर्थ्य है। जनता को स्वाभाविकत: संघ से बहुत बड़ी-बड़ी अपेक्षाएँ हैं। परंतु एक ओर यह अपेक्षाएँ इतनी बढ़ाई गई हैं तथा दूसरी ओर कार्य का प्रत्यक्ष स्वरूप घट गया है। दो वर्ष पूर्व की संख्या, कार्य का उत्साह, वातावरण, प्रचारक आदि बातों से तुलना करें तो कहना होगा कि कार्य प्रत्यक्ष घटा है...यह समझकर कि एक विशिष्ट प्रकार की संगठन की अवस्था निर्माण होने तक समाजसेवा के अन्यान्य कार्य नहीं हो सकते, उस मर्यादा तक कार्य को पहुँचाने के लिए अथक प्रयत्नों की आज आवश्यकता है...कार्य की

योग्यता विशिष्ट मर्यादा तक ले जाने के बजाय भिन्न-भिन्न समाजकार्यों को ही स्वीकार करते बैठना मुझे तो सर्वथा अनुचित लगता है···ऐसी स्थिति में हम कार्य लेकर समाज-रचना कर सकेंगे, यह कहना व्यर्थ है। आज तो संपूर्ण शक्ति अन्य सभी छोटी-छोटी बातों को बाजू में रखकर अपनी पद्धति से तेजस्वी, प्रतिष्ठा संपन्न, प्रभावी तथा व्यापक कार्य का निर्माण शीघ्रातिशीघ्र करें। ऐसा हम नहीं करेंगे तो मैं निश्चयपूर्वक कहता हूँ कि वी हैव नो फ्यूचर, एब्सोल्यूटली नो फ्यूचर।''[29]

लखनऊ के भाषण में मा.स. गोलवलकर ने राजनीतिक दल की स्थापना के ख़िलाफ सैद्धांतिक व समाजशास्त्रीय मत का प्रतिपादन किया था, जबकि नागपुर में व्यावहारिक व नीतिगत। दोनों बातों का समन्वय करते हुए अंत में उन्होंने कहा, ''आप सोचें और तय करें कि यों संसार से पृथक रहनेवाले, सत्तायंत्र विशुद्ध रखनेवाले, परंतु कठिन समय पर सत्ता ग्रहण कर समाज-धारणा करनेवाले जो महापुरुष होते हैं उसके समान अपनी योग्यता है क्या? अपना व्यवहार इतना विशुद्ध है क्या? यह आप ही ठीक से सोचें।''[30]

(ख) संघ का अगला कदम : गोलवलकर के इन आग्रहपूर्ण प्रतिपादनों के बावजूद संघ के कार्यकर्ताओं का एक बड़ा तथा प्रभावी समूह सामाजिक एवं राजनीतिक कार्यों में संघ की भूमिका का पक्षपाती था। इस संदर्भ में संघ के तत्कालीन सह-सरकार्यवाह तथा संप्रति सरसंघचालक बालासाहब देवरस ने नागपुर से प्रकाशित 'युगधर्म' समाचार-पत्र में 'संघ का अगला कदम' शीर्षक से एक लेख लिखा जिसको 'पाञ्चजन्य' ने इस प्रकार प्रतिवेदित किया, ''अभी तक दैनिक कार्यक्रमों द्वारा उत्पन्न अनुशासन एवं त्याग के गुणों के प्रकटीकरण के क्षेत्र तक ही संघ मर्यादित रहा; किंतु अब इन गुणों का उपयोग समाज की विभिन्न समस्याओं को हल करने में भी होगा। आज जिस प्रकार से अनुभव यह आया कि संघ के स्वयंसेवकों में परस्पर एक-दूसरे के सुख-दुःख में पूर्णतया समरस होने की भावना दिखाई देती है; किंतु संघ के बाहर का समुदाय इन भावनाओं से अनभिज्ञ रहकर उनको अपने जीवन की विभिन्न समस्याओं को सुलझाने के लिए व्यवहृत करने में असमर्थ रहा, वह अवस्था अब समाप्त होगी और संघ समाज को साथ लेकर उसकी समस्याओं का अपनी नीति और आदर्शों के अनुसार निदान प्रस्तुत करने की योजना करेगा। भारतीय संस्कृति से परंपरागत प्राप्त चिरंतन एवं उपयोगी आदर्शों का वर्तमान युग की आवश्यकताओं के साथ यथोचित सामंजस्य स्थापित करते हुए संघ अपनी समाजव्यवस्था की योजना प्रस्तुत करेगा और फिर तदनुसार कार्यक्रम निर्धारित कर समाज की सर्वांगीण उन्नति में सहयोगी होगा।''[31]

4. जनसंघ की स्थापना का घटनाचक्र

इस बहस के दौरान देश का राजनीतिक घटनाचक्र तेज गति से घूम रहा था। विभाजन

के कारण उत्पन्न सामाजिक तनाव व शरणार्थी-समस्या विकट बन गई थी। पाकिस्तान में हिंदुओं का रह पाना कठिन हो गया था। इस संदर्भ में 8 अप्रैल, 1950 को दिल्ली में नेहरू-लियाकत समझौता हुआ। इस समझौते को पूर्वी बंगाल के हिंदुओं के साथ धोखे की संज्ञा देते हुए डॉ. श्यामाप्रसाद मुखर्जी[32] ने नेहरू मंत्रिमंडल से त्यागपत्र दे दिया। टंडनजी से निराश होने के बाद मुखर्जी का मंत्रिमंडल से बाहर आना भारतीयतावादी राजनीति की आकांक्षा रखनेवालों को उत्साहित करनेवाला था। नए राजनीतिक दल की सरगरमियाँ तेज हो गईं। एक वर्ष में स्थिति यह आ गई कि प्रांतशः दलों की क्रमशः स्थापना होनी प्रारंभ हुई। मई 1951 से लेकर अक्तूबर 1951 तक यह प्रक्रिया चली। अंततः 21 अक्तूबर, 1951 को दिल्ली में श्यामाप्रसाद मुखर्जी की अध्यक्षता में अखिल भारतीय जनसंघ की स्थापना हुई। इस कार्य में संघ के जिन कार्यकर्ताओं ने महत्त्वपूर्ण भूमिका अदा की, वे थे : लाला हंसराज गुप्त (दिल्ली प्रांत संघचालक), बसंतराव ओक (दिल्ली प्रांत प्रचारक), धर्मवीर (पंजाब प्रांत कार्यवाह), बलराज मधोक तथा भाई महावीर। ये सभी लोग दिल्ली केंद्रस्थ थे। विभिन्न प्रदेशों में जनसंघ की स्थापना के समय संघ के जिन कार्यकर्ताओं को दायित्व दिया गया था उनमें उत्तर प्रदेश में दीनदयाल उपाध्याय व नानाजी देशमुख, मध्य भारत में मनोहरराव मोघे, राजस्थान में सुंदरसिंह भंडारी, बिहार में ठाकुर प्रसाद आदि प्रमुख थे। डॉ. भाई महावीर प्रथम महामंत्री बनाए गए।[33]

5. गोलवलकर, मुखर्जी व जनसंघ

उपर्युक्त बहस व घटनाचक्र से ऐसा लग सकता है कि भारतीय जनसंघ की स्थापना सरसंघचालक मा.स. गोलवलकर की अनिच्छा के बावजूद हुई लेकिन वस्तुस्थिति ऐसी नहीं है। गोलवलकर राष्ट्र की राजनीतिक अवस्था, कार्यकर्ताओं की मनःस्थिति तथा सामाजिक-राजनीतिक क्षेत्र की आवश्यकताओं को समझते थे। दत्तोपंत ठेंगड़ी[34] का इस संदर्भ में मत है कि "गुरुजी इस बात को अनुभव करते थे कि हिंदू हितों को एक दल से संबद्ध करने पर वे संकुचित हो जाएँगे, उनकी दबाव-क्षमता न्यून हो जाएगी। हिंदू हितों के प्रवक्ता यदि सभी दलों में रहते हैं तो उसकी दबाव-क्षमता ज्यादा होगी। उन्होंने यह भी कहा कि अखिल भारतीय स्तर पर सत्तास्पर्धी राजनीतिक दल बनने की अनेक मजबूरियाँ हमें हिंदू हितों से विमुख कर सकती हैं। श्री गुरुजी चाहते थे कि राजनीति पर हिंदू संगठन का प्रभावी 'प्रेशर ग्रुप' रहना चाहिए।[35] हाथी बनने की बजाय हाथी पर अंकुश लगाए रखने की यह भूमिका थी। विभिन्न सामाजिक, राजनीतिक व आर्थिक मुद्दे ऐसे है जिनमें सब हिंदू एक मंच पर नहीं आ सकते। यथा, छुआछूत विरोधी समाजसुधारक व वर्णाश्रमी रूढ़िवादी, जमींदार, सामंत तथा जमींहीन व खेतिहर किसान आदि विभिन्न राजनीतिक, आर्थिक व पांथिक मंचों पर परस्पर विरोधी रहते हुए

भी हिंदू के नाम पर एक जगह लाए जा सकते हैं। अत: संघ प्रत्यक्ष आर्थिक व राजनीतिक विषयों पर संगठन न बनाए, यही उपादेय है; ऐसा गुरुजी को लगता था।''[36]

इसीलिए एक ओर जनसंघ की स्थापना हुई तथा दूसरी ओर राष्ट्रीय स्वयंसेवक संघ का अपना पारंपरिक स्वरूप बना रहा। जब जनसंघ की स्थापना हुई तब यह नया दल संघ द्वारा स्वीकार किए गए हिंदू राष्ट्र सिद्धांत एवं आदर्शवाद के अनुकूल हो, इसका गोलवलकर ने चिंतापूर्वक ध्यान रखा। डॉ. मुखर्जी के साथ अपनी वार्त्ता तथा जनसंघ की स्थापना के संदर्भ में उन्होंने 'पाञ्चजन्य'[37] तथा 'ऑर्गेनाइजर'[38] में एक लेख लिखा, '...यदि इस संगठन (राष्ट्रीय स्वयंसेवक संघ) के किसी स्वयंसेवक का सहयोग चाहिए तो वह तभी मिल सकेगा जब दिखाई देगा कि आदर्शवाद के आधार पर दल की पृथक राजनीतिक प्रतिमा है। मैंने एक पत्रकार परिषद् में उनके द्वारा (डॉ. श्यामाप्रसाद मुखर्जी द्वारा) दिए गए एक वक्तव्य की ओर कि हिंदू राष्ट्र पर निष्ठा रखने के कारण हिंदू महासभा सांप्रदायिक है, उनका ध्यान खींचते हुए उनसे कहा कि संघ भी हिंदू महासभा से अधिक तो नहीं, परंतु उसके समान ही यह विश्वास करता है कि भारतीय राष्ट्र 'हिंदू राष्ट्र' है, तो क्या वे संघ को भी अपने से दूर रखना चाहेंगे? फिर उसका परिणाम यही होगा कि वे न मेरी सहानुभूति की अपेक्षा कर सकेंगे और न मेरे सहयोगियों के सहयोग की, जो हिंदू राष्ट्र पर दृढ़ निष्ठा रखनेवाले तथा उसके लिए अथक कार्य करनेवाले हैं। उन्होंने स्वीकार किया कि उन्होंने वह टिप्पणी अनवधानता से की थी। उन्होंने हिंदू राष्ट्र के आदर्श से अपनी संपूर्ण सहमति प्रकट करते हुए कहा कि अपने संविधान द्वारा भारतीय राष्ट्रीयता का सही आकलन और प्रतिपादन नहीं हुआ है।

''...जब ऐसा मतैक्य हुआ तब मैंने अपने निष्ठावान् और तपे हुए सहयोगियों को चुना जो नि:स्वार्थी और दृढ़निश्चयी थे, जो नए दल की स्थापना का भार अपने कंधों पर ले सकते थे...इस प्रकार डॉ. मुखर्जी अपनी आकांक्षा भारतीय जनसंघ की स्थापना के रूप में साकार कर सके।''

उन्होंने यह भी लिखा है कि ''हम दोनों (डॉ. मुखर्जी व गोलवलकर) अपने-अपने संगठन और कार्यक्षेत्र की दृष्टि से महत्त्वपूर्ण कदम परस्पर विचार विनिमय के बिना नहीं उठाते थे। ऐसा करते समय हम इस बात का भी ध्यान रखते थे कि एक-दूसरे के कार्य में हस्तक्षेप या दोनों संगठनों के परस्पर संबंध के विषय में भ्रम न हो तथा एक-दूसरे पर हावी होने का प्रयत्न न हो।''

राष्ट्रीय स्वयंसेवक संघ की शक्ति एवं डॉ. मुखर्जी के नेतृत्व में अन्य हिंदू राष्ट्रवादी समुदायों को भी साथ लेकर भारतीय जनसंघ को विकसित करने की योजना बनी; लेकिन नियति इस योजना के अनुकूल न थी। जनसंघ की स्थापना के 21 महीने बाद ही 'कश्मीर आंदोलन' के तहत श्रीनगर की जेल में 23 जून, 1953 को डॉ. मुखर्जी की मृत्यु

हो गई।[39] सरदार पटेल की मृत्यु के बाद भारतीय राजनीति को यह एक बड़ा धक्का था। लोकतंत्र के स्वस्थ विकास के लिए आवश्यक विरोधपक्ष के निर्माण की प्रक्रिया को इस मृत्यु ने कुछ काल तक स्थगित सा कर दिया। 'राष्ट्रवादी' भारतीय राजनीति, जिसका प्रतिनिधित्व जनसंघ को करना था, के नेतृत्व का भार अब पूरी तौर पर संघ द्वारा राजनीति में भेजे कार्यकर्ताओं पर आ गया था। पं. दीनदयाल उपाध्याय ने प्रत्यक्षत: यह कार्य सँभाला। सरसंघचालक मा.स. गोलवलकर इन नवीन राजनीतिक कार्यकर्ताओं के प्रेरणास्त्रोत व मार्गदर्शक थे।

इस संदर्भ में ठेंगड़ी कहते हैं, "…वास्तव में संघ के स्वयंसेवक समाज के सभी क्षेत्रों में जाकर प्रभाव निर्माण करेंगे, यह संघ का विधायक एवं पुराना मार्ग है। उस समय (जनसंघ-स्थापना के समय) विमर्श का मुद्दा यह था कि यह कार्य किस प्रकार किया जाए? श्रीगुरुजी संघ को राजनीतिक दल में रूपांतरित करने के पक्ष में नहीं थे तथा उस समय एक अलग दल की स्थापना के लिए आवश्यक शक्ति हमारे पास है क्या? इसके बारे में भी वे बार-बार आगाह करते थे। लेकिन डॉ. मुखर्जी से उनकी बात होने के बाद स्थितियाँ बदल गई। उन्होंने पूर्ण सजगता के साथ राजनीतिक क्षेत्र के योग्य कार्यकर्ताओं को वहाँ दिया व मार्गदर्शन भी किया। जितनी 'पॉलिटिकल वाइजनेस' श्रीगुरुजी में थी, मैंने किसी में नहीं देखी।"[40]

6. जनसंघ और दीनदयाल

प्रांतीय जनसंघ इकाइयों की स्थापना के दौर में 2 सितंबर, 1951 को लखनऊ में उत्तर प्रदेश जनसंघ इकाई का गठन हुआ। दीनदयाल उपाध्याय प्रदेशमंत्री बनाए गए। तब तक उपाध्याय राष्ट्रीय स्वयंसेवक संघ के सह-प्रांतप्रचारक थे। 8 सितंबर को अखिल भारतीय जनसंघ की स्थापना के निमित्त दिल्ली में एक पूर्व बैठक हुई जिसमें दल का घोषणा पत्र तैयार किया गया तथा अखिल भारतीय दल की घोषणा के लिए अक्तूबर में सम्मेलन करने का निर्णय लिया गया। दीनदयाल उपाध्याय इस बैठक के लिए लखनऊ से आए थे। परिणामस्वरूप 21 अक्तूबर, 1951 को नई दिल्ली के राघोमल आर्य कन्या उच्चतर माध्यमिक विद्यालय परिसर में राष्ट्रीय सम्मेलन आयोजित हुआ जिसमें डॉ. श्यामाप्रसाद मुखर्जी की अध्यक्षता में अखिल भारतीय जनसंघ की स्थापना हुई। भारतीय जनसंघ का प्रथम अखिल भारतीय अधिवेशन 29, 30 व 31 दिसंबर, 1952 को कानपुर में संपन्न हुआ। नानाजी देशमुख इसके संयोजक थे। इसी अधिवेशन में डॉ. भाई महावीर के स्थान पर दीनदयाल उपाध्याय को दल का अखिल भारतीय महामंत्री बनाया गया। दूसरे महामंत्री मौलिचंद्र शर्मा थे। यहीं से दीनदयाल उपाध्याय का भारतीय राजनीति में जनसंघ के महामंत्री के नाते कर्तृत्व प्रारंभ होता है। वैचारिक दृष्टि से दीनदयाल ने

जनसंघ को किस प्रकार नेतृत्व दिया, इस बात का पता इस तथ्य से चलता है कि इस प्रथम अधिवेशन में कुल 15 प्रस्ताव पारित हुए जिनमें सात प्रस्ताव अकेले दीनदयाल उपाध्याय ने रखे। उस समय राष्ट्रवादी वातावरण के लोकप्रिय विषय कश्मीर, पूर्व बंगाल, हैदराबाद-विलय आदि थे। उपाध्याय ने जिन विषयों के प्रस्ताव रखे, वे उनके व्यापक राजनीतिक चिंतन के परिचायक हैं।

उपाध्याय ने निम्न विषयों पर प्रस्ताव रखे—

(1) दक्षिण अफ्रीका में रंगभेद का विरोध;
(2) भारत में स्थित विदेशी उपनिवेश;
(3) कर नीति तथा बहुसूत्री बिक्रीकर;
(4) चुनाव नियमों में संशोधन;
(5) पुनर्वास;
(6) पंचवर्षीय योजना तथा
(7) सांस्कृतिक पुनरुत्थान।[41]

पं. दीनदयाल उपाध्याय ने जनसंघ को नेतृत्व प्रदान किया। दल तथा देश ने यह स्वीकार किया। लेकिन डॉ. मुखर्जी की मृत्यु के पश्चात् जनसंघ के नेतृत्व के विषय में एक अनिश्चितता उत्पन्न हो गई थी। पं. मौलिचंद्र शर्मा को कार्यवाहक अध्यक्ष बनाया गया; लेकिन शर्मा संघ के प्रभाव को सह नहीं सके, अतः उन्हें त्यागपत्र देना पड़ा।[42] उसके बाद से ही जनसंघ का अध्यक्ष पद भारत के राष्ट्रपति के समान केवल एक राष्ट्रीय गरिमा व प्रतिष्ठा का पद बनकर रह गया।[43] वास्तविक कार्यपालक नेतृत्व महामंत्री करता था। दीनदयाल सन् 1952 से 1967 तक, पंद्रह वर्ष जनसंघ के महामंत्री रहे। इस दौरान अनेक अध्यक्ष बदल गए।

इसी प्रकार राष्ट्रीय स्वयंसेवक संघ में राजनीतिक भूमिका पर जो बहस चल रही थी वह केवल वैचारिक बहस न थी; कुछ लोगों की राजनीतिक महत्त्वाकांक्षा भी उसके लिए कारणीभूत थी। बसंतराव ओक इस आकांक्षा के सर्वाधिक शिकार थे।[44] दिल्ली केंद्र होने के कारण वे राजनीतिक घटनाचक्रों से जल्दी संबद्ध हो पाते थे। डॉ. मुखर्जी से उनका सीधा संपर्क था। मुखर्जी को नवीन राजनीतिक दल के लिए उत्प्रेरित करने में भी उनकी कुछ-न-कुछ भूमिका थी। वे जनसंघ का नेतृत्व ग्रहण करना चाहते थे। इसके लिए उन्होंने दिल्ली प्रांतप्रचारक की अपनी हैसियत का भी उपयोग करना चाहा। गोलवलकर इस बात को समझते थे। उन्होंने ओक का केंद्र नागपुर स्थानांतरित कर उन्हें अखिल भारतीय शारीरिक प्रमुख का दायित्व दिया। ओक ने यह स्वीकार नहीं किया। वे विद्रोही हो गए। दिल्ली में जनसंघ की स्थापना के घटनाचक्र को संघ की योजनानुसार

शालीनतापूर्वक दिल्ली के संघचालक लाला हंसराज गुप्त ने नियोजित किया। संघ के प्रतिनिधि के नाते लाला हंसराज गुप्त ही डॉ. मुखर्जी से मिलते थे; परंतु औपचारिक संयोजन बलराज मधोक के हाथ में था। मधोक भी आक्रामक व महत्त्वाकांक्षी वृत्ति के कार्यकर्ता थे। अत: वे भी संघ के प्रतिनिधि नहीं बन सकते थे। दिल्ली स्थित लोगों में संघ के कार्यकर्ताओं में से इस घटनाचक्र से संबद्ध चौथे महत्त्वपूर्ण व्यक्ति डॉ. भाई महावीर थे। मधोक एवं ओक के बजाय भाई महावीर को भारतीय जनसंघ का प्रथम महामंत्री बनाया गया; लेकिन संभवत: यह महसूस किया गया कि डॉ. महावीर नवोदित दल के अखिल भारतीय नेतृत्व की आवश्यकता को पूर्ण नहीं कर सकते। गोलवलकर ने इस कार्य के लिए दीनदयाल उपाध्याय को चुना। इसी हैसियत से उपाध्याय जीवनपर्यंत राष्ट्रीय स्वयंसेवक संघ के अखिल भारतीय कार्यकारी मंडल के आमंत्रित सदस्य रहे।[45]

डॉ. मुखर्जी से उपाध्याय का पूर्व परिचय नहीं था; लेकिन कानपुर अधिवेशन में उन्होंने उपाध्याय की कार्यक्षमता, संगठनकौशल एवं वैचारिक प्रगल्भता का अनुभव किया। उसी आधार पर उन्होंने यह प्रसिद्ध वाक्य कहा, ''यदि मुझे दो दीनदयाल मिल जाएँ तो मैं भारतीय राजनीति का नक्शा बदल दूँ।''[46]

वर्तमान सरसंघचालक बालासाहब देवरस से यह पूछने पर कि श्रीगुरुजी ने पं. दीनदयालजी को ही जनसंघ के नेतृत्व का कार्य क्यों दिया? उन्होंने कहा, ''जब दीनदयालजी को प. पू. श्रीगुरुजी ने राजनीति के लिए दिया तब इस विषय में मुझसे उनकी वार्त्ता नहीं हुई थी। मुझसे हुई होती तो मैं ठीक-ठीक बता सकता था। एकनाथजी व भैय्याजी से बातचीत हुई होगी; वे तो अब हैं नहीं। हो सकता है भाऊराव से हुई हो। पर मैं समझता हूँ श्रीगुरुजी को इस क्षेत्र के लिए ऐसे व्यक्ति की जरूरत थी जो संघ की मूल भारतीय कल्पना के अनुसार, राजनीतिक सिद्धांतों का विचार कर सके। राजनीतिक क्षेत्र में जाने के बावजूद वैयक्तिक महत्त्वाकांक्षाओं से वह मुक्त रह सके तथा कार्यकर्ताओं की अच्छी टीम खड़ी कर सके। दीनदयालजी में ये तीनों ही गुण थे। इसीलिए श्रीगुरुजी ने उनको राजनीतिक क्षेत्र के लिए चुना होगा, ऐसा मुझे लगता है।''[47]

7. जनसंघ के महामंत्री

दीनदयाल उपाध्याय का कोई व्यक्तिगत जीवन नहीं था। वे राष्ट्रीय स्वयंसेवक संघ के जीवन समर्पित प्रचारक थे। भारतीय जनसंघ को अपने जीवन का ध्येयकार्य उन्होंने संघ के स्वयंसेवक के नाते ही स्वीकार किया था। अत: संघ-जनसंघ के अलावा उनका कोई अन्य सार्वजनिक एवं व्यक्तिगत जीवन नहीं था। वे पंद्रह वर्ष तक जनसंघ के महामंत्री के नाते उसके संगठनकर्ता एवं विचारक रहे।

राजनीतिक दल की एक महत्त्वाकांक्षा सत्ता प्राप्ति होती है। यह उसका दायित्व भी

होता है। सत्तास्पर्धा के लिए राजनीति में उतरना अथवा अपने सिद्धातों व आदर्शों के अनुसार सत्ता व समाज को नेतृत्व देने के लिए राजनीति में प्रवेश करना, इन दोनों स्थितियों में मौलिक अंतर है। इस संदर्भ में दीनदयाल कहते हैं, "भारतीय जनसंघ एक अलग प्रकार का दल है। किसी भी प्रकार सत्ता में आने की लालसावाले लोगों का यह झुंड नहीं है···जनसंघ एक दल नहीं वरन् आंदोलन है। यह राष्ट्रीय अभिलाषा का स्वयंस्फूर्त निर्झर है। यह राष्ट्र के नियत लक्ष्य को आग्रहपूर्वक प्राप्त करने की आकांक्षा है।"[48]

इसलिए कोई सत्ताकांक्षी व्यक्ति जनसंघ का नेतृत्व करने में सक्षम नहीं था। डॉ. मुखर्जी की मृत्यु के बाद जब अनेक स्थापित नेताओं के नाम जनसंघ के अध्यक्ष पद के लिए आने लगे तब दीनदयाल उपाध्याय ने कहा, "चूँकि बहुत से लोग हमारे समक्ष उपस्थित आदर्शवाद और उससे उत्पन्न हमारी अटल श्रद्धा की आंतरिक शक्ति को समझने में असमर्थ हैं इसलिए हमारी संस्था की अध्यक्ष गद्दी के भविष्य के संबंध में मनमानी अटकलें लगाई जा रही हैं। हवा में अनेक नाम उड़ रहे हैं। उनमें से अधिकांश तो जनसंघ के सदस्य भी नहीं है।··· किसी को यह नहीं समझना चाहिए कि हम किसी नेता की तलाश में दुनिया भर में चक्कर लगाते फिरेंगे और जहाँ कहीं उसके दर्शन हो जाएँगे वहीं तुरंत उसके गले में जयमाला डाल देंगे। हमारे लिए नेता कोई अलग व्यक्ति न होकर संगठन शरीर का अभिन्न अंग होता है। हम नहीं समझते कि नेताओं की कोई अलग जाति होती है, और इसलिए हम उन लोगों से सहमत नहीं हैं जो ऐसा समझते हैं कि चूँकि हिंदू महासभा के पास नेता है और जनसंघ के पास सबल संगठन, इसलिए दोनों को एक हो जाना चाहिए।"[49]

साल भर हिंदू-महासभा, रामराज्य-परिषद् व जनसंघ की विलयवार्त्ताएँ चलती रहीं; लेकिन वार्त्ताएँ सफल नहीं हुईं। महासभा व परिषद् को संघशक्ति के उपयोग का लालच तो बहुत था; लेकिन जनसंघ के निष्ठावान् नौजवान नेतृत्व एवं गोलवलकर के प्रति उनकी श्रद्धाभावना से उन्हें भय लगता था। वे स्वयं महत्त्वाकांक्षी थे। अत: समर्पित होने को तैयार न थे। महासभा के नेता वीर सावरकर तथा परिषद् के नेता स्वामी करपात्री स्वयं ही अपने को महानतम मानते थे। अत: यह मेल संभव नहीं था। दीनदयाल उपाध्याय राजनीतिक अनुभव एवं आयु में नितांत छोटे थे। लेकिन आत्मविश्वासी तथा अपने सांगठनिक ध्येय के बारे में बहुत स्पष्ट थे। वे भोले दिखते थे, पर ऐसे थे नहीं।[50]

सिद्धांत एवं विचारों के विषय में गोलवलकर ने मुखर्जी से जिस प्रकार स्पष्ट व आग्रहपूर्वक चर्चा की थी तदनुसार दीनदयाल उपाध्याय ने प्रथम कानपुर अधिवेशन से ही जनसंघ की कमान सँभाल ली थी तथा वैचारिक दृष्टि से जनसंघ के चरित्र को स्पष्ट करनेवाला 'सांस्कृतिक पुनरुत्थान' प्रस्ताव उन्होंने रखा था। भौगोलिक अथवा क्षेत्रीय राष्ट्रवाद की कल्पना को नकारते हुए उन्होंने कहा, "जनसंघ का मत है कि भारत तथा अन्य देशों

के इतिहास का विचार करने से यह सिद्ध होता है कि केवल भौगोलिक एकता एक राष्ट्रीयता के लिए पर्याप्त नहीं है। एक देश के निवासी जन एक राष्ट्र तभी बनते हैं जब वे एक संस्कृति द्वारा एकरूप कर दिए गए हों। जब तक भारतीय समाज एक संस्कृति का अनुगामी था तब तक अनेक राज्य होते हुए भी यहाँ के जनों की मूलभूत राष्ट्रीयता बनी रही; परंतु जब से विदेशी शासकों ने अपने लोगों के लिए एकात्मता को भंगकर विदेशपरक संस्कृतियों को इस देश में जन्म दिया है तब से भारत की राष्ट्रीयता संकटापन्न हो गई। अनेक शताब्दियों तक एक राष्ट्रघोष करते हुए भी भारत में मुसलिम संप्रदायवादियों के द्विराष्ट्रवाद की विजय हुई, देश विभक्त हुआ और पाकिस्तान में अमुसलिमों का रहना असंभव हो गया। दूसरी ओर भारत में मुसलिम संस्कृति को अलग मान उसकी रक्षा और संवर्धन के ब्याज से उसी द्विराष्ट्रवाली प्रवृत्ति का पोषण हो रहा है जो राष्ट्र निर्माण के मार्ग में बाधक है। अत:…भारत की एक राष्ट्रीयता के विकास और दृष्टिकोण के हेतु यह नितांत आवश्यक है कि भारत में एक संस्कृति का पोषण हो।''

इसी प्रस्ताव में बिना मुसलमान व ईसाई संप्रदायों का नाम लिए उनके भारतीयकरण के लिए हिंदू समाज से आह्वान किया गया, ''…हिंदू समाज का राष्ट्र के प्रति कर्तव्य है कि भारतीय जनजीवन के तथा अपने उन अंगों के भारतीयकरण का महान् कार्य अपने हाथ में ले जो विदेशियों द्वारा स्वदेशपराङ्मुख तथा प्रेरणा के लिए देशाभिमुख बना दिए गए हैं। हिंदू समाज को चाहिए कि उन्हें स्नेहपूर्वक आत्मसात् कर ले। केवल इसी प्रकार सांप्रदायिकता का अंत हो सकता है और राष्ट्र का एकीकरण तथा दृढ़ता निष्पन्न हो सकती है।''[51]

भारतीय जनसंघ को भारत के अन्य राजनीतिक दलों से पृथक करनेवाला यह महत्त्वपूर्ण प्रस्ताव है। कांग्रेस, समाजवादी व साम्यवादी दल हिंदू-मुसलमानों की मिश्रित संस्कृति एवं पश्चिमी विचारकी द्वारा प्रस्तुत 'क्षेत्रीय राष्ट्रवाद' तथा 'राष्ट्रीय राज्य' की कल्पना को मानते हुए भौगोलिक एवं राजनीतिक आधार पर 'भारतीय राष्ट्रीयता' पर विश्वास करनेवाले हैं। मुसलमानों की अलग संस्कृति तथा मजहबी अल्पसंख्यकों के नाते उनके माजहबिक एवं सांस्कृतिक विशेषाधिकारों के संरक्षण के हिमायती हैं। दूसरी ओर हिंदू महासभा मुसलमानों का भारतीय जन के नाते अस्तित्व ही स्वीकार नहीं करती। डॉ. श्यामाप्रसाद मुखर्जी ने इसीलिए हिंदू महासभा से त्यागपत्र दिया तथा जनसंघ का दरवाजा सभी मजहबों के लिए खोला। उपाध्याय ने मुसलिम व ईसाइयों के लिए 'हिंदू समाज' के ही 'अपने उन अंगों' शब्द का प्रयोग किया तथा उन्हें 'भारतीय जनजीवन' का अंग स्वीकार किया है। परोक्षत: यह भी स्वीकार किया है कि मुसलिम समाज को पृथक करने में हिंदू समाज का कोई अपना भी दोष है जिसे अब ठीक करना चाहिए। अर्थात्, उन्हें 'स्नेह' व 'आत्मीयता' प्रदान करनी चाहिए। तभी 'मुसलमानों की सांप्रदायिकता की समस्या का समाधान होगा।' मुसलमानों अथवा ईसाइयों की अलग संस्कृति और

उसके संरक्षण के विचार को तथा अल्पसंख्यक-बहुसंख्यक विचार को वे राष्ट्र के लिए विभेदकारी तथा सांप्रदायिक विचार मानते थे। सभी दलों के घोषणापत्रों में व्यक्त किए गए विचारों पर टिप्पणी करते हुए दीनदयाल ने अपना मंतव्य इस प्रकार प्रकट किया, "...कांग्रेस, प्रसोपा, स्वतंत्र पार्टी व कम्युनिस्टों द्वारा किया गया विश्लेषण यह स्पष्ट करता है कि इस देश में 'अल्पसंख्यकों' के साथ न्याय नहीं किया जा रहा है।...भारतीय जनसंघ इस प्रकार बहुसंख्यक और अल्पसंख्यक संज्ञाओं को न तो उचित समझता है तथा न इस विभाजन को स्वीकार करता है। वह भारत को एक अखंड, अविभाज्य एक राष्ट्र समझता है। संपूर्ण राष्ट्र की संस्कृति एक है, इस बात पर दृढ़ विश्वास और आस्था रखता है। जनसंघ धर्मों के आधार पर भिन्न संस्कृतियों की कल्पना को स्वीकार नहीं करता। वह तो एक राष्ट्र, एक संस्कृति एवं एक देश के सिद्धांत को मानता है। इस बात को जानते हुए भी कि ऐतिहासिक और कुछ अन्य कारणों से इस देश के जनसमाज का कुछ अंश राष्ट्रजीवन की पुनीत मूलधारा से पृथक हो गया है और कुछ अंशों में राष्ट्रविरोधी भी हो गया है, उनका उपचार करने में जनसंघ विश्वास करता है। उनकी पृथकतावादी मनोवृत्ति का समर्थन करने के लिए वह कदापि तत्पर नहीं।

...हमारे अनुसार तो राष्ट्र एक जीवमान इकाई है।"[52] राष्ट्रीयता की यह संस्कृतिवादी अवधारणा ही जनसंघ की मौलिकता है। अत: केवल लोक कल्याणकारी राज्य" की अवधारणा तथा 'सेक्युलरवाद' की भौतिकवादी राजनीति जनसंघ की प्रेरणा नहीं बन सकी जो कि सामान्यत: पश्चिमी देशों के सभी लोकतांत्रिक राजनीतिक दलों का मूलाधार है। इसीलिए दीनदयाल उपाध्याय कहते हैं, "जनसंघ मूलत: संस्कृतिवादी है। संस्कृति की आधारशिला पर हमारा आर्थिक, राजनीतिक और सामाजिक चिंतन खड़ा है।"[53]

संस्कृति की यह अवधारणा भारतीयतावादी अथवा हिंदुत्ववादी है। इसी भारतीयतावाद के विचार का विकास आगे चलकर उपाध्याय ने 'एकात्म मानववाद' के रूप में किया जो जनसंघ को पश्चिमी राजनीति के पारंपरिक समाजवादी व पूँजीवादी विभाजन से अलग करता है। जनसंघ को बहुत बार 'दक्षिणपंथी' तथा 'पूँजीवादी' दल अथवा समाजवाद विरोधी दल भी कहा जाता है। आगामी अध्यायों के अध्ययन से स्पष्ट हो जाएगा कि यह 'जनसंघ' का सही आकलन नहीं है। वास्तव में जनसंघ पश्चिमी राजनीति की तकनीक से पारिभाषित होनेवाला दल था ही नहीं।[54] इसकी अपनी मौलिकता ही लोगों में अनेक भ्रांतियाँ उत्पन्न करती थी तथा इसी कारण कभी भी इस दल की अन्य किसी दल के साथ ठीक से पटरी नहीं बैठी। लेकिन इसकी मौलिकता की प्रेरणा व बलिदानी राष्ट्रवाद के उत्साह को दीनदयाल ने जो समर्थ नेतृत्व दिया उसके परिणामस्वरूप जनसंघ प्रतिवर्ष प्रगति ही करता चला गया।[55]

जनसंघ की इस प्रगति का कारण उसमें मौलिकता का उत्साह, राष्ट्रीय स्वयंसेवक

संघ की शक्ति व उससे प्राप्त कार्यकर्ता एवं महामंत्री के नाते दीनदयाल उपाध्याय का नेतृत्व था।

8. महामंत्री-प्रतिवेदन

जनसंघ के अधिवेशन, आंदोलन, अभ्यास-वर्ग तथा प्रस्ताव आदि सभी कुछ दीनदयाल उपाध्याय के व्यक्तित्व से आप्लावित थे। देश में चलनेवाला उनका अखंड प्रवास देश भर के कार्यकर्ताओं के लिए उन्हें सुलभ बनाता था। अधिवेशन में प्रस्तुत की जानेवाली उनकी 'महामंत्री-रिपोर्ट' केवल एक औपचारिक आँकड़ों का प्रतिवेदन नहीं वरन् संगठन की गतिशीलता का एक उत्साही एवं आत्मालोची आह्वान होता था। महामंत्री का प्रतिवेदन जनसंघ की विकासयात्रा को बेबाक प्रस्तुत करनेवाला साहित्य है। ये महामंत्री प्रतिवेदन केवल जनसंघ की गतिविधियों के दस्तावेज ही नहीं वरन् राष्ट्रीय घटनाचक्र की 'डायरी' भी हैं। सन् 1957, 1962 तथा 1967 के महानिर्वाचनों के महामंत्री प्रतिवेदन तो किसी विश्वविद्यालयीन शोधप्रकल्प के उच्चस्तरीय अकादमिक अध्ययन द्वारा प्रस्तुत लघु शोधप्रबंध सरीखी पुस्तिकाएँ हैं। राजनीतिक स्थिति, दलों की राजनीतिक एवं सांख्यिकी निष्पत्तियाँ, घटनाचक्र पर विभिन्न टिप्पणियाँ, सर्वांगपूर्ण आँकड़े तथा रेखाचित्रों (Diagrams) का सूचनापूर्ण एवं ज्ञानवर्द्धक संकलन किया गया है। इतिहासशोधक के लिए ये दस्तावेज अमूल्य निधि सिद्ध हो सकते हैं। ये प्रतिवेदन राजनीतिक कार्यकर्ताओं के मार्गदर्शक सिद्धांतों की पंजिकाएँ भी हैं।

सन् 1952 से 57 तक का काल न केवल जनसंघ के शैशव का काल था वरन् उसे अपने जिंदा रह सकने की अंतर्निहित ऊर्जा को सिद्ध करने का भी काल था। डॉ. मुखर्जी की असामयिक मृत्यु, हिंदू महासभा व रामराज्य परिषद् के साथ विलय का प्रश्न, जनसंघ के अपने ढाँचे में राष्ट्रीय ख्याति के किसी नेता का अभाव, एकदम अनुभवहीन नौजवानों का राष्ट्रीय व प्रांतीय नेतृत्व आदि ऐसी बातें थीं जिनसे लोगों को शंका होती थी कि जनसंघ जीवित रह पाएगा या नहीं?

"भारतीय जनसंघ के संस्थापक डॉ. श्यामाप्रसाद मुखर्जी के निधन के उपरांत राजनीतिक क्षेत्रों में यह धारणा हो गई थी कि अब जनसंघ नहीं चलेगा। पिछले पाँच वर्ष हमें इस धारणा से लड़ते बीते हैं। द्वितीय आमचुनावों के परिणामों ने यह सिद्ध कर दिया है कि भारतीय जनसंघ न केवल जीवित है अपितु वह प्रगति भी कर रहा है। यदि ऐसा न होता तो हम अपने नेता के प्रति सच्चे न होते।"[56]

इन पाँच सालों में पहले प्रथम आमचुनाव तथा बाद में कश्मीर आंदोलन में उलझने के बावजूद दीनदयाल उपाध्याय व उनके सहयोगियों ने देशव्यापी यात्राएँ करके संगठन का एक ढाँचा खड़ा कर लिया। सन् 1957 में जनसंघ की 243 मंडल समितियाँ व 889

स्थानीय समितियाँ गठित हो चुकी थीं। सदस्य-संख्या 74,863[57] थी। प्रथम महानिर्वाचन, सन् 1952 में जनसंघ के लिए चुनाव परिणाम उत्साहवर्द्धक नहीं था। लोकसभा के लिए डॉ. मुखर्जी व उनके अन्य दो मित्र चुनकर आए थे। चुनाव परिणामों की दृष्टि से संघ की संगठनशक्ति बहुत परिणामकारी सिद्ध नहीं हुई थी; लेकिन 3.06 प्रतिशत मत प्राप्त कर जनसंघ ने राष्ट्रीय दल का दर्जा प्राप्त कर लिया था। अपने कार्यकर्ताओं को लोकतंत्र के प्रति आस्थावान एवं उत्साही बनाए रखने के लिए उपाध्याय ने बंबई अधिवेशन (जनवरी 1954) में अपने प्रतिवेदन में कहा, "बालिग मताधिकार जनता को राजनीतिक दृष्टि से शिक्षित करने का एक बड़ा साधन है। लोकतंत्र की सफलता के लिए हमें जनता को योग्य शिक्षा देनी होगी। एक हजार साल की गुलामी ने हमारे दृष्टिकोण को बिगाड़ दिया।...संकीर्णता व रूढ़िवाद ने प्रगति को रोक रखा है। छुआछूत का भेदभाव समाज को जड़ से खोखला कर रहा है। अंग्रेजी शिक्षा ने असत्य जीवनमूल्यों को हमारे जीवन में प्रतिष्ठित कर दिया है। अनुशासन तथा संयम का अभाव दिखाई देता है। श्रम की प्रतिष्ठा घट गई है। हमें देश को सुशिक्षित कर सही जीवनमूल्यों की स्थापना करनी है। कश्मीर से कन्याकुमारी तक फैले हुए विशाल राष्ट्र की एकात्मता का अनुभव करवाना है।...जागरूक जनता देश के उज्ज्वल भविष्य की गारंटी होती है।...धनाभाव सभी ओर है, पर यह कमी बाहर से पूरी नहीं होगी। समाज से ही हमें वह एकत्र करना होगा, स्वयं पेट बाँधकर बचाना होगा और मितव्ययिता के साथ खर्च करना होगा। अपने लक्ष्य पर दृष्टि केंद्रित कर, आत्मविश्वास और निष्ठा के साथ हम आगे बढ़ें।"[58]

दीनदयाल उपाध्याय ने अपने कार्यकर्ताओं व प्रतिनिधियों के समक्ष चुनाव-विजय का कोई लघु मार्ग प्रशस्त करने की बजाय मूलगामी सिद्धांतवादी लंबे मार्ग पर चलने के लिए उन्हें प्रेरित किया। किसी प्रकार का जोश उत्पन्न करने की बजाय 'निष्ठा' उत्पन्न करने का प्रयत्न किया।

जनसंघ ने जो सांस्कृतिक राष्ट्रवाद की कल्पना देश के सामने रखी थी उसके परिणामस्वरूप भारत के महत्त्वपूर्ण सांस्कृतिक केंद्रों ने प्रथम वर्ष में जनसंघ को एक उत्साहवर्द्धक स्वागत प्रदान किया। स्थानीय नगरपालिकाओं में जनसंघ के अध्यक्ष चुनकर आए। दीनदयाल उपाध्याय का स्वयं का प्रारंभिक कार्यक्षेत्र उत्तर प्रदेश था। उन्होंने इस ओर कार्यकर्ताओं को विशेष रूप से प्रवृत्त किया था। अपने प्रतिवेदन में उन्होंने कहा, "भगवान् की कृपा से अयोध्या, मथुरा, वृंदावन, गोकुल, बलदाऊ, हरिद्वार, ऋषिकेश आदि तीर्थस्थानों पर जनसंघ के अध्यक्ष चुने गए हैं। अहिंसा का ढोल न पीटते हुए भी हमारे अध्यक्ष ने मथुरा में गोवध ही नहीं, पशुवध भी बंद करवा दिया है। यद्यपि प्रांतीय सरकार ने हमारे मार्ग में रुकावट डालने की घोषणा की है; किंतु जनता जनार्दन ने जनसंघ के प्रतिनिधियों को सेवा का अवसर दिया है। वे दृढ़ता से सेवा के पथ पर

अग्रसर होंगे, नहीं तो कुर्सियों को लात मारकर जनता के कंधे-से-कंधा मिलाकर नागरिक अधिकारों की रक्षा के लिए लड़ेंगे।''[59]

उत्तर भारत के अनेक हिस्सों में जनसंघ को स्थानीय निकायों के चुनावों में सफलता मिली थी। उत्तर प्रदेश में सर्वाधिक उल्लेखनीय सफलता रही जहाँ विभिन्न पालिकाओं में उसके 970 उम्मीदवार खड़े हुए, उनमें 581 सफल रहे।

जनसंघ के कार्यकर्ता नए-नए राजनीति में आए थे। उन्हें विरोध पक्ष की राजनीति करनी थी। विरोधी दल का कर्तव्य होता है कि वह जनसमस्याओं के समाधान के लिए सत्ता से संघर्ष करे। उस समय विरोधपक्ष पर साम्यवादी दल का ही प्रभाव था। उनका आंदोलन का जो तरीका व दृष्टिकोण था वह उपाध्याय को पसंद नहीं था। अत: उन्होंने अपने कार्यकर्ताओं को आगाह किया, ''कम्युनिस्ट पार्टी आदि के कार्यकर्ता जहाँ हैं, वे इन प्रश्नों को हाथ में लेते तो हैं, किंतु उनका उद्देश्य समस्या का सुलझाव नहीं, वरन् असंतोष और संघर्ष का फैलाव ही रहता है। उनके आंदोलन के परिणामस्वरूप जनता को राहत तो नहीं मिलती, हाँ, उनके मन में अधिक कड़वाहट और विफलता की भावना भर जाती है।··· दु:ख के समय साथ खड़े रहनेवाला ही सच्चा मित्र तथा अन्याय और अत्याचारों से मुक्ति दिलानेवाला ही देवदूत माना जाता है। शक्ति और संगठन की यही कुंजी है।''[60] इस प्रकार दीनदयाल उपाध्याय इन प्रतिवेदनों के माध्यम से अपने कार्यकर्ताओं के प्रति एक शिक्षक की भूमिका भी निभाते थे।

सांगठनिक, आंदोलनात्मक तथा निर्वाचनीय दृष्टि से जनसंघ के कार्यकर्ताओं ने सन् 1957 तक अच्छी प्रकार देश में अपने ऊर्जस्वित अस्तित्व को सिद्ध किया। परिणामत: सन् 1957 के द्वितीय महानिर्वाचन में जनसंघ ने 127 लोकसभा तथा 650 विधानसभाओं के प्रत्याशी खड़े किए। इनमें लोकसभा में चार तथा विधानसभा में 51 सदस्य विजयी हुए। छह प्रतिशत के लगभग मत प्राप्त किए जो सन् 1952 की तुलना में लगभग दुगुने थे।

सन् 1957 तक जनसंघ ने उत्तर भारत में तुलनात्मक रूप से अच्छा संगठन खड़ा कर लिया था। सन् 1958 के अधिवेशन की योजना उपाध्याय ने बंगलौर में की। यह दक्षिण की ओर प्रसार का प्रयत्न था। बंगलौर में अधिवेशन करने का एक हेतु यह भी था कि कार्यकर्ताओं में अखिल भारतीय दृष्टि उत्पन्न हो। उत्तर भारत के वातावरण के कारण जनसंघ के कार्यकर्ता हिंदी भाषा को बहुत आग्रह से राष्ट्रीयता व राष्ट्रभाषा के साथ जोड़ते थे। बंगलौर में ही क्यों? इसका उत्तर देते हुए उपाध्याय लिखते हैं, ''अधिवेशन के पश्चात् मुझे पंजाब के कुछ प्रतिनिधियों ने बताया कि दक्षिण की इस यात्रा ने जहाँ अखिल भारतीय या राजभाषा के रूप में हिंदी के लागू किए जाने के उतावलेपन पर अंकुश लगाया है वहीं उनकी उस चिंता को भी समाप्त कर दिया जो दक्षिण में हिंदी विरोध के अतिरंजित समाचारों को सुनने से उत्पन्न हुई थी।''[61]

बंगलौर अधिवेशन में प्रस्तुत अपने प्रतिवेदन में उपाध्याय अपने दल को विकास प्रक्रिया के लिए आवश्यक मुद्दों का क्रमशः प्रतिपादन करते हैं। सार्वदेशिक या राष्ट्रीय विषयों के साथ जनसंघ के कार्यकर्ताओं का स्वाभाविक भावनात्मक लगाव था। गोवध-विरोध, अखंड भारत, कश्मीर व बेरूबाड़ी आदि के प्रश्न कार्यकर्ताओं को रंजित व उत्साहित करते थे। लेकिन संगठन को स्थानीय जनसमाज में प्रतिष्ठित करने में इन मुद्दों की अपनी मर्यादा है। अतः उन्होंने कार्यकर्ताओं को निर्देशित किया, "यद्यपि कोई भी राजनीतिक दल सार्वदेशिक प्रश्नों को अपनी आंदोलन-कक्षा से बाहर नहीं कर सकता; किंतु हमारा अधिक ध्यान स्थानीय समस्याओं की ओर होना चाहिए।" जनतांत्रिक आंदोलन का शास्त्र समझाते हुए वे कहते हैं, "जनतंत्र में आंदोलन का अर्थ लड़ाई या विद्रोह नहीं; अपितु जनता की भावनाओं का प्रकटीकरण है।...शासन की दमन नीति से जनता और शासन के बीच पड़नेवाली खाई विरोधी दलों को कुछ क्षणिक लाभ पहुँचाती है; किंतु यह देश के लिए शुभ नहीं है। शासन जब जनता की माँग को अनसुनी कर देता है तो लोग अनुत्तरदायी हो जाते हैं। कुछ राजनीतिक दल जनता की इस अनुत्तरदायित्व की भावना को बढ़ाने का ही कार्यक्रम हाथ में लेकर चले हैं। मैं समझता हूँ कि हमें इस संदर्भ में गंभीर चिंतन करना चाहिए तथा सभी दलों एवं शासन को परंपराएँ व मर्यादाएँ निश्चित करनी चाहिए।"[62]

एक अच्छे राजनीतिक कार्यकर्ता में राजनीति की सकारात्मक क्षमता का होना भी आवश्यक है। किसी भी विकासोन्मुख दल को शासन का दायित्व सँभालने के लिए अपने को तैयार करना पड़ता है। इस हेतु शासन की विभिन्न प्रक्रियाओं तथा कानूनों का ज्ञान उसके कार्यकर्ता को होना चाहिए। जहाँ शासन की नीतियों की जनता पर होनेवाली प्रतिक्रिया को प्रकट करने, उसका प्रतिनिधित्व करने तथा उससे शासन को प्रभावित करने की आवश्यकता है वहाँ हमारा यह भी कर्तव्य है कि शासन की कठिनाइयों को भी जानें और उनका एक सहानुभूतिपूर्ण तथा रचनात्मक दृष्टिकोण से विचार कर सुलझाव निकालें। इस हेतु हमें अधिक अध्ययन करना होगा। शासन का दृष्टिकोण ठीक-ठीक समझने का हमें बराबर प्रयास करते रहना चाहिए।"[63]

राष्ट्रीय अखंडता व सामरिक सुरक्षा तो जनसंघ के प्रिय विषय थे ही। पाकिस्तान के प्रति उनकी अन्य दलों से भिन्न दृष्टि थी। उन्होंने कहा, "पाकिस्तान के आक्रमण के इरादे स्पष्ट हैं। उसके द्वारा सीमा पर होनेवाले आक्रमण भारत की प्रभुता को चुनौती है एवं अप्रतिष्ठाकारक है। जनसंघ को छोड़कर कोई अन्य दल इस प्रश्न पर मुँह नहीं खोलता। उन्हें डर लगता है कि पाकिस्तान के समर्थक मुसलमानों का वे चुनावों में समर्थन खो देंगे। पाकिस्तान के संबंध में ही नहीं, मुसलिम सांप्रदायिक विस्फोटक तत्त्वों की पंचगामी गतिविधियों के विषय में भी वे मौन ही रहते हैं। दलगत स्वार्थ के लिए

राष्ट्रहित के बलिदान का यह एक निंदनीय उदाहरण है।''[64]

यहाँ यह भी उल्लेखनीय है कि उपाध्याय अपने प्रतिवेदनों के माध्यम से वर्ष भर के लिए कुछ नई बातें संगठन में प्रवेश करवा देते थे। सन् 1957 के चुनावों में जनसंघ अनेक प्रदेशों के विधानमंडलों में अपने सदस्य भेज चुका था। सन् 1962 के चुनावों में यह संख्या बढ़नेवाली थी। विधायकों का व्यवहार लोकतंत्र की गरिमा के अनुकूल रहे तथा विधायक के नाते वे क्षमतापूर्वक अपने दायित्व का निर्वाह कर सकें, इसके लिए उनके प्रशिक्षण एवं आचारसंहिता के निश्चितीकरण की आवश्यकता थी। अत: 28 जून से 7 जुलाई तक विधायकों व प्रतिनिधि सभा का एक स्वाध्याय वर्ग पूना में संपन्न किया गया। जनवरी 1960 को नागपुर में आयोजित अष्टम वार्षिक अधिवेशन में इस वर्ग का प्रतिवेदन प्रस्तुत करते हुए उपाध्याय ने कहा, ''जनसंघ संगठन का आधार मूलत: सैद्धांतिक होने के कारण हमें इस प्रकार के वर्गों तथा स्वाध्याय मंडलों की बहुत आवश्यकता है। बिना इसके हम अन्य दलों से भिन्न विशेषता का आकलन नहीं कर सकेंगे।''[65] विधायकों की आचारसंहिता के मुद्दे, जो पूना में तय हुए थे।'' सभा-त्याग तथा हुल्लड़बाजी की प्रवृत्ति, जिसमें केवल समाचार-पत्रों में प्रकाशन की दृष्टि रहती है, को जनसंघ ठीक नहीं समझता। हमने तय किया कि हमारे सदस्य इस प्रवृत्ति से बचें तथा राज्यपाल एवं राष्ट्रपति के भाषण के समय तो इस प्रकार के कार्य के द्वारा विरोध-प्रदर्शन नहीं करें। प्रजातंत्र के प्रति निष्ठा का अर्थ है कि हम संसदीय प्रणाली की परंपराओं का निष्ठा के साथ पालन करें। इन परंपराओं के बिना प्रजातंत्र चल नहीं सकता।''[66]

जनसंघ की लड़ाई सत्तापक्ष में जहाँ कांग्रेस के साथ थी, उससे भी अधिक जनसंघ कम्युनिस्ट पार्टी को देश के लिए खतरनाक मानता था। कम्युनिस्टों के प्रभाव का मुकाबला करने के लिए उपाध्याय ने कार्यकर्ताओं से आह्वान किया, ''उनके संगठन की जड़ें हिलाने के लिए हमें समाज में गहरे पहुँचना होगा। उन लोगों को, जिन्हें केवल जाति, प्रांत और पेट ही समझ में आता है, साथ लेकर राष्ट्र और धर्म का सही अर्थ समझाना होगा।''[67]

इसी वर्ष (1959 में) स्वतंत्र पार्टी की स्थापना हुई। स्वतंत्र पार्टी ने विभिन्न क्षेत्रीय दलों, राजा-महाराजा, जमींदारों, पूँजीपतियों तथा दलबदलुओं का अपने दल में स्वागत किया। परिणामत: जन्म के साथ ही वह प्रभावी राजनीतिक दल दिखने लगा। दीनदयाल उपाध्याय ने इस प्रकार लघु मार्ग से प्रभाव उत्पन्न करने की राजनीति के खतरों के प्रति आगाह करते हुए कहा, ''हमें दल के नाते अधिक संगठित और अनुशासित होना है। अनुशासनहीनता का एक भी उदाहरण हमारे संगठन को तो कमजोर करता ही है, जनता के मन में अनास्था भी पैदा करता है। हम यदि स्वयं अनुशासित रहें तो जनता को भी अनुशासनप्रिय बना सकेंगे। सिद्धांत और दल के साथ ही व्यक्तियों में भी जनता का विश्वास चाहिए। आज नित्य पार्टी बदलनेवाले लोग प्रजातंत्र के प्रति अनास्था उत्पन्न

कर रहे हैं। उनके व्यवहार का केंद्र समाज नहीं स्वयं का व्यक्तित्व ही रह गया है।...आज विश्वासघात से उसे (समाज को) भारी धक्का लगा है। हमें इस विश्वास को पुनः जमाने के लिए त्याग और परिश्रम से समाजसेवा करनी होगी।''

अपने वैचारिक प्रतिपादनों की उपाध्याय ने एक घोषमालिका प्रस्तुत की, ''जनसंघ को राष्ट्र के सैनिकीकरण, जनता के राष्ट्रीयकरण, शासन के प्रजातांत्रिककरण तथा प्रजातंत्र के विकेंद्रीकरण के लिए कार्य करना है। हमें अपने को इतना प्रभावी बनाना होगा कि हमारी बात की ओर कोई दुर्लक्ष्य न कर सके। सत्य को शक्ति का संयोग चाहिए।''[68] अपने प्रतिवेदनों का समापन उपाध्याय काफी भावप्रवण एवं उत्प्रेरक शब्दों में करते थे।

सन् 1962 में तृतीय महानिर्वाचन था। भारत की राजनीति से जवाहरलाल नेहरू का करिश्मा क्रमशः कम हो रहा था। चीनी व पाकिस्तानी आक्रमण ने उनकी शांतिवादी नीति को असफल कर दिया था। चीन व पाकिस्तान के खिलाफ भारतीय जनसंघ बहुत पहले से ही जनता व सरकार को आगाह करता रहा था। चीनी आक्रमण के बाद देश में जनसंघ की आवाज को लोग गंभीरता से लेने लगे। उधर कांग्रेस में नेहरू की पकड़ ढीली होने के कारण अनुशासनहीनता व गुटबाजी बढ़ी थी। विरोधी दल कांग्रेस के टूटने की प्रतीक्षा कर रहे थे। कांग्रेस की टूटन का दिखावटी तौर पर विरोधी दलों को लाभ होता था। लेकिन उपाध्याय मानते थे कि यह देश के हित में नहीं है। टूटी-फूटी कांग्रेस को हराकर सत्ता में आने की मानसिकता नकारात्मक मानसिकता है। दलों की आंतरिक टूटन व अनुशासनहीनता, वह चाहे फिर किसी भी दल में हो, लोकतांत्रिक राजनीति को कमजोर करती है। दीनदयाल उपाध्याय समर्थ व सक्षम कांग्रेस को अपने विधायक प्रयत्नों के बल पर पराजित करना चाहते थे। इसके लिए उन्होंने अपने कार्यकर्ताओं को सावधान करते हुए कहा, ''कांग्रेस की दलबंदी अधिक गंभीर होती जा रही है। सन् 1962 के चुनावों को ध्यान में रखकर प्रत्येक गुट अपने दाँवपेंच चला रहा है। निश्चित है कि आमचुनाव के पूर्व टिकट के सवाल पर बहुत से लोग कांग्रेस छोड़कर बाहर आएँगे। कांग्रेस से निकले हुए लोगों के सहारे अपनी राजनीतिक नौका को पार खेने की नीति अपनानेवाले दल उस अवसर की बड़ी उत्सुकता से बाट देख रहे हैं। लेकिन हमें अपने संगठन को सबल करते हुए समाज से सघन संपर्क स्थापित करना चाहिए।''[69] इस निमित्त उपाध्याय ने अपने प्रतिवेदन में व्यावहारिक योजना को भी निरूपित किया।

सन् 1952 में जनसंघ जन्मा था, सन् 1957 में उसने देश के राजनीतिक जीवन में अपनी अस्मिता को गंभीरता से जताया, सन् 1962 में वह देश का समर्थ राजनीतिक दल बन गया।[70] सन् 1962 के चुनावों में कांग्रेस को किसी-न-किसी प्रकार हराने के लिए गैर-कांग्रेसवादी गठबंधनों की आवाज आग्रहपूर्वक उठने लगी थी, उपाध्याय इससे सहमत नहीं थे, ''भारतीय प्रतिनिधि सभा ने दिनांक 12-14 नवंबर, 1961 को वाराणसी

में तथा अपने पिछले अधिवेशन में, तीसरे आमचुनावों के लिए हमने तय किया था कि हम अधिकतम स्थानों पर चुनाव लड़ें तथा अन्य दलों के साथ किसी भी प्रकार का चुनाव-गठबंधन अथवा संयुक्त मोर्चा न बनाते हुए अपने कार्यक्रम और नीतियों के आधार पर जनमत का समर्थन प्राप्त करने का प्रयत्न करें। उपर्युक्त नीति के अनुसार जनसंघ ने विधानसभाओं के लिए 1162 तथा लोकसभा के लिए 198 प्रत्याशी खड़े किए। कांग्रेस इतर दलों में जनसंघ ने ही सबसे अधिक स्थानों पर चुनाव लड़ने का प्रयत्न किया।''[71]

सन् 1962 के चुनाव के बाद प्रस्तुत किए अपने प्रतिवेदन में उपाध्याय ने क्रमशः प्रत्येक दल की उपलब्धियों व क्षतियों का वर्णन किया है। नई उभरती प्रवृत्तियों का विश्लेषण प्रस्तुत किया है। चुनाव प्रचार में लोकतांत्रिक गरिमा की प्रस्थापना की अपनी चिंता एवं आकांक्षा को प्रकट करते हुए उन्होंने प्रतिवेदित किया—

''भारतीय जनसंघ राजनीति को विधायक स्वरूप देना चाहता है। अतः उसके प्रचार और आंदोलन सदैव ही विधायक दृष्टिकोण लेकर चले हैं। इन चुनावों में भी हमने अपने स्तर को कायम रखा। हमारे वक्ताओं ने प्रमुख रूप से अपनी बात सामने रखी तथा अन्य दलों की जो आलोचना की वह अपने कार्यक्रमों की पृष्ठभूमि में तथा साधार और सतर्क थी। यह सत्य है कि हमारा कांग्रेस तथा उसमें से निकले हुए अन्य दलों के साथ मौलिक और सैद्धांतिक मतभेद होने के कारण तथा हमारे पास एक पर्याय नीति और कार्यक्रम, जिसकी जड़ें देश की भूमि और संस्कृति में है, होने के कारण हमारी आलोचनाएँ आधारभूत तथा अन्य दलों का मूलोच्छेदन करनेवाली होती है। निर्भीकता और निःस्वार्थ वृत्ति के कारण उसकी धार कहीं पैनी हो गई होगी; किंतु जनसंघ ने अपने संपूर्ण प्रचार में कहीं भी व्यक्तिगत आक्षेप, सांप्रदायिकता जातिवादी भावनाओं तथा क्षेत्रीय अथवा वर्गवादी निष्ठाओं का सहारा नहीं लिया।''[72]

दीनदयाल उपाध्याय का यह कथन नीचे के स्तर तक व्यावहारिक रूप से कितना सत्य होगा, यह कहना कठिन है। किंतु वे अपने कार्यकर्ताओं में, संगठन में किस प्रकार वातावरण-निर्माण करने का प्रयत्न करते थे, इसे उपर्युक्त कथन के आधार पर सहज ही समझा जा सकता है। चुनावों में जनसंघ, कांग्रेस व साम्यवादी दलों में आपसी टकराव की कुछ अशोभनीय घटनाएँ हुई थीं। तत्संदर्भ में उपाध्याय ने कहा, ''मेरी शासन से यह माँग है कि वह विभिन्न दलों द्वारा किए गए चुनाव प्रचार की निष्पक्ष जाँच करवाए। यह आज की शरारत को समाप्त करने के लिए ही नहीं, भविष्य में चुनाव प्रचार का स्तर उठाने के लिए भी आवश्यक है।''[73]

इस चुनाव में विभिन्न दलों की भूमिका की उपाध्याय इस प्रकार विवेचना करते हैं, ''कांग्रेस, कम्युनिस्ट तथा प्रजा सोशलिस्ट दल, तीनों ने ही मुसलमानों में, उनका संगठित

समर्थन प्राप्त करने की होड़ में, पृथकता व सांप्रदायिकता की प्रवृत्ति को काफी उभारा…उनके मन में एक आतंक पैदा करने के लिए जनसंघ का हौवा भी खड़ा किया गया तथा इस बात का प्रयत्न किया गया कि जनसंघ के तथाकथित संकट के कारण वे राजनीतिक और आर्थिक कार्यक्रमों के आधार पर स्वतंत्र निर्णय लेकर मतदान नहीं कर सकें।

चुनावों में विभिन्न दलों ने जो गठबंधन किए वे आश्चर्यजनक ही नहीं, दु:खद भी हैं। उनसे इस बात का अनुमान लगता है कि राज के मोह में वे कहाँ तक जा सकते हैं। कम्युनिस्ट पार्टी ने तो यह तय किया था कि वह जनसंघ को हराने के लिए कांग्रेस का समर्थन करेगी तथा उन्होंने यह प्रस्ताव केरल तक में किया। पश्चिम बंगाल में उन्होंने वामपक्षी संयुक्त मोर्चा की अपनी पुरानी नीति अपनाकर पर्याय सरकार का नारा लगाया। इस बार प्रजा समाजवादी दल उसमें शामिल नहीं हुआ।… पंजाब में अकाली दल के साथ तथा आंध्र में स्वतंत्र पार्टी के साथ उन्होंने अप्रत्यक्ष समझौता किया। हो सकता है कि दोनों ने वहाँ की जातिगत स्थिति के कारण यह किया हो। महाराष्ट्र में उन्होंने संयुक्त महाराष्ट्र समिति के नाम पर ही हिंदू महासभा, रिपब्लिकन पार्टी तथा शे.का. (शेतकरी कामगार) पक्ष के साथ समझौता करते हुए चुनाव लड़ा।

"स्वतंत्र पार्टी ने तो कांग्रेस के अतिरिक्त प्राय: सभी दलों, जिनमें अकाली दल, द्रविड़ मुन्नेत्र कषगम और कम्युनिस्ट भी शामिल हैं, के साथ किसी-न-किसी प्रकार से गठबंधन किया।

"हिंदू महासभा तथा रामराज्य परिषद् ने आपस में चुनाव समझौता करके निर्वाचनों में भाग लिया। रिपब्लिकन पार्टी के दोनों गुटों ने क्रमश: प्रजा समाजवादी एवं विदर्भवादी तथा कम्युनिस्टों के साथ मिलकर चुनाव लड़ा। उत्तर प्रदेश में पुराने मुसलिम लीगी तत्त्वों तथा रिपब्लिकन पार्टी के बीच समझौता हुआ तथा घोर सांप्रदायिक मुसलिम लीगी व्यक्ति रिपब्लिकन पार्टी के नाम से चुनाव मैदान में आए। कांग्रेस ने झारखंड पार्टी के साथ चुनाव समझौता करने की कोशिश की, किंतु सफल नहीं हुई। केवल भारतीय जनसंघ तथा सोशलिस्ट पार्टी ही ऐसे दल हैं जिन्होंने किसी से गठबंधन न करते हुए अपनी नीतियों के आधार पर चुनाव लड़ा।

"…कांग्रेस का पतन तेजी से हो रहा है। कम्युनिस्टों ने अपने गली में मार खाकर दूसरे क्षेत्रों से कमी को पूरा करके सार्वभौमिक आधार पर अपनी स्थिति को किंचित् वृद्धि के साथ कायम रखा है। प्रसोपा की समाप्ति का अध्याय प्रारंभ हो चुका है।…भारतीय जनसंघ ने कदम तो काफी आगे बढ़ाया है, किंतु जिस ऐतिहासिक कार्य को पूरा करने के लिए उसका जन्म हुआ है, उसमें वह अभी बहुत पीछे है।"[74]

दीनदयाल उपाध्याय छोटे रास्तों से चुनाव जीतने तथा अवसरवादी गठबंधनों की राजनीति को सामाजिक कमजोरी मानते थे। वे सिद्धांतवादी राजनीति के पक्षधर थे। अत:

उन्होंने सैद्धांतिक व स्वस्थ राजनीतिक व्यवहार की दृष्टि से इस तृतीय महानिर्वाचन का मूल्यांकन करने का प्रयत्न किया। उनके अनुसार, ''इन चुनाव परिणामों से भारत की राजनीति के सैद्धांतिक पक्ष के संबंध में, कोई भी निष्कर्ष निकालना कठिन है; क्योंकि मतदाता का निर्णय अनेक कारणों से प्रभावित होता है। उसमें सिद्धांत पक्ष तो बहुत थोड़ा रहता है। संभवतः इसीलिए अनेक दलों के बड़े-बड़े नेताओं ने भी चुनाव प्रचार में अपने सिद्धांतों के विवेचन की आवश्यकता नहीं समझी। कांग्रेस केवल इसीलिए अपने को मत का हकदार बताती रही कि वह अन्य सभी दलों से बड़ी है तथा और किसी के पास जवाहरलाल नेहरू जैसा ख्यातनाम नेता नहीं है। शेष दल इसके विपरीत यह कहते रहे कि कांग्रेस असफल रही है अथवा उसने ऐसे व्यक्ति को टिकट दिया है जो कांग्रेस के प्रत्याशी की तुलना में जातिगत व क्षेत्रीय दृष्टि से उनका मत प्राप्त करने का अधिकारी है। भारतीय जनसंघ ने इस दृष्टि से अपवाद बनने का प्रयत्न किया। इसमें कितनी सफलता मिली यह मेरे लिए कहना संभव नहीं।...लोग भय अथवा लोभ के शिकार बन गए या सांप्रदायिक अथवा जातिगत भावना में बह गए तो कहना होगा कि राजनीतिक दलों ने उन्हें अपने प्रजातंत्रीय अधिकार को सही अर्थ में उपयोग करने के लिए सुसज्जित नहीं किया।''[75] इस विषय में सर्वेक्षण व समस्या के निराकरण की राह खोजने के लिए उन्होंने अपने दल में एक उपसमिति का निर्माण किया।

सन् 1962 के महानिर्वाचनों ने जनसंघ को भारतीय राजनीति में एक उल्लेखनीय ताकत बना दिया था। वहीं, इस संगठन के पीछे जिस व्यक्ति का व्यक्तित्व व प्रतिभा काम कर रही है, वह दीनदयाल उपाध्याय है, यह भी ध्यान आने लगा था। वैसे यह ध्यान आना कठिन था; क्योंकि संगठन के बाहर व्यक्तित्व-प्रकाशन वाले सार्वजनिक कार्यों में सामान्यतः वे दिखाई नहीं देते थे; संघ और जनसंघ ही उनका सार्वजनिक मंच था।

संगठन की शक्ति का वर्धन जहाँ कार्यकर्ताओं को उत्साहित करता है वहीं उन्हें अहंकारी बनाकर विपथगामी भी बनाता है। वे आंदोलन एवं विरोधी दल के कार्यकर्तापन के बहाने नियमों को तोड़ना अपना अधिकार समझ बैठते हैं। अनेक राजनीतिक दल अपनी आंदोलनकारी अथवा क्रांतिकारी छवि के आवरण में अपने कार्यकर्ताओं की इस मनोवृत्ति को बढ़ावा भी देते हैं। उपाध्याय इस विषय में सतत् सावधान थे। उन्होंने जनसंघ द्वारा नियोजित व अनुशासनबद्ध आंदोलन की अपनी राजनीतिक शैली को प्रतिवेदित किया, ''1 जुलाई, 1962 से रेल किरायों में बढ़ोतरी होनी थी। उस दिन इस वृद्धि के तथा सामान्यतः नए करों के विरुद्ध रेलवे स्टेशनों पर प्रदर्शन करने का निश्चय हुआ। प्रदर्शन शांतिपूर्ण हो, यात्रियों तथा रेल कर्मचारियों को कोई असुविधा न हो तथा कानून भंग न हो, यह भी तय हुआ था। तद्नुरूप संपूर्ण देश भर में छोटे-बड़े सभी स्टेशनों तथा सभी गाड़ियों पर प्रदर्शन हुए। स्थान-स्थान पर यात्रियों को परचे बाँटकर उन्हें इन करों के विषय मे समझाया।

एकाध स्थान को छोड़कर जहाँ रेलवे कर्मचारियों ने प्लेटफार्म टिकट नहीं दिए अथवा प्लेटफार्म टिकट होने पर भी पुलिस ने कुछ प्रदर्शनकारियों को बंदी बना लिया; कहीं कोई अप्रिय घटना नहीं हुई।''[76] अपने प्रतिवेदन में इस प्रकार का वर्णन उपाध्याय सामान्यतः जोड़ते ही थे जिससे जहाँ कहीं नीचे के स्थानों पर इससे प्रतिकूल व्यवहार हो, वहाँ लोगों को ध्यान में आए कि उनसे भूल हुई है तथा नए कार्यकर्ता संगठन की आंदोलनात्मक संस्कृति को समझकर दायित्वपूर्ण व सकारात्मक दृष्टिकोण को ग्रहण करें।

दीनदयाल उपाध्याय जहाँ अवसरवादी राजनीतिक गठबंधनों के खिलाफ थे, वहीं राजनीतिक छुआछूत को अवांछनीय मानते थे। वे चाहते थे कि विभिन्न राष्ट्रीय समस्याओं के समाधान के लिए सभी दलों के राजनीतिक कार्यकर्ता मिलजुलकर कार्य करें। ''कम्युनिस्ट चीन के भारी आक्रमण तथा राष्ट्रपति द्वारा संकटकालीन अवस्था की घोषणा से देश की राजनीतिक स्थिति भी सामान्य नहीं है। जनता की सुप्त राष्ट्रीय चेतना जाग उठी है। एकता का वातावरण बना है। विभिन्न दलों के एक मंच पर आने के कारण एक-दूसरे को समझने तथा पूर्वाग्रहों से मुक्त होने का अवसर मिला है। यदि यह सहयोग और सद्भावना का वातावरण बना रहा तो निश्चित ही देश के राजनीतिक विकास के लिए स्वास्थ्यकर होगा।''[77]

चीनी आक्रमण के खिलाफ तथा हिंदी भाषा के समर्थन में देश के गैर-साम्यवादी दलों, विशेषकर भारतीय जनसंघ व डॉ. लोहिया की समाजवादी पार्टी में एक निकटता व राजनीतिक सद्भावना उत्पन्न हुई थी। सन् 1963 में उत्तर प्रदेश के तीन निर्वाचन क्षेत्रों में इन दलों ने मिलकर चुनाव लड़ा था। अतः यह भावना बल पकड़ने लगी थी कि इन दोनों दलों का एक स्थायी गैर-कांग्रेसी साझा मंच बनना चाहिए। उपाध्याय को इस प्रकार के मंच की सफलता के कोई ठोस आधार दिखाई नहीं देते थे। अतः उन्होंने राष्ट्रीय समस्याओं की एकमति वाले मुद्दों पर साथ काम करते हुए अपने-अपने मंच से अपने सिद्धांत व नीतियों के लिए दलगत कार्य करते रहने का सुझाव दिया, ''भिन्न-भिन्न दल अपने-अपने अलग-अलग दृष्टिकोण रखते हैं। लोग उन आदर्शों के संबंध में विचार नहीं करते। वे कई बार सद्भावना के आधार पर यह सोचते हैं कि सभी दल एक साथ हो जाएँ तो बहुत अच्छा होगा। यह तो बहुत अच्छा चिंतन है; किंतु वे यह भूल जाते हैं कि जो भिन्न-भिन्न दल बने, उनकी कुछ ऐसी मूलभूत बातें होती हैं, जिसके आधार पर वे अस्तित्व में हैं। इसके लिए केवल सद्भावना पर्याप्त नहीं होती। इसलिए हमने यह तय किया है कि हम कोरी कल्पना तक सीमित नहीं रहेंगे, या ऐसा काम नहीं करेंगे, जिसकी सफलता की कोई संभावना नहीं है। इससे तो यह अच्छा होगा कि जहाँ हम एकमत हों वहाँ मिलकर काम करें, जहाँ नहीं, वहाँ अपने-अपने मंच पर ही चलें।''[78]

सन् 1963 में जनसंघ व देश के इतिहास में दो महत्त्वपूर्ण घटनाएँ हुईं। प्रथम, देश

में तीन संसदीय उपचुनाव हुए, जो राष्ट्रीय महत्त्व ग्रहण कर गए थे। इसके दो कारण थे; एक तो इन उपचुनावों में राजनीतिक दलों का कांग्रेस-कम्युनिस्ट तथा गैर-कांग्रेसी गैर-कम्युनिस्ट दलों के रूप में ध्रुवीकरण हो गया था तथा तीनों जगहों पर विरोध पक्ष की ओर से तीन बड़े राष्ट्रीय नेताओं को खड़ा किया गया था। आचार्य कृपलानी, पं. दीनदयाल उपाध्याय तथा डॉ. राममनोहर लोहिया को सभी विरोधी दलों ने संयुक्त रूप से अपना उम्मीदवार बनाया। इस वर्ष की द्वितीय महत्त्वपूर्ण घटना थी, इन्हीं चुनावों में प्रचार के दौरान जनसंघ के राष्ट्रीय अध्यक्ष महान् भाषाविद् डॉ. रघुवीर की एक कार दुर्घटना में मृत्यु। सन् 1953 में, डॉ. मुखर्जी की मृत्यु के एक दशक बाद, जनसंघ को आचार्य रघुवीर जैसा ख्यातिप्राप्त राष्ट्रीय व्यक्तित्व, अध्यक्ष के नाते प्राप्त हुआ था। उनकी मृत्यु से जनसंघ को भारी क्षति हुई। अपने वार्षिक प्रतिवेदन में आचार्य रघुवीर को गौरव एवं श्रद्धापूर्वक उपाध्याय ने स्मरण किया।[79] लेकिन अपने महामंत्री-प्रतिवेदनों के इतिहास में यह पहला अवसर था जब देश में हुए इतने महत्त्वपूर्ण उपचुनावों का कोई विश्लेषण उपाध्याय ने अपने प्रतिवेदन में नहीं दिया। शायद इसका कारण यह हो कि उस चुनाव से वे स्वयं संबद्ध थे। कारण जो भी हो, विश्लेषण का यह अभाव उनके प्रतिवेदन में खटकता है।

सन् 1964, भारतीय इतिहास का एक मील का पत्थर है। जवाहरलाल नेहरू की जीवनलीला इस वर्ष समाप्त हो गई। कांग्रेस को यह जबरदस्त धक्का था। एक युग की समाप्ति थी। भारतीय जनसंघ के इतिहास में यह वर्ष सांगठनिक व सैद्धांतिक दृष्टि से परीक्षा का वर्ष था। 11 अगस्त से 15 अगस्त, 1964 को ग्वालियर में जनसंघ की प्रतिनिधि सभा का ऐतिहासिक प्रशिक्षण शिविर संपन्न हुआ। 'सिद्धांत और नीति' प्रलेख जो उपाध्याय ने तैयार किया था, इस शिविर में उसे अंतिम रूप दिया गया था। सन् 1952 में प्रलिखित 'सांस्कृतिक पुनरुत्थान' के प्रस्ताव से जनसंघ की विचार-सरणी का श्रीगणेश होता है। 'सिद्धांत और नीति' प्रलेख उसकी चरम परिणति था। इसी प्रलेख ने 'एकात्म मानववाद' को जनसंघ दल का आधिकारिक विचार घोषित किया जिसकी व्याख्या के लिए उपाध्याय ने बंबई में चार ऐतिहासिक भाषण दिए।

23-24 जनवरी, 1965 को विजयवाड़ा में जनसंघ का अधिवेशन हुआ जो जनसंघ के इतिहास में एक नए युग की शुरुआत थी। दक्षिण में बड़े पैमाने पर किया गया यह प्रथम आयोजन था। औपचारिक रूप से इसी अधिवेशन में 'सिद्धांत और नीति' को दल के आधिकारिक प्रलेख के रूप में स्वीकार किया गया था। इसी के साथ जनसंघ की अध्यक्ष-परंपरा में एक नया अध्याय प्रारंभ हुआ। अभी तक जनसंघ का अध्यक्ष कोई ख्यातनाम, वयोवृद्ध, संपन्न या प्रसिद्ध नेता हुआ करता था। यह पहला मौका था जब बच्छराज व्यास, जो संघ में विकसित हुए कार्यकर्ता थे, अध्यक्ष निर्वाचित हुए। व्यास तुलनात्मक रूप से युवा तथा उन प्रथम पीढ़ी के कार्यकर्ताओं में से थे, जो गोलवलकर ने

जनसंघ के निर्माण के लिए डॉ. मुखर्जी को दिए थे। व्यास के संपूर्ण राजनीतिक जीवन का विकास जनसंघ के ही माध्यम से हुआ था। वे जनसंघ के प्रथम कार्यकर्ता-अध्यक्ष थे। उपाध्याय ने संघ के कार्यकर्ताओं की जो राजनीतिक दृष्टि से नेतृत्व मालिका तैयार की थी वही अब पूरी तौर पर संगठन की कमान सँभालने लगी थी। अखिल भारतीय अध्यक्ष बच्छराज व्यास, संगठनमंत्री सुंदरसिंह भंडारी, मंत्री जगन्नाथ राव जोशी तथा चुनाव-संचालक नानाजी देशमुख, ये सभी जनसंघ में आए प्रथम पीढ़ी के संघ प्रचारक थे, जो अब दल के अखिल भारतीय नेतृत्व के रूप में उभरकर सामने आ गए थे। उपाध्याय ने अपने प्रतिवेदन में संगठन स्तंभ के अंतर्गत संतोषपूर्वक इन नामों का उल्लेख किया है।[80] अटलबिहारी वाजपेयी भी महत्त्वपूर्ण लोकप्रिय नेता के नाते सुप्रसिद्ध हो गए थे तथा संसदीय दल के नेता थे। दूसरे महत्त्वपूर्ण नेता बलराज मधोक थे; ये दोनों ही विजयवाड़ा अधिवेशन में नहीं गए थे। इनकी अनुपस्थिति भी जनसंघ के इतिहास में एक नया प्रकरण थी; ये लोग बच्छराज व्यास को अध्यक्ष बनाए जाने से सहमत नहीं थे।

26 जनवरी, 1965 को अंग्रेजी को केंद्र की राजभाषा बने रहने की संविधान प्रदत्त छूट की अवधि समाप्त होती थी तथा हिंदी को वह स्थान प्राप्त होनेवाला था। इसी समय दक्षिण भारत में अंग्रेजी के समर्थन व हिंदी के विरोध में दंगे फूट पड़े। पांडिचेरी में श्रीअरविंद आश्रम तथा तिरुपति में राष्ट्रपति डॉ. राधाकृष्णन के पुस्तकालय को भी आग लगा दी गई। तमिलनाडु में हिंसा ने व्यापक रूप धारण कर लिया। उपाध्याय ने जालंधर में प्रतिवेदन प्रस्तुत करते हुए कहा, ''आंदोलन का मूल कारण भाषा समस्या न होकर राजनीति था। चक्रवर्ती राजगोपालाचार्य तथा द्रविड़ मुन्नेत्र कषगम के नेताओं ने जनभावनाओं को भड़काने के लिए सभी उपायों का अवलंबन किया। कांग्रेस की आंतरिक गुटबाजी भी इसमें सहायक हुई। मद्रास के मुख्यमंत्री की हठधर्मी तथा कांग्रेस प्रधान द्वारा 'हिंदी के पत्रों को रद्दी की टोकरी में फेंक देने की घोषणा' ने आग में घी का काम किया। आंदोलन का सूत्रपात होने के उपरांत, उसका नेतृत्व वामपंथी कम्युनिस्ट तथा पुराने मुसलिम-लीगियों के हाथ में आ गया। कुछ विदेशी पादरियों ने भी उस आंदोलन को बढ़ावा दिया।''[81] उपाध्याय अपने इस कथन के माध्यम से यह संप्रेषित करना चाहते थे कि वास्तव में तमिल लोग 'हिंदी' के विरोधी नहीं हैं। निहित स्वार्थियों व पृथकतावादियों ने इस मुद्दे का दुरुपयोग किया। शायद जनसंघ प्रतिनिधियों की हिंदी-निष्ठा के पोषण के लिए उपाध्याय का यह कथन उपयोगी है; लेकिन भारत की भाषा-समस्या का विश्लेषण इतना सरल नहीं है। दीनदयाल ने संगठन की अपनी दुर्बलता को भी अभिव्यक्त किया, ''तमिलनाडु में जनसंघ का कार्य नया और छोटा है। अत: हम वहाँ प्रभावी नहीं हो पाए।''

उपाध्याय जनसंघ को गरिमा-संपन्न, सुसंस्कृत, अनुशासित व लोकतांत्रिक व्यवहार का धनी संगठन बनाने के लिए प्रयत्नशील थे। उनके ही संगठन के मध्य प्रदेश विधानसभा

के एक सदस्य पंढरीराव कृदंत ने विधान सभा में उपाध्यक्ष पर जूता फेंक दिया, उपाध्याय के लिए यह बहुत कष्टप्रद घटना थी। उन्होंने इस घटना को अपने प्रतिवेदन में समाहित करते हुए कहा, ''चाहे उत्तेजित व क्षुब्ध हो जाने के लिए कितने ही पर्याप्त कारण रहे हों, यह आचरण संसदीय परंपरा तथा जनसंघ द्वारा निर्णीत आचारसंहिता के प्रतिकूल है।'' अत: हमारे किसी भी कार्यकर्ता द्वारा ऐसा नहीं किया जाना चाहिए। हमें संयम की साधना करनी ही होगी।[82]

जनतंत्रात्मक पद्धति स्वीकार कर लेने मात्र से समाज का स्वभाव व संस्कार लोकतंत्री नहीं बनते। सन् 65-66 के घटनापूर्ण वर्षों में यह बात बहुत ध्यान में आने लगी कि व्यवस्था के सभी अंग लोकतांत्रिक स्वभाव के अभाव से ग्रस्त हैं। उपाध्याय ने अपने प्रतिवेदन में उन घटनाओं का वर्णन करते हुए सुझाव रखा, ''प्रधानमंत्री सभी दलों की एक बैठक बुलाएँ तथा राष्ट्रीय एकता परिषद् के समान ही परिषद् बनाकर प्रजातंत्र की परंपरा को बनाए रखने और दृढ़ करने के लिए प्रयत्न करें। शासन, राजनीतिक दल तथा समाचार-पत्र सबके लिए आचारसंहिता बनाई जाए। शासन को ऐसी किसी प्रक्रिया का बंधन स्वीकार करना होगा जिनसे एक आम चुनाव और दूसरे आम चुनाव के बीच जनमत के परिवर्तन के आधार पर अपनी नीतियाँ बदले। प्रजातंत्र और हठधर्मी दोनों साथ नहीं चल सकते।''[83] अच्छा होता कोई परिषद् बनती व इस विषय पर विचार करती। 'जनमत के परिवर्तन के आधार पर अपनी नीति बदले' विचार-विमर्श का अच्छा मुद्दा बन सकता है। कार्यपालिका व दलवाद से आहत विधानपालिका की शक्ति को, व्यावहारिक रूप से बहाल करने का मार्ग खोजना जनतंत्री समाजों के लिए अभी शेष है।

सन् 1967 के चतुर्थ महानिर्वाचन की तैयारी जनसंघ के युवा नेतृत्व ने काफी अच्छी की थी। सन् 1967 के निर्वाचन में जनसंघ कांग्रेस के बाद सबसे बड़े दल के रूप में उभरकर आया। इस महानिर्वाचन का प्रतिवेदन ही उपाध्याय का जनसंघ- महामंत्री के नाते अंतिम एवं सर्वाधिक महत्त्वपूर्ण प्रलेख है। चतुर्थ महानिर्वाचन के माध्यम से देश ने लोकतंत्र का एक पड़ाव पूर्ण कर लिया। भारत में संसदीय लोकतंत्र के पुरस्कर्ता नेहरू की अनुपस्थिति में संपन्न हुआ यह प्रथम महानिर्वाचन था। कांग्रेस में बिखराव आ रहा था। गैर-कांग्रेसवाद के युग का सूत्रपात हुआ था। दीनदयाल उपाध्याय भारत के सबसे बड़े विरोधी दल के श्रद्धेय नेता थे। डॉ. राममनोहर लोहिया गैर-कांग्रेसवाद के मंत्रदाता के रूप में उभर चुके थे। भारत में एकछत्र-एकदलीय-प्रभुत्व-राजनीति समाप्त हो रही थी।

''सन् 1962 से 1967 तक के पाँच वर्ष इतने घटनापूर्ण एवं आंदोलनात्मक रहे हैं कि चतुर्थ महानिर्वाचन के विषय में जन-मन में अनेक आशंकाएँ व्याप्त थीं। ये आशंकाएँ निर्मूल सिद्ध हुईं। प्रत्युत जनता ने मतदान में जिस उत्साह और विवेक से प्रभावपूर्वक भाग लिया है, उससे भारतीय प्रजातंत्र की शक्ति का ही परिचय मिलता है।''

इन चुनावों के पूर्व गैर-कांग्रेसवाद के आधार पर विरोधी दल के गठबंधन का प्रयत्न हुआ। उपाध्याय इससे सहमत नहीं थे। उन्होंने अपने प्रतिवेदन में कहा, "…कांग्रेस इतर राजनीतिक दलों की दुर्बलता और आत्मविश्वासहीनता के कारण चुनावों के पूर्व यह वातावरण बना था कि सभी गैर-कांग्रेसी दल मिलकर कांग्रेस के विरुद्ध चुनाव लड़ें। कांग्रेस को सीधी टक्कर में पछाड़ा जा सकता है, यह उनका तर्क था। भारतीय जनसंघ का यह अनुभव रहा है कि इस प्रकार का कोई समझौता उनके लिए लाभदायक नहीं रहता; क्योंकि सीधी लड़ाई में दूसरे गैर-कांग्रेसी दल जनसंघ का साथ देने की बजाय कांग्रेस का ही साथ देते हैं। इन चुनावों ने भी इसी अनुभव को पुष्ट किया है।"[84]

वैकल्पिक दल के निर्माण के विषय में उनका मत था : "भारतीय राजनीति के क्षेत्र में कांग्रेस के निष्प्रभावी होने तथा धीरे-धीरे हटने के साथ इस बात की महती आवश्यकता है कि एक राष्ट्रीय और प्रजातंत्रीय दल का विकल्प के रूप में आविर्भाव हो। यह कार्य जोड़-तोड़ से संभव नहीं। उसके लिए स्पष्ट कार्यक्रम, सुनिश्चित नीति, सही सिद्धांत तथा सुदृढ़ संगठन आवश्यक है।" जनसंघ को इन चुनावों में लोकसभा में 35 स्थानों पर विजय मिली। जीते हुए 35 स्थानों के अलावा 75 स्थान ऐसे थे जहाँ जनसंघ का ही विजयी उम्मीदवारों से मुकाबला रहा। इनमें से 15 स्थान ऐसे थे जहाँ जनसंघ 200 से लेकर 5000 के अंतर से हार गया। उपाध्याय अपने दल की प्रगति से असंतुष्ट नहीं थे, "यह स्पष्ट है कि जनसंघ न केवल गैर-कांग्रेसी दलों में सबसे आगे है; बल्कि दोनों कम्युनिस्ट पार्टियों तथा संसोपा और प्रसोपा के योग से भी उसके वोट अधिक हैं।"[85] इस प्रतिवेदन में संसदीय व विधानमंडलीय दलीय स्थिति के विषय में उपाध्याय ने बहुत विस्तार से विवरण प्रस्तुत किया है।

सांख्यिकीय विश्लेषण के बाद उपाध्याय इस निर्वाचन से उभरी नवीन राजनीतिक प्रवृत्तियों का विश्लेषण करते हैं, "मुसलमानों ने अधिकांश स्थानों पर कांग्रेस के विरुद्ध मतदान किया है; किंतु यह कहना अभी ठीक नहीं होगा कि वे आर्थिक, राजनीतिक विचारों के आधार पर विभिन्न दलों में जा रहे हैं। प्रत्युत, मजलिस-ए-मुशव्वरात-ए-मुसलमीन ने उनका सांप्रदायिक आधार पर संगठन किया है और उसके आदेश के अनुसार उन्होंने वोट भी दिया है। निश्चित ही मुशव्वरात के नेता अपनी राजनीतिक सौदेबाजी के लिए उनका उपयोग कर रहे हैं। आंध्र में इत्तेहादुल मुसलमीन भी सांप्रदायिक आधार पर मैदान में आया…केरल और मद्रास में मुसलिम लीग ने भी संयुक्त मोर्चे का लाभ उठाकर अपनी प्रभाव वृद्धि की है। इन संगठनों का प्रभाव और विस्तार भारतीय मुसलमानों के राष्ट्रीय एकीकरण तथा देश में स्वस्थ राजनीतिक विकास के मार्ग में बाधा है।"[86]

दीनदयाल उपाध्याय ने इस संदर्भ में यह भी लिखा है, "चुनावों के परिणामस्वरूप कई प्रांतों में कांग्रेस का बहुमत समाप्त हो गया है, किंतु दिल्ली और मद्रास को छोड़कर

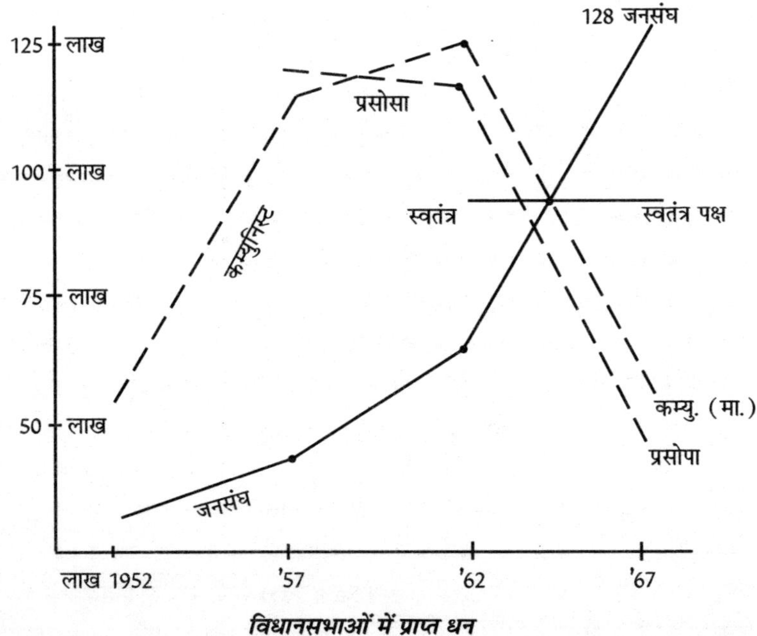

विधानसभाओं में प्राप्त धन

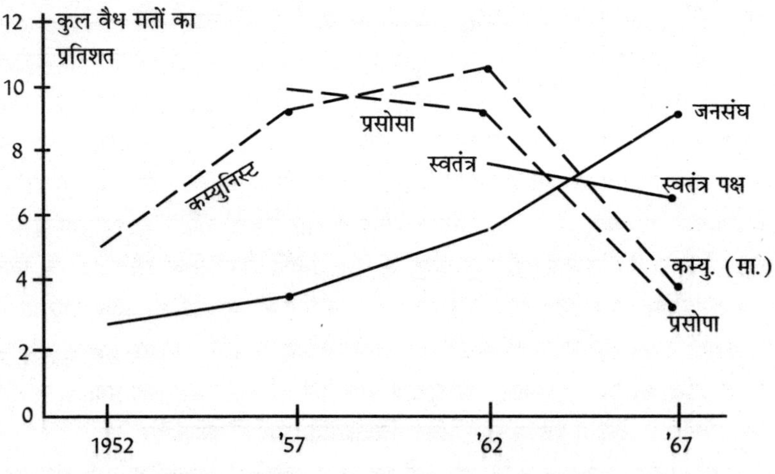

विधानसभाओं में प्राप्त मत–कुल वैध मतों का प्रतिशत

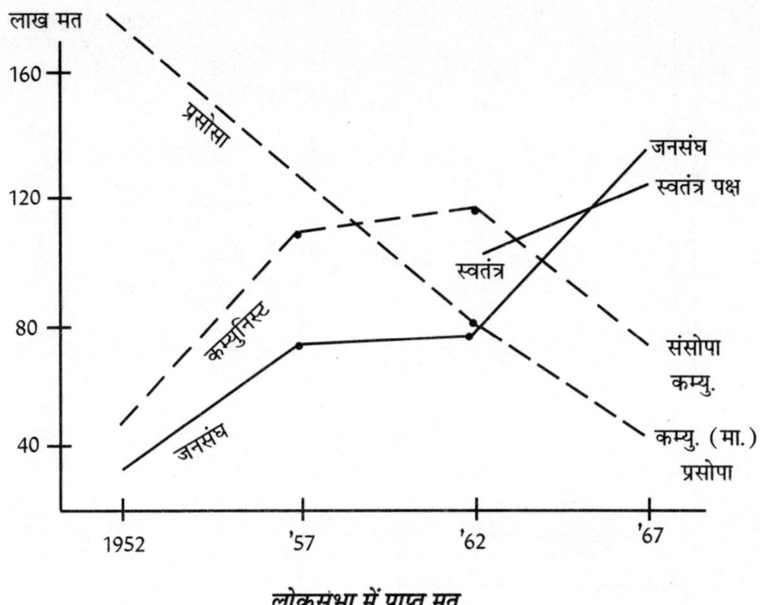

लोकसभा में प्राप्त मत

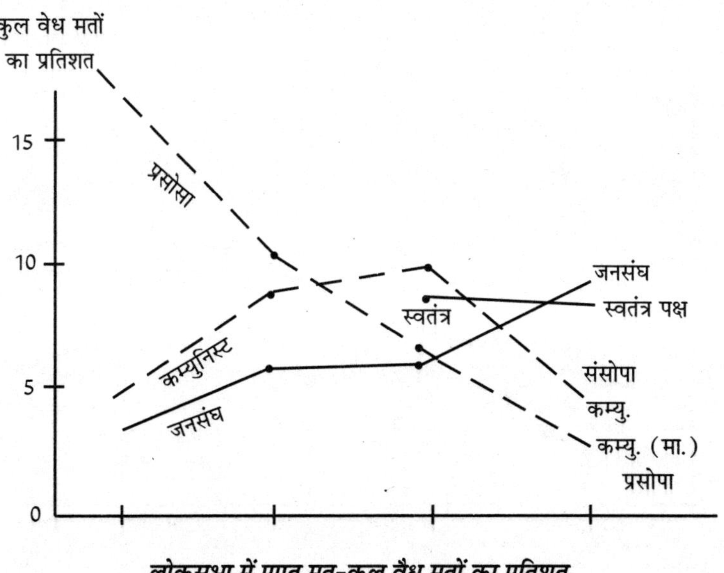

लोकसभा में प्राप्त मत–कुल वैध मतों का प्रतिशत

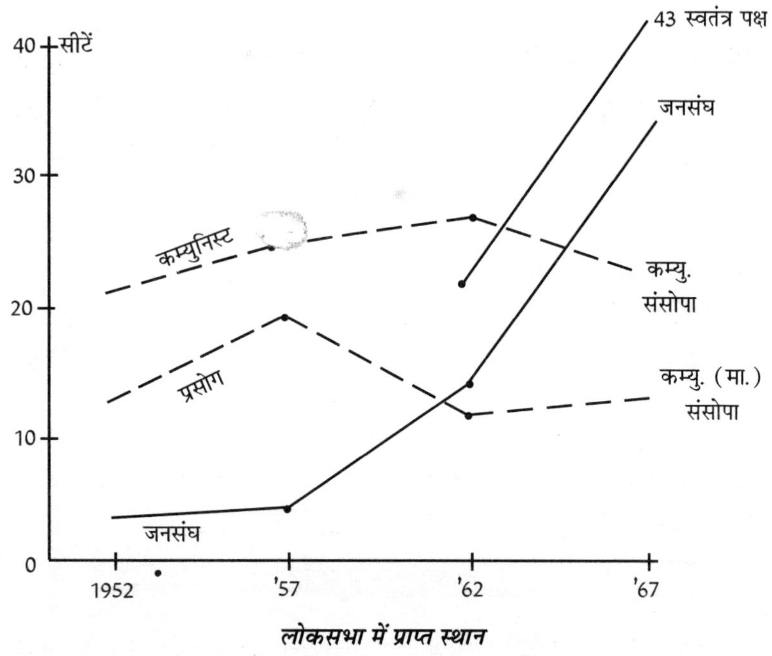

लोकसभा में प्राप्त स्थान

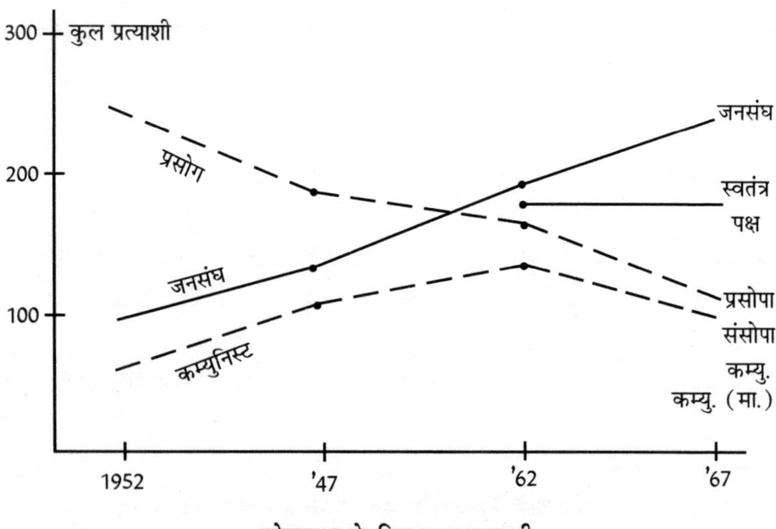

लोकसभा के लिए कुल प्रत्याक्षी

अन्य किसी स्थान पर किसी एक दल को बहुमत नहीं मिल पाया। फलत: मिली-जुली सरकारों का युग प्रारंभ हुआ है। इस गठजोड़ का संबंध केवल शासन चलाने के लिए विधानसभा में बहुमत बनाए रखने तक ही रहता है। इस गठबंधन के परिणामस्वरूप न तो किसी दल को अपनी विचारधारा में परिवर्तन करने की आवश्यकता है और न दलों को विचारधारा के आधार पर एकांतिक होकर गठबंधन संबंधी निर्णय करने चाहिए। यह एक व्यावहारिक प्रश्न है। प्राप्त परिस्थिति में कांग्रेस को सरकार बनाने देने अथवा विधानसभाओं को भंग कर राष्ट्रपति शासन लागू होने के दोनों ही विकल्पों से बचकर संयुक्त सरकार बनाना ही सभी गैर-कांग्रेसी दलों ने उचित समझा। तदनुसार वे सरकारें बनी हैं और जब तक उनके दल व्यावहारिक आधार पर शासन चलाने की तत्परता दिखाएँगे वे चलती रहेंगी।''[87]

दीनदयाल उपाध्याय संयुक्त विधायक दल सरकारों के प्रति अधिक उत्साही नहीं थे। अत: उन्होंने अपने कार्यकर्ताओं को आगाह किया, ''…चारों ओर संविद सरकारों की कल्पना राजनीतिज्ञों में जागी है। मैं चाहता हूँ कि कांग्रेस की सरकारें सभी जगह समाप्त हों, किंतु हम अपनी इच्छा की पूर्ति में, ऐसा कदम न उठाएँ जो राजनीति की स्वस्थ परंपराओं के विपरीत हो।''[88]

महामंत्री के नाते उपाध्याय का अपने कार्यकर्ताओं व विरोधी दलों को यही संदेश था; लेकिन आगे की घटनाओं से सिद्ध हुआ कि उनके इस संदेश को न तो उनके दल ने सुना तथा न ही अन्य विरोधी दलों ने सुना। परिणामत: भारतीय राजनीति के इतिहास में चतुर्थ महानिर्वाचन के बाद हमारे देश के नेताओं ने जो आचरण किया, वह राजनीति की स्वस्थ परंपराओं के विपरीत था।

भारतीय जनसंघ का चौदहवाँ अधिवेशन कालीकट में हुआ। दीनदयाल उपाध्याय भारतीय जनसंघ के अध्यक्ष निर्वाचित हुए। सुंदरसिंह भंडारी उपाध्याय के स्थान पर महामंत्री निर्वाचित हुए।

9. जौनपुर संसदीय उपचुनाव

अपने 15 वर्षीय महामंत्रित्वकाल में संगठन को दृढ़ करने तथा कार्यकर्ताओं को वैचारिक प्रशिक्षण देने के लिए उन्होंने अखंड अध्ययन व निरंतर प्रवास किया था; लेकिन एक छोटी-सी घटना उनके जीवन से जुड़ गई और वह थी—उपाध्याय द्वारा लोकसभा का चुनाव लड़ना।

सन् 1962 के चीनी आक्रमण के बाद मई 1963 में तीन महत्त्वपूर्ण उपचुनाव उत्तर प्रदेश में तथा एक गुजरात में हुआ। अमरोहा से आचार्य कृपलानी, फर्रुखाबाद से डॉ. राममनोहर लोहिया तथा जौनपुर से पं. दीनदयाल उपाध्याय संयुक्त विपक्ष के उम्मीदवार थे। गुजरात की राजकोट सीट से स्वतंत्र पार्टी के महामंत्री मीनू मसानी भी संयुक्त विपक्ष

के प्रत्याशी थे। कांग्रेस की चीन संबंधी नीति, नेहरू का नेतृत्व, स्वर्ण नियंत्रण, अनिवार्य बचत योजना तथा आपातकाल में लादा गया भारी कर भार आदि के संदर्भ में जनमत लेने के रूप में इन चुनावों को देखा जा रहा था। चारों महारथी प्रत्याशियों के कारण भी इस चुनाव ने अद्वितीय महत्ता प्राप्त कर ली थी। आचार्य कृपलानी, डॉ. लोहिया तथा मीनू मसानी विजयी हुए, दीनदयाल चुनाव हार गए।

जनसंघ की पराजय के अनेक कारण थे। लेकिन इन चुनावों में कुल मिलाकर जो वातावरण बना था, वह यह था कि अपने महामंत्री के पराजित होने के बावजूद इन उपचुनावों में जनसंघ को ही सर्वाधिक लाभ हुआ है।[89] उपाध्याय की हार का अन्य राजनीतिक कारणों के अलावा एक बड़ा कारण यह भी था कि स्वयं प्रत्याशी चुनाव जीतने के लिए चुनाव नहीं लड़ रहा था। उपाध्याय न स्वयं चुनाव लड़ने के पक्ष में थे तथा न उनके मार्गदर्शक गोलवलकर उनको चुनाव लड़वाना चाहते थे। गोलवलकर ने इस संदर्भ में कहा, "हर हालत में हानि होगी, जीते या हारे। हारने पर कम तथा जीतने पर ज्यादा हानि होगी।"[90] जनसंघ के कार्यकर्ताओं तथा राष्ट्रीय स्वयंसेवक संघ के तत्कालीन प्रांतप्रचारक भाऊराव देवरस की योजना के कारण दीनदयाल उपाध्याय प्रत्याशी बने थे।

जैसी 'नायकत्व' की छवि एक लोकप्रिय सार्वजनिक नेता की चाहिए, उपाध्याय न केवल उस छवि के धनी नहीं थे वरन् इस प्रकार की 'नायक-पूजा' को बल देनेवाला, कोई व्यवहार भी वे नहीं करना चाहते थे। हालाँकि उपाध्याय हारे थे; लेकिन जौनपुर निर्वाचन क्षेत्र के लोग आज भी उपाध्याय तथा उस चुनाव को याद करते हैं। उपाध्याय ने इस चुनाव को अपने सिद्धांतवादी व्यवहार की प्रयोगशाला के रूप में बदल दिया था। पारंपरिक रूप से जौनपुर निर्वाचन क्षेत्र राजपूत व ब्राह्मण जातिवाद के आधार पर लड़े जानेवाले चुनावों की रंगभूमि रहा है। कांग्रेस ने राजपूतवाद का पूरी तरह से सहारा लिया। राजपूतवाद का प्रतिवाद वहाँ ब्राह्मणवाद से ही किया जा सकता था। स्थानीय लोगों ने जब इस प्रकार का प्रयत्न करना चाहा, दीनदयाल अपने समर्थकों पर बिगड़े तथा कहा, "इस प्रकार चुनाव जीतने की कोशिश की गई, तो मैं चुनावों से हट जाऊँगा।" दीनदयाल अपने भाषणों में राजनीतिक व आर्थिक मुद्दों पर ही बोलते थे। वे जनसंघ के सिद्धांत और नीतियों के लिए वोट माँगते थे तथा अपने कार्यकर्ताओं से आग्रह करते थे कि चुनाव अभियान का अपने विचारों के प्रसार के लिए उपयोग करें। चुनाव दौरे में उनके साथ रहे एक कार्यकर्ता लिखते हैं—

"जौनपुर के उपचुनाव में मेरा व उनका साथ बराबर रहा।···उन्होंने दौरे के बीच हार-जीत की एक बार भी चर्चा नहीं की। वे पूर्वनिर्धारित योजना के अनुसार दौरा करते थे।"

"उन्होंने कहा, विजयी व्यक्ति को सबसे पहली बधाई मेरी ओर से मिलनी चाहिए, मैं लिख देता हूँ, तुम किसी से भेज दो",···मेरे आश्चर्य करने पर उन्होंने मुझसे कहा,

"यह तो हमारी परंपरा है कि विजयी प्रत्याशी को पहली बधाई उसका प्रतिद्वंद्वी ही दे। आखिर हमारे राजनीति में आने का क्या उपयोग? यदि हम भी लोकतंत्र की स्वस्थ परंपरा का निर्माण नहीं कर पाए।"[91] रात्रि में लोगों ने आश्चर्य से देखा कि पराजित प्रत्याशी मतदाताओं को धन्यवाद करने तथा विजयी प्रत्याशी को लोकहित के कार्यों में सहयोग देने की घोषणा करते हुए आमसभा आयोजित कर रहा है।

इसीलिए अटल बिहारी वाजपेयी कहते हैं, "वे संसद् सदस्य नहीं थे, संसद् सदस्यों के निर्माता थे।"[92]

10. विदेश यात्रा

दिसंबर 1963 में दीनदयाल उपाध्याय, 'फ्रेंड्स ऑफ इंडिया सोसाइटी' के निमंत्रण पर, छह सप्ताह की यात्रा के लिए अमेरिका गए। इस दौरान वे इंग्लैंड, जर्मनी और पूर्वी अफ्रीका की यात्रा भी करके आए। दीनदयाल उपाध्याय के लंदन प्रवास के समय, उनकी यात्रा का विवरण प्रस्तुत करते हुए, प्रसिद्ध पत्र 'मंचेस्टर गार्जियन' ने (7 नवंबर, 1963) लिखा, "…युवा भारत इनके राष्ट्रवादी आह्वान के गिर्द एकत्र हो रहा है, श्री उपाध्याय ध्यान देने योग्य व्यक्ति हैं।"

नारायण स्वरूप शर्मा, जिनके पास लंदन में दीनदयाल ठहरे थे, लिखते हैं, "अमेरिका से वापस लौटते समय वे लंदन में मेरे पास ठहरे। वे 'कॉमनवेल्थ' के औपचारिक निमंत्रण पर यहाँ आए थे।… 'कॉमनवेल्थ' कार्यालय ने उनके कार्यक्रमों की छपी हुई प्रति हमें दी, जिसका शीर्षक था 'एक हिंदू सांप्रदायिक दल : जनसंघ महामंत्री का कार्यक्रम' (Programme of the General Secretary of Jana Sangh—A Hindu Communal Party) मैंने सचिव से पूछा, 'आपको किसने बताया कि जनसंघ एक हिंदू सांप्रदायिक दल है?' सचिव ने उत्तर दिया, 'भारतीय उच्चायुक्त ने पूछा कि क्या कुछ भूल हो गई?' दीनदयालजी ने कहा, "केवल हमारे विरोधी दुर्भावविवश हमें इस प्रकार कहते हैं। हमारा दल एक राष्ट्रवादी दल है।"[93] "चर्चा करने पर राष्ट्रमंडलीय सचिव क्षमा-याचना पूर्वक भूल सुधारकर, कार्यक्रम की नई प्रति छपवाने को तैयार हो गया, लेकिन उपाध्याय ने यह कहा कि "भूल ध्यान में आ गई, इतना पर्याप्त है। दुबारा छपवाने के लिए कार्यालयीन कर्मचारियों को कष्ट देने की आवश्यकता नहीं है।" दीनदयाल उपाध्याय द्वारा लंदन में संबोधित की गई पत्रकार वार्त्ता, किसी यूरोपीय देश में जनसंघ नेता द्वारा ली गई, प्रथम वार्त्ता थी, जिसमें पत्रकारों ने बहुत उत्साह से भाग लिया। वे दीनदयाल उपाध्याय की संजीदगी व स्पष्टता से प्रभावित हुए। इस पत्रकार वार्त्ता के बाद 'मैंचेस्टर गार्जियन' ने उपर्युक्त टिप्पणी शीर्षकांकित की थी।

उनके संयुक्त राज्य अमेरिका प्रवास के संदर्भ में शंकर तत्त्ववादी लिखते हैं, "स्पष्टत:

संयुक्त राज्य अमेरिका की यात्रा में उनका मंतव्य, यथासंभव अधिकतम लोगों से मिलकर विचारों का आदान-प्रदान करना था। वे काले मुसलिमों व रेड इंडियनों से मिलने को बहुत उत्सुक थे, जिससे वे स्वयं उनसे अधिकतम जानकारियाँ प्राप्त कर सकें। सामान्यत: कोई व्यक्ति संयुक्त राज्य अमेरिका की प्रथम यात्रा के दौरान दर्शनीय स्थलों पर घूमना चाहता है, लेकिन पंडितजी को इसमें कोई रुचि नहीं थी और उन्होंने 'भारत मित्र परिषद्' द्वारा उनके लिए नियोजित अनेक ऐसे कार्यक्रमों को रद्द करते हुए लोगों से मिलने को प्राथमिकता दी।''[94]

टैक्सास के राज्यपाल ने उनको अस्थायी मानद नागरिकता प्रदान कर सम्मानित किया। टैक्सास के स्थानीय महाविद्यालय में भारत व अमेरिका के अपेक्षित संबंधों के बारे में अपने भाषण में दोनों देशों को जोड़नेवाले तत्त्वों के नाते इंगित करते हुए उन्होंने कहा, ''हम दो महान् लोकतांत्रिक देशों के नाते मित्र हो सकते हैं। कोलंबस ने भारत का मार्ग खोजते हुए अमेरिका को खोज निकाला था, इसीलिए आज भी स्थानीय अमेरिकन भारतीय (Red Indian) कहलाते हैं।''

अपनी इस यात्रा के विषय में, स्वयं दीनदयाल उपाध्याय ने अपने अनुभवों को इस प्रकार उल्लेखित किया है, ''...वहाँ लोगों के मस्तिष्क में भारत के प्रति एक गलत धारणा की निर्मिति हो गई है। किसी लंबी दाढ़ीवाले योगी या मदारी, या किसी बंजारे के चित्र इतनी अधिक मात्रा में वहाँ प्रचलित किए गए हैं कि अधिकांश लोग, यह नहीं जानते कि ये सब चीजें भारतीय जीवन की वास्तविकता से परे हैं।''

एक अमेरिकन प्रोफेसर ने यह स्वीकार किया कि ''यदि भारत की भौतिक उन्नति के लिए अमेरिका मदद करता है तो उसके प्रतिदान में भारत को, अमेरिकी जनता को यह शिक्षा देनी चाहिए कि किस प्रकार एक शांतिपूर्ण जीवन व्यतीत किया जा सकता है, किंतु क्या हम उनकी यह भूख शांत कर सकते हैं? क्या हम उन्हें अपना वह महान् संदेश दे सकते हैं?''

अमेरिका के राजनीतिक चरित्र के विषय में उपाध्याय अपना मत व्यक्त करते हैं, ''अमेरिका विश्व में अपनी उच्च स्थिति के संबंध में प्रयत्नशील है।...उसकी अधिकांश नीतियाँ आर्थिक व राजनीतिक हितों पर निर्धारित रहती हैं।...जैसे कभी अंग्रेजों की धारणा थी कि विश्व को सभ्य बनाने का दायित्व श्वेतों का ही है और इसी दायित्व के निर्वाह के लिए वे विभिन्न देशों पर शासन करते हैं। ''अमेरिका की भी आज संसार में लोकतंत्र की रक्षा तथा साम्यवाद के प्रसार को रोकने के विषय में ऐसी ही मानसिकता है। यद्यपि मैं यह अनुभव करता हूँ कि बदली हुई परिस्थितियों में इस बात की तनिक भी संभावना नहीं है कि अंग्रेजों के इस इतिहास की पुनरावृत्ति हो सके।''[95]

हमारी कश्मीर नीति व पाकिस्तान के संदर्भ में अपनी विदेश यात्रा के दौरान

उपाध्याय को अनुभव हुआ कि ''हमारा प्रचार विभाग अत्यंत कमजोर है।''[96]

अमेरिका के लोग चीन द्वारा भारत पर किए गए आक्रमण को जानते हैं,…पर वे यह नहीं मानते कि पाकिस्तान से भी कोई संकट है। वे भारत द्वारा पाकिस्तान पर संकट तो मान लेते हैं, पर पाकिस्तान द्वारा भारत पर नहीं। अमेरिका में भ्रम है कि पाकिस्तान का निर्माण हिंदू-मुसलिम आधार पर हुआ था। वही यह समझा जाता है कि कश्मीर में ही मुसलमान रहते हैं, शेष भारत में नहीं।''[97]

इसी यात्रा के दौरान उपाध्याय अफ्रीका भी गए। नैरोबी में उन्होंने 'भारतीय स्वयंसेवक संघ' के वार्षिक उत्सव को संबोधित किया। उनके इस भाषण में राष्ट्रीय अथवा अंतरराष्ट्रीय राजनीति के विषय में, एक भी वाक्य नहीं आया। 'हिंदू जीवन एवं स्वयंसेवक' परिकल्पना पर ही उनका यह भाषण था।[98]

विविध कार्यक्रमों में भाग लेने के कारण यूँ तो उनकी विदेश यात्रा का अच्छा उपयोग हुआ। भारतीय विद्यार्थियों, संगठनों एवं शुभचितकों को उपाध्याय का वहाँ पहुँचना अच्छा लगा। अपने अनौपचारिक सादगी एवं विद्वतापूर्ण व्यवहार से, उन्होंने सभी देशों में नए मित्र बनाए। लेकिन पश्चिमी जगत् को देखने-समझने की उनकी इच्छा को इससे तृप्ति नहीं मिली। समयाल्पता तथा कार्यक्रम बहुलता के बारे में वे लिखते हैं, ''…पश्चिमी देशों का जीवन अत्यधिक तीव्र गति से चलता है। उनकी सभी गतिविधियों को देख पाने के लिए मेरे पास केवल नौ सप्ताह का ही समय था…एक के बाद एक कार्यक्रमों के लिए भागदौड़ इतनी अधिक थी कि किसी पर अधिक ध्यान देना संभव नहीं था।''[99]

उपाध्याय एक अखिल भारतीय राजनीतिक नेता थे, लेकिन जनसंघ के बारे में भारत सरकार की धारणा एवं उपाध्याय का प्रसिद्धि-प्रमुख संत स्वभाव, दोनों के मेल से स्थिति यह रही कि राष्ट्रीय व अंतरराष्ट्रीय दृष्टि से उनकी यह विदेश यात्रा कोई महत्त्व ग्रहण न कर सकी।

11. भारतीय जनसंघ के अध्यक्ष

सन् 1965 के विजयवाड़ा अधिवेशन से जनसंघ अध्यक्ष पद के लिए एक नई शुरूआत हुई थी। परिणामत: बच्छराज व्यास जनसंघ के अध्यक्ष बने। सन् 1966 में बलराज मधोक को यह अवसर मिला। सन् 1967 के ऐतिहासिक कालीकट अधिवेशन में दीनदयाल उपाध्याय जनसंघ के अध्यक्ष निर्वाचित हुए। इस अधिवेशन में दीनदयाल तथा जनसंघ, दोनों ही अपनी प्रतिष्ठा व प्रभाव के शीर्ष पर थे।

29, 30 व 31 दिसंबर, 1967 को जनसंघ का 14वाँ अधिवेशन उपाध्याय की अध्यक्षता में संपन्न हुआ। 10 फरवरी, 1968 अर्द्धरात्रि में मुगलसराय स्टेशन पर उनकी हत्या हो गई। दीनदयाल केवल 43 दिन भारतीय जनसंघ के अध्यक्ष रहे। इन 43 दिनों में उनके

द्वारा किया गया सबसे महत्त्वपूर्ण कार्य था, जनसंघ के राष्ट्रीय अध्यक्ष के नाते उनका वह भाषण[100] जो जनसंघ, संघ तथा दीनदयाल के तब तक के चिंतन के नवनीत स्वरूप अध्ययित किया जा सकता है। हर भाषण एक काल विशेष की खास परिस्थिति में ही दिया जाता है। सन् 1967 के चुनावों की परिवर्तित परिस्थिति उपाध्याय के इस विवेचन की पृष्ठभूमि थी।

उपाध्याय आजादी के बाद संपन्न हुए सामाजिक-राजनीतिक प्रयत्नों का परिणाम यह मानते थे कि 'सामान्यजन में राजनीतिक चेतना का जागरण इस युग की सबसे बड़ी देन है।' उन्होंने कहा, 'तात्कालिक राजनीतिक लाभों के लिए उसे साधन बनाना अच्छी बात नहीं है।'

युग संक्रमण की ओर संकेत करते हुए वे कहते हैं, "अगस्त-सितंबर 1965 में…जब भारत की वीर वाहिनियों ने पाकिस्तानी आक्रमण के विरुद्ध अपने पराक्रम और विजिवीषा का परिचय दिया, युग परिवर्तन का श्रीगणेश हुआ। युग परिवर्तन की बेला संक्रमणकाल उत्पन्न करती है, जो समस्याओं का काल होता है।" उपाध्याय ने विवेचित किया, प्रथम समस्या संयुक्त मंत्रिमंडलों की राजनीति की है, दूसरी संवैधानिक ढाँचे की तथा तीसरी अर्थव्यवस्था तथा सुरक्षा संबंधी है।

(क) राज्यपाल : संयुक्त मंत्रिमंडलों की अस्थिर राजनीति ने, इस काल में, राज्यपाल को बड़े विवाद का मुद्दा बना दिया था। राज्यपालों के लोकतंत्र की गरिमा के अनुकूल व्यवहार के अभाव की आड़ में कुछ क्षेत्रों में चुने हुए राज्यपाल की माँग की जा रही थी, मैं (श्री उपाध्याय) इसे उपयुक्त नहीं समझता। यह रोग का निदान नहीं, इससे केंद्रापसारी वृत्ति के बढ़ने की ही संभावना है। विशेष अवसरों को छोड़कर राज्यपाल एक संवैधानिक प्रमुख मात्र है। उसे न तो प्रदेश का मोहरा बनना चाहिए, न केंद्र की दलीय सरकार का हस्तक। उपाध्याय का सुझाव था, "हारे हुए राजनीतिज्ञों अथवा सेवानिवृत अफसरों के स्थान पर यह अच्छा होगा कि हम सर्वोच्च न्यायालय के सेवानिवृत न्यायाधीशों को यह स्थान दें।"

(ख) संयुक्त मंत्रिमंडल : "संयुक्त मंत्रिमंडलों ने कांग्रेस शासन का विकल्प तो दिया, किंतु उसकी नीतियों व कार्यक्रमों का पर्याय प्रस्तुत करना, न तो उनके लिए संभव था और न उनका निर्माण ही इस उद्देश्य की पूर्ति के लिए किया गया था।…यदि इस प्रयोग में से कुछ यथार्थवादिता और राजनीतिक विश्लेषण एवं विवेचन की प्रवृत्ति का उदय हुआ तो वह भी एक लाभ होगा। इन मंत्रिमंडलों के गठन ने राजनीतिक छुआछूत और विलगाव की मनोवृत्ति को समाप्त करने की ओर स्तुत्य पग बढ़ाया है।…संयुक्त मंत्रिमंडलों का भविष्य चाहे जो भी हो, मेरी यह कामना है, हम सभी इस उपलब्धि को हाथ से न जाने दें।"

(ग) नई परंपराओं का विकास जरूरी : "संयुक्त मंत्रिमंडलों की तनावपूर्ण

स्थिति से उत्पन्न राजनीतिक अस्थिरता के कारण, कुछ लोग संसदीय प्रजातंत्र का परित्याग कर अध्यक्षीय प्रणाली अपनाने की सलाह दे रहे हैं।...सत्य तो यह है कि ब्रिटेन और अमेरिका की पद्धतियाँ वहाँ के इतिहास के साथ विकसित हुई हैं। हमें उनकी नकल करने की बजाय अपनी प्रकृति के अनुरूप प्रजातंत्रीय पद्धति का विकास करना चाहिए। पिछले पचास सालों में हम किसी-न-किसी रूप से संसदीय प्रणाली को व्यवहार में ला रहे हैं। हम इसे बदलती हुई राजनीति के अनुरूप ढालें।''

उदाहरण के लिए परंपरा विकसित की जा सकती है कि कोई भी मंत्रिमंडल तब तक त्यागपत्र नहीं देगा, जब तक उसके विरुद्ध विधानसभा में अविश्वास प्रस्ताव पारित न हो जाए। इस दृष्टि से यह भी परंपरा डाली जा सकती है कि विधानसभा के बहुसंख्यक सदस्य अध्यक्ष से आग्रह करें तो विधानसभा की बैठक बुलाई जाए।

(घ) दल-बदल : उपाध्याय के अनुसार दल बदलनेवालों में निन्यानवे प्रतिशत वे लोग हैं, जो कांग्रेस को छोड़कर दूसरे दल में आए तथा फिर उस दल को छोड़कर अन्य दल में चले गए। इस विषय में कानून का सहारा लेने के लिए डंडे की बजाय, जनमत का दबाव तथा परंपराओं का सहारा लिया जाना, उपाध्याय अधिक उपयुक्त समझते थे। उन्होंने कहा, ''राजनीतिक दल आचरण संहिता स्वीकार करें, तो इस प्रवृत्ति पर काफी अंकुश लगाया जा सकता है। व्यक्ति को चुनने की, ब्रिटिश पद्धति के स्थान पर, दल के लिए मतदान की पद्धति को अपनाया जाए, तो दल परिवर्तन से ही नहीं, आज की अनेक बुराइयों से बचा जा सकता है। प. जर्मनी के समान हम दोनों पद्धतियों का समन्वय भी कर सकते हैं। लेकिन इस समस्या का अधिक न्यायसंगत समाधान यही है कि ''ज्यों-ज्यों दलों का गठन निश्चित नीति और सिद्धांतों के आधार पर होगा, संगठन मजबूत होगा तथा जनता की राजनीतिक शिक्षा होकर, वह अपने मत का उपयोग दलों के कार्यक्रमों का विचार करके करेगी, यह प्रवृत्ति कम हो जाएगी।''

(ङ) एकात्मक शासन : देश की एकता को खतरा न पहुँचे, इस दृष्टि से यह आवश्यक है कि हम अपने संविधान के स्वरूप को एकात्मक बनाएँ तथा दूसरी ओर प्रदेशों को दायित्वपूर्ण स्वायत्तता प्रदान करके वित्तीय स्रोतों व अन्य अधिकारों का विकेंद्रीकरण करें।

वित्तीय दृष्टि से प्रदेश केंद्र पर बुरी तरह निर्भर है। अधिकारों और दायित्वों का संविधान में इस प्रकार बँटवारा हुआ है कि लोक कल्याण एवं विकास तथा प्रशासन की संपूर्ण जिम्मेदारी प्रदेशों पर है, जबकि आय के लचीले और फलदायी स्रोत केंद्र के पास है। उपाध्याय के अनुसार, इस संदर्भ में यदि संविधान में संशोधन किए बिना ही कुछ व्यावहारिक मार्ग निकाला जाए तो अच्छा रहेगा। उन्होंने सुझाव दिया कि ''वित्त आयोग की नियुक्ति पाँच वर्ष के स्थान पर स्थायी रूप से कर दी जाए।''

प्रदेशों की केंद्र पर निर्भर रहने की जो यह स्थिति है, इसमें केंद्र एवं संवैधानिक व्यवहार के साथ-साथ, स्वयं प्रदेश भी जिम्मेदार है, उपाध्याय इसे अनुचित मानते हैं कि "अनेक प्रदेशों की कर-नीति के निर्धारण में राजनीतिक नारों का प्रभाव अधिक तथा प्रशासनिक जिम्मेदारियों की भावना कम दिखती है। भू-राजस्व, आयकर, बिक्रीकर आदि के बारे में प्रदेशों को व्यावहारिक व दायित्वपूर्ण व्यवहार करना चाहिए।"

उपाध्याय ने माँग की कि "एक कर जाँच आयोग नियुक्त किया जाए जो आर्थिक विकास, पूँजी-निर्माण, लोककल्याण, विषमताओं में कमी तथा विकेंद्रित प्रशासन की आवश्यकताओं को ध्यान में रखकर, संपूर्ण कर-पद्धति तथा विभिन्न करों के संबंध में अपना प्रतिवेदन दे।"

(च) ध्यान बँटानेवाले प्रश्न : "आज जब आर्थिक नीतियों में क्रांतिकारी परिवर्तन की आवश्यकता है, तब केंद्र में कांग्रेसी शासन, अपना संपूर्ण समय और शक्ति ऐसे प्रश्नों पर लगा रहा है, जो विचारणीय होते हुए भी आज की समस्याओं को हल करने की दृष्टि से महत्त्वपूर्ण नहीं है, प्रिवी पर्सों का मामला, हजारी रिपोर्ट की चर्चा, बैंकों और आम बीमा के राष्ट्रीयकरण का प्रस्ताव आदि आज के बहुचर्चित एवं ज्वलंत समझे जानेवाले प्रश्नों का संबंध, देश की विकट खाद्य स्थिति, गिरती हुई पैदावार, बढ़ती हुई बेकारी तथा चढ़ते हुए दामों के दूरान्वयन के साथ, बिलकुल नहीं आता। और इन प्रश्नों का बार-बार विवाद तो हो, किंतु दो-टूक निर्णय नहीं लिया जाए तो यह मानने को मजबूर होना पड़ता है कि संपूर्ण चर्चा का उद्देश्य या तो जनता का ध्यान ज्वलंत प्रश्नों से हटाना है, या राजनीतिक दबाव लाना है।"

साधनों के अभावों का राग सदैव अलापा जाता है। मैं यह नहीं मानता कि देश में साधनों की कमी है। हमारे पास मानव, प्राकृतिक तथा वित्तीय सभी प्रकार के साधन पर्याप्त हैं। आवश्यकता है कि वर्तमान तथा विकासमान साधनों के अनुरूप योजना बनाई जाए।"

(छ) भाषा का प्रश्न : भाषा एक ऐसा मुद्दा था, जिस पर कालीकट में स्वीकार हुए प्रस्ताव के कारण लोगों ने कहा, जनसंघ बदल गया है। संभवत: यह पहला मौका था, जब जनसंघ, जिसने हिंदी को निर्द्वंद्व रूप से संपूर्ण राष्ट्र की व्यावहारिक राजभाषा बनाने तथा अंग्रेजी को हटाने के लिए पुरजोर आंदोलन किए थे, के दक्षिण में प्रवेश ने उसका स्वर बदल दिया। इस संदर्भ में दीनदयाल उपाध्याय के ये शब्द उल्लेखनीय हैं; "जनसंघ ऐसे किसी कदम का समर्थक नहीं, जिससे हिंदी न जाननेवालों को किसी भी अधिकार से वंचित रहना पड़े। इस हेतु जनसंघ ने यह माँग की है कि संघ लोक सेवा आयोग की सभी परीक्षाएँ प्रादेशिक भाषाओं के माध्यम से हों तथा भरती के लिए किसी भी भाषा विशेष के ज्ञान की बाध्यता न हो। संक्रमणकाल में जो अंग्रेजी का प्रयोग करना चाहें, उन्हें भी यह सुविधा दी जा सकती है।"

यह एक बहुआयामी तथा विस्तृत भाषण था। इस भाषण का अंत उन्होंने उसी 'सामान्य जन की राजनीतिक चेतना के जागरण' के आशावाद से किया, जिसका जिक्र उन्होंने अपने भाषण के प्रारंभ में किया था। "हमें उन लोगों से सावधान रहना चाहिए, जो प्रत्येक जन-आंदोलन के पीछे कम्युनिस्टों का हाथ देखते हैं, और उसे दबाने की सलाह देते हैं। जन-आंदोलन एक बदलती हुई व्यवस्था के युग में स्वाभाविक और आवश्यक है। वास्तव में वे समाज की जागृति के द्योतक हैं।...एतदर्थ हमें उनके साथ चलना होगा, उनका नेतृत्व करना होगा। जो राजनीतिक, आर्थिक तथा सामाजिक क्षेत्र में यथास्थिति बनाए रखना चाहते हैं, वे इस जागरण से घबराकर निराशा और आतंक का वातावरण बना रहे हैं। हमें दु:ख है कि हम उनके साथ सहयोग नहीं कर सकते। वे कालचक्र की गति को थामना चाहते हैं। भारत की नियति को टालना चाहते हैं, यह संभव नहीं होगा।"

"हम अतीत के गौरव से अनुप्राणित हैं, परंतु उसको भारत के राष्ट्र जीवन का सर्वोच्च बिंदु नहीं मानते। हम वर्तमान के प्रति यथार्थवादी हैं, किंतु उससे बँधे नहीं। हमारी आँखों में भविष्य के स्वर्णिम सपने हैं, किंतु हम निद्रालु नहीं, बल्कि उन सपनों को साकार करनेवाले कर्मयोगी हैं। अनादि-अतीत, अस्थिर-वर्तमान तथा चिरंतन-भविष्य की, कालजयी सनातन संस्कृति के हम पुजारी हैं।...विजय का विश्वास है, तपस्या का निश्चय लेकर चलें।"

भारतीय जनसंघ के अध्यक्ष बनकर उपाध्याय ने देश तथा दल में एक आशावाद जगाया था। कालीकट अधिवेशन की जीवंतता को सभी समाचार-पत्रों ने निर्द्वंद्व रूप से स्वीकार किया था। उपाध्याय दल के अध्यक्ष नहीं बनना चाहते थे, लेकिन स्थितियाँ ऐसी उत्पन्न हो गई थीं कि उन्हें अध्यक्ष पद के लिए मनाया गया। इसका कारण संभवत: यह था कि मधोक तथा वाजपेयी के आपसी मतभेद के कारण, यह संभव नहीं हो पा रहा था कि उसमें से किसी एक को अध्यक्ष बनाया जाए। अपने शोध के संदर्भ में हुई बातचीत में जनसंघ के अनेक प्रमुख लोगों ने बताया कि बलराज मधोक दल के लिए बड़ी समस्या थे, उपाध्याय ही उनको दल में निभाते रहे, अन्यथा उनका दल में चल पाना संभव नहीं था। दीनदयाल उपाध्याय ने प्रयत्न किया कि मधोक को अध्यक्ष पद देकर दायित्व का अनुभव करवाया जाए, शायद वे इस दायित्व के कारण अपने समस्तरीय मित्रों को साथ लेकर चलने की आवश्यकता को महसूस करें, लेकिन अध्यक्ष पद ने उनका अहंकार और बढ़ाया। स्वतंत्र दल से उन्होंने दल की प्रखर राष्ट्रवादी भावनाओं के प्रतिकूल अपने रिश्ते बनाए। स्वतंत्र पार्टी 'अमेरिका-परस्त पार्टी मानी जाती थी। उसकी कश्मीर नीति अमेरिकावादी थी। इसी मुद्दे पर उपाध्याय ने सन् 1967 में उनसे चुनावी गठबंधन की वार्त्ता को तोड़ दिया था। मधोक उस समय दल के अध्यक्ष थे।

दल की शक्ति और विस्तार इतना हो गया था कि उसको सँभालने के लिए

प्रेरणास्पद तथा विश्वस्त नेतृत्व की जरूरत थी, साथ ही इस बात की भी आवश्यकता थी कि नेतृत्व में प्रतिष्ठित व्यक्ति, जनसंघ के मंच से विकसित नवोदित जवान नेतृत्व की टीम को भी साथ चला सके। व्यास का नेतृत्व विश्वस्त था किंतु शेष दो बातों की शुरुआत वे नहीं कर सकते थे। वे निष्ठावान एवं समर्पित कार्यकर्ता थे, लेकिन राष्ट्रीय नेतृत्व को सँभालने की सब आवश्यकताओं को पूरी नहीं करते थे। अत: दीनदयाल उपाध्याय को चुनने के अलावा दल के समक्ष कोई विकल्प नहीं था।

बाद की घटनाओं से यह सिद्ध भी हुआ। राजनीतिक गतिविधियों के तीव्र घटना-चक्र से भारतीय जनसंघ के अस्तित्व को बचाया नहीं जा सका। उपाध्याय की मृत्यु के बाद मधोक को जनसंघ से निकालना पड़ा। जनसंघ, संयुक्त मोर्चा, महागठबंधन व जनता पार्टी की सुरंग से गुजरकर, भारतीय जनता पार्टी बनकर बाहर निकला। नेतृत्व की वह टीम बिखर गई। नानाजी देशमुख ने राजनीति से संन्यास ले लिया। उपाध्याय के बाद बने महामंत्री सुंदरसिंह भंडारी तथा मंत्री जगन्नाथराव जोशी के वर्तमान भाजपा नेतृत्व से, जनसंघ के दिनों जैसे संबंध नहीं हैं। जो तारतम्य गोलवलकर व उपाध्याय में परस्पर था, वह आज के भाजपा व संघ नेतृत्व में नहीं है।

12. संविद सरकारें और उपाध्याय

पं. दीनदयाल उपाध्याय बहुत मनोयोग से जनसंघ का विकास कर रहे थे। उसके जन्म के समय से ही, उसे एक मौलिक स्वरूप, उपाध्याय तथा गोलवलकर ने दिया था। अध्याय के पूर्वांशों में हम पढ़ चुके हैं कि उपाध्याय संयुक्त मोर्चा तथा गैर-कांग्रेसवाद से असहमत थे, हालाँकि उन्हें, संयुक्त विधायी दलों की राजनीति करते हुए, जनसंघ का नेतृत्व करने का अवसर नहीं मिल पाया, तो भी यह एक जिज्ञासा का विषय है कि उपाध्याय के न चाहते हुए भी जनसंघ संयुक्त मोर्चे की राजनीति में क्यों फँसा? इस संदर्भ में नानाजी देशमुख के ये विचार उल्लेखनीय हैं,[101] ''सन् 1967 तक जनसंघ ठीक चल रहा था। संविद के सामान्यीकृत प्रयोग ने आदर्शवाद को चोट पहुँचाई। बिहार में संविद[102] प्रयोग ठीक था। हम वहाँ अलग रहकर भी गैर-कांग्रेसवाद को रोक नहीं सकते थे। उत्तर प्रदेश व मध्य प्रदेश आदि में हमें संविद में नहीं पड़ना चाहिए था। चंद्रभानु गुप्त को हटाकर चौधरी चरण सिंह को लाने का कार्य कोई आदर्शवादी राजनीति का परिचायक नहीं था। सब लोगों के आग्रह पर हमने यह किया। मैं इसके सख्त खिलाफ था, दीनदयालजी भी खिलाफ थे, गैर-कांग्रेसवाद की धारणा उनको बिलकुल जँचती न थी; पर जनसंध में ही कार्यकारिणी का आग्रह व लोहिया का गैर-कांग्रेसवाद वातावरण पर हावी था। हम लोगों की आवाज अकेली पड़ गई। दीनदयालजी ने कहा, जो सबका आग्रह है वह करो।''

एक अन्य वार्त्ता में देशमुख ने कहा, ''सन् 1968 में दीनदयालजी चाहते थे, हमारे

सब मंत्री त्यागपत्र देकर बाहर आ जाएँ पर उनकी नहीं मानी गई। दीनदयालजी बच्चों की तरह रोए।''[103]

इसी संदर्भ में पाञ्चजन्य के संपादक भानुप्रताप शुक्ल कहते हैं, ''संगठन या समाज में सिद्धांतवादी स्वीकारोक्ति भी तभी संभव है जब मानसिक रूप से दृढ़ व बौद्धिक रूप से आत्मविश्वासी नेतृत्व हो। दीनदयालजी के बाद भारतीय जनसंघ का, सिद्धांतहीन गैर-कांग्रेसवाद में विलय, जनसंघ के नेतृत्व की अक्षमता का परिचायक है। मुझे ध्यान है, दीनदयालजी इसके बारे में सचेत थे। मैंने कुछ कार्यकर्ताओं से बात करते हुए, स्वयं उन्हें देखा व सुना है। उन्होंने कहा था कि गैर-कांग्रेसवाद के नाम पर साझा सरकारों में सहभागिता से जनसंघ दस साल पीछे चला जाएगा। साझा सरकार बनाने की बजाय कांग्रेस की अक्षमता को सिद्ध होने दो तथा चुनावों में जनसंघ के नाते उसे टक्कर दो, शायद दस साल में हम शुद्ध जनसंघ की ही सरकार बना सकें, लेकिन संगठन का आंतरिक वातावरण तथा देश में डॉ. लोहिया के गैर-कांग्रेसवाद का कुछ ऐसा प्रचार हो गया था, कि सब लोर्गो के आग्रह को दीनदयालजी ने मान लिया। वे अपने प्रति बड़े आत्मविश्वासी थे, अत. उन्होंने कहा था, 'कोई बात नहीं, खेल लो खेल, बाद में जो होगा, सँभाल लेंगे।' नियति ने उन्हें यह सँभालने का मौका नहीं दिया, परिणामत: भारतीय राजनीति से जनसंघ का तिरोधान हो गया।''[104]

13. डॉ. लोहिया और दीनदयाल

भारत के लोकतंत्र के इतिहास में विरोध पक्ष को विकसित करने में जिन दो महापुरुषों का निर्णायक योगदान हैं, वे है डॉ. राममनोहर लोहिया और दीनदयाल उपाध्याय। दोनों ही राष्ट्रवादी, दोनों ही समतावादी तथा लोकतंत्रवादी थे। उद्‌भट नेतृवर्ग, आचार्य नरेंद्र देव, बाबू जयप्रकाश नारायण तथा अशोक मेहता जैसे लोग भी जब समाजवादी आंदोलन की गाड़ी आगे नहीं खींच पाए तब डॉ. लोहिया ने समाजवादियों को सफलतापूर्वक नेतृत्व देकर संगठित किया। वे नवयुवा समाजवादी पीढ़ी के नायक बन गए।

जब स्वातंत्र्य वीर सावरकर तथा स्वामी करपात्रीजी जैसे लोग हिंदू संस्कृतिवादी राष्ट्रवादियों को, नेहरू की पाश्चात्य राजनीति के मुकाबले नेतृत्व नहीं दे सके, डॉ. श्यामाप्रसाद मुखर्जी को नियति ने संस्कृतिवादियों से शीघ्र ही छीन लिया, तब दीनदयाल ने नव संगठित भारतीयतावादी जनसंघ को सुविकसित किया। पश्चिमवादी राजनीति व सत्ता के सब प्रहारों के बावजूद जनसंघ आगे बढ़ा तथा दीनदयाल राष्ट्रवादी युवा पीढ़ी के प्रेरणा-स्रोत बन गए।

डॉ. लोहिया भारत-विभाजन के खिलाफ तथा भारत-पाक महासंघ के पक्षधर थे, दीनदयाल अखंड भारत के उपासक तथा भारत-पाक एकीकरण के प्रवक्ता थे। डॉ.

लोहिया समाजवादी होते हुए भी भारतीयतावादी थे, दीनदयाल भारतीयतावादी-संस्कृतिवादी होते हुए भी अर्थ पर समाज के स्वामित्व तथा समतावाद के हामी थे। दोनों हिंदी के प्रबल समर्थक थे, दोनों अविवाहित एवं सांस्कृतिक सामाजिक-राजनीतिक कार्यों को समर्पित राष्ट्रीय नेता थे। राष्ट्रीय व्यक्तित्व एवं कार्य क्षेत्र के धनी होने के बावजूद दोनों का मुख्य कर्म एवं प्रभाव क्षेत्र उत्तर प्रदेश था।

चतुर्थ महानिर्वाचन के समय डॉ. लोहिया, गैर-कांग्रेसवाद के पुरोधा तथा उपाध्याय सबसे बड़े गैर-कांग्रेसी दल के नेता थे। दोनों की शक्तियों के संयोग से, कांग्रेस का वैकल्पिक शासन, संविद सरकारों के रूप में सामने आया था। लेकिन थोड़े से अंतराल के साथ एक ही वर्ष में दोनों मृत्यु को प्राप्त हुए, अतः संविद की भारतीय राजनीति को ये लोग नेतृत्व नहीं दे सके।

दोनों ध्येय समर्पित जीवन थे, लेकिन दोनों की कार्यशैली, प्रकृति व चरित्र में बहुत फर्क था। उपाध्याय की कार्य-शैली अनुशासित, संगठित व उत्तरदायित्ववादी थी। लोहिया की कार्यशैली मुद्दा-प्रधान आंदोलनवादी, जनवादी तथा विद्रोहपरक थी। दीनदयाल संयमी, संतुलित व साधु पुरुष थे, लोहिया उन्मुक्त, सहज एवं निर्मोही-संसारी व्यक्ति थे। दोनों विद्वान एवं अध्यवसायी थे।

डॉ. लोहिया व दीनदयाल उपाध्याय सामाजिक-राजनीतिक कार्यकर्ता के नाते अच्छे मित्र थे, उनमें मधुर संबंध थे। सन् 1962 में चीनी आक्रमण के दौरान दोनों की मित्रता बढ़ी, दीनदयालजी के एक प्रमुख साथी नानाजी देशमुख से लोहिया के घनिष्ठ संबंध थे। सन् 1963 में लोहिया का फर्रूखाबाद से लोकसभा का उपचुनाव जीतने का श्रेय भी जनसंघ के कार्यकर्ताओं व दीनदयाल उपाध्याय को जाता है।[105] हिंदी आंदोलन में भी जनसंघ व समाजवादी दल में साझापन बढ़ा। सन् 1964 में पाकिस्तान में हिंदुओं पर व्यापक रूप से आक्रमण किए जाने पर डॉ. लोहिया ने पं. दीनदयालजी से चर्चा की तथा दोनों ने 'हिंद-पाक महासंघ' के निर्माण के लिए संयुक्त वक्तव्य जारी किया।[106]

बहुत से समाजवादियों को डॉ. लोहिया का, दीनदयाल उपाध्याय व संघ-जनसंघ के निकट आना, अच्छा नहीं लगा। यहाँ तक धारणा बनी कि डॉ. लोहिया ने अपनी 'सेक्युलरिज्म' की निष्ठा को चोट पहुँचाई है। उनके एक मित्र ने लिखा, "नेहरू आपकी तुलना में 'सेक्युलरवाद' के प्रति अधिक निष्ठावान व गंभीर सिद्ध हुए हैं।"

जनसंघ व समाजवादी दल के भीतर बहुत लोगों की धारणा गैर-कांग्रेसवाद के खिलाफ थी। जनसंघ में दीनदयाल सहित अधिकांश कार्यकर्ताओं की इस नकारात्मक अवधारणा में रुचि नहीं थी। समाजवादी दल के कलकत्ता सम्मेलन में जार्ज फर्नांडिज व मधु लिमये जैसे नई पीढ़ी के युवा समाजवादियों ने इस विचार का बहुत विरोध किया था, लेकिन डॉ. लोहिया ने अपने व्यक्तित्व के बल पर 'गैर-कांग्रेसवाद' को बहु-

प्रचारित कर दिया तथा बाद की राजनीतिक परिस्थितियों ने उनके इस नारे को अनुकूलता प्रदान की। अनेक लोगों की धारणा है, "आज समाजवादी दल अस्तित्वहीन हो गया है, डॉ. लोहिया का गैर-कांग्रेसवाद इसके लिए जिम्मेदार है। यह एक इतनी बड़ी भूल थी कि जिसे अब लौटकर सुधार पाना संभव नहीं है।"[107]

क्या दीनदयाल व लोहिया के इस मिलन में सिद्धांतहीनता थी तथा गैर-कांग्रेसवाद के नकारात्मक विचार में कुछ सैद्धांतिक निष्ठावाद की संभावना भी थीं या नहीं? इस संदर्भ में डॉ. मुरली मनोहर जोशी व दत्तोपंत ठेंगड़ी के विचार उल्लेखनीय हैं। डॉ. जोशी का मानना है, "सिद्धांतों की दृष्टि से डॉ. लोहिया व दीनदयाल पूरक थे। सामान्यत: माना जाता है कि दीनदयाल जी राष्ट्रवादी थे व डॉ. लोहिया समाजवादी, लेकिन राममनोहर लोहिया समाजवादी मंच से राष्ट्रवाद के प्रवक्ता थे तथा दीनदयाल राष्ट्रवादी मंच के समाजवादी विचारक थे। समाजवादी मंच से डॉ. लोहिया ने 'गंगा-यमुना को दूषण से बचाओ', 'रामायण मेला' तथा 'हिमालय बचाओ' जैसे कार्यक्रम दिए, तो दीनदयालजी ने 'संपत्ति पर सामाजिक स्वामित्व', 'अधिकतम-न्यूनतम आय के अनुपात निर्धारण' आदि विषयों को जनसंघ के मंच पर रखा। दुर्भाग्यवश दोनों ही जल्दी चले गए अन्यथा डॉ. लोहिया व दीनदयाल के नेतृत्व में गैर-कांग्रेसवाद, एक विधायक एवं सिद्धांतवादी राजनीतिक दर्शन उत्पन्न करता।"[108]

इसी प्रकार दत्तोपंत ठेंगड़ी की मान्यता है कि सन् 1967 की राजनीतिक परिस्थितियों के सत्ता संघर्ष के परिणामस्वरूप गैर-कांग्रेसवाद ने, नकारात्मक रूप से ही अपने को प्रस्तुत किया, लेकिन ठेंगड़ी कहते हैं कि गैर-कांग्रेसवाद की एक राष्ट्रवादी धारा रही है, जिसका एक पुराना इतिहास है। "गैर-कांग्रेसी राजनीतिक विकल्प की तलाश बहुत पहले शुरू हो चुकी थी। जब मैं जनसंघ में काम करता था, तब पंचमढ़ी अधिवेशन के तुरंत बाद की बात है कि पं. द्वारका प्रसाद मिश्र ने मुझे बुलाकर श्रीगुरुजी को एक संदेश देने के लिए कहा। उन्होंने कहा, "छोटे-छोटे घरौंदों में रहने से कांग्रेस को पराजित नहीं किया जा सकता। मैंने बहुत से समाजवादियों से बातचीत की है। उन्हें भारतीय जनसंघ का सांस्कृतिक राष्ट्रवाद स्वीकार हो सकता है, जनसंघ को भी समाजवादी आर्थिक कार्यक्रम मानने में कठिनाई न होगी। श्रीगुरुजी स्वयं नेतृत्व करने को तैयार हों तो मैं और मेरे साथी कांग्रेस छोड़कर समर्पित सिपाही के नाते उनके साथ कार्य करने को तैयार हैं।" ठेंगड़ी ने कहा, "श्रीगुरुजी का स्वभाव हम जानते थे, अत: बातचीत आगे बढ़ने का सवाल नहीं था। लेकिन श्री दीनदयाल व डॉ. लोहिया ने जो कुछ किया वह ऊपरी तौर पर सिद्धांतहीन लग सकता है, पर वह कांग्रेस का एक सकारात्मक विकल्प निर्माण करने का प्रथम चरण था। यदि वे जिंदा रहते तो गैर-कांग्रेसवाद को एक नकारात्मक अभिधारणा न रहने देते, लेकिन नियति को यह मंजूर नहीं था।"[109]

उपर्युक्त विश्लेषण में दीनदयाल उपाध्याय के राजनीतिक जीवन से संबंधित विभिन्न चरणों की विचारात्मक व व्यावहारिक आधारों पर विवेचना की गई है। उनके राजनीतिक कर्म से बहुतों की असहमति हो सकती है, लेकिन उनका आदर्शवादी व निष्ठापूर्ण व्यवहार, भारतीय राजनीति के इतिहास की अनुपम निधि है। लोकतंत्र के विकास में विपक्ष को विकसित करना भी उतना महत्त्वपूर्ण है जितना कि सत्ता पक्ष का दायित्व सँभालना। भारतीय परिस्थितियों में प्रथम कार्य और भी कठिन था, इस कठिन कार्य की साधना में दीनदयाल का निर्णायक व अमर योगदान रहा है।

संदर्भ–

1. "···Jana Sangh Resulted form a Combanation of a partyless leader, Shyama Prasad Mookerjee and a leaderless party the RSS." Craog baxter, A Biography of a Political Party : Jana Sangh, Indian Branch, Oxford University Press, 1971;p.54.
2. BBC Noted theat "only Mr. Nehru can draw a similar crowed in India today. Nobody in India today under estimates Mr. Golwalkar's political importance or the strenght of his organisations." K.R. Malkani, RSS Story, Impex India, New Delhi; p.58.
3. "Nehru Strongly opposed the RSS" Frankly my Government does not trust the RSS very much, We shall keep a very vigilant watch on it." Curran Jean A Jr. militant Hinduism in Indian Politics : A Study of RSS, New York, Institute of Pacific Relations, 1957; Chapter VIII, p.65.
4. In Lucknow, January 6, he said, "In the Congress those who are in power feel that by virtue of authority they will be able to crush the RSS By danda you cannot suppress any organisation. Moreover dunda is ment for theives...its use will not help much. After all RSS men are not theives and dacoits. They love their country. Only their trend of thought is diverted. They are to be won over by Congressmen with love." K.L. Panjabi, The Indomitable Sardar, Bharatiya Vidya Bhawan, Bombay; 1962; p.131.
   नेहरू-पटेल विवाद तथा संघ के संदर्भ में पं. द्वारका प्रसाद मिश्र द्वारा लिखित पुस्तक पठनीय है। इसमें तत्कालीन घटनाओं का सविस्तार वर्णन किया गया है।
5. ''इस नाजुक समय पर पार्टीबंदी का अर्थात् पुराने मतभेदों का अवसर नहीं है। मेरा पूर्ण विश्वास है कि आर.एस.एस. वाले अपने देश-प्रेम को कांग्रेस से मिलकर ही निभा सकते हैं। अलग होकर या विरोध करके नहीं। मुझे इस बात की खुशी है कि आपको छोड़ दिया गया। आशा है आप मेरे विचारों पर ध्यान देकर, उचित निर्णय पर पहुँचेंगे।'' (19-9-48, यह पत्र सरदार पटेल ने गोलवलकर के पत्र का उत्तर देते हुए लिखा था)। मा.स. गोलवलकर, अन्याय को चुनौती, राष्ट्रधर्म पुस्तक प्रकाशन, लखनऊ, पृ.9
6. "I am glad that you expect to see Shri Golwalkar and give his some wholesome advice. I am sure he needs it. You know the conditions prevailing in your own province. You have also an idea of the firm conviction that the only alternative to congress is chaos. At least, there

is no Political body to strenghten that organisation. I have advised the RSS in the past that the only way for them is to reform the congress from within, if they think the Congress is going on the wrong path. I would suggest if you agree that you may take a similar stand. (A Letter form Vallabhabhai Patel to Venkat Ram Shastri, dt. 16th July, 1949). अप्रकाशित पत्र—दीनदयाल शोध संस्थान के निदेशक देवेंद्र स्वरूप अग्रवाल की फाइल से प्राप्त।

7. 31 अक्तूबर, 1949 को नागपुर में प्रांतीय कांग्रेस कमेटी की ओर से आयोजित स्वागत समारोह में पुरुषोत्तम दास टंडन का भाषण।—पांचजन्य, मार्गशीर्ष कृष्ण 5, 2006, पृ. 12।

8. "…When Congressmen did not object to the Jamaat UL-Ulema's members joining the Congress despite of former's declaration to safeguard Islamic culture and welcomed these ex-Muslim Leaguers who played an important role in country's tragic partition in the Congress fold, then why should they oppose Sangh members entry into the Congress organisation." Baxter, A Biography; No.1, p.57.
इस प्रस्ताव का स्वागत करते हुए प्रसिद्ध विचारक अच्युत पटवर्धन ने एक लेख लिखा, जिसका शीर्षक था, "What Sangh will do? RSS is not a capitalist organisation", Achyut Patwardhan, Thoughts on Congress High Command Decision, Organiser, October 26, 1949.

9. राष्ट्रधर्म, अंक 11, मार्गशीर्ष पूर्णिमा, 2006 (दिसंबर 1949–जनवरी 1950), पृ. 78।

10. "Within the Congress itself there started the struggle for control of the party. It was an inter party struggle. The 1950 election for president uderline the dissensions. The Election of Mr. Purushottam Das Tandon Who enjoyed the twit support of Sardar Patel defeated Mr. Nehru's nominee, Acharya Kripalani. Mr. Nehru could not reconcile himself to this…Mr. Nehru first declining to be in the working committee, later allowing himself to be persuaded into Joining it, the crises in the Congress deepened."—Motilal A. Jhangiani, "Jana Sangh and Swatantra : A Profile of the Rightist Parties in India, Manaktalas, Bombay, p.7.

11. राष्ट्रधर्म, वर्ष 2, अंक 8, पृ. 62.

12. क्र. 11, पृ. 62

13. पाञ्चजन्य, वर्ष 4, अंक 9, 21 सितंबर, 1950.

14. पाञ्चजन्य, वर्ष 4, अंक 10, 28 सितंबर, 1950.

15. पाञ्चजन्य, 2 नवंबर, 1950, पृ. 3.

16. पाञ्चजन्य, 23 नवंबर, 1950, पृ. 3

17. ऑर्गेनाइजर, 8 अप्रैल, 1963

18. एकनाथ रानाडे : डॉ. हेडगेवार के समय से ही जीवनव्रती प्रचारक के नाते संघ के कार्यकर्ता रहे। संघ पर प्रथम प्रतिबंध के समय उन्होंने नई दिल्ली में रहकर सरकार से संपर्क स्थापित करने का सब कार्य किया। पश्चात् वे रा.स्व. संघ के सरकार्यवाह रहे। उन्होंने विवेकानंद शिला स्मारक समिति की स्थापना कर, कन्याकुमारी स्थित विवेकानंद चट्टान पर स्वामीजी का भव्य व प्रसिद्ध स्मारक निर्मित करवाया। अब दिवंगत।

19. मूलपत्र मराठी में लिखा गया है : ''सरकार आपणास बोलावदेणार नाही तेंव्हा हात्या-शी धुरुन् पोलिटकल पार्टी काढ़वी। त्यांची घटना वगेरे पुणताम्बेकराच सरखे माणसा कड़न करुन ध्यावी व त्यांची सर्व सिद्धतेस लागवे। वेल गबाउ नए। अर्थात आपणास गमावव्या करता बेल नाही हे मी जाणतो। लालाजी ना परोल चालू आहे। आज त्यांचे बरोबरत च हे पत्र पाठवीत आहे। ''(25 मार्च, 1949)—अप्रकाशित पत्र भैय्याजी दाणी का एकनाथ रानाडे के नाम, दीनदयाल शोध संस्थान के निदेशक देवेंद्र स्वरूप अग्रवाल की फाइल से प्राप्त।
20. C.Parmeswaran, 'The RSS and Polities', Organiser, (i) 22 August, 1949 and (ii) 30 August, 1949.
21. Balraj Madhok, 'Time for Decision', Organiser, 16 Septembre, 1949.
22. Kamal, 'Sangh and Growing Statism', Organiser, 14-23 November, 1949 (Kamal is Organiser Editor—K.R. Malkani.)
23. पाञ्चजन्य, वर्ष 3, अंक 1.
24. पाञ्चजन्य, 4 जुलाई, 1951, पृ. 4.
25. 'ध्येय-दर्शन' परम पूज्य श्रीगुरुजी के भाषण, प्रथम आवृति, राष्ट्रधर्म प्रकाशन लिमिटेड लखनऊ; भारत प्रेस, 4- नेहरू रोड, दिसंबर, 1946, पृ. 9.
26. क्र. 25, पृ. 25.
27. क्र. 25, पृ. 46.
28. श्रीगुरुजी समग्र दर्शन, पृष्ठ-2, प्रकरण-4, कार्यकर्ताओं का मार्गदर्शन, भारतीय विचार साधना, नागपुर; पृ. 109
29. क्र. 28, पृ. 125.
30. क्र. 28, पृ. 109-10.
31. ''ये विचार राष्ट्रीय स्वयंसेवक संघ के सह-सरकार्यवाह बालासाहब देवरस ने 'संघ का अगला कदम' शीर्षक लेख में प्रकट किए हैं। 'युगधर्म' के दीपावली अंक में प्रकाशित यह लेख पठनीय है।''पाञ्चजन्य, कार्तिक शुक्ल, सं. 2006, पृ. 5.
32. डॉ. श्यामाप्रसाद मुखर्जी के संबंध में निम्न पुस्तक पठनीय है : बलराज मधोक, श्यामाप्रसाद मुखर्जी—एक जीवनी, दीपक प्रकाशन, नई दिल्ली, 1954
33. जनसंघ स्थापना की औपचारिक घटनाओं का बहुत सर्वांगपूर्ण वर्णन क्राइग बेक्सटर ने अपनी पुस्तक 'दि बायोग्राफी ऑफ ए पॉलिटिकल पार्टी : जनसंघ' के अध्याय-4 'दि फाउंडिंग ऑफ जनसंघ' में किया है, जो पठनीय है। मोतीलाल झंगियानी ने भी अपने शोध प्रबंध 'जनसंघ और स्वतंत्र' : ए प्रोफाइल ऑफ दि राइटिस्ट पार्टीज इन इंडिया के प्रथम अध्याय 'जेनेसिस ऑफ भारतीय जनसंघ' में भी इन घटनाओं का वर्णन किया है।
34. श्री दत्तोपंत ठेंगड़ी सन् 1941 से संघ के जीवनव्रती प्रचारक हैं। अनेक वर्षों तक दक्षिण भारत में संघ के प्रचारक रहने के बाद उन्हें भारतीय जनसंघ में भेजा गया। सन् 1955 में उन्होंने 'भारतीय मजदूर संघ' की स्थापना की। आजकल 'भारतीय मजदूर संघ' तथा 'भारतीय किसान संघ' के संचालन की जिम्मेदारी सँभालते हैं। राष्ट्रीय स्वयंसेवक संघ के केंद्रीय कार्यकारी मंडल में आमंत्रित सदस्य हैं। यह प्रथम भेंटवार्त्ता

लेखक ने दिल्ली में दि. 26 जनवरी, 1985 को की, साक्षात्कार पंजिका, पृ. 86.

35. 'ध्येय-दर्शन' में गोलवलकर के ये शब्द संभवतः इसी भाव के सूचक हैं: ''...'कोऊ नृप होय हमें का हानी' का भाव समझते हुए कार्य किया गया तो कुरसी भी हमारे ही आधार पर चलेगी। पृ. 35

36. ''राजनीति मेरे स्वभाव के अनुकूल बैठती नहीं। वस्तुतः सांस्कृतिक कार्य को ही चालू रखने का प्रयोजन, भिन्न प्रकार के राजनीतिक सिद्धांतों को माननेवाले व्यक्तियों के लिए एक समान भूमि उपस्थित करना है।''—नागपुर, 15 जुलाई; श्रीगुरुजी द्वारा पत्रकारवार्त्ता, पाञ्चजन्य, श्रावण शुक्ल 3, 2006 (जुलाई 1949)

37. पाञ्चजन्य, 25 जून, 1956.

38. ऑर्गेनाइजर, 25 जून, 1956. (श्री गुरुजी समग्र दर्शन, खंड-3 में भी पृ. 105-6 पर यह लेख प्रकाशित हुआ है)।

39. कश्मीर आंदोलन व मुखर्जी की मृत्यु के संदर्भ में निम्न पुस्तकें पठनीय हैं—(1) उमाप्रसाद मुकर्जी, ए. मुकर्जी, 'श्यामाप्रसाद मुखर्जी हिज डेथ इन डिटेंसन, ए केस फॉर इन्क्वायरी ', कलकत्ता, सेकेंड एडीसन, 1953. (2) Balraj Madhok, "Kashmir Problem—A Story of Bungling, Delhi. Bharatiya Sahitya Sadan, 1952 (3) कश्मीर समस्या और जम्मू सत्याग्रह, भारतीय जनसंघ प्रकाशन, दिल्ली।

40. दत्तोपंत ठेंगड़ी से द्वितीय भेंटवार्त्ता दिल्ली, दि. 25 मार्च, 1985 साक्षात्कार पंजिका, पृ. 102।

41. अन्य प्रस्तावों के विषय तथा प्रस्तावक निम्न थे :

गो-हत्या निषेध	श्री चाँदकरण शारदा
उर्दू उन्मूलन	पं. शिवदयालु
हैदराबाद विलय	वैद्य गुरुदत्त
जनसंघ का संविधान	भाई महावीर
प्रांतों का पुनर्गठन	ठाकुरदास एडवोकेट
स्वदेशी	श्री बच्छराज व्यास
पूर्व बंगाल	अज्ञात
जम्मू-कश्मीर	श्री उमाशंकर त्रिवेदी

स्रोत: पाञ्चजन्य, अधिवेशन परिशिष्टांक, 11 जनवरी, 1953

42. इस संदर्भ में बेक्सटर की पुस्तक पठनीय है।

43. "It is interesting to conceive of future role of the President in the Jana Sangh Party. He could, according to constitution, prove have over riding power over the central executive and therefore become a more powerful President then the congress president is believed to be within his party. In parctice, however, the President of Jana Sangh has so far been more a nominal head that an effective force, the real influence being exercised for all practical purposes by the General Secretary."
Jhangiani, "Structure and Organisation of Rightist Parties". No. 10, Chapter-III, p.35.

44. "One of my old colleagues who had developed a liking for political

work, Shri Vasant Rao Oak, was in close contact with his (Dr. Mookerjee) for a long time and his association seems to have prompted Dr. Mookerjee to seek my co-opetation and help in the matter." Organiser, Silver Jeblee Souvenir, 1973; Part-V; RSS : How Jana Sangh was born? By Shri Gurujee (25.6.56), p.183; Baxter and Jhangiani quoted this matter." ···Oak developed a liking for political work to a degree uncommon and undesirable for a Swayamsevek." No.1, Baxter, p.69; No.10, Jhangiani, p.15.

45. संघ के संविधान के अनुसार, संघ का कोई पदाधिकारी किसी राजनीतिक दल का पदाधिकारी नहीं हो सकता, अत: दीनदयाल उपाध्याय आमंत्रित सदस्य थे।

46. कमल किशोर गोयनका, संपादक, पं. दीनदयाल उपाध्याय : व्यक्ति दर्शन, दीनदयाल शोध संस्थान, नई दिल्ली 110055, 'जीवन रेखा', पृ. 23।

47. सरसंघचालक बालासाहब देवरस से दि. 16 अप्रैल, 1984 को नागपुर, हेडगेवार भवन में वार्त्ता; साक्षात्कार पंजिका, पृ. 56।

48. "Bhartiya Jana Sangh is a Party with difference. it is not a set of people intersted in coming to power anyhow···Jana sagh is not a party but movement. It springs from the craving of the nation to come into its own. It is the urge of the nation to assert and accomplish what it has been distincted to do." Deendayal Upadhyay, "The Mission of Jana Sangh", Organiser (Diwali 1964), Silver Jubilee Souvenir; p.187.

49. 'राजनीतिक सौदेबाजी में हमारा विश्वास नहीं', महामंत्री दीनदयाल उपाध्याय का भाषण, पाञ्चजन्य, 27 जुलाई, 1953, पृ. 7-8.

50. ''लोग कहते हैं, वे भोले-भाले थे, मैं ऐसा नहीं मानता। भोले-भाले व्यक्ति को तो कोई भी ठग सकता है, किंतु उन्हें ठगना संभव नहीं था। उन्हें अपनी बातों में फँसाया नहीं जा सकता था। वे सीघे अवश्य थे, पर जो कहना चाहते थे, विनम्र किंतु सीधे स्पष्ट ढंग से सीधी जबान में कह देते थे।'' (भूतपूर्व) केंद्रीय मंत्री यशवंतराव चौहान, राष्ट्रधर्म, दीनदयाल उपाध्याय स्मृति, अंक जून-जुलाई, 1968, पृ. 74.

51. भारतीय जनसंघ : घोषणाएँ व प्रस्ताव, 1951-72, भाग-4, आंतरिक प्रश्नों पर प्रस्ताव संख्या 52.25 'सांस्कृतिक पुनरुत्थान' (31 दिसंबर, 1952; कानपुर, पहला सा.अ.), भारतीय जनसंघ प्रकाशन, नई दिल्ली, भारतवर्ष; पृ. 24- 25।

52. पाञ्चजन्य, 15 जनवरी, 1962, पृ. 20-21

53. ग्वालियर में आयोजित पाँच-दिवसीय (11 अगस्त से 15 अगस्त, 1964) प्रशिक्षण शिविर में भाषण, पाञ्चजन्य, 24 अगस्त, 1964, पृ. 7।

54. इस संदर्भ में दीनदयाल उपाध्याय के ये शब्द उल्लेखनीय हैं, ''दक्षिण वामपंथ के आधार पर दलों का विभाजन है···हम इस पाश्चात्य वर्गीकरण को अस्वीकृत कर दें तो भारतवर्ष के राजनीतिक दलों का विश्लेषण उनके प्रेरणा-स्रोत के आधार पर किया जा सकता है।···अधिकांश राजनीतिक दल भारत की राजनीति को विदेशी ढाँचे के आधार पर···चलाना चाहते हैं। दूसरी ओर···(कुछ दल) भारतीय जीवन के शाश्वत सिद्धांतों से प्रेरणा ग्रहण करते हैं। भारतीय जनसंघ व रामराज्य परिषद् इसी श्रेणी में आते हैं।'' दीनदयाल उपाध्याय, पाञ्चजन्य, 12 फरवरी, 1962.

55. इस संदर्भ में बैक्सटर ने लिखा है : "Only party that has increased its percentage of the popular vote and its share of parliamentary and assembly seats in each successive election from 1952 through 1967." No.1, Chapter-1, p.2.
53. महामंत्री पं. दीनदयाल उपाध्याय द्वारा प्रस्तुत प्रतिवेदन, छठा वार्षिक अधिवेशन, अंबाला छावनी, चैत्र 14-15-16, शकाब्द 1880 (4-5-6 अप्रैल, 1958); मुद्रक : स्वदेश प्रेस, लखनऊ; पृ. 11. पंजिका-भारतीय जनसंघ प्रतिवेदन, 1951-71, केंद्रीय कार्यालय, नई दिल्ली (दीनदयाल शोध संस्थान, अभिलेखागार से प्राप्त)।
57. ''इनमें पंजाब, दिल्ली, आंध्र और केरल की संख्याएँ सम्मिलित नहीं है क्योंकि वहाँ से केंद्रीय कार्यालय को कोई वृत्त प्राप्त नहीं हुआ।''
58. भारतीय जनसंघ, द्वितीय वार्षिक अधिवेशन, बंबई; महामंत्री का वार्षिक प्रतिवेदन, 1953(22 से 25 जनवरी, 1953), शिवाजी प्रिंटिंग प्रेस, दादर; पृ. 17-18.
59. क्र. 58, पृ. 11.
60. क्र. 58, पृ. 12.
61. पाञ्चजन्य, 9 फरवरी, 1951, पृ. 11
62. सप्तम् अधिवेशन के अवसर पर बंगलौर में दि. 23-25 दिसंबर को दीनदयाल उपाध्याय द्वारा प्रस्तुत प्रतिवेदन (टंकित प्रति), पंजिका-भारतीय जनसंघ : प्रतिवेदन, 1951-71; पृ. 11-12.
63. क्र. 62, पृ. 19.
64. क्र. 62, पृ. 15.
65. महामंत्री दीनदयाल उपाध्याय का वार्षिक प्रतिवेदन, अष्टम् वार्षिक अधिवेशन, 23-24-25 जनवरी, 1960; रघुवीर नगर, नागपुर; पृ. 5.
66. क्र. 65, पृ. 7.
67. क्र. 65, पृ. 22.
68. क्र. 65, पृ. 24.
69. भारतीय जनसंघ, नवम् वार्षिक अधिवेशन, लखनऊ के अवसर पर महामंत्री दीनदयाल उपाध्याय द्वारा प्रस्तुत वार्षिक प्रतिवेदन; 30-31 दिसंबर, 1960; पृ. 14.
70. ''1957 के चुनावों ने यदि यह सिद्ध कर दिया था कि भारतीय जनसंघ मौसमी पार्टी न होकर भारत की राजनीति में स्थायी हो गई है तो 1962 के चुनावों ने, उसके विकास की संभावनाओं को प्रकट किया है।'' आमचुनाव, 1962 के संबंध में जनसंघ के महामंत्री दीनदयाल उपाध्याय द्वारा प्रस्तुत प्रतिवेदन, भारतीय प्रतिनिधि सभा अधिवेशन, कोटा; 26-27 मई, 1962; पृ. 17।
71. क्र. 70, पृ. 1.
72. क्र. 70, पृ. 3.
73. क्र. 70, पृ. 3.
74. क्र. 70, पृ. 5.
75. क्र. 70, पृ. 15.
76. भारतीय जनसंघ, महामंत्री, पं. दीनदयाल उपाध्याय द्वारा प्रस्तुत वार्षिक प्रतिवेदन, दशम् अधिवेशन, भोपाल (म.प्र.), दिसंबर 29-30-3 1, 1962, पृ.1।

77. क्र. 76. पृ. 1.
78. एकादश अधिवेशन, अहमदाबाद, 28 दिसंबर, 1963 को पं. दीनदयाल उपाध्याय द्वारा मौखिक दिया गया, महामंत्री प्रतिवेदन (टंकित प्रति), पृ. 9
79. ''उन्होंने (आचार्य रघुवीर ने) कार्यकर्ताओं को झकझोरकर खड़ा कर दिया था, किंतु हम लोगों का दुर्भाग्य है कि पिछले मई में जब जौनपुर के चुनाव आंदोलन से लौटकर फर्रुखाबाद जा रहे थे, उस समय मोटर दुर्घटना में काल ने उनको हमसे छीन लिया। जनसंघ के ऊपर यह बड़ा वज्राघात था, किंतु जो विधि का विधान है उसके सम्मुख सर झुकाने के अतिरिक्त कोई और चारा रहता नहीं। ''क्र. 78, 112।
80. वार्षिक प्रतिवेदन, महामंत्री, पं. दीनदयाल उपाध्याय, तेरहवाँ अधिवेशन, जालंधर, 30 अप्रैल व 1- 2 मई, 1966, भारतीय जनसंघ, पृ. 27-28।
81. क्र. 80, पृ. 5.
82. क्र. 80, पृ. 32.
83. क्र. 80, पृ. 32.
84. भारतीय जनसंघ, चतुर्थ महानिर्वाचन के संबंध में महामंत्री पं. दीनदयाल उपाध्याय का प्रतिवेदन, भारतीय प्रतिनिधि सभा अधिवेशन, नई दिल्ली 21- 22- 23 अप्रैल, 1967; पृ. 1
85. क्र. 84, पृ. 3
86. क्र. 84, पृ. 8.
87. क्र. 84, पृ. 9.
88. क्र. 84, पृ. 9-10
89. "The Indian Press was almost unanimously of the view that the Jana sangh had benifitted from those by elections." Jhangiani, No.10, p.173.
90. नानाजी देशमुख से भेंटवार्त्ता, दिल्ली, दि. 1 जनवरी, 1984, साक्षात्कार पंजिका, पृ. 26.
91. राजनीति सिंह, 'जब वे चुनाव लड़े', राष्ट्रधर्म, दीनदयाल उपाध्याय स्मृति अंक, जून-जुलाई, 1968, पृ. 43।
92. "Panditji never became a membre of Parliament but all of us who are in Parliament today are there because of panditji." Atal Bihari Vajpayee, Tearful tributes, organiser, Feburary 25, 1968.
93. N.S. Sharma, "When Panditji stayed with us in London", Organiser, March 10, 1968.
94. Dr. S.Y. Tatwawadi, "Some Reminiscences", College of Technology, B.H.U Organiser, 1 May, 1968.
95. दीनदयाल उपाध्याय, 'मेरी विदेश यात्रा', राष्ट्रधर्म, दीनदयाल उपाध्याय स्मृति अंक, जून-जुलाई, 1968; पृ. 87, 106.
96. दीनदयाल उपाध्याय, 'मेरी विदेश यात्रा', पाञ्चजन्य, 30 दिसंबर, 1963, पृ. 24.
97. लखनऊ विश्वविद्यालय दीक्षांत समारोह में दीनदयाल उपाध्याय का भाषण, पाञ्चजन्य, 30 दिसंबर, 1963; पृ. 20.
98. दीनदयाल उपाध्याय, 'स्वयंसेवक किसे कहते हैं?', राष्ट्रधर्म, दीनदयाल उपाध्याय

स्मृति अंक, जून-जुलाई, 1968; पृ.79।

99. क्र. 95, पृ. 87.

100. भारतीय जनसंघ के चौदहवें वार्षिक अधिवेशन के अवसर पर कालीकट (केरल) में दिनांक 28 दिसंबर, 1967 को अध्यक्ष पद से दिया गया पं. दीनदयाल उपाध्याय का भाषण। भारतीय जनसंघ : दिशा बोध, भारतीय जनसंघ प्रकाशन, विट्ठलभाई पटेल भवन, रफी मार्ग, नई दिल्ली, पृ. 53-80.

101. 1 जनवरी, 1984 को दीनदयाल शोध संस्थान में भेंट, साक्षात्कार पंजिका, पृ. 27.

102. यदि बिहार में जनसंघ संविद में शामिल नहीं भी होता तो वहाँ वामपंथी गैर-कांग्रेसी सरकार अस्तित्व में आती, जनसंघ अलग-थलग पड़ जाता।

103. नानाजी देशमुख से द्वितीय भेंटवार्त्ता, दीनदयाल शोध संस्थान, नई दिल्ली, दिनांक 11-10-1984, साक्षात्कार पंजिका, पृ. 78.

104. 27 जनवरी, 1985 को केशव कुंज, झंडेवाला, नई दिल्ली में भानुप्रताप शुक्ल से भेंटवार्त्ता हुई, साक्षात्कार पंजिका, पृ. 92-93.

105. "The Socialist have won is resounding victory but they may lose their leader as the next Jana Sangh Fuehrer." Hindustan Times, 28 May, 1963.

106. 'संयुक्त वक्तव्य' दीनदयाल उपाध्याय एवं डॉ. राममनोहर लोहिया : ''जहाँ तक हिंदुस्तान के मुसलमानों का सवाल है, हमारा यह ध्रुव विचार है कि देश के सभी नागरिकों के समान उनके जानमाल की रक्षा हर हालत में होनी चाहिए। कोई घटना और तर्क ऐसा नहीं, जिसके सामने इस सत्य को झुकना जरूरी हो। जो राज्य अपने नागरिकों और जो नागरिक अपने पड़ोसियों को जीने का अधिकार न दिला सके, वह जंगली है।''

''हमारा मत है कि हिंदुस्तान-पाकिस्तान की पृथकता कृत्रिम है। दोनों सरकारों के संबंध बिगड़ने का एक बड़ा कारण उनकी टूटी दृष्टि और टूटी-फूटी बातचीत है। हम चाहते हैं कि दोनों सरकारें टुकड़े-टुकड़े में बातचीत न करके संपूर्ण बातचीत खुले मन से करें। इससे समस्याओं का निराकरण हो सकेगा और पारस्परिक सद्भावना पैदा होकर, 'हिंद-पाक महासंघ' किसी-न-किसी रूप में बनने का क्रम शुरू हो सकेगा।'' जगदीश प्रसाद माथुर, जनसंघ के मूल विचारक पं. दीनदयाल उपाध्याय, 'प. दीनदयाल उपाध्याय व्यक्ति दर्शन', दीनदयाल शोध संस्थान, नई दिल्ली, पृ. 60-61.

107. सुरेंद्र मोहन से भेंटवार्त्ता, दिल्ली, 31 दिसंबर, 1983; साक्षात्कार पंजिका, पृ. 24 (सुरेंद्र मोहन पुराने समाजवादी कार्यकर्ता, सांसद रहे है, जनता पार्टी के मंत्री रहे है)।

108. डॉ. मुरली मनोहर जोशी, प्राध्यापक प्रयाग विश्वविद्यालय, तत्कालीन भारतीय जनसंघ के उत्तर प्रदेश, प्रादेशिक महामंत्री, जनता पार्टी-राष्ट्रीय महामंत्री, सांसद, संप्रति भारतीय जनता पार्टी के वरिष्ठ नेता, भेंटवार्त्ता दिल्ली, दि. 4 अप्रैल, 1984; साक्षात्कार पंजिका, पृ. 50.

109. दत्तोपंत ठेंगड़ी, भेंटवार्त्ता दिल्ली, दि. 26 जनवरी,1985, साक्षात्कार पंजिका, पृ. 75-76।

□

4

राजनीतिक सक्रियता

दीनदयाल उपाध्याय मुख्यत: एक सामाजिक कार्यकर्ता थे। संगठनों को उन्होंने साधन माना, साध्य नहीं; लेकिन साधनों की सुडौलता के बारे में वे बहुत सावधान थे। अत: जब उन्होंने अपने साध्य को प्राप्त करने के लिए राष्ट्रीय स्वयंसेवक संघ तथा जनसंघ को साधन के नाते चुन लिया तो फिर संघ तथा जनसंघ के संगठन को साध्य के अनुकूल साधन बनाने के निमित्त ही उन्होंने आजीवन साधना की। साधनों के बारे में गंभीरता से ध्यान न देने के कारण अनेक सामाजिक व राजनीतिक कार्यकर्ताओं का जीवन ऐसा बन जाता है कि वे साध्य के आग्रही उपासक होने के नशे में संगठन या साधनभूत सामाजिक संस्थाओं को साध्य प्राप्ति के लिए अयोग्य घोषित कर नित्य संस्थाएँ तथा मंच बदलते रहते हैं। जैसे साधन को साध्यानुकूल बनाना उनका दायित्व न हो। दीनदयाल उपाध्याय अपने साधनभूत संगठनों, राष्ट्रीय स्वयंसेवक संघ तथा जनसंघ, के एकनिष्ठ साधक थे। सांगठनिक अभिनिवेश तथा दलवाद के विरोधी होते हुए भी वे संगठन को व्यावहारिक क्रिया का अनिवार्य साधन मानते थे। अत: जीवन भर उन्होंने विभिन्न संस्थाओं व व्यक्तियों को ध्येयवादी बनाते हुए जनसंघ तथा संघ से जोड़ने का प्रयत्न किया। इस प्रयास के फलस्वरूप एक ऐसा समीकरण बन गया कि व्यक्ति दीनदयाल, संगठन राष्ट्रीय स्वयंसेवक संघ तथा जनसंघ एवं राष्ट्रीय पुनर्निर्माण का साध्य एकाकार हो गए। इन्हीं संगठनों के माध्यम से उन्होंने राष्ट्रीय पुनर्निर्माण में अपना योगदान दिया।

भारतीय राजनीतिक क्षितिज पर जनसंघ के उदय के कुछ मूलभूत कारण थे। देश की भौगोलिक अखंडता तथा सांस्कृतिक राष्ट्रवाद की दृष्टि से उसकी धारणा अन्य दलों से भिन्न थी। अत: जनसंघ ने अपनी स्थापना के प्रथम दिन से ही अखंड भारत को अपना प्रिय उद्घोष बनाया था। वैसे तो संप्रदाय के आधार पर द्विराष्ट्रवाद तथा भारत के विभाजन को भारत

में किसी ने भी स्वीकारा नहीं था; लेकिन सिद्धांततः न स्वीकारते हुए भी व्यवहार में भारत-विभाजन को न टाला जा सकनेवाला तथ्य मानकर अंग्रेजों द्वारा प्रस्तुत, मुसलिम लीग के नेतृत्व में पाकिस्तान राज्य के निर्माण के प्रस्ताव को सभी ने स्वीकार कर लिया था। जनसंघ ने इसको स्वीकार नहीं किया। आजाद हिंदुस्तान में अखंड भारत की आवाज बुलंद करनेवाला एकमात्र स्वर भारतीय जनसंघ का था तथा दीनदयाल उपाध्याय उसके व्याख्याता थे।

1. अखंड भारत

दीनदयाल उपाध्याय के अनुसार, ''अखंड भारत देश की भौगोलिक एकता का ही परिचायक नहीं अपितु जीवन के भारतीय दृष्टिकोण का द्योतक है जो अनेकता में एकता का दर्शन करता है। अतः हमारे लिए अखंड भारत कोई राजनीतिक नारा नहीं है…बल्कि यह तो हमारे संपूर्ण जीवनदर्शन का मूलाधार है।''[1]

अखंड भारत की अवधारणा से संबंधित ऐतिहासिक, भौगोलिक एवं सांस्कृतिक पृष्ठभूमि के विश्लेषणार्थ उपाध्याय ने 'अखंड भारत क्यों?' नाम की पुस्तिका लिखी, जिसमें उन्होंने प्राचीन भारतीय साहित्य को संदर्भित करते हुए भारत में युगों से चली आई उस सांस्कृतिक एवं राजनीतिक परंपरा का उल्लेख किया है जो भौगोलिक भारत को एक एकात्म राष्ट्र के रूप में विकसित करने में समर्थ हुई थी। इस पुस्तिका की सामग्री जहाँ तथ्यान्वेषी है, वहीं भाषा बहुत भावप्रवण है, ''…दिल्ली में हमारे नेता कुमकुम तिलक लगा रहे थे जबकि पंजाब में हमारी माताओं और बहनों की माँग का सिंदूर पुँछ रहा था। 'वंदेमातरम्' का जयघोष करके हम माता के वे हाथ काट चुके थे जिनसे वह हमें आशीर्वाद देती।…दिल्ली के लाल किले पर तिरंगा फहराकर स्वतंत्रता की घोषणा की गई किंतु रावी के जिस तट पर स्वतंत्रता की प्रतिज्ञा दोहराई गई थी वह हमसे छिन चुका था।''[2]

भारत विभाजन के लिए उपाध्याय अपनी पुस्तिका में मुसलिम पृथकत्व की नीति, अंग्रेजों की 'फूट डालो व राज करो' की नीति, कांग्रेस की राष्ट्रीयता की विकृत धारणा व तुष्टीकरण की नीति को जिम्मेदार मानते हैं। 20 दिसंबर, 1887 को दिए गए सर सैयद अहमद के उस भाषण का, जिसमें उन्होंने मुसलमानों को कांग्रेस से तथा हिंदुओं से अलग रहने की सलाह दी थी, उपाध्याय ने सुविस्तृत वर्णन किया है। यह भाषण मुसलिम पृथकतावाद का प्रथम प्रकटीकरण था, जो अलीगढ़ मुसलिम यूनिवर्सिटी, मुसलिम लीग और अंततः पाकिस्तान की माँग के रूप में विकसित हुआ।

कांग्रेस की हिंदू-मुसलिम नीति को तथा मिश्रित संस्कृति के सिद्धांत को परोक्षतः द्विराष्ट्रीयतावादी बताते हुए उपाध्याय निरूपित करते हैं कि मुसलिमों की अलग संस्कृति तथा इस संस्कृति के पोषण के विचार ने तुष्टीकरण को जन्म दिया, राष्ट्रीयता की

अवधारणा को विकृत किया, ''खिलाफत आंदोलन को राष्ट्रीय आंदोलन करार देकर हमने अपनी राष्ट्रीयता को ही कलंकित नहीं किया, बल्कि मुसलमानों के मन में यह धारणा भी उत्पन्न कर दी कि उन्हें राष्ट्रीय बनने के लिए इसलाम के नाम पर प्रचलित भारत-बाह्य प्रवृत्तियों को छोड़ने की जरूरत नहीं है, बल्कि उन पर आग्रह किया तो वे ही भारत की राष्ट्रीयता की अंग बन सकती हैं, फलत: 1923 में काकीनाडा कांग्रेस के अध्यक्ष मोहम्मद अली ने 'वंदेमातरम्' का विरोध किया।''[3]

कांग्रेस की इस प्रवृत्ति ने आम मुसलिम समाज को पृथकतावादी मुसलिम नेतृत्व के पीछे खड़ा कर दिया : ''सन् 1935-36 के चुनावों में यद्यपि मुसलिम लीग को अधिक सफलता नहीं मिली थी, किंतु कांग्रेस सरकार की मुसलिम तुष्टीकरण की नीति का लाभ उठाकर मुसलमानों ने अपना संगठन खूब बढ़ाया। जिन्ना ने कांग्रेस से समझौता करने के लिए पहले 14 सूत्रीय तथा फिर 21 सूत्रीय कार्यक्रम रखा; किंतु समझौता नहीं हुआ। कारण, वे समझौता चाहते नहीं थे। कांग्रेस मंत्रिमंडलों के पदत्याग पर लीग ने 'मुक्ति-दिवस' मनाया तथा लाहौर में सन् 1940 में 'पाकिस्तान' को अपना ध्येय घोषित किया।''

दीनदयाल उपाध्याय यह नहीं मानते कि विभाजन स्वीकार न करने पर भारत आजाद नहीं होता तथा भयानक खून-खराबा होता। उनकी मान्यता है कि ''कांग्रेस के नेता यदि डटे रहते तथा भारत की जनजागृति की मदद करते तो अंग्रेज अखंड भारत को छोड़कर जाते और सत्ता कांग्रेस के ही हाथ में सौंपकर जाते।'' रक्तपात के विषय में उनका मत है : ''भारत विभाजन के पूर्व और पश्चात् के नरमेध में जितनी बलि चढ़ी है उतनी दोनों पिछले महायुद्धों में भी नहीं चढ़ी, फिर लूट, अपहरण और हत्याकांड में मानव का जो जघन्यतम पशुभाव प्रकट हुआ, वह तो युद्ध में कहीं नहीं हुआ।''[4]

विभाजन से हमारी किसी भी समस्या का समाधान नहीं हुआ; बल्कि समस्याएँ और जटिल हुईं। भारत की अंतरराष्ट्रीय शक्ति को न्यून करने में भी पाकिस्तान से हमारा झगड़ा बहुत बड़ी भूमिका अदा कर रहा है। हिंदू-मुसलिम समस्या ज्यों-की-त्यों है। भारत के राजनीतिक दल उसी मिश्रित संस्कृति और राष्ट्रीयता की अवधारणा को अब भी अपना आधार बनाए हुए है। परिणामत: मुसलिम पृथकतावाद आजाद भारत में भी बल ग्रहण कर रहा है तथा उनकी यह अवधारणा पाकिस्तान के अस्तित्व को तार्किक आधार प्रदान करती है। समाधान की दृष्टि से अपनी पुस्तिका के अंत में उपाध्याय कहते हैं, ''वास्तव में भारत को अखंड करने का मार्ग युद्ध नहीं है। युद्ध से भौगोलिक एकता हो सकती है, राष्ट्रीय एकता नहीं। अखंडता भौगोलिक ही नहीं, राष्ट्रीय आदर्श भी है। देश का विभाजन दो राष्ट्रों के सिद्धांत तथा उसके साथ समझौते की प्रवृत्ति से हुआ। अखंड भारत एक राष्ट्र के सिद्धांत पर मन-वचन एवं कर्म से डटे रहने पर सिद्ध होगा। जो मुसलमान आज राष्ट्रीय दृष्टि से पिछड़े हुए हैं वे भी आपके सहयोगी बन सकेंगे,

यदि हम राष्ट्रीयता के साथ समझौते की वृत्ति त्याग दें। आज की परिस्थिति में जो असंभव लगता है वह कालांतर में संभव हो सकता है; किंतु आवश्यकता है कि आदर्श हमारे सम्मुख सदा ही जीवित रहे।''[5]

राष्ट्रीयता के साथ समझौता न करने की अपनी मानसिकता को वे एक अन्य लेख में इस प्रकार अभिव्यक्त करते हैं, ''यदि हम एकता चाहते हैं तो भारतीय राष्ट्रीयता, जो कि हिंदू राष्ट्रीयता है तथा भारतीय संस्कृति, जो कि हिंदू संस्कृति है, उसका दर्शन करें, उसे मानदंड मानकर चलें। भागीरथी की इस पुण्यधारा में सभी प्रवाहों का संगम होने दें। यमुना भी मिलेगी और अपनी सभी कालिमा खोकर गंगा की धवल धारा में एकरूप हो जाएगी।''[6]

अखंड भारत की जिस सैद्धांतिक पृष्ठभूमि में जनसंघ का जन्म हुआ था उसके कारण जनसंघ की आवाज पहले दिन से ही राष्ट्रीय अखंडता एवं पाकिस्तान-विरोध के मुद्दों को मुखरित करनेवाली सिद्ध हुई। आंतरिक मुद्दों में भी जितनी भावात्मकता के साथ जनसंघ ने प्रांतीय, जातीय व भाषिक पृथकतावादों का प्रतिकार किया है उतना अन्य किसी ने नहीं। कोई भी पृथकतावाद किसी समाज की आंतरिक परिस्थितियों में से ही पैदा होता है। इन परिस्थितियों से जनसंघ के लोग सामान्यतः अपने को नहीं जोड़ सके। अतः राष्ट्रवाद के उत्साह में जनसंघ ने उन सभी समुदायों को अपना विरोधी बनाया जो भारतीय परिस्थिति में अपने को किसी-न-किसी कारण से आहत महसूस करते थे अथवा राष्ट्रीयता के अलावा अपनी सामुदायिक पहचान के प्रति आग्रही थे। जनसंघ के इस राष्ट्रवादी आग्रह के पुरोधा दीनदयाल उपाध्याय ही थे। उन्होंने ही एक ऐसा राजनीतिक दल विकसित किया जो सामुदायिक व भौतिक स्वार्थों के आधार पर संगठित अन्य राजनीतिक दलों की तुलना में राष्ट्रीय एकता व अखंडता के मुद्दों को न केवल आंदोलन के विषय बना सका वरन् लोगों को इन मुद्दों पर संगठित कर बलिदान के लिए भी तैयार कर सका।

2. कश्मीर-आंदोलन

भारतीय जनसंघ द्वारा चलाए गए कश्मीर-आंदोलन के प्रसिद्ध तीन नारे थे : एक देश में दो विधान—नहीं चलेंगे।

एक देश में दो प्रधान—नहीं चलेंगे।

एक देश में दो निशान—नहीं चलेंगे।

इसका संचालन मुख्य रूप से जम्मू की प्रजा-परिषद् ने किया। डॉ. मुखर्जी ने बिना अनुमति-पत्र प्राप्त किए कश्मीर में प्रवेश कर कश्मीर को भारत में संपूर्णतः विलयित करवा देने के लिए सत्याग्रह किया तथा अपना बलिदान दे दिया। उपाध्याय उसी वर्ष अर्थात् दिसंबर 1952 में भारतीय जनसंघ के महामंत्री बने थे। उन्होंने कश्मीर आंदोलन

के लिए देश भर से सत्याग्रही जुटाने व संगठन को तद्निमित्त सक्रिय करने में अपनी भूमिका निभाई। कश्मीर प्रसंग पर अपने विचारों को अभिव्यक्त करने के लिए उन्होंने पाञ्चजन्य के कश्मीर अंक में एक लंबा लेख लिखा। दीनदयाल उपाध्याय आजादी व विभाजन के तुरंत पश्चात् कश्मीर पर किए गए पाकिस्तानी आक्रमण के प्रति भारत सरकार की ढिलाई, कश्मीर प्रसंग पर संयुक्त राष्ट्रसंघ को पंच बनाना, कश्मीर के भविष्य के लिए जनमत-संग्रह की बात करना तथा उसे संविधान में अनुच्छेद 370 के माध्यम से विशेष दरजा देना आदि इन विषयों में की गई व्यावहारिक व सैद्धांतिक भूलों की सविस्तार चर्चा करते हुए लिखते हैं—

"कश्मीर पर भारत की स्वाभाविक प्रभुता के अतिरिक्त वहाँ के महाराजा हरिसिंह ने भी विलय-पत्र पर हस्ताक्षर कर दिए। फलत: सभी दृष्टि से वह भारत का अभिन्न अंग बन गया। अत: कश्मीर में होनेवाला आक्रमण भारत पर आक्रमण था···भूल यह रही कि हमने पाकिस्तानी आक्रमण को कश्मीर पर ही आक्रमण माना, भारत पर नहीं।"[7] कश्मीर पर भारत की स्वाभाविक प्रभुता को सिद्ध करने के लिए कश्मीर के सांस्कृतिक इतिहास एवं भारतीय संस्कृति से उसकी ऐतिहासिक संबद्धता का वे बहुत मनोरम ढंग से वर्णन करते हैं। आज पाकिस्तान कश्मीर पर क्यों दावा कर रहा है तथा भारत को वह दावा क्यों नहीं स्वीकारना चाहिए? इसका वर्णन करते हुए उपाध्याय तर्क देते हैं—

"पाकिस्तान के निर्माता इसलाम को राष्ट्रीयता का आधार मानकर चले हैं। इसी आधार पर वे मुसलिम बहुल कश्मीर पर अपना स्वाभाविक अधिकार मानते हैं। जिस दिन वे अपना अधिकार छोड़ देंगे, उनकी नींव खिसक जाएगी।···किंतु भारत द्वि-राष्ट्रवाद के सिद्धांत को न तो आज मानता है तथा न उसने कभी माना था। भारत का विभाजन यदि द्वि-राष्ट्रवाद के आधार पर होता तो फिर यहाँ एक भी मुसलमान नहीं रह पाता।···यदि आज कश्मीर पर केवल इस कारण पाकिस्तान का अधिकार स्वीकार कर ले कि वहाँ मुसलमानों का बहुमत है तो हम अपनी एक राष्ट्रीयता की नींव पर कुठाराघात करेंगे।···हमारे द्वारा जनता की राय जानने की घोषणा करना सैद्धांतिक दृष्टि से गलत था। दुर्भाग्यवश पाकिस्तान आज उसी को पकड़े बैठा है।"[8]

भारत ने एकसंघीय संविधान स्वीकार किया है। अत: राज्यों को कुछ 'स्वायत्त अधिकार' है; किंतु कश्मीर को अलग संविधान की सुविधा का आधार प्रांतीय स्वायत्तता नहीं, वरन् पृथकतावाद है। कश्मीर का प्रस्तावित संविधान किस तरह भारत के संवैधानिक प्रभुता के प्रतिकूल है इसका बहुत विस्तृत वर्णन उपाध्याय अपने इस लेख में एक-एक अनुच्छेद का विश्लेषण करते हुए करते हैं। अपने इस लेख के अंत में वे लिखते हैं, "आज कश्मीर कसौटी बन गया है भारत की पंथनिरपेक्ष राष्ट्रीयता की, नेशनल कांग्रेस के नेताओं की राष्ट्र-निष्ठा की और संयुक्त राष्ट्रसंघ की न्यायप्रियता की।"[9]

संयुक्त राष्ट्रसंघ से तो आज तक भारत को न्याय प्राप्त हुआ नहीं। जवाहरलाल नेहरू ने भी अपने युद्ध-विरोधी अंतरराष्ट्रीय दृष्टिकोण के कारण, पाकिस्तान ने जो कश्मीर का हिस्सा सन् 1947 में ही आक्रमण करके दबा लिया था, जो 'आजाद कश्मीर' के नाम से पुकारा जाता है, को पुन: प्राप्त करने का प्रयत्न नहीं किया। वरन् उन्होंने प्रयत्न किया कि झगड़े को समाप्त करने के लिए युद्धविराम रेखा पर कश्मीर का विभाजन स्वीकार करते हुए पाकिस्तान से कोई समझौता हो जाए, जिसमें सफलता नहीं मिली। इस बात की जब नेहरू ने देश को जानकारी दी तब उपाध्याय ने जनसंघ-महामंत्री के नाते पत्रकार-सम्मेलन आयोजित कर कड़ी प्रतिक्रिया की 'प्रधानमंत्री द्वारा किए गए इस रहस्योद्घाटन के कारण कि उन्होंने एक बार युद्धविराम रेखा पर जम्मू-कश्मीर राज्य का विभाजन स्वीकार करने का प्रस्ताव पाकिस्तान के साथ किया था, तीव्र वेदना हुई। उक्त प्रस्ताव न केवल देश-भक्ति शून्य है, वरन् कूटनीति के विरुद्ध भी है।''[10]

नेहरू की उदारता के कारण भारत के राष्ट्रीय हितों की कई बार उपेक्षा के जो प्रसंग आए उनमें कश्मीर का प्रसंग भारत के लिए नितांत दु:खदायी रहा। भारतीय जनसंघ ने आंदोलनात्मक दबाव डालकर राष्ट्रीय हित में कश्मीर-नीति को नियोजित करने की दृष्टि से महत्त्वपूर्ण भूमिका अदा की। अंतरराष्ट्रीय कूटनीति तथा आंतरिक पृथकतावाद के विषय में जनजागरण करने में उपाध्याय का महती योगदान रहा।

3. गोआ-मुक्ति आंदोलन

यह अपने आप में आश्चर्य की बात है कि संसार भर में उपनिवेशवाद का विरोध करनेवाली भारत सरकार पर, स्वयं भारत की धरती पर स्थापित पांडिचेरी तथा गोआ-दमन-दीव पर फ्रांसीसी तथा पुर्तगाली उपनिवेशवाद के खिलाफ, काररवाई करने के लिए दबाव डालना पड़ा। सन् 1952 के प्रथम कानपुर अधिवेशन में ही दीनदयाल उपाध्याय ने इन बस्तियों को मुक्त करवाने का प्रस्ताव रखा था। इस संदर्भ में 2 मई, 1954 को भारतीय जनसंघ ने देश भर में इस विदेशी उपनिवेशवाद के खिलाफ जनजागरण करने व नेहरू पर दबाव डालने के लिए 'विलय दिवस' का आयोजन किया था। इसी संदर्भ में इंदौर से वक्तव्य जारी करते हुए उपाध्याय ने कहा—

''भारत में फ्रांसीसी बस्तियों के निवासियों ने साम्राज्यवादी जाति से मुक्त होने के लिए एक शांतिपूर्ण संघर्ष प्रारंभ कर दिया है···भारत सरकार को 'ठहरो व देखो' की नीति छोड़कर भारत के विरुद्ध इन बर्बरताओं का अंत करने के लिए एक शक्तिशाली कदम उठाना चाहिए। तत्काल पुलिस काररवाई करने की शीघ्रातिशीघ्र आवश्यकता है।''[11]

9 से 16 दिसंबर, 1954 को भारतीय जनसंघ ने 'गोआ-मुक्ति' सप्ताह का आयोजन किया तथा 15 अप्रैल, 1955 को केंद्रीय कार्यकारी समिति ने भारत सरकार से गोआ-

मुक्ति के लिए पुलिस काररवाई की माँग करते हुए 'गोआ-मुक्ति समिति' का निर्माण किया। देश भर में जनसंघ ने गोआ को पुर्तगाली सालाजार शासन से मुक्त करवाने के लिए व्यापक लोक-जागरण अभियान छेड़ा। 21 जून, 1955 को डॉ. श्यामाप्रसाद मुखर्जी के बलिदान-दिवस के अवसर पर गोआ में जाकर सत्याग्रह करने का निश्चय किया। तदनुसार भारतीय जनसंघ के सचिव जगन्नाथराव जोशी के नेतृत्व में एक सौ एक सत्याग्रहियों ने गोआ में प्रवेश किया। अन्य दलों, विशेषकर समाजवादी दल ने भी, इस सत्याग्रह में भाग लिया; लेकिन कांग्रेस निष्क्रिय बनी रही। उपाध्याय ने पाञ्चजन्य के अपने प्रसिद्ध 'विचार-वीथी' स्तंभ में 'गोआ सत्याग्रह और कांग्रेस' शीर्षक से निबंध लिखा।

"गोआ-मुक्ति आंदोलन गति पकड़ता जा रहा है। भारत के सभी दल सत्याग्रही जत्थे भेज रहे हैं...कांग्रेस ने अभी तय किया है कि वह इस आंदोलन से अलग रहे। इतना ही नहीं, कांग्रेस ने व्यक्तिगत रूप से भी सत्याग्रह में भाग लेने की पाबंदी लगा दी है। अपनी इस नीति के समर्थन में जो-जो भी तर्क दिए गए हैं...उन सबका आधार गोआवासियों को भारतवासियों से अलग मानना है।...यह आंदोलन भारत का है।...कांग्रेस की दृष्टि में गोआ-मुक्ति का आंदोलन उसी स्तर पर है जिस स्तर पर अल्जीरिया और ट्यूनीशिया के मुक्ति आंदोलनों को वह केवल नैतिक समर्थन देकर चुप बैठ जाती है। वास्तविकता यह है कि गोआ-मुक्ति भारत की आजादी को पूरा करने के लिए आवश्यक है।"[12]

सत्याग्रहियों पर गोआ में अमानुषिक अत्याचार हुए। सत्याग्रह बल पकड़ता गया। 15 अगस्त, 1955 को सत्याग्रहियों पर निर्मम गोलीकांड हुआ। भारत सरकार ने सत्याग्रहियों के गोआ प्रवेश पर रोक लगा दी। फिर भी सत्याग्रह जारी रहा।

इसी दौरान बांडुंग में एशियाई देशों का सम्मेलन हुआ। कांग्रेस ने बांडुंग राष्ट्रों से गोआ में चल रहे मुक्ति आंदोलन को समर्थन देने का अनुरोध किया; जबकि बांडुंग सम्मेलन के लिए प्रस्थान करने के पूर्व दीनदयाल उपाध्याय ने पं. नेहरू से बांडुंग में गोआ का प्रश्न उठाने की माँग की थी, जिसको नेहरू ने ठुकरा दिया था। यह एक अजीब स्थिति थी कि प्रधानमंत्री व भारत के प्रतिनिधि के नाते जवाहरलाल नेहरू वहाँ यह सवाल नहीं उठाना चाहते थे लेकिन दलीय स्तर पर प्रस्ताव पारित कर कांग्रेस ने बांडुंग सम्मेलन में आए राष्ट्रों से समर्थन का अनुरोध किया। दीनदयाल ने लिखा, "अ.भा. कांग्रेस कमेटी में इतना साहस होना चाहिए कि वह प्रधानमंत्री को उनकी इस अवहेलना के लिए फटकारती।"[13]

गोआ में मुक्ति आंदोलनों के खिलाफ अमेरिका व ब्रिटेन ने पुर्तगीजों का समर्थन किया; लेकिन भारत में छिड़े सत्याग्रह के कारण स्थिति में परिवर्तन आया। इस प्रसंग पर अंतरराष्ट्रीय परिस्थिति का विश्लेषण उपाध्याय ने इस प्रकार किया—

"...विदेशों में सत्याग्रह की प्रतिक्रिया हुई। विश्व की दृष्टि गोआ की ओर खिंच

गई। अमेरिका और ब्रिटेन के अखबारों ने पुर्तगाली बर्बरता और हिंसा पर लीपापोती करके भारत को दोष देने का प्रयत्न किया।''

''...कुछ लोगों के अनुसार ब्रिटिश मंत्रिमंडल गोआ के प्रश्न को अब अधिक लंबा नहीं होने देना चाहता था। उसके कुछ सदस्य इस बात से भयभीत हैं कि गोआ के कारण भारत में धीरे-धीरे जनतंत्रवादी देशों के प्रति अमैत्रीपूर्ण भाव बल पकड़ता जा रहा है जिसका लाभ रूस को छोड़कर और किसी को नहीं होगा। साथ ही यदि गोआ में आंदोलन जोर पकड़ता गया तो साइप्रस, माल्टा और जिब्राल्टर में भी उसकी प्रतिक्रिया होगी तथा वहाँ से ब्रिटेन को भागना पड़ेगा।''[14]

इस प्रकार गोआ में पुलिस काररवाई के लिए सरकार को बाध्य करने तथा भारत की आजादी को पूर्ण करवाने के लिए भारतीय जनसंघ व दीनदयाल उपाध्याय सत्याग्रहपूर्वक सक्रिय रहे और भारतभूमि से उपनिवेशवाद के ये चिह्न समाप्त हो सके।

4. बेरुबाड़ी हस्तांतरण के खिलाफ जनअभियान

पश्चिम बंगाल, असम तथा त्रिपुरा के साथ लगती भारतीय सीमा के अंकन के विषय में भारत के प्रधानमंत्री जवाहरलाल नेहरू एवं पाकिस्तान के प्रधानमंत्री सर फीरोज खाँ नून के मध्य एक समझौता हुआ, जिसके अनुसार जलपाईगुड़ी जिले के बेरूबाड़ी यूनियन क्षेत्र को पाकिस्तान को सौंपना भारत ने स्वीकार कर लिया। इस प्रश्न की पृष्ठभूमि के बारे में जनसंघ की यह व्याख्या उल्लेखनीय है—

''सन् 1958 में पाकिस्तान कई महीने तक लगातार असम के कूचबिहार जिले तथा त्रिपुरा के सीमावर्ती क्षेत्र में अंधाधुंध गोलीवर्षा करता रहा और उसने असम के तुकेरग्राम तथा त्रिपुरा के लखीमपुर ग्रामों पर कब्जा कर लिया।...इस संबंध में सचिवों के स्तर पर कराची में एक सम्मेलन हुआ जो असफल रहा। बाद में भारत व पाकिस्तान के प्रधानमंत्रियों के बीच वार्त्ता हुई जिसके फलस्वरूप 10 सितंबर, 1958 को नेहरू-नून समझौते का जन्म हुआ।...(समझौते में) तुकेरग्राम तथा लखीमपुर का उल्लेख तक भी नहीं किया गया। उन्हें पाकिस्तान के अवैध अधिकार में रहने दिया गया। यह काफी बुरी बात थी; किंतु प्रधानमंत्री ने इससे भी बुरा काम और किया। उन्होंने पाकिस्तान को ऐसे प्रश्न नए सिरे से खड़े करने की अनुमति दे दी जिनके संबंध में विभाजन के बाद से अब तक कभी विवाद नहीं रहा। इसके अनुसार प. बंगाल के 24-परगना जिले के इच्छामती नदी का तटवर्ती क्षेत्र जलपाईगुड़ी का बेरूबाड़ी यूनियन तथा कूचबिहार के टापुओं का विनिमय निश्चित किया गया जिसके परिणामस्वरूप भारत को क्षेत्रफल का घाटा हुआ।...नेहरू-नून समझौते में इन सभी ब्यौरे की बातों को सरकार द्वारा भारतीय जनता से छिपाकर रखा गया और उनका पता तभी लगा जब पाकिस्तान के प्रधानमंत्री सर

फीरोज खाँ नून ने पाकिस्तान की राष्ट्रीय सभा में इसकी घोषणा की।''[15] प. बंगाल की जनता ने इसका बहुत विरोध किया। जनसंघ ने इसके खिलाफ देशव्यापी आंदोलन प्रारंभ किया। प. बंगाल की विधानसभा तथा विधानपरिषद् ने सर्वसम्मति से इसके खिलाफ प्रस्ताव पारित किया। मुख्यमंत्री विधानचंद्र राय ने विधानसभा में कहा, ''यह समझौता पं. बंगाल की जनता का विश्वास संपादन किए बिना किया गया है।'' जनमत के दबाव में राष्ट्रपति ने बेरूबाड़ी के हस्तांतरण के प्रश्न को सर्वोच्च न्यायालय की सम्मति जानने के लिए प्रेषित किया। सारे मामले पर विचार कर सर्वोच्च न्यायालय ने सर्वसम्मत निर्णय दिया कि ''आज की स्थिति में भारत के किसी भी भूभाग को दूसरे देश को सौंपना असंवैधानिक है।'' इस पर नेहरू ने संविधान में नौवाँ संशोधन विधेयक प्रस्तुत किया। जनसंघ ने लोकसभा के सम्मुख दीनदयाल उपाध्याय के नेतृत्व में विशाल प्रदर्शन की घोषणा की;[16] लेकिन नेहरू ने लोकसभा में अपने बहुमत के बल पर विधेयक पारित करवा लिया। थोड़े ही समय बाद ''चीन ने आक्रमण किया और देश में आपातकालीन स्थिति की घोषणा की गई तथा भारत को अपमानित करने के उद्देश्य से पाकिस्तान ने चीन से गठजोड़ कर लिया। इस नई परिस्थिति में सब लोग आशा करते थे कि अब बेरूबाड़ी को देने का प्रस्ताव समाप्त कर दिया जाएगा। परंतु आश्चर्य है कि हस्तांतरण की कारवाई फिर से प्रारंभ की गई है तथा वहाँ के जनविरोध को लाठीचार्ज तथा भारी गिरफ्तारियों के सहारे से दबाया जा रहा है।''[17]

सरकार के इस व्यवहार से दीनदयाल उपाध्याय बहुत क्षुब्ध हुए तथा उन्होंने नेहरू की आलोचना करते हुए कहा, ''पं. नेहरू कितने भी तानाशाह हो सकते हैं; किंतु हम उन्हें इतना निर्दयी और क्रूर नहीं मानते हैं जो निरंकुश बनने के लिए आवश्यक रहता है। इसके विपरीत उनमें अनेक गुण हैं जिन्होंने उन्हें अत्याचारी होने से रोका है।...आज परिस्थितियाँ ऐसी हो गई हैं कि पं. नेहरू भारत के भाग्यनिर्माता लगने लगे हैं। यह स्थिति जनतंत्र-प्रेमियों, यहाँ तक कि पं. नेहरू के लिए भी अहितकर है।''[18]

उपाध्याय द्वारा नेहरू की उपर्युक्त आलोचना में जहाँ एक क्षोभ है वहीं एक विधायक सौम्यता भी है। हालाँकि बेरूबाड़ी यूनियन को बचाया नहीं जा सका; लेकिन दीनदयाल उपाध्याय तथा भारतीय जनसंघ ने राष्ट्रीय अखंडता के अपने धर्म के अनुकूल आचरण करते हुए उसे राष्ट्रीय बहस का मुद्दा बना दिया। परिणामत: संविधान में संशोधन की नौबत आई तथा भारतभूमि के इस हस्तांतरण के खिलाफ देश भर में लोकमत को संगठित किया जा सका।

5. कच्छ-करार विरोधी विराट प्रदर्शन

कच्छ-करार से लेकर ताशकंद घोषणा (1965-1966) तक की घटनाएँ जवाहरलाल

नेहरू तथा लालबहादुर शास्त्री की प्रतिरक्षा संबंधी नीतियों का अंतर दरशाती है। पाकिस्तान को पहली बार भारत की ओर से सैनिक आक्रमण का जवाब सैनिक प्रत्याक्रमण से दिया गया। उपाध्याय इसका विस्तारपूर्वक ब्यौरा देते हुए अपने प्रतिवेदन में कहते हैं :

''फरवरी (1965) में पाकिस्तानी सीमा पुलिस ने कच्छ के रण में घुसपैठ प्रारंभ कर दी। 17 मार्च को पाकिस्तान के रैंजर्स ने भारतीय सीमा में 1300 गज अंदर आकर कंजरकोट पर कब्जा कर लिया। यह काररवाई बढ़ती गई। 25 मार्च को उन्होंने डिंग पर अधिकार कर लिया, जहाँ भारतीय सीमा पुलिस के थोड़े से सिपाहियों को छह मील पीछे विंगोकोट को हटना पड़ा।...कच्छ में पाकिस्तान और आगे बढ़ा तथा 9 अप्रैल को भारी सेना और तोपों के साथ उसने सरदार चौकी तथा विंगोकोट पर हमला कर दिया। अभी तक भारत सरकार ने सीमा सुरक्षा का भार केवल सीमा पुलिस पर छोड़ रखा था। किंतु देश का जनमत अधिकाधिक क्षुब्ध हो रहा था। फलत: सेना को कच्छ की सुरक्षा का भार सौंपा गया। सेना ने पहुँचकर पाकिस्तानियों को पीछे खदेड़ना प्रारंभ किया। फलत: 14 अप्रैल, 1965 को पाकिस्तान ने युद्धविराम का तथा विवादों को बातचीत से सुलझाने का प्रस्ताव रखा। भारत ने उसे यह कहकर अमान्य कर दिया कि कच्छ के रण का कोई विवाद नहीं है तथा जब तक पाकिस्तान कंजरकोट और भारत की संपूर्ण भूमि को खाली करके पीछे नहीं हट जाता, युद्धविराम नहीं, होगा।

''24 अप्रैल को पाकिस्तान ने भारत की सीमा चौकी प्वाइंट 84 पर आक्रमण कर दिया। इस आक्रमण में उसने अमरीकी टैंकों का भी प्रयोग किया, जो कि अमेरिका से हुई सैन्य शर्तों के विपरीत था। भारत द्वारा अमेरिका की दृष्टि में यह तथ्य लाया गया किंतु अमेरिका ने उस ओर कोई ध्यान नहीं दिया। इससे पाकिस्तान का हौसला बढ़ा और उसने आगे चलकर युद्ध में अमेरिकन शस्त्रों का खुलकर प्रयोग किया।

''जैसे ही भारतीय सेनाओं ने शत्रु के मुकाबले तथा प्रत्याक्रमण के लिए मोर्चाबंदी की, ब्रिटेन के प्रधानमंत्री मध्यस्थता के लिए बीच में कूद पड़े। प्रधानमंत्री शास्त्री ने ब्रिटिश प्रधानमंत्री श्री विल्सन की अपील पर पहले तो व्यवहार में युद्धविराम स्वीकार कर लिया तथा बाद में राष्ट्रमंडल के प्रधानमंत्रियों के सम्मेलन में पाकिस्तान के साथ अनौपचारिक बातचीत के परिणामस्वरूप कच्छ के रण के विवाद को पंच-फैसले के लिए सुपुर्द करने का फैसला कर लिया।''[19] यही भारत व पाकिस्तान के मध्य हुआ कच्छ-करार था। स्वाभाविक रूप से उपाध्याय पाकिस्तान द्वारा हड़पी हुई भूमि को मुक्त करवाने के पूर्व शास्त्री द्वारा युद्धवराम को स्वीकार न करने की घटना को आजाद भारत के प्रतिरक्षा के इतिहास में प्रथम अभिनंदनीय घटना मानते हैं; लेकिन 'कच्छ-करार' से उन्होंने निम्न असहमतियों को व्यक्त करते हुए उसका विरोध किया :

(1) पाकिस्तान को भारतीय क्षेत्र में गश्त लगाने का अधिकार देकर और कच्छ

में अपनी सेना रखने के अधिकार का परित्याग कर भारत की प्रभुसत्ता का उल्लंघन किया गया है।

(2) समझौता पाकिस्तान के इस दावे को मान्य करता है कि कच्छ का रण एक 'विवादास्पद क्षेत्र' है। भारत सरकार अब तक इस दावे को अस्वीकार करती रही है।

(3) कच्छ के प्रश्न को एक अंतरराष्ट्रीय न्यायाधिकरण को सौंपना स्वीकार करके शास्त्री सरकार ने आत्मघाती परंपरा डाली है जो आंतरिक मामलों में विदेशियों को शरारत के लिए खतरनाक अवसर देती है। यह इस समझौते का सबसे बुरा पक्ष है।[20]

इस समझौते के खिलाफ एवं कच्छ के रण में सैनिक विजय के पक्ष में भारतीय जनसंघ ने अभूतपूर्व जनजागरण किया। 16 अगस्त, 1965 को भारत के इतिहास का वृहद्तम राष्ट्रीय प्रदर्शन बच्छराज व्यास व दीनदयाल उपाध्याय के नेतृत्व में संसद् के समक्ष हुआ। भारत ही नहीं, विश्व भर की प्रेस ने इस प्रदर्शन की प्रभावोत्पादकता, अनुशासनप्रियता, विशालता एवं राष्ट्रवादी उत्साह को मान्यता प्रदान की।[21] बी.बी.सी. ने प्रदर्शनकारियों की संख्या अनुमानतः पाँच लाख बताई। भारत के अनेक विरोधी दलों के नेताओं ने इस विशाल रैली को संबोधित किया। इस प्रदर्शन का तात्कालिक परिणाम यह हुआ कि प्रधानमंत्री लालबहादुर शास्त्री ने भारत-पाक विदेशमंत्रियों की 20 अगस्त, 1965 की पूर्व नियत प्रस्तावित बैठक रद्द कर दी। जनसंघ ने अपने प्रस्ताव में कहा, ''यदि जनता इसी प्रकार क्रियाशील तथा जागरूक रही तो कच्छ-समझौता कोरा कागज मात्र बनकर रह जाएगा।''[22]

6. भारत-पाक युद्ध, 1965 व ताशकंद घोषणा

पाकिस्तान के लिए यह नवीन अनुभव था। अब तक वह समझौतों व अंतरराष्ट्रीय दबावों के बल पर सदा लाभ में रहता आया था। 20 अगस्त की बैठक रद्द होने से कच्छ समझौता व्यावहारिक अर्थों में बेकार हो गया था। पाकिस्तान ने कश्मीर में बड़े पैमाने पर घुसपैठिए भेजकर आंतरिक विद्रोह करवाने का प्रयत्न किया; लेकिन भारतीय सेना ने उसे भी विफल करते हुए पाक अधिकृत कश्मीर के उन हिस्सों पर कब्जा कर लिया जहाँ से घुसपैठिए भारतीय क्षेत्र में प्रवेश करते थे। 25 अगस्त को भारतीय सेनाओं ने घुसपैठियों के सब मार्ग रोक दिए। उसने युद्धविराम रेखा को पार कर कारगिल चोटी व हाजीपीर दर्रे पर अधिकार कर लिया।

1 सितंबर, 1965 को पाकिस्तान ने छंब सीमा पर टैंकों और तोपों के साथ भारी सेना लेकर आक्रमण कर दिया। अब यह स्पष्ट हो गया कि पाकिस्तान बड़ी लड़ाई की

तैयारी कर रहा था। 5 सितंबर को पाकिस्तान ने अमृतसर पर हवाई हमला किया। 6 सितंबर को भारतीय सेनाएँ लाहौर और स्यालकोट की ओर बढ़ीं। इन सब घटनाओं का 'आँखों देखा हाल' सरीखा वर्णन करते हुए उपाध्याय ने कहा, "जनसंघ जिस रणनीति की माँग कर रहा था, उसका उस दिन आरंभ हुआ।"[23]

6 सितंबर को लालबहादुर शास्त्री ने सर्वदलीय बैठक बुलाई जिसमें दीनदयाल उपाध्याय व सरसंघचालक मा.स. गोलवलकर को भी आमंत्रित किया गया था। जनसंघ तथा संघ ने युद्ध प्रयत्नों के साथ अपने आपको एकरूप कर लिया था। उन्होंने सरकार को हर प्रकार के सहयोग का विश्वास दिलाया। युद्ध के इन दिनों का वर्णन दीनदयाल उपाध्याय बहुत आनंद एवं गौरवपूर्ण शब्दों में इस प्रकार से करते हैं—

"पाकिस्तान के साथ युद्ध का, 22 दिन का, स्वातंत्र्योत्तर भारत के इतिहास में एक गौरवपूर्ण अध्याय है। भारतीय शासन ने एक साहसपूर्ण पग उठाने का निर्णय लिया। सेना और जनता, सबने अत्यंत ही उत्साह, लगन, धैर्य, कुशलता और वीरतापूर्वक उस निर्णय को कार्यान्वित किया। इस अवसर पर देश को अपनी शक्ति व कमजोरियों का ज्ञान हुआ। शत्रु और मित्र का पता चला। स्वाभिमान और स्वावलंबन जागा। स्वप्नलोक से उतरकर ठोस जमीन पर चलने और दूर की मंजिल तय करने की महत्त्वाकांक्षा जागी। भारतीय जनसंघ की विचारधारा देश की विचारधारा बन गई।"[24]

संयुक्त राष्ट्रसंघ ने शांति के नाम पर युद्ध बंद करने की माँग की; लेकिन भारत ने अपनी भूमि पर पाकिस्तानी आक्रमण के बने रहते हुए युद्धविराम से इनकार कर दिया। सन् 1949 में भी संयुक्त राष्ट्रसंघ के आग्रह पर ही भारत ने युद्धविराम किया था; लेकिन 16 वर्षों तक भारत की भूमि को पाकिस्तान ने दबाए रखा, संयुक्त राष्ट्रसंघ ने कुछ नहीं किया। भारतीय जनसंघ ने 'गुलाम कश्मीर' को पूरी तौर पर मुक्त करवाए बिना युद्धविराम स्वीकार न किया जाए, इसके लिए जन-दबाव को मुखरित बनाए रखा। देश में एक यौद्धिक जोश परिव्याप्त हो चुका था।

17 सितंबर, 1965 को रूस के प्रधानमंत्री के आग्रह पर युद्धविराम की घोषणा तथा ताशकंद में सोवियत रूस की मध्यस्थता में भारत के प्रधानमंत्री व पाकिस्तान के राष्ट्रपति का शिखर सम्मेलन तय हुआ। दीनदयाल उपाध्याय ने इस घोषणा का विरोध किया। मा.स. गोलवलकर ने 'श्री शास्त्री ताशकंद न जावें', इसका देश भर की सभाओं में बोलते हुए बार-बार आग्रह किया। लेकिन जो होना था, वह टाला न जा सका। 10 जनवरी, 1966 को ताशकंद घोषणा पर भारत के प्रधानमंत्री लालबहादुर शास्त्री तथा पाकिस्तान के राष्ट्रपति मुहम्मद अयूब खाँ के हस्ताक्षर हुए तथा उसी रात को प्रधानमंत्री शास्त्री का रहस्यपूर्ण ढंग से हृदयगति रुक कर देहावसान हो गया। घोषणा में यह लिखा गया था—

"भारत के प्रधानमंत्री और पाकिस्तान के राष्ट्रपति सहमत हुए कि दोनों देशों के

सब सशस्त्र सैनिक 5 अगस्त, 1965 से पूर्व की स्थिति में वापस चले जाएँगे और यह वापसी का कार्य 25 फरवरी, 1966 के बाद नहीं होगा (अर्थात इसके पूर्व हटाया जाएगा) एवं दोनों पक्ष युद्धविराम रेखा पर युद्धविराम की शर्तों का पालन करेंगे।''[25]

अर्थात् कश्मीर के जिस भारतीय भूभाग को इस युद्ध के दौरान मुक्त करवाया गया था, भारत उस भू-भाग को पुनः पाकिस्तान के हवाले कर देगा। शास्त्री यदि जीवित भारत आते तो संभवतः भारतीय जनसंघ उनका काले झंडों से स्वागत करता; लेकिन उनके बलिदान से स्थिति बदल गई। उपाध्याय ने ताशकंद-घोषणा के खिलाफ 'विश्वासघात' नामक पुस्तक लिखी। ताशकंद-घोषणा को अस्वीकार करने की माँग की। उपाध्याय इस बात से दुःखी थे कि इतने बलिदान व राष्ट्रीय उत्साह के बावजूद भारतभूमि से पाकिस्तान का आक्रमण समाप्त नहीं किया जा सका। युद्धकाल में जिन लालबहादुर शास्त्री को दीनदयाल उपाध्याय ने 'राष्ट्रनायक' का गौरवपूर्ण स्थान प्रदान किया था, ताशकंद-घोषणा के बाद उन शास्त्री के प्रिय नारे 'जय जवान-जय किसान' के संदर्भ में वे कहते हैं :

''जय जवान' का नारा हम ताशकंद में भूल गए और अमरीकी गेहूँ मिलते ही 'जय किसान' भी भूल गए। यह प्रवृत्ति अच्छी नहीं है। कोई भी विदेशी सहायता बिना किसी शर्त के नहीं मिलती।''[26]

7. राष्ट्रवादी विदेश नीति

दीनदयाल उपाध्याय स्वभावतः ही सैद्धांतिक व्यक्ति थे; लेकिन विदेश नीति के क्षेत्र में वे ज्यादा सिद्धांतशास्त्र में विश्वास नहीं करते थे। वहाँ विशुद्ध व्यावहारिकता ही उनका सिद्धांत था। उनकी दृष्टि में विदेश नीति का एक ही आधार होता है और वह है 'राष्ट्रीय हित'। स्वयं उनके शब्दों में, ''भारतीय जनसंघ का विश्वास है कि किसी भी देश की परराष्ट्र नीति, राष्ट्र के प्रकट स्वार्थ की सिद्धि के एकमेव उद्देश्य से ही तैयार की जानी चाहिए। उसे यथार्थवादी होना चाहिए और उसे विश्व की पार्थिव प्रकृति को ध्यान में रखना चाहिए।''[27]

इसीलिए उपाध्याय न तो किसी प्रकार के काल्पनिक सिद्धांतवाद को किसी देश की शत्रु-मित्रता से जोड़ते हैं तथा न ही किसी देश को स्थायी शत्रु या मित्र मानते हैं। अंतरराष्ट्रीय राजनीति में प्रचलित शब्दों 'जनतंत्रवाद या स्वतंत्र विश्व', 'साम्राज्यवाद या उपनिवेशवाद विरोध', 'सामाजिक न्याय की प्रस्थापना एवं क्रांतिवादी विश्वदृष्टि' तथा 'गुटनिरपेक्षवाद एवं तृतीय विश्व की एकता', इन सबको वे निरर्थक नारे एवं बड़े राष्ट्रों की राष्ट्रीय स्वार्थपरता के आवरण मात्र मानते हैं। इनमें से किसी 'शब्दमंत्र' के साथ बँधकर विदेश नीति का संयोजन नहीं किया जा सकता।

कोई देश हमारी मित्रता पाने का हकदार उपर्युक्त सिद्धांतों की घोषणा से नहीं होता वरन् हमारे राष्ट्रीय हितों के साथ सहकारी होने से होता है। दीनदयाल उपाध्याय का मत है कि जब पाकिस्तान के खिलाफ अरब देश भारत का साथ नहीं देते, तो वे इस्राइल के खिलाफ भारत की मित्रता प्राप्त करने के हकदार नहीं हैं। इस्राइल के साथ हमारी मित्रता का निर्णय पश्चिम एशिया की तथाकथित न्याय अथवा अन्यायसंगत स्थिति नहीं करेगी वरन् यदि इस्राइल अंतरराष्ट्रीय जगत् में हमारे हितों का साथी बनता है, तो वह हमारे मैत्री संबंधों का हकदार होगा।

(क) नए शक्तिगुट की आवश्यकता : सामान्यत: दीनदयाल उपाध्याय भारत की गुट-निरपेक्ष नीति के समर्थक हैं; किंतु वे उसे न तो अपरिवर्तनीय सिद्धांत मानते हैं, न विश्व राजनीति के दो गुटों के विभाजन को स्थायी मानते हैं। चीनी आक्रमण के बाद विदेश नीति के संदर्भ में उन्होंने अपना मत रखा, ''जहाँ तक दोनों विश्वगुटों से अलग रहने का प्रश्न है, हमें यह समझ लेना चाहिए कि अब स्थिति बहुत बदल गई है, और विश्व केवल अब दो गुटों में ही विभक्त नहीं है। अब कई नए गुटों के केंद्र पैदा हो गए हैं। दिल्ली और पेकिंग ऐसे दो सजीव केंद्र हैं। पेकिंग अब विस्तारवाद की स्वतंत्र नीति पर चल रहा है। कम्युनिस्ट चीन के संकट को रोकने और उसे पीछे धकेलने के लिए राष्ट्रों के एक नए मोरचे की आवश्यकता है, हमें स्वरक्षा के लिए मित्र-संचय करना होगा।''[28]

इस नए मोरचे के स्वरूप को स्पष्ट करने का प्रयत्न करते हुए उन्होंने कहा, ''…इस नए (मोरचे) में हम निश्चय ही पश्चिमी विश्व के साथ रह सकते हैं; क्योंकि इन देशों ने हमारी मदद करने की इच्छा प्रकट की है। इसके अलावा एशिया के कुछ गुट-मुक्त देशों को, जिन्हें चीन के विस्तारवादी खतरे का अहसास करवाया जा सकता है और कुछ साम्यवादी देशों को भी, यदि वे चीन के आक्रमण की निंदा करें, नए संघ में शामिल कर सकते हैं। अगर नाजी जर्मनी को पराजित करने के लिए जनतांत्रिक पश्चिम और साम्यवादी रूस हाथ मिला सकते हैं, तो हम उपर्युक्त संघ की कल्पना को केवल एक 'सुनहला सपना' कहकर रद्द नहीं कर सकते। इस प्रकार नए मित्र देश और नए तटस्थ देश दृष्टिगत होने लगेंगे।''[29]

अपने इस नवीन संघ का ताना-बाना दीनदयाल उपाध्याय चीन के साथ हुई अपनी शत्रुता के इर्द-गिर्द ही बुनते हैं। शायद अंतरराष्ट्रीय राजनीति इतने अस्थायी तत्त्व के आधार पर, कोई दीर्घकालिक नीति के प्रणयन की अनुमति किसी को नहीं देती। लेकिन उपाध्याय ने घोषित किया कि चीन और पाकिस्तान हमारे प्राकृत शत्रु हैं। इन दोनों के खिलाफ समान मित्र खोज पाना वास्तव में कठिन कार्य है। उपाध्याय के नवीन संघ की प्रथम खुशफहमी कि ''पश्चिमी विश्व के लोगों ने हमारी मदद करने की इच्छा प्रकट की है'', पाकिस्तान के संदर्भ में टिक नहीं पाती है। चाहे कश्मीर का प्रसंग हो, बेरूबाड़ी

हो, कच्छ-रण हो, फ्रेंच व पुर्तगीज बस्तियाँ हों, या फिर भारत पर पाकिस्तानी आक्रमण हो, आंग्ल-अमेरिकी गुट भारत का विरोधी रहा है। उन दिनों इस गुट के साम्राज्यवाद व उपनिवेशवादिता को स्वयं दीनदयाल उपाध्याय ने प्रखरतापूर्वक आड़े हाथों लिया था। उन्होंने भारत के रूसी झुकाव के लिए अमेरिका को दोषी माना था। अमेरीकी दुर्व्यवहार तथा भारत की विश्वशांति की नीति के विषय में वे कहते हैं…, "यदि भारत किसी पक्ष (गुट) के साथ हो जाए तो विश्व को युद्ध की ज्वालाओं से अलग रख पाना असंभव हो जाएगा; किंतु भारत को अपनी तटस्थता बनाए रखना असंभव हो रहा है। आंग्ल-अमेरिकन गुट हमें निरंतर रूसी गुट में ढकेलता जा रहा है, जिसमें हम जाना नहीं चाहते।…एक गुलाम की (पाकिस्तान की) पीठ ठोकने के चक्कर में अमेरिका अपने अत्यंत निकट मित्र से हाथ धो रहा है।"[30]

(ख) साम्यवाद और साम्राज्यवाद : दीनदयाल उपाध्याय अंतरराष्ट्रीय साम्यवाद के सख्त खिलाफ रहे हैं। अतः सोवियत रूस को उन्होंने कभी विश्वस्त मित्र नहीं माना। उसकी अधिनायकवादी प्रवृत्ति के वे प्रखरतम विरोधी रहे। इस कारण कभी-कभी यह भ्रांति उत्पन्न होती थी कि शायद वे सोवियत रूस की तुलना में अमेरिका के कुछ निकट हों; लेकिन इस संदर्भ में उपाध्याय ने अपने प्रखर राष्ट्रवाद को कहीं डिगने नहीं दिया। ऐसे भी प्रसंग आए जब दल में ही कुछ लोगों ने अमेरिका के समर्थन का प्रयत्न किया; लेकिन उन्होंने इसका कड़ाई के साथ विरोध करते हुए कहा, 'अमेरिका जनतंत्रवादी नहीं, साम्राज्यवादी है'। रूसी अधिनायकवाद तथा अमेरीकी साम्राज्यवाद से सदैव बराबर दूरी बनाए रखने के हिसाब से उन्होंने भारतीय जनसंघ की विदेश नीति को प्रणीत किया।

(ग) अंतरराष्ट्रीयतावाद : वे विदेश नीति के संदर्भ में पं. नेहरू के अंतरराष्ट्रीयतावाद एवं रूसी झुकाव दोनों को गलत मानते थे। नेहरू ने अंतरराष्ट्रीयतावाद पर राष्ट्रीय हितों का बलिदान किया। अंतरराष्ट्रीयतावाद के चक्कर में वे दुनिया भर की समस्याओं को उठाते थे; किंतु कोई दुनिया में उन्हें राष्ट्रवादी न कह दे, इस भय से राष्ट्रीय समस्याओं की अवहेलना करते थे। उदाहरणार्थ, जब "बेरूबाड़ी की बारह हजार जनता को एक विदेशी शक्ति की दया पर सौंपे जाने तथा एक निरंकुश शासन के हाथों प्रदंडित किए जाने एवं अत्यंत कष्टों के हवाले किए जाने" से अपनी रक्षा के लिए नेहरू की सरकार व सांसदों को बेरूबाड़ी का जन-शिष्टमंडल, स्मरण-पत्र प्रस्तुत कर रहा था, तब उसकी उपेक्षा करते हुए कांग्रेस के करीब सौ सांसद "कांगों के प्रधानमंत्री श्री लुमुम्बा को अविलंब मुक्ति दिलवाने के लिए राष्ट्रसंघ को अपील जारी कर रहे थे।[31] नेहरू दुनिया भर के उपनिवेशवाद के खिलाफ भाषण करते थे; किंतु भारत की फ्रेंच व पुर्तगीज बस्तियों के खिलाफ, उनके द्वारा हस्ताक्षरित किसी भी राष्ट्राध्यक्ष के साथ जारी संयुक्त विज्ञप्ति में, एक शब्द भी नहीं बोला गया। एशियाई सम्मेलनों में उन्होंने कभी गोआ-

मुक्ति का मुद्दा नहीं उठाया।'' दीनदयाल उपाध्याय लिखते हैं, ''श्री नेहरू की अंतरराष्ट्रीय छवि को दुनिया का कोई अखबार धूमिल न करे, इस दृष्टि से कांग्रेस सरकार की विदेश नीति तय होती थी।

''...हमारी सरकार की नीति देश के किसी व्यक्ति द्वारा नहीं, बल्कि अन्य देशों के अग्रलेख-लेखकों द्वारा तय की जाती है। जनता के हाथ में सार्वभौम सत्ता निहित नहीं है; बल्कि 'मैंचेस्टर गार्जियन' और अमेरिकन 'टाइम' के हाथों में निहित है। विदेशी प्रभावों के प्रति यह अतिसंवेदनशीलता केवल मानसिक गुलामी की स्थिति की द्योतक है जो स्वतंत्रता प्राप्ति के बाद अब तक बनी हुई है।''[32]

(घ) पाकिस्तान व चीन के प्रति दृष्टिकोण : दीनदयाल उपाध्याय अफ्रो-एशियाई जगत् में उपनिवेशवाद समाप्त हो, इसके पक्ष में थे तथा ये देश संगठित हों, यह भी चाहते थे। परंतु इस बात पर बल देते थे कि दक्षिण एशिया के देश, जो भारत के सांस्कृतिक सहोदर हैं, उनकी एकता के लिए प्राथमिकतापूर्वक प्रयत्न किया जाना चाहिए, जिसकी उपेक्षा हुई है। भूटान, नेपाल, बर्मा, जावा, सुमात्रा, बोर्नियो, बाली द्वीप समूह, श्रीलंका आदि को संगठित कर नेतृत्व प्रदान करना भारत की नेतृत्वाकांक्षा की संपूर्ति के लिए व्यावहारिक आधार प्रदान कर सकते हैं, ऐसी उनकी मान्यता थी।

पाकिस्तान के प्रति तुष्टीकरण की नीति की बजाय 'शठे शाठ्यम् समाचरेत्' अर्थात् 'जैसे को तैसा' की नीति अपनानी चाहिए तथा चीन के मुकाबले समानांतर शक्तिकेंद्र बनना चाहिए। उनके मतानुरूप तिब्बत की स्वाधीनता की बलि चढ़ाना सैद्धांतिक दृष्टि से अन्यायपूर्ण था, कूटनीतिक दृष्टि से भी भारत का व्यवहार अनीतिपूर्ण था।

परराष्ट्र नीति व प्रतिरक्षा नीति को उपाध्याय पूरक मानते हैं। परराष्ट्र नीति प्रतिरक्षा नीति का विकल्प नहीं है। भारत की सबसे बड़ी भूल यह रही कि उसने शांतिवादी परराष्ट्र नीति की दार्शनिकता में प्रतिरक्षा नीति की उपेक्षा की, ''अगर हमने प्रतिरक्षा के लिए पर्याप्त तैयारी नहीं की तो उसमें पर राष्ट्र नीति का कुसूर नहीं है।''[33] परराष्ट्र नीति चाहे जो हो, प्रतिरक्षा की पूरी तैयारी रहनी ही चाहिए।

विदेश नीति पर दीनदयाल उपाध्याय के चिंतन में एक प्रकार की अराजकता व तात्कालिकता दृष्टिगत होती है। उसमें क्रमबद्धता स्थापित करना कठिन कार्य है। शायद इसके प्रमुख कारण दो हैं। एक है उनका मूलतः राष्ट्रवादी होना तथा दूसरा है प्रधानमंत्री नेहरू की विदेश नीति व अंतरराष्ट्रीयता पर बहुत जोर देना। परिणामतः एक विरोधी नेता के नाते अतिआदर्शवादी विदेश नीति को राष्ट्रीय हितों की ओर उन्मुख करने के लिए सरकार पर दबाव डालने का जो कर्तव्य उन्हें पूर्ण करना था, इस कारण वे इतने व्यावहारिक हो गए कि अंतरराष्ट्रीय राजनीति के सैद्धांतिक पक्ष की उनके द्वारा अवहेलना हो गई। फिर भी उनकी विदेश नीति के जो व्यावहारिक सूत्र बनते हैं, उन्हें निम्न प्रकार सूचीबद्ध

किया जा सकता है—

(1) विदेश नीति का नियामक सिद्धांत 'राष्ट्रहित' है।

(2) भारतीय परिस्थिति में पाकिस्तान व चीन 'प्राकृत शत्रु' है।

(3) राष्ट्रीय हितों में सहयोगी मित्र तथा असहयोगी शत्रु होते हैं।

(4) निर्गुटनीति के साथ ही भारतीय नेतृत्व में 'नवीन मोरचे' का गठन होना चाहिए।

(5) प्रतिरक्षा की पूरक परराष्ट्र नीति चाहिए।

(6) सोवियत रूस अधिनायकवादी तथा अमेरिका साम्राज्यवादी है। दोनों अमित्र हैं।

यहाँ यह भी उल्लेखनीय है कि चीन से भारत की पराजय के बाद भारत ने अपनी विदेश नीति में सुरक्षा को महत्त्वपूर्ण स्थान देना प्रारंभ कर दिया। यह परिवर्तन दीनदयाल उपाध्याय की दृष्टि के अनुकूल था। यह बात उनके सुरक्षानीति संबंधी विचारों से और भी स्पष्ट हो जाती है।

8. आधारभूत सुरक्षानीति

दीनदयाल उपाध्याय सुरक्षानीति को परराष्ट्र व स्वराष्ट्रनीति का पूरक मानते हैं तथा देश की आधारभूत नीति मानते हैं, जिसके लिए सब कुछ बलिदान किया जा सकता है। जनसंघ एकमात्र दल है जो सुरक्षा के विषय में सर्वाधिक मुखर रहा है। उसने सन् 1957 के अपने घोषणापत्र में लिखा था—

"भारत का उत्तरी सीमांत सुरक्षित नहीं है। भारत के शांतिपूर्ण दृष्टिकोण की उपेक्षा करके चीन ने तिब्बत की स्वाधीनता को नष्ट कर उसे गुलाम बना लिया है जो सह-अस्तित्व की नीति के विरुद्ध है। नेपाल से संधि करते समय चीन ने भारत की विशेष स्थिति को ध्यान में नहीं रखा है। इसी भाँति चीनी नक्शों में भारतीय क्षेत्र को दिखाना··· बर्मा में चीनी सेनाओं के प्रवेश और दक्षिण-पूर्वी एशिया के छोटे-छोटे देशों में चीनियों की जो गतिविधियाँ चल रही हैं, उसकी ओर से भारत को सतर्क रहना चाहिए। वे दुःख व्यक्त करते हैं कि "आज जबकि हमारी सीमाएँ असुरक्षित हैं, और आक्रमण जारी है, तब राष्ट्र की सुरक्षा के प्रश्न पर कोई भी मौन नहीं रह सकता। पर यह दुःख की बात है कि विभिन्न राजनीतिक दलों ने इन प्रश्नों को अपने चुनाव-घोषणापत्रों में अधिक महत्त्व नहीं दिया है।"[34]

सन् 1962 व 1967 के महानिर्वाचन में जनसंघ को जो सफलता मिली तथा जवाहरलाल नेहरू तथा भारत के अन्य दलों को जनसंघ कटघरे में खड़ा कर सका, इसका बहुत बड़ा श्रेय उसकी सुरक्षानीति को है। पाकिस्तान व चीन के साथ व्यवहार

करते हुए भारत के लगभग सभी राजनीतिक दलों ने देश की सुरक्षा को उपेक्षित किया। सन् 1962 व 1965 के युद्धों में देश को उसकी कीमत चुकानी पड़ी। जनसंघ द्वारा दी गई चेतावनियाँ सही निकलीं।

9. सैनिकीकरण तथा अणुबम

सुरक्षा की दृष्टि से उपाध्याय इसी उक्ति के नीतितः समर्थक हैं कि 'प्रहारात्मक सिद्धता ही श्रेष्ठ सुरक्षा व्यवस्था है।' अतः उनका मत था 'राष्ट्र का सैनिकीकरण तथा सेना का आधुनिकीकरण करो।' एक विषय, जिसमें उन्हें पाश्चात्य आधुनिक तकनीक को अपनाने में परहेज नहीं था, वह था 'सेना का आधुनिकीकरण'। अन्यथा अर्थनीति, समाजनीति, शिक्षानीति व राजनीतिक व्यवस्था, इन सभी में वे पाश्चात्य आधुनिकता को या तो स्वीकार नहीं करते हैं या फिर बहुत सारी शर्तें लगा देते हैं। लेकिन सुरक्षा के विषय में सेना को आधुनिकतम शस्त्र व तकनीक से सन्नद्ध रखने के वे प्रबल हिमायती थे। आवश्यकता पड़ने पर देश का हर नौजवान सैनिक बन सके, अतः वे अनिवार्य सैनिक शिक्षा तथा सैनिक भरती के भी पक्षधर थे। केवल युद्धकाल में 'होमगार्ड्स' आदि के प्रशिक्षण के स्थान पर निरंतर सैनिक शिक्षा उन्हें अभिप्रेत थी।

अणुबम बनाने के विषय में भी दीनदयाल उपाध्याय व्यावहारिक बनना चाहते थे। वे इसे सैद्धांतिक व दार्शनिक भूल-भुलैया में नहीं डालना चाहते। वे मानते हैं कि आज की तथाकथित विश्व-शक्तियाँ अपने तत्त्वज्ञान के बल पर नहीं वरन् 'अणु-शक्ति' के बल पर दुनिया का नेतृत्व कर रही है। चीन के अणुबम ने विश्व राजनीति में उसकी महत्ता की अभिवृद्धि की है। वे कहते हैं, "हमारी विदेश नीति के कारण हमारे सभी पड़ोसी और हितचिंतक देश हमसे दूर होते जा रहे हैं। ब्रिटेन में मजदूर दल शासन में आया, आते ही उसने चीन से व्यापार बढ़ाने का निश्चय किया।"[35] उपाध्याय मानते हैं कि यह केवल आर्थिक आधारों पर नहीं हुआ। राजनीतिक व सैनिक शक्तिमत्ता का यह परोक्ष परिणाम है।

उनका मत है कि हमारे अणुबम से न तो विश्वशांति को खतरा है तथा न ही हम विश्वशांति के ठेकेदार हैं, "विश्व को नष्ट करने के लिए जितने परमाणु बमों की आवश्यकता है, अमेरिका और रूस के पास उससे कहीं अधिक मात्रा में बम हैं; किंतु अभी तक युद्ध नहीं हुआ। अतः कांग्रेस सरकार विश्वशांति का भार भगवान् पर छोड़कर परमाणु निर्माण कार्य प्रारंभ करे।"[36]

उपाध्याय मानते हैं कि 'युद्धविरामों' तथा 'समझौतों' की नीतियों ने देश की सुरक्षा को अनिश्चित व शत्रुओं को उत्साहित किया है। अतः 'युद्ध! अंतिम विजय तक युद्ध!!' यही विचार प्रत्येक भारतीय के मन में हो, और इस दृष्टि से देश की सभी नीतियाँ बनें,

यही संक्षेप में युद्धप्रयासों की सफलता की कुंजी है।[37]

10. स्वराष्ट्र नीति व अर्थनीति

दीनदयाल उपाध्याय स्वराष्ट्रनीति व अर्थनीति को सुरक्षानीति का पूरक बनाने के हिमायती हैं। वे स्थायी 'राष्ट्रीय सुरक्षा परिषद्' के निर्माण की माँग करते हैं तथा चाहते हैं कि सुरक्षा योजना को पंचवर्षीय योजना[38] का अंग बनाना चाहिए। पंचवर्षीय योजनाएँ जब केवल विकास के नाते नियोजित होती हैं तो वे एकांगी होती है। विकास व सुरक्षा की सम्मिलित योजना ही हमें अपने लक्ष्यों को प्राप्त करवा सकती है। हमने इस संदर्भ में उपेक्षा बरती है। अत: हम चीन के आक्रमण का सामना सहज ही नहीं कर सके। उपाध्याय ने सन् 1963 में प्रकाशित पाञ्चजन्य के युद्ध अंक में 'युद्धकालीन अर्थनीति' विषय पर एक लंबा लेख लिखा।[39]

उपाध्याय की 'नित्य युद्धसिद्ध' तथा 'प्रहारक' सुरक्षानीति उनके विरोधियों को उन्हें 'युद्धलोलुप' तथा 'फासिस्ट मनोवृत्ति' का बताने का अवसर देती है; लेकिन दीनदयाल उपाध्याय 'शांतिवादी' तथा 'अंतरराष्ट्रीयतावादी' होने का प्रमाण-पत्र प्राप्त करने के लिए देश की सुरक्षा को शिथिल बनानेवालों को राष्ट्रीय एकता, अखंडता व स्वाभिमान के प्रति अपराधी मानते हैं। वे किसी की खुशी व नाराजगी की चिंता कर सुरक्षा नियोजन करना न केवल गलत मानते हैं वरन् इस प्रकार के चिंतन को वे राष्ट्रीय सार्वभौमिकता पर आघात भी मानते हैं।[40]

11. राज्य पुनर्गठन

पं. दीनदयाल उपाध्याय मूलत: संघात्मक संविधान व्यवस्था के ही खिलाफ थे; वे चाहते थे कि भारत में विकेंद्रीकृत एकात्मक शासन की व्यवस्था की जाए। संघात्मक ढाँचे को स्वीकार करने के कारण यह दायित्व हमें ओढ़ना पड़ा कि हम संघ के सदस्यभूत 'राज्यों' का निर्माण करें। भाषावार राज्य-रचना को सिद्धांतत: स्वीकार किया गया; इस कारण अनेक कठिनाइयाँ आईं। संघवाद व भाषा को राज्यरचना का आधार मानने की आलोचना करते हुए उपाध्याय लिखते हैं कि "एक प्रशासनिक इकाई के निर्माण में जिन तत्त्वों का महत्त्व है उनमें 'भाषा' भी एक है; किंतु यह नहीं माना जा सकता कि वह एकमेव कसौटी है। भाषा का प्रशासन में विशेषकर प्रजातंत्रीय प्रशासन में महत्त्वपूर्ण स्थान है इसलिए सामान्यत: भाषाई सीमाएँ ही प्रदेशों की सीमा बन गई है किंतु कुछ लोग भाषा का इतना अतिरेकी एवं एकात्मक विचार करते रहे हैं कि उससे 'उपराष्ट्रवाद' की बू आने लगती है; जनसंघ उसे उचित नहीं समझता।"[41] अत: उन्होंने माँग की कि "एक कमीशन बैठाया जाए जो प्रांतों की पुनर्रचना करे। यह कहना कि प्रांतों की भाषा अलग-अलग है व संस्कृति भिन्न-भिन्न है, एक सैद्धांतिक भूल है।"[42] साथ ही उपाध्याय

को प्रादेशिक इकाइयों को 'राज्य' कहने में भी आपत्ति है। उनकी मान्यता है कि भारत एक 'राज्य' है, अनेक राज्यों का संघ नहीं। इसलिए वे सुझाव देते हैं कि 'संघ राज्य 'एवं 'राज्य' के स्थान पर क्रमश : 'केंद्रीय शासन' और 'प्रदेश' शब्दों का प्रयोग किया जाना चाहिए। यह एकात्मक शासन की ओर एक कदम होगा।''[43] भारतीय जनसंघ के प्रथम कानपुर अधिवेशन में ही प्रादेशिक इकाइयों के 'पुनर्गठन' के लिए 'आयोग' की माँग करते हुए प्रस्ताव पारित किया।[44]

सन् 1954 में 'राज्य पुनर्गठन आयोग' की स्थापना हुई। दीनदयाल उपाध्याय ने आयोग को एक विस्तृत ज्ञापन दिया जिसमें राज्यरचना के एकमात्र भाषा आधार को निरस्त कर अन्य व्यावहारिक आधारों की व्याख्या करने का आग्रह किया। भारतीय जनसंघ की प्रांतीयता व भाषावाद से निरपेक्ष पुनर्गठन नीति के विषय में वक्तव्य देते हुए उन्होंने कहा, ''…अगर बंबई में एक भी महाराष्ट्रियन न हो तो भी बंबई महाराष्ट्र में मिलाया जाना चाहिए। वैसे ही कलकत्ता में एक भी बंगाली न हो तो भी वह बंगाल का अंग है। हमें भौगोलिक दृष्टि से पुनर्गठन का विचार करना चाहिए…मैं यह बात मानने को तैयार नहीं हूँ कि वहाँ के लोग क्या कहते हैं? क्या हम बार-बार ऐसे छोटे-छोटे पहलुओं पर जनमत लेंगे?…प्रांतीय विधानसभाओं को समाप्त कर ही देना चाहिए; क्योंकि वे केवल अपने प्रांत की ही दृष्टि से विचार विनिमय करती है।…देश में एक ही राज्य चलेगा, वह आज नहीं तो कल बनेगा।''[45]

देश भर के विभिन्न समुदायों व दलों ने आयोग को बहुत ज्ञापन दिए। अपने-अपने हिसाब से राज्यों के सीमानिर्धारण में अपना पक्ष प्रस्तुत किया। जब आयोग ने सरकार को अपना प्रतिवेदन प्रस्तुत कर दिया तो जनसंघ ने प्रतिवेदन का स्वागत किया। उपाध्याय ने कहा, ''हमने साधारणत: प्रतिवेदन का स्वागत ही किया है। कई महानुभावों ने तो यहाँ तक कहा है कि यह प्रतिवेदन तो मोटे तौर पर जनसंघ की सिफारिशों के अनुसार ही तैयार किया गया है।''[46]

एकात्मक एवं संघात्मक शासन की व्यवस्था का प्रश्न तो आयोग के विचाराधीन विषयों में नहीं था; किंतु फिर भी एकात्मक शासन के पक्ष में समाज की 'प्रबल भावनाओं को मान्य कर राष्ट्र की महान् सेवा की है।' इन शब्दों के साथ जनसंघ ने आयोग के प्रतिवेदन का अनुमोदन करते हुए कहा, ''कार्यसमिति को संतोष है कि आयोग ने केवल भाषा के आधार पर राज्यों के निर्माण की माँग को ठुकरा दिया और उसके स्थान पर—

(1) प्रशासनिक सुविधा,

(2) आर्थिक सक्षमता,

(3) राष्ट्रीय विकासयोजना की आवश्यकता,

(4) भौगोलिक संबद्धता तथा सबसे बढ़कर

(5) राष्ट्रीय एकता व सुरक्षा के युक्तिपूर्ण आधार को स्वीकार किया।[47]

दीनदयाल उपाध्याय का मत था कि आयोग के 'अभिप्रस्तावों के संबंध में जल्दी-से-जल्दी निर्णय करके उनको क्रियान्वित किया जाए।' लेकिन सरकार ने घोषणा की कि रिपोर्ट पर सरकारों व विधानमंडलों की राय ली जाएगी तथा अंतिम फैसले के लिए संसद् के समक्ष उसे प्रस्तुत किया जाएगा। उपाध्याय राज्य सरकारों व विधानमंडलों की राय जानने की आवश्यकता नहीं समझते थे तथा चाहते थे कि 'संसद् सर्वप्रभुता संपन्न संस्था है', उसी को निर्णय लेना चाहिए।[48]

आयोग के प्रतिवेदन के बाद सरकार ने जो पुनर्गठन विधेयक प्रस्तुत किया उसके संदर्भ में उन्होंने सुझाव दिया, ''पुनर्गठन विधेयक द्वारा प्रदत्त इस सुअवसर का उपयोग हमें अन्य सदनों (विधानपरिषदों) के खर्चीले साधन को एक शानदार ढंग से समाप्त कर लेना चाहिए।'' इस संदर्भ में भिन्न-भिन्न प्रदेशों के लिए असमान नीति की उन्होंने आलोचना की तथा इस बात पर खेद प्रकट किया कि ''अखिल भारतीय सेवाओं, दक्षिण में हिंदी विश्वविद्यालय तथा उस्मानिया विश्वविद्यालय को केंद्र में लिए जाने आदि विषयों में राज्य पुनर्गठन आयोग ने जो सुझाव दिए थे, उनका विधेयक में कोई उल्लेख नहीं किया गया।''[49]

सरकारी विधेयक पर अनेक प्रदेशों में व्यापक प्रतिक्रिया हुई। द्वि-भाषिक क्षेत्रों में भाषाई आधार पर विशेषकर साम्यवादियों ने अनेक आंदोलन खड़े कर दिए। कांग्रेस के प्रांतीय नेता भी प्रादेशिक व भाषिक भावनाओं से ऊपर न उठ सके। महाराष्ट्र पंजाब, बिहार व बंगाल सभी जगह आंदोलन हुए। बंबई व पंजाब में हिंसक घटनाएँ हुईं और अंतत: भाषिक आधार पर ही सामान्यत: राज्यों की रचना हुई। यह निर्णय हो जाने के बाद उनकी यह भी नीति रही कि इस निर्णय को बिना अपवाद बनाए सारे देश पर समान रीति से लागू किया जाए। इस संदर्भ में बंबई व पंजाब राज्य की घटनाओं का उल्लेख किया जा सकता है।

(क) बंबई राज्य : पुराना बंबई राज्य द्वि-भाषिक था। गुजरात व महाराष्ट्र बंबई राज्य के अंतर्गत आते थे। भाषा के आधार पर आंदोलन के कारण आंध्र प्रदेश का निर्माण हो चुका था। भाषा के आधार पर अलग गुजरात व महाराष्ट्र के लिए आंदोलन हुए। बंबई शहर विवाद का मुद्दा बन गया। 'संयुक्त महाराष्ट्र समिति' भाषायी आधार पर बंबई को महाराष्ट्र में मिलाने का आग्रह कर रही थी। 'महा गुजरात समिति 'गुजरातियों के आर्थिक योगदान के तर्क पर उसे गुजरात राज्य का हिस्सा बनाना चाहती थी। सरकार ने सामान्यत: द्वि-भाषी राज्यों के गठन की नीति को अपनी पुरानी भाषावार राज्यरचना की नीति एवं आंदोलनों के दबाव में त्याग ही दिया था। अत: गुजरात व महाराष्ट्र राज्यों की रचना हुई; लेकिन बंबई को केंद्रशासित प्रदेश घोषित किया गया। ऐसा मोरारजीभाई

के प्रभाव से हुआ। वे बंबई को गुजरात में चाहते थे। गुजरातियों को बंबई प्राप्त न हो तो मराठियों को भी न मिले, इस रणनीति से उन्होंने बंबई को केंद्राधीन करने की व्यवस्था करवा दी। परिणामत: बंबई में हिंसक दंगे भड़क उठे। गुजरातियों को जान-माल की बहुत क्षति हुई। परस्पर रक्तपात हुआ। यह सब कांग्रेस की आंतरिक राजनीति के कारण हुआ। बंबई के केंद्रशासित होने का कोई तर्क न था। उपाध्याय ने इसकी निंदा की। हिंसक दंगों के विषय में अपने कार्यकर्ताओं को निर्देशित किया कि वे ''शांति और व्यवस्था की स्थापना के पक्ष में अपनी संपूर्ण शक्ति और प्रभाव का उपयोग करें।''[50]

यहाँ पुन: उपाध्याय के व्यक्तित्व की विशेषता का परिचय मिलता है। वे ऐसे विरोधी नेता न थे जो हिंसा भड़कने व विधिव्यवस्था की कठिनाइयाँ उत्पन्न होने पर स्वयं कुछ न करते हुए सरकार को गाली दें तथा सरकार को गाली देने का मौका तलाशने के लिए विधिव्यवस्था की समस्याएँ उत्पन्न करने में अपना हितसाधन समझें। उपाध्याय ने प्रतिक्रिया व्यक्त की—

''बंबई में जो कुछ हुआ वह भारतीयता के नाम पर कलंक है। उसका प्रायश्चित्त संभव नहीं। केंद्रीय सरकार की नीति और निर्णय असंतोषजनक हो सकते हैं; किंतु उसकी जो प्रतिक्रिया हुई वह शर्मनाक है। आवश्यकता है, भारत का प्रत्येक राष्ट्रीय दल इसके लिए आत्मनिरीक्षण करे।''[51]

अंतत: बंबई राज्य का पुनर्गठन हुआ। बंबई को महाराष्ट्र में मिलाते हुए महाराष्ट्र राज्य व बंबई को छोड़कर गुजरात राज्य का निर्माण हुआ। यह बात उल्लेखनीय है कि 'संयुक्त महाराष्ट्र समिति' जो मराठी भाषा के आधार पर महाराष्ट्र राज्य के निर्माण के लिए आंदोलन कर रही थी, उसका निर्माण साम्यवादियों ने किया था। समाजवादी भी उसमें शामिल थे। आंदोलन बहुत लोकप्रिय हो गया था। तब जनसंघ के सामने यह समस्या उत्पन्न हुई कि वह इस आंदोलन में हिस्सा ले या नहीं? क्योंकि जनसंघ भाषावार राज्यरचना का सिद्धांतत: विरोधी था। लेकिन यदि वह आंदोलन में सहभागी नहीं होता तो वह जनता में अलग-थलग पड़ जाता तथा लोकप्रिय जनभावनाओं के बल पर पृथकतावादी एवं विदेशनिष्ठ साम्यवादी राज्य में शक्तिग्रहण कर लेते। जनसंघ में एक आंतरिक बहस हुई। इसके लिए दीनदयाल उपाध्याय को बंबई जाना पड़ा।

इस संदर्भ में प्रभाकरपंत पटवर्धन[52], जो 'संयुक्त महाराष्ट्र समिति' में जनसंघ के प्रतिनिधि थे, ने बताया, ''भारतीय जनसंघ की राष्ट्रीय स्तर पर घोषित नीति साम्यवादियों के साथ मिलकर काम न करने की थी। संयुक्त महाराष्ट्र समिति में साम्यवादी ही महत्त्वपूर्ण भूमिका अदा कर रहे थे।...उन दिनों साम्यवादी भारत में बहु-राष्ट्रवाद के प्रवक्ता थे। भारतीय जनसंघ के अधिकांश कार्यकर्ता साम्यवादियों के नेतृत्व के साथ मिलकर समिति में काम करने के खिलाफ थे। तब दीनदयालजी को आमंत्रित किया

गया। उन्होंने सबको समझाया तथा संयुक्त महाराष्ट्र समिति में सहभागी होने के पक्ष में अपना मत दिया।'' उपाध्याय ने मुख्यत: चार तर्क प्रस्तुत किए—

(1) हम भाषा को राज्यरचना का एकमात्र आधार नहीं मानते; लेकिन गुजरात-महाराष्ट्र को मिलाकर द्वि-भाषी राज्य बनाना तर्कहीन है।

(2) भाषावार राज्यरचना तथा संघात्मक व्यवस्था के स्थान पर प्रशासनिक प्रादेशिक इकाई व एकात्मक राज्य बनता तो वह हमारी नीति के अनुकूल होता; लेकिन जब भाषा के आधार पर अन्य प्रांतों की रचना हो रही है तब महाराष्ट्र की न होना भी तर्कसंगत नहीं है।

(3) हमारे 'एकात्म शासन' की कल्पना केंद्रीकरणवादी नहीं, वरन् जनपदीय विकेंद्रीकरण की पक्षपातिनी है।

(4) साम्यवादियों के साथ काम न करना तथा जनभावनाओं से जुड़े आंदोलनों को साम्यवादियों की अराष्ट्रीय वृत्तियों का शिकार न होने देना, दोनों ही हमारी नीति के अंग हैं। अत: हमें स्वयं अलग-थलग न पड़ते हुए जनभावनाओं से जुड़ना चाहिए ताकि इस आंदोलन को वे अपने 'बहुराष्ट्रवाद' का विचारमंच न बना पाएँ। इसके लिए हमें 'संयुक्त महाराष्ट्र समिति' में प्रवेश करना चाहिए।[53]

पटवर्धन् कहते हैं, ''हमने साम्यवादियों को नियंत्रित किया, एक-राष्ट्रवाद के नारे लगवाए, बहुराष्ट्रवाद का विरोध किया। यदि हम समिति में न जाते तो यह संभव नहीं था।'' सन् 1957 के चुनावों के बाद जब साम्यवादियों ने 'संयुक्त महाराष्ट्र समिति' को एक दल में परिवर्तित करने की योजना की तब पुन: दीनदयालजी बंबई आए। उन्होंने कहा, ''अपना कार्य पूरा हो गया, अब हमें समिति से अलग हो जाना चाहिए।''

(ख) पंजाब राज्य : पंजाब प्रदेश के पुनर्गठन की समस्या सर्वाधिक लंबी खिंची। सन् 1953-54 में 'पंजाबी सूबे' की माँग को लेकर जो आंदोलन हुआ उसकी प्रतिक्रिया में 'महा-पंजाब' का आंदोलन हुआ। स्थितियाँ बहुत तनावपूर्ण हुईं। अंतत: 9 मार्च, 1966 को भाषा के आधार पर 'पंजाबी सूबे' का निर्माण हुआ।

इस समस्या के इतना लंबा खिंचने का कारण 'भाषा' नहीं; वरन् संप्रदायवाद था। सिक्खों ने अकाली नेतृत्व में पंजाबी भाषा के आधार पर 'पंजाबी सूबे' की माँग की; लेकिन हिंदुओं ने, जिनका राजनीतिक नेतृत्व सामान्यत: आर्यसमाजी तत्त्व करते थे, इसे संप्रदायवादी पृथक्तावाद की माँग माना तथा उन्होंने 'हिंदी-पंजाबी 'द्वि-भाषी 'महा-पंजाब' की माँग की।

'महा-पंजाब समिति', जिसमें राष्ट्रीय स्वयंसेवक संघ तथा जनसंघ के भी लोग थे, उन्होंने पंजाब के बँटवारे के खिलाफ आंदोलन किया; लेकिन वे सिक्ख समाज को अपने

साथ नहीं ले सके। अत: राष्ट्रवादी भाषणों के बावजूद वह गैर-सिक्ख हिंदुओं का आंदोलन बनकर रह गया था। पंजाबी हिंदू भी व्यवहार में पंजाबी भाषा का ही प्रयोग करते हैं; लेकिन उन्होंने अपनी भाषा पंजाबी न लिखवाते हुए हिंदी लिखाई। परिणामत: सिक्खों के मन में हिंदुओं के बारे में पंजाबी के प्रति 'गद्दारी' का भाव जगा तथा हिंदी के वे विरोधी हो गए। इसी प्रकार अकाली नेतृत्व पंजाबी भाषा के नाम पर 'पंजाबी सूबे' की माँग करता था; लेकिन 'हिंदू-सिक्ख' एकता के साथ पंजाबी के लिए साझा आंदोलन वे खड़ा न कर सके; क्योंकि अकाली सिक्ख संप्रदाय को प्रतिनिधित्व देनेवाला सांप्रदायिक राजनीतिक दल था। उसकी भाषा में 'पंजाबवाद' कम तथा 'सिक्खवाद' ज्यादा रहता था। मुसलिम संप्रदाय के आधार पर अभी-अभी पंजाब प्रदेश का विभाजन होकर उसका एक हिस्सा पाकिस्तान में मिला दिया गया था। हिंदू समाज के लोग 'दूध का जला छाछ को फूँक-फूँक कर पीता है' की कहावत के अनुसार पंजाब के एक और बँटवारे को राष्ट्र के एक और विभाजन की दिशा में उठ रहे कदम के रूप में अनुभव कर रहे थे। 'भाषा' की आड़ में संप्रदाय के आधार पर सिक्ख बहुल प्रदेश के निर्माण की भावना अकाली दल के मन में थी ही। अत: दिन-ब-दिन समस्या ने विकट रूप धारण किया तथा उलझाव बढ़ा। 'महा-पंजाब' के नारे का आधार राष्ट्रवाद था; लेकिन सिक्स इसे हिंदू वर्चस्व की सिक्खपंथ के खिलाफ साजिश मानते थे। 'पंजाबी सूबे' के नारे का आधार भाषावार राज्य रचना था; लेकिन हिंदू नेतृत्व उसे पृथकतावादी एवं राष्ट्रविभाजक मानता था। 'हिंदी-पंजाबी' द्वि-भाषा या 'एक पंजाबी' भाषा की उद्घोषणाएँ केवल आवरण बनी हुई थी। इस राजनीतिक तनाव के बावजूद पंजाब में हिंदू-सिक्ख सांप्रदायिक वैमनस्य दंगों के रूप में नहीं भड़का; क्योंकि हिंदू-सिक्खों का सांस्कृतिक एकत्व अधिक गहरा था। लेकिन इस राजनीतिक लड़ाई ने एकता पर आघात किया था। 'पंजाबी' की लड़ाई गुरुद्वारों से तथा 'हिंदी 'की लड़ाई आर्यसमाज मंदिरों से लड़ी जा रही थी।

यह 'आघात' ही दीनदयाल उपाध्याय की पीड़ा का कारण था। पंजाब के इस आंदोलन से दीनदयाल उपाध्याय उस प्रकार सीधे नहीं जुड़े थे जैसे 'संयुक्त महाराष्ट्र समिति' के संदर्भ में बंबई अथवा महाराष्ट्र के जनसंघ से जुड़े थे। पंजाब की 'महा-पंजाब समिति' का नेतृत्व मुख्यत: आर्यसमाजी लोग कर रहे थे। हिंदी-पंजाबी की कटुता इतनी हो गई थी कि हिंदू अपने को एक प्रकार से पंजाबी विरोधी तथा सिक्ख अपने को हिंदी विरोधी करार दे रहे थे। राष्ट्रीय स्वयंसेवक संघ के सरसंघचालक मा.स. गोलवलकर ने तब पंजाब का दौरा किया तथा यह आह्वान किया कि पंजाब की भाषा 'पंजाबी' है तथा हिंदू-सिक्ख दो समुदाय नहीं, वरन् एक ही समाज है। राष्ट्रीय स्वयंसेवक संघ का कार्य गैर-सिक्ख हिंदुओं में ही ज्यादा था। अत: गोलवलकर के वक्तव्य ने विद्वेष की उग्र भावनाओं को शांत किया। 'महा-पंजाब समिति' के लोग गोलवलकर से नाराज भी हुए; लेकिन अकाली नेता मास्टर

तारासिंह ने गोलवलकर को धन्यवाद दिया। बाद में मास्टर तारासिंह गोलवलकर के आह्वान पर 'विश्व हिंदू परिषद्' की स्थापना में सहभागी हुए। उपाध्याय ने इस विषय में कांग्रेस की विभेदकारी नीति की कटु आलोचना की, "वास्तव में पंजाब का कांग्रेसी शासन चाहता था कि पंजाबी और महा-पंजाबी की माँग पर पंजाब के विभिन्न वर्गों को लड़ाकर स्वयं पंच बनकर अपना उल्लू सीधा किया जाए।"[54]

कांग्रेस-अकाली गठजोड़ का एक अजब समीकरण था। एक ओर कांग्रेस अकालियों को सांप्रदायिक कहती थी, दूसरी ओर उनसे चुनावी गठबंधन करती थी। पंजाब में पुनर्गठन के लिए वह महा-पंजाब समिति की उपेक्षा कर केवल अकालियों से वार्त्ता करती थी। उपाध्याय इसमें कांग्रेस की चुनावी रणनीति देखते थे। अत: उन्होंने महा-पंजाब समिति को सचेत किया कि वह अपनी शक्ति आंदोलन व सत्याग्रह में खर्च करने के बजाय अकाली-कांग्रेस गठबंधन की सांप्रदायिकता व अवसरवाद की नीति को पराजित करने हेतु अपने को आम समाज से जोड़कर लोकतांत्रिक प्रक्रिया के माध्यम से चुनाव को ध्यान में रखकर रणनीति बनाए। "कांग्रेसी शासन की नीति यह दिखती है कि पंजाब की राष्ट्रवादी शक्तियाँ अपने बल को चुनावों में आजमाने की बजाय और कहीं खत्म कर दें। कांग्रेस शासन पर पलनेवाले अनेक लोग अप्रत्यक्ष रूप से पंजाब की जनता की दृष्टि असली मद्दे से दूर हटाने की कोशिश करते हैं। क्या महा-पंजाब समिति इस जाल में फँसेगी? सत्याग्रह अथवा अन्य कोई तत्सम आंदोलन यही जाल सिद्ध होगा।…इसका निर्णय स्वयं महा-पंजाब समिति को करना है।"[55]

अकाली-कांग्रेस गठजोड़ के विषय में अपना मत प्रस्तुत करते हुए उन्होंने कांग्रेस के संपूर्ण चरित्र का ही विश्लेषण किया, "…उसकी (कांग्रेस की) कथनी और करनी में सदैव ही अंतर रहता है। राष्ट्रीयता की घोषणा करके भी उसने सांप्रदायिक तत्त्वों को सदा गले लगाया है। यदि यह कहा जाए तो अनुचित नहीं होगा कि कांग्रेस सांप्रदायिकता का अंतिम आश्रय स्थल है। कट्टर-से-कट्टर मुसलिम-लीगी आज कांग्रेस में है। जस्टिस पार्टी के दिग्गज नेता कांग्रेस के मंत्री हैं। केरल में कांग्रेस का नाम ही कैथोलिक कांग्रेस पड़ गया है। फिर पंजाब में वह सफेद टोपी उतारकर यदि नीली पगड़ी पहन ले तो हमें आश्चर्य नहीं करना चाहिए। चुनावों के खातिर कांग्रेस सब कुछ कर सकती है।"[56]

पंजाब के भविष्य के बारे में कांग्रेस सरकार द्वारा केवल अकालियों को आमंत्रित करने के खिलाफ उपाध्याय ने अपनी नाराजगी व्यक्त की तथा इसे पंजाब के सामाजिक सौहार्द के विरुद्ध 'फूट डालो तथा राज करो' एवं तुष्टीकरण की नीति निरूपित करते हुए उन्होंने पंजाब के भविष्य के लिए गोलमेज कॉन्फ्रेंस बुलाने की माँग की, "सरकार द्वारा पंजाब के भावी नक्शे पर वार्त्ता करने के निमित्त अकाली शिष्टमंडल को निमंत्रित किए जाने का समाचार अत्यंत आश्चर्यपूर्ण है…सरकार गलत रूप से अकालियों को तुष्ट करना

चाहती है···जनता को यह आश्वासन दिए जाने की आवश्यकता है कि उसकी अवहेलना करके कोई निर्णय नहीं किया जाएगा। उचित निर्णय लिए जाने तथा इस बात के लिए कि बाद में विभिन्न मतों के लोगों के बीच किसी प्रकार का दुर्भाव शेष न रहे, यह आवश्यक है कि बजाय इसके कि सरकार स्वयं एक सांप्रदायिक दल के मुकाबले पर एक पार्टी बने, सब दृष्टिकोण के लोगों की गोलमेज कॉन्फ्रेंस बुलाई जाए। प्रदेश में शांति बनी रहे इसके लिए ऐसे निर्णय की आवश्यकता है कि जिस पर अधिकतम मतैक्य हो।''[57]

दुर्भाग्य से पंजाब में यह नहीं हो पाया। परिणामतः पंजाबी सूबे के निर्माण के बावजूद पंजाब की समस्या का हल नहीं हुआ। चंडीगढ़ तथा पंजाब-हरियाणा की सीमाओं का विवाद अभी बना हुआ है। भाषावार प्रांत रचना ने क्रमशः उपराष्ट्रीयताओं का सा भाव ग्रहण किया है। उपाध्याय अंत तक 'एकात्म शासन' के प्रवक्ता रहे। शायद भारत की राजनीति में 'एकात्म शासन' के इतने प्रतिबद्ध प्रवक्ता वे एकमात्र थे। कालीकट के अपने अध्यक्षीय भाषण में भी उन्होंने एकात्म शासन की आवश्यकता का प्रतिपादन किया।

अगस्त 1956 में जब राज्य पुनर्गठन विधेयक पर भारतीय संसद् विचार कर रही थी तभी पाञ्चजन्य ने '1947 अंक' प्रकाशित किया था। दीनदयाल उपाध्याय ने 'अगस्त 1947 बनाम अगस्त 1956' शीर्षक से एक विस्तृत लेख लिखा। मजहबी आधार पर हुए 1947 के भारत-विभाजन एवं भाषावार राज्यों का अगस्त 1956 में पुनर्गठन, दोनों में दीनदयाल को एक ही मूल प्रवृत्ति दिखाई देती है।

वे लिखते हैं, ''आज जो विधान बन रहा है उसके प्रावधान और धाराओं की अपेक्षा जो प्रवृत्ति घर करती जा रही है वह चिंता का कारण है। एकात्मक और संघात्मक संविधान सैद्धांतिक चर्चा के विषय हो सकते हैं···आज विष के बीज बोए जा रहे हैं। दुःख है कि दूर दुनिया की कौड़ी भाँपनेवाले नेहरूजी अपनी आँख के नीचे का अंटा नहीं देख पाते। यह अगस्त के महीने का ही प्रभाव तो नहीं? भविष्य बताएगा कि अगस्त 1947 और अगस्त 1956 की लड़ाई में कौन विजयी होता है?''[58]

12. भाषा-नीति

भारत जैसे बहुलता संपन्न समाज एवं विस्तृत भू-प्रदेश की भाषा-नीति का निर्धारण एक विकट समस्या है। संपूर्ण भारत की कोई एक भाषा इतिहास में कभी रही है क्या? इसका उत्तर सरल नहीं है। भाषाविज्ञान के आधार पर आर्यभाषा एवं द्रविड़भाषा का जो लोग विवेचन करते हैं वे दक्षिण की भाषाओं को संस्कृतेतर भाषा मानते हैं; लेकिन दीनदयाल इस संदर्भ में पूरी दृढ़ता से विश्वास करते हैं कि संस्कृत संपूर्ण भारत के विद्वज्जन की व्यवहारभाषा थी तथा दक्षिण की भाषाएँ संस्कृतेतर नहीं हैं।

मुसलिम आक्रमणों के संपर्क से उत्पन्न उर्दू एवं अंग्रेजों के कारण आरोपित अंग्रेजी

संपर्कभाषा, दोनों को वे राष्ट्रीय स्वाभिमान को आहत करनेवाली भाषाएँ मानते थे। संस्कृतनिष्ठ हिंदी को भारत की असंदिग्ध राष्ट्रभाषा बनाना चाहते थे; लेकिन प्रादेशिक भाषाओं की वास्तविक स्थिति एवं अंग्रेजी के वर्चस्व के कारण यह सरल नहीं है। उपाध्याय अपने जीवनकाल में चल रहे भाषाविवाद में सक्रियतापूर्वक शामिल रहकर प्रखरता एवं तर्कपूर्वक अपना मत प्रतिपादित करते रहे। विवरणात्मक अनेक मुद्दों पर व्यावहारिक समझौते भी उन्होंने किए। भाषा को राजनीति का मुद्दा बना देने से भाषासंदर्भित राष्ट्रीय स्वाभिमान की क्षति हुई तथा हिंदी के विकास में बाधा उत्पन्न हुई। उपाध्याय कहते हैं, "राजनीतिज्ञ भाषा के नाम पर लड़ सकते हैं, पर भाषा का सृजन नहीं कर सकते।"[59]

हिंदी की असमर्थता तथा अंग्रेजी की व्यावहारिक सार्वदेशिकता के संदर्भ में दीनदयाल अपनी स्वराज्यवादी भावनाओं को प्रस्तुत करते हुए प्रतिपादित करते हैं कि "हमारे स्वातंत्र्यसंग्राम के प्रारंभिक दिनों में ब्रिटिश समर्थक तत्त्वों को हमारा सामान्य उत्तर होता था कि 'स्वराज्य' (Self Rule) की प्यास को सुराज्य (Good Rule) से नहीं बुझाया जा सकता। आज भी 'स्वभाषा' की आवश्यकता की पूर्ति 'सुभाषा' से नहीं हो सकती।"[60]

(क) संस्कृत: हिंदी एवं प्रादेशिक भाषाओं के तनाव तथा सावर्दशिक भाषा के अभाव की समस्याओं का समाधान उपाध्याय 'संस्कृत' को राष्ट्रभाषा के पद पर अधिष्ठित करके करते हैं। उनका मत है कि सभी प्रादेशिक भाषाएँ तथा हिंदी संस्कृत से पोषण प्राप्त करती है। प्रादेशिक भाषाओं तथा हिंदी को जोड़नेवाली कड़ी है संस्कृत। अत: वह राष्ट्रभाषा के गौरव की अधिकारिणी है। शास्त्रीय तथा तकनीकी क्षेत्र में पारिभाषिक शब्दावलियों का उपयोग अनिवार्यत: करना होता है। उपाध्याय मानते हैं, "यदि हम संस्कृत का परित्याग कर दें तो क्षेत्रीय भाषाओं के लिए नए पारिभाषिक शब्द तैयार करने का सामान्य आधार क्या होगा?"[61] यही बात हिंदी की पारिभाषिक शब्दावली के विषय में लागू होती है। अत: दीनदयाल उपाध्याय अपने प्रसिद्ध 'सिद्धांत और नीति' प्रलेख में लिखते हैं—

"**राष्ट्रभाषा संस्कृत:** संस्कृत सदैव से भारत की राष्ट्रभाषा रही है। संस्कृत को इस रूप में मान्यता मिलनी चाहिए तथा विशेष संस्कारी अवसरों पर उसका प्रयोग करना चाहिए।"[62]

उपाध्याय राजभाषा व राष्ट्रभाषा में अंतर करते हैं। उनके अनुसार संस्कृत राष्ट्रीय सम्मान की सूचक होगी एवं व्यवहार भाषाओं को पोषित करने का कार्य करेगी। राज्य की व्यवहार भाषा के रूप में वे केंद्र में हिंदी तथा प्रदेशों में प्रादेशिक भाषाओं को राजभाषा बनाने के हिमायती हैं।

(ख) हिंदी : "अगर संविधान में हिंदी को परंपरागत रूप से सुप्रचलित नाम अर्थात 'राष्ट्रभाषा' के बदले 'राजभाषा' नाम दिया गया है तो उसका उद्देश्य अन्य क्षेत्रीय भाषाओं के बारे में केवल शंकाएँ दूर करना ही था और यह प्रकट करना भी था

कि वे सभी समान रूप से राष्ट्रीय हैं।''[63] इस तकनीकी फर्क के अलावा उपाध्याय मानते हैं कि स्वतंत्र भारत में अंग्रेजी राजभाषा का बना रहना हमारे राष्ट्रीय स्वातंत्र्य का अपमान है। अंग्रेजी का यह स्थान स्वाभाविक रूप से हिंदी को मिलना चाहिए। हिंदी हमारी स्वाभाविक राजभाषा है।

''अगर संस्कृत विद्वानों और भद्र पुरुषों की संपर्कभाषा थी तो सामान्य लोगों की संपर्कभाषा हिंदी थी। मध्यकाल के साधुओं ने इसका खुलकर और बारंबार प्रयोग किया। उन लोगों की रचित अनेक हिंदी कविताएँ हमें मिलती हैं। हालाँकि उनमें से कइयों की मातृभाषा हिंदी नहीं थी। हमारे सुदीर्घ स्वातंत्र्य संघर्षकाल के दरम्यान हिंदी अंतर-संपर्क का स्वाभाविक माध्यम थी। भूषण ने छत्रपति शिवाजी पर हिंदी में काव्यरचना की। गुरु गोविंद सिंह ने अपने अनुयायियों को हिंदी में उपदेश दिए। सन् 1857 में अंग्रेजों को भगा देने की योजना हिंदी के माध्यम से बनी। महर्षि दयानंद ने हिंदी के माध्यम से ही राष्ट्र का तेजस्वितापूर्ण आह्वान किया। गांधीजी ने अंग्रेजों के विरुद्ध शांतिपूर्ण विद्रोह के निमित्त सन्नद्ध करने की दृष्टि से जनता को उत्साहित करने के लिए हिंदी को ही उचित माध्यम माना। हमारे स्वातंत्र्य संघर्ष में भाषा ने उतना ही योगदान किया जितना उसने आयरलैंड में किया था।''[64]

आजादी के बाद भारत की 'राजभाषा' कोई स्वदेशी भाषा होनी चाहिए, यह लगभग निर्विवाद रूप से राष्ट्रीय सहमति का मुद्दा रहा है। वह भाषा कौन-सी हो, इस विषय में थोड़ी हिचक तथा विवरणात्मक विवाद के बाद सब सहमत हो जाते हैं कि वह भाषा हिंदी ही हो सकती है। इसको व्यावहारिक रूप कैसे दिया जाए, यह बड़ा कठिन कार्य है। संविधान निर्माताओं ने इसके लिए 15 वर्ष का संक्रांतिकाल तय किया था। इसके पीछे मानस यह था कि क्रमशः हिंदी राजभाषा का स्थान ग्रहण करेगी तथा अंग्रेजी हटेगी। केंद्र का यही क्रम प्रांतों में चलेगा; अंग्रेजी हटेगी तथा प्रांतीय भाषाएँ स्थान ग्रहण करेंगी।

दीनदयाल उपाध्याय मानते हैं कि 26 जनवरी, 1965 के बाद अंग्रेजी का जारी रहना राष्ट्रीय लज्जा का विषय है।[65] इसके लिए वे सरकार की दुर्बल इच्छाशक्ति को कारणीभूत मानते हैं। अंग्रेजी समर्थकों की आड़ में हिंदी के लिए जो करना था, उस अनकिए को वह छुपाना चाहती है। वे कहते हैं, ''हिंदी के प्रश्न पर जब बहुतांश एकमत हैं, शासन की नीति के कारण ही विवाद खड़ा हो गया है। आज तक शासन ने पारिभाषिक शब्द क्यों नहीं बनाए? क्या राजाजी ने उसको रोका था? उन्होंने टंकण के मापकपटल क्यों नहीं सुधारे? उसमें किस हिंदीविरोधी ने बाधा डाली थी? बाधा हिंदीविरोधियों की नहीं; शासन की उपेक्षा, टालमटोल एवं उदासीनता की नीति की ही है।''[66]

अंग्रेजों के समय से चला आया भृत्यवर्ग एवं दक्षिण के अहिंदीभाषी राजनेता किसी-न-किसी बहाने अंग्रेजी को बनाए रखने का प्रयत्न करते हैं। इसी संदर्भ में मई

1959 में भारतीय संसद् के आंग्ल-भारतीय सदस्य फ्रेंक ऐंथोनी ने संसद् में प्रस्ताव रखा कि संविधान में संशोधन करके भारतीय भाषाओं की अष्टम अनुसूची में अंग्रेजी को सम्मिलित किया जाए। दीनदयाल उपाध्याय ने इसका विरोध किया[67] तथा कहा कि अंग्रेजी आंग्ल भारतीयों की मातृभाषा नहीं है। यह तो अंग्रेजी माध्यम के मिशनरी स्कूलों के 'राष्ट्रीयता विनाशक प्रभाव' की भाषा है। इसी प्रकार, दक्षिण भारत में सन् 1965 में भड़के हिंदीविरोधी दंगों को उन्होंने 'लज्जाजनक' बताया।[68]

सन् 1965 के बाद भी अंग्रेजी 'सहयोगी राजभाषा' के रूप में चलती रहेगी, इस सरकारी विधान की आलोचना करते हुए उपाध्याय लिखते हैं, "संविधान में 'सहयोगी राजभाषा' के रूप में अंग्रेजी अथवा किसी अन्य भाषा की कल्पना नहीं की गई है। संविधान निर्माताओं को न यह शब्द सूझा, न उन्होंने इसकी आवश्यकता समझी।" उन्होंने कहा, "'सहयोगी राजभाषा' केवल नीतिपूर्ण शब्दावली है, वास्तव में सरकार अंग्रेजी का 'प्रमुख भाषा' के नाते ही व्यवहार कर रही है।" उपाध्याय ने पुरजोर आग्रह किया कि कम-से-कम "विदेशों से व्यवहार करते समय निश्चित रूप से हमें हिंदी का ही उपयोग करना चाहिए। हमें तो अपने स्वाभाविक राष्ट्रीय स्वाभिमान के कारण अंग्रेजी को इस क्षेत्र से विदा करना चाहिए।"

सातवाँ दशक, जिसमें उपाध्याय ने मुखरतापूर्वक अपना राजनीतिक जीवन जिया, उन दिनों में डॉ. रघुवीर, डॉ. राममनोहर लोहिया व सेठ गोविंददास जैसे और भी लोग थे जिन्होंने हिंदी की आवाज को बुलंद किया; लेकिन लगता है कि आठवें दशक के प्रारंभ होने के बाद लोगों ने अंग्रेजी की यथास्थिति को स्वीकार कर लिया। दीनदयाल उपाध्याय के निधन को भी अब दो दशक पूर्ण होनेवाले हैं। हिंदी को लाने तथा अंग्रेजी से छुटकारा पाने का स्वर अब लगभग मौन है। भारत की अनेक प्रांतीय भाषाओं तथा अंग्रेजी भाषा के मुकाबले हिंदी अपना कद अभी तक बड़ा सिद्ध नहीं कर सकी है। इसके लिए कौन जिम्मेदार है? हिंदी खुद, हिंदीवाले, सरकार या हिंदीविरोधी? इसका तो निर्णय करना कठिन है। किंतु यह सच है कि आज भारत उन नेताओं के अभाव को झेल रहा है जिनकी श्रद्धा थी, "जब तक अंग्रेजी जारी रहती है तब तक हम अपने सांस्कृतिक पुनरुद्धार की जीवनदायिनी मुक्त हवा में साँस नहीं ले सकते। आधुनिक वैज्ञानिक ज्ञान प्राप्त न कर सकने का खतरा उठाकर भी हमें विदेशी भाषा के चंगुल से अपने को मुक्त कर लेना चाहिए।"[69]

(ग) अंग्रेजी : अंग्रेजी जानी चाहिए, इसके बारे में हमारे देश में ज्यादा विवाद नहीं है। लेकिन अंग्रेजी एकदम नहीं छोड़ी जा सकती। उसे संक्रांतिकाल में जारी रखना जरूरी है। यह संक्रांतिकाल द्रोपदी के चीर की तरह सदैव बढ़ता ही चला जाता है। उपाध्याय सरीखे पक्के हिंदीवादी भी अपने दल को लेकर जब दक्षिण में गए तब उन्होंने भी स्वीकारा कि संक्रांतिकाल में अंग्रेजी के उपयोग की छूट देनी होगी। कालीकट

अधिवेशन के बाद अपने एक लेख में वे लिखते हैं—

"...26 जनवरी, 1965 के बाद उसका (अंग्रेजी का) प्रयोग अनिवार्य रूप से नहीं होना चाहिए, किंतु अभी यह स्थिति नहीं है...तैयारी के लिए हिंदी का प्रयोग करना पड़ेगा, जो हिंदी नहीं जानते हैं उनके लिए अंग्रेजी के प्रयोग की सुविधा देनी होगी। निश्चित ही यह स्थिति हिंदी की अनिवार्यता की नहीं होगी। अनिवार्यता न रहने से यह हो सकता है कि अंग्रेजी को विदा होने में कुछ समय अधिक लगे, किंतु उसके साथ ही प्रशासन व संक्रमण की कठिनाइयाँ भी कम हो जाएँगी तथा हिंदी के पारिभाषिक शब्दों को निखरने व रूढ़ होने का अवसर मिल जाएगा किंतु यह तभी संभव होगा जबकि हिंदी के प्रयोग की छूट हो तथा अंग्रेजी की अनिवार्यता न रहे।"[70]

सातवें दशक के प्रारंभ के हिंदी संबंधी आग्रह एवं सातवें दशक के अंतिम चरण के हिंदी संबंधी आग्रह की व्यावहारिकता में अंतर दिखाई देता है और लगता है अब लोग और भी अधिक व्यावहारिक हो गए हैं। यह संक्रांतिकाल समाप्त होना चाहिए, इसके लिए देश का आह्वान करने की जरूरत, अब किसी की भी प्राथमिकता का विषय नहीं रह गया है।

(घ) उर्दू : दीनदयाल उपाध्याय उर्दू को पृथकतावाद व संप्रदायवाद की भाषा मानते हैं। "उर्दू को क्षेत्रीय भाषा स्वीकार करते हुए प्रधानमंत्री पं. नेहरूजी ने जो वक्तव्य दिया है, उसके विश्लेषण की आवश्यकता है। पंडितजी ने कहा है उर्दू की उत्पत्ति संस्कृत से हुई है और वह केवल मुसलमानों की भाषा नहीं है। जहाँ तक पंडितजी के कथन के उत्तरार्ध का संबंध है, उसे स्वीकार किया जा सकता है; क्योंकि कोई भाषा किसी धर्म विशेष की भाषा नहीं होती...स्वयं को अलग राष्ट्र के अंतर्गत संगठित करने के लिए मुसलिम लीग की छत्रछाया में मुसलमानों ने उर्दू को केवल मुसलमानों की भाषा बनाने का आंदोलनात्मक प्रयास किया। यही कारण था कि हैदराबाद की राजभाषा उर्दू थी तथा उस्मानिया विश्वविद्यालय की शिक्षा का माध्यम भी उर्दू था। अन्यथा वहाँ उसे कोई बोलता भी नहीं था। अत: उर्दू उसके समर्थकों व पक्षपातियों की धारणा के विरुद्ध, हिंदू-मुसलमानों के बीच विद्वेष और फूट उत्पन्न करने का कारण बनी।...जब तक इस देश में उर्दू वास करती है, मुसलमानों की सांप्रदायिक और विभाजनात्मक मनोवृत्ति समाप्त नहीं हो सकती।

"आज उर्दू का अभिप्राय एक ऐसी भाषा है जिसमें अरबी-फारसी के शब्दों तथा विचारों का आधिक्य है। इसलिए वह देशवासियों पर राष्ट्रविघातक प्रभाव डालती है। एक उर्दू कवि ने कहा है—

होती कशिश जरा भी फारस के शाह की,
सिज्दह न करता हिंद की नापाक जमीं पर।

''जिस क्षण उर्दू विदेशी प्रभाव से मुक्त हो जाती है उसी क्षण वह हिंदी के अतिरिक्त कुछ नहीं रहेगी। यही कारण है कि अमीर खुसरो तथा मुंशी प्रेमचंद जैसे कुछ लेखक हिंदी तथा उर्दू साहित्य में समान रूप से स्थान पाते हैं। अत: नेहरूजी उर्दू को सुरक्षित रखने की अपेक्षा उसे राष्ट्रीय बनने दें।''[71]

उपर्युक्त तीनों कथनों में संभवत: प्रथम दो तो मुसलिम संप्रदायवादियों ने जिस प्रकार उर्दू को अपनी भारत-विभाजन राजनीति का मोहरा बनाया उसकी प्रतिक्रिया की आवेशपूर्ण अभिव्यक्तियाँ ही हैं। तृतीय कथन का संभवत: यह अर्थ हो कि उर्दू को हिंदी की शैली के नाते जीवित रहने में उन्हें आपत्ति नहीं है, पृथक भाषा के नाते उसकी सुरक्षा की माँग को वे अनुचित समझते हैं।

इसी प्रकार उर्दूमिश्रित हिंदी जिसे हिंदुस्तानी कहा गया, दीनदयाल उपाध्याय उसे अव्यावहारिक, अवांछनीय व कृत्रिम भाषा मानते हैं। उनके अनुसार, संस्कृतनिष्ठ हिंदी को कठिन मानना तथा उर्दूमिश्रित हिंदी को सरल मानना एक भ्रांति है :

''...सरलता का मानदंड क्या है? उसे सर्वाधिक जनता को समझ में आना चाहिए। अगर यही हमारा उद्देश्य हो तो नई हिंदी संस्कृतनिष्ठ होनी चाहिए। वह गांधीजी द्वारा बताई गई हिंदुस्तानी नहीं हो सकती। वस्तुत: गांधीजी ने हिंदुस्तानी की वकालत इसलिए नहीं की थी कि वह सरल है। बल्कि हिंदी और उर्दू को मिलाकर एक कृत्रिम भाषा के निर्माण द्वारा केवल मुसलमानों को खुश करने के लिए की थी। किंतु यह हिंदुस्तानी न कहीं बोली जाती है और न कहीं समझी जाती है। पंडित नेहरू की हिंदी विंध्याचल पर्वत के दक्षिण में कहीं नहीं समझी जाती और मौलाना आजाद की हिंदुस्तानी तो उत्तर प्रदेश में भी नहीं समझी जाती थी। जिनकी पढ़ाई उर्दू में हुई है, वे संस्कृत पर आधारित हिंदी को सदा कठिन बताते हैं; किंतु देश के बाकी सब लोगों के लिए वह सरल होगी।''[72]

दीनदयाल उपाध्याय की भाषानीति में उर्दू अथवा मिश्रित हिंदी के लिए कोई सहानुभूति का स्थान नहीं है। उपाध्याय जिस प्रकार की राष्ट्रवाद-धारणा को माननेवाले थे, उसमें वह कोई भी बात, जो मूलधारा से कुछ अलग चलती हो, स्थान नहीं पाती। पृथक पहचान व अल्पसंख्यक अवधारणा के आधार पर सुरक्षा की माँग उन्हें अप्रिय ही नहीं, अवांछनीय भी लगती थी। उनकी इसी भाव-भंगिमा की शिकार हो गई, बेचारी उर्दू!

(ङ) शिक्षा का माध्यम मातृभाषा : राजभाषा के साथ ही संबद्ध विषय है शिक्षा के माध्यम का। यह एक दुष्चक्र है कि जब तक राजकाज में अंग्रेजी चलेगी तब तक शिक्षा भी अंग्रेजी में ही होगी तथा जब तक उच्च शिक्षित लोग अंग्रेजी माध्यम से पढ़कर आते रहेंगे, वे हिंदी को स्वीकार नहीं करेंगे। अत: शिक्षा का माध्यम किस भाषा को कितना बनाया जाए, यह हमारे देश में निरंतर बहस का विषय रहा है।

मनोवैज्ञानिक दृष्टि से शिक्षा का माध्यम मातृभाषा होनी चाहिए। इसमें अधिक विवाद

नहीं है। इतने बड़े देश की कोई सार्वदेशिक मातृभाषा होना शायद समाजशास्त्रीय एवं भाषावैज्ञानिक दृष्टि से भी संभव नहीं है। यदि प्रयत्नपूर्वक ऊपर से, काल विशेष में, किसी एक भाषा के व्यवहार को स्थापित भी कर दिया जाए तो भौगोलिक व सामाजिक परिवेश, उसी एक भाषा को अपने-अपने आकार में ढालकर, विविध भाषाओं का निर्माण कर देगा। अत: भारत जैसे देश की राष्ट्र या राजभाषा सायास अध्ययन द्वारा अर्जित भाषा ही हो सकती है। इसीलिए हमारे यहाँ शिक्षा के माध्यम के संदर्भ में त्रि-भाषा फार्मूला अस्तित्व में आया। मातृभाषा, राष्ट्रभाषा एवं संक्रमण की भाषा, अर्थात् प्रादेशिक, हिंदी व अंग्रेजी भाषाओं का ज्ञान विद्यार्थी को दिया जाए। यह आशा की गई कि प्राथमिक शिक्षा मातृभाषा में हो। उच्चशिक्षा फिलहाल अंग्रेजी में तथा अंतत: हिंदी में हो। कौन सी भाषा किस सीमा तक अनिवार्य या वैकल्पिक हो, इस पर विवाद चलता ही रहता है। अंतिम निर्णय पर, आजादी के चालीस साल पूरे हो जाने पर भी, हम नहीं पहुँच सके।

राज्य व्यवहार की भाषा बदलने के बाद शिक्षा का माध्यम बदलेगा या शिक्षा का माध्यम बदलने के बाद राजभाषा बदलेगी, यह 'पहले वृक्ष या पहले बीज' की समस्या जैसा विषय बन गया है। त्रि-भाषा फार्मूले में, तृतीय आमचुनाव के पूर्व, राष्ट्रीय एकता परिषद् ने यह सिफारिश की थी कि अहिंदीभाषी विद्यार्थी मातृभाषा के साथ हिंदी अनिवार्यत: पढ़ें तथा हिंदीभाषी विद्यार्थी हिंदी के साथ कोई एक प्रादेशिक भाषा अनिवार्यत: पढ़ें। एक विदेशी भाषा के ज्ञान के लिए 'अंग्रेजी' को भी अनिवार्य बनाया गया।

इस फार्मूले की असफलता के बारे में उपाध्याय कहते हैं, "सर्वसम्मत होने के बावजूद इसको व्यवहार में नहीं लाया गया। मद्रास, पश्चिम बंगाल तथा हिंदीप्रदेश इसके लिए विशेष रूप से दोषी है। मद्रास तथा पश्चिम बंगाल ने अपने यहाँ हिंदी पढ़ाई की अनिवार्य व्यवस्था नहीं की, वहीं हिंदी प्रदेशों में भी किसी एक अन्य प्रादेशिक भारतीय भाषा की शिक्षा की ओर कोई ध्यान नहीं दिया गया।"[73]

किसी भाषा की अनिवार्यता में से आरोपण का भाव आता है। अत: अहिंदीभाषी अपने ऊपर हिंदी का नया आरोपण नहीं चाहते हैं तथा हिंदीभाषी अपने ऊपर किसी प्रादेशिक भाषा का आरोपण नहीं चाहते हैं। अत: अंग्रेजी का पुराना आरोपण जारी है। तत्कालीन शिक्षामंत्री त्रिगुण सेन ने प्रस्तावित किया कि अंग्रेजी, हिंदी या प्रादेशिक भाषा सभी की अनिवार्यता समाप्त कर मातृभाषा तथा हिंदी या अंग्रेजी में कोई भी एक भाषा पढ़ाई का माध्यम रहे। इस द्वि-भाषा सूत्र की भी दीनदयाल उपाध्याय ने आलोचना करते हुए कहा, "हिंदी या अंग्रेजी में से स्वेच्छा से कोई एक भाषा पढ़ने की बात धोखा है; क्योंकि जब तक राजकार्य में अंग्रेजी है, विद्यार्थी अंग्रेजी ही पढ़ना चाहेंगे।

"आज स्कूलों में शिक्षा के माध्यम के संबंध में छूट है; किंतु अंग्रेजी माध्यम के स्कूल तेजी से बढ़ रहे हैं। मद्रास में तमिल के कॉलेजों में छात्रवृत्ति देने के बाद भी

विद्यार्थी नहीं जाते। संस्कृत पाठशालाएँ क्यों समाप्त हो गईं? स्नातकोत्तर कक्षाओं में आज भी हिंदी और संस्कृत की अपेक्षा अंग्रेजी की ही पढ़ाई क्यों अधिक है? सबका उत्तर एक ही है कि शिक्षा ज्ञानार्जन के लिए ही नहीं, जीविकोपार्जन के लिए भी है। जब तक राजकाज में अंग्रेजी रहेगी, लोगो का झुकाव अंग्रेजी की ओर रहेगा। यदि हम भारतीय भाषाओं को राजव्यवहार की भाषा बनाना चाहते हैं तो हमें विद्यार्थियों को उनमें शिक्षा देनी होगी और यह अनिवार्य बनाकर ही हो सकती है।'' उपाध्याय कहते हैं, ''भारत जैसे बहुभाषी देश के लिए प्रत्येक विद्यार्थी को देश की कम-से-कम दो भाषाओं का ज्ञान तो आवश्यक है ही। यदि इसे बोझ माना भी जाए तो एक बड़े देश के वासी होने के नाते हमें यह बोझा उठाना ही होगा। इन दो भाषाओं में एक हिंदी है।''[74]

लेकिन देश में सर्वसम्मति न हो सकी। हिंदी भाषा की अनिवार्यता में दक्षिणवालों को 'हिंदी का साम्राज्यवाद' दिखता है। एक अन्य प्रादेशिक भाषा का अध्ययन, जिसके द्वारा अहिंदी भाषियों के साथ हिंदीवालों पर भी कुछ अतिरिक्त भार डालकर, असुविधा संतुलन की स्थापना का विचार था, इसको हिंदी प्रदेशों में व्यवहार नहीं दिया गया। यह अनावश्यक बोझ कोई भी स्वेच्छा से उठाने को तैयार नहीं है। संक्रांतिकाल के नाम पर अंग्रेजी को अबाध स्थान प्राप्त है। लोग नई असुविधाओं के स्थान पर स्वभाव में आ गई पुरानी असुविधा, जो उनकी अंग्रेजियत के संस्कार की हीनग्रंथि को भी तुष्ट करती है, से ही चिपटे रहना चाहते हैं। अंग्रेजी दां नेतृवर्ग का इसी में निहित स्वार्थ भी है।

उच्च प्रशासकीय, तकनीकी, वैज्ञानिक तथा वैदिक शिक्षा के लिए प्रादेशिक भाषाओं और हिंदी में जिस साधना व तपस्या की जरूरत है वह भी कोई करने की मन:स्थिति में नहीं है। अत: अंग्रेजी का उपयोग भारतीय राष्ट्रजीवन की अटल नियति सा ही बन गया है। उपाध्याय के लिए यह स्थिति असह्य थी। इसलिए उन्होंने अंतत: प्रस्ताव रखा, न हिंदी, न अंग्रेजी, केवल मातृभाषा में ही संपूर्ण शिक्षा हों। दोनों भाषाओं की अनिवार्यता समाप्त कर, सहज स्पर्धा के लिए उन्हें खुला छोड़ दिया जाए।

''…वास्तविकता यह है कि संक्रमणकाल में अंग्रेजी रहेगी, अंग्रेजी की अनिवार्यता नहीं। अंग्रेजी हटाओ का उद्‌देश्य अंग्रेजी की अनिवार्यता हटाओ है। यदि अंग्रेजी में सच में कोई शक्ति है तो अपने बलबूते पर टिक जाएगी। उसे राज्य के बल की आवश्यकता नहीं होनी चाहिए।''

''…अत: आवश्यक है कि राजसेवा की भरती की परीक्षा के लिए न तो अंग्रेजी, न हिंदी को अनिवार्य किया जाए। जब सब पढ़ाई मातृभाषा के माध्यम से होनेवाली है तो हिंदी या अंग्रेजी के अलग प्रश्नपत्र की भी आवश्यकता नहीं। भरती के उपरांत स्थायी होने के पूर्व इन भाषाओं में से किसी एक की परीक्षा पास करना आवश्यक होना चाहिए।''[75]

उपाध्याय के जीवनकाल में तो यह नहीं हो सका; पर अब कुछ मात्रा में यह हो

रहा है। भारतीय लोक सेवा आयोग की स्पर्धी परीक्षाओं के लिए क्षेत्रीय भाषाओं का माध्यम स्वीकार कर लिया गया है। अनेक प्रदेशों में हिंदी व अंग्रेजी की वैधानिक अनिवार्यता भी समाप्त हुई है। यह कहना कठिन है कि उपाध्याय हिंदी व अंग्रेजी में जिस खुली स्पर्धा की कल्पना कर रहे थे, वह यही है या नहीं; क्योंकि राज्यव्यवस्था में अंग्रेजी का वर्चस्व यथापूर्व है तथा स्वेच्छा से हिंदी या अंग्रेजी के विकल्प में अंग्रेजी बहुत आगे एवं हिंदी बहुत पीछे है। लेकिन हिंदी भी अब दौड़ में है। उपाध्याय को विश्वास था कि हिंदी को स्पर्धा की छूट मिलेगी तो वह जीतेगी। इसका उत्तर तो भविष्य देगा। एक बात अवश्य लगती है, हिंदी रहे या अंग्रेजी, उनका सह–अस्तित्व रहे अथवा प्रादेशिक भाषाओं का वर्चस्व रहे, लेकिन यह ध्यान रखने लायक मुद्दा है कि भाषा हमारी राष्ट्रीय अखंडता के विघटन का कारण नहीं बननी चाहिए। शायद इसीलिए दीनदयाल उपाध्याय ने कालीकट में अंग्रेजी के साथ यह भी स्वीकार कर लिया कि हिंदी की अनिवार्यता का आग्रह छोड़ दिया जाए। इसीलिए उन्होंने अंग्रेजी के संक्रमणकाल का विस्तार भी स्वीकार कर लिया था। राष्ट्रीय भाषा राष्ट्रीय विवेक में से उत्पन्न होगी, भाषाविशेष के जुनून में से नहीं। यह वह मूलमंत्र है जो दीनदयाल उपाध्याय के संपूर्ण चिंतन की, राष्ट्रीय एकता के संदर्भ में, धरोहर कहा जा सकता है।

(च) प्रादेशिक भाषाएँ बनाम हिंदी व अंग्रेजी : दीनदयाल उपाध्याय चाहते थे कि प्रादेशिक भाषाएँ व हिंदी मिलकर अंग्रेजी के साथ लड़ाई लड़े, पर यह संभव नहीं हुआ। कहीं भाषिक उपराष्ट्रवाद हिंदी से लड़ पड़ता है, कहीं 'हिंदी साम्राज्यवाद' के खिलाफ प्रादेशिक भाषाएँ सन्नद्ध कर दी जाती हैं। परिणामतः अहिंदीभाषी प्रदेशों ने हिंदी का वैसा स्वागत नहीं किया जैसा कि हिंदी को 'राष्ट्रभाषा' की भावना के आधार पर मिलना चाहिए था। पंजाबी और हिंदी की लड़ाई उत्तर भारत में सर्वाधिक दुःखद रही। दक्षिण में हिंदीविरोध आज भी प्रादेशिक राजनीति का बड़ा मुद्दा है। सन् 1967 में द्रविड़ मुन्नेत्र कषगम की सरकार मद्रास में अस्तित्व में आई। उन्होंने 'तमिल' के बाद केंद्रीय भाषा की दृष्टि से 'अंग्रेजी' को तरजीह दी। काल्पनिक हिंदी साम्राज्यवाद के खिलाफ यह अजीब लड़ाई है। उपाध्याय ने कहा था, "अंग्रेजी, हिंदी किसी की भी अनिवार्यता न रहे, दोनों में खुली स्पर्धा हो···, क्या अंग्रेजीवाले इस चुनौती को स्वीकार करेंगे? श्री अन्नादुरै इसके लिए तैयार नहीं दिखते, क्योंकि उन्होंने अंग्रेजी को अनिवार्य किया है, तथा हिंदी की पढ़ाई को अनिवार्यतः बंद किया है। उन्होंने यह सिद्ध कर दिया है कि तमिलनाडु में भी हिंदी को वे बिना कानून के सहारे नहीं रोक सकते।"[76]

उपाध्याय ने आह्वान किया, "···अंग्रेजी के खिलाफ लड़ाई 'हिंदीवालों' की लड़ाई नहीं है। यह वस्तुतः सभी भारतीय क्षेत्रीय भाषाओं का एक सम्मिलित मामला है। अगर अंग्रेजों ने अपने साम्राज्य को सुदृढ़ बनाने के लिए 'फूट डालो और राज करो' की नीति

का अवलंबन किया, तो आज अंग्रेजी के समर्थक उस विदेशी भाषा को चिरस्थायी बनाए रखने के लिए उसी नीति का अवलंबन कर रहे हैं। यदि अंग्रेजी चली जाती है तो उसका स्थान अकेली हिंदी ही नहीं ग्रहण करेगी, बल्कि हिंदी और क्षेत्रीय भाषाएँ संयुक्त रूप से करेंगी। अगर अंग्रेजी कायम रहती है तो भारत की कोई भी भाषा पल्लवित नहीं हो सकती। क्या वह हिंदी थी जिसने तमिल या बंगला को, या अन्य भाषाओं को उनके संबंधित क्षेत्रों से अपदस्थ किया? कोई ऐसा नहीं सोचता कि केरल में विधानमंडल और प्रशासन का कार्य मलयालम के बदले हिंदी में होगा; मलयालम तब तक नहीं आ सकती जब तक कि अंग्रेजी हट नहीं जाती।''[77]

उपाध्याय की ये सुझावनभरी सिखावन है। उनका राष्ट्रवादी मन विदेशी भाषा को स्वीकार नहीं करता था, राष्ट्रीयतावादी मन हिंदी का आग्रही था। उपस्थित परिस्थिति में उन्होंने प्रादेशिक भाषाओं से समझौता कर लिया था; लेकिन अब भी कहना मुश्किल है कि अंग्रेजी के खिलाफ हिंदी तथा प्रादेशिक भाषाओं का कोई साझा मोरचा बन पाया है या बन पाएगा।

13. स्थानीय स्वशासन

दीनदयाल उपाध्याय एकात्म शासनप्रणाली के हिमायती थे, जिसे वे जनपदीय स्वराज्य[78] कहते थे। यह गांधीजी के ग्रामस्वराज्य का निकटवर्ती विचार है। भारतीय जनसंघ, राज्य विधानमंडलों तथा संसद् में प्रभावी होने के पहले, नगरपालिकाओं तथा महापालिकाओं में विजयी होनेवाला महत्त्वपूर्ण दल बना। स्थानीय स्वशासन की इस इकाई पर कार्य करते हुए अपने अनुभवों के आधार पर उपाध्याय ने अनेक टिप्पणियाँ कीं जो उल्लेखनीय हैं। अपने देश के नगरपालिकाई स्वशासन में एक बड़ी कठिनाई है अस्थिर अध्यक्ष पद की। नगरपालिका स्तर पर दल बहुत संगठित नहीं रहते। अनेक स्थानीय गुट प्रभावी होते हैं। किसी के भी स्थायी व स्पष्ट बहुमत के अभाव में, तालमेल होते हैं तथा तालमेल प्रतितालमेल के चक्कर में नगरपालिका अस्थिरता का शिकार हो जाती है। सन् 1959 में जनसंघ जब दिल्ली नगर निगम में बड़े दल के नाते उभरकर आया, लेकिन उसका स्पष्ट बहुमत न था, तब उपाध्याय ने सुझाव दिया—

''...निगम, जहाँ सारा काम प्रशासकों तथा आनुपातिक प्रतिनिधित्व के आधार पर निर्वाचित विभिन्न समितियों द्वारा चलाया जाता है, में इस प्रकार की व्यवस्था पर जोर देना नितांत आवश्यक है कि सब दल इकट्ठा होकर बहुमत का निर्माण करें। महापौर को निगम के नेता की अपेक्षा अध्यक्ष का कर्तव्य ही अधिक पालन करना पड़ता है। उसके प्रशासकीय कर्तव्य बहुत ही कम है।...महापौर और उप-महापौर के पद पर बारी-बारी से विभिन्न गुटों का अधिकार रहना चाहिए।''[79] इस सुझाव के माध्यम से

लोकतांत्रिक प्रक्रिया को नित्य की उठापटक एवं शक्तिपरीक्षणीय चुनावी दंगलों से बचाकर, स्थानीय स्वशासकीय इकाइयों की अस्थिरता की समस्या का समाधान किया जा सकता था; लेकिन इसका प्रयोग नहीं हो सका। कांग्रेस चुनाव लड़ने पर आमादा थी। उसने महापौर पद का चुनाव लड़ा तथा पराजित हुई।

इसी प्रकार लखनऊ महापालिका में जनसंघ का नगरप्रमुख आने व उत्तर प्रदेश की अनेक पालिकाओं पर जनसंघ का कब्जा होने के बाद पालिकाओं की अधिकारहीन स्थिति का उल्लेख करते हुए उन्होंने कहा, ''स्थानीय स्वराज्य के गुणानुवाद तो बहुत किए जाते हैं; किंतु पंचायतों और जिला परिषदों की तो बात दूर, इन महापालिकाओं को भी वास्तविक अधिकार नहीं दिए गए हैं। अंग्रेज शासन की नीति थी कि जितने महत्त्व के स्थान हो उनमें विधान का दिखावा तो भरपूर हो, किंतु तत्त्व कम हो। कांग्रेस शासन ने अपने पूर्ववर्तियों के इस गुण में कमाल हासिल किया है।...सन् 1935 के विधान के अंतर्गत कांग्रेसी मंत्रिमंडलों की उस समय के आई.सी.एस. अफसरों के सामने जैसे कुछ भी पार नहीं पड़ती थी, वैसी ही स्थिति महापालिकाओं के चुने हुए प्रतिनिधियों की होगी।''[80]

उपर्युक्त स्थिति को अवांछनीय मानते हुए दीनदयाल उपाध्याय ने आगाह किया, ''उन्हें (निगमों को) छोटा मानना भूल होगी। उनका समानता के आधार पर स्वायत्त निकाय के रूप में विचार करना होगा।''

14. भारतीय जनसंघ

दीनदयाल उपाध्याय का अन्य राजनीतिक दलों तथा राजनीतिक नेताओं से अधिक प्रत्यक्ष संबंध नहीं आया। नितांत दलीय कारणों से ही अन्य लोगों से उनका मिलना होता था। आलोचना व समर्थन भी वे नीति एवं कार्यक्रमों का ही करते थे। संगठनात्मक एवं वैचारिक कार्य में ही प्राथमिकतापूर्वक जुटे रहने के कारण किसी नेता या संगठन के साथ जन-आंदोलन अथवा सहकार्य करने की भी स्थितियाँ नहीं रहीं। प्रसिद्धिपराङ्मुखता को सार्वजनिक कार्य का आदर्श मानने के कारण भी, नेतृत्व करते हुए 'नेतागिरी' से बचकर रहना और साथी कार्यकर्ताओं को सुसंस्कारित करते हुए समाज के समक्ष प्रस्तुत करने का काम उन्होंने अपने जिम्मे लिया।

जनसंघ के वे एकनिष्ठ कार्यकर्ता थे। जनसंघ को एक वैकल्पिक राजनीतिक आंदोलन के नाते उन्होंने विकसित करने का प्रयत्न किया। अपने जीवनकाल में उन्होंने उसे उन्नति के एक शिखर तक पहुँचाया भी। अपने दल के कार्यकर्ताओं की लघुमार्गीय राजनीतिक आकांक्षा को वे नियंत्रित करते थे :

''राजनीतिक समझौते व व्यवस्थाएँ चुनावों में विजय प्राप्त करवा सकते हैं। अनेक प्रदेशों तथा केंद्र में भी कांग्रेस को हराया जा सकता है। किंतु इससे तब तक कोई अच्छे

परिणाम नहीं निकल सकेंगे जब तक नए आनेवाले शासक जनता को प्रेरणा दे सकने योग्य राष्ट्रीय चैतन्ययुक्त ऐसे कार्यक्रम व सिद्धांत प्रस्तुत न करें जो स्वयं उनके आचरण में प्रकट होते हों।

"भारतीय जनसंघ वर्तमान संकट का इसी विधायक तरीके से सामना करना चाहता है और जैसा समर्थन जनता द्वारा उसे प्राप्त हो रहा है उससे यदि इसका यह लंबा दीखनेवाला मार्ग ही कहीं सबसे सरल मार्ग सिद्ध हो जाए तो किसी को आश्चर्य नहीं होना चाहिए।"[81]

दुर्योग यह हुआ कि भारतीय जनसंघ इस 'लंबे दिखनेवाले मार्ग' को 'सरल मार्ग सिद्ध होने' तक इंतजार नहीं कर सका। भारत के विरोधी दलों ने दलबदलू कांग्रेसी नेताओं के बल पर कांग्रेस का विकल्प खड़ा करने का लघुमार्ग अपनाया। जनसंघ अपने को इससे अलग नहीं रख सका। अंतत: 'वैकल्पिक आंदोलन' खड़ा करने के संकल्प को छोड़कर सत्ता राजनीति की मूलधारा से आ जुड़ा और तिरोहित हो गया। यदि दीनदयाल उपाध्याय जीवित रहते, तो क्या वे जनसंघ को तिरोहित होने से बचा लेते? हर उत्तर अनुमान ही होगा। पर, बहुतों को लगता है कि वे बचा लेते या राजनीति छोड़ देते। कुछ लोगों को लगता है कि परिस्थितियाँ जिस प्रकार द्रुतगति से बदलीं, यदि जनसंघ को जिंदा रखने की जिद्द की जाती तो राजनीतिक प्रवाह से वह अलग पड़ जाता, या फिर उपाध्याय को ही राजनीतिक क्षेत्र से वैराग्य लेना पड़ता। जनसंघ समाप्त हो गया है। भारतीय जनता पार्टी में जनसंघ धारा के लोग हैं; लेकिन भारतीय जनता पार्टी के अध्यक्ष पुरजोर आग्रह करते हैं कि उनकी पार्टी पुराना जनसंघ नहीं है। ऐसे लोगों की कमी नहीं जिनको जनसंघ का अभाव खलता है। एक आंदोलन को चलाने के लिए जो वैचारिक व सांगठनिक क्षमता चाहिए, दीनदयाल के बाद उसकी पूर्त्ति न हो सकी, नहीं तो वह दीपक यूँ न बुझता।

जनसंघ का जन्म कांग्रेस के विकल्प के रूप में हुआ था; लेकिन हिंदूधारा के पूर्ववर्ती दलों को अपने में समेटकर यह दल चले, यहाँ-वहाँ से इसका आग्रह होता ही था। रामराज्य परिषद् व हिंदू महासभा के साथ विलय की चर्चा हम पहले कर चुके है। एक और दल, जिसके साथ गठबंधन और विलय की चर्चा चली, वह स्वतंत्र दल था। उपाध्याय की इस विलयवार्त्ता में निर्णायक भूमिका थी।

15. स्वतंत्र दल

स्वतंत्र दल गैर-वामपंथी ही नहीं, दक्षिणपंथी दल था। भारतीय जनसंघ की गैर-समाजवादी दल के रूप में छवि तथा एक वरिष्ठ कार्यकर्ता बलराज मधोक के कारण स्वतंत्र पार्टी व जनसंघ के विलय की चर्चाएँ चलीं, चुनावी गठबंधन भी हुए। एकता की बातें जनसंघ के पंजाब प्रादेशिक अधिवेशन में स्वयं स्वतंत्र पार्टी के नेताओं ने आकर

बहुत उत्साह से की। राजनीतिक शक्ति के उद्‌भव, कांग्रेस का विकल्प बनने की लालसा सभी कुछ प्रकट हुई; किंतु वार्त्ता के दौरान उपाध्याय ने कहा—

"हम जानते हैं कि जनसंघ के अस्तित्व में रहने के बावजूद स्वतंत्र पार्टी का गठन किया गया।…तब से उस पार्टी ने अपना स्वत: का विशिष्ट व्यक्तित्व विकसित कर लिया। स्पष्ट है दोनों पार्टियों के बीच एकता केवल तभी हो सकती है जब स्वतंत्र पार्टी के नेता पहले इस बात पर विचार करें और निर्णय करें कि क्या जिस कारण उन्हें अलग पार्टी बनाने की प्रेरणा मिली वे कारण उचित थे और क्या वे कारण अब भी बने हुए हैं? यदि इनका उत्तर 'हाँ' में है तब एकता के सारे प्रस्तावों का उत्तर अनिवार्य रूप से 'ना' है।"[82]

स्वतंत्र पार्टी के महामंत्री मीनू मसानी ने वक्तव्य दिया कि वे जनसंघ की कश्मीर नीति से सहमत नहीं हैं। उनके विचार से पाकिस्तान से इस संदर्भ में वार्त्ता आवश्यक थी तथा संयुक्त राष्ट्रसंघ की मध्यस्थता के भी वे हिमायती हैं। दीनदयाल उपाध्याय इससे सहमत नहीं थे। उन्होंने जनसंघ व स्वतंत्र पार्टी का गठबंधन तोड़ दिया और कहा—

"मैं मसानी को धन्यवाद देता हूँ कि उन्होंने अपना मंतव्य इतने स्पष्ट शब्दों में प्रकट किया। उनकी इस घोषणा ने हमें चुनाव संबंधी उस समझौते के बंधन से मुक्त कर दिया है जो स्वतंत्र दल के नेताओं की पाक व कश्मीर नीति के कारण हमारे लिए परेशानी का कारण बन गया था…यह स्वाभाविक है कि जनसंघ किसी भी ऐसे दल से कोई समझौता न करे जो देश के किसी भूभाग को आक्रमणकारी के हाथ सौंपने का विचार रखता है…अच्छाई-बुराई के लिए हमें श्री मसानी के उपदेशों की आवश्यकता नहीं है। देश की एकता और अखंडता का प्रश्न हमारी श्रद्धा का विषय है और उसकी प्राप्ति के लिए हम कोई भी कसर उठा नहीं रखेंगे।"[83]

16. भारतीय साम्यवादी दल

दीनदयाल उपाध्याय के साहित्य में जिस अन्य दल का सर्वाधिक जिक्र हुआ है, वह है भारत का साम्यवादी दल। दीनदयाल साम्यवादी दल के प्रखरतम आलोचक थे। सामान्यत: इस दल से उन्हें निम्न शिकायतें थीं—

(1) यह अपने सिद्धांत व नीतियों के लिए देशबाह्य निष्ठा रखता है।

(2) यह अंतरराष्ट्रीयतावाद के नाम पर 'सोवियत रूस' व 'जनवादी चीन' का हस्तक बना हुआ है।

(3) यह भारत की 'एकराष्ट्रीयता' में विश्वास न करनेवाला, 'बहु-राष्ट्रवाद' का प्रवक्ता तथा पृथकतावाद का पोषक है।

(4) यह 'वर्गसंघर्ष' के सिद्धांत को मानने के कारण विभेदकारी व हिंसाचारी बन गया है।

(5) नितांत भौतिकवादी होने के कारण एकांगी है।

(6) राजनीतिक रूप से तानाशाही विचारवाला तथा जनतंत्र विरोधी है।

राष्ट्रीय एकात्मता और अखंडता जनसंघ के लिए सर्वाधिक महत्त्वपूर्ण व प्रिय विषय था। संवेगात्मक देशभक्ति और भारतीयता उसकी कर्मप्रेरणा का अधिष्ठान थी। अत: साम्यवादी दल और भारतीय जनसंघ दो समानांतर ध्रुवों का प्रतिनिधित्व करते थे। साम्यवादियों ने सर्वाधिक राजनीतिक आलोचना जनसंघ की ही की है तथा जनसंघ ने साम्यवादी दल की उतनी ही निंदा की है।

इतनी दूरी बढ़ानेवाली असहमतियों के बावजूद उपाध्याय साम्यवादी जगत् द्वारा किए आर्थिक प्रयोगों को अच्छा मानते थे। उसमें समतावाद की सामाजिक अंतर्दृष्टि उन्हें वरेण्य लगती थी। पाञ्चजन्य के 'अर्थ अंक' के एक लेख में की गई चीन की आलोचना के लिए, इस अंक की समीक्षा करते हुए उपाध्याय लिखते हैं—

"चीन की अर्थव्यवस्था का चित्रण भी 'ऑब्जेक्टिवली' नहीं हुआ है। चीन से सीखने लायक बहुत कुछ हो सकता है, और उसमें सबसे महत्त्वपूर्ण यही, कि जिस प्रकार चीन ने रूस की अंधी नकल न करके कम्युनिज्म को अपना जामा पहनाया, उसी प्रकार भारतीय पृष्ठभूमि में रूस और चीन के तथाकथित साम्यवादी कार्यक्रम लेने के स्थान पर भारतीय जीवन का आर्थिक विकास करें। फिर उस विकास की रूपरेखा का साम्यवाद से कोई साम्य हो तो आपत्ति नहीं।"[84]

लेकिन राजनीतिक एवं भावनात्मक दृष्टि से यह भारतभक्ति से शून्य ही नहीं, उपाध्याय इसे राष्ट्रविरोधी भी मानते हैं। उनके अनुसार तिब्बत पर चीनी अधिकार का स्वागत, भारत पर चीनी आक्रमण को सीमाविवाद बताना तथा चीनी की सेना को 'मुक्तिसेना' कहकर प्रचारित करना राष्ट्रद्रोहात्मक कृत्य थे। द्वितीय महायुद्ध के समय भी सोवियत रूस व अंग्रेजों के समझौते के कारण भारतीय कम्यूनिस्ट पार्टी ने 'अंग्रेजपरस्त' होकर आजादी के आंदोलन के साथ विश्वासघात किया था। इस संदर्भ में उपाध्याय के ये शब्द उल्लेखनीय हैं :

"...जहाँ तक कम्युनिस्टों का संबंध है, जनसंघ उनके असली रंग को जानता है। वह केवल कम्युनिस्ट पार्टी को ही स्थायी पंचमांगी तत्त्व नहीं मानता; अपितु कम्युनिज्म को वह भारतीय संस्कृति और मानवता के विरुद्ध मानता है और इसलिए वह दोनों का कट्टर विरोधी है।"[85]

"हर देशभक्त भारतीय का कर्तव्य है कि वह इस बात पर नजर रखे कि कम्युनिस्टों को ऐसी शक्ति प्राप्त न होने पाए कि वे किसी दिन भारत की स्वतंत्रता और सुरक्षा को ही गंभीर खतरे में डाल सकें।"[86]

सन् 1957 के द्वितीय महानिर्वाचन के बाद केरल में प्रथम गैरकांग्रेसी साम्यवादी सरकार की स्थापना हुई थी। पाँच निर्दलीय सदस्यों को मिलाकर कम्युनिस्ट पार्टी ने सदन

में दो तिहाई बहुमत प्राप्त कर लिया था। उसे 35 प्रतिशत लोकप्रिय मत प्राप्त हुआ था। उपाध्याय के अनुसार यह साम्यवाद की लोकप्रियता के कारण नहीं; वरन् कांग्रेस के ईसाईवाद एवं मुसलिम लीग की इसलामवाद के समानांतर ध्रुवीकृत हुए हिंदू वोट को कम्युनिस्ट पार्टी द्वारा भुनाने का परिणाम था : "कम्युनिस्टों ने हिंदुत्व की भावना का लाभ उठाकर अपना उल्लू सीधा करना प्रारंभ कर दिया। परिणाम हुआ साम्यवादी शासन।"[87]

साम्यवादी सरकार अपनी दमनकारी पुलिसनीति के कारण बहुत बदनाम हुई। उसके खिलाफ प्रारंभ में गैरदलीय जन-आंदोलन श्रीमन्नाथ पद्मनाभन के नेतृत्व में प्रारंभ हुआ। बाद में सभी गैरसाम्यवादी दल इसमें आ जुटे। तत्कालीन कांग्रेस की अध्यक्षा श्रीमती इंदिरा गांधी की इसमें विशेष भूमिका थी। साम्यवादी दल तिब्बत एवं हिमालयी भारतीय सीमा पर चीनी आक्रमण का न केवल विरोध नहीं कर रहा था वरन् चीन का मुखर समर्थक बना हुआ था। केरल के साम्यवादी सरकार-विरोधी आंदोलन को इस तथ्य ने भी बल प्रदान किया। इसलिए भारतीय जनसंघ ने साम्यवादी दल की चीनपरस्ती को ही आलोचना का मुख्य मुद्दा बनाया। अंततः राष्ट्रपति शासन लागू हुआ। साम्यवादी सरकार को बरखास्त किया गया। इस घटनाचक्र से उपाध्याय ने यह निष्कर्ष निकाला कि "तिब्बत और केरल ने प्रमाणित कर दिया है कि भारतीय जनता मूलतः कम्युनिस्ट विरोधी है।"[88]

वस्तुतः कम्युनिस्ट सरकार की दमननीति के खिलाफ उठे जनाक्रोश को जनसंघ तथा कांग्रेस ने साम्यवादी केरल सरकार के विरुद्ध राजनीतिक रूप से भुनाया। भारत के अनेक वरिष्ठ राजनीतिज्ञों ने इसे गलत माना था। विशेषकर एक निर्वाचित सरकार को राष्ट्रपति शासन द्वारा गिराना चक्रवर्ती राजाजी जैसे लोकतंत्रवादियों को अच्छा उदाहरण नहीं लगा था। हिंदू महासभा तथा स्वातंत्र्यवीर सावरकर ने हिंदू मतों के आधार पर विजयी साम्यवादी दल की सरकार को अपना समर्थन दिया। इस संबंध में उपाध्याय ने अपना मत प्रस्तुत किया कि "कतिपय संविधान पंडितों ने कम्युनिस्ट विरोधी होते हुए भी केरल के जन-आंदोलन के विरोध में अपना मत प्रकट किया।···केरल मंत्रिमंडल के पतन पर आँसू बहानेवालों की संख्या उँगली पर गिनी जा सकती है। जनता के सहयोग से भारत को 'लाल' बनाने का स्वप्न देखना निरर्थक है। जनतांत्रिक विधियों से भारत में कम्युनिस्ट सत्ता स्थापित होना और टिके रहना असंभव है।"[89]

लगता है साम्यवाद विरोधियों के लिए तो केरल सरकार का साम्यवादी होना मात्र इतना बड़ा अपराध था कि राष्ट्रपति द्वारा उसकी बर्खास्तगी उनको जायज लगी; लेकिन वस्तुतः यह कोई अच्छी घटना नहीं थी। एक विरोधी दल की सरकार को केंद्र द्वारा समाप्त किया गया। उसे पाँच साल काम करने का अवसर नहीं दिया गया। सरसंघचालक गोलवलकर भी केरल सरकार को इस प्रकार गिराने के विरुद्ध थे; लेकिन जनसंघ ने दीनदयाल उपाध्याय के नेतृत्व में इस संदर्भ में जो भी निर्णय लिया, वे बाधा नहीं बने तथा न ही सार्वजनिक रूप

से अपने मत का इजहार किया।[90]

दीनदयाल उपाध्याय की संसार भर के साम्यवादी दलों से यह शिकायत थी कि साम्यवादी शासन में आने पर समाज व राजनीतिक दलों के लोकतांत्रिक अधिकारों को छीन लेते हैं; लेकिन जब वे वहाँ सत्ता में नहीं होते तो अपने षड्यंत्रकारी उद्देश्यों की पूर्ति के लिए लोकतांत्रिक अधिकारों का उपयोग जन-असंतोष को भड़काने में करते हैं। उदाहरणार्थ, सन् 1962 व 1965 के खर्चीले युद्धों के कारण जो देश की अर्थव्यवस्था पर एक भार पड़ा था, परिणामस्वरूप देश को अनेक अभावों का सामना करना पड़ा, अन्न संकट एक बड़ी चुनौती थी। उसका सामना करने के लिए उपाध्याय ने समाज से आह्वान किया कि सप्ताह में एक दिन सोमवार को निराहार रहें, अथवा कम-से-कम अन्नाहार न करें; जबकि कम्युनिस्टों ने अन्नसंकट के लिए सरकार के खिलाफ आंदोलन शुरू किया। उपाध्याय ने इसे लोकतंत्र पर चोट करनेवाला लोकतांत्रिक अधिकारों का दुरुपयोग माना। इस प्रवृत्ति के खिलाफ उन्होंने संगठित होने का आह्वान किया। साम्यवादियों द्वारा चलाए गए इन आंदोलनों में संसोपा ने भी भाग लिया। इस संदर्भ में उपाध्याय ने लिखा :

"संसोपा व कम्युनिस्टों ने मिलकर प्रजातंत्र को चुनौती दी है। वे एक ऐसी स्थिति पैदा करना चाहते हैं कि व्यवस्था नाम की कोई चीज न रह जाए…इस चुनौती का सामना कैसे किया जाए? कौन इस बीड़े को उठाएगा? निःसंदेह उन सभी लोगों को जो प्रजातंत्र में श्रद्धा रखते हैं, संगठित होकर प्रजातंत्रविरोधी शक्तियों का मुकाबला करना होगा।…भारत की एकता के लिए प्रजातंत्र जरूरी है।"[91]

साम्यवादी दल के साथ अपने मूल मतभेदों के कारण जनसंघ की यह नीति थी कि साम्यवादियों के साथ कभी गठजोड़ नहीं करेंगे; लेकिन राजनीतिक परिस्थितियों ने उसका यह संकल्प निभने नहीं दिया। स्थितियाँ ऐसी उत्पन्न हुईं कि उन्हें कम्युनिस्टों के साथ काम करना पड़ा। सबसे पहले सन् 1956 में 'संयुक्त महाराष्ट्र समिति' के कम्युनिस्ट नेतृत्व के बावजूद जनसंघ ने यह तय किया कि वह इस समिति के साथ जन-आंदोलन में भाग लेगा। फिर सन् 1956 में दिल्ली नगर निगम में साम्यवादी-जनसंघ गठजोड़ के कारण श्रीमती अरुणा आसफ अली साम्यवादी दल की ओर से दिल्ली की महापौर व केदारनाथ साहनी दिल्ली के उपमहापौर बने। काफी बहस-मुबाहिसा के बाद सन् 1967 में बिहार में बनी प्रथम गैरकांग्रेसी सरकार में जनसंघ कम्युनिस्टों के साथ सत्ता में आया तथा बाद में प्रदेशों में बनी सभी गैरकांग्रेसी सरकारों में जनसंघ व कम्युनिस्ट साथ-साथ सत्ता में सहभागी हुए। सामान्यतः उपाध्याय सिद्धांतवादी एवं सत्तानिरपेक्ष राजनेता थे; लेकिन जब लोगों ने जनसंघ के इस व्यवहार को 'सत्तालोलुप व सिद्धांतहीन' व्यवहार बताकर आलोचना की तो उन्होंने इसकी सफाई इस तरह दी :

"राजनीति में जहाँ सत्ता को ही जनता की सेवा का तथा अपने आदर्शों को साकार

करने का एकमात्र साधन माना जाता है, वहाँ सत्ता की भूख और ईमानदारीपूर्वक सत्ता की आकांक्षा के बीच अंतर बहुत कम होता है। जनसंघ सदस्यों का भावी व्यवहार दर्शाएगा कि उक्त व्यवस्था के अनुसार प्राप्त पद का दायित्व वे किस तरह और किस सीमा तक उत्तरदायित्वपूर्वक निभाते हैं।''[92]

लगता है उपाध्याय ने यह सफाई बहुत हिचकिचाते हुए की है। इसीलिए इसमें तर्क की वह शक्ति नहीं है जो दीनदयाल के चिंतन का एक सहज एवं महत्त्वपूर्ण लक्षण है। यहाँ यह उल्लेखनीय है कि दीनदयाल उपाध्याय ऐसे गठजोड़ों के समर्थक नहीं थे। उपर्युक्त कथन उपाध्याय द्वारा सन् 1956 में दिल्ली नगर निगम में हुए जनसंघ-साम्यवादी गठबंधन के समय कहा गया था। तब उपाध्याय ने बहुत प्रयत्न किया था कि कांग्रेस चुनाव लड़ने का मत त्याग दे तथा नगर निगम में क्रमशः सर्वदलीय महापौरों की व्यवस्था हो; लेकिन कांग्रेस ने चुनाव की जिद्द की, परिणामतः उक्त गठबंधन करना पड़ा।

इस प्रकार राजनीतिक परिस्थितियों ने दीनदयाल से भी समझौते करवा लिए। यह एक सिद्धांतवादी राजनेता एवं सत्ता समीकरण की राजनीतिक परिस्थितियों के मध्य चलनेवाले अंतर्संघर्ष का परिचायक, ध्यान देने योग्य तथ्य है।

17. जवाहरलाल नेहरू

कांग्रेस तथा नेहरू से भी दीनदयाल उपाध्याय का सीधा व व्यक्तिगत संबंध नहीं था। नेहरू किस प्रकार संघविरोधी थे यह हम पूर्व अध्याय में नेहरू-पटेल विवाद, टंडनजी की विजय तथा त्यागपत्र की घटना और अंततः भारतीय जनसंघ की स्थापना के घटनाक्रम के दौरान देख चुके हैं। जवाहरलाल नेहरू अपने कट्टर 'सेक्युलरवाद', पाश्चात्य रुझान, समाजवादी झुकाव एवं अंतरराष्ट्रीयतावाद के कारण दीनदयाल उपाध्याय द्वारा आलोचित किए गए। जवाहरलाल नेहरू भी 'जनसंघ को संघ की नाजायज औलाद' कहा करते थे। उनकी नजर में संघ-जनसंघ घोर सांप्रदायिक, फासिस्ट तथा दकियानूस संगठन थे। दोनों को एक-दूसरे से बहुत शिकायतें थीं; लेकिन हिंदुस्तान के लोकतांत्रिक इतिहास में सत्ता तथा विपक्ष के रूपायन में दोनों की अमर भूमिकाएँ हैं।

दीनदयाल उपाध्याय द्वारा की गई जवाहरलाल नेहरू की आलोचना के कुछ आयामों का हम यहाँ उल्लेख करेंगे, ''नेहरू समाजवाद के नारे से लोगों की भूख मिटाना चाहते हैं···व्यक्ति जब वास्तविकता की आँख से आँख मिलाता है तो उसका समाजवाद काफूर हो जाता है।···कश्मीर के प्रश्न पर जनता चाहती थी संपूर्ण कश्मीर की मुक्ति एवं भारत के साथ एकीकरण; किंतु नेहरू संयुक्त राष्ट्रसंघ को महत्ता तथा अब्दुल्ला को सहारा देते रहे।···राष्ट्र की माँग थी, पुर्तगालियों को भारत से खदेड़कर गोआ-दमन-दीव की मुक्ति। संपूर्ण देश में आंदोलन हुआ, तरुणों ने गोलियाँ खाने के लिए सीने तान दिए। हजारों बंदी

हुए, अनेक हुतात्मा हुए…किंतु पुर्तगालियों से भारतभूमि को मुक्त करवाने के स्थान पर जब नेहरू ने शांतिपूर्वक वार्त्ता से ही समस्त अंतरराष्ट्रीय प्रश्नों को सुलझाने और कभी भी बलप्रयोग न करने की घोषणा की तो सारी जनता धड़ाम से औंधे मुँह गिर पड़ी।…हिंदुओं की पूर्वी बंगाल में सब प्रकार की प्रताड़ना हुई…देश के खून ने उबाल खाया, किंतु नेहरू ने शांति की दुहाई दी। लोग दु:शासन द्वारा द्रौपदी का चीरहरण देखते हुए, भीम की भाति निर्वीर्य से बैठे रहे।…उसने (चीन ने) तिब्बत को हड़प लिया?…और हमें 'पंचशील' की सुरा में मदहोश जानकर भारत की पवित्र भूमि पर कई स्थानों पर बलात् अधिकार कर लिया…किंतु…जब नेहरू ने घोषणा की कि हम चीनी आक्रांताओं को हटाने के लिए बलप्रयोग नहीं करेंगे तो ऐसा लगा जैसे बसंत के नए अंकुरों पर उपलवृष्टि हो गई।''[93]

दीनदयाल उपाध्याय तथा जवाहरलाल नेहरू की लड़ाई पराक्रमवादी राष्ट्रवाद एवं शांतिवादी अंतरराष्ट्रीयतावाद की लड़ाई थी। इसी प्रकार दीनदयाल उपाध्याय का राष्ट्रीय संस्कृतिवाद मुसलमानों को अल्पसंख्यक के नाते विशेष व्यवहार देने का विरोधी था; वहीं जवाहरलाल नेहरू का सेक्यूलरवाद मुसलमानों को जबरदस्ती तथाकथित राष्ट्रीय मुख्यधारा में मिलाने के खिलाफ था अत: वे सदैव उनको संतुष्ट करने का प्रयत्न करते थे, समझौते करते थे। उपाध्याय इसे सेक्युलरवाद के नाम पर सांप्रदायिकता को बढ़ावा देना मानते थे :

''कश्मीर में अलग संविधान, उसके विशेषाधिकार, हमारी बाह्य विविधता के द्योतक नहीं वरन् मौलिक विघटन के विधायक हैं। नेहरू असांप्रदायिकता की बातें तो करते हैं; किंतु उन्हें मुसलमान पर विश्वास नहीं, उसकी देशभक्ति पर विश्वास नहीं। वे उसे खरीदना चाहते हैं। फलत: ईमानदार और देशभक्त मुसलमान पिछड़े जाता है तथा पदलोलुप नेतृत्व आगे आ रहा है।''[94] यही नहीं, परराष्ट्रनिष्ठ एवं हिंसावादी साम्यवादियों को हिंदुस्तान में सुप्रतिष्ठ करने के लिए दीनदयाल नेहरू को ही दोषी मानते हैं :

''यदि पंडित नेहरू यह चाहते हैं कि हिंसा हमारे जीवन में प्रवेश न करे तो उनको इस ओर ध्यान देना होगा कि कम्यूनिस्ट हमारे सार्वजनिक जीवन में प्रविष्ट न होने पावें। यह खेद का विषय है कि कम्युनिस्टों को अपने लिए भारत में जो स्थान व सम्मान प्राप्त हो गया है, वह अनेक रचनात्मक कार्यों या जनता पर उनके संगठन का नियंत्रण अथवा जनसाधारण में उनकी भौतिक विचारप्रणाली के प्रति आस्था के कारण नहीं बना है; अपितु पंडित नेहरू की आंतरिक तथा विदेश नीति के परिणामस्वरूप हुआ है।…उन्होंने उनको कांग्रेस में घुसने की अनुमति दी है और इस प्रकार वे बहुत से सरकारी कार्यालयों में प्रवेश पा सके हैं।''[95]

उपाध्याय कांग्रेस–कम्यूनिस्ट गठजोड़ के कारण को स्पष्ट करते हुए लिखते हैं: ''देश में कार्य करनेवाले सभी दलों की यह मौलिक आस्था होनी चाहिए कि राष्ट्र हमारा सर्वोपरि

श्रद्धाकेंद्र है; किंतु वर्तमान में राष्ट्रीयता के उस स्थान पर 'समाजवाद' ने कब्जा कर लिया दिखता है। कांग्रेस और कम्युनिस्टों के बीच एकता का यही सूत्र है।''[96]

अपने साम्यवादी अंतरराष्ट्रीयतावादी रुझान के कारण जवाहरलाल नेहरू को बहुत धोखे खाने पड़े तथा बदनामी झेलनी पड़ी। चीन पर उनके विश्वास का आधार साम्यवादी अंतरराष्ट्रीयतावाद ही था। अपने दल तथा देश के अनेक लोगों का विरोध सहकर भी उन्होंने कृष्ण मेनन को रक्षामंत्री बनाया। चीनी आक्रमण के खिलाफ उठे प्रबल जनविरोध के कारण मेनन को त्यागपत्र देना पड़ा। दीनदयाल उपाध्याय नेहरू के इस साम्यवाद-प्रेम को देश के लिए बहुत खतरनाक मानते थे।

सन् 1956 में 'राज्य पुनर्गठन विधेयक' जब संसद् में था, देश के विभिन्न प्रदेशों में व्यापक आंदोलन हुए। उन आंदोलनों में स्थानीय व प्रादेशिक कांग्रेस नेताओं ने बढ़-चढ़कर हिस्सा लिया। वे ऐसा न करें इसके लिए नेहरू ने कांग्रेसजनों से बार-बार अपील की। तब उपाध्याय ने नेहरू के प्रति व्यंग्यपूर्वक यह वक्तव्य दिया—

''नेहरूजी की बात आज कोई नहीं सुनता। नेहरूजी की स्थिति पर विचार करने पर हमें बरबस मुगल इतिहास का स्मरण हो आता है। जहाँगीर के विरुद्ध शाहजहाँ ने विद्रोह किया और शाहजहाँ के विरुद्ध विद्रोह का झंडा औरंगजेब ने उठाया। इसी प्रकार हम जानते हैं कि जिस प्रकार नेहरूजी ने गांधीजी की बात न मानकर भारत का विभाजन स्वीकार किया, उसी प्रकार आज नेहरूजी के अनुयायी स्वयं उनकी बात नहीं सुनते। विद्रोह का यह क्रम अस्वाभाविक नहीं कहा जा सकता।''[97]

इतने आरोप-प्रत्यारोपों के बावजूद उपाध्याय को नेहरू से न तो कोई व्यक्तिगत मनोमालिन्य था तथा न ही वे उनके अहितचिंतक थे। राष्ट्र का सम्मान जहाँ नेहरू के व्यक्तित्व के माध्यम से मुखरित होता था वहाँ वे उनके परमरक्षक के नाते अपने देश व दल को आह्वान करते थे। सन् 1962 के चीनी आक्रमण के समय जब पेकिंग रेडियो व साम्यवादियों द्वारा नेहरू का अपमान किया गया, अपने दल के राष्ट्रीय अधिवेशन में बोलते हुए उपाध्याय ने सबकी भावनाओं को झिंझोड़ देनेवाला भावप्रवण वक्तव्य दिया—

''हमें आगे बढ़कर ग्राम-ग्राम में फैलकर समाज में आशा एवं विश्वास का संचार करना चाहिए और राष्ट्रद्रोहियों द्वारा पं. नेहरू को च्यांगकाई शेक बनाने के षड्यंत्र का परदाफाश करते हुए यह स्पष्ट रूप से घोषणा करनी चाहिए कि चीन के उस दुर्भाग्यपूर्ण परिच्छेद की पुनरावृत्ति भारतभूमि में न होने दी जाएगी। हमारे सामने उस पन्ना धाय का आदर्श है जिसने उदय सिंह की रक्षार्थ अपने कलेजे पर पत्थर रखकर अपने पुत्र की ही बलि चढ़ा दी। वसीयत के रूप में प्राप्त राष्ट्र की अस्मिता, अखंडता और विश्व में सर्वश्रेष्ठ भारतीय संस्कृति एवं जीवनदर्शन की रक्षार्थ बड़े-से-बड़ा बलिदान करने में हम नहीं चूकें।''[98]

इसी तरह जब जवाहरलाल नेहरू ने साम्यवादी तानाशाही के लौह आवरण से आबद्ध पूर्वी यूरोप के देशों की यात्रा की तो दीनदयाल उपाध्याय ने उनका गौरवपूर्ण अभिनंदन किया:

"...उन्होंने (नेहरूजी ने) भारत का संदेश रूस व पूर्वी यूरोप के उन क्षेत्रों तक पहुँचाया जहाँ पिछले पैंतीस वर्षों में दूसरे देश का आदमी तो क्या, परिंदा भी नहीं पर मार सकता था। उनकी यश:पताका दिग्दिगंत में फहराइ। यह सब हमारे लिए गौरव की बात है।"[99]

सन् 1956 में 'राज्य पुनर्गठन' को लेकर देश में अशांति थी। नेहरू को विदेशयात्रा पर जाना था। विदेशयात्रा के स्थगन से दुनिया में भारत की आंतरिक अस्थिरता के बारे में भ्रम उत्पन्न होने की संभावना थी। तब उपाध्याय ने अपने दल का संपूर्ण समर्थन नेहरू को प्रदान करने की घोषणा की:

"हमारी पं. नेहरू के साथ चाहे जितनी मतभिन्नता हो और चाहे जितना हम उनकी नीति के विरोध में आंदोलन चला रहे हों—मैं अपने प्रधानमंत्री को, जिस समय वे विदेशयात्रा पर गए हुए हैं, विश्वास दिलाता हूँ कि भारतीय जनसंघ की सद्भावनाएँ एवं पूर्ण समर्थन इस समय उनके साथ है।"[100]

इस प्रकार से स्पष्ट है कि दीनदयाल उपाध्याय ने पूरी ईमानदारी व साहस से विभिन्न विषयों पर अपने राजनीतिक विचार समय-समय पर व्यक्त किए। वे इन विचारों के माध्यम से जनसंघ के सर्वमान्य नेता के रूप में तो उभरे ही; परंतु इससे भी अधिक उनकी छवि एक राष्ट्रीय नेता के रूप में उभरकर सामने आई। यह जरूरी नहीं कि उनके विचार से सब लोग सहमत हों; लेकिन सभी यह स्वीकार करेंगे कि दीनदयाल उपाध्याय ने सदा वह मत सामने रखा जो उनकी विचारधारा के अनुकूल था और जिसे वे ईमानदारी से राष्ट्र के हित में समझते थे। साथ ही, उनमें अपने विरोधियों को उस समय समर्थन देने का साहस भी था जब वे उनके कार्यकलापों को देश के हित में समझते थे। इसी कारण सभी विचारकों का मानना है कि भारतीय राजनीति और भारतीय राजनीतिक चिंतन दोनों में ही दीनदयाल उपाध्याय की महान् भूमिकाएँ रहीं। इसी संदर्भ में आचार्य कृपलानी का यह कथन उद्धरणीय है, "मैंने उन्हें एक व्यक्ति के रूप में सरल प्रवृत्तियों व ईमानदार दृष्टिकोण का पाया।...वे मातृभूमि की एकता और अखंडता के पुजारी थे। जनसंघ में रहते हुए भी उन्होंने सदैव देशहित को दलीय हितों से ऊँचा स्थान दिया था। देश में श्री उपाध्याय जैसे व्यक्तियों की कमी है। उनकी मृत्यु से देश की अपूरणीय क्षति हुई है।"[101]

संदर्भ–

1. दीनदयाल उपाध्याय, 'राष्ट्र चिंतन', 6–'अखंड भारत: साध्य और साधन', राष्ट्रधर्म पुस्तक

प्रकाशन, लखनऊ, पृ. 33

2. दीनदयाल उपाध्याय, 'अखंड भारत क्यों?', भारतीय जनसंघ (उत्तर प्रदेश), ए.पी. सेन मार्ग, लखनऊ (स्वतंत्रता की पाँचवीं वर्षगाँठ पर, 1952); पृ.5
3. वही; पृ. 14
4. वही; पृ. 9
5. वही; पृ. 31
6. क्र. 1; पृ. 36
7. पाञ्चजन्य, 'कश्मीर अंक', दीपावली, 2019 (28 अक्तूबर, 1962), पृ. 162
8. वही; वहीं
9. वही; पृ. 167
10. नेहरूजी का कश्मीर-विभाजन संबंधी प्रस्ताव राष्ट्रभक्ति-शून्य; लखनऊ पत्रकार-सम्मेलन में उपाध्याय; पाञ्चजन्य, 14 मई, 1956, पृ. 1
11. 'फ्रेंच बस्तियों पर पुलिस काररवाई हो'; 13 अप्रैल, 1954; दीनदयाल उपाध्याय का इंदौर में प्रेस-वक्तव्य; पाञ्चजन्य, 26 अप्रैल, 1956
12. विचार-वीथी, 'गोआ सत्याग्रह और कांग्रेस'; पाञ्चजन्य, 19 जुलाई, 1955; पृ.4 ('विचार-वीथी' स्तंभ उपाध्याय 'पाराशर' के नाम से लिखा करते थे)।
13. पाञ्चजन्य, 12 सितंबर, 1955
14. विचार-वीथी, 'सरकार और गोआ-मुक्ति का प्रश्न'; पाञ्चजन्य, 26 सितंबर, 1955; पृ. 4
15. **भारतीय जनसंघ :** घोषणाएँ एवं प्रस्ताव, 1951-72, भाग-4; आंतरिक प्रश्नों पर प्रस्ताव, 61.01 बेरूबाड़ी हस्तांतरण (1 जनवरी, 1961; लखनऊ, नवम् वार्षिक अधिवेशन)। भारतीय जनसंघ, केंद्रीय कार्यालय, विट्ठलभाई पटेल भवन, रफी मार्ग, नई दिल्ली, भारतवर्ष; पृ. 54
16. पाञ्चजन्य, 1 मार्च, 1951; पृ. 21
17. क्र. 15; 63. 20, बेरूबाड़ी हस्तांतरण (30 दिसंबर, 1963; अहमदाबाद, 11वाँ वार्षिक अधिवेशन), पृ. 67
18. दीनदयाल उपाध्याय, 'बंगलौर अधिवेशन के बाद (2)', नेहरू-नून समझौता तानाशाही का द्योतक; पाञ्चजन्य, 16 जनवरी, 1959
19. दीनदयाल उपाध्याय, वार्षिक प्रतिवेदन : महामंत्री, तेरहवाँ अधिवेशन, जालंधर; 30 अप्रैल व 1-2 मई, 1966; भारतीय जनसंघ, पृ. 9-10
20. भारतीय जनसंघ : घोषणाएँ व प्रस्ताव, भाग-3, वैदेशिक मामले, 65.14 कच्छ समझौता रद्द करो; भारतीय जनसंघ, केंद्रीय कार्यालय, विट्ठलभाई पटेल भवन, रफी मार्ग, नई दिल्ली, भारतवर्ष; पृ. 121
21. 'Tremendous', 'terrific', 'gigantic', 'titentic', 'magnificent', 'beautiful', 'breathe-taking', 'unprecedented', 'historic'—these are some of the epitaph I heard used for the Jana Sangh demonstration of August 16. However, the one I liked best was the Statesman desctiption the following day "by far the biggest ever witnessed in the capital so far." Jana Sangh makes

history, Organiser, 22 August, 1965.

22. क्र. 20; 65.19 कच्छ-समझौता विरोधी विराट् प्रदर्शन (17 अगस्त, 1965; दिल्ली, मा.प्र.स.), पृ. 123
23. पं. दीनदयाल उपाध्याय, महामंत्री, वार्षिक प्रतिवेदन, तेरहवाँ अधिवेशन, जालंधर; 30 अप्रैल, व 1-2 मई, 1966, भारतीय जनसंघ, पृ.16
24. वही; पृ. 31
25. क्र. 20; परिशिष्ट 'क', संधियाँ, 14 ताशकंद घोषणा (ताशकंद, 10 जनवरी, 1966), पृ. 205
26. महामंत्री दीनदयाल उपाध्याय का भाषण; अखिल भारतीय प्रतिनिधि सम्मेलन, 3-4-5 नवंबर, 1966; नागपुर, पाञ्चजन्य, 21 नवंबर, 1966, पृ. 10
27. दीनदयाल उपाध्याय, 'पॉलिटिकल डायरी' (हिंदी), अनु.-पु.प्र. मिश्र, 'परराष्ट्र नीति और प्रतिरक्षा'; जयको पब्लिशिंग हाउस, 125, महात्मा गांधी रोड बंबई-1; प्रथम संस्करण, 1968; पृ. 64
28. जगदीश प्रसाद माथुर, "जनसंघ के मूल विचारक पं. दीनदयाल उपाध्याय"; पं. दीनदयाल उपाध्याय : व्यक्ति दर्शन, दीनदयाल शोधसंस्थान, नई दिल्ली, पृ. 61
29. क्र. 27; पृ. 67
30. विचार-वीथी, 'अमेरिका : अंतरराष्ट्रीय चापलूसी'; पाञ्चजन्य, 26 मार्च 1956; पृ. 4
31. क्र. 27; 'कांगो और बेरूबाड़ी', पृ. 69
32. क्र. 27; पृ. 60
33. क्र. 27; पृ. 65
34. 'राष्ट्रीय सुरक्षा के प्रश्न को सर्वोपरि महत्त्व दिया जाए'; श्री दीनदयाल उपाध्याय द्वारा विभिन्न दलों की नीतियों की शवपरीक्षा, पाञ्चजन्य, 22 जनवरी, 1962; पृ. 15
35. वही; पृ. 17
36. उपाध्याय, 'भारत के अणुबम बनाने से विश्वयुद्ध कदापि नहीं होगा'; पाञ्चजन्य, 23 नवंबर, 1964
37. दीनदयाल उपाध्याय, 'हम सुरक्षा के प्रश्न पर दूसरों की खुशी या नाराजी की चिंता नहीं करते'; पाञ्चजन्य, 31 दिसंबर, 1962; पृ. 24
38. पाञ्चजन्य, 22 जनवरी, 1962; पृ. 17
39. दीनदयाल उपाध्याय, 'युद्धकालीन अर्थनीति'; पाञ्चजन्य, युद्ध अंक दीपावली, सं. 2020 (15 नवंबर, 1963), पृ. 131
40. क्र. 37; पृ. 21
41. 'भारतीय जनसंघ : दिशा बोध' भारतीय जनसंघ के चौदहवें वार्षिक अधिवेशन के अवसर पर कालीकट (केरल) में दिनांक 28 दिसंबर, 1967 को अध्यक्ष पद से दिया गया पं. दीनदयाल उपाध्याय का भाषण; भारतीय जनसंघ प्रकाशन, नई दिल्ली-1, पृ. 71
52. दीनदयाल उपाध्याय, 'भारतवर्ष की राष्ट्रीयता और उसका आधार भारतीय संस्कृति'; पाञ्चजन्य, अगहन कृष्ण 10, सं. 2010
43. पाञ्चजन्य, 5 मार्च, 1966; पृ. 1

44. क्र. 15; 'एकता की समस्याएँ', 52.18 राज्यों का पुनर्गठन (31 दिसंबर, 1952; कानपुर, पहला सा.अ.), पृ. 98
45. जनसंघ की पुनर्गठन नीतिः महामंत्री उपाध्याय का वक्तव्य; पाञ्चजन्य, 14 जून, 1954; पृ. 12
46. पाञ्चजन्य, 5 मार्च, 1956; पृ. 1
47. क्र. 15; 55.29 पुनर्गठन आयोग का प्रतिवेदन (23 अक्तूबर, 1955; दिल्ली के.का.स.), पृ. 100
48. विचार-वीथी, 'राज्य पुनर्गठन आयोग का प्रतिवेदन'; पाञ्चजन्य, 10 अक्तूबर, 1955; पृ. 4
49. विचार-वीथी, 'राज्य पुनर्गठन विधेयक संयुक्त प्रवर समिति के सुपुर्द'; पाञ्चजन्य, 7 मई, 1956; पृ. 4
50. बंबई के उपद्रव के लिए केंद्र की अदूरदर्शिता उत्तरदायी, उपाध्याय द्वारा जनता को शांत रहने की अपील; पाञ्चजन्य, 23 जनवरी, 1956, पृ. 16
51. विचार-वीथी, 'बंबई की घटनाओं से नेहरू के व्यक्तित्व को धक्का'; पाञ्चजन्य, 30 जनवरी, 1956; पृ. 2
52. प्रभाकर पंत पटवर्धन सन् 1951 से ही जनसंघ के कार्यकर्ता, भूतपूर्व विधायक तथा 'संयुक्त महाराष्ट्र समिति' में जनसंघ के प्रतिनिधि थे। बंबई में रहते हैं। बंबई में ही 2 अप्रैल, 1984 को उनसे भेंटवार्त्ता हुई। साक्षात्कार-पंजिका, पृ. 74
53. जी.वी. कानितकर से भेंटवार्त्ता के आधार पर। कानितकर 1955 से पं. दीनदयाल उपाध्याय के संपर्क में रहे। 1972 से 82 तक एम.एल.सी. रहे। बंबई में रहते हैं। 'एकात्म मानववाद' के अध्येता हैं। 14 जनवरी, 1984 को भेंटवार्त्ता। साक्षात्कार-पंजिका, पृ. 33
54. विचार-वीथी, 'पंजाब सरकार और अकाली दल'; पाञ्चजन्य, 25 जुलाई, 1955; पृ. 14
55. विचार-वीथी, 'अकाली-कांग्रेस महापंजाब समिति'; पाञ्चजन्य, 18 जून, 1956; पृ. 4
56. वही; वहीं।
57. 'पंजाब के भविष्य के निर्णय के लिए गोलमेज कॉन्फ्रेंस बुलाई जाए' जनसंघ महामंत्री दीनदयाल उपाध्याय की माँग; पाञ्चजन्य, 13 फरवरी, 1956; पृ.1
58. पाञ्चजन्य, '1947 अंक' (पुनरावृत्ति); अक्तूबर, 1956; पृ. 31
51. क्र. 1; 'राष्ट्रभाषा की समस्या', पृ. 31
60. क्र. 27; 'स्वभाषा और सुभाषा', पृ. 91
61. वही; 'संस्कृतनिष्ठ हिंदी क्यों', पृ. 85
62. भारतीय जनसंघ : घोषणाएँ व प्रस्ताव, भाग-1, 'सिद्धांत और नीतियाँ'; भारतीय जनसंघ, केंद्रीय कार्यालय, विट्ठलभाई पटेल भवन, रफी मार्ग, नई दिल्ली; पृ. 19
63. क्र. 27; 'स्वभाषा और सुभाषा', पृ. 90
64. वही; वहीं।
65. '26 जनवरी, 1965 के बाद अंग्रेजी राजभाषा नहीं रह सकती। यदि अंग्रेजी लादी गई तो देश में जनक्रांति होगी'—डॉ. रघुवीर स्मारक समिति द्वारा आयोजित राष्ट्रभाषा सम्मेलन में दीनदयाल उपाध्याय का आह्वान; पाञ्चजन्य, 1 नवंबर, 1964।
66. क्र. 1; 'राष्ट्रभाषा की समस्या', पृ. 32

67. 'भारतीय संसद् अंग्रेजीपरस्तों के कुटिल प्रयत्न विफल करे'—महामंत्री दीनदयाल उपाध्याय का आह्वान; पाञ्चजन्य, 11 मई, 1959, पृ. 15
68. 'भारत विदेशी भाषा की दासता सहन नहीं करेगा' हिंदीविरोधी आंदोलन राष्ट्र के लिए लज्जाजनक—दीनदयाल उपाध्याय; पाञ्चजन्य, 22 फरवरी, 1965
69. क्र. 27; 'राजभाषा और सुभाषा ', पृ. 911
70. दीनदयाल उपाध्याय, 'त्रि-भाषा फार्मूला नहीं, द्वि-भाषा सूत्र चाहिए'; पाञ्चजन्य, 12 फरवरी, 1968 (दुर्योग से यही दीनदयाल उपाध्याय की निर्वाण तिथि है)
71. दीनदयाल उपाध्याय, 'पं. नेहरू और उर्दू'; पाञ्चजन्य, 11 दिसंबर, 1955, पृ. 4
72. क्र. 27; 'संस्कृतनिष्ठ हिंदी क्यों?' पृ. 87
73. दीनदयाल उपाध्याय, 'त्रि-भाषा सूत्र बनाम अंग्रेजी'; पाञ्चजन्य, 15 मई, 1967, पृ. 13
74. वही; पृ. 14
75. क्र. 70; पृ. 10
76. वही; पृ. 05
77. क्र. 27; 'स्वभाषा और सुभाषा', पृ. 89
78. दीनदयाल उपाध्याय का पिलानी में शेखावाटी जनसंघ सम्मेलन में उद्घाटन भाषण, 'राष्ट्र रक्षार्थ एकात्म शासन आवश्यक'; पाञ्चजन्य, 12 दिसंबर, 1955, पृ. 11
79. 'दिल्ली नगर निगम और जनसंघ'; पाञ्चजन्य, 27 अप्रैल, 1959, पृ. 18
80. दीनदयाल उपाध्याय, 'अधिकारहीन महापालिकाएँ क्या जनता की अपेक्षाएँ पूर्ण कर सकेंगी?'; पाञ्चजन्य, 15 फरवरी, 1960
81. दीनदयाल उपाध्याय, 'जनसंघ ही क्यों?'; पाञ्चजन्य, जनसंघ अंक, 15 जनवरी, 1960, पृ. 41
82. क्र. 27; 'स्वतंत्र पार्टी और भारतीय जनसंघ का एकीकरण ', पृ. 171
83. 'देश की एकता और अखंडता के प्रश्न पर कोई समझौता नहीं'—स्वतंत्र दल के नेता को जनसंघ महामंत्री का उत्तर; पाञ्चजन्य, 27 जुलाई, 1964, पृ. 10
84. क्र. 12, पृ. 2
85. पाञ्चजन्य, 4 मई, 1959, पृ. 20
86. क्र. 27 'चीनी खतरा और भारत की कम्युनिस्ट पार्टी', पृ. 122
87. दीनदयाल उपाध्याय, 'केरल की समस्या का अंतिम हल क्या?'; पाञ्चजन्य, 17 अगस्त, 1951, पृ. 42
88. दीनदयाल उपाध्याय, 'केरल का संकेत समझें'; पाञ्चजन्य, 10 अगस्त, 1959, पृ. 9
89. वही; पृ. 10
90. 'केरल की संवैधानिक सरकार हटाना असमर्थनीय', 29-6-59; 'पत्र रूप श्रीगुरुजी', नागपुर, भारतीय विचार साधना, पृ. 309 (मा.स. गोलवलकर ने यह पत्र पाञ्चजन्य के तत्कालीन संपादक देवेंद्र स्वरूप को लिखा था)।
91. दीनदयाल उपाध्याय, 'जनतंत्रद्रोहियों से देश की रक्षा करें'; पाञ्चजन्य, 15 अगस्त, 1966, पृ. 78
92. 'दिल्ली नगर निगम और जनसंघ'; पाञ्चजन्य, 4 मई, 1951, पृ. 20

93. दीनदयाल उपाध्याय द्वारा लिखा गया संपादकीय, 'राष्ट्रीय एकता और पं. नेहरू'; पाञ्चजन्य, 5 अक्तूबर 1951, पृ. 3
94. दीनदयाल उपाध्याय, 'अगस्त 1947 बनाम अगस्त 1956 : नेहरूजी का क्रांतिकारी रूप कहाँ?—पाञ्चजन्य, '1947 अंक', पुनरावृत्ति, अक्तूबर 1956, पृ. 30
95. विचार-वीथी, 'खड़गपुर कांड जनतंत्र, कम्युनिस्ट पार्टी, नेहरू'; पाञ्चजन्य, 11 जून, 1956, पृ. 4
96. क्र. 88; पृ. 10
97. उत्तर प्रदेश भारतीय जनसंघ के चतुर्थ वार्षिक अधिवेशन में महामंत्री दीनदयाल उपाध्याय का भाषण; पाञ्चजन्य, 1 जनवरी, 1956, पृ. 3
98. ''अंतिम विजय सर्वस्व की बलि माँगती है''—भोपाल में आयोजित अ.भा. अधिवेशन में प्रतिनिधियों के समक्ष दीनदयाल उपाध्याय का भाषण; पाञ्चजन्य, 21 जनवरी, 1963
99. पाञ्चजन्य, 18 जुलाई, 1955
100. भारतीय जनसंघ के महामंत्री दीनदयाल उपाध्याय का कार्यकर्ता-सम्मेलन में भाषण (गोरखपुर), दि. 23 जून; पाञ्चजन्य, 1 जुलाई, 1956, पृ. 12
101. कमल किशोर गोयनका संपादित 'दीनदयाल उपाध्याय : व्यक्ति दर्शन'; नई दिल्ली, दीनदयाल शोध संस्थान, पृ. 42

□

5

राजनीतिक विचार

दीनदयाल उपाध्याय के सामाजिक व राजनीतिक विचारों को अलग-अलग करना काफी कठिन कार्य है; क्योंकि उपाध्याय राजनीति व राज्य-व्यवस्था को समाज की प्रतिनिधि व्यवस्था नहीं मानते। अत: उनके राजनीतिक विचार भी सामाजिक ज्यादा व राजनीतिक कम हैं। 'धर्म' व 'संस्कृति' तत्त्व उन्हें इतना प्रभावित करते हैं कि चाहे वे सामाजिक विषयों का प्रतिपादन करें चाहे राजनीतिक, वे उन्हें सांस्कृतिक आयाम दे देते हैं। यथा, लोकतंत्रात्मक शासनपद्धति व प्रक्रिया से अधिक उनकी रुचि लोकतांत्रिक सामाजिक संस्कृति में है। राज्य-व्यवस्था से अधिक उनकी रुचि समाज की 'धर्मचेतना' में है। अत: उनके सामाजिक व राजनीतिक विचार परस्पर गुँथे हुए से लगते हैं।

राजनीति के अंतर्गत माने जानेवाले तत्त्वों को बिंदुबद्ध करते हुए उनके विचारों का हम राजनीतिक विचारों के नाते विवेचन करेंगे :

1. राज्य की उत्पत्ति
2. धर्मराज्य
3. राज्यवाद
4. प्रजातंत्र
5. समाजवाद
6. लोक कल्याणकारी राज्य
7. संघात्मक बनाम एकात्मक राज्य
8. राष्ट्रवाद

इन बिंदुओं में से किसी पर भी उपाध्याय ने कोई स्वतंत्र लेखन या विश्लेषण प्रस्तुत नहीं किया है। उनके विचारों में यथाप्रसंग ये विषय आए हैं। उन यत्र-तत्र प्रतिपादित हुए

विचारों को ही हम यहाँ संकलित करने का प्रयत्न कर रहे हैं।

1. राज्य की उत्पत्ति

दीनदयाल उपाध्याय की मान्यता है कि समाज स्वयंभू इकाई है तथा 'राज्य' की उत्पत्ति समाज की एक आवश्यकता की पूर्ति के लिए हुई। वे समाज व राज्य की उत्पत्ति एक साथ हुई नहीं मानते; वरन् समाज पहले उत्पन्न हुआ तथा राज्य बाद में। समाज का सहोदर 'धर्म' है। 'धर्म' के आधार पर समाज चलता था। उपाध्याय इस भारतीय मान्यता से सहमत हैं कि कृतयुग में राज्य व दंड-व्यवस्था नहीं थी। धर्म के आधार पर संचालित स्वायत्त समाज था। कालांतर में समाज में विकृति आई। उस विकृति से 'धर्म' का संरक्षण करने के लिए राज्य की उत्पत्ति हुई। इस संदर्भ में दीनदयाल कहते हैं:

"...राज्य का निर्माण हमारे यहाँ सामाजिक समझौते के अनुसार हुआ। पहले राजा नहीं था। महाभारत में वर्णन है कि कृतयुग में न राज्य था, न राजा था, न दंड था, न दंड देनेवाला था; सब प्रजा धर्म के आधार पर एक-दूसरे की रक्षा करती थी।

न राज्यं न च राजासीत् न दण्ड्यो न च दाण्डिकः।
धर्मेणैव प्रजाः सर्वाः रक्षन्ति स्म परस्परम्॥

(राज्य, राजा, दंड तथा दांडिक, ये सब नहीं थे। धर्म के आधार पर ही सारी प्रजा परस्पर एक-दूसरे का संरक्षण करती थी।)

"बाद में अव्यवस्था आई, लोभ आया, क्रोध आया, धर्म की ग्लानि हुई और 'मात्स्य न्याय' प्रारंभ हो गया। सारे ऋषि घबराए कि कैसे काम चलेगा? सभी ब्रह्मा के पास गए। ब्रह्माजी ने स्वयं रचा हुआ एक ग्रंथ इन ऋषियों को दिया जो 'दंडनीति' या 'राज्यशास्त्र' के संबंध का ग्रंथ था। उन्होंने साथ-साथ आकर मनु से कहा कि तुम राजा हो जाओ। मनु ने कहा, 'मैं राजा नहीं होता; क्योंकि राजा बनने के बाद मुझे दंड करना पड़ेगा और कुछ लोगों को मारना होगा, कुछ को पीटना होगा, कुछ को कारागार में डालना होगा व अन्य कई कठोर कर्म करने पड़ेंगे। मैं यह पाप क्यों करूँ?' इस पर ब्रह्माजी ने कहा, 'ऐसी कुछ बात नहीं है। यह पाप नहीं; बल्कि अन्य लोग धर्म का काम करें इसके लिए तुम यह काम करोगे।' अतः यह भी धर्म ही गिना जाएगा। इतना ही नहीं, प्रजा के जितने कर्म होंगे, उन कर्मों का एक भाग तुम्हें मिल जाएगा और इसलिए ये जितना धर्म करेंगे उसका एक भाग स्वयं मिल जाएगा। 'इसमें बताया तो नहीं है, पर मैं समझता हूँ कि यदि प्रजा पाप या अधर्म करेगी और राजा उसे रोक नहीं सके, तो उस पाप का भाग भी राजा को मिलना चाहिए। ऐसा नहीं हो सकता कि 'मीठा-मीठा गप्प और कड़वा-कड़वा थू।' दोनों ही मिलने चाहिए।

"यह 'समझौता-सिद्धांत' राज्य पर लागू हो सकता है, राष्ट्र के ऊपर नहीं। परंतु

पश्चिम में कुछ उल्टा हुआ। समाज तो उनकी दृष्टि से समझौते में से पैदा हुआ; परंतु राजा दैवी अधिकार के आधार पर सीधा ईश्वर का प्रतिनिधि बन गया। यह उलटी बात है। हमारे यहाँ राजा को चाहे आदि-समय से पैदा हुआ माना गया; परंतु समाज को तो 'स्वयंभू', माना है तथा राज्य एक संस्था के नाते है।''

उपर्युक्त उद्धरण में मुख्यत: तीन बातों पर उपाध्याय ने अपना मत प्रस्तुत किया है : (1) राज्योत्पत्ति पूर्व समाज की स्थिति, (2) राज्य की उत्पत्ति तथा (3) पश्चिम की तत्संबंधी अवधारणा। प्रथम दो बातों में से निम्न निष्पत्तियाँ निकाली जा सकती हैं—

1. राज्य की उत्पत्ति समाज के बाद हुई।
2. राज्योत्पत्ति पूर्व समाज सहजधर्म का पालक था; धर्मविधायक ऋषि व प्रजापति ब्रह्मा स्वयं राजा नहीं थे।
3. राज्य मानवी विकारों की उत्पत्ति है। वह प्रजा में उत्पन्न हुए लोभ, क्रोध आदि धर्म को हानि पहुँचानेवाले तत्त्वों के खिलाफ निरूपित हुआ। अत: राज्य का प्रारंभिक स्वरूप नकारात्मक था, 'दंड-नीति' के रूप में।
4. भारतीय राज्य कल्पना वैधानिक राज्य कल्पना है। प्रजा के प्रतिनिधि ब्रह्मा द्वारा राजा मनु को स्वनिर्मित 'विधान' प्रदान किया गया।
5. राज्य राजा और प्रजा के दोहरे समझौते में से उत्पन्न हुआ। धर्म स्थापना का कार्य ऋषियों का तथा धर्म संरक्षण का कार्य राजा का माना गया (विधायिका व कार्यपालिका में पृथक्करण)।
6. प्रजा के 'धर्म' का एक भाग राजा को मिलेगा; यह विचार, प्रजा द्वारा स्वीकृत राज्य-व्यवस्था तथा कराधान की जिम्मेदारी की ओर संकेत करता है।
7. पाप का भाग भी राजा को मिलेगा; अर्थात् धर्मरक्षण में असमर्थ राजा को हटाने का अधिकार प्रजा एवं उनके प्रतिनिधि ऋषियों को रहेगा।[2]
8. राज्य समाज की एक संस्था है, संपूर्ण समाज नहीं।

राज्योत्पत्ति की यह कल्पना आधुनिक लोकतंत्रात्मक संवैधानिक शासन के बहुत निकट है। संभवत: इसी परंपरा के कारण तृतीय विश्व में केवल भारत ही ऐसा देश है जहाँ आधुनिक संवैधानिक लोकतंत्र सहज रूप में अपनी जड़ें जमा सका।

पश्चिम के विचारों के बारे में जो टिप्पणी दीनदयाल उपाध्याय ने की है उसे बहुत संयत नहीं कहा जा सकता; क्योंकि हॉब्स, लॉक तथा रूसो द्वारा प्रतिपादित सामाजिक समझौते का सिद्धांत, समाजोत्पत्ति का नहीं वरन् राज्योत्पत्ति का ही सिद्धांत है। इस सिद्धांत को सामाजिक समझौते का सिद्धांत कहते अवश्य हैं; लेकिन यह वस्तुत: 'राज्य स्थापना के लिए समाज द्वारा किए गए समझौते' का सिद्धांत है।

द्वितीयत: पश्चिम के 'सामाजिक समझौता सिद्धांत' के प्रतिपादकों ने इस सिद्धांत को 'राजा की ईश्वरीय सत्ता' के खिलाफ ही प्रतिपादित किया था। अत: यह उलटी बात नहीं वरन् सीधी बात हुई कि पश्चिम के ये विचारक भी प्राचीन भारतीय कल्पना के 'समझौता-सिद्धांत' की सत्यता का साक्षात्कार कर सके। अत: इस समझौता-सिद्धांत के प्रतिपादकों को उपालंभ देने के बजाय उनका साधुवाद करना चाहिए कि उन्होंने पश्चिम की एक गलत अवधारणा को ठीक करने का प्रयत्न किया। परंतु शायद भारतीयता के मंडन के साथ-साथ पश्चिम के खंडन की भी अपनी प्रवृत्ति के कारण, यह टिप्पणी सहज भाव से उपाध्याय ने कर दी।

2. धर्मराज्य

आगे चलकर दार्शनिक अभिधारणाओं से संबंधित दसवें अध्याय में 'धर्म' अभिधारणा के संदर्भ में धर्मराज्य, धर्मनिरपेक्ष राज्य तथा 'थियोक्रेटिक स्टेट' के विषय में विस्तार से चर्चा होगी। यहाँ यथाप्रसंग केवल दो अवधारणाओं की विवेचना करेंगे : प्रथम है, समाज की 'राज्यविहीन धर्मव्यवस्था' तथा द्वितीय, समाज की 'धर्मराज्य व्यवस्था।'

समाज में 'राज्यविहीन धर्मव्यवस्था' का तात्पर्य है, समाज स्वेच्छा से नियमों का पालन करता है। नियमों के पालन के लिए किसी बाहरी सत्ता की जरूरत नहीं होती। समाज की शिक्षा व संस्कार-व्यवस्था इतनी सबल होती है कि सामान्य परिवार एवं पंचायत-व्यवस्था से उसका काम सहज ही चलता रहता है। नियमों के उल्लंघन की प्रवृत्ति नहीं होती। सहज रूप से 'नियमों' के पालन की इस व्यवस्था को 'राज्यविहीन धर्मव्यवस्था' कहा जा सकता है। यह व्यवस्था इतनी अनौपचारिक होती है कि 'धर्म' के नियमन की किसी औपचारिक व्यवस्था का भी विधान नहीं रहता। समाज के ऋषि व्यक्तित्व जीवन के सत्यों का साक्षात्कार करते हैं। सुखी वैयक्तिक व सामाजिक जीवन के नियमों को ढूँढ़ते हैं। ये बूढे हुए नियम ही 'धर्म'[3] कहे जाते हैं। उनकी मूल प्रवृत्ति एक ही होती है। व्याख्या में फर्क के कारण 'धमविवेचन' के अनेक संप्रदाय बन जाते हैं; लेकिन समाज संचालन में कोई बाधा उत्पन्न नहीं होती। समाज एक अनौपचारिक सर्वानुमतिवाला नीतिशास्त्र विकसित कर लेता है।[4]

यह 'राज्यविहीन सामाजिक धर्मव्यवस्था' दुनिया के बहुत से दार्शनिकों का अत्यंत प्रिय विषय रही है। दुनिया के सभी 'अराज्यवादी' अराजकतावादी नहीं होते, 'धर्मवादी' होते हैं। उपाध्याय भी मूलत: धर्मवादी थे।

शिक्षा एवं संस्कार-व्यवस्था के माध्यम से समाज में धर्मव्यवस्था का प्रणयन होता है। किसी भी समाज के लिए अभी तक यह असंभव रहा है कि उत्पन्न होनेवाली हर संतान के लिए शिक्षा व संस्कार की योग्य व्यवस्था कर सके। समुदायों का परस्पर संक्रमण,

जनसंख्या का वर्धन एवं निहित स्वार्थों का सृजन समाज की शिक्षा व संस्कार-व्यवस्था को चुनौती देते रहते हैं। तब समाज को एक औपचारिक व्यवस्था की जरूरत होती है जो 'अनीतिमान्' लोगों से बलपूर्वक नीति का पालन करवाए तथा 'नीतिमान्' लोगों के नीतिपालन में किसी को बाधा उत्पन्न न करने दे। इसी आवश्यकता की पूर्ति के लिए 'नीतिशास्त्र' का 'राजनीतिशास्त्र' में परिवर्द्धन होता है। 'राज' समाज में 'नीतिशास्त्र' के संरक्षण के लिए है, यह 'धर्मराज्य' की मान्यता है। दीनदयाल उपाध्याय 'धर्मवादी' होने के साथ ही 'धर्मराज्यवादी' भी थे। उपाध्याय मानते थे कि हमारी राज्यविहीन धर्मव्यवस्था एवं पंचायत पद्धति श्रेष्ठ मानवीय जीवन की प्रतिपादक थीं; लेकिन क्योंकि हमने 'राज्य' तत्त्व की अवहेलना की, इसी कारण विदेशी ताकतों को भारत में घुसने का अवसर मिला, और इसीलिए बाद में हमें 'स्वराज्य' को ही अपना 'स्वधर्म' घोषित करना पड़ा।[5]

अवधारणत: उपाध्याय के विचार उचित लगते हैं; लेकिन एक बार औपचारिक 'राज्य' व्यवस्था को स्वीकारने के बाद औपचारिक 'विधान', जो कि सामाजिक धर्म का प्रतिनिधि है, की भी व्यवस्था करनी होगी। औपचारिक विधान के लिए औपचारिक विधि निर्माता भी चाहिए। अनौपचारिक ऋषि-व्यवस्था मात्र से यह कार्य नहीं हो सकता लेकिन उपाध्याय अपने संपूर्ण विवेचन में इस औपचारिक 'धर्मव्यवस्था' के नियमन की कहीं विवेचना नहीं करते; लेकिन धर्म की सत्ता का प्रखरतापूर्वक मंडन करते हैं। धर्म की नियामक न प्रजा है, न कोई संस्था है, न राजा है; लेकिन धर्म संप्रभु है। दुर्योग से आजकल लोग 'धार्मिक संप्रदाय' तथा 'धर्मशास्त्र' को ही 'धर्म' मानने लगे हैं, आज 'धर्म' संस्थाबद्ध होकर 'ईश्वरीय शक्तियों' का एक उपासना-मत बन गया है। अत: इस विषय को अस्पष्ट रखकर उपाध्याय ने प्रचलित गलतफहमी के पुष्ट होने की संभावना के द्वार खुले छोड़ दिए। वस्तुत: असंदिग्ध शब्दों में यह कहा जाना चाहिए कि 'धर्मराज्य' का राजनीतिशास्त्रीय अर्थ है 'लोकतंत्रीय संवैधानिक राज्य' यही अर्थ उपाध्याय की कुल विवेचना से अभिप्रेत लगता है।

3. राज्यवाद

'राज्य' का समाज जीवन में क्या स्थान है? राजनीतिशास्त्र में यह विषय बहुत विवादास्पद रहा है। राज्यविहीनता से लेकर सर्वसत्तावादी राज्यवाद तक की अतिवादी मान्यताएँ इस संदर्भ में राजनीतिक विद्वानों में है। 'राज्य समाज की एक सहज आवश्यकता है', 'राज्य एक बुराई है', 'राज्य एक आवश्यक बुराई है', 'राज्य एक अनावश्यक बुराई है', 'राज्य समाज का पूरी तौर पर प्रतिनिधि है' तथा 'राज्य समाज का आंशिक प्रतिनिधि है', 'राज्य, समाज तथा राष्ट्र समानार्थी है' आदि परस्पर विरोधी व भिन्नतामूलक अवधारणाएँ प्रचलित हैं। दीनदयाल उपाध्याय न तो 'राज्यवादी' थे, न 'राज्यविरोधी'। वे

राज्यसंस्था को समाज की महत्त्वपूर्ण व व्यावहारिक आवश्यकता मानते हैं। अराज्यवाद उन्हें प्रिय है; लेकिन उसे वे आज के संसार में अव्यावहारिक मानते हैं।

वे 'राज्य' को न तो समाज व राष्ट्र के समानार्थी मानते हैं, न समाज का पूर्ण प्रतिनिधि। वे मानते हैं कि राज्य, समाज द्वारा अपनी आवश्यकता पूर्ति के लिए बनाई गई, एक संस्था है। वे कहते हैं, ''पहरेदार खजाने से बड़ा नहीं हो सकता, कोष की तुलना में कोषाध्यक्ष छोटा ही माना जाएगा।''[6] 'लेकिन इस कथन में उपाध्याय राज्य व सरकार को एक ही मानते से लगते हैं, जबकि सरकार राज्य का एक अंग मात्र है।

सर्वसत्तावादी राज्य के वे नितांत खिलाफ हैं। वे इस मत से सहमत हैं कि 'राज्य' समाज जीवन की बाधाओं की बाधा है तथा 'शासन वह अच्छा जो कम-से-कम शासन करे।' केवल औपचारिक कानून के बल पर शासन का चलना वे समाज की अस्वस्थता की निशानी मानते हैं। समाज जितनी स्वायतत्ता से चले, समाज का जितना नियमन लोक-शिक्षा, लोक-संस्कार व लोकमत-परिष्कार से हो उतना ही अच्छा है। वे इसी को धर्म की सत्ता की स्थापना एवं सांस्कृतिक कार्य मानते हैं।

वे पश्चिम के 'व्यवस्थावाद' से असहमत हैं। व्यवस्थाओं के बँधे-बँधाए चौखटों में मानव को फिट करने के प्रयत्न को वे 'मनुष्य' के प्रति किया गया अपराध मानते हैं। विवेकसंगत व्यवस्था के हिमायती होते हुए भी उनकी यह मान्यता है कि 'मनुष्य तत्त्व' निर्णायक होना चाहिए। व्यवस्था की अंतर्निहित तर्कसंगतता की कितनी भी महत्ता हो, वह मनुष्य तल से ऊपर नहीं है। अत: राष्ट्रीय स्वयंसेवक संघ के माध्यम से 'मनुष्य निर्माण' का कार्य वे अपने जीवन का सर्वाधिक महत्त्वपूर्ण कार्य मानते थे तथा इसीलिए भारतीय जनसंघ को 'संस्कृतिवादी' राजनीतिक दल बताते थे। वे मनुष्य को 'राजनीतिक प्राणी 'की बजाय 'संस्कारों का पुतला' मानते थे। समाज व राष्ट्र संज्ञा राजनीतिक नहीं वरन् 'सांस्कृतिक' है, यह उनकी अभिधारणा थी।

इस प्रकार उपाध्याय 'राज्यविरोधी' तथा 'राज्यवादी' दोनों अतिवादी खेमों से अपने को मुक्त रखते हैं। वे प्रतिपादित करते हैं : ''राजा को बताया है कि न तो उसे 'क्षीणदंड' होना चाहिए, न 'उग्रदंड'; अपितु उसे मृदुदंड होना चाहिए। यदि शासक दंडनीति का अत्यधिक सहारा लेता है तो प्रजा में विद्रोह की भावना पैदा हो जाती है। जब 'धर्मभाव' के स्थान पर 'दंड' ही प्रजा के आचरण का नियामक बन जाए तो दंडनीति का प्रभाव हो जाता है तथा धर्म का ह्रास होने लगता है। निरंकुश राजाओं के शासन में धर्म की ग्लानि का यही प्रमुख कारण है।'' राज्य के प्रभाव का निषेध करते हुए वे आगे कहते हैं, ''राज्य जब सब प्रकार की विभूतियों को अपने अधीन कर लेता है, तब भी उसका प्रभाव पैदा होकर धर्म की हानि होती है। राज्य की शक्ति और क्षेत्र अमर्यादित हो जाए तो संपूर्ण जनता राज्यमुखापेक्षी बन जाती है। वहाँ राज्य का प्रभाव हो जाता है। इन

अवस्थाओं में धर्म को धक्का लगता है।''[7] दीनदयाल उपाध्याय 'व्यवस्था से व्यक्ति' या 'व्यक्ति से व्यवस्था' की खंडात्मक पहेलियों से दूर रहते हुए चाहते थे कि व्यक्ति एवं व्यवस्था, दोनों को धर्म का पालन करनेवाली होनी चाहिए। व्यवस्था के नाम पर 'राज्यवाद' के पोषण के वे विरोधी थे; लेकिन 'राज्य' की व्यावहारिक आवश्यकता को व्यक्ति व समाज का 'धर्म' मानते थे।

4. प्रजातंत्र

दीनदयाल उपाध्याय ने प्रजातंत्र की अवधारणा को उत्साहपूर्वक स्वीकार किया। हालाँकि आजादी के तुरंत बाद जब लोकतंत्र की स्थापना व वयस्क मताधिकार की संवैधानिक व्यवस्था हुई, भारतीय जन की दीर्घकालीन गुलामी, अशिक्षा व गरीबी के कारण वे एकदम दिए गए वयस्क मताधिकार के बारे में कुछ शंकित थे[8]; लेकिन बहुत जल्दी वे इस निष्कर्ष पर पहुँच गए कि सहभागिता का अवसर ही शिक्षा का भी सबसे बड़ा माध्यम है। अत: वे वयस्क मताधिकार के प्रबल पक्षधर बन गए थे।[9] उपाध्याय की मान्यता है कि लोकतंत्र भारत को पश्चिम की देन नहीं है। भारत की राज्यावधारणा प्रकृतित: लोकतंत्रवादी है। वे लिखते हैं, 'वैदिकसभा' और 'समिति' का गठन जनतंत्रीय आधार पर ही होता था तथा मध्यकालीन अनेक गणराज्य पूर्णत: जनतंत्रीय थे। राजतंत्रीय व्यवस्था में भी हमने राजा को मर्यादाओं में जकड़कर प्रजानुरागी ही नहीं, प्रजा (जन) अनुगामी भी माना है। इन मर्यादाओं का अतिक्रमण करनेवाले नृपतियों के उदाहरण अवश्य मिल सकते हैं; किंतु उनके विरुद्ध जनता का विद्रोह तथा उनको आदर्श शासक न मानकर, हीनता की श्रेणी में गिनने के प्रयत्नों से ही हमारी मौलिक जनतंत्रीय भावना की पुष्टि होती है।''[10] दीनदयाल कहते हैं ''लोकतंत्र की एक व्याख्या की गई है कि वह वाद-विवाद से चलनेवाला राज्य है। 'वादे वादे जायते तत्त्वबोधा:' यह हमारे यहाँ की पुरानी उक्ति है। किंतु···यदि दूसरे का दृष्टिकोण समझने का प्रयत्न न करते हुए अपने ही दृष्टिकोण का आग्रह करते जाएँ तो 'वादे वादे जायते कंठशोषा:' की उक्ति चरितार्थ होगी। वाल्टेयर ने जब कहा कि 'मैं तुम्हारी बात सत्य नहीं मानता; किंतु अपनी बात कहने के तुम्हारे अधिकार के लिए मैं पूरी शक्ति से लड़ूँगा'—तो उसने मनुष्य के केवल 'कंठशोषा' के अधिकार को ही स्वीकार किया। भारतीय संस्कृति इससे आगे बढ़कर 'वाद-विवाद' को 'तत्त्वबोध' के साधन के रूप में देखती है।''[11]

उपर्युक्त दोनों ही उद्धरणों में उपाध्याय ने भारतीय पक्ष का योग्य प्रस्तुतिकरण किया है; लेकिन वाल्टेयर के साथ न्याय नहीं हो सका। प्रथमत:, वाल्टेयर का प्रसिद्ध वाक्य एकदम वह नहीं है जो उपाध्याय ने संदर्भित किया है। द्वितीयत:, इस कथन का संदर्भ वाद-विवाद की महता का प्रतिपादन नहीं; वरन् 'अभिव्यक्ति-स्वातंत्र्य' की

लोकतांत्रिक मानसिकता का प्रतिपादन करना है। निश्चय ही उपाध्याय वाल्टेयर से असहमत नहीं हैं; लेकिन यहाँ पुनः पश्चिम के खंडन की प्रवृत्ति के कारण विचारक वाल्टेयर के प्रति अन्याय हुआ। पश्चिम में प्रजातंत्र के उदय की प्रक्रिया, उसके पूँजीवाद के रूप में विकृत हो जाने एवं कार्ल मार्क्स की तानाशाहीपरक प्रतिक्रिया आदि का विवेचन करते हुए उपाध्याय कहते हैं—

"राष्ट्रवाद के बाद…दूसरी क्रांतिकारी कल्पना प्रजातंत्र की है जिसका यूरोप की राजनीति पर महत्त्वपूर्ण प्रभाव हुआ है। प्रारंभ में तो जितने राष्ट्र बने उनमें राजा ही शासनकर्ता रहा; किंतु राजा की निरंकुशता के विरुद्ध जनता में भी धीरे-धीरे जागरण हुआ। औद्योगिक क्रांति के कारण तथा अंतरराष्ट्रीय व्यापार के परिणामस्वरूप सभी देशों में एक वैश्यवर्ग का प्रादुर्भाव हुआ। स्वभावतः इनका पुराने सामंतों तथा राजाओं से संघर्ष आया। इस संघर्ष ने 'प्रजातंत्र' की तात्त्विक भूमिका ग्रहण की। यूनान के नगर-राज्यों से इस विचारधारा का उद्‌गम ढूँढ़ा गया। प्रत्येक नागरिक की समानता, बंधुता और स्वतंत्रता के आदर्श के सहारे जनसाधारण को इस तत्त्व के प्रति आकृष्ट किया गया। फ्रांस में बड़ी भारी राज्यक्रांति हुई। इंग्लैंड में भी समय-समय पर आंदोलन हुए। प्रजातंत्र की जन-मन पर पकड़ हुई। राजवंश या तो समाप्त कर दिए गए अथवा उसके अधिकार मर्यादित कर वैधानिक राजपद्धति की नींव डाली गई। आज प्रजातंत्र यूरोप की मान्य पद्धति है। जिन्होंने प्रजातंत्र की अवहेलना की, वे भी प्रजातंत्र के प्रति निष्ठा व्यक्त करने में कमी नहीं करते। हिटलर, मुसोलिनी तथा स्टालिन जैसे तानाशाहों ने भी प्रजातंत्र को अमान्य नहीं किया।"[12] पश्चिम में लोकतंत्र का विकास एक आदर्शवादी लोकप्रिय अवधारणा के रूप में हुआ था; लेकिन नवोदित वैश्यवर्ग एवं नवअनुसंधानित औद्योगिक क्रांति ने उसे पूँजीवादी शोषण का औजार बना दिया। अतः उपाध्याय आगे विवेचित करते हैं—

"प्रजातंत्र ने यद्यपि प्रत्येक नागरिक को मतदान का अधिकार दिया; किंतु जिन लोगों ने प्रजातंत्र का नेतृत्व किया था, शक्ति उन्हीं के हाथ में रही। औद्योगिक क्रांति के परिणामस्वरूप उत्पादन की नई पद्धति का विकास हो गया था। स्वतंत्र रहकर घर में काम करनेवाला श्रमिक, अब कारखानेदार का नौकर बनकर काम करने लगा था। अपना गाँव छोड़कर नगरों में आ बसा था। वहाँ उसके आवास की व्यवस्था बहुत अधूरी थी। कारखानों में जिस ढंग से काम होता था, उसके कोई नियम नहीं थे। मजदूर असंगठित और दुर्बल था। वह शोषण, उत्पीड़न व अन्याय का शिकार हो गया था। राज्य की शक्ति जिनके हाथ में थी, वे भी उसी वर्ग में से थे, जो उनका शोषण कर रहे थे। अतः राज्य से भी कोई आशा न थी।

"इस अन्यायपूर्ण व्यवस्था के विरुद्ध विद्रोह तथा स्थिति सुधार की भावना लेकर अनेक महापुरुष खड़े हुए। उन्होंने अपने आपको समाजवादी कहा। कार्ल मार्क्स भी उन

समाजवादियों में से एक हैं। उन्होंने विद्यमान अन्याय का विरोध करने के प्रयत्न में अर्थव्यवस्था तथा इतिहास का एक विश्लेषण प्रस्तुत किया। कार्ल मार्क्स की विवेचना के बाद समाजवाद एक वैज्ञानिक आधार पर खड़ा हो गया। बाद के समाजवादियों ने मार्क्स को माना हो या नहीं, किंतु उनके विचारों पर उसकी गहरी छाप है।''[13]

दीनदयाल उपाध्याय लोकतंत्र की तात्विक अवधारणा से सहमत होते हुए भी, पाश्चात्य निरंकुश राजशाही की प्रतिक्रिया से उत्पन्न, पूँजीवाद से पोषित व सर्वसत्तावादी राज्यवाद की प्रतिक्रिया उत्पन्न करनेवाले लोकतंत्र को, भारतीय-कृत करना चाहते हैं। लोकतंत्र का भारतीयकरण करने का उन्होंने आह्वान किया।

(क) लोकतंत्र का भारतीयकरण : पश्चिम ने लोकतंत्र को निर्वाचन की एक महत्त्वपूर्ण प्रक्रिया प्रदान की है। संविधानवादी कार्यपालिका, विधायिका व न्यायपालिका का सृजन किया है; लेकिन यह केवल लोकतंत्र का औपचारिक स्वरूप है। लोकतंत्र की असली आत्मा उसके स्वरूप में नहीं, वरन् जनाकांक्षा को सही रूप से प्रतिबिंबित करने की भावना में है : ''जनतंत्र किसी बाहरी ढाँचे पर निर्भर नहीं रहता। बालिग मताधिकार तथा निर्वाचन पद्धति जनतंत्र के बहुत बड़े अंग हैं; किंतु इनसे ही जनतंत्र की स्थापना नहीं हो जाती। रूस में दोनों ही विद्यमान हैं, किंतु राजनीति विशारद उसे जनतंत्र मानने को तैयार नहीं। मताधिकार तथा निर्वाचन के साथ एक भावना भी जनतंत्र के लिए आवश्यक है।...केवल बहुमत का शासन ही जनतंत्र नहीं है।...ऐसे तंत्र में तो जनता का एक वर्ग सदैव ऐसा रहेगा जिसकी आवाज चाहे वह सही ही क्यों न हो, दबा दी जाएगी। जनतंत्र का यह स्वरूप 'सर्वजनसुखाय', 'सर्वजनहिताय' नहीं हो सकता।...अत: भारतीय जनतंत्र की कल्पना में निर्वाचन, बहुमत, अल्पमत आदि बाहरी व्यवस्थाओं के स्थान पर सभी मतों के सामंजस्य और समन्वय पर ही बल दिया गया है। विरुद्ध मत रखनेवाला एक व्यक्ति ही क्यों न हो, हमें उसके मत का आदर ही नहीं, बल्कि उसका योग्य समावेश अपनी कार्यपद्धति में करना चाहिए। इंग्लैंड में, जहाँ आज की जनतंत्रीय पद्धति ने सर्वाधिक सफलता प्राप्त की है, विरोधी दल के नेता को सरकारी खजाने से वेतन दिया जाता है।[14] खेल के लिए जैसे दो दलों का होना आवश्यक है, वैसे ही संसद् में दो दलों का होना आवश्यक समझा जाता है। शासन की नीतियों पर विरोधी दल सतत प्रकाश डालता रहता है।''[15]

(ख) लोकमत-परिष्कार एवं सामान्य इच्छा : उपाध्याय मानते हैं कि लोकमत का तात्कालिक निर्णय चाहे बहुमत से हो, लेकिन लोकमत केवल बहुमत के शासन व अल्पमतों की वैचारिक स्वतंत्रता से अपने को ठीक प्रकार से अभिव्यक्त नहीं कर पाता। इससे दलीय कटुता व समाज में अखंड कलह का निर्माण होता है, अत: लोकतंत्र न बहुमत का शासन है, न अल्पमत का; वह जनता की 'सामान्य इच्छा'[16] का शासन है।

जनता अपनी सामान्य इच्छा को औपचारिक रूप से अभिव्यक्त नहीं कर पाती। जब 'सामान्य इच्छा' के बारे में सामाजिक संभ्रम हो तो 'लोकतंत्र' भीड़तंत्र में बदल जाता है। वाचाल लोग उसका दुरुपयोग कर सकते हैं। उपाध्याय शेक्सपियर के नाटक 'जूलियस सीजर' का उदाहरण देते हुए कहते हैं : "जो जनता ब्रूटस के साथ होकर जूलियस सीजर के वध पर हर्ष मना रही थी, वही थोड़ी देर में एंटोनियो के भाषण के उपरांत ब्रूटस का वध करने को उद्यत हो गई। मोबोक्रेसी और आटोक्रेसी के दोनो पाटों के बीच से डेमोक्रेसी को जीवित रखना एक कठिन समस्या है।"[17]

अत: लोकचेतना के संतुलित विकास की आवश्यकता रहती है। इसी को उपाध्याय प्राचीन भारत की 'लोकमत-परिष्कार' पद्धति कहते हैं। लोकमत-परिष्कार एक सांस्कृतिक प्रक्रिया है। जहाँ साम्यवादी तानाशाही देशों में सत्ता द्वारा 'ब्रेनवाशिंग' अथवा 'असहमतों के नागरिक अधिकारों से वंचन' की प्रक्रियाएँ अमानवीय हैं; वहीं तथाकथित लोकतंत्रों में इस विषय में या तो अराजकता है या सरकारी प्रचारतंत्र को इसका माध्यम बनाया जाता है। दीनदयाल के मतानुसार, "भारत ने इस समस्या का समाधान राज्य के हाथ से लोकमत निर्माण के साधन छीन कर किया है। लोकमत-परिष्कार का कार्य है वीतराग द्वंद्वातीत संन्यासियों का। लोकमत के अनुरूप चलने का काम है राज्य का। संन्यासी सदैव धर्मतत्त्वों के अनुसार जनता के ऐहिक एवं आध्यात्मिक उत्कर्ष की कामना लेकर अपने वचनों एवं निरीह आचरण से जनजीवन के ऊपर संस्कार डालते रहते हैं। उन्हें धर्म की मर्यादाओं का ज्ञान करवाते रहते हैं। उनके समक्ष कोई लोभ और मोह न होने के कारण वे सत्य का उच्चारण सहज ही कर सकते हैं। शिक्षा और संस्कार से ही समाज के जीवनमूल्य बनते और सुदृढ़ होते हैं। इन मूल्यों का बाँध रहने के बाद, लोकेच्छा की नदी कभी अपने तटों का अतिक्रमण करके संकट का कारण नहीं बनेगी।"[18]

उपाध्याय का 'लोकमत-परिष्कार' विचार वैसा ही है जैसा कि लोकतंत्रात्मक जनचेतना के निर्माण के लिए कुछ लोगों ने पश्चिम में 'वी एज्यूकेट अवर मास्टर्स' का आंदोलन चलाया था। लोकतंत्र की सफलता के लिए जिन मनोभावों की विवेचना उपाध्याय प्रस्तुत करते हैं उनमें मुख्य हैं—(1) सहिष्णुता और संयम, (2) अनासक्त भाव तथा (3) कानून के प्रति आदर की भावना।

(ख—1) सहिष्णुता और संयम : "जनतंत्र की भागीरथी का आद्यस्रोत सहिष्णुता ही है। इसके अभाव में निर्वाचन तथा संसद् आदि की जनतंत्रीय व्यवस्थाएँ प्राणहीन शरीर की भाँति है।…भारतीय संस्कृति का आधार ही सहिष्णुता है। इसी से जनता जनार्दन की आत्मा का स्तर पहचानने की शक्ति प्राप्त होती है।"[19] जीवन में सहिष्णुता को साधने के लिए संयम आवश्यक है। उपाध्याय कहते हैं, "मर्यादाओं के अंतर्गत क्रिया का नाम संयम है। भूखा मरना संयम नहीं; अपितु शरीर की आवश्यकता के

अनुरूप गुण और मात्रा में भोजन करना संयम है। बिलकुल न बोलना, यहाँ तक कि अत्याचारों के विरुद्ध आवाज भी न उठाना अथवा किसी को सत्परामर्श भी न देना, संयम नहीं। वाचाल और गूँगे के बीच संयमी पुरुष आता है, जो आवश्यकता पड़ने पर बोलता है और अवश्य बोलता है।

"असंयम और गैर-जिम्मेदारी साथ-साथ चलते हैं। लोकराज्य तभी सफल हो सकता है जब नागरिक अपनी जिम्मेदारी को समझेगा और उसका निर्वाह करने के लिए क्रियाशील रहेगा। समाज जितना यह समझता जाएगा कि राज्य चलाने की जिम्मेदारी उसकी है, उतना ही वह संयमशील बनता चला जाएगा। जिस दल को यह लगता है कि आज नहीं तो कल मेरे कंधों पर राज्य सिंहासन का भार आ सकता है, वह कभी अपने वायदों और व्यवहार में गैर-जिम्मेदार व असंयत नहीं होगा। फिर जनता के ऊपर तो राज्य चलाने की जिम्मेदारी सदैव ही रहती है।"[20] अत: जनता को दायित्ववान् व संयमशील बनाना लोकतंत्र की सफलता के लिए उसकी औपचारिक व्यवस्थाओं से भी अधिक जरूरी है।

(ख-2) अनासक्त माव : सत्तालोलुपता, जन तथा जननेताओं को 'जनता की सामान्य इच्छा' की अवहेलना के लिए प्रेरित करती है। अत: समाज का वातावरण एवं शिक्षा ऐसी होनी चाहिए कि व्यक्ति 'लोलुपभाव' से नहीं वरन् अनासक्त भाव से 'लोकराज्य' के नियमन में सहभागी हो। निर्वाचन प्रक्रिया को खिलाड़ी की भावना से संयोजित करने से जहाँ समाज में अनासक्त भाव का आनंद विस्तारित होता है, वहीं 'लोलुपता' परस्पर वैमनस्य व कटुता का कारण बनती है। राम का उदाहरण देते हुए उपाध्याय प्रतिपादित करते हैं—

"जनतंत्र में सत्ता के प्रति उच्चस्तर की निरासक्ति आवश्यक है। भगवान् राम की तरह जनतंत्र में राजनीतिज्ञ को आह्वान मिलने पर सत्ता स्वीकार करने और क्षति की चिंता किए बिना उसका परित्याग कर देने के लिए सदा तैयार रहना चाहिए। एक खिलाड़ी की तरह उसे विजय के लिए संघर्ष करना चाहिए; किंतु पराजय के लिए तैयार रहना चाहिए। अगर वह पराजय को गौरव के साथ शिरोधार्य नहीं कर सकता और अपने प्रतिस्पर्धी को उसकी विजय के लिए बधाई नहीं दे सकता तो वह जनतंत्रवादी नहीं है। यही वह भावना थी जिसके साथ चर्चिल ने एटली को और एटली ने एडेन को सत्ता सौंप दी।"[21]

यह अनासक्त भाव भी व्यक्ति में उत्तम संस्कारों के ही कारण आता है। केवल लोकतंत्र की औपचारिक व्यवस्था से व्यक्ति अपने व्यक्तित्व को लोकेच्छा से समरस नहीं कर लेता है। व्यक्ति को लोलुपता पर विजय पाने के लिए सत्संग, स्वाध्याय तथा संयम की आवश्यकता रहती है।

(ख-3) कानून कें प्रति आदर की भावना : 'कानून का राज्य' एक राजनीतिक

व्यवस्था है; लेकिन कानून का समादर नैतिक समाज की पहचान है। कानून का समादर करनेवाला समाज ही 'कानून के राज्य' को ठीक से वहन कर सकता है। जहाँ सामाजिक रूप से लोगों में कानून के प्रति समादर का भाव नहीं होता वहाँ का 'कानून 'व्यक्तियों के प्रति अविश्वासी बन जाता है तथा व्यक्ति कानून की अवहेलना करनेवाले बन जाते हैं। इसका स्वाभाविक परिणाम होता है समाज में 'अनैतिकता' का प्रसार। हमारे देश में बिना राजदंड का सहारा लिए लोगों में धर्मभाव के बल पर नैतिक नियमों का पालन करवाया जा सका, यह भारतीय अनुभव है। स्वस्थ लोकतंत्र में यह जरूरी है कि लोग राजदंड के भय से नहीं, वरन् अपने सामाजिक विवेक से कानून का पालन करें। उपाध्याय राजनीतिक दलों से यह आग्रह करते हैं कि वे समाज में इस प्रकार के 'लोकमत-परिष्कार' का कार्य करें तथा स्वयं के आचरण को उदाहरणस्वरूप प्रस्तुत करें।

''जनता में कानून के प्रति समादर की भावना पैदा करने के लिए यह आवश्यक है कि कानून का संरक्षण करने की आकांक्षा रखनेवाली पार्टियाँ इस दिशा में स्वयं उदाहरण प्रस्तुत करें। स्वशासन की भावना और क्षमता जनतंत्र का सार है। अगर पार्टियाँ स्वयं अपने आपको शासित नहीं कर सकतीं तो वे समाज में स्वशासन की इच्छा उत्पन्न करने की आशा कैसे कर सकती है।''[22]

समाज में कानून के प्रति आदर के लिए जहाँ एक लोकतांत्रिक मानसिकता की जरूरत है, वहीं यह भी जरूरी है कि कानून निर्माता जन प्रतिनिधि, विद्वज्जन तथा पत्रकार जगत् समाज को कानून की तर्कसंगतता के बारे में शिक्षित करे। कानून के प्रति अपनी असहमति के इजहार के लिए भी 'कानून सम्मत' प्रक्रिया को ही लोग स्वीकार करें, समाज में ऐसा वातावरण व्याप्त रहना जरूरी है। उपाध्याय केवल अकादमिक विद्वान् या दार्शनिक ही नहीं थे, वरन् प्रत्यक्ष राजनीतिक क्षेत्र के कार्यकर्ता भी थे। निर्वाचन प्रक्रिया सत्ता स्पर्धा का हथियार नहीं, वरन् सामाजिक सहभागिता का माध्यम है। उसको इसी माध्यम के नाते इस्तेमाल करने के लिए उन्होंने अच्छा उम्मीदवार, अच्छा दल तथा अच्छा मतदाता कैसा होना चाहिए—इस पर भी निर्वाचन काल में ही अपने विचार प्रकट किए हैं जो उनकी राजनेता नहीं, वरन् राजनीतिज्ञ की छवि प्रस्तुत करते हैं।

(ख. 3/1) अच्छा उम्मीदवार : उपाध्याय के मतानुसार…''एक समुचित उम्मीदवार वह है जो विधानमंडलों में अपने दल के दृष्टिकोण का प्रतिनिधित्व करने के साथ ही अपने क्षेत्र के मतदाताओं की नब्ज को पहचानता है। एक व्यक्ति के नाते उसे अपने मतदाताओं के प्रति वफादार होना चाहिए और एक दल का सदस्य होने के नाते, जिस दृष्टिकोण का वह प्रतिनिधित्व करता है, उस दल के अनुशासन का पालन करने के साथ उसके उद्देश्यों की पूर्ति के लिए मन में समर्पण का भाव भी रखना चाहिए।''[23]

दल व जन के प्रति समन्वित निष्ठा अच्छे उम्मीदवार की कसौटी है; लेकिन वर्तमान

भारतीय दलों द्वारा उम्मीदवार चयन की कसौटी पर अपना असंतोष प्रकट करते हुए वे कहते हैं कि उन्हें अच्छे उम्मीदवार की बजाय सदा जीतनेवाले घोड़े की चिंता रहती है—

"...दुर्भाग्यवश यह कहना पड़ता है कि भारत में शायद ही कोई राजनीतिक दल इन सब बातों की चिंता करता हो, और इस कारण उनके मस्तिष्क में केवल यही बात चक्कर काटा करती है कि किसी भी रीति से उसका प्रत्याशी विजयी होना चाहिए।...वह किसी भी ऐसे उम्मीदवार को अपने टिकट से खड़ा करने का प्रयास करते हैं जिसमें जीत के लक्षण अधिक प्रतीत होते हों।"[24] इसलिए दीनदयाल मतदाताओं को सावधान करते हैं, "हमें स्मरण रखना होगा कि एक अयोग्य उम्मीदवार इस आधार पर हमारा मत प्राप्त करने का अधिकारी नहीं है क्योंकि उसका संबंध एक अच्छे दल से है।...यह संभव है कि ऐसे अयोग्य व्यक्ति को अपना टिकट प्रदान करते समय उस दल ने संस्था के लाभ से प्रभावित होकर ऐसा निर्णय लिया हो या ऐसी मंशा न होने के बाद भी उससे निर्णय की भूल हुई हो। अत: उत्तरदायी मतदाता का अब यह कार्य हो जाता है कि वह अपनी जागरूकता का परिचय देकर उक्त गलती को दुरुस्त कर दे।"[25]

(ख. 3/2) अच्छा दल : लोकतांत्रिक व्यवस्था में राजनीतिक दलों की बहुत निर्णायक भूमिका होती है। कोई समाज कितना लोकतांत्रिक है यह उसके दलों का चरित्र देखकर जाना जा सकता है। उपाध्याय के अनुसार श्रेष्ठ दल के लक्षण हैं, "...जो सत्ता पर अधिकार प्राप्त करने के इच्छुक व्यक्तियों का झुंड न होकर एक जीवमान संगठन हो, जिसका सत्ता प्राप्त करने के अतिरिक्त अपना अलग वैशिष्ट्य हो। ऐसे दल की दृष्टि में सत्ता पर अधिकार करना उद्दिष्ट न होकर, अपने सिद्धांतों एवं कार्यक्रमों को क्रियान्वित करने का एक साधन होगा, और इसलिए उस दल के सर्वोच्च पदाधिकारियों से लेकर साधारण-से-साधारण सदस्य तक में अपने इस आदर्शवाद के प्रति एक निष्ठा होगी। हमें स्मरण रखना चाहिए कि यह निष्ठा ही अनुशासन और आत्मसमर्पण की भावना उत्पन्न करती है। यदि अनुशासन ऊपर से थोपा जाता है तो वह किसी भी दल की आंतरिक शक्तिहीनता को ही प्रकट करता है।"[26]

दीनदयाल उपाध्याय दु:खपूर्वक प्रतिपादित करते हैं कि भारत के राजनीतिक दल केवल नाम के लिए ही दल हैं। दलों की आंतरिक शक्तिहीनता उन्हें समाज की अवांछनीय शक्तियों का अवलंब ग्रहण करने को मजबूर करती है। उपाध्याय मुख्यत: तीन मजबूरियों का उल्लेख करते हैं : (1) राजा-महाराजा, (2) जातिवाद तथा (3) उद्योगपति।

(ख. 3/2 अ) राजा-महाराजा : "भारत के राजनीतिक दल अभी अपनी गहरी जड़ें जनता में जमा नहीं सके हैं।...राजनीतिक दलों को विभिन्न राजनीतिक कार्यक्रमों को एक ओर रखकर चुनाव के लिए सिद्ध होना पड़ता है। यही कारण है कि आज भी पुराने राजे-महाराजाओं, नवाबों और जागीरदारों को अपने-अपने दल में घसीटने का

प्रयत्न किया जाता है।···हम इस बात को स्वीकार करते हैं कि इस पुराने वर्ग को भी देश के राजनीतिक क्षेत्र में सक्रिय बनाना चाहिए; परंतु उनको टिकट देने का आधार तो राजवंश में उनका जन्म न होकर, उनकी योग्यता ही होना चाहिए।''[27]

(ख. 3/2 आ) जातिवाद : ''जाति और संप्रदाय का विचार भी प्रत्याशियों के चयन को बुरी तरह प्रभावित करते हैं।···भारत में प्रत्येक व्यक्ति किसी-न-किसी जाति का अंग है। अतः दूसरे दलों पर जातीयता एवं संकीर्णता का आरोप लगाने से अनजाने में ही देश में इस भावना को अप्रत्यक्ष रीति से और अधिक बल मिलता है।···यदि परिस्थिति यहाँ तक बिगड़ती है कि डॉ. राममनोहर लोहिया जैसे व्यक्ति को चुनाव मैदान से इसलिए हटना पड़े कि वह उक्त निर्वाचन क्षेत्र में निवास करनेवाले मतदाताओं की बहुसंख्य जाति के नहीं हैं तो यह एक गंभीर बात होगी; परंतु इसके निराकरण का उपाय तो यही है कि दल के संगठन को दृढ़ बनाया जाए, न कि जाति के आधार पर मतदाताओं से अपील की जाए।''[28]

(ख. 3/2 इ) उद्योगपतिः ''प्रत्याशियों का चयन करने में प्रत्याशी की आर्थिक स्थिति और निर्वाचन में धन व्यय करने की क्षमता, दूसरा प्रमुख आधार रहा करता है, जो इसे प्रभावित करता है। बहुत से व्यक्तियों को टिकट प्रदान करने का कारण उनके धन व्यय करने की क्षमता ही रहा करती है।···वास्तव में वे जनता और राजनीतिक दलों से उनके मत और टिकट प्राप्त करने नहीं आते वरन् उन्हें खरीदने आते हैं।···संसद् की सदस्यता तो उनके लिए अपनी चर्बी बढ़ाने एवं अधिक मोटा होने का साधन होने के कारण व्यापार है। कांग्रेस सहित सभी राजनीतिक दल धनाभाव से इतने परेशान हैं कि वे अपनी शक्ति बढ़ाने के लिए इनका सहयोग प्राप्त करने को आतुर रहते हैं।''[29]

(ख. 3/3) अच्छा मतदाता : उपाध्याय की यह आस्था है कि मतदाता की बुद्धिमत्ता ही इसका इलाज है, ''ये सब ऐसे तथ्य हैं कि जो देश की राजनीति को गलत दिशा में ले जा रहे हैं।···राजनीतिक दलों को, जो देश की राजनीति में प्रमुख दल के रूप में विकसित होना चाहते हैं, इन खतरों से सचेत रहकर अपने सिद्धांत की हत्या नहीं करनी चाहिए। इसी भाँति जनता का यह कर्तव्य है कि वह जागरूक रहकर बुद्धिमत्ता के साथ हंस के समान अपने नीर-क्षीर-विवेक का परिचय दे जिससे देश के राजनीतिक दलों के गलत दृष्टिकोण को सुधारा जा सके।'' इस हेतु उपाध्याय मतदाता को निम्न बातें स्मरण रखने का आग्रह करते हैं[30]—

(1) ''···अपने मताधिकार का प्रयोग पार्टी के लिए न कर सिद्धांत के लिए, व्यक्ति के लिए न कर पार्टी के लिए और धन के लिए न कर व्यक्ति के लिए (करना) है।''

(2) ''···प्रचार के शिकार होकर किसी भी व्यक्ति को केवल इस आधार पर

ही अपना मत दे आते हैं कि वह विजयी होनेवाला है तो चुनाव परिणाम कुछ भी हो, वह आपकी हार ही कही जाएगी।''

(3) ''मतदान का अधिकार आपके सद्विचार और आपके सद्विवेक की कसौटी है। अत: उस ओर से उदासीन न हों, उसे बेचें नहीं और न उसे नष्ट होने दें।''

(4) ''मतदान का अधिकार प्रत्येक नागरिक की स्वाधीनता का प्रतीक है और इस कारण एक लोकतंत्रवादी होने से आपको इसका उपयोग किसी के निर्देश पर न कर, स्वयं के सद्विवेक एवं आत्मा की पुकार पर करना चाहिए।''

(5) ''...जनता को पुन:-पुन: यह बात ध्यान रखनी चाहिए कि वह ही राजनीतिक दलों की निर्माता है।''

दीनदयाल उपाध्याय एक राजनीतिक दल के महामंत्री थे; लेकिन उनके उपर्युक्त विचार, दलवाद से ऊपर उठकर एक शुद्ध लोकतंत्रवादी के नाते व्यक्त किए गए विचार हैं। भारत का बहुल चरित्र अपनी राष्ट्रीय एकता को तभी बनाए रख सकता है जब देश में लोकतंत्र रहे। उनके राष्ट्रवाद ने ही उन्हें प्रखर लोकतंत्रवादी बनाया था।

(ग) राष्ट्रीय एकता के लिए प्रजातंत्र आवश्यक : उनका मत था कि ''भारत की परिस्थिति में प्रजातंत्र का राष्ट्रीय एकता से गहरा संबंध है। यदि यहाँ प्रजातंत्र समाप्त हो गया तो एकता को भी नष्ट होते देर न लगेगी...(विघटनकारी तत्त्वों में से भी)...जो प्रजातंत्रीय पद्धति का अनुसरण करेंगे वे शनै:-शनै: राष्ट्रवाद की ओर बढ़ते जाएँगे। चुनावों में जातिवाद व क्षेत्रवाद का सहारा लेनेवाले भी जब जीतकर आएँगे तो सबको साथ लिए बिना अकेले नहीं बैठ सकेंगे। यही कारण है कि द्रविड़ मुन्नेत्र कषगम के रूप में धीरे-धीरे परिवर्तन हो रहा है। प्रजातंत्र के रहते हुए किसी प्रांत विशेष में किसी दल विशेष का प्रभुत्व भी आ गया तो वह अलग नहीं हो सकता; किंतु यदि प्रजातंत्र समाप्त हुआ तो एकता पहले समाप्त हो जाएगी।...भारत की एकता के लिए प्रजातंत्र जरूरी है।''[31]

(घ) साझे मोरचों की अवसरवादी राजनीति : सत्ता प्राप्ति के लिए लोकतंत्र का अवसरवादी उपयोग हमारे प्रजातंत्र के लिए एक बड़ी चुनौती है। इसके लिए सावधान करते हुए उपाध्याय कहते हैं, ''संयुक्त मोर्चे भी अपने देश में बनाए जाते रहे है, जिन समझौतों व संयुक्त मोर्चों का आधार यही रहा करता है कि विभिन्न राजनीतिक दल पृथक-पृथक रूप से लड़कर सत्तारूढ़ दल को पराजित न कर सकेंगे, और इसलिए सभी को मिलकर कांग्रेस के विरुद्ध एक प्रत्याशी खड़ा करना चाहिए।...ये समझौते और संयुक्त मोर्चे जनता में निषेधात्मक वृत्ति पैदा करते हैं जो कभी भी उचित नहीं है। ऐसे समझौते करनेवाले तत्त्व संयुक्त मोर्चे बनाते समय सिद्धांतों में भी सौदेबाजी करते हैं

जिससे देश में अवसरवादी तत्त्वों को प्रश्रय मिलता है।''[32]

दीनदयाल उपाध्याय का लोकतंत्र विषयक विचार लोकतंत्र की पाश्चात्य व भारतीय अवधारणा से प्रारंभ होकर उसके भारतीयकरण अर्थात् 'लोकमत-परिष्कार' की विवेचना करते हुए भारतीय लोकतंत्र के विश्लेषण के साथ पूर्ण होता है। उपाध्याय का चिंतन आदर्शवादी है। वे अपने विचारों में समाजशास्त्रीय व मनोवैज्ञानिक तत्त्वों से ज्यादा नीतिशास्त्र से प्रभावित हैं। किसी दल को नीतिशास्त्रीय नेता उपलब्ध होना बड़े सौभाग्य की बात होती है। प्रतिकूल परिस्थितियों में भी जो आदर्श का आचरण करता है वही 'नीतिशास्त्र' की महत्ता को भी सिद्ध कर पाता है। समझौतावादी लोग आदर्श व नीति को तात्कालिक परिणामों के भय से त्याग देते हैं। उनकी व्यवहार नीति के नाम पर अवसरवाद पनपता है। जिस 'अवसरवाद' के बारे में दीनदयाल उपाध्याय ने चेताया था, उसका जब भयानक दौर भारत में प्रारंभ हुआ, उसी दौर में उनकी हत्या हो गई। भारतीय लोकतंत्र की यह बड़ी क्षति थी।

5. समाजवाद

समाजवाद के विषय में उपाध्याय के विचारों का सरलरेखीय विवेचन संभव नहीं है। एक समय उपाध्याय 'समाजवाद' के समर्थक थे। यह समय सन् 1952-53 का था। उसके बाद उनके द्वारा 'समाजवाद' शब्द का उपयोग किए बिना समतावादी आर्थिक दृष्टिकोण का प्रतिपादन तथा आर्थिक क्षेत्र में राज्याधिकार का विरोध चलता रहा। यह काल सन् 1954-56 तक का है। सन् 1957 के जनसंघ-घोषणापत्र में पहली बार 'समाजवाद' की, राज्य के हाथों में शक्ति के केंद्रीकरण के संदर्भ में, आलोचना की गई। सन् 1958 के जनसंघ के सातवें बंगलौर अधिवेशन में 'समाजवाद' तथा 'पूँजीवाद' पर तीव्र प्रहार किए गए; लेकिन उपाध्याय का संपूर्ण आर्थिक विवेचन समाजपरक एवं समतावादी है। वे संपत्ति पर व्यक्ति का समाज निरपेक्ष अधिकार स्वीकार नहीं करते। मुनाफावादी कर्मप्रेरणा तथा यांत्रिक उद्योगवाद के भी वे प्रबल विरोधी हैं। 'समाजवाद' का भी वे तीखा विरोध करते हैं। इसके मुख्यत: निम्न कारण हैं—

- समाजवाद सत्ता व वित्त का राज्य में केंद्रीकरण करता है।
- समाजवाद सर्वग्रासी राज्य का हिमायती है।
- समाजवाद लोकतंत्रविरोधी तानाशाही शासन का पोषक है।
- समाजवाद वर्गसंघर्षवादी, भौतिकवादी व अमानवीय दर्शन है।
- समाजवाद भारतीयता के प्रतिकूल विदेशी विचार है।

इस विरोध के बावजूद उनके प्रतिपादन में समाजवाद के प्रति एक भावनात्मक लगाव है। वे समाजवादी प्रवृत्ति, समाजवादी दृष्टिकोण तथा समाजवादी आर्थिक व

राजनीतिक व्यवस्था, इस प्रकार समाजवाद की त्रि-आयामी व्याख्या करते हैं। समाजवादी प्रवृत्ति को वे आवश्यक बताते हैं, समाजवादी दृष्टि जो समतावादी है उसे वांछनीय मानते हैं; लेकिन 'समाजवादी राज्य-व्यवस्था' का प्रबल विरोध करते हैं। पूँजीवादी व समाजवादी अर्थव्यवस्था को मूलतः समान प्रवृत्ति की घोषित करते हैं। कार्ल मार्क्स की वैज्ञानिक समाजवाद की व्याख्या से वे असहमत हैं। मार्क्स के भावात्मक रूप से प्रशंसक है; लेकिन तर्क में उसका शिष्यत्व स्वीकार नहीं करते।

इस संदर्भ में उपाध्याय के ये शब्द उल्लेखनीय हैं, "बुभुक्षितों के प्रति हार्दिक सहानुभूति और समाज में उन्हें समान स्तर और सम्मानपूर्ण स्थान प्राप्त करा देने की इच्छा, आज भी प्रत्येक समाजवादी को प्रेरणा देती है। उनकी सदिच्छा सराहनीय है। इस दुःख और कष्टों से परिपूर्ण विश्व में असमानता, अन्याय, दुःख, कष्ट, उत्पीड़न, प्रताड़न, दासत्व, शोषण, क्षुधा और अभाव को देखकर कोई भी व्यक्ति जिसे मानवीय अंतःकरण प्राप्त है, समाजवादी वृत्ति अपनाए बिना नहीं रह सकता। परंतु समाजवाद यहीं तक सीमित नहीं है। यह ठीक है कि वह एक दुःखपूर्ण स्थिति का अंत चाहता है। उसने स्थिति का विश्लेषण किया है, रोग का निदान किया और उसके लिये औषधि की योजना भी की है। यहाँ पर उन्हें मार्क्स का शिष्यत्व स्वीकार करना पड़ता है। उसने अपने समकालीन समाजवादी विचारों को एकत्रित कर एक ऐसी विस्तृत विचारसरणी प्रस्तुत की जो आगे आनेवाली पीढ़ियों को आकर्षित करने की क्षमता रखती है। मार्क्स से विचारभिन्नता रखनेवाले समाजवादी भी उसके अकाट्य तर्कों का खंडन नहीं कर पाते। उसने एक करणीय योजना प्रस्तुत की और बोल्शेविकों ने उस स्वप्न को साकार करने हेतु सफलतापूर्वक रूस की सत्ता पर अधिकार कर लिया। बोल्शेविक क्रांति से लेकर आज तक का रूस का इतिहास विभिन्न क्षेत्रों में अनेक सफलताओं के बावजूद, इस पद्धति की अपूर्णता का ही द्योतक रहा है।"[33]

दिसंबर 1958 में हुए जनसंघ के सातवें अधिवेशन के बाद अपनी दलीय नीतियों के संदर्भ में दीनदयाल उपाध्याय ने एक विशेष लेख लिखा जिसमें 'समाजवाद' के विरोध को एक साहसी व सुविचारित नीति के रूप में प्रस्तुत किया गया है। वे लिखते हैं, "समाजवाद हमारे देश व प्रकृति के लिए विदेशी है। कभी-कभी इसे सामाजिक कल्याण व सामाजिक न्याय का नाम दिया जाता है। वास्तव...में समाजवाद जिसका अर्थ राज्य के हाथ में (व्यावहारिक रूप में जिसका अर्थ सत्तारूढ़ दल के हाथ में) समस्त शक्ति का केंद्रीकरण है।...कांग्रेस अपने प्रस्ताव में 'जनतांत्रिक समाजवाद' तक पहुँची है; किंतु समाजवाद और जनतंत्र आज तक कभी साथ-साथ नहीं चले हैं। ब्रिटेन के मजदूर दल ने उन दोनों को साथ-साथ चलाने का प्रयास किया; किंतु उसे जनतांत्रिक परंपराओं के पक्ष में समाजवादी सनकों को त्याग देना पड़ा।" उपाध्याय आगे लिखते हैं, "दिल्ली के एक

प्रतिनिधि ने इच्छा व्यक्त की कि जनसंघ के प्रस्ताव से 'ऐसी समाजवादी नीति जिसके कारण राज्य के हाथ में अधिक शक्ति केंद्रीभूत होती है, जनतांत्रिक आदर्शों के अनुकूल नहीं है।' ये शब्द निकाल दिए जाने चाहिए। स्पष्ट है कि उनकी धारणा थी कि समाजवाद का विरोध राजनीतिक पूँजी के संचय में सहायक नहीं है, विशेष रूप में ऐसे समय में जबकि देश के नवयुवक समाजवाद के नारे के पीछे लट्टू हैं; किंतु ऐसे समय में जबकि सभी लोग मृगमरीचिका के पीछे अंधे होकर दौड़ रहे हैं, कुछ लोग ऐसे चाहिए जो दोनों हाथों में साहस का संबल धारण कर सत्य उद्घोष कर सके। यदि राष्ट्रीय रूप में इसका लाभ होता है तो अंततोगत्वा राजनीतिक रूप से भी उसका लाभ मिलेगा ही।''

अपने इस लेख में उपाध्याय स्पष्ट करते हैं कि जनसंघ समाजवाद का विरोध कर रहा है, इसका यह अर्थ नहीं कि जनसंघ पूँजीवाद का समर्थक है, वरन् जनसंघ पूँजीवाद का भी पूरी उग्रता के साथ विरोधी है। वे लिखते हैं: ''…क्योंकि वहाँ (पूँजीवाद में) समस्त शक्ति कुछ व्यक्तियों के हाथ में केंद्रित हो जाती है। यथार्थ में समाजवाद और पूँजीवाद एक ही राग के दो रूप हैं। यूरोप में औद्योगिक क्रांति ने स्वावलंबी कर्मियों (Self Employed Workers) को ही समाप्त कर दिया। यदि औद्योगिक कार्यक्रम अपनाते समय सचेत रहे तो हम सिद्धांतत: 'विकेंद्रीकरण' स्वीकार कर भारत को पूँजीवाद व समाजवाद दोनों के दुर्गुणों से बचा सकते हैं। हमारा सिद्धांत होना चाहिए छोटी इकाइयों द्वारा उत्पादन।''[34]

उपाध्याय सामान्यत: अपने विवेचन में 'समाजवाद' का विश्लेषण 'पूँजीवाद' की प्रतिक्रिया में उत्पन्न विचार के ही रूप में करते हैं तथा दोनों को मानव की भ्रमपूर्ण कल्पनाओं पर आधारित मानते हैं, दोनों उनकी दृष्टि में समान रूप से अमानवीय हैं—

''पूँजीवाद का आधार यदि आर्थिक मनुष्य है तो उसकी प्रतिक्रियास्वरूप समाजवाद ने 'सामूहिक-मनुष्य' (Mass Man) की कल्पना की। मनुष्य को एक प्रकार (Type) मान लिया। उस सामूहिक-मनुष्य की आर्थिक आवश्यकताओं को पूर्ण करने का लक्ष्य ही सामने रखा। उसके जीवन की अन्य आवश्यकताओं की पूरी उपेक्षा कर दी। इन दोनों व्यवस्थाओं में मनुष्य का विचार नहीं।'' दीनदयाल उपाध्याय 'मानव्य' एवं उसके स्वातंत्र्य के पक्षपाती हैं''; लेकिन ''…जब टाटा और बिरला 'व्यक्ति-स्वातंत्र्य 'या 'मुक्त प्रेरणा' की बात करते हैं तो उसका अभिप्राय होता है उनकी अपनी स्वतंत्रा, उनके कारखानों में गुलाम बने हुए लाखों-करोड़ों मजदूरों की स्वतंत्रता नहीं। हमें तो लाखों-करोड़ों मानवों की स्वतंत्रता का विचार करना है। शक्ति चाहे राजनीतिक हो या आर्थिक, केंद्रीकरण से व्यक्ति-स्वातंत्र्य समाप्त होता है। पूँजीवाद व समाजवाद दोनों ही केंद्रीकरण के हामी हैं।…दोनों ही व्यवस्थाओं में मनुष्य का विचार होता है परिमाणात्मक (Quanlitative) आधार पर, न कि गुणात्मक (Qualitative) आधार पर।''[35]

दीनदयाल उपाध्याय समाजवाद व लोकतंत्र का सह-अस्तित्व असंभव मानते हैं—

"यूरोपीय समाजवादियों के नए प्रयासों ने उस तत्त्व को जन्म दिया जिसे आज जनतांत्रिक समाजवाद का नाम दिया गया है। वे कम्युनिस्टों से मतभिन्नता रखते हुए यह प्रतिपादित करते रहे हैं कि समाजवाद का प्रादुर्भाव जनतंत्रीय ढंग से होना चाहिए। वे एक साथ समाजवाद तथा जनतंत्र दोनों की आराधना करना चाहते हैं। पर मूल प्रश्न तो यह है कि क्या समाजवाद और प्रजातंत्र एक साथ पनप भी सकते हैं? सिद्धांतवादी इस पर आशान्वित हैं, पर प्रगतिवादी इस पर विश्वास नहीं करते। समाजवाद इसका हामी है कि उत्पादन के समस्त स्रोत राज्य के अधीन होने चाहिए। चूँकि समाजवादी यह समझते हैं कि समाज का राजनीतिक, बौद्धिक और सामाजिक जीवन उसके उत्पादन के स्रोतों के साथ ही ढलता है, अतः समाजवादी व्यवस्था में राज्य का आर्थिक क्षेत्र के साथ-साथ राजनीतिक और अन्य क्षेत्रों में भी पूर्ण वर्चस्व रहना आवश्यक है। इससे एक स्थिति पैदा होगी, जब उन लोगों के विरुद्ध जो शासन में हैं, लोकतांत्रिक अधिकारों का प्रभावपूर्ण ढंग से प्रयोग करना संभव ही नहीं होगा। समाजवादी बंदूक और गोली का पहला शिकार निश्चित रूप से कोई लोकतंत्रवादी ही होगा। समाजवाद और लोकतंत्र दोनों साथ-साथ नहीं चल सकते। शेर-बकरी का एक ही घाट पर पानी पीना असंभव है।"[36]

उपाध्याय समाजवाद व मार्क्सप्रणीत साम्यवाद में अंतर नहीं करते तथा कहते हैं कि वैचारिक क्षेत्र में अपेक्षित लचीलेपन के स्थान पर इसमें मजहबी कट्टरता है। "...(लोकतंत्र) में भूलों को सुधारने तथा नवीन बातों को स्वीकारने की सिद्धता रहती है। पर समाजवादियों के समस्याओं के प्रति दृष्टिकोण में इस प्रकार के लचीलेपन का अभाव है। यह विचारधारा किसी प्रकार के नवीन चिंतन की प्रेरणा नहीं देती। मसीहावाद और अपरिवर्तनीय अंधविश्वासों पर आधारित मजहब के अनुयायी की तरह कट्टर समाजवादी, नए स्वतंत्र विचारों से दूर ही रहना पसंद करता है। यही कारण है कि कम्यूनिस्ट के शब्दकोश में ऐसे विचारकों के लिए अनेक प्रकार की गालियाँ भी रहती हैं।"[37] इसी मसीहावाद के कारण इसने एक युद्धपिपासु मानव को जन्म दिया। यह शुद्ध लोलुप मानव समाजवादी राज्य की ही देन है। उसे न विचार करने की स्वतंत्रता प्राप्त है, न स्वयं निर्णय करने की। इस व्यवस्था के अंतर्गत मानवजीवन का मूल्य एक निरीह पशु से अधिक नहीं आँका जाता।"[38]

उपाध्याय विचार व दर्शन के नाते 'समाजवाद' को मार्क्स प्रणीत साम्यवाद से इसलिए अलग नहीं करते, क्योंकि उनकी मान्यता है कि 'समाजवाद' मार्क्स के पहले कोई विचारधारा नहीं थी। वह केवल सामाजिक निष्ठा को प्रकट करनेवाला एक शब्दमात्र था। मार्क्स ने उसे एक सुनिश्चित विचारधारा का रूप दिया। अतः 'समाजवाद' विचार से यदि मार्क्स को निकाल दें तो वह एक अस्पष्ट व अटपटी वृत्ति बन जाता है। बहुत से लोग फैशनवश भी समाजवाद का नाम लेते रहते हैं।

उपाध्याय 'समाजवाद' के इतने विरोधी इसलिए भी बन गए कि 'समाजवाद' शब्द के सम्मोहन की आड़ में देश में 'साम्यवाद' के प्रति एक सम्मान पैदा किया जा रहा था। इसके लिए वे कांग्रेस व नेहरू को जिम्मेदार मानते थे।[39] वे साम्यवादी तानाशाही के सख्त खिलाफ थे। नेहरू का पाश्चात्यवादी मानस भी उनके विचारों के अनुकूल न था। अतः नेहरू व कम्युनिस्ट दल जिस नारे के बल पर राजनीति कर रहे थे उसको देश में निर्विवाद रहने देना उन्हें गलत लगता था। अतः यह ज्ञात होते हुए भी कि दुनिया में समाजवादियों की बड़ी संख्या गैर-साम्यवादी है, उन्होंने समाजवाद व साम्यवाद में फर्क न करते हुए अपने विचारों का प्रतिपादन किया है। परंतु विचार के पटल पर साम्यवाद व समाजवाद में अंतर करना जरूरी है। वास्तविकता तो यह है कि साम्यवाद के भी अनेक प्रकार हैं। यथा, रूसी-साम्यवाद, चीनी-साम्यवाद, युगोस्लाव-साम्यवाद एवं यूरो-साम्यवाद आदि।

उपाध्याय की यह मान्यता थी कि पूँजीवाद तथा समाजवाद तो पश्चिमी औद्योगिक क्रांति के 'जुड़वाँ बेटे' हैं। अतः वे कहते हैं कि समाजवादी भी मूलतः पूँजीवादी ही होते हैं, ''समाजवादी, फिर वह चाहे जिस रूपरंग के हों, पश्चिम की प्रौद्योगिकी में अमिट श्रद्धा रखते हैं। उनकी लड़ाई मशीन से नहीं, मशीन के मालिक से है। फलतः उसकी मिलकियत राज्य को सौंपकर वे समाधान मान लेते हैं।''[40]

उपाध्याय पाश्चात्य औद्योगिक क्रांति को ही अमानवीय पूँजीवाद एवं साम्राज्यवाद की उपज मानते हैं। 'मशीन' को 'मानव' से बड़ा दर्जा देनेवाला यह औद्योगिक विस्तारवाद ही मानवता के प्रति अपराध है। उत्पादन के इन केंद्रीकृत तरीकों ने 'कर्मशील' मानव के हाथ ही काट लिए, उसे असंवेदनशील तथा असांस्कृतिक बना दिया। उसे दो कृत्रिम संज्ञाओं में बाँट दिया। 'शोषित' और 'शोषक' या 'शासित' और 'शासक'—यह मानव का विकृतीकरण है। दीनदयाल उपाध्याय का मत था : ''पूँजीवाद और समाजवाद, इन दोनों ही अवस्थाओं में मानव के सही और पूर्ण रूप को नहीं समझा गया। एक में उसे स्वार्थी अर्थपरायण, संघर्षशील एवं मात्स्य-न्याय-प्रवण प्राणी माना गया है, तो दूसरी में व्यवस्थाओं और परिस्थितियों का दास, अकिंचन एवं अनास्थामय। शक्तियों का केंद्रीकरण दोनों में अभिप्रेत है। फलतः दोनों का परिणाम 'अमानवीयकरण' में हो रहा है। भगवान् की सर्वश्रेष्ठ कृति मानव अपने को खोता जा रहा है। हमें मानव को पुनः अपने स्थान पर प्रतिष्ठत करना होगा, उसकी गरिमा का उसे ज्ञान कराना होगा, उसकी शक्तियों को जगाना होगा तथा उसे देवत्व की प्राप्ति हेतु पुरुषार्थशील बनाना होगा। यह 'विकेंद्रित अर्थव्यवस्था' के द्वारा ही संभव है। हमें समाजवाद अथवा पूँजीवाद नहीं, मानव का उत्कर्ष और सुख चाहिए।''[41]

उपाध्याय समाजवाद पर अपने विचारों को व्यक्त करते समय उसे भारतीय संदर्भ में ही विवेचित करते हैं, जो सैद्धांतिक के साथ-साथ राजनीतिक भी था। उनके विचारों

के कुल स्वर को सुनकर कहना हो तो यह कहा जा सकता है कि वे विधायक रूप से 'समष्टिवादी' थे। वे 'पूँजीवाद' व 'समाजवाद', इन दो कठोर दायरों में विचारधाराओं को बाँटकर, किसी एक दायरे की तरफदारी के खिलाफ थे। पूँजीवाद के खिलाफ तो वे समाजवादी ही थे; लेकिन प्रतिक्रिया में उत्पन्न राज्यवादी 'समाजवाद' के खिलाफ वे 'मानववादी' थे। उपाध्याय का यह तकनीकी आधार पर 'समाजवाद' का विरोध लोगों को बहुत समझ में नहीं आया अत: लोगों ने उन्हें प्रचलित 'समाजवादी' खेमे के विरोधी अर्थात् 'पूँजीवादी' खेमे में धकेल दिया। आज के तकनीकी युग में उद्योगवाद के विरोधी को आधुनिकीकरण का विरोधी भी माना जाता है। संभवत: यही कारण था कि उपाध्याय के विचार लोग ठीक से समझ नहीं पाए।

6. लोक कल्याणकारी राज्य

पाश्चात्य जगत् में पूँजीवाद व समाजवाद की अतिवादी बहस का समाधान 'लोक कल्याणकारी राज्य' की अवधारणा से किया गया। उपाध्याय ने इस अवधारणा के विषय में ज्यादा विवेचन नहीं किया है। जितना थोड़ा संदर्भ उनके लेखों में आया है वह 'लोक कल्याणकारी राज्य' अवधारणा की प्रशंसा में ही आया है। लोक कल्याणकारी राज्य की अवधारणा वास्तव में पूँजीवादी व साम्यवादी घेराबंदी को तोड़नेवाली विचारसरणी की उपज है। उपाध्याय इस संदर्भ में लिखते हैं—

''विगत तीस वर्षों में अपनी उदारवादी नीतियों एवं नवीन आर्थिक चिंतन के कारण उन्होंने (पाश्चात्य राष्ट्रों ने) समाजवादियों को हतप्रभ कर डाला है। आज अमेरिका या इंग्लैंड का सर्वसाधारण व्यक्ति किसान या मजदूर, जिसे साम्यवादी परिभाषा के अनुसार 'सर्वहारा' कहा जाता है, सौ वर्ष पहले की तथाकथित उत्पीड़ित अवस्था में नहीं है। पूँजीवादी व्यवस्था के स्थान पर कल्याणकारी राज्य के आदर्श प्रस्थापित हो रहे हैं। पूँजीवादी और समाजवादी दोनों ही देशों के बारे में मार्क्स की भविष्यवाणियाँ असत्य सिद्ध हुईं। कल के पूँजीवादी देशों ने अपनी पद्धति में विकास किया है और आज के भौतिक विकास में समाजवादियों से टक्कर लेने को उद्यत हैं।''[42] इस उद्धरण में समाजवाद के खिलाफ लोक कल्याणकारी राज्य अवधारणा को पूँजीवाद के विकास या सुधार के रूप में प्रशंसित किया गया है। इसी प्रकार बंबई के अपने प्रसिद्ध भाषण में वे कहते हैं, ''यूरोप के कुछ देशों में समाजवाद के नाम पर राजनीतिक क्रांतियाँ हुईं। जहाँ लोगों ने समाजवाद को स्वीकार नहीं किया वहाँ भी राज्यकर्ताओं को श्रमिकों के अधिकारों को मान्य करना पड़ा तथा कल्याणकारी राज्य का आदर्श सामने रखा गया।''[43] इस उद्धरण में वे लोक कल्याणकारी राज्य को समाजवादी मजदूर संगठनों की विजय के रूप में प्रतिपादित करते दिखाई दे रहे हैं।

वास्तव में पाश्चात्य विचारयात्रा की अधुनातन अवधारणाओं को, जिनमें लोक कल्याणकारी राज्य तथा 'नववाम' (Neo Left) की विचारधाराएँ प्रमुख हैं, उपाध्याय ने अपने विवेचन का विषय नहीं बनाया। यह एक संयोग भी हो सकता है तथा सुविचारित कूटनीति भी; क्योंकि इन विषयों पर यदि वे ध्यान देते तो पाश्चात्य विचारों की एकांगिता व अमानवीयता को इतनी प्रखरतापूर्वक प्रताड़ित न कर पाते।
ये विचार पाश्चात्य प्रयोगों की अंतर्निहित अतिवादिता के विरुद्ध ही विकसित हुए हैं।

अपने प्रथम उद्धरण में 'लोक कल्याणकारी राज्य' सिद्धांत का इस्तेमाल भी उपाध्याय ने 'समाजवाद' की खिलाफत में कर दिया है। उसमें परोक्षत: पूँजीवादियों की प्रशंसा भी झलकती है; लेकिन शायद यह बात इस सिद्धांत के विकास के इतिहास के साथ संगत नहीं है, क्योंकि 'लोक कल्याणकारी' सिद्धांत को प्रतिपादित व प्रतिष्ठित करनेवाले विचारक पूँजीवादी नहीं वरन् गैरसाम्यवादी समाजवादी हैं, जो कि सामान्यत: 'लोकतंत्रात्मक समाजवाद' के पुरस्कर्ता हैं। पूँजीवादी 'आर्थिक अराजकता' तथा साम्यवादी 'राज्यवादिता' के खिलाफ इसका प्रणयन हुआ है। साम्यवादियों का आंतरिक आत्मालोचन उन्हें 'नववाम' की ओर उत्प्रेरित कर रहा है जो लोकतंत्रीय उदारवाद व मानववाद की विजय है। यदि उपाध्याय इधर ध्यान देते तो उनका 'एकात्म मानववाद' आधुनिक वैश्विक विचारयात्रा में सहभागी हो जाता। काश! यह होता।

ऐसा ही एक और विचार है जिसने आधुनिक राजनीतिशास्त्र को बहुत प्रभावित किया है, वह है 'संविधानवाद'। केवल 'धर्मराज्य' की विवेचना के समय उसे 'कानून के राज्य' का समानार्थी बताते हुए उपाध्याय 'संविधानवाद' का संदर्भगत व परोक्ष समर्थन करते हैं। निरंकुश राजतंत्र की समाप्ति तथा लोकतंत्र के विकास में लोकतंत्र की अनेक सांस्थिक विधाओं के विश्लेषण एवं निरूपण में 'संविधानवाद' के विचार ने एक गौरवपूर्ण भूमिका निभाई है। यदि इस विषय पर भी उपाध्याय विचार व्यक्त करते तो उन्हें पश्चिम इतना अमानवीय व 'धर्मभाव' विहीन न लगता। कारण जो भी रहे हों, लेकिन इन विचारों की यात्रा को अनदेखा करने से उपाध्याय के विवेचन में उस पूर्णता का अभाव रह गया, जबकि ये विचार उनके 'पूर्णतावाद' के लिए अधिक संगत व रंजक सिद्ध होते। 'लोक कल्याणकारी राज्य' की अवधारणा तथा 'संविधानवाद' उपाध्याय द्वारा प्रतिपादित भारतीयता के अधिष्ठान वाले 'एकात्म मानववाद' तथा 'धर्मराज्य' कल्पना के बहुत अनुकूल हैं। इनसे जुड़कर 'एकात्म मानववाद' निश्चय ही भारत के प्रतिनिधि के नाते विश्वविचार में अपना योग दे सकता है।

7. संघात्मक बनाम एकात्मक संविधान

'राष्ट्रीय स्वयंसेवक संघ से संबंध' शीर्षक अध्याय में हम भारतीय संविधान के

निर्माण के समय दीनदयाल उपाध्याय द्वारा लिखे गए लेखों का अध्ययन कर चुके हैं जिसमें हमने देखा कि उपाध्याय संघात्मक संविधानरचना के विरुद्ध थे तथा एकात्मक संविधान के पक्ष में थे।

संघात्मक व एकात्मक शासन व्यवस्थाएँ वस्तुत: शासन की संरचनात्मक विविधताओं की परिचायक हैं; लेकिन उपाध्याय द्वारा संघात्मक रचना का विरोध तथा एकात्मक का समर्थन, संरचनात्मक कम व भावात्मक ज्यादा है। संघराज्य में जो मूल राज्य इकाई होती है उस इकाई का आधार क्या हो? 'भारत विविध इकाइयों का संघ है' अथवा एक भारत की विविध इकाइयाँ अंगभूत है? इस सवाल ने यह भावात्मक आयाम ग्रहण कर लिया था कि भारत एक राष्ट्र है या भारत एक बहुराष्ट्रीय समुदाय है? भारतीय संघात्मक संविधान के निर्माण में संरचनात्मक चिंतन की तुलना में यह भावात्मक मुद्दा अधिक प्रबल बन गया था। अंग्रेज तथा साम्यवादी विचारक भारत को एक बहुराष्ट्रीय समुदाय घोषित करते थे। भारतीय संघवाद में यह 'बहुराष्ट्रीय 'भाव अंतर्निहित था। अत: उपाध्याय संघवाद के उग्र विरोधी बन गए।

(क) संघात्मक शासन : संविधानसभा में भी इस तथ्य को स्वीकार करते हुए कहा गया था, ''हम यह अनुभव करते हैं कि सभी लोगों को संगठित करने के लिए एक शक्तिशाली केंद्र की आवश्यकता है; लेकिन कुछ निर्देशों के कारण चाहे वे वास्तविक हों या काल्पनिक, हमें एक ऐसे केंद्र से संतोष करना है जिसको केवल तीन विषय दिए गए हैं, जिन्हें कि मंत्रिमंडल ने हमारे सामने रखा है। इस प्रकार हम प्रांतीय स्वशासन के सिद्धांत को अपनाकर काम कर रहे हैं जिसके अंतर्गत अवशिष्ट अधिकार प्रांतों के ही होंगे।…हमारी तजबीज यह है कि एक 'बहुराष्ट्रीय राज्य' का निर्माण किया जाए जिसमें 'विभिन्न संस्कृतियों' को अपने विकास का पर्याप्त अवसर मिले।''[44]

उपाध्याय उपर्युक्त अवधारणा को संविधान की तात्विक भूल मानते हैं, ''यदि भारत के वर्तमान संविधान का विचार राष्ट्र की धारणा के मानदंड से करें तो हमें पता चलेगा कि उसमें संशोधन की आवश्यकता है। हमारा एक राष्ट्र है, हम एक जन हैं, इसलिए हमने भाषा, प्रांत, जाति, मजहब आदि के आधार पर मूलभूत अधिकारों में किसी भी भेदभाव को स्वीकार नहीं किया। हमने एक नागरिकता का सिद्धांत माना है। अलग-अलग प्रांत होते हुए भी अमेरिका की भाँति यहाँ राज्य और संघ की अलग-अलग नागरिकता नहीं है। हम सब भारत के नागरिक हैं। इसी प्रकार हमने राज्यों को संघ से निकल जाने का अधिकार नहीं दिया। इतना ही नहीं, इन राज्यों की सीमाएँ और नाम क्या हो, यह निर्णय संसद् ही कर सकती है, राज्यों के विधानमंडल नहीं। ये सब ठीक प्रावधान हैं। इतना होने पर भी हमने अपने संविधान को संघात्मक बनाया है, अर्थात् जो बात व्यवहार में रखी है वह तत्त्वत: अमान्य कर दी है। संघात्मक में इकाइयों

की निजी सत्ता और प्रभुता होती है। वे एक समझौते के अनुसार (यहाँ पर संविधान वह समझौता है) अपने अधिकार केंद्र व संघ को सौंप देती है। हो सकता है कि वे इकाइयाँ अपने संपूर्ण अधिकार केंद्र को सौंप दें और इस तरह संघ अधिक अधिकार संपन्न हो सकता है; किंतु उसके सभी अधिकार उसे मिले हुए तथा सौंपे हुए रहते हैं। ऐसा कोई अधिकार नहीं जो उसका अपना ही हो। इस विचार से संविधान भारत के प्रांत की सत्ता को मूलभूत मानता है और केंद्र को राज्यों का समूहमात्र। यह सत्य के विपरीत है। भारत की एकता और अखंडता की धारणा का विरोधी है। इसमें भारतमाता की जीवनमान चैतन्यमयी कल्पना नहीं। संविधान के प्रथम अनुच्छेद के अनुसार ''इंडिया अर्थात् भारत राज्यों का संघ होगा।'' अर्थात् बिहार-माता, बंग-माता, पंजाब-माता, कन्नड़-माता, तमिल-माता आदि माताओं को मिलाकर 'भारत-माता' बनेगी। यह हास्यास्पद कल्पना है। हमने प्रांतों की कल्पना भारत-माता के अंग के रूप में की है, अलग-अलग माताओं के रूप में नहीं। अतः हमारा संविधान संघात्मक न होकर एकात्मक होना चाहिए।''[45]

इस 'बहुराष्ट्रीय' संघात्मक संविधान के निर्माण के लिए मूलभूत राज्य इकाई के निर्माण का आधार भाषा को बनाया जाना भी उपाध्याय को स्वीकार न था। इस संबंध में उन्होंने कहा, ''…आज भी नए-नए आघात हमारी संस्कृति पर किए जा रहे हैं। भाषावार प्रांतरचना इसका नमूना है। देश को क्षतविक्षत करना, यह अंग्रेज और कम्युनिस्टों का षड्यंत्र है।…यह कहना कि प्रत्येक प्रांत की भाषा अलग-अलग है व संस्कृति भिन्न है, सैद्धांतिक भूल है। इस प्रकार विद्वेष फैलाने की आवश्यकता नहीं। इसलिए हमारा सिद्धांत यह है कि यह एक देश है, एक संस्कृति तथा एक ही राष्ट्रीयता है।''[46]

राज्य पुनर्गठन आयोग को दिए गए अपने प्रतिवेदन में उपाध्याय ने कहा कि किसी प्रशासनिक इकाई की भाषा होना नुकसानदायक नहीं है। हम एक-भाषी व द्वि-भाषी राज्य कल्पना को अपना मूलभूत व एकमात्र आधार नहीं मान सकते।[47] कालीकट अधिवेशन के अपने ऐतिहासिक अध्यक्षीय भाषण में भी उन्होंने अपना यही मत दोहराया, ''भाषा का प्रशासन में, विशेषकर प्रजातंत्रीय प्रशासन में महत्त्वपूर्ण स्थान है। इसलिए सामान्यतः भाषाई सीमाएँ ही प्रदेशों की सीमाएँ बन गई हैं; किंतु कुछ लोग भाषा का इतना अतिरेकी व एकात्मक विचार करते हैं कि उससे 'उपराष्ट्रवाद' की बू आने लगती है। जनसंघ उसे उचित नहीं समझता।''[48]

संघात्मक संविधान की एक अच्छाई मानी जाती है कि उसमें राजनीतिक शक्तियों का विकेंद्रीकरण होता है; लेकिन उपाध्याय महसूस करते हैं कि भारतीय संघ की प्रवृत्ति इसके प्रतिकूल है। वे लिखते हैं, ''…अंग्रेजों द्वारा दर्शित संघीय शासनपद्धति का मार्गानुसरण करने की इच्छा से प्रांतों को अधिकाधिक स्वायत्तता देकर केंद्र के जिम्मे केवल चार विषय वैदेशिक नीति, यातायात, अर्थ एवं रक्षा छोड़नेवाली संविधानसभा केंद्र को

अधिकाधिक अधिकार देती चली जा रही है। 'मौलिक स्वतंत्रताओं' के स्वर्णिम सिद्धांतों का गुणगान करनेवाले नेताओं ने यद्यपि संविधान में इन स्वतंत्रताओं का उल्लेख अवश्य किया है, किंतु राज्य संचालन की व्यावहारिक कठिनाइयों, जनता की भावनाओं और स्वतंत्रताओं को कुचलने की एकमेव योग्यता रखनेवाली ब्रिटिशकाल की नौकरशाही की विरासत एवं अपने दल का एकाधिपत्य बनाए रखने की इच्छा के परिणामस्वरूप सभी स्वतंत्रताओं को कुचलने के साधन भी उपस्थित कर दिए हैं।''[49]

इस उद्धरण में उपाध्याय का संकेत प्रशासनिक तौर पर ग्रामस्वराज्य व पंचायती जनराज्य की उपेक्षा कर 'इंडियन सिविल सर्विसेज' की बहाली की ओर है।

इस प्रकार दीनदयाल उपाध्याय के चिंतन में संघीय संविधान के विरोध के विषय में तीन मुख्य कारण ध्यान में आते हैं—

(1) बहुराष्ट्रीय राज्य की अवधारणा।

(2) भाषा की उपराष्ट्रवादी अवधारणा।

(3) पंचायती जनराज्य की उपेक्षा के साथ सत्ता के केंद्रीकरण की नौकरशाही प्रवृत्ति।

संविधान के वर्तमान ढाँचे के भीतर ही इस संदर्भ में कुछ सुधार किए जा सकते हैं। इस हेतु राज्य पुनर्गठन आयोग के प्रतिवेदन के बाद जनसंघ के एक प्रस्ताव में जो माँगें की गईं उनमें से तीन इस दृष्टि से महत्त्वपूर्ण है—

(1) 'संघ सरकार' के स्थान पर 'केंद्र सरकार' तथा 'राज्य' के स्थान पर 'प्रदेश' शब्दों का उपयोग हो।

(2) समवर्ती सूची को केंद्रीय सूची में मिला दिया जाए।

(3) स्थानीय निकायों को संविधान के अंतर्गत शक्ति दी जाए।[50]

(ख) एकात्मक राज्य : उपाध्याय द्वारा संघवाद का विरोध व एकात्मवाद का समर्थन राजनीतिशास्त्र की तत्संबंधी स्थापित मान्यताओं के आधार पर प्रतिपादित नहीं हुआ है। यह समर्थन व विरोध मूलतः भावात्मक है। तर्कत : राजनीतिक सत्ता के विकेंद्रीकरण व भारतीय समाज की मूल शासनिक इकाई जनपद व पंचायत के पुनर्स्थापन के समर्थन में उनके द्वारा 'एकात्मक राज्य' का प्रतिपादन हुआ है। राजनीतिशास्त्र की स्थापित मान्यताओं के अनुसार तो 'संघीय सरकार' सत्ता के 'विकेंद्रीकरण' व एकात्मक सरकार सत्ता के 'केंद्रीकरण' की प्रतीक होती है; लेकिन उपाध्याय का प्रतिपादन इन मान्यताओं के एकदम विपरीत अपनी भिन्न विवेचना प्रस्तुत करता है। उनके अनुसार हमारे संविधान द्वारा स्वीकृत 'संघवाद' राष्ट्रीय विघटन का प्रतिपादन करता है, सत्ता के विकेंद्रीकरण का नहीं, जबकि 'एकात्मवाद' राष्ट्रीय एकात्मता तथा सत्ता के विकेंद्रीकरण का प्रतिपादक है। अपनी एकात्मक शासन की कल्पना को स्पष्ट करते हुए 'सिद्धांत और

नीति' प्रलेख में वे लिखते हैं, ''एक देश, एक जन और एक संस्कृति के आधार पर राष्ट्रीय एकात्मता के लिए पोषक और उसकी अभिव्यक्ति का सफल उपकरण, एकात्मक राज्य संविधान ही हो सकता है। संघात्मक संविधान की कल्पना राष्ट्रीय एकता के मार्ग में बाधक है।''

''भारत की राज्यव्यवस्था तथा लोकजीवन के विकास में जनपदों का महत्त्वपूर्ण स्थान रहा है। अत: वर्तमान प्रदेशों का ऐतिहासिक एवं लोकव्यवहार के आधार पर जनपदों में परिसीमन होना चाहिए। वहाँ निर्वाचित जनपदसभाओं को शासन के अधिकार हों। जनपदों के अंतर्गत जिले, विकासखंड और पंचायतें बनाई जाएँ। संपूर्ण देश के लिए विधान बनाने का अधिकार संसद् को हो। जनपदसभाओं को क्षेत्रीय आवश्यकताओं के अनुसार उपविधियों के निर्माण का तथा विधानविशेष के लिए संसद् को अभिस्ताव करने का अधिकार हो। संवैधानिक राज्यपालों के स्थान पर विभिन्न जनपदों के कार्यों को समन्वित करने के लिए प्रदेशीय अथवा क्षेत्रीय आधार पर प्रशासक नियुक्त हों।

''विभिन्न निकायों के बीच शक्ति और साधनस्त्रोतों का इस प्रकार विभाजन किया जाए कि प्रत्येक आत्मनिर्भर होकर उत्तरदायी स्वायत्तता का उपभोग कर सके।''[51]

बंबई के अपने प्रसिद्ध भाषण में इसको व्याख्यायित करते हुए दीनदयाल कहते हैं, ''...एकात्मक राज्य का अर्थ अत्यंत स्वेच्छाचारी राज्य नहीं, और न उसका अर्थ यह है कि प्रांत समाप्त कर दिए जाएँ। प्रांतों का अधिकार रह सकता है, रहेगा; बल्कि प्रांतों के नीचे भी जो और बाकी संस्थाएँ हैं, जैसे कि जनपद हैं, उनको भी अधिकार रहेंगे। इसी प्रकार पंचायतों को अधिकार चाहिए। हमारी परंपरा में पंचायतों का बहुत ऊँचा स्थान है। पंचायतों को कोई नष्ट नहीं कर सकता था; किंतु आज हमारी इन पंचायतों का स्थान हमारे सविधान में नहीं है। पंचायतों की कोई अपनी सत्ता नहीं है। पंचायतें तो केवल प्रदत्त सत्ता के नाते से और राज्य सरकारों की कृपा से पैदा होती है। आवश्यकता है कि उनकी स्वयंभू सत्ता स्वीकार की जाए। इस प्रकार सत्ता का विकेंद्रीकरण होगा, शक्ति नीचे तक जाएगी। शक्ति के कई स्थान होंगे; किंतु इस सबके एक केंद्र के नाते हमारा एकात्मक राज्य होगा।''[52]

दीनदयाल उपाध्याय का 'एकात्मक राज्य' केवल राष्ट्रीय एकता, अखंडता व सुरक्षा की दृष्टि से सशक्त केंद्रवाला राज्य होगा, समाज व्यवस्था के नियमन में उसका अधिक हस्तक्षेप नहीं होगा :

''...समाज की व्यवस्था तथा उसके जीवन का नियमन करनेवाली, व्यवस्था देखनेवाली, समाज की अनेक संस्थाएँ हैं। उनका प्रादेशिक और व्यावसायिक दोनों आधारों पर गठन हुआ है। पंचायतें और जनपदसभाएँ हमारे यहाँ रही हैं। बड़े-से-बड़े चक्रवर्ती सार्वभौम राजा ने भी कभी पंचायतों को समाप्त नहीं किया। इसी प्रकार

व्यावसायिक संगठन भी रहे, उन्हें भी किसी ने समाप्त नहीं किया; अपितु उनकी स्वायत्तता को सदैव स्वीकार किया गया। अपने-अपने क्षेत्र में उन्होंने नियम बनाए। जाति की पंचायतें, श्रेणियाँ, पूग, निगम, ग्रामपंचायतें तथा जनपद सभाएँ आदि संस्थाएँ स्वतंत्र नियम बनाती थीं। राज्य का काम यही था कि इन नियमों का पालन होता है या नहीं, यह देखें। राज्य ने कभी उनके मामलों में हस्तक्षेप नहीं किया। इस प्रकार हमारे यहाँ राज्य तो जीवन के थोड़े से हिस्से को ही छूता था।''[53]

प्राचीन राज्यकल्पना का यह चित्रण करते हुए उपाध्याय 'एकात्मक राज्य' कल्पना को जनपदीय व पंचायती स्वराज्य कहते हैं; लेकिन ये जनपद या पंचायतें मिलकर भारतीय संघ का निर्माण नहीं करतीं, वरन् ये सभी भारतीय एकात्मक राज्य की अंगभूत संवैधानिक इकाइयाँ हैं। पहले इन इकाइयों को पृथक-पृथक करना तथा बाद में उन्हें कृत्रिम रूप से संघबद्ध करना वे उचित नहीं समझते।

'ऑर्गेनाइजर' में एक प्रश्न के उत्तर में उपाध्याय प्रतिप्रश्न करते हुए कहते हैं—

प्रश्न : जनसंघ ने एकात्मक राज्य के विचार को स्वीकार किया है जो कि सत्ता के केंद्रीकरण का हामी होता है, तब फिर घोषणा पत्र में जनतांत्रिक विकेंद्रीकरण के विचार को क्यों स्वीकार किया गया है?

उत्तर : एकात्मक राज्य का अर्थ केंद्रीयतावादी शासन नहीं है। केंद्रीकरण व विकेंद्रीकरण की तुलना से एकात्मक व संघात्मक शासन व्यवस्थाएँ का कोई संबंध नहीं है। यदि सत्ता को हमने जिलापरिषदों तक विकेंद्रित किया तो क्या भारत जिलों के संघ के रूप में परिवर्तित हो जाएगा?[54]

अर्थात्, उनके अनुसार एक संघात्मक ढाँचा भी शक्तियों के केंद्रीकरण वाला हो सकता है, जैसा कि हमारा वर्तमान ढाँचा प्रशासनिक नौकरशाहीकरण के कारण बना हुआ है तथा एकात्मक ढाँचा अपनी अंगभूत संवैधानिक इकाइयों को संवैधानिक और जनतांत्रिक स्वायत्तता प्रदान कर, राजनीतिक सत्ता के विकेंद्रीकरण को योग्य व्यवहार दे सकता है।

एकात्मक शासन संबंधी अपने विचार का प्रतिपादन उपाध्याय ने कहीं क्रमबद्ध रूप से नहीं किया है। विभिन्न प्रसंगों पर उनके द्वारा विवेचित उद्धरणों से हम निम्न निष्पत्तियाँ निकाल सकते हैं—

(1) भारत का संवैधानिक शासन 'राज्यों का संघ' नहीं वरन् एक देश, एक संस्कृति व एक राष्ट्र अवधारणा वाला 'एकात्मक राज्य' होगा।

(2) 'एकात्मक राज्य' इकाइयों का संघ नहीं, वरन् इकाइयाँ उसकी अंगभूत घटक होगी।

(3) एकात्मक राज्य की विभिन्न अंगभूत इकाइयों को संवैधानिक स्वायत्तता व

प्रशासनिक सत्ताएँ प्राप्त होंगी।

(4) पंचायत व जनपदों[55] को संवैधानिक स्वायत्तता होगी, इनकी निर्वाचित जनप्रतिनिधि सभाएँ होंगी।

(5) केंद्रीय संसद् को देश भर के लिए विधान बनाने का अधिकार रहेगा। जनपद व पंचायत प्रतिनिधि सभाओं को क्षेत्रीय उपविधियों के निर्माण तथा संसद् को विधानविशेष के लिए अभिस्ताव करने का अधिकार रहेगा।

(6) विकासखंड व प्रदेशों को प्रशासनिक सत्ताएँ रहेंगी। प्रदेश केंद्र से तथा विकासखंड जनपद से सत्ता प्राप्त करेंगे।

(7) इस प्रकार यह—तीन संवैधानिक तथा दो प्रशासनिक-पंचवलयी व्यवस्था होगी।

(8) शक्ति एवं साधनस्रोतों का इस प्रकार नियमन किया जाएगा कि प्रत्येक आत्मनिर्भर होकर उत्तरदायी स्वायत्तता का उपभोग कर सके।

उपाध्याय का एकात्मक शासन विवेचन पाश्चात्य 'फेडरल' व 'यूनिटरी' शासन कल्पना के अनुसार विवेचित नहीं है, वरन् एक स्वतंत्र विचार है; जिसका आधार राष्ट्रीय स्वयंसेवक संघ के सरसंघचालक मा.स. गोलवलकर की अखंड मंडलाकार शासन रचना की धारणा है। गोलवलकर अपनी पुस्तक 'विचार दर्शन' में लिखते हैं—

''हमारे शास्त्रकारों ने सृष्टि का स्वरूप मंडलाकार माना है। इसलिए केंद्र से बाहर की ओर क्रमशः वर्धमान मंडल बनाकर और उसके अनुसार ही प्रत्येक मंडल की अपनी विशेषता बनाए रखते हुए तथा उसका अगले मंडल और इस प्रकार संपूर्ण सृष्टि के साथ संबंध स्थापित कर शासन का विकास होना चाहिए।

''ग्रामों को केंद्र मानकर आसपास के ग्रामों के मंडल बनाए जाएँ। उन मंडलों का विकास करते हुए, जिसके अंदर भौगोलिक या व्यावसायिक संपर्क से निर्मित विशिष्टता के कारण आदान-प्रदान की समान परिभाषा उत्पन्न हुई है, ऐसे बड़े मंडल बनाने चाहिए।

''इस प्रकार के विकास में यदि भाषिक प्रांत आ जाएँ तो कोई आपत्ति नहीं। यदि एक भाषा के दो प्रांत बने या एक से अधिक भाषाओं का एक प्रांत बने तो भी कोई आपत्ति नहीं।

''हमारे शासन का स्वरूप पंचायती था और उसकी मूल इकाई ग्राम थी। जन-जन की भावना को व्यक्त करनेवाले प्रतिनिधि पंचों को हमने परमेश्वर का ही रूप माना। 'पंच परमेश्वर' की कहावत इसका प्रमाण है।

''आगे भी इसी पद्धति का विकास होना चाहिए। यह नीचे से विकसित होकर ऊपर तक जाए। समान वर्णों अथवा समान उद्योगों के प्रतिनिधि मर्यादित क्षेत्रों में जाएँ और उनकी प्रतिनिधि सभा, उस सभा के आगे बड़ी प्रतिनिधि सभा, इस प्रकार शासन

की पूरी व्यवस्था होनी चाहिए। यही मोटा-सा सूत्र है।''56

गोलवलकर व उपाध्याय वर्णित शासन-व्यवस्था को यदि मंडलाकार में चित्रित करें तो वह इस प्रकार चित्रित की जा सकती है।

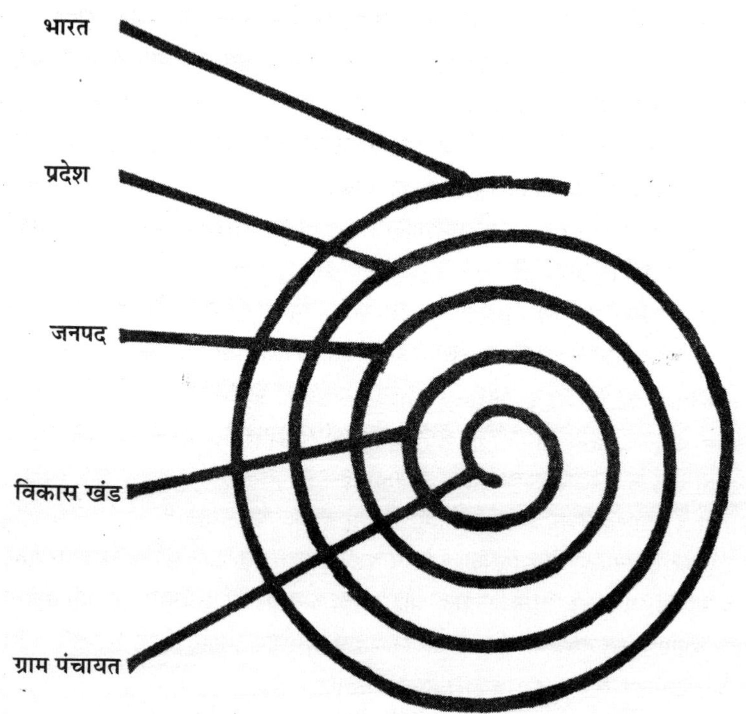

अखंड मंडलाकार पंचवलयी एकात्मक राज्य

'एकात्मक शासन' की संरचनात्मक तकनीकी के विषय में व्यावहारिक राज्यशास्त्र के लिए अपेक्षित सब बातों का कोई क्रमबद्ध विवेचन उपाध्याय ने नहीं किया। उन्होंने संघात्मक व एकात्मक शासन की मान्य अवधारणाओं के प्रकाश में संस्थापित संरचनाओं का खंडन-मंडन नहीं किया। अपनी स्वतंत्र भावभूमि एवं राष्ट्रीय परिवेश में उन्होंने अपने विचार प्रस्तुत किए। एक कटु सत्य को उजागर किया जिसकी कि वास्तव में उपेक्षा हो गई थी। संघात्मक व एकात्मक बने-बनाए ढाँचों में से एक को चुनना या दोनों का कुछ-कुछ लेकर ढाँचा बनाने के प्रयत्न के कारण भारतीय स्थानीय स्वशासन की स्वयंभू इकाई 'ग्रामपंचायत' की उपेक्षा हुई। इस तथ्य का वर्णन बाबू जयप्रकाश नारायण अपनी पुस्तक 'विचार यात्रा' में इस प्रकार करते हैं—

"स्वराज्य के बाद हमारे देश की गाड़ी विपरीत दिशा में कैसे मुड़ गई, इसके कारण तलाशने की आवश्यकता है। गांधीजी चाहते थे कि भारतीय राज्य की इमारत 'ग्रामस्वराज्य' की बुनियाद पर खड़ी की जाएगी; किंतु स्वतंत्र भारत का संविधान बनाते समय हमने कहीं अमेरिका की नकल की, कहीं इंग्लैंड के संविधान के अंश ज्यों-के-त्यों ले लिए और कहीं दूसरे देशों की कल्पना के चिथड़े जोड़कर अपने संविधान की गुदड़ी तैयार कर ली।"

"...एक उदाहरण दूँ। जब संविधान का संपूर्ण मसविदा तैयार हो गया तब किसी ने, श्री संथानम् ने या श्री टी. प्रकाशम् ने, ध्यान खींचा कि गांधीजी ने 'ग्रामस्वराज्य' की कल्पना को स्वराज्य के ढाँचे की बुनियाद माना था; किंतु हमारा संविधान तो इससे सर्वथा विपरीत बन गया है। उन्होंने संविधान सभा के अध्यक्ष डॉ. राजेंद्र प्रसाद से बात की। डॉ. राजेंद्र प्रसाद को धक्का लगा। उन्होंने तुरंत संविधान सभा के कानून निष्णात डॉ. राव को बुलवाया और उनके सामने यह बात रखी। डॉ. राव ने कहा कि अब यदि हम ग्रामस्वराज्य की बुनियाद बनाकर यह संविधान सुधारने बैठेंगे तो उसका सारा स्वरूप ही बदल जाएगा। नेहरू और सरदार के कानों तक भी बात पहुँच गई। उन्हें भी लगा कि अब संविधान सुधारने में बहुत वक्त लग जाएगा। इस संबंध में कुछ आवेशपूर्ण चर्चाएँ भी हुईं; परंतु इन सबसे अंत में मात्र इतना ही निष्कर्ष निकला कि संविधान में एक धारा बढ़ी जिसमें राज्यों को यह निर्देश दिया गया कि सविधान के मूल मार्गदर्शक सिद्धांतों को ध्यान में रखकर ग्रामपंचायत को स्वशासन की इकाई माना जाए। राष्ट्रीय क्रांति के केंद्र रूप गांधीजी के इस राजनीतिक विचार को हमारे संविधान में मात्र इतना ही स्थान मिल सका। मैं ऐसा मानता हूँ कि उलटी दिशा में जाने की यह पहली महत्त्वपूर्ण शुरुआत थी।"[57]

महात्मा गांधी भी अखंड मंडलाकार समाज रचना के समान ही सामुद्रिक वर्तुलाकार समाज रचना के पक्षपाती थे। उपराष्ट्रीयताओं के विघटनवादी खतरे तथा जनतंत्र की मूल इकाई ग्रामपंचायत की उपेक्षा के समाधान में उपाध्याय ने अपने 'एकात्म शासन' को व्याख्यायित करने का प्रयत्न किया। उनका भावात्मक अधिष्ठान यदि संरचनात्मक तर्कशुद्धता को प्राप्त कर सके तो उनका यह चिंतन भारतीय राजनीतिशास्त्र के लिए मौलिक व महत्त्वपूर्ण देन हो सकती है।

8. राष्ट्रवाद

पंडित दीनदयाल उपाध्याय राष्ट्र को राजनीतिक नहीं वरन् सांस्कृतिक इकाई मानते हैं; लेकिन राजनीतिक रूप से राष्ट्रीय अखंडता के वे प्रबलतम समर्थक हैं—

मजहबी तथा राजनीतिक साम्राज्यवाद के खिलाफ जिस भू-सांस्कृतिक-मानवतावादी राष्ट्रवाद की कल्पना की गई थी वह तो संसार में कहीं भी साकार नहीं हुई। 'यूरोपीय

राष्ट्रवाद' आकार ग्रहण नहीं कर सका। 'अरब राष्ट्रवाद' आज भी छिन्न-विच्छिन्न है। 'भारतीय राष्ट्रवाद' भी विभक्त हुआ। राजनीतिक इकाइयों को ही राष्ट्रीय राज्य मानने की दुनिया में आज प्रथा है। राष्ट्रवाद की व्याख्या 'अभौतिक भावनाओं की सजातीयता' के रूप में की जाती है; लेकिन राजनीतिक बँटवारों को न केवल राष्ट्रों का विभाजन माना जाता है वरन् एक ही प्रजातीय व सांस्कृतिक इकाई परस्पर शत्रुवत् व्यवहार करने लगती है, आधुनिक विश्व का यह अनुभव है। उपाध्याय की राष्ट्रवाद की अवधारणा भी इस व्यवहार का अपवाद नहीं थी। एक ओर वे अखंड भारत के समर्थक थे, तो दूसरी ओर पाकिस्तान को भारत का 'प्राकृत शत्रु' घोषित करते थे।

राष्ट्रीय राज्यों की उत्पत्ति के विषय में उपाध्याय लिखते हैं, "(यूरोप के) इन विचारों में राष्ट्रवाद सबसे पुराना व बलशाली है। रोम के साम्राज्य के पतन के बाद तथा रोमन कैथोलिक चर्च के प्रति विद्रोह अथवा उसके प्रभाव में कमी के कारण यूरोप में राष्ट्रों का उदय हुआ। यूरोप का पिछले एक हजार वर्ष का इतिहास इन राष्ट्रों के आविर्भाव तथा परस्पर संघर्ष का ही इतिहास है। इन राष्ट्रों ने यूरोप महाद्वीप के बाहर जाकर अपने उपनिवेश बनाए तथा दूसरे स्वतंत्र देशों को गुलाम बनाया। राष्ट्रवाद के उदय के कारण राष्ट्र और राज्य की एकता की प्रवृत्ति भी बढ़ी तथा 'राष्ट्रीय राज्य' का यूरोप में उदय हुआ। साथ ही रोमन कैथोलिक चर्च के केंद्रीय प्रभाव में कमी होकर या तो राष्ट्रीय चर्च का निर्माण हुआ या मजहब का। मजहबी गुरुओं का राजनीति में कोई विशेष स्थान नहीं रहा। सेक्युलर स्टेट की कल्पना का इस प्रकार जन्म हुआ।"[58]

यूरोप में 'राष्ट्रीय राज्यों' का निर्माण यूरोप के 'बलकनाईजेशन' का परिणाम था, जो राष्ट्रवाद के पुरस्कर्ताओं को स्वीकार नहीं था। राष्ट्रवाद की कल्पना मूलतः राजनीतिक नहीं थी; लेकिन 'राष्ट्रीय राज्य' की व्यावहारिक अवधारणा ने उसे राजनीतिक बना दिया।

उपाध्याय ने पश्चिम के 'राष्ट्रवाद' की अवधारणा को विश्वशांति के प्रतिकूल विवेचित किया है तथा उसमें अवस्थित राजनीतिक तत्त्व की भी आलोचना की है। सिद्धांततः 'राष्ट्र' की व्याख्या संस्कृतिपरक करते हुए भी वे भारत में एक व अविभाज्य 'राष्ट्रीय राज्य' के हामी थे। इसलिए उनका राष्ट्रवाद का विचार राजनीति के दायरे में ही आता है।

यूरोपीय पुनर्जागरण के समय कल्पित राष्ट्रवाद की यात्रा तो आगे बढ़ नहीं सकी। द्वितीय महायुद्ध के समय स्थापित हुई राजनीतिक इकाइयों को ही आजकल हम 'राष्ट्रीय राज्य' के नाते पहचानते हैं। आज अफ्रीकन व एशियन महाद्वीपों की राजनीतिक अशांति का यह बड़ा कारण है। पुरानी सांस्कृतिक इकाइयाँ अपने सहज राष्ट्रवाद को अभी तक प्राप्त नहीं कर सकीं, लेकिन संयुक्त राज्य अमेरिका व सोवियत संघ जैसे विभिन्न

राष्ट्रीयताओं को समावेशित करनेवाले देश आज सबल राष्ट्रीय इकाई बने हुए दिखाई दे रहे हैं। अफ्रीकन राष्ट्रवाद, अखिल अरब राष्ट्रवाद, अखंड भारतीय राष्ट्रवाद अथवा यूरोपीय राष्ट्रवाद अभी व्यावहारिक इकाई नहीं बन सके हैं। उपाध्याय 'अखंड भारत' के पक्षधर थे। 'सांस्कृतिक राष्ट्र अवधारणा' की 'हिंदू राष्ट्रवादी' व्याख्या ने उनको अधिक विवादास्पद ही बनाया।

इसी प्रकार 'धर्मनिरपेक्षता' या 'सेक्युलर स्टेट' के विषय में भी हमें उनकी कतिपय टिप्पणियाँ प्राप्त होती हैं; लेकिन 'सेक्युलर स्टेट' के महत्त्वपूर्ण यूरोपीय संदर्भ पर उपाध्याय ने अपने विचारों को प्रस्तुत नहीं किया। अपनी 'धर्म' व 'धर्मराज्य' अवधारणा के प्रसंग पर इसको उल्लेखित मात्र किया है। भारतीय संदर्भ में उसे वे अप्रासंगिक करार देते हैं। शायद 'सेक्युलर स्टेट' के पाश्चात्य आंदोलन का इतना चलता सा विवेचन राजनीतिक विश्लेषण के संदर्भ में न्यायसंगत नहीं कहा जा सकता।

दीनदयाल उपाध्याय ने अपने राजनीतिक विचारों के प्रतिपादन में विभिन्न राज्यशास्त्रीय विषयों का संदर्भगत विश्लेषण किया है, क्रमबद्ध विवेचन नहीं। मूलत: दार्शनिक वृत्ति एवं विचारक प्रवृत्ति के होते हुए भी उपाध्याय एक राजनीतिक दल के व्यावहारिक संगठनकर्त्ता थे। अत: क्रमबद्ध विवेचन कभी उनकी प्राथमिकता नहीं बन पाया। समय-समय पर उपस्थित प्रसंगों के प्रकाश में ही वे अपने विचार प्रस्तुत करते थे। प्रासंगिक विवेचना क्रमश: एक क्रमबद्धता को प्राप्त करती जा रही थी; लेकिन नियति ने उन्हें अधिक समय नहीं दिया। बंबई की ऐतिहासिक व्याख्यानमाला प्रथम व अंतिम सिद्ध हुई। इसे विधि की विडंबना के अतिरिक्त कुछ नहीं कहा जा सकता।

संदर्भ–

1. एकात्म दर्शन; दीनदयाल शोध संस्थान, नई दिल्ली; अध्याय-3 : व्यष्टि-समष्टि में समरसता, पृ. 36
2. ''...अत्याचारी राजा वेण को राज्य सिंहासन से हटाकर पृथु को गद्दी पर बैठाने का कार्य ऋषियों ने किया...धर्म की प्रभुता स्वीकार करने पर ही ऋषियों को अधर्मी राजा को हटाने का अधिकार प्राप्त होता है, अन्यथा राजा को हटाना अवैध माना जाता। यदि राजा अपने कर्तव्य का पालन न करे तो राजा को हटाना धर्म है।...'' वही; अध्याय-4: राष्ट्र-जीवन के अनुकूल अर्थरचना, पृ. 55
3. वही; अध्याय-2 : एकात्म मानववाद, पृ. 21
4. वही; पृ. 20
5. वही; अध्याय-3 : व्यष्टि-समष्टि में समरसता, पृ. 41
6. वही; वहीं।
7. वही; अध्याय-2 : एकात्म मानववाद, पृ. 27

8. दीनदयाल उपाध्याय, 'इस संविधान का क्या करें—पुरस्कार, बहिष्कार या परिष्कार'; राष्ट्रधर्म, वर्ष-2, अंक-1, जनवरी-फरवरी 1950, पृ. 12
9. बाबासाहब आपटे द्वारा लिखा गया संस्मरण, 'दस वर्ष पर्याप्त हैं'। पं. दीनदयाल उपाध्याय : व्यक्ति-दर्शन; दीनदयाल शोध संस्थान, नई दिल्ली, पृ. 12
10. दीनदयाल उपाध्याय, 'राष्ट्र चिंतन' (राष्ट्रधर्म'पुस्तक प्रकाशन, लखनऊ); अध्याय-11, लोकतंत्र का भारतीयकरण, पृ. 79
11. वही; अध्याय-9 : लोकमत का नियामक कौन? पृ. 66
12. क्र. 1; अध्याय-1 : राष्ट्रवाद की सही कल्पना, पृ. 8
13. वही; पृ. 9
14. "जहाँ जनतंत्रात्मक भावना से लोग अपरिचित हैं, उन्हें यह बात समझ में नहीं आती। कहा जाता है कि एक बार पश्चिमी एशिया के एक अतिथि राजा का ब्रिटिश पार्लियामेंट में विरोधी दल के नेता से परिचय कराया गया और यह बताया गया कि उसे राजकोष से वेतन मिलता है तब अतिथि राजा उलझन में पड़ गया। वह यह नहीं समझ पाया कि ऐसे व्यक्ति को जो सरकार का विरोध करता है, सरकारी कोष से कैसे वेतन दिया जाता है। उसने कहा, "हम तो ऐसे व्यक्ति को गोली मार देना पसंद करेंगे।"—दीनदयाल उपाध्याय, पॉलिटिकल डायरी (हिंदी); जयको पब्लिशिंग हाउस, बंबई; प्रथम संस्करण-1968, कांग्रेस और जनतंत्र, पृ. 139
15. क्र. 10; पृ. 80
16. वही; अध्याय-9 : लोकमत का नियामक कौनं? पृ. 65
17. वही; पृ. 67
18. वही; पृ. 68
19. वही; अध्याय-11 : लोकतंत्र का भारतीयकरण, पृ. 81
20. वही; अध्याय-9 : लोकमत का नियामक कौन? पृ. 68
21. क्र. 14; कांग्रेस और जनतंत्र, पृ. 140
22. वही; जनतंत्र और राजनीतिक पार्टियाँ, पृ. 145
23. दीनदयाल उपाध्याय, 'मताधिकार कागज का टुकड़ा नहीं, लोकाज्ञा है'; पाञ्चजन्य, 21 जनवरी, 1962; चुनाव विशेषांक, पृ. 40
24. वही।
25. दीनदयाल उपाध्याय, 'क्या मतदाता समय की चुनौती का उत्तर देंगे?'; पाञ्चजन्य, 5 फरवरी, 1962, पृ. 19
26. वही।
27. क्र. 22; पृ. 31
28. क्र. 23; पृ. 40
29. वही; वहीं।
30. क्र. 23, वही; पृ. 41
31. दीनदयाल उपाध्याय, 'जनतंत्रद्रोहियों से देश की रक्षा करें'; पाञ्चजन्य, 15 अगस्त, 1966, पृ. 7
32. क्र. 25; पृ. 22

33. क्र. 10; 'समाजवाद, लोकतंत्र एवं हिंदुत्ववाद', पृ. 72
34. बंगलौर अधिवेशन के पश्चात् (3); दीनदयाल उपाध्याय, पाञ्चजन्य, 23 फरवरी, 1959, पृ. 21
35. 'विकेंद्रित अर्थव्यवस्था से ही मानव-मूल्यों की रक्षा'—महामंत्री पं. दीनदयाल उपाध्याय (19 मार्च, 1951 को लखनऊ—गंगाप्रसाद स्मारक हॉल में दिया गया भाषण); पाञ्चजन्य, 30 मार्च, 1959, पृ. 8
36. क्र. 10; अध्याय-10 : समाजवाद, लोकतंत्र और हिंदुत्ववाद; पृ. 73
37. वही; पृ. 74
38. वही; पृ. 7
39. 'कांग्रेस के समाजवादी नारे से ही कम्युनिस्टों के पैर जमे', उपाध्याय द्वारा राजाजी के दल का स्वागत—पाञ्चजन्य, 22 जून, 1959, पृ. 23
40. दीनदयाल उपाध्याय, 'विकेंद्रीकरण की विडंबना', पाञ्चजन्य, उद्योग अंक, दीपावली, सं. 2024; 30 अच्छर, 1967, पृ. 12
41. क्र. 1; अध्याय-4 'राष्ट्रीय जीवन के अनुकूल अर्थरचना', पृ. 69
42. दीनदयाल उपाध्याय, 'समाजवाद, लोकतंत्र अथवा मानववाद'; पाञ्चजन्य, 2 जनवरी, 1961, पृ. 13
43. क्र. 1, अध्याय-1 'राष्ट्रवाद की सही कल्पना', पृ. 10
44. भारतीय विधानपरिषद् के वाद-विवाद की सरकारी रिपोर्ट (हिंदी संस्करण)।
45. क्र. 1; अध्याय- 3 : व्यष्टि-समष्टि में समरसता, पृ. 45
46. दीनदयाल उपाध्याय, 'भारतवर्ष की राष्ट्रीयता और उसका आधार'; पाञ्चजन्य, वर्ष-7, अंक-19, अगहन कृष्ण 10, संवत् 2010 वि, पृ. 8
47. "...इसका अर्थ यह कदापि नहीं कि एक भाषा का होना नुकसानदायक है। हमारा यह आग्रह नहीं है कि दो भाषाएँ ही होनी चाहिए। पर, संघ यह मानता है कि भाषा के अलावा अन्य विषयों आर्थिक, सुरक्षा आदि पर विचार किया जाना आवश्यक है; वैसे ही एक भाषा के दो राज्य भी हो सकते हैं।"—जनसंघ की पुनर्गठन नीति : महामंत्री उपाध्याय का वक्तव्य। पाञ्चजन्य, 14 जून, 1954, पृ. 12
48. भारतीय जनसंघ : दिशा-बोध; भारतीय जनसंघ प्रकाशन, नई दिल्ली (भारतीय जनसंघ के चौदहवें वार्षिक अधिवेशन के अवसर पर कालीकट (केरल) में दिनांक 28 दिसंबर, 1967 को अध्यक्ष पद से दिया गया पं. दीनदयाल उपाध्याय का भाषण), पृ. 71
49. पाञ्चजन्य, मार्गशीर्ष शुक्ल 4, गुरु., सं. 2006, पृ. 3
50. भारतीय जनसंघ : घोषणाएँ व प्रस्ताव; भाग-4, आंतरिक प्रश्नों पर प्रस्ताव (19 फरवरी, 1956; दिल्ली, के.का.स.), पृ. 102
51. वही; भाग- 1, 'सिद्धांत और नीतियाँ, पृ. 1
52. क्र. 1; अध्याय-3 व्यष्टि-समष्टि में समरसता, पृ. 46
53. वही; अध्याय-4 : राष्ट्रजीवन के अनुकूल अर्थरचना, पृ. 56
54. Q. "BJS accepts the concept of a unitary state which implies centralisation of power, why then has the concept of Democratic Decentralistion been accepted in the manifesto?

A. "A unitary state does not mean a centralised state. Centralisation and decentralisation need not be compared with concept of a unitary or a federal state. Now powers being decentralised to the District councils should it that the states in India are being transformed into federation of Districts?"

55. "...देश में एक राज्य तथा एक मंत्रिमंडल होना चाहिए। कार्य की व्यवस्था के लिए लगभग 100 जनपद हों।" जनसंघ पुनर्गठन नीति, महामंत्री उपाध्याय का वक्तव्य; पाञ्चजन्य, 14 जून, 1954, पृ. 12

56. मा.स. गोलवलकर, 'विचार दर्शन'; प्रकाशक—पांडुरंग क्षीरसागर, प्रकाशन विभाग, राष्ट्रीय स्वयंसेवक संघ, नागपुर, पृ. 45

57. जयप्रकाश नारायण, 'मेरी विचारयात्रा', संपादक : कांतिभाई शाह, सर्वसेवा संघ प्रकाशन, राजघाट, वाराणसी, पृ. 20

58. क्र. 1; अध्याय-1, राष्ट्रवाद की सही कल्पना, पृ. 8

□

6

आर्थिक पर्यवेक्षण

दीनदयाल उपाध्याय एक ऐसे दल के अध्यक्ष थे जो मूलत: संस्कृतवादी था तथा भौतिक जीवन के बने-बनाए पाश्चात्य मार्गों पर नहीं चलना चाहता था। आधुनिक लोककल्याणकारी राज्यकल्पना के साथ बिना 'आर्थिक नीति' के कोई राजनीतिक दल चल नहीं सकता। सामाजिक-आर्थिक जीवन से निकटता प्राप्त किए बिना सांस्कृतिक, धार्मिक व शास्त्रीय अवधारणाओं के बल पर कोई दल राजनीतिक वर्चस्व नहीं प्राप्त कर सकता। अत: जब दीनदयाल उपाध्याय ने दल का नेतृत्व सँभाला तो उन्होंने अपने दल के सांस्कृतिक आग्रहों के अनुकूल अर्थनीति को विकसित करने का प्रयत्न किया। जनसंघ पर यह आक्षेप रहा है कि उसके पास आर्थिक नीति का अभाव था; लेकिन उपाध्याय के साहित्य के अध्ययन के बाद लगता है शायद उनका दल तथा कार्यकर्ता समाज तक दल की आर्थिक नीति को पहुँचा नहीं सके। वास्तव में दीनदयाल उपाध्याय ने क्रमबद्ध लेखन केवल आर्थिक विषयों पर ही किया है। इस अध्याय में हम तत्कालीन अर्थनीतिपरक घटनाचक्र में उन्होंने जो पर्यवेक्षणात्मक समीक्षा व आग्रह किए हैं, उनका अध्ययन करेंगे। साथ ही उस प्रारंभिक आर्थिक दृष्टि को जानेंगे जो उनकी समीक्षाओं, आग्रहों व विचारदर्शन के विकास के साथ मूलभूत रूप से जुड़ी थीं। प्रस्तुत फुटकर लेखों तथा प्रलेखों के साथ ही इस विषय पर दीनदयाल उपाध्याय द्वारा क्रमबद्ध रूप में लिखी हुई तीन पुस्तकें हमें अध्ययनार्थ उपलब्ध हैं—

1. The Two Plans : Promises, Performances, Prospects.
   (दो योजनाएँ : वायदे, अनुपालन, आसार)
2. भारतीय अर्थनीति : विकास की एक दिशा
3. Devaluation—A Great Fall
   (अवमूल्यन—एक महान् क्षति)

1. समतावादी आर्थिक दृष्टि

दीनदयाल उपाध्याय ने अपना आर्थिक प्रलेख 'भारतीय जनसंघ की अर्थनीति' शीर्षक से उत्तर प्रदेश के प्रादेशिक सम्मेलन, 1953 के अवसर पर कार्यकर्ता शिविर के लिए लिखा; लेकिन उसके पहले भी ऐसी कुछ घटनाएँ घटित हुईं जिनमें उनकी मूलभूत आर्थिक दृष्टि, जो 'समाजवादी' है, का परिचय मिलता है। अपने दार्शनिक चिंतन व उसके विकास के परिणामस्वरूप कालांतर में 'समाजवाद' को तकनीकी अर्थों में उन्होंने अस्वीकार कर दिया था; लेकिन इसका यह अर्थ नहीं है कि उन्होंने अपनी मूलभूत 'समाजवादी' दृष्टि को छोड़ दिया था। इस दृष्टि के संकेत तभी से उपलब्ध हैं जब वे जनसंघ में नहीं आए थे, राष्ट्रीय स्वयंसेवक संघ के उत्तर प्रदेश के प्रचारक थे। संघ पर 'पूँजीवादी' होने के आक्षेप का उत्तर देते हुए उन्होंने कहा था, "संघ पूँजीपति एवं जमींदारों को बनाए रखना चाहता है, इस प्रकार से सोचना निरी मूर्खता है। क्या केवल मुट्ठी भर जमींदारों को बनाए रखने के लिए देश के लाखों सुशिक्षित नौजवान रात-दिन सर्वस्व त्यागकर कार्य करेंगे?"[1]

जनसंघ की स्थापना के बाद रामराज्य परिषद् व जनसंघ के विलय की बहुत कोशिशें हुई थीं, जो असफल रहीं। उस समय दीनदयाल उपाध्याय ने रामराज्य परिषद् की आलोचना की थी, वह भी इसी दृष्टि से उल्लेखनीय है—

"रामराज्य परिषद् ने अपने को संयुक्त मोर्चे से अलग रखकर यह सिद्ध कर दिया है कि वह प्रतिक्रिया और पूँजीवादी तत्त्वों का ही प्रतिनिधित्व करती है और उसके सूत्र करपात्रीजी की कुटिया से नहीं, जमींदारों और मारवाड़ियों के महलों से खींचे जाते हैं।"[2]

जनसंघ के महामंत्री के नाते जनसंघ के आर्थिक कार्यक्रम की दृष्टि से 25 जुलाई, 1953 को उन्होंने जो प्रथम सार्वजनिक वक्तव्य दिया, वह इस प्रकार है—

"...हमारा आर्थिक कार्यक्रम बिलकुल समाजवादी है। वर्तमान आर्थिक ढाँचे में दिखनेवाली आय-व्यय विषयक विषमता को नष्ट करने के लिए बद्धपरिकर है। अतएव न्यूनतम तथा अधिकतम आय के मध्य हम एक और बीस का अनुपात बैठाना चाहते हैं। हम न केवल आधारभूत उद्योगों का राष्ट्रीयकरण चाहते हैं; बल्कि उन उद्योगों पर भी यह सिद्धांत लागू करना उचित समझते हैं जिन पर कुछ मुट्ठी भर लोगों का एकाधिकार हो जाता है। आर्थिक व राजनीतिक सत्ता का विकेंद्रीकरण हमारा मुख्य सिद्धांत है।

"हमारी तो यह माँग रही है कि भूतपूर्व जमींदारों तथा जागीरदारों को क्षतिपूर्ति न दी जाए; बल्कि उनके पुनःस्थापन की व्यवस्था के लिए जो आवश्यक हो, वह किया जाए।"[3]

इसी वर्ष के अंत में उन्होंने उत्तर प्रदेश के प्रादेशिक सम्मेलन में जो विस्तृत अर्थनीति प्रलेख रखा, वह उपर्युक्त वक्तव्य का ही सैद्धांतिक विश्लेषण है।

सैद्धांतिक विश्लेषण हमारे इस अध्याय का विषय नहीं है। विधिवत आर्थिक समीक्षा से पूर्व तीन घटनाओं को यहाँ उल्लिखित करेंगे जिससे उनकी मूल आर्थिक दृष्टि का परिपोषण होता है—

(1) कानपुर के सूती मिल में मजदूरों ने बेकारी बढ़ानेवाले यंत्रों के अभिनवीकरण के खिलाफ हड़ताल की। इस हड़ताल का समर्थन करते हुए उपाध्याय ने पूँजीवाद व अभिनवीकरण के संबंधों की व्याख्या करते हुए कहा—

"अभिनवीकरण का प्रश्न जटिल है तथा केवल मजदूरों तक सीमित नहीं है; अपितु अखिल भारतीय है।...वास्तव में तो बड़े उद्योगों की स्थापना एवं पूँजीवादी अर्थव्यवस्था का आधार ही अभिनवीकरण है। आज का विज्ञान निरंतर प्रयास कर रहा है ऐसे यंत्रों का निर्माण करने का, जिनके द्वारा मनुष्यों का कम-से-कम उपयोग हो। जहाँ जनसंख्या कम है तथा उत्पादन के लिए पर्याप्त बाजार है वहाँ ये नए यंत्र वरदान सिद्ध होते हैं। हमारे यहाँ हरेक नया यंत्र बेकारी लेकर आता है।"[4]

(2) दिल्ली में दुकानहीन विक्रेताओं की समस्याओं पर दीनदयाल उपाध्याय ने एक सर्वेक्षणात्मक निबंध लिखा जिसमें उन्होंने यह मत व्यक्त किया :

"...शायद जितने दुकानदार हैं, उनसे ज्यादा संख्या ऐसे लोगों की है जो बिना किसी दुकान के खोमचों, रेहड़ियों तथा ठेलों के सहारे अपनी जीविका चलाते हैं। दिल्ली नगरपालिका के उपनियमों के अनुसार इन लोगों को पटरियों पर बैठकर सामान बेचने की इजाजत नहीं है। दिल्ली के अधिकारियों के सामने ट्रैफिक की ज्यादा समस्या है; क्योंकि इन पटरीवालों और खोमचेवालों के कारण सड़क पर इतनी भीड़ हो जाती है कि मोटर आदि का तो निकलना ही दुष्कर हो जाता है। फिर दुकानदारों को भी शिकायत है। सामने पटरी पर बैठे व्यापारियों के कारण उनकी दुकानदारी में बाधा पहुँचती है। नगर के सौंदर्य का भी प्रश्न है। टूटे-फूटे ठेलों और गंदे खोमचों से राजधानी की सड़कों का सौंदर्य मारा जाता है। फलत: दिल्ली सरकार ने पटरीवालों के खिलाफ जोरदार मुहिम छेड़ दी है।"

उपाध्याय ने गरीब खोमचेवालों व पुलिस के व्यवहार, उनकी हीनग्रंथियों व तज्जनित मनोविज्ञान का सजीव वर्णन अपने इस निबंध में करते हुए अंत में लिखा है, "आज देश में जिस प्रकार भूमिहीन किसानों की समस्या है, वैसे ही दुकानहीन व्यापारियों की समस्या है। हमें उनका हल ढूँढ़ना होगा।"[5]

(3) विंध्यप्रदेश में हीरा खदानों का स्वतंत्र निगम बनाते हुए खदानमालिकों से खानें छीन ली जाएँ तथा कोई मुआवजा न दिया जाए, इस आशय का प्रस्ताव जनसंघ कार्यसमिति ने पारित किया, "कार्यसमिति ने पन्ना-हीरा खदान जाँच समिति की रिपोर्ट पर संतोष व्यक्त किया।...समिति ने कहा, जनसंघ उक्त जाँच समिति द्वारा सुझाए गए इस सुझाव से कि सरकार और जनता दोनों के सहयोग से एक स्वतंत्र कॉरपोरेशन बनाया

जाए, के पक्ष में है। कार्यसमिति ने हीरा खदानों के लीज होल्डरों को मुआवजा देने का तीव्र विरोध किया और कहा कि उन लीज होल्डरों ने मिनरल कंसेशन रूल की धारा 48 व 51 का उल्लंघन किया है। अतः धारा 53 के अनुसार उनकी लीज जब्त होनी चाहिए।''[6]

उपर्युक्त विवरण का इतना ही तात्पर्य है कि भारतीय जनसंघ तथा उसके अर्थनीति-नियामक दीनदयाल उपाध्याय के बारे में सामान्यतः दक्षिणपंथी पूँजीवादी विचारधारा के समर्थक होने की धारणा लोगों में बनी हुई है; उपाध्याय के साहित्य से इस धारणा की पुष्टि नहीं होती। उनके चिंतन की मूल प्रवृत्ति आर्थिक समता तथा समष्टिवाद का पोषण करनेवाली है।

2. अर्थनीति समीक्षा : अर्थनीति का भारतीयकरण

अर्थनीति से संबद्ध वक्तव्यों व लेखों में समय-समय पर लिए गए सरकारी निर्णयों पर वे अपनी प्रतिक्रिया व्यक्त करते थे। सामान्यतः अर्थनीति के क्षेत्र में पाश्चात्य नकल को वे बुरा मानते थे। हमारी व पाश्चात्य परिस्थितियों में बहुत फर्क है। अतः हमें अपनी 'अर्थनीति का भारतीयकरण' करना होगा। अपने इस मंतव्य को विवेचित करते हुए दीनदयाल उपाध्याय ने लिखा है—

''देश का दारिद्र्य दूर होना चाहिए इसमें दो मत नहीं; किंतु प्रश्न यह है कि यह गरीबी कैसे दूर हो? हम अमेरिका के मार्ग पर चलें या रूस के मार्ग को अपनाएँ अथवा यूरोपीय देशों का अनुकरण करें? हमें इस बात को समझना होगा कि इन देशों की अर्थव्यवस्था में अन्य कितने भी भेद क्यों न ही इनमें एक मौलिक साम्य है। सभी ने मशीनों को ही आर्थिक प्रगति का साधन माना है। मशीन का सर्वप्रधान गुण है कम मनुष्यों द्वारा अधिकतम उत्पादन करवाना। परिणामतः इन देशों को स्वदेश में बढ़ते हुए उत्पादन को बेचने के लिए विदेशों में बाजार ढूँढ़ने पड़े। साम्राज्यवाद-उपनिवेशवाद इसी का स्वाभाविक परिणाम बना। इस राज्यविस्तार का स्वरूप चाहे भिन्न-भिन्न हो किंतु क्या रूस को, क्या अमेरिका को तथा क्या इंग्लैंड को, सभी को इस मार्ग का अवलंबन करना पड़ा।...हमें स्वीकार करना होगा कि भारत की आर्थिक प्रगति का रास्ता मशीन का रास्ता नहीं है।...कुटीर उद्योगों को भारतीय अर्थनीति का आधार मानकर विकेंद्रित अर्थव्यवस्था का विकास करने से ही देश की आर्थिक प्रगति संभव है।''[7]

उपाध्याय बड़े उद्योगों के आधार पर रचित अर्थव्यवस्था को भारतीय परिस्थिति में उचित नहीं समझते थे। कृषि के क्षेत्र में वे छोटे तथा स्वामित्ववान् खेतों के हिमायती थे। सन् 1951 के कांग्रेस अधिवेशन में साम्यवादी चीन की कृषि योजना की नकल पर 'सहकारी खेती' का प्रस्ताव पारित किया गया था। उपाध्याय ने उसे अव्यावहारिक तथा अवांछनीय मानते हुए उसका विरोध किया।

3. सहकारी खेती

दीनदयाल मानते हैं कि अभी तक भूमिसुधारों का उद्देश्य खेतिहर किसान को भूमि पर अधिकार देना रहा है। 'सहकारी खेती' की कल्पना खेतिहर किसान को भूमि से वंचित करनेवाली है। अतः हमारे लक्ष्यों के प्रतिकूल है। 'कृषक स्वामित्व' के आधार पर बनी भूमिव्यवस्था प्रजातंत्रीय सिद्धांतों के अनुकूल है तथा आर्थिक दृष्टि से फलदायी है।...प्रस्तावित योजना से...किसान केवल खेतिहर मजदूर रह जाएगा। उसकी व्यक्तिगत स्वतंत्रता व प्रेरणा नष्ट हो जाएगी तथा अधिनायकवादी प्रवृत्तियों को बल मिलेगा।''[8]

कांग्रेस के प्रस्ताव में सहकारी खेती कार्यक्रम के तीन चरण सुझाए गए थे—

(1) प्रथम अवस्था में 'अधिकतम जोत की मात्रा निश्चित की जाएगी', अधिक भूमि को ग्रामपंचायत को सौंप दिया जाएगा। इस भूमि को गाँव के प्रत्येक वयस्क को मिलाकर बनी सहकारी संस्था द्वारा जोता जाएगा।

(2) दूसरी अवस्था में ऐसे सभी किसानों को जिनके पास अलाभकर जोत होगी, कहा जाएगा कि वे सहकारी संस्थानों में सम्मिलित हों।

(3) अंतिम चरण में समस्त ग्राम्यभूमि को ग्रामपंचायत के प्रबंध में सामूहिक खेती के लिए एक साथ मिलाया जाएगा।

उपर्युक्त त्रि-चरणीय योजना में ऐसा लगता है जैसे अर्थशास्त्र व समाजशास्त्र योजना करनेवालों की इच्छा पर चलता है। यह मान लिया गया है कि प्रथम चरण में नव-नियोजित सहकारी खेती लाभकर रहेगी। अतः किसान के पास छोड़ी गई प्रथम चरणीय 'अलाभकर खेती' को किसान स्वतः द्वितीय चरण में लाभकर सहकारी संस्थानों को सौंप देगा और अंततः ग्रामपंचायत के नेतृत्व में पूरे गाँव की खेती 'एक खेत' हो जाएगी। उपाध्याय मानते थे कि यह स्वप्निल तथा अशास्त्रीय योजना है। स्वतंत्र मनुष्य की प्रवृत्ति के प्रतिकूल है। इससे अधिकारीकरण अथवा नौकरशाही की प्रवृत्ति बढ़ेगी। 'सहकारिताकरण' अधिकारीकरण का केवल दूसरा नाम है।

जनसंघ 'स्वामी कृषि' पर आधारित भूमिव्यवस्था का हामी है तथा कृषि के यंत्रीकरण को भारत की आज की अर्थव्यवस्था के अनुपयुक्त समझता है, वह अधिकतम जोत के निर्धारण की आवश्यकता को स्वीकार करता है अतः उपाध्याय ने प्रस्तावित किया :

(1) भूमि की प्राप्ति की अधिकतम मर्यादा निश्चित कर देनी चाहिए।

(2) खेतिहरों को जोतने के अधिकार का स्वामित्व देकर उन्हें निश्चित मूल्य पर जमीन को खरीदने की सुविधा देनी चाहिए।

(3) अधिकतम जोत से अधिक जमीनवाले भूमिहारों को कहा जाए कि वे तीन वर्ष के अंदर अपनी बकाया जमीन बेच दें। जमीन खरीदने के उत्सुक व्यक्तियों को सहकारी और अन्य बैंकों से रुपया उधार देने की व्यवस्था की

जाए। जमीन के मूल्य को किश्तों में चुकाने की व्यवस्था हो।

(4) संपूर्ण गाँव में पुनर्नियोजन की स्कीम बनाकर चकबंदी का कार्य शुरू किया जाए।

(5) ऋण, विक्रय आदि के लिए सहकारी समितियाँ स्थापित की जाएँ।[9]

उपाध्याय मानते हैं कि किसान के स्वामित्व के आधार पर खेती का पुनर्नियोजन ही व्यावहारिक व हमारी मानसिक रचना के अनुकूल है। "जापान एवं अन्य देशों में इससे सर्वाधिक अच्छा परिणाम निकला है। पोलैंड को सहकारिता कृषि के प्रयोग में असफलता प्राप्त करने के बाद फिर से इसी पद्धति का सहारा लेना पड़ा।"[10]

सहकारी स्वामित्व के नाम पर नौकरशाह-प्रवृत्ति का ग्रामपंचायतीकरण करने के बजाय लोकतांत्रिक चेतनावाली ग्रामपंचायतों का गठन कर राजनीतिक विकेंद्रीकरण का श्रीगणेश करें। ग्रामपंचायतें हमारे प्राचीन संगठित ग्रामदर्शन की प्रतीक होनी चाहिए।"[11]

4. खाद्यान्न-व्यवसाय का राष्ट्रीयकरण

कांग्रेस के प्रस्ताव में सहकारी खेती, उत्पादन एवं वितरण पर नियंत्रण तथा इसके लिए खाद्यान्न-व्यवसाय के राष्ट्रीयकरण का सुझाव दिया गया था। उपाध्याय इसे अव्यावहारिक मानते थे। इस संदर्भ में उन्होंने ये सुझाव रखे—

(1) गल्ले के थोक व्यापारियों को तुरंत लाइसेंस देने चाहिए।

(2) काफी संख्या में सस्ते गल्ले की दुकानें सभी नगरों तथा अभावग्रस्त क्षेत्रों में खोलनी चाहिए। इस काम में पुराने थोक और परचून व्यापारियों की सेवाएँ ही काम में ली जाएँ। नए तथा अनुभवहीन लोगों को काम में लगाकर अव्यवस्था पैदा नहीं करनी चाहिए।

(3) प्रत्येक स्तर पर गल्ले के वितरण की व्यवस्था की देखरेख करने के लिए सर्वदलीय समितियाँ बननी चाहिए।[12]

उपाध्याय का मत था कि "यह प्रश्न व्यावहारिक है, इसके लिए सैद्धांतिक उड़ान की ज्यादा जरूरत नहीं है।" जनसंघ की 'सहकारी-खेती नीति' की आलोचना करते हुए कांग्रेस के मुखपत्र 'इकनामिक रिव्यू' ने 1 अप्रैल, 1959 के अंक में जनसंघ को 'पूँजीपतियों का समर्थक', 'अस्पष्टता का अभ्यासी' एवं 'पुरातनवादी दृष्टिकोण' वाला दल निरूपित किया। उसका उत्तर देते हुए उन्होंने लिखा : "सहकारी कृषि के कार्यक्रमों की सफलता अंततः मानसिक वातावरण पर निर्भर करती है, न कि उसके प्रबंध के आयोजन पर। यह वातावरण दूसरे व्यक्तियों के दृष्टिकोण को समझने और अधिक जानकारी की दृष्टि से उसे मान लेने पर ही सुधरेगा, न कि अपने ही गलत विचारों पर अड़े रहने से।"[13]

उपाध्याय ने इस बात पर दुःख प्रकट किया कि मुखपत्र ने जनसंघ द्वारा की गई

नीतिगत आलोचना व रचनात्मक सुझावों से अपनी असहमति के तर्क प्रस्तुत करने की बजाय दलीय आलोचना एवं गालीगलौच की भाषा का उपयोग किया। सहकारी खेती के संदर्भ में देश के आर्थिक राजनीतिक नेतृवर्ग का दृष्टिपथ उपाध्याय द्वारा की गई आलोचनाओं के अनुकूल था। नागपुर कांग्रेस में जवाहरलाल नेहरू ने अपने व्यक्तित्व के प्रभाव से प्रस्ताव तो पारित करवा लिया; लेकिन मोरारजी देसाई, कन्हैयालाल माणिकलाल मुंशी, प्रो. रंगा तथा चौधरी चरण सिंह ने सहकारी खेती योजना का खुलकर विरोध किया। परिणामतः 'सहकारी खेती' के इस कांग्रेस प्रस्ताव के आधार पर संसद् में विधेयक लाने का विचार टाल दिया गया।

'सहकारी खेती' योजना को लागू नहीं किया जा सका। कांग्रेस के इस प्रस्ताव का साम्यवादी दल के अलावा किसी ने समर्थन नहीं किया था।

अपने दो दशकों के सक्रियतम राजनीतिक जीवन के दौरान होनेवाली सभी अर्थरचना-संबंधी घटनाओं तथा नीतियों की समीक्षात्मक एवं रचनात्मक आलोचना दीनदयाल उपाध्याय करते थे। इनमें पंचवर्षीय योजनाओं के संदर्भ में उनके द्वारा की गई समीक्षा सर्वाधिक महत्त्वपूर्ण है। उस समीक्षा के पूर्व अन्य तीन संदर्भों पर उनके द्वारा की गई समालोचना को भी इस अध्याय के लिए चुनना समीचीन लगता है। वे संदर्भ हैं : पी.एल. 480 (1960), स्वर्ण नियंत्रण कानून (1963) तथा भारतीय रुपए का अवमूल्यन (1966)।

5. पी.एल. 480

चीनी आक्रमण के दौरान न केवल हमारी सैनिक एवं वैदेशिक नीतियाँ ही निरावृत हुईं वरन् खाद्यान्न के क्षेत्र में भी हमें इतनी भयानक अभावग्रस्तता का सामना करना पड़ा कि हमें विदेशी सहायता लेनी पड़ी। आर्थिक नियोजन में भारी उद्योगों को प्राथमिकता व कृषि की उपेक्षा का यह परिणाम था। अतः 1960 में एक ओर हम अपनी तृतीय पंचवर्षीय योजना का प्रारूप निर्माण कर रहे थे तो दूसरी ओर हमने अमेरीकी सार्वजनिक कानून 480 (पी.एल. 480) के अंतर्गत संयुक्त राज्य अमेरिका से 6 अरब 7 करोड़ रुपए के गेहूँ-ऋण के लिए समझौता किया।

भारत की आर्थिक व्यवस्था एवं युद्धप्रयत्नों में एकाग्रता के लिए इस प्रकार की तत्काल राहत बहुत जरूरी थी। अतः तत्कालीन खाद्यमंत्री स.का. पाटिल की यह बड़ी सफलता मानी गई। अमेरिका के लिए इस समझौते के आर्थिक, कूटनीतिक व राजनीतिक सभी तरह के लाभ महत्त्वपूर्ण थे। इसलिए राष्ट्रपति आइजनहावर ने इस संदर्भ में अभूतपूर्व उत्साह दिखाया। परंपरा से हटकर राष्ट्रपति आइजनहावर ने स्वयं समझौते पर हस्ताक्षर किए जबकि भारत सरकार की ओर से न तो राष्ट्रपति उपस्थित थे और न प्रधानमंत्री। खाद्य व कृषिमंत्री स.का. पाटिल ने हस्ताक्षर किए थे।

भारत के साम्राज्यवाद-उपनिवेशवाद विरोधी दृष्टिकोण तथा समाजवादी रुझान के कारण अमेरिका-भारत संबंध सदा ही कुछ तनावग्रस्त रहे हैं। चीन तो साम्यवादी था ही, भारत भी अमेरिका से इस प्रकार कट जाए यह बात अमेरिका की एशिया नीति के लिए अनुकूल नहीं थी। चीन के आक्रमण ने उसे अवसर दिया कि वह साम्यवादी साम्राज्यवाद के खिलाफ भारत की सहायता कर एशिया में अपनी मित्रता का विस्तार करे। भारत के अमेरिकावादी लोगों ने भी इस समझौते का बढ़-चढ़कर स्वागत किया तथा साम्यवादी आक्रमण के खिलाफ स्वतंत्र विश्व के नेता के नाते अमेरिका की काफी प्रशंसा हुई। तब दीनदयाल उपाध्याय ने 'ऑर्गेनाइजर' के अपने नियमित स्तंभ 'पॉलिटिकल डायरी' में इस संदर्भ में एक लेख लिखा। इस लेख में वे लिखते हैं—

''...यह समझना गलत होगा कि यह समझौता केवल एक दया या कूटनीति का कार्य है और इससे अमेरिका को कोई लाभ नहीं है। तथ्य तो यह है कि अमरीकी कृषि की आर्थिक स्थिरता और कृषि वस्तुओं के अंतरराष्ट्रीय व्यापार के विस्तार के उद्‌देश्य से ही अमेरिकी कांग्रेस ने 1954 में सार्वजनिक कानून 480 (पी.एल. 480) पास किया गया था। 31 दिसंबर, 1956 तक 38 देशों को निर्यात बाजार के भाव से 4 अरब 15 करोड़ 60 लाख डॉलर (11 अरब 78 करोड़ रुपए) की कृषि वस्तुएँ वह बेच चुका है। इसलिए यह स्पष्ट समझ लेना चाहिए कि इस समझौते से दोनों देशों के आर्थिक हितों का पोषण होता है और इसलिए निहित पक्ष इसका जो भी राजनीतिक महत्त्व बताने की कोशिश करे, हमें इस पर यथार्थवादी एवं सोद्‌देश्य दृष्टि से विचार करना चाहिए।''[14]

इस राजनीतिक एवं कूटनीतिक स्थिति के अलावा उपाध्याय को भारतीय अर्थनीति के परावलंबन एवं आर्थिक क्षेत्र में विदेशी हस्तक्षेप के दुष्परिणामों की भी चिंता थी। अत: इस दिशा में सावधान रहने की आवश्यकता पर उन्होंने जोर दिया, ''यद्यपि हम इस समझौते के अंतर्गत खाद्यान्न के भारी आयात से भारतीय अर्थव्यवस्था के लाभ को कम आँकना नहीं चाहते तथापि हम चाहते हैं कि सरकार सतर्क नीति का अनुसरण करे।...हमारे देश में 70 प्रतिशत से अधिक जनता क्रयशक्ति प्राप्त करने के मुख्य साधन के रूप में खाद्यान्न एवं अन्य कृषि वस्तुओं पर निर्भर करती है। अगर सरकार की भंडार जमा करने की नीति से कृषि वस्तुओं के मूल्य में तीव्र गिरावट हो जाए तो देश की दशा कुछ अच्छी नहीं होगी। क्या इसका अर्थ भारतीय किसान की कीमत पर अमरीकी किसान का संभरण करना नहीं होगा? इस आशंका का एक कारण और भी है। इस समझौते के अंतर्गत गेहूँ और चावल के आयात के साथ भारत विश्वबाजार से एक करोड़ 46 लाख 80 हजार कुंतल गेहूँ खरीदने के लिए वचन दे चुका है। यह शर्त कनाडा और आस्ट्रेलिया को संतुष्ट करने के लिए हम पर लादी गई है; क्योंकि उन देशों को भय है कि भारत-अमेरिका समझौते के परिणामस्वरूप उनका गेहूँ बाजार काफी कम हो जाएगा। यह शर्त

इस अर्थ में पूर्णत: अन्याययुक्त है कि भारत पर सामान्य आवश्यकता से काफी अधिक खाद्यान्न की विदेशों से खरीद करने के लिए दबाव डाला गया है। इसके परिणामस्वरूप भारतीय कृषिमूल्यों में गिरावट होगी।''

इस समझौते में यह भी प्रावधान है कि भारत द्वारा अदा की गई राशि में से 15 करोड़ रुपए अमेरीकी दूतावास द्वारा भारतीय वित्तपोषण के लिए भारत में ही व्यय किया जाएगा। दीनदयाल उपाध्याय इसे भारतीय वित्तपोषण नहीं वरन् अमेरिकी वित्तपोषण और भारतीय अर्थव्यवस्था में विदेशी घुसपैठ मानते हैं। अमेरिका ने अपने इस कानून के अंतर्गत प्रस्तावित किया है कि ''निजी अमरीकी फर्मों या संबंधित देश में कार्यरत उनकी सहकंपनियों को या अमेरिकी फर्म के साथ संबद्ध देशी फर्मों को, या ऐसी देशी फर्मों को, जो अमरीकी कृषि उत्पादनों की बिक्री में सहायक हों, ऋण के रूप में दिया जाना चाहिए।'' उपाध्याय अमेरिकी सार्वजनिक कानून में 'कूले संशोधन' नाम से जाने जानेवाले इस प्रावधान को भारतीय अर्थनीति के स्वावलंबन एवं स्वदेशीकरण के संदर्भ में अहितकर मानते हैं, ''...इस समझौते से न केवल अमेरीकी कृषि उत्पादनों के लिए उन्हें एक बाजार मिल गया, बल्कि इस देश में आने के इच्छुक उद्योगपतियों के लिए भी एक सुविधा की स्थिति पक्की हो जाती है। इन प्रस्तावों के दीर्घकालिक प्रभावों की ओर से आँखें मूँद लेना बुद्धिमत्तापूर्ण नहीं होगा।''

अत: तात्कालिक राहत के बावजूद उसके दीर्घकालिक दुष्प्रभावों से बचने के लिए हमें सचेत रहना चाहिए। वे लिखते हैं : ''समय की गति के साथ हम विदेशी साधनों पर अधिकाधिक निर्भर होते गए हैं। हमें भय है कि वर्तमान में पर्याप्त खाद्यान्न मिल जाने के कारण सरकार देश में उत्पादन बढ़ाने के अपने प्रयासों में शिथिल हो जाएगी। अमेरीकी राजदूत का कहना है कि अमेरीका जनतांत्रिक विश्व की संघर्षरत जनता को यह महसूस करा देने के लिए कि 'स्वतंत्रता और भोजन दोनों साथ-साथ चल सकते हैं', इस नीति का अनुसरण कर रही है; किंतु हम जो चाहते हैं, वह है 'अपनी स्वतंत्रता और अपना भोजन'। यह तभी संभव है जब हम 'विदेशी भोजन से मुक्ति' के अपने पुराने नारे को फिर से गुंजरित करें।...इसलिए हम भी पाटिल का उनके अमेरिका से लौटने पर नहीं; बल्कि तब अभिनंदन करेंगे जब वे देश में खाद्यान्न का उत्पादन बढ़ाने में सफल हो जाएँगे, और विश्व को यह दिखा देंगे कि भिक्षापात्र लेकर विश्व में घूमनेवाले वे स्वतंत्र भारत के अंतिम खाद्यमंत्री हैं।''

6. स्वर्ण नियंत्रण कानून[15]

5 जनवरी, 1963 को भारत के तत्कालीन वित्तमंत्री मोरारजी देसाई ने स्वर्ण नियंत्रण आदेशों को जारी किया। भारतीय समाज के स्वर्णमोह ने सोने की माँग इतनी बढ़ा दी कि

भारत में सोने का भाव अंतरराष्ट्रीय स्वर्णभाव से बहुत बढ़ गया। युद्धकाल से आहत भारतीय अर्थव्यवस्था को इससे बहुत कठिनाई हुई। सरकार को अंतरराष्ट्रीय मुद्रा विनिमय में ही कठिनाई नहीं हुई वरन् राष्ट्रीय आय का लोगों द्वारा सोने में विनियोजन, विकासशील अर्थव्यवस्था पर घातक प्रभाव डाल रहा था। अत: दीनदयाल उपाध्याय ने स्वर्ण नियंत्रण कानून के उद्‌देश्यों को उचित ठहराया; लेकिन जिस प्रकार सोने को बाहर निकलवाने का प्रयत्न किया गया, उपाध्याय ने उसे अव्यावहारिक तथा अवांछनीय बताया।

"मोरारजीभाई की स्वर्णनीति यद्यपि उद्‌देश्यों की दृष्टि से श्लाध्य है तथापि उसकी भी मद्यनिषेध नीति के समान ही दुर्गति होगी। इसके कारण सामान्य व्यापारस्त्रोत भूमिगत हो जाएँगे जिसके परिणामस्वरूप राजस्व की क्षति होगी तथा कालाधन बढ़ेगा।"

उपाध्याय समाज की स्वर्णभूख को भी अवांछनीय मानते हैं, "देश के आर्थिक विकास को ध्यान में रखते हुए सोने में विनियोजन का कोई औचित्य नहीं है। यह अनुत्पादकीय है और गत दशाब्दि से यह हमारे अल्प विदेशी मुद्रास्त्रोत पर भारी दबाव डाल रहा है। सोने में धन लगाने से न व्यक्तिगत आय में और न राष्ट्रीय आय में ही वृद्धि होती है। अतिरिक्त रोजगार के लिए भी इससे पूँजी की व्यवस्था नहीं होती। इसलिए यदि लोग सोना खरीदने के बदले किसी उत्पादक उद्योग में अपनी बचत का विनियोजन करें तो उन्हें दोहरा लाभ होगा। इससे उन्हें न केवल ब्याज और लाभ मिलेगा, अपितु विकास की प्रक्रिया भी पैदा होगी, जिससे बचत करने और विनियोजन करने के लिए भारी प्रोत्साहन मिलेगा।" उनका आग्रह था कि अपने समाज की 'स्वर्णभूख' के कारण जानकर उन्हें हटाने का प्रयत्न करना चाहिए। युद्ध की दुहाई का 'भावना प्रधान आह्वान' अधिक लंबे समय तक कारगर नहीं हो सकता। हमारी सामाजिक स्वर्णभूख के अनेक राजनीतिक व आर्थिक कारण हैं। उन्हें दूर करने के लिए उपाध्याय ने सरकार से अनुरोध किया। उन्होंने 'स्वर्णभूख' के निम्न कारण बताए :

(1) सोने की माँग में वृद्धि का सबसे बड़ा कारण मुद्रास्फीति है। अगर सरकार कीमतों और अपनी मुद्रा के मूल्यों को स्थिर नहीं रख सकती तो खरी धातु में विनियोजन करने की प्रवृत्ति पैदा होना अवश्यंभावी है।

(2) बैंकिंग व ऋण सुविधाओं की अपर्याप्तता भी इसका कारण है। गाँवों में लोगों के पास अपनी बचत को सुरक्षित रखने का अन्य कोई उपाय नहीं है। बिना अमानत रखे उधार धन प्राप्त करने की उनके पास कोई व्यवस्था नहीं है।

(3) आर्थिक असुरक्षा का भाव भी अपनी बचत को स्वर्ण में परिवर्तित करने के लिए लोगों को उत्पेरित करता है। भारत का मध्यमवर्ग इस भाव से पूरी तरह ग्रस्त रहता है।

(4) सरकार की औद्योगिक व व्यापारिक नीति भी सोने की माँग में अभिवृद्धि के

लिए उत्तरदायी है। देश में ऐसी धनराशि है जो विनियोजन मार्ग खोज रही है। विनियोजन मार्ग को सरकार की तथाकथित समाजवादी नीति ने अवरुद्ध कर रखा है। राष्ट्रीयकरण की चर्चा से भी विनियोजकों के कान खड़े हो जाते हैं। फिर वे सोने के पीछे दौड़ते हैं, चाहे वह अवैध हो या वैध।

(5) कराधान कानून और सेवाओं में व्यापक रूप से फैले भ्रष्टाचार ने भी सोने की माँग बढ़ाने में योगदान दिया है। इस भ्रष्टाचार ने लोगों के पास 'कालेधन' का सृजन किया है, जिसे 'श्वेत' नहीं बनाया जा सकता। इसलिए उसे स्वर्ण में परिणत कर दिया जाता है।

दीनदयाल उपाध्याय ने कहा कि अपने अर्थनीति व्यवहार में हमें समग्रतापूर्वक विचार करना होगा। उपर्युक्त कारणों के रहते हम सोने को देश की विकासशील अर्थव्यवस्था के साथ संबद्ध नहीं कर सकते। "चाहे किसी नीति के निर्माण के पीछे कितनी भी नेकनीयती हो, सभी पहलुओं से कुकल्पित नीति असफल होगी ही।"

इस स्वर्णनीति का एक और मानवीय एवं सांस्कृतिक पहलू भी था। स्वर्णकारों की बेरोजगारी तथा युगों से संचित भारतीय स्वर्णकला पर इस कारण होनेवाले आघात के बारे में सरकार ने बिलकुल विचार ही नहीं किया। स्वर्णकारों के अनेक प्रतिनिधिमंडलों को अनसुना कर दिया गया। दमननीति का भी उपयोग हुआ। इसी समस्या का दूसरा पहलू यह था कि भारतीय ग्रामीण स्वर्णकार अशुद्ध 14 कैरेट सोने के आभूषणों के निर्माण का अभ्यस्त नहीं था तथा इसके लिए वह यंत्रों का भी उपयोग नहीं करता। वह उसकी विशुद्ध हस्तकला थी। उपाध्याय का मत था कि 14 कैरेट के कारण आनेवाली यांत्रिकता आभूषण-निर्माण-उद्योग को शहरी पूँजीपतियों के हाथ में केंद्रित कर देगी।

कालांतर में यह सिद्ध भी हुआ कि स्वर्णनियंत्रण आदेशों से सरकार उतना सोना बाहर न निकलवा पाई जितना उसको लोगों ने स्वेच्छा से युद्ध के दौरान भारतीय सुरक्षाकोष के लिए दिया था। अर्थव्यवस्था, मुद्रास्फीति व अंतरराष्ट्रीय मुद्राविनिमय का संतुलन बिगड़ता चला गया तथा अंततः 5 जून, 1966 को भारतीय रुपए का 'अवमूल्यन' करना पड़ा।

7. भारतीय रुपए का अवमूल्यन

5 जून, 1966 को रात्रि में 11 बजे, शीघ्रता से बुलाई गई एक प्रेस परिषद् में तत्कालीन वित्तमंत्री शचींद्र चौधरी ने भारतीय रुपए के अवमूल्यन की घोषणा की। भारतीय रुपए का मूल्य 0.118516 ग्राम स्वर्ण हो गया। इस संदर्भ में दीनदयाल उपाध्याय ने एक पुस्तिका लिखी—'डीवैल्युएशन : ए ग्रेट फॉल' (अवमूल्यन—एक महान् क्षति)।[16] अपनी इस पुस्तिका में हमारी चारों पंचवर्षीय योजनाओं के विदेशी मुद्रा पर अवलंबन को उन्होंने बहुआयामी आँकड़ों एवं विभिन्न मंत्रालयी एवं आयोगीय प्रतिवेदनों को संदर्भित

करते हुए उजागर किया है। एक गलत आर्थिक नीति के परिणामस्वरूप हमको रुपए का अवमूल्यन करना पड़ा। जितनी आपत्ति उपाध्याय को इस बात से है, इससे कहीं अधिक आपत्ति इस निर्णय की राजनीतिक अंतर्निहितताओं से है। उपाध्याय मानते हैं कि यह निर्णय हमें संयुक्त राज्य अमेरिका के दबाव में लेना पड़ा। अमेरिका का यह दबाव भी आर्थिक कारणों के बजाय साम्राज्यवादी स्पर्धिक कारणों से हम पर आया और हमने उसके समक्ष घुटने टेक दिए। अपनी पुस्तक में वे लिखते हैं—

"यह निर्णय राजनीतिक दबाव के कारण लिया गया है, इसे नकारा नहीं जा सकता।[17] सरकार की नकारोक्ति से कोई भी संतुष्ट नहीं है। यदि जनता को इस संदर्भ में विश्वास में लिया गया होता तो यह निर्णय अधिक ईमानदार तथा लोकतांत्रिक होता। भूतपूर्व वित्तमंत्री श्री टी.टी. कृष्णमाचारी ने यह रहस्योद्घाटन किया। कांग्रेस कार्यसमिति को उन्होंने प्रतिवेदित किया कि पिछले दो सालों से विश्वबैंक तथा संयुक्त राज्य सरकार यह दबाव डाल रहे थे कि हम रुपए का अवमूल्यन करें और उसने यह दबाव बनाए रखा। हम यह भी जानते हैं कि सरकार ने बिना रुपए का अवमूल्यन किए अमेरिका से आर्थिक सहायता प्राप्त करने का प्रयत्न किया; लेकिन संयुक्त राज्य अपना दबाव बनाए रहा। शायद, विशेषत: ताशकंद के बाद, जहाँ हम सोवियत दबाव के सम्मुख झुके थे, वह अपनी शक्ति प्रदर्शित करना चाहता था। चाहे यह क्षोभपूर्ण एवं कष्टदायक है, पर हमें स्वीकार करना चाहिए कि यहाँ भी हम दबाव के सम्मुख झुके।...हमने रुपए का अवमूल्यन किया और हमने लोकतंत्र तथा राष्ट्र दोनों को अवमूल्यित कर दिया। हमारी संप्रभुता को धक्का लगा।"[18]

"जहाँ तक अवमूल्यन से अर्थव्यवस्था सुदृढ़ होने का प्रश्न है वह कोरी कल्पना मात्र है; क्योंकि अवमूल्यन के साथ कर्ज में अप्रत्याशित वृद्धि हो गई है। 5 जून, 1966 को जो विदेशी ऋण 2733 करोड़ रुपया था, वह अवमूल्यन के उपरांत 6 जून को 4100 करोड़ रुपया हो गया।...मूलधन और ब्याज में वृद्धि हमारी टूटती हुई अर्थव्यवस्था के लिए अभिशाप सिद्ध होगी।"[19]

अवमूल्यन के इस स्थिति तक पहुँचने के दीनदयाल उपाध्याय निम्न कारण मानते हैं—

(1) निरंतर घाटे की अर्थव्यवस्था
(2) विदेशी धन पर निर्भरता
(3) मुद्रास्फीति
(4) आँकड़ों के सृजन में कागजी कुशलता
(5) डॉलरप्रियता (विदेशी मुद्रा का अवांछनीय प्रयोग)
(6) विनिमय-नियमों की अराजकता

(7) काले धन की अभिवृद्धि
(8) वृहद यांत्रीकृत औद्योगीकरण
(9) आयातनिर्भरता और सुस्त निर्यात
(10) स्वदेशी की उपेक्षा

इन सभी बिंदुओं का उपाध्याय ने अर्थशास्त्रीय एवं राज्यशास्त्रीय विवेचन प्रस्तुत करने का प्रयत्न किया है; लेकिन उनका सर्वाधिक जोर 'स्वदेशी' पर है—

''विनिमय-नियमन के विवेकीकरण के साथ ही न केवल नियोजन में वरन् जीवन के संपूर्ण दृष्टिकोण में हमें क्रांतिकारी परिवर्तन लाना होगा। हम 'स्वदेशी' की प्रेरणा को जागृत करें। हम अपने को उस गलत धारणा से मुक्त करें जो एक मतवाद बन गया है कि समस्त प्रगति का उद्‌गम स्रोत विदेशी भूमियों में है, विशेषकर पश्चिम में। आत्मसम्मान एवं आत्मविश्वास की भावना ही डॉलर की आकांक्षा को अल्प कर सकती है। 'परमावश्यक होने पर यात्रा' यह रेलवे का युद्धकालीन घोष था। 'अत्यावश्यक होने पर ही विदेशी वस्तु खरीदिए', 'परमावश्यक होने पर ही विदेश यात्रा कीजिए', हमारे आज के घोष होने चाहिए।''[20]

वे इस अवमूल्यन को अटल नहीं मानते थे। उनका मत था कि हमें अमेरीकी दबाव को नकार देना चाहिए था, ''यदि हम अपने रुपए को अवमूल्यित करने से इनकार कर देते तो भारत को आर्थिक मदद करनेवाले देश हमें वह न देते। हमको यह तय करना चाहिए था कि हम बिना विदेशी सहायता के अपना कार्य करेंगे, तो वह आर्थिक दृष्टि से लाभकारी एवं राजनीतिक दृष्टि से सम्मानजनक होता, उसका निश्चय ही यह अर्थ होता कि हम अपने नियोजन व नीतियों में उग्र परिवर्तन करते।''[21]

चार पंचवर्षीय योजनाओं के बावजूद हम 'स्वदेशी' तथा 'स्वावलंबन' के लक्ष्य को प्राप्त नहीं कर सके। विदेशी दबाव हमें कदम-कदम पर झुकने को बाध्य करते हैं। उपाध्याय हमारी पंचवर्षीय योजनाओं के गंभीर अध्येता थे। उन्होंने चारों पंचवर्षीय योजनाओं की विस्तारपूर्वक आलोचनात्मक समीक्षा की है।

8. हमारी प्रथम व द्वितीय पंचवर्षीय योजनाएँ

स्वतंत्र भारत के नियोजित आर्थिक विकास के लिए आयोजित पंचवर्षीय योजनाएँ प्रारंभ करते समय, जिस ओर हमें बढ़ना है, वह दिशा स्पष्ट होनी चाहिए। यदि एक बार कदम गलत दिशा में चला गया, तो बाद में उसे लौटाना कठिन होता है। जुलाई 1951 में योजना आयोग द्वारा प्रथम पंचवर्षीय योजना का 'आयोजना-प्रारूप' प्रथम महानिर्वाचन के एकदम पूर्व घोषित किया गया। 7 दिसंबर, 1952 को वह भारत सरकार के सम्मुख प्रस्तुत किया गया; 8 दिसंबर, 1952 को लोकसभा में बहस हुई तथा वह प्रारूप स्वीकृत

हो गया। इस स्वीकृत योजना का कालखंड अप्रैल 1951 से मार्च 1956 था। इन तिथियों का वर्णन यहाँ इसलिए किया है कि योजना निर्माण के पूर्व कोई विशेष राष्ट्रीय विमर्श हो पाए इसकी स्थितियाँ नहीं थीं। योजना का कार्यकाल उसकी स्वीकृति की तिथियों से पूर्व प्रारंभ हो गया था। निर्वाचन के पूर्व प्रस्तावित 'आयोजना-प्रारूप' को दलीय दृष्टि से देखा गया। स्वाभाविक रूप से निर्वाचनकाल दलीय स्पर्धा का होता है। अतः वस्तुनिष्ठ विमर्श उस समय संभव नहीं होता। उपाध्याय पंचवर्षीय योजना को लागू करने में की गई जल्दबाजी एवं योजनाओं के दलीय कारण को अनुचित मानते थे।

यह वह काल था जब भारतीय जनसंघ की स्थापना हुई ही थी। उपाध्याय का राजनीति में प्रवेश सन् 1951 में ही हुआ। अतः उस समय इस संदर्भ में वे कोई विशेष समीक्षात्मक लेखन प्रस्तुत नहीं कर सके, जो उन्होंने बाद के काल में बहुत विस्तार एवं पूरे अध्ययन के बाद प्रस्तुत किया। 'आयोजना-प्रारूप' को संसद् के समक्ष प्रस्तुत करने के एक सप्ताह पूर्व संपन्न भारतीय जनसंघ के प्रथम कानपुर अधिवेशन में उन्होंने प्रस्ताव के माध्यम से प्रथम पंचवर्षीय योजना पर अपनी तात्कालिक प्रतिक्रिया व्यक्त की।[22] इस संबंध में उन्होंने सात मुद्दे उठाए—

(1) बेकारी दूर करने एवं जीवनस्तर को उन्नत करने के लिए जैसा ध्यान देना चाहिए था, नहीं दिया गया।

(2) यह योजना अमेरीकी कृषिपद्धति पर आधारित है जिसका आधार ही यांत्रीकरण है। स्वदेशी उपकरणों के विकास की उपेक्षा कर 'योजना-निर्माताओं ने भयंकर भूल की है।'

(3) कृषि के साथ-साथ घरेलू उद्योगों का गाँवों में विकास होने से ग्रामीण बेरोजगारी दूर हो सकती है; लेकिन दो हजार करोड़ की योजना में पंद्रह करोड़ रुपए का व्यय पाँच लाख गाँवों में उद्योगों की स्थापना के लिए 'हास्यास्पद' है।

(4) रक्षा संबंधी और आधारभूत बड़े उद्योगों के विकास की ओर ध्यान नहीं दिया गया।

(5) इस योजना के अनुसार "देश के आर्थिक जीवन के सभी अंगों पर शासन का नियंत्रण रहेगा···हमारी आज की स्थिति में नियंत्रण जितना कम हो उतना ही समाज और शासन दोनों के लिए हितकर है।"

(6) 'साक्षरता-प्रसार' को, जिसके बिना लोकतंत्र और वयस्क मताधिकार निरर्थक रहते हैं—इस योजना में एकबारगी भुला दिया गया है।

(7) जन स्वास्थ्य की भी उपेक्षा की गई है, विशेषकर अपनी स्वदेशी आयुर्वेदिक चिकित्सा पद्धति की।

यह एक तात्कालिक एवं औपचारिक प्रतिक्रिया थी। वास्तव में दीनदयाल उपाध्याय का आर्थिक चिंतन सन् 1953 से ही हमें लेखबद्ध रूप से प्राप्त होता है, जब उन्होंने उत्तर प्रदेश के कार्यकर्ता-प्रशिक्षण शिविर के लिए 'जनसंघ की अर्थनीति' नामक एक प्रारूप प्रस्तुत किया। अत: द्वितीय पंचवर्षीय योजना के आयोजन के समय उन्होंने अपने लेखन के माध्यम से अधिक समीक्षात्मक व सुझावात्मक योगदान दिया है। द्वितीय पंचवर्षीय योजना के संदर्भ में प्रस्तुत योजना आयोग के सुझावों पर टिप्पणी करते हुए उन्होंने लिखा—

"ऊँची आकांक्षाओं को लेकर चलना अच्छा होता है; किंतु उसकी पूर्ति का साधन भी चाहिए। जो साधन अर्थमंत्री ने बताए हैं वे न तो सभी उपलब्ध हो सकेंगे और न वे खतरों से खाली हैं।···450 करोड़ के नए कर तो लगाए जा सकते हैं; किंतु आज की अर्थव्यवस्था में उन्हें उगाहना सरल नहीं। यदि धनिकों पर यह भार अधिकता से डाल दिया गया तो 2200 करोड़ की पूँजी, जो योजना के अंतर्गत निजी क्षेत्र में लगनी चाहिए, नहीं आ पाएगी। यदि सामान्यजनों पर इसका बोझ पड़ा तो प्रथम तो उनके गिरे हुए जीवनस्तर को यह और नीचे गिराएगी तथा दूसरे, योजना की सफलता के लिए जो मनोवैज्ञानिक भूमिका चाहिए वह जनसाधारण की नहीं बन पाएगी।···योजना में छोटे उद्योगों को जो मदद दी गई थी उसमें कर्वे कमेटी की सिफारिशों के बाद भी कोई वृद्धि नहीं की। हाँ, कारखानों द्वारा निर्मित उपभोग-वस्तुओं के लिए दोगुनी राशि की व्यवस्था अवश्य कर दी है।"[23]

9. न्यूनतम-आय-निश्चिति प्रस्ताव

सन् 1953 में अपनी अर्थनीति की घोषणा करते हुए दीनदयाल उपाध्याय ने अधिकतम व न्यूनतम का अनुपात 20:1 होना चाहिए, ऐसा निरूपित किया था तथा सुझाव दिया था कि अर्थनीति को इस प्रकार संचालित किया जाए कि धीरे-धीरे यह अनुपात 10:1 हो जाए। द्वितीय पंचवर्षीय योजना के निर्माण के समय देश में इस विषय पर बहस हुई। उपाध्याय ने पाञ्चजन्य के अपने स्थायी स्तंभ 'विचार-वीथी'[24] के अंतर्गत इस विषय में लेख लिखा—

"प्रधानमंत्री पं. जवाहरलाल नेहरू ने इसे अव्यावहारिक बताया है, और कहा है कि आय और पूँजी के समूचे प्रश्न की ओर देखने का यह अशुद्ध और काल्पनिक तरीका है। उन्होंने इस पर खेद प्रकट किया कि प्रस्तावक और उसके समर्थकों ने अपनी माँग को उचित प्रमाणित करने के लिए समाजवादी विचारधारा का सहारा लिया। हमारे असमाजवादी देश के समाजवादी दूत (श्री नेहरू) के अनुसार, वे लोग जीवन के सिद्धांत को बिलकुल नहीं समझ पाए हैं। श्री नेहरू का यह भी कहना है कि समाजवाद का युग लाने के लिए निजी लाभ व संपत्ति की सीमा निर्धारित नहीं की जा सकती।" उपाध्याय अपने इसी लेख में नेहरू की इस आलोचना का प्रत्युत्तर देते हुए लिखते हैं—

''हम नेहरूजी के समाजवाद को नहीं जानते; परंतु यह निश्चित रूप से समझते हैं कि आज हमारे देश में आय और संपत्ति के संबंध में जो असमानता है उसे कम करना समाजवाद का तात्पर्य होना चाहिए।...द्वितीय पंचवर्षीय योजना में भी उच्चतम और न्यूनतम आय में 30:1 का अनुपात ले आने का निश्चय किया गया है; परंतु योजना आयोग के अध्यक्ष की हैसियत से जो बात पं. नेहरू प्रस्तावित करते हैं, उसी को वे प्रधानमंत्री की हैसियत से ठुकरा देते हैं।

...समाजवाद कोरी कल्पना और नारे मात्र से अधिक कुछ नहीं है। जब नए कर लागू करने का प्रसंग आता है तो वित्त मंत्री तर्क प्रस्तुत करते हैं कि समाजवादी व्यवस्था में सर्वसाधारण व्यक्ति को असाधारण विकास-योजनाओं का बोझ सहना ही पड़ेगा; परंतु जब धनिकों की बिना परिश्रम के एकत्र की हुई कमाई अथवा अनुचित आय में से कटौती करने का प्रश्न उठता है तो प्रधानमंत्री ऐसा करना अस्वीकार कर देते हैं; क्योंकि उनके विचार से व्यक्ति की प्रेरणा समाप्त हो जाएगी। हमारे जनसेवकों एवं उद्योगपतियों के लिए वास्तव में यह अशोभनीय है कि वे डंडे तथा स्वार्थ की ही भाषा समझते हैं।

''अधिकतम आय इसलिए भी निर्धारित करना आवश्यक है क्योंकि हम बजट में होनेवाले 1200 करोड़ रुपए घाटे के कुप्रभाव से बचना चाहते हैं। योजना के अंतर्गत काम मिलने की संभावना कम होने तथा कुटीर एवं अल्प पूँजीवाले उद्योगों के लिए केवल 200 करोड़ रुपए की व्यवस्था के कारण अर्जित किया हुआ अधिकांश धन उच्चपदों पर स्थित कर्मचारियों तथा बड़े उद्योगपतियों की जेबों में ही चला जाएगा।...यदि योजना को सफल बनाना है तो हमें अपने विशाल जनसमुदाय को दुर्लक्ष्य नहीं करना चाहिए।''

10. विकेंद्रित अर्थव्यवस्था

पंचवर्षीय योजनाओं के संदर्भ में अपनी मूलभूत आर्थिक दृष्टि को स्पष्ट करते हुए दीनदयाल ने 'विकेंद्रित अर्थव्यवस्था' शीर्षक से एक लेख लिखा[25] :

''...विकेंद्रित अर्थव्यवस्था चाहिए...स्वयंसेवी क्षेत्र (Self Employed Sector) को खड़ा करना होगा...यह विकेंद्रित अर्थव्यवस्था भारत ही संसार को दे सकता है।...यदि एक बार बड़े भारी कारखानों का निर्माण हो गया तो उन्हें समाप्त करने की बात सोचने से अनेकों व्यावहारिक कठिनाइयाँ आती हैं...अत: राष्ट्रनिर्माण की इस प्रारंभिक बेला में हम अपना पग आगे बढ़ाते समय अच्छी प्रकार सोच लें।''

विकेंद्रित अर्थव्यवस्था के साथ ही योजना के लक्ष्य की ओर इंगित करते हुए वे लिखते हैं, ''योजनाएँ बनाने के पहले हमें 'प्रत्येक व्यक्ति को काम' के सिद्धांत को मान्यता देनी पड़ेगी। यदि इसे मान लिया जाए तो योजनाओं की दिशा एवं स्वरूप बदल जाएँगे, भले ही बेकारी धीरे-धीरे दूर हो।...इसका विचार करके हम उत्पादन व साधनों

का निश्चय करें। यदि ज्यादा आदमियों का उपयोग करनेवाले छोटे-छोटे कुटीर उद्योग अपनाए गए तो कम पूँजी तथा मशीनों की आवश्यकता पड़ेगी, नौकरशाही का बोझ कम होगा, विदेशी ऋण भी नहीं लेना पड़ेगा। देश की सच्ची प्रगति होगी तथा प्रजातंत्र की नींव पक्की हो जाएगी।'' अपनी विकेंद्रित अर्थव्यवस्था के पक्ष में उपाध्याय महात्मा गांधी को उद्धृत करते हैं, ''मैं विशाल उत्पादन चाहता हूँ पर विशाल जनसमूह के द्वारा।'' (I want mass production but production by masses as well).

11. दो योजनाएँ : वायदे, अनुपालन, आसार

दीनदयाल उपाध्याय ने सन् 1958 में दोनों पंचवर्षीय योजनाओं पर एक शोधपूर्ण अंग्रेजी पुस्तक 'दो योजनाएँ : वायदे, अनुपालन, आसार'[26] का सृजन किया, जो एक अर्थशास्त्री राजनेता द्वारा अनुसंधानपूर्वक की गई विवेचना है। निश्चय ही इस पुस्तक का अर्थशास्त्री एक प्रतिपक्षी राजनेता है। अतः विवेचन व व्याख्या में सत्तापक्ष पर राजनीतिक प्रहारोंवाली भाषा का प्रयोग किया गया है।

यह पुस्तक केवल दोनों योजनाओं का ही नहीं, वरन् आर्थिक आयोजना की अवधारणा, इतिहास एवं तार्किक निष्पत्तियों का सर्वांगपूर्ण आकलन प्रस्तुत करती है। तथ्यात्मक, तुलनात्मक एवं व्याख्यात्मक आँकड़ों व सारणियों की इस पुस्तक में इतनी भरमार है कि अर्थशास्त्र की शास्त्रीय पृष्ठभूमि के बिना उसको समझ पाना व रुचिपूर्वक पढ़ना, दोनों ही कठिन है। राजनीति विज्ञान के विद्यार्थी के नाते प्रस्तुत पंक्तियों के लेखक के सामने भी यह कठिनाई रही है।

उपाध्याय द्वारा लिखी गई इस पुस्तक के बारे में यज्ञदत्त शर्मा कहते हैं, ''यह कार्य इतना अंतर्वेधी था कि उस समय के योजना आयोग के उपाध्यक्ष श्री श्रीमन्नारायण अग्रवाल ने सभी संबंधित अधिकारियों को एक परिपत्र जारी किया तथा कहा कि ऐसी गंभीर एवं तथ्यप्रकाशी योजना-समीक्षा मैंने नहीं देखी, जैसी पंडितजी की इस पुस्तक में है।''[27]

पुस्तक का विशद विवेचन यहाँ कठिन है। हम उसकी संक्षिप्त जानकारी प्रस्तुत करेंगे। अंग्रेजी में लिखी गई इस पुस्तक के पाँच भाग हैं—

(1) आयोजना की दिशा में (Towards Planning)

(2) प्रथम पंचवर्षीय योजना (The First Five Year-Plan).

(3) प्रथम आयोजनाकाल की समीक्षा (Review of the First Plan Period).

(4) द्वितीय पंचवर्षीय योजना (The Second Five-Year Plan).

(5) द्वितीय योजना की आलोचना (Critique of the Second Plan).

पाँच भागों में बँटी इस पुस्तक में 21 परिच्छेद हैं। हम भागशः इन परिच्छेदों का अध्ययन करेंगे।

(1) आयोजना की दिशा में : इस प्रथम भाग में तीन परिच्छेद हैं, जो आयोजना की प्रकृति और क्षेत्र, भारतीय आयोजना की इतिहासात्मक समीक्षा तथा योजना आयोग के परिचय से संबंधित हैं। उपाध्याय विभिन्न देशों में आर्थिक आयोजनाओं एवं विभिन्न विद्वानों द्वारा प्रस्तुत आयोजना अवधारणाओं की व्याख्या करते हैं। यह निरूपित करने का प्रयत्न करते हैं कि योजना किसे कहते हैं? क्या केंद्रित आर्थिक आयोजनाएँ एवं लोकतंत्र एक साथ चल सकते हैं? समाजवादी देश व पंचवर्षीय योजनाओं का क्या संबंध है? वार्षिक बजट एवं निश्चित कालखंडीय आर्थिक योजनाओं में क्या अंतर है? पश्चिमी जगत् में उत्पन्न इस राज्यशास्त्रीय एवं अर्थशास्त्रीय चिंतन से अंतत: हम समस्या के समाधान तक नहीं पहुँच सकते। हमें अपने देश के परिवेश में नवीन चिंतन उत्पन्न करना होगा, ऐसा वे निष्कर्ष निकालते हैं।

एम. विश्वेश्वरैया के सन् 1933 में लिखे 'प्लैंड इकॉनमी फॉर इंडिया' से प्रारंभ कर सन् 1949 में प्रस्थापित 'योजना आयोग' तक भारत में आर्थिक आयोजना के लिए चले चिंतन एवं प्रयत्नों का वृहद् इतिहास दीनदयाल उपाध्याय ने इन परिच्छेदों में प्रस्तुत किया है। इनमें भारत के राजनेताओं, अर्थशास्त्रियों व अंग्रेजी राज्य की भूमिकाओं का सांगोपांग वर्णन एवं विवरण दिया है।

योजना आयोग का मूल प्रस्ताव जो मार्च 1950 में भारत सरकार द्वारा स्वीकृत किया गया, उसके उद्देश्यों, कार्यों व पद्धतियों के विषय में मूल प्रलेखों को संदर्भित करते हुए उपाध्याय ने आयोग का पूरा परिचय पाठकों से करवाया है। प्रथम पंचवर्षीय योजना का इतिहास भी इस परिच्छेद में उद्घाटित किया गया है। प्रथम योजना की सार्वदेशिकता व संघात्मक ढाँचे में उत्पन्न कठिनाई के संदर्भ में उपाध्याय ने अपने 'एकात्मक शासन' की आवश्यकता का आग्रह पुन: दोहराया है।

(2) प्रथम पंचवर्षीय योजना : पुस्तक के द्वितीय भाग 'प्रथम पंचवर्षीय योजना' में केवल दो परिच्छेद हैं। इनमें प्रथम पंचवर्षीय योजना की तकनीकी एवं रूपरेखा का वर्णन है। यह भाग विवेचनात्मक कम तथा विवरणात्मक ज्यादा है। प्रथम पंचवर्षीय योजना के प्रलेख के कलेवर से लेकर उसके अंदर अपनाई गई तकनीकी अवधारणाओं, उद्देश्यों व नीतियों का संबद्ध मूल साहित्य के उद्धरणों के साथ विशद वर्णन है।

प्रथम पंचवर्षीय योजना की रूपरेखा के अंतर्गत उसके बजटीय स्रोतों, विभिन्न मदों में बजटीय आवंटन आदि का उल्लेख है। योजना की क्रियान्विति में नियोजित विदेशी धन, तकनीक एवं मनोवैज्ञानिक सहायता को उपाध्याय योजना के उद्देश्यों के प्रतिकूल मानते हुए व्यंग्यपूर्वक कहते हैं—

''अमरीकी विशेषज्ञों के मार्गदर्शन व प्रेरणा से तथा उसी देश की वित्तीय सहायता से हम एक लोक-अभियान प्रारंभ करना चाहते थे। भारत के अनुभवी जन को प्रभावित

करने में यह योजना असफल हुई तो इसमें कोई आश्चर्य नहीं।''[28]

(3) प्रथम आयोजनाकाल की समीक्षा : पुस्तक के इस तृतीय भाग में छह अनुच्छेद हैं जिनमें सामान्यत: आर्थिक स्थिति, वित्त, विकास-कार्यक्रम, उद्योग, यातायात तथा कार्मिक आयामों का विवेचन है। इस भाग में वर्णन, विवेचन एवं आलोचना का एक सामंजस्य दिखाई देता है। आयोजनाकाल के पाँचों वर्षों का पृथक-पृथक आकलन प्रस्तुत करते हुए दीनदयाल उपाध्याय ने योजना आयोग के दावों को नकारा है—

''...योजना आयोग ने अपने प्रतिवेदन में बहुत बड़ी सफलता के दावे पेश किए हैं...विशेषकर घरेलू उत्पादन और मुद्रास्फीति की प्रक्रिया को रोकने या सही कहना हो तो नियंत्रित करने के क्षेत्र में। लेकिन समानांतर रूप से ध्यान देने योग तथ्य है कि विश्वस्त एवं स्थिर मूल्य स्तर को बनाए रखने में व बेरोजगारी की समस्या को हल करने में एकदम असफल रही है। कई लोग यह महसूस करते हैं कि जो उपलब्धियाँ हैं, वे कृषि एवं निजी क्षेत्र में ही अधिक हैं।''[29] जबकि सरकार ने अपने नियंत्रण में आयोजना के जिन पहलुओं को कार्यान्वित किया, वे सफलतापूर्वक अपने उद्देश्यों को पूर्ण नहीं कर सके। उपाध्याय ने अपने कथन के पक्ष में इतने तथ्य तथा आँकड़े प्रस्तुत किए हैं कि उनका उल्लेख यहाँ संभव नहीं।

वित्तीय लागत एवं आवंटन तथा उसमें राजनीतिक हस्तक्षेप का भी विवेचन है। आंतरिक वित्तीय साधनों का दोहन, कराधान, रेलवे व अन्य सरकारी उपादानों की आमदनियों तथा अतिरिक्त करारोपण की विधियों का सविस्तार वर्णन हुआ है। संघात्मक ढाँचे के कारण वित्तीय आयोजना में उत्पन्न कठिनाइयों का वर्णन करते हुए वे मद्रास विश्वविद्यालय के प्रोफेसर आर. बालकृष्णन् को उद्धृत करते हैं :

''...संघात्मक वित्त की समस्याएँ सुलझ नहीं पाई हैं। इनको सुलझा पाना भी सरल नहीं है। संघात्मक ढाँचे में वास्तविक ससाधनों को हस्तांतरित किए बिना समता (इक्विटी) आसान नहीं है। स्थानांतरण निश्चित रूप से संसाधन-नियोजन-पद्धति में बाधा उत्पन्न करेगा। ऐसे ही संघात्मक ढाँचे में पुनर्वितरण के सिद्धांत को छोड़ा नहीं जा सकता। एक सरल और क्रांतिकारी उपाय है कि हम 'एकात्म-राज्य' का निर्माण करें।''[30] इस भाग में बाह्यधनस्रोतों, अदायगी-संतुलन, वित्तीय घाटा आदि पहलुओं का भी विवेचन किया गया है।

विकास-कार्यक्रमों के वृहदाकार आयोजन का समुचित लाभ भारत का न्यून क्रयशक्ति वाला आम जन नहीं उठा सकता। अनेक उदाहरणों से उपाध्याय ने यह सिद्ध करते हुए सुझाव दिया कि ''बड़े प्रकल्पों के निर्णय पर हमें पुनर्विचार करना चाहिए। कम-से-कम जिन प्रकल्पों में अभी मूल रूप से ज्यादा कार्य नहीं हुआ है उनके विषय में तो यह किया ही जा सकता है।''[31]

प्रथम पंचवर्षीय योजना मुख्यत: कृषि विकास आयोजना थी। उससे औद्योगीकृत

भारत की तसवीर उभरकर सामने नहीं आती। कृषि के साथ संबद्ध जिन कृषि सहायक कुटीर उद्योगों की आवश्यकता अनिवार्य रूप से है। इस योजना में उस ओर ध्यान नहीं दिया गया है। इस योजना के अंतर्गत औद्योगीकरण के लिए जो वित्त आवंटित हुआ वह मुख्यत: निजी एवं निगमीय क्षेत्रों के बल पर ही क्रियान्वित किया गया। स्वाभाविक रूप से वह पूँजीप्रधान व बड़े घरानों के अनुकूल आयोजन था। कुटीर उद्योगों की उपेक्षा के लिए उपाध्याय पुन:-पुन: जब भी अवसर मिलता है, आयोजकों को कोसते हैं।

रेल व सड़क-यातायात, जल-यातायात, बंदरगाही व्यवस्थाएँ तथा उड्डयन आदि के आयोजना-प्रस्तावों को उन्होंने समीक्षित किया है। शिक्षा, स्वास्थ्य, समाज कल्याण आदि के विषय में कोई सार्थक योजना न होते हुए भी इन्हें योजना प्रारूप में शामिल किया गया। उपाध्याय कहते हैं—

"सत्तारूढ़ दल को राजनीतिक घोषणा पत्र के रूप में इस आयोजना का उपयोग करना था। अत: उन सब कार्यक्रमों को इसमें जोड़ दिया गया जिनके प्रति लोगों में कुछ लगाव था।"[32] इस काल की उपलब्धियों व क्षतियों की समीक्षा करते हुए दीनदयाल उपाध्याय आगाह करना चाहते हैं कि "इस योजनाकाल में सार्वजनिक उद्योगों में जिस प्रकार से कार्य हुआ वह सरकार को यह शिक्षा देने के लिए पर्याप्त है कि राज्य की मिल्कियत एवं राज्य-उद्योजन, परस्पर पर्यायवाची नहीं है। मिल्कियत सरलता से प्राप्त की जा सकती है; लेकिन उद्योजन व व्यवस्थापन कला इतनी सरलता से स्थापित नहीं की जा सकती।"[33]

प्रथम पंचवर्षीय योजना की वृहद् सिंचाई एवं विद्युत योजनाओं को भी उपाध्याय प्रशंसा की नजर से नहीं देखते हैं। इन वृहद् योजनाओं के सार्वदेशीकरण पर उन्हें संदेह है तथा लघु नियोजनों की उपेक्षा के प्रति वे क्षोभ व्यक्त करते हैं।

(4) द्वितीय पंचवर्षीय योजना : पुस्तक के इस चतुर्थ भाग में केवल दो अनुच्छेद हैं। द्वितीय योजना की दिशा एवं रूपरेखा इनकी विषयवस्तु है। पहली अप्रैल, 1956 को राष्ट्रीय विकास परिषद् ने इस आयोजना को स्वीकृति दी। मार्च 1955 में प्रो. पी.सी. महालनोबिस ने एक 'ड्राफ्ट रेकमेंडेशन फॉर द फॉर्म्यूलेशन ऑफ द सेकेंड फाइव इयर प्लैन' प्रस्तुत किया। योजना आयोग ने सामान्यत: उसे स्वीकार कर लिया। महालनोबिस एक सोवियत-समर्थक वामपंथी अर्थशास्त्री थे। इस संदर्भ में दीनदयाल उपाध्याय बाबू जयप्रकाश नारायण को उद्धृत करते हैं, "पंडित नेहरू की द्वितीय पंचवर्षीय योजना के सभी सातों लेखक, लौहआवरण के पीछे से आए व्यक्ति हैं।"[34]

द्वितीय पंचवर्षीय योजना के तीन उद्देश्य बताए गए : प्रथम, राष्ट्रीय आय में 25 प्रतिशत की अभिवृद्धि; द्वितीय, एक करोड़ बीस लाख लोगों को रोजगार प्रदान करना और तृतीय, समाजवादी समाज व्यवस्था की स्थापना करना। दीनदयाल उपाध्याय ने तृतीय उद्देश्य

को भारतीय अर्थव्यवस्था के सरकारीकरण अथवा रूसीकरण की संज्ञा दी है।

इस अध्याय में द्वितीय योजना की रूपरेखा, लागत, आवंटन एवं विभिन्न मदों का भी प्रथम योजना के समान ही दीनदयाल उपाध्याय ने विस्तृत आकलन किया है। सार्वजनिक व निजी क्षेत्रों का नियोजन, उत्पादन एवं विकास तथा बड़े उद्योगों की प्राथमिकता का विवरण प्रस्तुत किया है। आंतरिक व बाह्य आयस्त्रोतों का भी वर्णन है। उपाध्याय के अनुसार, यह वृहदाकार योजना है जिसका क्रियान्वयन आयोग द्वारा पूर्वशर्तों के रूप में निरूपित विभिन्न 'यदियों' की पूर्ति पर ही संभव है। उपाध्याय एक प्रश्नवाचक लगाते हैं, 'क्या इस बड़ी 'यदि' के 'य 'और 'दि' दोनों शीर्षाक्षर हैं?'[35]

(5) द्वितीय योजना की आलोचना : पुस्तक का पंचम भाग सर्वाधिक बड़ा है। इसमें आठ अनुच्छेद समाहित हैं। यही भाग सर्वाधिक विवेचनात्मक भी है। प्रथम व द्वितीय योजनाएँ में अंतर, तकनीकी खामियाँ, आंतरिक व बाह्य साधन-लघुता, निजी विनियम, कार्यक्रम व प्राथमिकताएँ, निष्कर्ष एवं सुझाव तथा आयोग की अवास्तविक स्तुति एवं क्षोभ शीर्षकों में यह भाग विभक्त हैं।

प्रथम व द्वितीय योजना में उपाध्याय चार मुख्य फर्क मानते हैं। प्रथम व सर्वाधिक महत्त्वपूर्ण फर्क है 'समाजवादी समाज रचना' को अपना लक्ष्य बनाना। आयोजकों ने यह इसलिए घोषित किया है क्योंकि 'अवधारणात्मक आदर्शवाद' समाज को भावात्मक रूप से सक्रिय कर देता है तथा सिद्धांतवाद की अपील लोगों में बलिदान की भावना भर देती है। उपाध्याय इसे स्वीकार करते हैं; लेकिन उनके मतानुसार 'समाजवाद' एक भ्रामक सिद्धांत है। वह लोगों में त्याग की भावना पैदा नहीं कर सकता। समाजवाद ने सर्वत्र एकाधिकारवादी राज्यों का निर्माण किया है तो फिर भारत इसका अपवाद कैसे हो सकता है?

दूसरा फर्क उपाध्याय यह मानते हैं कि प्रथम योजना कार्यात्मक (Fnctional) थी जबकि द्वितीय योजना संरचनात्मक (Structural) है। कार्यात्मक योजना व्यवस्था के मूल ढाँचे में परिवर्तन नहीं करती। वह उपस्थित ढाँचे को दुरुस्त करने का प्रयत्न करती है। उसकी पुनर्रचना नहीं करती। जबकि संरचनात्मक योजना वर्तमान आर्थिक ढाँचे को आमूलाग्र बदलने के लक्ष्य से अभिप्रेरित रहती है।

तीसरा फर्क है कि प्रथम योजना कृषिप्रधान थी, द्वितीय योजना उद्योगप्रधान। प्रथम का लक्ष्य प्राप्त किए बिना ही द्वितीय की नवीन घोषणाओं को उपाध्याय अनावश्यक उतावलापन मानते हैं।

चतुर्थत : द्वितीय योजना प्रथम की तुलना में विषद है। केवल आकार में ही नहीं वरन् क्षेत्रीय कार्यक्रमों में भी। उपाध्याय की मान्यता है कि यह हमारी कार्यान्वयन-क्षमता के परे है। दीनदयाल उपाध्याय द्वितीय योजना में निम्न तकनीकी खामियाँ निरूपित करते हैं—

यह गलत पूर्वानुमानों पर आधारित है; क्योंकि जनसंख्या वृद्धि का स्तर, प्रतिव्यक्ति आय तथा पूँजीनिष्पत्ति अनुपात को ठीक नापने की हमारे पास कोई वैज्ञानिक विधि नहीं है। परिणामत: प्रथम पंचवर्षीय योजना के हमारे अनुमान सत्य सिद्ध नहीं हुए।

—इसमें संतुलन का अभाव है। विभिन्न क्षेत्रीय कार्यक्रमों के अंत:सूत्रों का समीकरण स्पष्ट नहीं किया गया है। वास्तविक आवश्यकता, आपूर्ति तथा नियोजन में मार्गावरोधक असंतुलन प्रतिबिंबित होता है। नियत व्यय एवं लक्ष्यित निष्पत्ति में परस्परानुकूलन नहीं है।

—यह योजना तकनीकी अभावों से ग्रस्त है। विभिन्न आपूर्ति अभावों के बावजूद, इसके क्रियान्वयन के लिए किस प्रकार की व कौन-सी तकनीक अपनाई जाएगी, इसका निरूपण योजना-प्रलेख में नहीं है।

—अंतर्बाह्य आर्थिक स्रोतों के संपूर्ण दोहन के बावजूद इस योजना की व्ययसाध्यता की संपूर्ति करना असंभव है। जनता इसके असह्य भार से पीड़ित होगी तथा हमें संसार के सम्मुख भिक्षापात्री बनना पड़ेगा।

योजना के कार्यक्रमों व प्राथमिकताओं को उपाध्याय बदलना चाहते हैं। प्रथम योजना कृषिप्रधान व द्वितीय योजना उद्योगप्रधान यह नारेबाजीवाला शीर्षक है। वास्तव में हम कृषि की उपेक्षा नहीं कर सकते। हमें भूमिसुधार व कृषिविपणन के अधूरे कार्यक्रमों को इस योजना के अंतर्गत पुन: हाथ में लेने चाहिए। शीघ्र औद्योगीकरण की आकांक्षा के साथ भारी उद्योगों की स्थापना की प्राथमिकता को बदला जाना चाहिए। लघु व कुटीर उद्योगों की प्राथमिकता वाली योजना का आयोजन करना चाहिए। उपाध्याय के सुझावों को निम्न प्रकार से बिंदुबद्ध किया जा सकता है—

- यह योजना इतनी विशद् है कि इसका कार्यकाल बढ़ाया जाना चाहिए, अन्यथा इससे कागजी खानापूर्तियाँ होंगी।
- सार्वजनिक क्षेत्र पर भार कम करने के लिए कुछ उद्योगों को निजी क्षेत्र में स्थानांतरित कर देना चाहिए।
- 'समाजवाद' आदि पाश्चात्य अवधारणाओं के स्थान पर समाज के 'यज्ञभाव' का आह्वान करना चाहिए।
- सामाजिक सादगी के लिए मंत्रीगण आदर्श प्रस्तुत करें, एक हजार रुपए से अधिक वेतन न लें।
- सरकार के समस्त गैर-विकासीय खर्चों में भारी कटौती की आवश्यकता है।
- राज्य व केंद्र की दोहरी कर-संग्रहण व्यवस्था को समाप्त कर एकात्म कर-संग्रहण व्यवस्था का निर्माण किया जाना चाहिए।

- प्रिवीपर्स एवं अन्य राजनीतिक पेंशनें बंद कर दी जाएँ।
- धनी व्यक्तियों के विदेशी बैंक खातों को 'फॉरेन रिजर्व' के नाते इस्तेमाल किया जाए।
- अधिकतम आय का निर्धारण हो। किसी की भी वेतन-भत्ते एवं अन्य स्रोत से आय दो हजार रुपए से अधिक न हो।
- लघु बचतों के लिए 'राजकीय लाटरी' का प्रयोग किया जा सकता है।
- योजनांतर्गत आयातित अपेक्षित सामग्री को घटाकर अल्पतम कर देना चाहिए तथा उसके स्वदेशी विकल्प खोजे जाने चाहिए।
- वित्तीय घाटे को कम किए बिना मुद्रास्फीति से बचना असंभव होगा।
- योजना आयोग व राष्ट्रीय विकास परिषद् की संवैधानिकता तथा मंत्रिपरिषद् से इनके संबंधों को स्पष्ट किया जाना चाहिए। इसके साथ ही एक मूल्यांकन-अभिकरण का प्रावधान होना चाहिए। इसकी महती आवश्यकता है।

दीनदयाल उपाध्याय की इस पुस्तक का वैशिष्ट्य ही इसकी कमजोरी भी है। जहाँ आँकड़े, सारणियाँ तथा विवरण पाठक की जानकारियाँ बढ़ाते हैं, वहीं विषयवस्तु को बोझिल भी करते हैं। विवरण तथा विश्लेषण में, विवरण बाजी मार ले जाता है। शायद यह विषयवस्तु की अर्थशास्त्रीय आवश्यकता रही हो। पंचवर्षीय योजना के वृहद् प्रलेखों के बारे में कहा जाता है कि "उन्हें पूरा पढ़नेवाले केवल दो ही श्रेणी के लोग होते हैं। प्रथम, प्रलेखों के लेखक व द्वितीय प्रूफरीडर।" इन वृहदाकारी प्रलेखों का लेखन भी विभिन्न लोगों में बँटकर हुआ होगा। प्रूफरीडर भी अनेक रहे होंगे। इस पुस्तक को पढ़कर लगता है, दीनदयाल उपाध्याय ने न केवल योजना-प्रलेखों का अक्षर-अक्षर पढ़ा है वरन् तद्निमित्त हुई संसद् की कारवाई, राष्ट्रीय विकास परिषद् के भाषण एवं विभिन्न अर्थशास्त्रियों की टिप्पणियों का भी गहराई से अध्ययन किया है।

जानकारियों की दृष्टि से यह पुस्तिका 'गागर में सागर' है। विवेचना में यह वस्तुनिष्ठ तथा पारदर्शी है। विश्लेषण व आलोचना की दृष्टि से यह एक प्रतिपक्षी राजनेता का प्रलेख है। सत्तापक्ष की राजनीति व रणनीति पर जहाँ-जहाँ उन्हें प्रहार का मौका मिला, उसका भरपूर उपयोग किया गया है। महत्त्व की बात यह है कि उन्होंने इस विषय में स्वतंत्रतापूर्वक सोचा और अपनी बात को निर्भीकतापूर्वक समाज के सामने रखा। उनके विचार न केवल हमारी योजनाओं की आलोचना प्रस्तुत करते हैं वरन् एक स्वतंत्र चिंतन भी इनमें रेखांकित किया जा सकता है। प्रस्तुत पुस्तक एवं फुटकर लेखों के माध्यम से प्रथम व द्वितीय पंचवर्षीय योजना के उपाध्याय द्वारा प्रस्तुत समीक्षात्मक आकलन का हमने यहाँ अध्ययन किया है। दोनों योजनाओं के साझे आकलन का कारण, उपलब्ध साहित्य का प्रकार था। शेष दो का समीक्षण हम पृथक-पृथक करेंगे।

12. तृतीय पंचवर्षीय योजना

प्रथम व द्वितीय पंचवर्षीय योजना में किए गए भारी व्यय के बावजूद देश में अपेक्षित समृद्धि नहीं आ सकी। कृषि की उपेक्षा के कारण देश में खाद्यान्नों का भयंकर अभाव हो गया। परिणामत: पी.एल. 480 के अंतर्गत भारी मात्रा में खाद्यान्न आयात करना पड़ा तथा चीनी आक्रमण के समय यह बात बुरी तरह स्पष्ट हुई कि हमने अपने सुरक्षा-उद्योगों की अपराधपूर्ण उपेक्षा की है।

17 अप्रैल, 1960 को राष्ट्रीय विकास परिषद् की बैठक में तृतीय पंचवर्षीय योजना के दौरान मूल्य स्थिरीकरण के बारे में विचार किया गया; किंतु कोई निर्णय न हो सका। तृतीय पंचवर्षीय योजना की पूर्वसंध्या पर, खाद्यान्नों की कमी तथा मुद्रास्फीति के कारण, मूल्यों में अस्थिरता की समस्या का तत्काल इलाज जरूरी हो गया था। योजना आयोग ने राज्य-व्यापार का खाद्यान्न-व्यापार तक विस्तार करने का सुझाव दिया। इस पर बहुत मतभेद था। अत: अधूरे मन से इसका निर्णय लिया गया। राज्य सरकारों को कार्यान्वयन का भार सौंपा गया। सामान्यत: इसमें वे असफल रहीं। उपाध्याय इस विषय में अपने एक लेख में सी. राजगोपालाचारी व जयप्रकाश नारायण को संदर्भित करते हैं—

"...खाद्यान्न-व्यापारियों का एक सम्मेलन हुआ जिसका उद्घाटन श्री सी. राजगोपालाचारी ने किया। मुक्त अर्थव्यवस्था के कट्टर समर्थक होने के कारण उन्होंने तो खाद्यान्न-व्यापार के एकाधिकार के लिए सरकार द्वारा उठाए गए कदम का विरोध करने में व्यापारियों के सुर में सुर मिलाया ही, स्वयं जयप्रकाश नारायण ने भी, जिन्हें एक समाजवादी होने के नाते सरकार का समर्थन करना चाहिए था, यह विचार व्यक्त किया कि खाद्यान्न-व्यापार के क्षेत्र में समाजवादी सिद्धांतों का विस्तार वांछनीय नहीं है। उन्होंने कहा कि व्यापारी पीढ़ी-दर-पीढ़ी से इस व्यापार में लगे है, और वे इस क्षेत्र के विशेषज्ञ हैं। सरकार इसे उनके समान कुशलता तथा दक्षता के साथ नहीं कर सकती, और इस मामले में किसी प्रकार के मतभेद या सैद्धांतिक विवाद की गुंजाइश नहीं है।"[36]

दीनदयाल उपाध्याय ने जयप्रकाश नारायण के मत का मंडन किया तथा कहा कि योजनाकारों ने मूल्यों में स्थिरीकरण के नाम पर नियंत्रित व्यापार की नीति को अपनाया है; लेकिन फिलहाल इस सरकारी नीति ने गहरी अंतर्राज्यीय ईर्ष्या पैदा की है, "एक राज्य दूसरे राज्य के दु:ख को बाँटने के लिए तैयार नहीं है। खाद्यान्न की बचतवाला राज्य उसे एक लाभदायक व्यापार समझता है, भावों को नीचे गिराने के लिए वह तैयार नहीं है। मध्य प्रदेश सरकार ने तेरह-चौदह रुपए प्रति मन की दर से गेहूँ खरीदा था; किंतु उसने केंद्र सरकार को 19 रुपए प्रति मन के भाव से दिया, और केंद्र सरकार ने फिर उसे राज्य सरकार को 22 रुपए प्रति मन के भाव से बेचा। उपभोक्ता को वह 24 रुपए प्रति मन के भाव से उपलब्ध हुआ। इस प्रकार राज्य व्यापार ने मूल्यवृद्धि में ही योगदान

दिया।'' दीनदयाल उपाध्याय ने सुझाव दिया कि ''एक ही मार्ग है। एक केंद्रीय निगम या ऐसी ही कोई संवैधानिक संस्था गठित की जाय जो खाद्यान्नों की खरीद और बिक्री की पूरी जिम्मेदारी ले। बीच में राज्यों को नहीं आना चाहिए। केवल इसी से देश में मूल्यों में एकरूपता आ सकेगी।''[37] उपाध्याय इस बात पर क्षोभ व्यक्त करते हैं कि सरकार मूल योजना में खाद्यान्न-उत्पादन पर तो ध्यान देती नहीं है, उसकी सब शक्ति 'वितरण कैसे हो' पर केंद्रित हो गई है। अभावग्रस्त सामाजिक परिस्थिति में सरकारी वितरण भ्रष्टाचार व नौकरशाही को बल देगा तथा निजी वितरण मुनाफाखोरी को। अत: उत्पादन पर ध्यान केंद्रित करने की आवश्यकता है।

13. वेतन-कीमत दुष्चक्र

उपाध्याय ने योजनाकारों का ध्यान वेतन-कीमत दुष्चक्र की ओर भी खींचा जिसका परिणाम आर्थिक, प्रशासनिक व सामाजिक सब तरह से घातक होता है—

''...बढ़े-चढ़े मूल्य मध्यम वर्ग के लोगों के लिए अथवा निश्चित आयवालों के लिए एक भीषण भार है। ऐसी कोई स्वप्रेरित मशीनरी नहीं है जो आय और मूल्यों के बीच समन्वय स्थापित कर सके। असंतोष व्याप्त है, संगठित माँगें रखी जा रही हैं।...औद्योगिक उत्पादन व सरकारी काम को क्षति पहुँचती है। सतत् वृद्धिगत असंतोष के कारण अनुशासनहीनता को जन्म प्राप्त होता है। काम चलाने के लिए भ्रष्टाचार के अवलंबन को उपयुक्त साधन मान लिया जाता है। ये अनुचित उपाय उस समय भी चलते रहते हैं जबकि माँगें स्वीकृत हो जाती है। इसके परिणामस्वरूप मूल्यों में और बढ़ोतरी होती है। इस प्रकार 'वेतन-कीमत का दुष्चक्र' चलता रहता है।''[38] अत: उपाध्याय कहते हैं कि केवल वितरण-व्यवस्था के नियमन से ही मूल्यों का स्थिरीकरण संभव नहीं है। वेतनभोगी मध्यमवर्ग आज बहुत बढ़ गया है। जब तक वेतन व कीमत में संतुलन नहीं आएगा तब तक यह वर्ग मूल्यों को अस्थिर कर देनेवाली प्रवृत्ति को अपनाता रहेगा। इसका समाधान खोजना आवश्यक है।

तृतीय पंचवर्षीय योजना के संदर्भ में देश में विभिन्न आर्थिक मुद्दों पर बहस चल रही थी। इसी दौरान बंगलौर में भारतीय जनसंघ का वार्षिक अधिवेशन हुआ। तृतीय पंचवर्षीय योजना के स्वरूप के विषय में उन्होंने वहाँ अपना विशद् विवेचन रखा। दीनदयाल उपाध्याय ने पंचवर्षीय योजनाओं के पंचवार्षिक चुनावों से जुड़ जाने को योजना के दलीयकरण के लिए जिम्मेदार माना है। इसी कारण योजना के निरूपण में देश के सभी दलों की सहभागिता संभव नहीं होती है। अत: कार्यान्वयन में सभी दल सहयोग दें, यह आह्वान निरर्थक है।

अब तक की दोनों योजनाओं को हम भारतीय सामाजिक, सांस्कृतिक व आर्थिक

परिस्थितियों के अनुकूल नहीं ढाल सके। 'विदेशों की प्रगति के मॉडल' ही हमारी प्रेरणा के स्रोत रहे। इसीलिए योजनाओं के साथ समाजवाद व पूँजीवाद का पाश्चात्यवादी वैचारिक संघर्ष जुड़ गया है। "समाजवाद हमारे देश व प्रकृति के लिए विदेशी है···व्यावहारिक रूप में जिसका अर्थ सत्तारूढ दल में शक्तियों का केंद्रीकरण है। (जनसंघ) पूँजीवाद के भी विरुद्ध है; क्योंकि वहाँ समस्त शक्ति कुछ व्यक्तियों के हाथ में केंद्रित हो जाती है। यथार्थ में पूँजीवाद तथा समाजवाद एक ही राग के दो रूप हैं। यूरोप में औद्योगिक क्रांति ने स्वावलंबी कर्मियों (Self Employed Workers) को ही समाप्त कर दिया है। यदि औद्योगीकरण का कार्यक्रम अपनाते समय सचेत रहे तो हम सिद्धांतत: 'विकेंद्रीकरण' स्वीकार कर भारत को पूँजीवाद व समाजवाद, दोनों के दुर्गुणों से बचा सकते हैं। हमारा सिद्धांत होना चाहिए छोटी इकाइयों द्वारा उत्पादन।"[39] तृतीय योजना के संदर्भ में जनसंघ ने अपने प्रस्ताव में सात सुझाव दिए—

(क) उसका लक्ष्य 'पूर्ण रोजगार' दिलाना होना चाहिए।

(ख) कृषि-उत्पादन में वृद्धि को सर्वोच्च प्राथमिकता दी जानी चाहिए।

(ग) किसान तथा मजदूर को उचित लाभ का आश्वासन दिया जाना चाहिए जिससे न केवल उत्पादन बढ़ाने के लिए प्रेरणा बढ़ेगी; बल्कि वर्तमान एवं बढ़ते हुए औद्योगिक क्षेत्र के लिए बाजार वृद्धि के अवसर बढ़ेंगे। मूल्यों में स्थिरता रखना भी आवश्यक होगा।

(घ) लघु उद्योगों, खासकर उन छोटे उद्योगों के विकास पर बल दिया जाना चाहिए जिनमें मशीनों का उपयोग होता है।

(ङ) सिद्धांतों के अलावा व्यावहारिकता का तकाजा है कि सरकारी क्षेत्र को अपनी गतिविधियों का विस्तार करने की बजाय शुरू की गई गतिविधियों का दृढ़ीकरण करने पर अधिक बल देना चाहिए।

(च) बड़ी की बजाय छोटी परियोजनाओं पर जोर दिया जाना चाहिए। इस बात पर भी ध्यान दिया जाना चाहिए कि नई परियोजनाएँ दूसरी योजना के दौरान पूरी की गई परियोजनाओं से संबद्ध हों।

(छ) विकासशील अर्थतंत्र के लिए प्रशिक्षित कर्मचारियों की बढ़ती माँग को पूरा करने के लिए शिक्षा और प्रशिक्षण पर अधिक ध्यान दिया जाना चाहिए।[40]

उपर्युक्त सुझावों की व्याख्या करते हुए दीनदयाल उपाध्याय कहते हैं—

—"कांग्रेस ने भी लघु उद्योगों की चर्चा की है; किंतु उसने स्वयं को केवल 14 उद्योगों तक ही सीमित रखा है, जिनका पोषण अखिल भारतीय खादी तथा ग्रामोद्योग संघ द्वारा किया जाता है। यथार्थ में उन्होंने लघु उद्योगों के हितों को नुकसान ही पहुँचाया है। जनसंघ अनुभव करता है कि नवीन अभियांत्रिकी इकाइयों की ओर अधिक ध्यान दिया

जाना चाहिए। तनिक सा संशोधन ग्राम्य यंत्रों की उत्पादनशक्ति बढ़ा देता है।''

—''आवश्यकता है कि हम रुकें और सोचें। हर वस्तु को व्यवस्थित करें। जिसको हमने प्रारंभ किया है उस पर अपना ध्यान केंद्रीय करें तथा लाभ को व्यवस्थित करें। कुछ व्यवस्थित सार्वजनिक संस्थान सार्वजनिक क्षेत्र के उद्देश्यों की पूर्ति घोटालों से युक्त असंख्य संस्थानों की अपेक्षा कहीं अधिक अच्छी प्रकार कर सकेंगे।''

—''हमने द्वितीय पंचवर्षीय योजना का प्रथम योजना के साथ मेल न बैठाकर गलती की थी। उसे न दोहराएँ। यदि प्रथम योजना के अंतर्गत बड़े सिंचाई साधनों का उपयोग द्वितीय योजना के अंतर्गत नहीं किया जा सका अथवा सरकारी कारखानों में तैयार की गई खादों को बाजार की उपलब्धि नहीं हो सकी तो इसके लिए योजना आयोग उत्तरदायी है। इस प्रकार की गलतियों के प्रति हमें तृतीय योजना में सजग होना पड़ेगा।''[41]

इसी संदर्भ में उन्होंने 'ऑर्गेनाइजर' के अपने स्थायी स्तंभ 'पॉलिटिकल डायरी' में 'तृतीय योजना : एक विश्लेषण'[42] शीर्षक से लेख लिखा जिसमें विभिन्न प्रकार के आँकड़े प्रस्तुत करते हुए अपने उपर्युक्त निष्कर्षों व सुझावों को मंडित किया।

तृतीय योजना की इस समीक्षा के संदर्भ में यह उल्लेखनीय है कि योजना लागू होने के पहले इस बार काफी बहस हुई तथा दीनदयाल उपाध्याय ने इसमें अपनी पूरी हिस्सेदारी निभाई; लेकिन योजना लागू होने के बाद एक छोटे लेख के अलावा इस विषय पर उन्होंने कुछ ज्यादा लिखा या बोला नहीं। शायद इसका मुख्य कारण 1962 में चीन का आक्रमण था। युद्ध के दौरान आंतरिक मामलों को सुलझाने में सरकार का सहयोग करने की उनकी नीति थी। जनता में असंतोष व विवाद उत्पन्न करना, वे युद्धकाल में अनुचित समझते थे। उस समय साम्यवादियों द्वारा खाद्यान्नों के अभाव के खिलाफ आंदोलन की उपाध्याय ने कटु आलोचना की।

14. चतुर्थ पंचवर्षीय योजना

चतुर्थ पंचवर्षीय योजना के निर्माणकाल में ही प्रधानमंत्री जवाहरलाल नेहरू का देहावसान हो गया। स्वाभाविक रूप से भारत की पंचवर्षीय योजनाओं पर यदि किसी एक आदमी का सर्वाधिक प्रभाव है तो वह नेहरू का ही है। वे इस योजनाक्रम के सर्जक थे। आर्थिक प्रगति की उनकी महत्त्वाकांक्षी चेतना का बहुत प्रभाव इन योजनाओं में दिखाई देता है। जवाहरलाल नेहरू द्रुतगति से भारत का आर्थिक विकास करके दुनिया की प्रगति की दौड़ में देश को शामिल करना चाहते थे। दुनिया की गति के मुकाबले अपने देश की धीमी गति उनमें वेदना उत्पन्न करती थी। अतः उन्होंने कृषि व उद्योग के अधुनातन व वृहदत्तम साधनोंवाली योजनाएँ यहाँ लागू कीं। दीनदयाल उपाध्याय सहज गति के पक्षधर थे। वे क्रमिक विकास को अधिक टिकाऊ व कम समस्याएँ पैदा करनेवाला

मानते थे। दुनिया की प्रगति की दौड़ में जहाँ हमारा राष्ट्रीय व्यक्तित्व आगे दिखाई देना चाहिए वहीं राष्ट्र का व्यक्ति-व्यक्ति उसमें सहभागी हो, इसकी भी चिंता करनी चाहिए। इसलिए उनका यह आग्रह सदा बना रहा कि पंचवर्षीय योजनाओं की प्रथम वरीयता 'सबको काम' होनी चाहिए। अपनी ताकत से ज्यादा गति से दौड़ने के जो परिणाम स्वास्थ्य पर होते हैं वे हुए ही; लेकिन महत्त्वाकांक्षापूर्वक साहसी योजना के जो सुखद परिणाम होते हैं, वे भी हुए। नेहरू एवं उपाध्याय की यह असहमति अंत तक बनी रही। चौथी योजना भी तदनुकूल भारी थी। दीनदयाल उपाध्याय ने कहा, 'सोने का अंडा देनेवाली मुरगी की ही हत्या हो जाने की संभावना है।' उनको लगा कि योजना आयोग ने अपना जो नोट तैयार किया है उसमें नवीन प्रधानमंत्री लालबहादुर शास्त्री के विचारों की उपेक्षा हुई है। अत: उन्होंने कहा, ''आयोग अपने पूर्व विचारों से इस तरह प्रभावित है कि वह कुछ नया सोच ही नहीं सकता। यह वांछनीय है कि आयोग का ढाँचा बदला जाए। ऐसे लोगों को, जो अनुभव पर आधारित निर्णय ले सकते हों और प्रधानमंत्री की भावनाओं के अनुरूप योजना तैयार कर सकते हों, यह कार्य सौंपा जाए।''[43]

लालबहादुर शास्त्री ऐसे क्रांतिकारी नेता न थे कि महान् आभासंपन्न अपने पूर्वप्रधानमंत्री के द्वारा बनाए गए योजना आयोग व योजना-प्रारूपों को आग्रहपूर्वक बदलवा देते। उपाध्याय ने चौथी पंचवर्षीय योजना पर अपनी टिप्पणी व समीक्षा पूर्व तीन योजनाओं की तुलना में अधिक व्यापक व क्रमबद्ध रूप से की है। उन्होंने इस संदर्भ में धारावाहिक रूप से पाव्यजन्य में 'योजना बदलो' शीर्षक से पाँच लेख लिखे हैं। उन्हीं के आधार पर हम यहाँ उनके विचारों का अध्ययन करेंगे।

आयोजनाओं की उपलब्धियाँ एवं कमियाँ : तीन योजनाओं की उपलब्धियों को स्वीकार करते हुए उपाध्याय कहते हैं, ''इस बात से इनकार नहीं किया जा सकता कि आज हम देश में ऐसी बहुत सी चीजें पैदा कर रहे हैं जो 15 वर्ष पहले बाहर से मँगानी पड़ती थीं। कई नए कारखाने खुले हैं। नए-नए नगर बसे हैं। बाँध और नहरें बनी हैं। बिजली का विस्तार हुआ है तथा स्कूलों और अस्पतालों की संख्या बढ़ी है। इसी प्रकार कई और भी उपलब्धियाँ गिनाई जा सकती हैं। किंतु विचार का विषय है कि यह सब हमें किस कीमत पर मिले हैं?...इस प्रयत्न में हमने नई समस्याएँ तो नहीं निर्माण कीं?'[44]

इन योजनाओं के बावजूद हम कई समस्याओं का निदान नहीं कर सके तथा कुछ नई गंभीर समस्याएँ पैदा हो गईं जो सबके लिए चिंता का कारण है, ''खाद्याभाव, बेकारी, महँगाई, मुद्रास्फीति, करभार, भुगतान-असंतुलन में वृद्धि, विदेशी कर्ज, परावलंबिता, आर्थिक विषमता में वृद्धि, आवश्यक वस्तुओं की कमी तथा पूँजी-निर्माण में संकोच आदि इतनी गंभीर समस्याएँ पैदा हो गई हैं कि भविष्य के संबंध में प्रत्येक के मन में चिंता पैदा होती है।''

योजनाकारों की जिम्मेदारी : इन गंभीर समस्याओं के लिए उपाध्याय योजना करनेवालों को जिम्मेदार मानते हैं तथा योजना आयोग द्वारा इसके लिए क्रियान्वयन में कमी को दोषी ठहराने के लिए योजना आयोग को ही आड़े हाथों लेते हैं—

"...योजना आयोग अनेक क्रियान्वयन की कमी को बहुत-सी समस्याओं का कारण बताता है; किंतु नियोजक को योजना बनाते समय काम करनेवालों की क्षमता और प्रेरणा का विचार करके ही योजना बनानी चाहिए। जो चीज व्यवहार में नहीं लाई जा सकती वह कितनी भी मनोहर क्यों न लगे, निरुपयोगी है।...क्रियान्वयन की कमी के अतिरिक्त योजना की व्यूह-रचना की कमी भी रही है।" योजनाकार अपनी समाजवादी मानसिकता में सार्वजनिक क्षेत्र का विस्तार करते चले गए। उपाध्याय के अनुसार यही व्यूह-रचना की सबसे बड़ी खामी थी : "दूसरी और तीसरी, दोनों ही योजनाओं में गैर-सरकारी तथा छोटे उद्योगों के क्षेत्र में योजना द्वारा कथित लक्ष्यों से अधिक काम हुआ है। यदि यह न हुआ होता तो आज चारों ओर का विद्यमान अभाव और बढ़ गया होता। यदि आयोग द्वारा सुझाया गया सहकारी खेती का कार्यक्रम अपनाया गया होता तो खेती की पैदावार और घट गई होती। ग्रामीण क्षेत्रों की बेकारी और भूमिहीन किसानों की तादाद बेशुमार बढ़ गई होती तथा खेती के लिए लगनेवाली पूँजी या तो सरकार जुटा न पाती या उसके लिए और अधिक कराधान तथा मुद्रा विस्तार का सहारा लेती जिसका परिणाम महँगाई की और वृद्धि में होता। अतः केवल क्रियान्वयन को दोष देकर नीति संबंधी मूल गलती पर परदा डालने से काम नहीं चलेगा।"[45]

चौथी योजना की उपर्युक्त पूर्वपीठिका के बाद उपाध्याय योजना की अपने चिरपरिचित तर्कों के साथ आलोचना करते हैं। चौथी योजना की इस समीक्षा में उपाध्याय कोई नई बात कहते हुए दिखाई नहीं देते, वरन् अपनी अब तक की गई समालोचनाओं को क्रमबद्ध रूप से रखते हैं तथा नवीन तथ्यों पर आधारित गवाहियाँ प्रस्तुत करते हैं। हम उस समीक्षा का संक्षिप्त आकलन यहाँ करेंगे।

(क) अव्यावहारिक समय-सीमा व पूँजीप्रधानता : पूर्व की तीनों योजनाओं को उपाध्याय ने बहुत भारी-भरकम व असह्यबोझ वाली बताया था। यह योजना, जिसमें 22, 500 करोड़ रुपए व्यय का अनुमान था, इसके कारण बढ़नेवाला कराधान जनता के लिए कमरतोड़ होगा। अतः इतनी बड़ी योजना को केवल पाँच ही वर्ष में लागू करना, यह कोरी जिद्द है। जिन 'किंतु-परंतुओं' के साथ योजना आयोग ने धन जुटाने की बात की है उन शर्तों की पूर्ति असंभव जैसी है। 'न नौ मन तेल होगा, न राधा नाचेगी'। सुरक्षा व पुनर्वास का व्यय हमारे हाथों में नहीं है। पाकिस्तान और चीन का जैसा रवैया चला आ रहा है, उससे यह मानना कि इन मदों में हमें अधिक खर्च नहीं करना पड़ेगा, यथार्थ से आँख मूँद लेना है। इस प्रकार के अयथार्थवादी अनुमानों का परिणाम यह होता है कि

लक्ष्यों और उपलब्धि में भारी अंतर आ जाता है तथा जनता के ऊपर भार बढ़ जाता है। "योजना का इतना भारी होना उसकी पूँजीप्रधान प्रकृति के कारण है।" स्पष्ट है कि हम देश के विकास के लिए मानवशक्ति का पूरा उपयोग नहीं कर रहे। योजनाओं की यह मौलिक गलती है कि वे श्रमप्रधान नहीं हैं।"[46]

(ख) राष्ट्रीय क्षेत्र की कल्पना : उपाध्याय ने सार्वजनिक व निजी क्षेत्र के विवाद को 'राष्ट्रीय क्षेत्र' की कल्पना करके सुलझाने का आग्रह किया। उपाध्याय कहते हैं कि हमें सार्वजनिक क्षेत्र का मोह त्यागना होगा, जो निजी उद्यमियों के उद्योजन पर प्रतिबंध लगाता है। उद्योजन का उपयोग कर उत्पादन बढ़ावें, वितरण में सार्वजनिक हितों के अनुकूल उसका नियोजन किया जा सकता है पर 'पुरुषार्थ पर प्रतिबंध लगाना उचित नहीं।' वे कांग्रेस की इस समझ पर खीझ प्रकट करते हैं कि "सामाजिक न्याय का उद्देश्य तब तक पूरा नहीं हो सकता जब तक सरकारी क्षेत्र के विस्तार के साथ-साथ निजी क्षेत्र की बढ़ोतरी की दिशा और ढंग पर प्रभावी नियंत्रण न लाए जाएँ।" उपाध्याय कहते हैं कि चौथी योजना इसी समझ की उपज है। "जनसंघ का मत है कि निजी और सरकारी क्षेत्रों के किताबी भेद को समाप्त कर एक 'राष्ट्रीय क्षेत्र' की कल्पना करनी चाहिए और फिर प्रत्येक व्यक्ति या संस्था को उसकी योग्यता और क्षमता के अनुसार देश के विकास का अवसर देना चाहिए।"[47]

(ग) छोटी नहीं, छोटी इकाइयों की बड़ी योजना[48] : फिजूलखर्ची, पूँजीप्रधान दृष्टिकोण, करों के भारी बोझ तथा बेरोजगारी में अभिवृद्धि करनेवाली योजनाएँ उपाध्याय द्वारा आलोचना का विषय बनाई गई हैं; परंतु वे बड़ी योजनाओं का विरोध करते हुए भी छोटी योजनाओं के हिमायती नहीं हैं। देश की विशाल व विराट् जनसंख्या के अनुसार योजना छोटी नहीं हो सकती। अत: उपाध्याय छोटी-छोटी इकाइयों की बड़ी योजना की हिमायत करते हुए अपने 'विकेंद्रीकरण' दर्शन को पुन: यहाँ प्रतिपादित करते हैं जो छोटी इकाई, छोटी मशीन व छोटी पूँजी के आधार पर व मानवश्रम के बल पर नियोजित की जा सकती है, जो हमें विदेशी पूँजी की परावलंबिता से मुक्ति देगी व स्वदेशी मानवीय श्रम की प्रतिष्ठापक होगी। थोड़े से पूँजीपतियों व सरकार की मिल्कियत में चलनेवाली इन योजनाओं ने देश के आम आदमी को मजदूर मात्र बना दिया है अथवा बेरोजगारी का शिकार बना दिया है।

(घ) विदेशी पूँजीपतियों को दी गई अवांछनीय सुविधाएँ : इस योजना के अंतर्गत "...विदेशी पूँजीपतियों को भारत में अपने उद्योग खोलने में पहल करने तथा उनकी इच्छानुसार भारतीय उद्योगपतियों में से अपना साथी खोजने की सुविधा दी गई है। नियंत्रण व बहुतांश पूँजी स्वदेशी हो, यह शर्त भी खत्म कर दी गई है। इस छूट का सीधा नतीजा यह होगा कि विदेश के बड़े-बड़े केंद्रित उद्योग भारत में अपने कारखाने खोलकर छोटे उद्योगों को समाप्त कर देंगे।

"...हमारे उद्यमी बहुत सी वस्तुओं को बनाने के लिए रोक दिए गए है। विदेशी पूँजी के साथ जितने कारखाने बने हैं उनमें से अधिकांश का उत्पादन-कार्यक्रम विदेशी मालिकों के हाथ में है। तंत्रज्ञान वे हमको सिखाने को तैयार नहीं है। हाँ, कुछ भारतीयों को उन्होंने संचालकमंडल में उनकी हाँ-में-हाँ मिलाने के लिए रख लिया है तथा बिक्री के लिए एजेंटों के रूप में भारी तनख्वाह देकर कुछ भारतीयों को नियुक्त किया है।"

विदेशी कर्ज भी इतना हो गया है कि ब्याज चुकाने के लिए चौथी योजना की अवधि में औसतन 245 करोड़ रुपए प्रतिवर्ष चाहिए। "आत्मनिर्भर होने के स्थान पर हम अधिकाधिक परावलंबी बनते जा रहे हैं।"[49]

विदेशी पूँजी तथा मशीनों के खतरों की व्यापक हानियाँ गिनवाते हुए उपाध्याय निरुपित करते हैं, "विदेशों से मशीन लाकर लगाने से ही काम नहीं चलता, उनको चलाए रखने के लिए भी वहाँ से विभिन्न प्रकार का कच्चा माल तथा मरम्मत के लिए पुरजे मँगाने पड़ते हैं। इस मद में तीसरी योजना में 3800 करोड़ रुपए के आयात का अनुमान लगाया गया था जो दूसरी योजना की अवधि के लिए किए गए कुल आयात से भी अधिक था। चौथी योजना भी इसी आधार पर बनाई गई है। विदेशी मुद्रा का संकट हमारी अर्थव्यवस्था का नासूर बन गया है।"[50]

(ड) मूल्यवृद्धि एवं मुनाफाखोरी : "सामान्यतः धारणा यह है कि महँगाई के लिए व्यापारी जिम्मेदार है। अगर सरकार व्यापार को अपने हाथ में ले ले तो चीजें सस्ती हो जाएँ।...अगर व्यापारी दाम बढ़ाता है तो वह कौन-सा व्यापारी है? उसे सरकार रोकती क्यों नहीं? साथ ही जो चीजें सरकार बेच रही है उनका दाम भी क्यों बढ़ा दिया जाता है? पोस्टकार्ड, लिफाफे, तार की दर, रेल का किराया, बिजली और खाद, स्टील और पेनिसिलिन आदि के भाव तो सरकार ही तय करती है, वे सब क्यों बढ़ गए? बाहर से आनेवाले गेहूँ का भाव सरकार ने क्यों बढ़ा दिया?...सरकार की नीतियाँ तथा योजना बनानेवाले इसके लिए कुसूरवार हैं।"

"चौथी योजना में यह प्रस्ताव किया गया है कि सरकारी कारखानों में मूल्यनीति का इस प्रकार निर्धारण किया जाए कि उसमें कम-से-कम 12 प्रतिशत मुनाफा हो। यदि यह मुनाफा खर्चों में किफायत अथवा प्रबंध में कुशलता तथा वैज्ञानिकता से हो तो श्लाध्य है। किंतु कीमतों को बढ़ाकर मुनाफा कमाना तो मुनाफाखोरी ही कहलाएगी।"[51]

(च) प्राथमिकताएँ व रूस की नकल : उपाध्याय पुनः आग्रह करते हैं कि उत्पादन की प्राथमिकताओं को बदला जाए। ऐशो-आराम की चीजें न पैदा करते हुए रोटी, कपड़ा और मकान की प्राथमिक आवश्यकता की पूर्ति ही एक योजना का परमलक्ष्य घोषित कर तदनुकूल आयोजना का निर्माण होना चाहिए।

आयोग का यह कथन कि "जीवनोपयोगी वस्तुओं के मूल्यों को बाँधने के लिए,

प्रत्यक्ष नियंत्रण का उपयोग करने के लिए देश को तैयार रहना चाहिए'', उपाध्याय ने इस सरकारी नियंत्रण को 'जादू की छड़ी' माननेवाली प्रवृत्ति का द्योतक बताया है। उपाध्याय कहते हैं कि इससे चीजें तो सस्ती नहीं ही होंगी, किसान व व्यापारी दोनों खत्म हो जाएँगे। जीवनोपयोगी चीजें बाजार से गायब हो जाएँगी।

''खाद्यान्नों में उत्पादन वृद्धि हेतु 'सूरतगढ़ के फार्म के नमूने पर' रूस हिंदुस्तान में हर प्रांत में सरकारी फार्म खोलने के लिए मदद को कह रहा है। रूस के सरकारी फार्म असफल हो गए। वह अमेरिका से गेहूँ ले रहा है तथा अपने यहाँ सरकारी फार्मों को बंद कर रहा है, पर हमें सलाह दी जा रही है कि हम ये फार्म बनाएँ। किताबी सिद्धांतों के चक्कर में पड़कर योजना आयोग भी इसी दिशा में सोच रहा है।''[52]

(छ) किसान व मध्यमवर्ग त्रस्त : भारी औद्योगिक प्राथमिकता व सिंचाई तथा खाद वृहद् प्रकल्पों ने आम किसान को कोई राहत नहीं पहुँचाई। साथ ही ''जब कीमतों की बात होती है तो साधारणत: शहर में रहनेवाले लोगों का ही विचार होता है, किसान को वे भूल जाते हैं। कुछ लोग तो स्थिर मूल्यों का अर्थ अनाज के नीचे भावों को ही समझते हैं।''...किसान को जब तक अपनी फसल का अच्छा दाम नहीं मिलेगा तब तक न तो देश की पैदावार बढ़ेगी और न मूल्य ही स्थिर होंगे...अन्नपूर्णा (भारतीय कृषि) भिखारिन क्यों बन गई? यद्यपि हमारी राष्ट्रीय आमदनी का लगभग आधा खेती से मिलता है।'' तो भी हमने उसकी उपेक्षा की। ''पूँजी गाँवों की ओर जाने के स्थान पर शहरों की ओर जा रही है।''[53]

''विषमताओं को कम करने का विषय नारों से आगे नहीं बढ़ पाया। 'समाजवाद' का दुधारा मध्यमवर्गीय धंधों पर चल रहा है। शासन में व्याप्त भ्रष्टाचार तथा अन्य बड़े-बड़े लोगों द्वारा काले बाजार तथा कर चोरी के कारण कालाधन 'नियोजन' को सुरंग लगाकर ध्वस्त कर रहा है। न तो सरकार के छापे प्रभावी हुए है और न वित्त मंत्री की सुविधाएँ आकर्षक समझी जा रही हैं। नियंत्रण के नाम पर बनाए गए कानून भी केवल मध्यमवर्गीय दुकानदार को ही तंग करते हैं। उपाध्याय अंत में कहते हैं, ''हम नियोजन के विरुद्ध नहीं हैं, पर हमारी योजनाएँ न तो यथार्थ पर आधारित हैं तथा न समाज में कर्म की प्रेरणा पैदा करती है।'' उपाध्याय माँग करते हैं : ''एक स्वतंत्र आयोग बैठाना चाहिए जो पिछले पंद्रह वर्षों की आर्थिक स्थिति तथा अपनाई गई नीतियों की जाँच करे और मौलिक गलतियों को बताए।''[54]

दीनदयाल उपाध्याय द्वारा की गई चारों योजनाओं की समीक्षा एवं आलोचनाओं में तार्किक आग्रहों की बहुत पुनरावृत्तियाँ हैं। एक ही बात को विभिन्न प्रसंगों पर भिन्न-भिन्न प्रकार से प्रस्तुत किया गया है। इसके संभवत: दो मुख्य कारण हैं। प्रथम, सरकार ने भी इन योजनाओं में पुन:-पुन: अपने 'समाजवाद', 'सार्वजनिक क्षेत्र' व 'भारी योजनाओं'

की प्राथमिकता को दोहराया है। ये तीनों बातें चारों योजनाओं में यथावत् थीं। अत: स्वाभाविक रूप से हर बार प्रस्तुत की गई उन्हीं बातों की आलोचना भिन्न तर्कों से नहीं की जा सकती थी। दीनदयाल उपाध्याय ने इन तीनों बातों के खिलाफ अपना 'स्वदेशीकरण', 'राष्ट्रीय अथवा स्वयंसेवी क्षेत्र', एवं 'विकेंद्रीकरण' की मूलभूत अवधारणाओं का आग्रह निरंतर बनाए रखा। हर प्रसंग का खंडन-मंडन इन्हीं अवधारणाओं के आधार पर होता था। अत: पुनरावृत्ति दोष स्वाभाविक था। दूसरा कारण था कि उपाध्याय एक नित्य सक्रिय राजनेता थे। उन्हें अपने कार्यकर्ताओं व जनता के सम्मुख सतत रूप से अपनी बातें रखनी होती थीं। अपनी विचारधारा के प्रति कार्यकर्ताओं व समाज में आस्था उत्पन्न करने के लिए भी विषयों की बारंबार आवृत्ति आवश्यक होती है। हर नए प्रसंग पर अपनी मूल अवधारणा को सही सिद्ध करने के लिए भी तर्कों की पुनरावृत्ति होती है। एक अध्येता के लिए इतनी आवृतियाँ सुखद नहीं होतीं; लेकिन राजनीतिक कार्यकर्ता की यह अनिवार्यता है।

आर्थिक क्षेत्र में अपने दल को राष्ट्रीय दृष्टि से सन्नद्ध करने के लिए उन्होंने बहुत परिश्रम व अध्ययन किया। उपाध्याय की टिप्पणियों व विभिन्न संदर्भों की समीक्षाओं को देखकर जनसंघ के बारे में फैली इस धारणा के प्रति आश्चर्य होता है कि जनसंघ के पास आर्थिक विचारों का अभाव था। शायद इस धारणा का कारण यह है कि सार्वदेशिक स्तर पर जनसंघ राष्ट्रीय अखंडता व संस्कृतिवाद को जिस प्रकार आंदोलनों के माध्यम से मुखरित कर सका उसी भावात्मकता व मुखरता के साथ उसने आर्थिक आयामों को मुखरित नहीं किया। भावात्मक रूप से जनसंघ का कार्यकर्ता आर्थिक अन्यायों के प्रतिकार, विधायक अर्थव्यवस्था के सृजन एवं आर्थिक नारों के प्रति अपने को उतना संबद्ध नहीं कर पाया जितना कश्मीर, बेरुबाड़ी की घटनाओं व पाक-चीन के आक्रमण के खिलाफ उसने अपने को संवेगात्मक रूप से जोड़ रखा था। जनसंघ के नेतृमंडल में उपाध्याय ही थे जो आर्थिक विषयों पर अधिकारपूर्वक बोलते थे। जनसंघ को राष्ट्रीय स्वयंसेवक संघ की पृष्ठभूमि के कार्यकर्ता प्राप्त होते थे। उनकी भी सामान्यत: आर्थिक विषयों में अधिक रुचि नहीं होती। संघ-जनसंघ के ऐसे परिवेश में रहते हुए भी दीनदयाल उपाध्याय ने इन विषयों पर अपने आपको अभिकेंद्रित किया। राजनीतिक दल के नेतृत्व के लिए यह आवश्यक था। इससे भी उनके व्यक्तित्व की दायित्वपूर्णता व अध्यवसायिता का पक्ष उजागर होता है।

संदर्भ—

1. 'मुट्ठी भर जमींदारों के लिए लाखों तरुण तपस्या नहीं कर रहे'; कुसुंबी, 14 नवंबर, सह-प्रांतप्रचारक (उत्तर प्रदेश) दीनदयाल उपाध्याय का भाषण; पाञ्चजन्य, मार्गशीर्ष शुक्ल-4, सं. 2006 (नवंबर 1949)
2. सन् 1952 में भारत की राजनीतिक प्रगति; पाञ्चजन्य, गणराज्य अंक, 25 जनवरी, 1953

3. 25 जुलाई, 1953 को लखनऊ की सार्वजनिक सभा में दिए गए भाषण से। पाञ्चजन्य, 27 जुलाई, 1953, पृ. 8 व 9
4. विचार-वीथी, कानपुर, 'सूती मिल मजदूरों की हड़ताल'; पाञ्चजन्य, 11 जुलाई, 1955, पृ. 4
5. विचार-वीथी, 'पटरियों पर बैठनेवाले विक्रेताओं की समस्याएँ', पाञ्चजन्य, 18 जुलाई, 1955, पृ. 4
6. विंध्यप्रदेश कार्यकारिणी, 'हीरा खदान मालिकों को मुआवजा न दिया जाए' पाञ्चजन्य, 21 मार्च, 1956, पृ. 13
7. पिलानी, शेखावाटी जनसंघ सम्मेलन मे दीनदयाल उपाध्याय का उद्घाटन भाषण; पाञ्चजन्य, 12 दिसंबर, 1955, पृ. 11
8. दीनदयाल उपाध्याय, 'सहकारी खेती और जनसंघ'; पाञ्चजन्य, 26 जनवरी, 1959, पृ. 27
9. वही; वहीं
10. पॉलिटिकल डायरी (हिंदी); 'सहकारिता कृषि : किंवर्तव्यविमूढ़ता की कहानी', पृ. 39
11. दीनदयाल उपाध्याय, बंगलौर अधिवेशन (4) 'खाद्य और कृषि : जनसंघ और कांग्रेस दृष्टिकोण'; पाञ्चजन्य, 2 मार्च, 1959, पृ. 10
12. क्र. 8
13. दीनदयाल उपाध्याय, 'सहकारी खेती' (कांग्रेस के मुखपत्र 'इकॉनोमिक रिव्यू' का प्रत्युत्तर); पाञ्चजन्य, 20 अप्रैल, 1959, पृ. 9
14. क्र. 10; 'पी.एल. 480 समझौता', पृ. 29-33
15. अध्याय के इस भाग के सभी संदर्भ 'पॉलिटिकल डायरी' (क्र. 10) से प्राप्त किए गए है : "भारत सरकार की स्वर्ण नीति"; पृ. 15-21
16. Deendayal Upadhyay, "Devaluation A Great Fall." Published by Bharatiya Jana Sangh, Andhra Pradesh, Vijayawada-2.
17. "Much of the change in Indian Economic Policies was the result of steady pressure from the U.S. and the World Bank U.S. Pressure how too been polticaly effective because the USA provided the longest part of the foreign exchange needed to finance India's development and keep her industry moving. Whether these were called 'Strings' or 'conditions' India has little choice now but to agree to many of the terms the World Bank is Putting on its aid. India has no where else to go". New York Times, Quoted by Deendayal in Devaluation n.16, p.24.
18. क्र. 16; पृ. 24-25 (अंग्रेजी से अनुदित)।
19. दीनदयाल उपाध्याय, 'आर्थिक दासता की राह पर भटकता भारत'; पाञ्चजन्य, दीपावली विशेषांक, 14 नवंबर, 1966
20. क्र. 1 6; पृ. 7-8 (अंग्रेजी से अनुदित)।
21. वही; पृ. 23
22. दीनदयाल उपाध्याय, 'प्रथम पंचवर्षीय योजना'; पाञ्चजन्य, अधिवेशन परिशिष्टांक,

11 जनवरी, 1953, पृ. 13

23. दीनदयाल उपाध्याय, 'योजना आयोग के सुझाव अनुपयुक्त'; पाञ्चजन्य, 26 दिसंबर, 1955, पृ. 4

24. विचार-वीथी, 'न्यूनतम आय निश्चिति प्रस्ताव'; पाञ्चजन्य, 4 जून, 1956, पृ. 4

25. दीनदयाल उपाध्याय, 'विकेंद्रित अर्थव्यवस्था'; पाञ्चजन्य, 30 मार्च, 1959, पृ. 8–14

26. Deendayal Upadhyay, "The Two Plans : Promises, Performances, Prospects," Lucknow; Rashtrotthan Prakashan Ltd., 1958.

27. "These works were so penetrating that the then Vice-Chairman of the Planning Commission, Shri Srimannarayan Agarwal, issued a circular letter to officials concerned with planning stating that he had not come across such a purely dispassionate and illuminating critique of the plan as Deendayalji's Plan and Proposals."—Sudhakar Raje, "DESTINATION--Nation's Tribute To Deendayal Upadhyay", New Delhi, Deendayal Research Institute; Mahamanav' by Yagya Datt Sharma, p.82.

28. "A peoples' movement was intended to be launched with inspiration and under the guidance of experts from America and was to be sustained through monetary help from that country. No wonder that these schemes have failed to create any impression on the seasoned people of Bharat".—n.26; Chapter V, "The First Plan in Outline", p.50.

29. ".... The Planning Commission in its report has claimed a large measure of success···especially in the field of domestic production and in the elimination or better say controlling of inflationary pressures. But eqally notable have been the failure in tackling the problem of unemployment and in maintaining an integrated and stable price level... There are people who feel that the major achievements are in agricultural and private sectors".—n.26; Chapter VI,"General Economic Situation," p.54.

30. " There are unsolved problems of Federal Finance. It is not easy to solve them. Equity without transference of real resources is not easy to attain in a Federal Structure and transference would necessarily involve a disturbance in the pattern of resource employment. Similarly redistributive principle cannot be sacrificed in a Federal Constitution. An easy and radical solution is to have a unitary state."—n.26; Chapter VII, "Finances", p.95.

31. "We have to reconsider our decision on large projects, at least in respect of those substantial work are which has not yet started", n.26. Chapter VIII, "Development Progremmes", p.122.

32. "The plan was intended to serve as a political manifesto of the party in power, and therefore, all programmes, which have some public appeal were included in it."—n.26; Chapter XI, "Personnel and Assessment," p. 153.

33. "Working of the public enterprises during the plan period is sufficient to teach the Government that the state enterprise is not synonymous with the state ownership. Ownership is easily acquired but enterprise and

managerial skill are not easily established."—do; p.156.

34. "Thc seven authors of Pandit Nehru's Second Five Year Plan are all men from behind the iron curtain." —n.26; Chapter XII, "Approach to the Second Plan," p.162.
35. "Is it a big 'if' with 'I' and 'F' capital?" —do; Chapter XIII, The Plan in Outline, p.179.
36. क्र. 10; 'खाद्यान्नों का राज्य व्यापार', पृ. 26
37. वही, पृ. 27
38. क्र. 11; पृ. 9
39. दीनदयाल उपाध्याय, 'बंगलौर अधिवेशन के पश्चात् (3) : तृतीय पंचवर्षीय योजना और जनसंघ'; पाञ्चजन्य, 23 जनवरी, 1959
40. भारतीय जनसंध : घोषणाएँ व प्रस्ताव; खंड- 2, प्रस्ताव आयोजन, 58. 24 तीसरी योजना की पुनर्रचना (28 दिसंबर, 1958; सन् बंगलौर, सातवाँ सा.अ.), केंद्रीय कार्यालय, भारतीय जनसंघ, विट्ठलभाई पटेल भवन, रफी मार्ग, नई दिल्ली, भारतवर्ष; पृ. 15-16
41. क्र. 39
42. क्र. 10; पृ. 22-24
43. वही; 'चतुर्थ योजना से निराशा', पृ. 2
44. दीनदयाल उपाध्याय, 'योजना में परिवर्तन हो'; पाञ्चजन्य, 11 अप्रैल, 1965, पृ. 7
45. वही।
46. 'योजना बदलो (2)'; पाञ्चजन्य 26 अप्रैल, 1965, पृ. 13
47. वही।
48. योजना बदलो (3) : 'छोटी नहीं, छोटी इकाइयों की बड़ी योजना आवश्यक'; पाञ्चजन्य, 10 मार्च, 1965, पृ. 11
41. वही
50. योजना बदलो (4); पाञ्चजन्य, 17 मई, 1965, पृ. 04
51. वही।
52. वही।
53. योजना बदलो (5); पाञ्चजन्य, 24 मई, 1965, पृ. 5
54. वही।

□

7

आर्थिक चिंतन

समग्रतावादी दार्शनिक होने के कारण पं. दीनदयाल उपाध्याय उन लोगों से हर विषय पर असहमत रहते हैं जो जीवन के किसी विशिष्ट आयाम को जीवन की समग्रता का नियामक मान बैठते हैं अथवा एक ही पहलू की ऐसी अतिरेकी व्यवस्था प्रस्तुत करते हैं जिसमें जीवन के अन्य विविध पहलुओं की उपेक्षा हो जाती है। इस संदर्भ में उपाध्याय लिखते हैं—

"भारतीय जनसंघ के पास एक स्पष्ट आर्थिक कार्यक्रम है; किंतु उसका स्थान हमारे संपूर्ण कार्यक्रम में उतना ही है जितना भारतीय संस्कृति में अर्थ का। पाश्चात्य संस्कृति भौतिकवादी होने के कारण अर्थप्रधान है। हम भौतिकवाद और अध्यात्मवाद दोनों का समन्वय करना चाहते हैं। अत: यह निश्चित है कि जनसंघ उन अर्थशास्त्रियों व दलों से, जो अर्थ के सामने जीवन के प्रत्येक मूल्य की उपेक्षा करके चलना चाहते हैं, इस मामले में सदैव पीछे रहेगा। जनसंघ हृदय, मस्तिष्क और शरीर तीनों का सम्मिलित विचार करता है। इसी कारण कुछ लोग जनसंघ पर यह आरोप लगाते हैं कि जनसंघ आध्यात्मिकता की उपेक्षा करता है, महर्षि अरविंद आदि महापुरुषों की भाषा नहीं बोल पाता। हम दोनों ही प्रकार के आरोपों का स्वागत करते हैं और इतना ही कहना चाहते हैं कि अर्थ समाज की धारणा के लिए आवश्यक है। जितने मात्र से व्यक्ति अपना भरण-पोषण करके अन्य श्रेष्ठ मूल्यों की प्राप्ति के लिए प्रयास कर सके उतने को ही हमने अपने कार्यक्रम में स्थान दिया है।"[1]

अपने आर्थिक चिंतन को व्याख्यायित करने के लिए दीनदयाल उपाध्याय ने 'भारतीय अर्थनीति विकास की एक दिशा' नामक पुस्तक लिखी। पुस्तक में अर्थनीति की विवेचना करते हुए उन्होंने अपने 'एकात्म मानव' के अर्थायाम की व्याख्या करने का प्रयत्न किया

है। "समाज से अर्थ के प्रभाव व अभाव दोनों को मिटाकर उसकी समुचित व्यवस्था करने को 'अर्थायाम' कहा गया है।"[2]

1. भारतीय संस्कृति में अर्थ

भारतीय संस्कृति में 'धर्म' को आधारभूत पुरुषार्थ माना गया है। 'सुखस्य मूलम् धर्मः। धर्मस्य मूलमर्थ।' चाणक्य के इस कथन के अनुसार 'अर्थ के बिना धर्म नहीं टिकता।'[3] सन् 1953 में लिखे अपने प्रथम अर्थनीति प्रलेख में उपाध्याय लिखते हैं—

"...हम जानते हैं कि भारतीय ढंग सदा से ही धर्म का ढंग रहा है (मजहब का नहीं) और धर्म के इस ढंग पर ही आर्थिक नवनिर्माण के लिए नक्शे को तैयार करने की जरूरत है...धर्म की...वेदों की व्याख्या हम लेते हैं जिसमें उसके 12 लक्षण गिनाए गए हैं। इनमें धर्म का आद्यलक्षण सबसे महत्त्वपूर्ण है (श्रमेण तपसा सृष्टा) और वह है 'श्रम'।...'श्रम' को धर्म का पहला लक्षण बताया। श्रम की महत्ता का ज्ञान मार्क्स और एंजिल्स के जन्म तक रुका नहीं रहा। वह अति पुरातनकाल में सहज अनुभूति से हमने मानवता को दे दिया था।...श्रम करना मनुष्य का मूलभूत कर्तव्य है (Duty to Work)। इसी प्रकार मनुष्य को श्रम करने का यह अधिकार देना राज्य का मूलभूत कर्तव्य है।...अतः श्रम का अधिकार (Right to Work) मनुष्य का संवैधानिक अधिकार है। राज्य का यह पहला कर्तव्य है कि वह प्रत्येक नागरिक को उसकी योग्यता व क्षमता के अनुसार काम करने का अवसर दे। इन अवसरों में किसी प्रकार का भेदभाव, न जाति का, न रंग का और न लिंग का होने दे। राष्ट्र के पुनर्निर्माण की जो भी योजना बनाई जाए उसका उद्देश्य सभी व्यक्तियों को काम दिलाना होना चाहिए (Full Employment)"[4] इसी आधार पर दीनदयाल उपाध्याय पंचवर्षीय योजनाओं के निर्माण के संदर्भ में सदैव यह आग्रह करते रहे कि हमें अपना आयोजना-लक्ष्य घोषित करना चाहिए 'सब को काम'।

2. धन का मनोविज्ञान

धन का अभाव मनुष्य को चोर बनाता है। अभाव के क्षणों में की गई चोरी को भारतीय शास्त्रकार अपराध नहीं वरन् 'आपद्धर्म' की संज्ञा देते हैं—

"उन्होंने (विश्वामित्र ने) धर्म की अनेक मर्यादाओं को भंग किया। आपद्धर्म की संज्ञा देकर शास्त्रकारों ने उनके इस व्यवहार को उचित ठहराया है। यदि अर्थ के अभाव की आपत्ति बनी रहे तो फिर आपद्धर्म अर्थात् चोरी ही धर्म बन जाएगा। यदि यह आपत्ति समष्टिगत हो जाए अथवा समष्टि का बहुतांश इससे व्याप्त हो जाए तो वे एक-दूसरे की चोरी करके अपने आपद्धर्म का निर्वाह करेंगे।"[5]

अर्थात् समाज में अर्थ का अभाव अथवा अभावमूलक नियोजन समाज में अधर्म को धर्म बना देता है। वैसे ही "अर्थ का प्रभाव भी धर्म का नाश करता है।...अर्थ जब अपने

में या उसके द्वारा प्राप्त पदार्थों में और उससे प्राप्त भोग-विलास में संग (आसक्ति) उत्पन्न कर देता है तब अर्थ का प्रभाव कहा जाता है। 'सर्वे गुणा: काञ्चनमाश्रयन्ति'…जब समाज में सभी 'धनपरायण' हो जाएँ तो प्रत्येक कार्य के लिए अधिकाधिक धन की आवश्यकता होगी। धन का यह प्रभाव प्रत्येक के जीवन में अर्थ का अभाव उत्पन्न कर देगा।"[6]

इसलिए वे यह प्रतिपादित करते हैं कि "समाज के मानदंड ऐसे बनाए जाएँ कि हर वस्तु पैसे से न खरीदी जा सके।…पैसे से ही मूल्य आँकने का परिणाम यह होगा कि दुर्बल की रक्षा ही नहीं हो पाएगी। शरीर शक्ति में दुर्बल अपनी बुद्धि का उपयोग कर धूर्तता से धन कमाकर अपनी रक्षा का मूल्य चुकाएगा (घूसखोरी होगी)। श्रम का रुपए-पैसे में मूल्य आँकना असंभव है।…श्रम और पारिश्रमिक दोनों का अर्थशास्त्र के क्षेत्र में घनिष्ठ संबंध होने पर भी व्यवहारजगत् के लिए सर्वमान्य एवं सर्वकष मूल्य सिद्धांत निश्चित करना न तो सरल है और न उपादेय ही। वास्तविकता तो यह है कि दोनों का मूल्यांकन पृथक मानदंड से होता है। श्रम की प्रतिष्ठा उससे मिलनेवाले अर्थ के कारण नहीं अपितु उसके धर्मत्व से है। इसी प्रकार किसी भी व्यक्ति को दिया गया पारिश्रमिक उसके द्वारा किए श्रम का प्रतिदान नहीं वरन् उसके 'योगक्षेम 'की व्यवस्था है।"[7]

उपाध्याय इस प्रकार के समाजशास्त्र व मनोविज्ञान के हिमायती हैं जिसमें कर्म की प्रेरणा का आधार लोभवृति नहीं वरन् 'कर्तव्यसुख' है। वे उस अर्थशास्त्र के खिलाफ हैं जो मानवजीवन के सामाजिक एवं मनोवैज्ञानिक पहलुओं की उपेक्षा करता है।

"…व्यक्तियों की अबाध व असीम प्रतिस्पर्धा को न तो हम सामाजिक जीवन का नियामक मान सकते हैं और न सुरक्षापूर्ण ही।…यह मान्यता 'मात्स्य न्याय' का प्रतिपादन करनेवाली है। हमने इस न्याय को कभी धर्मसंगत नहीं माना।…समाज में मानव की कुछ स्वतंत्रताओं पर मर्यादा आवश्यक होती है। अनियंत्रित स्वतंत्रता केवल कल्पना की वस्तु है। हाँ, यह नियंत्रण जितना बाहरी होगा, मानव को कष्टदायी होगा। शिक्षा और संस्कार, दर्शन और आदर्शवाद व्यवहार में मनुष्य को आत्मनियंत्रण सिखाते हैं।"[8]

अपनी ही गति से चलनेवाले अर्थशास्त्र के हवाले समाज को नहीं किया जा सकता। अर्थचक्र को समाजशास्त्र व धर्मशास्त्र के अनुकूल नियोजित करना आवश्यक है। इसलिए वे कहते हैं, "अपनी ही गति से बराबर गतिमान अर्थव्यवस्था असंभव है। उसे गति देने के लिए और बाद में भी कम-से-कम रुकावट के साथ सुचारु रूप से चलते रहने के लिए व्यक्ति और समाज के जीवन में प्रेरणा का स्रोत अर्थ के अतिरिक्त कहीं अन्यत्र ढूँढ़ना होगा। राष्ट्र की राजनीतिक महत्त्वाकांक्षाएँ, व्यक्ति को सामाजिक प्रतिष्ठा की अभिलाषा, कुटुंब का प्रेम आदि अनेक प्रेरणाएँ वांछित अर्थरचना को बनाने व टिकाने में सहायक होती है।"[9]

उपाध्याय की मान्यता है कि उपभोगवाद, स्पर्धावाद व वर्गसंघर्ष इन सबका आधार

अनियंत्रित उपभोग है। ''पश्चिम ने अधिकाधिक उपभोग के अपने पुराने सिद्धांत को ही चलने दिया और उसमें संशोधन की जरूरत नहीं समझी। वास्तविकता यह है कि अधिकाधिक उपभोग का सिद्धांत ही मनुष्य के दु:खों का कारण है। उपभोग की लालसा यदि पूरी की जाए तो वह बढ़ती चली जाती है। वर्गसंघर्ष, जिसके ऊपर समूचा साम्यवाद खड़ा है, ऐसे उपभोग के कारण ही उत्पन्न होता है। भारतीय मतवाद जब वर्गसंघर्ष का खंडन करता है, तब उसका तात्पर्य यही होता है कि उसने उपभोग को नियंत्रित कर लिया है तथा अधिकाधिक उपभोग की बजाय न्यूनतम उपभोग को आदर्श बनाया है। मनुष्य की प्राकृत भावनाओ का संस्कार करके उसमें अधिकाधिक उत्पादन, समान वितरण तथा संयमित उपभोग की प्रवृत्ति पैदा करना ही आर्थिक क्षेत्र में सांस्कृतिक कार्य है। इसमें ही तीनों का संतुलन है।''[10]

साम्यवादी व पूँजीवादी विचारधाराएँ समाजशास्त्र, मानवशास्त्र, विधिशास्त्र सभी को अर्थशास्त्र के हवाले कर देती है। अर्थशास्त्र की औद्योगीकरण-प्रवृत्ति ने वित्तीय सत्ता के केंद्रीकरण को पोषण प्रदान किया है। इससे मानव जीवन का ही मशीनीकरण हो गया है। उपाध्याय धर्मशास्त्र, अर्थशास्त्र व समाजशास्त्र में पारस्परिक संतुलन के हिमायती हैं। इस संतुलन कार्य को वे 'सांस्कृतिक' कार्य मानते हैं तथा इस दृष्टि से अनुकूल अर्थायाम की स्थापना के हिमायती हैं।

3. स्वामित्व का सवाल

'संपत्ति किसकी?' यह सभ्य समाज का आदिकालिक प्रश्न है। संपत्ति को संपूर्ण समाजचक्र का नियामक मान लेने से इस सवाल की अहमियत और बढ़ गई। व्यक्तिवाद व समाजवाद के विचारधारात्मक संघर्ष ने इसे एक नवीन आयाम दे दिया, संपत्ति पर व्यक्ति का अधिकार अथवा संपत्ति पर समाज का अधिकार? उपाध्याय 'संपत्ति' के स्वामित्व के लिए व्यक्ति व समाज के द्वंद्व को ही गलत मानते हैं; अत: इस सवाल का सीधा उत्तर नहीं देते।

हर व्यक्ति समाज का प्रतिनिधि है। अत: वह समाज की संपत्ति के एक हिस्से का 'न्यासी' या संरक्षक है। उपाध्याय व्यक्ति को श्रीविहीन करने के खिलाफ हैं। व्यक्ति स्वयं 'समाजपुरुष' का अंग है। अत: वह स्वयं ही समाज की धरोहर है। इसलिए संपत्ति पर अमोघ अधिकार तो समाज का ही है; लेकिन वे समाज की एकमात्र प्रतिनिधि संस्था के नाते 'राज्य' को मानने के लिए तैयार नहीं हैं। यही कारण है कि निजी संपत्ति के अधिकार के नाम पर समाज के कुछ लोगों के हाथ में संपत्ति का केंद्रीकरण या संपत्ति के सामाजिक अधिकार के नाम पर राज्य में संपत्ति के केंद्रीकरण को वे समान रूप से गलत मानते हैं। आम आदमी को पूँजीपतियों अथवा राज्यसंस्था का मजदूर या गुलाम बना देना

वे मानवता का अपमान समझते हैं। उपाध्याय संपत्ति पर न तो व्यक्ति का अमर्यादित स्वामित्व स्वीकार करते हैं तथा न ही अमर्यादित राज्याधिकार। वे स्वामित्व के केंद्रीकरण के खिलाफ हैं। अत: वे विकेंद्रित राज्य व विकेंद्रित अर्थव्यवस्था के समर्थक हैं।

उपाध्याय कहते हैं, "...समाजवादी निजी संपत्ति को ही समाप्त करने की बात करते हैं। उनका सिद्धांत व व्यवहार दोनों ही दृष्टियों का समर्थन करना कठिन है। यद्यपि सृष्टि के आरंभ से ही 'अपरिग्रह' एवं 'मा गृध: कस्यस्विद्धनम्' का उपदेश मिला है; किंतु यह संसार मेरे और तेरे का ही नाम है। साम्यवादी जो निजी संपत्ति की भावना को जड़मूल से समाप्त कर देना चाहते थे, पहले व्यक्तिगत और फिर कुछ-कुछ अंश में निजी संपत्ति को भी स्वीकार करने लगे। निजी संपत्ति के कारण बुराइयाँ उत्पन्न होने पर भी हम उसका बहिष्कार नहीं कर सकते। हाँ, हमें निजी संपत्ति की मर्यादाएँ अवश्य स्थापित करनी होंगी।"[11]

व्यक्तिगत संपत्ति के नियमन एवं अर्थोत्पादकीय आयोजना के लिए उपाध्याय राज्याधिकार को भी स्वीकार करते हैं। जहाँ कुछ हाथों के पूँजी के केंद्रीकरण का खतरा हो वहाँ राष्ट्रीयकरण को वे वांछनीय मानते हैं—

"...जहाँ तक कुटीर उद्योगों का सवाल है, यह खतरा बहुत कम है; लेकिन जहाँ बड़े उद्योगों का क्षेत्र शुरू होता है वहाँ यह खतरा उत्पन्न होता है। सुरक्षा-उद्योगों का तो राष्ट्रीयकरण अनिवार्य है। अब प्रश्न बचता है पूँजी-उद्योगों का। उनका भी अंतिम रूप से राष्ट्रीयकरण कर देना उद्देश्य होना चाहिए। आज पूँजी-उद्योग व्यक्तिगत क्षेत्र में आते हैं। उनसे व्यक्तिगत क्षेत्र का क्रमिक उन्मूलन किया जाना चाहिए। जब तक यह राष्ट्रीयकरण अंतिम रूप से संपन्न नहीं हो जाता तब तक बड़े उद्योगों के गुट बनने देने की प्रवृत्ति को रोकना चाहिए। जिन उद्योगों में ये गुट बन गए है उनका राष्ट्रीयकरण कर लिया जाए। कुटीर उद्योगों का विकास करते समय भी इस बात का ध्यान रखना होगा कि उनके गुट बनाकर पूँजीपति उन पर नियंत्रण स्थापित न कर लें। जापान में वितरण तथा संपत्ति की असमानता का कारण वहाँ के कुटीर उद्योगों पर पूँजीपतियों का नियंत्रण ही है।"[12]

स्वामित्व के सवाल को जिस प्रकार पूँजीवादी व समाजवादी लोग प्रस्तुत करते हैं उसे वे उनकी विभक्त दृष्टि का परिचायक मानते हैं। उपाध्याय की नजर में संपत्ति के 'स्वामित्व' की बजाय 'केंद्रीकरण' का सवाल ज्यादा अहम है, साथ ही 'उपभोगवाद' की अवधारणा का सवाल भी महत्त्वपूर्ण है। अत: वे लिखते हैं—

"स्वामित्व के साथ अनिबंध नियंत्रण एवं मनमाने उपभोग की धारणाओं ने इस विषय को गलत पृष्ठभूमि में प्रस्तुत किया है। किसी भी वस्तु पर मेरा स्वामित्व होने के बाद भी मुझे यह अधिकार प्राप्त नहीं कि मैं उसका चाहे जैसा उपभोग करूँ। स्वामित्व एवं उपभोग की दोनों भावनाओं को जब तक हम अलग-अलग नहीं करेंगे तब तक कम

होनेवाली बुराइयों को नहीं रोक सकेंगे। जिस वस्तु का मैं स्वामी हूँ उसका उपभोग समाज हित में ही करने का मुझे अधिकार है, यह विचार प्रत्येक व्यक्ति के सम्मुख चाहिए।...राज्य भी जब स्वामित्व ग्रहण कर लेता है तो वह व्यक्तियों द्वारा ही व्यवस्था करता है। जो व्यक्ति आज अपनी चीज का मनमाना उपयोग करने से नहीं डरता वह समाज की वस्तु का उपयोग भी वैसा ही नहीं करेगा, इसकी गारंटी नहीं दी जा सकती। यदि उसके दुरुपयोग को रोकने के लिए दंडनीति आवश्यक समझते हैं तो वह उसके पास स्वामित्व का अधिकार रहते हुए भी काम में लाई जा सकती है।''[13]

दीनदयाल उपाध्याय व्यक्ति के निजत्व को कुचलनेवाले राज्याधिकार व समाज की उपेक्षा करनेवाले वैयक्तिक अधिकारों के खिलाफ हैं। वे इसे मानव की अस्वस्थ अवस्था का परिचायक मानते हैं। संपत्ति पर व्यक्ति या राज्य के अनिर्बंध नियंत्रण के अधिकार का सवाल भी इस अस्वस्थ अवस्था की उपज है। उनका मत है, ''गंभीरता से देखें तो स्वामित्व का अधिकार वास्तव में निश्चित मर्यादाओं तथा निश्चित उद्देश्यों के लिए किसी वस्तु के उपयोग का अधिकार ही है। समय के साथ इन अधिकारों में परिवर्तन होता रहता है। अत: हम सैद्धांतिक दृष्टि से व्यक्ति और समाज के झगड़े में नहीं पड़ेंगे।...संपत्ति का उपभोग कुटुंब (समाज) के हित में होता है, मनमाने ढंग से नहीं। 'ट्रस्टीशिप' का यह भारतीय सिद्धांत गांधीजी व गुरुजी आदि विचारकों ने समाज के सम्मुख रखा है।''[14]

'ट्रस्टीशिप' का सिद्धांत हर व्यक्ति को समाज का दायित्ववान घटक मानता है। समाज में दायित्वबोध का शिथिलन न आवे तथा दायित्व का संस्कार सामाजिक परिवेश का स्वाभाविक परिणाम हो ऐसी समाजरचना 'मानवी' समाजरचना है। व्यक्ति की शैतानियत पर राज्य का अंकुश एवं राज्य की हैवानियत के खिलाफ व्यक्तियों का विद्रोह, संस्कारहीन समष्टि का परिचायक है। 'अंकुश' व 'विद्रोह' मजबूरी के हथियार हैं। इनका यदा-कदा उपयोग व्यावहारिक माना जा सकता है; लेकिर अखंड अंकुश एवं अखंड विद्रोह की व्यवस्थाओं का नियोजन विवेकसम्मत नहीं माना जा सकता। व्यष्टि व समष्टि के साझेपन में ही मानवता का सुख अंतर्निहित है। अत: संपत्ति पर यह साझा अधिकार ही उपाध्याय के एकात्म मानववाद को अभिप्रेत है।

4. पूँजीवाद का निषेध

दीनदयाल उपाध्याय पश्चिम की विचारसरणी से उत्पन्न व्यक्तिवाद के लोकतंत्रीय पक्ष के समर्थक हैं; लेकिन पूँजीवाद को व्यक्तिवाद की विकृति मानते हैं। उन्मुक्त आर्थिक स्पर्धा पूँजीवाद का आधार है। स्पर्धा-स्वातंत्र्य को ही पूँजीवादी लोग व्यक्ति-स्वातंत्र्य कहते हैं; लेकिन उपाध्याय इससे पूरी तौर पर असहमत हैं। उनका कहना है—

''कहा जाता है कि स्वतंत्र एवं प्रतिस्पर्धी-पण, व्यक्ति को उपभोग की स्वतंत्रता

प्रदान करता है। (यह सही नहीं है)···विरोधियों (स्पर्धियों) के समाप्त होने पर एक या कुछ उत्पादकों का उस क्षेत्र में एकाधिपत्य हो जाता है तो वे उपभोक्ता से उसके प्रजातंत्रीय अधिकारों को छीन लेते हैं। फिर मूल्य, माँग और पूर्ति के नियमों से तय न होकर उत्पादकों की अपनी इच्छा और योजना से तय होते हैं। आर्थिक क्षेत्र में यह एक प्रकार की 'डिक्टेटरशिप' है। प्राप्त शक्ति तथा प्रचारतंत्र के सहारे उत्पादनों के स्वामी सामान्यजन को उसके अधिकार से वंचित करते हैं। एतदर्थ आवश्यक है कि उत्पादन के सामर्थ्य की मर्यादा निश्चित की जाए, जो कि विकेंद्रीकरण से ही संभव है।''[15]

उपाध्याय कुछ व्यक्तियों के हाथों में असीमित उत्पादन के सामर्थ्य के केंद्रीकरण के प्रबल विरोधी है, ''···यदि एक व्यक्ति द्वारा उत्पादन की स्वतंत्रता दूसरे के मार्ग में बाधक बनती है, तो वह नहीं दी जा सकती। एक बड़े कारखाने का मालिक यद्यपि स्वयं उत्पादन की स्वतंत्रता का उपभोग करता है; किंतु वह छोटे-छोटे उद्योगों को समाप्त कर, उनकी स्वतंत्रता का अपहरण करता है। फिर कई बार उसके कारखाने में मजदूरों की स्वतंत्रता भी बहुत सीमित हो जाती है। अत: नियमन आवश्यक है।''[16]

पूँजीवाद की प्रवृत्ति वित्तीय सत्ता को कुछ हाथों में केंद्रीकृत कर देने की है। अपनी समाजनिरपेक्ष मानसिकता के कारण वह मनुष्यों के हित की बजाय अपने स्वामित्व के केंद्रीकरण पर ही अधिक बल देता है। यह केंद्रीकरण की प्रकृति ही पश्चिम के औद्योगीकरण में दिखाई देती है जहाँ मशीन मनुष्य के लिए सहयोगिनी बनकर नहीं वरन् स्पर्धिनी बनकर आई। नित नए यांत्रिक अभिनवीकरण ने पूँजीवाद को बल प्रदान किया। उपाध्याय बेतहाशा मशीनीकरण व औद्योगीकरण के खिलाफ हैं। वे कहते हैं, ''···'उत्पादन' पर अधिक बल देने के कारण अमेरिका आदि देशों में पूँजीवाद का विस्तार हुआ। नवाविष्कृत यंत्र इस वृद्धिंगत उत्पादन के कारण बने और इन यंत्रों के स्वामी ही उत्पादन के स्वामी भी बन गए। लाभ में जब श्रमिकों को भाग नहीं मिला तब उनमें प्रतिक्रिया उत्पन्न हुई और उन्होंने एक नई प्रणाली समाजवाद या साम्यवाद का विकास किया जिसमें पुन: 'वितरण' पर ही अधिक बल दिया गया और इसके लिए राज्य द्वारा व्यक्ति को कुचलकर भी रख दिया गया।''[17] पूँजीवादी व्यवस्था समाज में प्रतिक्रिया उत्पन्न करती है, सम्यक् जीवन का नियोजन नहीं करती। समाज के सांस्कृतिक मूल्यों को नष्ट कर उसे 'उपभोगवाद' के दुष्चक्र में फँसाकर 'लोलुप' बनाती है। पूँजीवाद द्वारा प्रस्तुत की गई 'आर्थिक मानव' की कल्पना भी भ्रमपूर्ण है। उपभोगवाद व आर्थिक मानव की कल्पनाओं ने आर्थिक जीवन एवं मानव्य को विभक्त कर दिया है; श्रम एवं आनंद के बीच एक गहरी खाई पैदा कर दी है। यंत्र को मनुष्य का सहयोगी बनाने के बजाय मनुष्य को यंत्र का पुर्जा बना दिया है। उत्पादन कार्य में से शिल्प व सृजन के सुख का अपहरण कर लिया है। दीनदयाल आगे कहते हैं, ''···एक स्वतंत्र जुलाहे को समाप्त कर उसे विशाल कारखाने का मजदूर बना

दिया गया। बजाज के स्थान पर एक विभागीय स्टोर्स बना दिया गया। दर्जी के स्थान पर रेडीमेड कपड़ा लाकर रख दिया गया। मनुष्य यानी एक जंतु, जो आठ घंटे यंत्रवत मजदूरी करे और सोलह घंटे खाए। कार्य और जीवन के बीच एक दीवार खड़ी हो गई। पश्चिम के कई देशों में कहा जाता है, पाँच दिन काम के और दो दिन छुट्टी के। उन दो दिनों में केवल मस्ती, केवल खाना-पीना और मौज, काम की बात भी नहीं। अर्थात् वे पाँच दिन कमाई करते हैं तथा दो दिन जीवित रहते हैं। अत: हमें मनुष्य के कमाई के साधनों का इस प्रकार निर्धारण करना होगा कि उसके कार्य और वास्तविक जीवन के बीच कोई खाई न रहे। हाड़-मांस के मनुष्य के पास हृदय, मस्तिष्क व शरीर तीनों की भूख है। इन तीनों का ही विचार करना होगा। अन्यथा कार्य के आठ घंटों का जो अमानवीय प्रभाव (Dehumanising Effect) होता है उसे समाप्त करने में ही उसके शेष सोलह घंटे व्यतीत' हो जाते हैं। उनके समाप्त होते ही वह पुन: आठ घंटों के चक्र में फँस जाता है।''[18]

5. समाजवाद का निषेध

व्यक्तिवाद के समानांतर समाजवाद का विचार भी पश्चिम में पैदा हुआ। अंततोगत्वा 'सर्वहारा की तानाशाही वाला साम्यवाद' समाजवाद का प्रतिनिधि बन गया। जो अलोकतांत्रिक राज्यवाद एवं वर्गवाद के साथ ही पूँजीवाद के समान औद्योगीकरण व केंद्रीकरण का भी समर्थक है। उपाध्याय समाजवादी वृत्ति के प्रशंसक हैं; लेकिन उसके राज्यवाद व केंद्रीकरण के व्यावहारिक उपायों के सर्वधा विरुद्ध हैं।

समाजवाद व्यक्तिवाद के अतिवाद का निषेध करता है। वह व्यक्ति की बजाय व्यवस्था में परिवर्तन का हामी है, व्यक्तिवाद को अव्यवस्था की ही उपज मानता है। उसका यह व्यवस्थावाद ही उसे अंतत: 'राज्यवादी' बना देता है। उपाध्याय व्यक्ति बनाम व्यवस्था के विवाद को गलत मानते हैं। कोई व्यवस्था व्यक्तिनिरपेक्ष नहीं होती तथा कोई व्यक्ति व्यवस्थानिरपेक्ष नहीं हो सकता। वे इस प्रकार की समाज व्यवस्था के पोषक हैं जो अपने 'मनुष्य' की चिंता करती है।

''...बुराई का वास्तविक कारण व्यवस्था नहीं, मनुष्य है। मनुष्य ही प्रथम आता है। बुरा व्यक्ति अच्छी-से-अच्छी व्यवस्था में घुसकर बुराई फैला देगा। समाज की प्रत्येक परंपरा और व्यवस्था किसी-न-किसी अच्छे व्यक्ति द्वारा प्रारंभ की गई है; परंतु उसी अच्छी परंपरा पर जब बुरा व्यक्ति आ बैठा तो वहाँ बुराई आ गई।...इसकी क्या गारंटी है कि यदि कोई व्यक्ति निजी क्षेत्र में स्वतंत्र रहकर बुराई करता है तो उसके स्थान पर राज्य का व्यक्ति बैठा देने पर बुराई न फैलेगी? अत: हमारा ध्यान व्यक्ति की कर्त्तव्यभावना को जगाने पर केंद्रित होना चाहिए था।''[19]

केंद्रीकरण की प्रवृत्ति मनुष्य के कर्तव्यभाव को मारती है। उसमें 'मजदूर' का भाव

जगाती है। 'मजदूरी' का भाव 'मजबूरी' का भाव है। इसमें कर्ता का सम्मान एवं कर्तव्य का सुख नहीं रहता। उपाध्याय मानते हैं कि समाजवाद में केंद्रीकरणवादी पूँजीवाद के सब दोष विद्यमान रहते हैं। इसमें राज्यवादी नौकरशाही का एक अतिरिक्त दोष और जुड़ जाता है। अतः वे पूँजीवाद व समाजवाद दोनों की साझी आलोचना करते हैं—

''वर्तमान साम्यवाद तथा पूँजीवाद दोनों में स्वामित्व के स्वरूप का अंतर छोड़कर और कोई फर्क नहीं है। अतः दोनों में ही व्यक्ति के विकास की कोई सुविधा नहीं है।''[20] दोनों ही अपनी केंद्रित सत्ता की सुरक्षा के लिए प्रत्यक्ष या परोक्ष रूप से राज्य पर अपना अधिकार जमाते हैं। उपाध्याय विवेचित करते हैं कि ''...पूँजीवादी अर्थव्यवस्था पहले आर्थिक क्षेत्र पर आधिपत्य जमाकर फिर परोक्ष रूप से राज्य पर अधिकार करती है तो समाजवाद राज्य को ही संपूर्ण उत्पादनों का स्वामी बना देता है। दोनों व्यवस्थाएँ व्यक्ति के प्रजातंत्रीय अधिकार एवं उसके स्वस्थ विकास के प्रतिकूल हैं।''[21]

उपाध्याय केंद्रीकरण की प्रवृत्ति को ही अमानवीय मानते हैं। मनुष्य की सांस्कृतिक चेतना व्यक्ति-व्यक्ति में, व्यक्ति और समाज में, प्रकृति और व्यक्ति में तथा कर्ता और कृति में परस्पर 'आत्मीयता' का संचार करती है। ये दोनों व्यवस्थाएँ इस 'आत्मीयता' के संचार को समाप्त कर संबंधों में एक यांत्रिकता पैदा कर देती है। ''केंद्रीय व्यवस्थाएँ मानव को मानव न मानकर, उसके एक 'टाइप' के साथ व्यवहार करती है। इनमें मानव की विविधताओं और विशेषताओं के लिए कोई स्थान नहीं। फलतः वे उसे ऊँचा उठाने के स्थान पर एक मशीन का पुरजा मात्र बना देती है। उसका अपना व्यक्तित्व मर जाता है। अतः विकेंद्रीकरण ही हमारी संस्कृति के अनुकूल है।''[22] केंद्रीकृत औद्योगीकरण में श्रद्धा रखनेवाली पूँजीवादी व समाजवादी व्यवस्थाओं को उपाध्याय मानव-विरोधी मानते हैं। अतः वे 'समग्र मानववाद' के आधार पर आर्थिक लोकतंत्र व विकेंद्रित अर्थनीति का निरूपण करते हैं। उनके अनुसार पूँजीवाद व समाजवाद, दोनों ही 'लोकतंत्र' व 'संस्कृति 'का व्यवहारतः निषेध करते हैं।

6. आर्थिक लोकतंत्र

दीनदयाल उपाध्याय लोकतंत्र को केवल राजनीतिक जीवन का आयाम नहीं मानते। उनका मत है, 'प्रत्येक को वोट' जैसे राजनीतिक प्रजातंत्र का निकष है, वैसे ही 'प्रत्येक को काम' यह आर्थिक प्रजातंत्र का मापदंड है।''[23] 'प्रत्येक को काम' के अधिकार की व्याख्या करते हुए वे कहते हैं, ''काम प्रथम तो जीविकोपार्जनीय हो तथा दूसरे, व्यक्ति को उसे चुनने की स्वतंत्रता हो। यदि काम के बदले में राष्ट्रीय आय का न्यायोचित भाग उसे नहीं मिलता हो तो उसके काम की गिनती 'बेगार 'में होगी। इस दृष्टि से न्यूनतम वेतन, न्यायोचित वितरण तथा किसी-न-किसी प्रकार की सामाजिक सुरक्षा की व्यवस्था

आवश्यक हो जाती।''[24] उपाध्याय आगे कहते हैं—

''जैसे बेगार हमारी दृष्टि में काम नहीं है वैसे ही व्यक्ति के द्वारा काम में लगे रहते हुए भी अपनी शक्तिभर उत्पादन न कर सकना काम नहीं है। 'अंडर इंपलॉइमेंट' भी एक प्रकार की बेकारी है।''[25]

उपाध्याय उस अर्थव्यवस्था को अलोकतांत्रिक मानते हैं जो व्यक्ति के उत्पादन-स्वातंत्र्य या सृजनकर्म पर आघात करती है। अपने उत्पादन का स्वयं स्वामी न रहने वाला मजदूर या कर्मचारी अपनी स्वतंत्रता को ही बेचता है। आर्थिक स्वतंत्रता व राजनीतिक स्वतंत्रता परस्पर अन्योन्याश्रित हैं। ''राजनीतिक प्रजातंत्र बिना आर्थिक प्रजातंत्र के नहीं चल सकता। जो अर्थ की दृष्टि से स्वतंत्र है वही राजनीतिक दृष्टि से अपना मत स्वतंत्रतापूर्वक अभिव्यक्त कर सकेगा 'अर्थस्य पुरुषो दासः' (पुरुष अर्थ का दास हो जाता है)।''[26]

मनुष्य के उत्पादन-स्वातंत्र्य पर सबसे बड़ा हमला पूँजीवादी औद्योगीकरण ने किया है। अतः उपाध्याय औद्योगीकरण का इस प्रकार से नियमन चाहते हैं कि जिससे वह स्वतंत्र, लघु एवं कुटीर उद्योगों को समाप्त न कर सके, ''आज जब हम सर्वांगीण विकास का विचार करते हैं तो संरक्षण की आवश्यकता को स्वीकार करके चलाते हैं। यह संरक्षण देश के उद्योगों को विदेशी उद्योगों की प्रतिस्पर्धा से तथा देश के छोटे उद्योगों को बड़े उद्योगों से देना होगा।''[27] उपाध्याय यह महसूस करते हैं कि पश्चिमी औद्योगीकरण की नकल ने भारत के पारंपरिक उत्पादक को पीछे धकेला है तथा बिचौलियों को आगे बढ़ाया है। ''...हमने पश्चिम की तकनीकी प्रक्रिया का आँख बंद करके अनुकरण किया है। हमारे उद्योग का स्वाभाविक विकास नहीं हो रहा। वे हमारी अर्थव्यवस्था के अभिन्न व अन्योन्याश्रित अंग नहीं अपितु ऊपर से लादे गए हैं।...(इनका विकास) विदेशियों के अनुकरणशील सहयोगी अथवा अभिकर्ता कतिपय देशी व्यापारियों द्वारा हुआ है। यही कारण है कि भारत के उद्योगपतियों में, सब-के-सब व्यापारी आढ़तियों तथा सटोरियों में से आए हैं। उद्योग एवं शिल्प में लगे कारीगरों का विकास नहीं हुआ है।''[28]

देश के आम शिल्पी व कारीगर की उपेक्षा करनेवाला औद्योगीकरण अलोकतांत्रिक है। पूँजीवाद व समाजवाद के निजी व सार्वजनिक क्षेत्र के विवाद को उपाध्याय गलत मानते हैं। इन दोनों ने ही स्वयंसेवी क्षेत्र (Self Employed Sector) का गला घोंटा है। आर्थिक लोकतंत्र के लिए आवश्यक है स्वयंसेवी क्षेत्र का विकास करना। इसके लिए विकेंद्रीकृत अर्थव्यवस्था जरूरी है :

''...राजनीतिक शक्ति का प्रजा में विकेंद्रीकरण करके जिस प्रकार शासन की संस्था का निर्माण किया जाता है, उसी प्रकार आर्थिक शक्ति का भी प्रजा में विकेंद्रीकरण करके अर्थव्यवस्था का निर्माण एवं संचालन होना चाहिए। राजनीतिक प्रजातंत्र में व्यक्ति की अपनी रचनात्मक क्षमता को व्यक्त होने का पूरा अवसर मिलता है। ठीक उसी प्रकार

आर्थिक प्रजातंत्र में भी व्यक्ति की क्षमता को कुचलकर रख देने का नहीं; अपितु उसको व्यक्त होने का पूरा अवसर प्रत्येक अवस्था में मिलना चाहिए।…राजनीति में व्यक्ति की रचनात्मक क्षमता को जिस प्रकार तानाशाही नष्ट करती है, उसी प्रकार अर्थनीति में व्यक्ति की रचनात्मक क्षमता को भारी पैमाने पर किया गया औद्योगीकरण नष्ट करता है।…इसलिए तानाशाही की भाँति ऐसा औद्योगीकरण भी वर्जनीय है।''[29]

यंत्रचालित औद्योगीकरण की मर्यादा को स्पष्ट करते हुए उपाध्याय एक समीकरण प्रस्तुत करते हैं : ''प्रत्येक को काम का सिद्धांत स्वीकार कर लिया जाए तो सम-वितरण की दिशा सुनिश्चित हो जाती है और हम विकेंद्रीकरण की ओर बढ़ते हैं। औद्योगीकरण को उद्देश्य मानकर चलना गलत है। इस सिद्धांत को गणित के सूत्र में यों रख सकते हैं: 'ज×क×य=इ'।[30]

यहाँ 'ज' जन का परिचायक है, 'क' कर्म की अवस्था व व्यवस्था का, 'य' यंत्र का तथा 'इ' समाज की प्रभावी इच्छा या इच्छित संकल्प का द्योतक है। 'इ' तथा 'ज' तो सुनिश्चित है। 'इ' और 'ज' के अनुपात में 'क' तथा 'य' को सुनिश्चित करना है। लेकिन औद्योगीकरण लक्ष्य होने पर 'य' सबको नियंत्रित करता है। 'य' के अनुपात में जन की छँटनी होती है। 'य' के अनुपात में 'इ' को भी यंत्रों के अति उत्पादन का अनुसरण करना पड़ता है जो कि सर्वथा अवांछनीय है। 'ज' की छँटनी कर देनेवाली कोई भी अर्थव्यवस्था अलोकतांत्रिक है। 'इ' को नियंत्रित करनेवाली अर्थव्यवस्था तानाशाही है। अतः 'ज' तथा 'इ' के नियंत्रण में 'क' तथा 'य' का नियोजन होना चाहिए। वही लोकतांत्रिक एवं मानवीय अर्थव्यवस्था कही जा सकती है।

7. भारी औद्योगीकरण का निषेध

बड़े उद्योगों के उत्पादन के केंद्रीकरण के कारण तथा माँग व पूर्ति पर यंत्रवाद के हावी हो जाने के कारण बड़े उद्योग तानाशाही प्रवृत्तिवाले व अमानवीय हो जाते हैं। उपाध्याय ने अपने साहित्य में इस विषय का बड़ा विशद् विवेचन किया है। उसको हम विभिन्न बिंदुओं में निम्न प्रकार प्रस्तुत कर सकते हैं—

(1) भारतीय परंपरागत अर्थव्यवस्था से असंबद्ध होने के कारण इन्हें आरोपित करना होगा। इससे समाज की समरसता भंग होगी।

(2) स्वतंत्र उत्पादक शिल्पी के पूरक नहीं वरन् प्रतिकूल है। अतः अवांछनीय है।

(3) ये 'प्रत्येक को काम' के लक्ष्य के भी प्रतिकूल हैं। प्रौद्योगिक बेरोजगारी बढ़ाते हैं।

(4) ये पूँजीप्रधान हैं। अतः यह भारत के सामान्य उद्योजक व उत्पादक के सामर्थ्य के बाहर है।

(5) इनकी आयात-निर्भरता बहुत है। फलत: ये हमारे भुगतान-संतुलन पर भारी बोझ डालते हैं।

(6) ये देश में उपलब्ध प्रबंध व श्रमिक-प्रशिक्षण के साथ मेल नहीं खाते।

(7) वे श्रमिक को कुटुंब, कुल, जाति और ग्रामसमाज से उच्छिन्न कर एक नवीन, कृत्रिम, बोझिल मानव-मूल्य, विरहित वातावरण में खड़ा कर देते हैं। इस वातावरण में मानव मजदूर भर रह जाता है। उसके शेष सभी मूल्यों का विनाश हो जाता है। वह अपने व्यक्तित्व का विकास करने के स्थान पर विकृतियों का शिकार बनता है। भारत की संस्कृति का उनसे मेल नहीं खाता।

(8) इनका बहुत सामाजिक मूल्य चुकाना पड़ता है। नागरीकरण (शहरीकरण) के परिणामस्वरूप स्वास्थ्य, आवास आदि की भारी समस्याएँ उत्पन्न होती हैं।

(9) इनकी उत्पादन व प्रबंध प्रणाली जटिल है, जो आशुफलदायी भी नहीं है। लगाई गई पूँजी का गुणक प्रभाव भी कम रहता है।

(10) कृषि का निकट संबंध न होने से दोनों के बीच शोषणकारी व जटिल दलाल निकायों का जन्म होता है।

(11) औद्योगिक श्रमसंगठन और नियमों की आज की स्थिति ने भारत में श्रम को महँगा व अनुत्तरदायी बनाया है।···धीरे-धीरे स्थिति ऐसी बन रही है जहाँ औद्योगिक पूँजी व श्रम मिलकर उपभोक्ता का शोषण कर सकेंगे।

(12) हमारी श्रमप्रधान कृषि से मजदूरों को हटाकर शहरों में ले आने से कृषि पर प्रतिकूल परिणाम होगा। संख्या व गुण दोनों से ही ग्राम पिछड़ेगा।

(13) जिन परिस्थितियों में पश्चिम के देशों ने बड़े उद्योगों की स्थापना की थी वे आज हमें उपलब्ध नहीं हैं। उनके पास उपनिवेशों के विस्तृत बाजार थे जहाँ वे पक्का माल बिना किसी प्रतियोगिता के बेच सकते थे तथा कच्चा माल तथा खाद्य सस्ते भाव पर खरीद सकते थे। मजदूरों को कम तनख्वाह पर रखकर भारी मात्रा में पूँजी संचय कर सकते थे। इस पर भी उन्हें विकास में डेढ़ सौ वर्ष लगे।

(14) एक स्थान पर केंद्रित होने अथवा स्थानीकरण की प्रवृत्ति के कारण इससे सार्वदेशिक एवं विस्तृत विकास के मार्ग में बाधा उत्पन्न होती है। (भारत में संगठित उद्योगों में काम करनेवाले श्रमिकों का 66 प्रतिशत बंगाल, बंबई व मद्रास में है) देश के कुछ भागों का विकास शेष में असंतोष उत्पन्न कर एकता और राष्ट्रीयता के लिए खतरा पैदा कर सकता है।

(15) बड़े उद्योगों के परिणामस्वरूप ऐसे शक्तिशाली आर्थिक गुट तैयार हो जाते हैं जो देश की राजनीति पर भी कब्जा कर बैठते हैं।

(16) बड़े उद्योग भयानक विषमता का सृजन कर समाज में 'वर्गसंघर्ष' की स्थितियों का निर्माण करते हैं।[31]

इन सबके अलावा बड़े उद्योगों का एक और खतरनाक पक्ष है। विदेशी पूँजीनिवेशकों से सहज ही उनकी दोस्ती हो जाती है। उपाध्याय राष्ट्रीय औद्योगिक क्षेत्र में विदेशी पूँजी को बहुत अमंगलकारी मानते हैं। उनका मत है—

"...हमारे देश को विदेशी पूँजी के बल पर औद्योगीकृत नहीं किया जाना चाहिए। विदेशी पूँजी के राजनीतिक के अलावा आर्थिक प्रभाव भी अशुभ होते हैं। विदेशी पूँजी का विनियोग स्वदेशी श्रम का शोषण करता है।...बड़े उद्योग व विदेशी पूँजी का विनियोग हमारे यहाँ पश्चिमी प्रकार के शोषणवादी पूँजीवाद को उत्पन्न करेगा।...पूँजीवाद के सभी दोषों का हमारे समाज में प्रवेश हमारी सामाजिक संस्कृति के लिए बहुत विषैला होगा।"[32]

उपाध्याय इस बात को बहुत गलत मानते थे कि दोषपूर्ण बुनियाद पर खड़े पूँजीवाद व समाजवाद को सिद्धांतवाद के नाम पर नव-स्वतंत्र विकासशील देशों में अपनाने की होड़-सी लगी है। उनके अनुसार पुस्तकीय सिद्धांतों की बजाय सामाजिक व्यावहारिकता को इस संदर्भ में अपनी नीति का आधार बनाया जाना चाहिए। आर्थिक व उत्पादकीय सत्ता का केंद्रीकरण सामाजिक व वैयक्तिक स्वातंत्र्य का शत्रु है। हमें पश्चिम के गलाकाटी अनुभव से कुछ सीखकर आगे कदम बढ़ाना चाहिए।

8. अपरमात्रिक उद्योगनीति

भारी एवं आरोपित औद्योगीकरण के विरुद्ध होते हुए भी उपाध्याय स्वस्थ औद्योगीकरण के विकास के समर्थक थे :

"प्राचीन शास्त्रकारों ने वाणिज्य, शिल्प एवं उद्योग के बारे में लिखा है कि उन्हें 'अपरमात्रिक' होना चाहिए। किन्हीं आवश्यक वस्तुओं के लिए उन्हें दूसरों पर निर्भर न रहना पड़े। हाँ, देश के 'उद्धर्त' माल को बाहर निकालने के लिए अंतरराष्ट्रीय व्यापार का उपयोग होना चाहिए।"[33]

'अपरमात्रिक' अर्थात् स्वावलंबन से कुछ अधिक उत्पादन करनेवाली उद्योग नीति हमें अपनानी चाहिए। उद्योग नीति की वांछनीयता के निकष हैं :

(1) वह सबको काम देने में सहायक हो।

(2) उत्पादन के केंद्रीकरण के बजाय विकेंद्रीकरण में सहायक हो।

(3) उसका विकास पारंपरिक उत्पादक कारीगर व शिल्पी के औजारों के

आधार पर हो।

(4) वह भारत की कृषि व ग्राम व्यवस्था के लिए पूरक हो।

(5) वह ग्रामों से प्रतिभा पलायन न होने दे, ग्रामों का ही उद्योग 'अपरमात्रिक' हो।

(6) उसका स्वरूप मानव मूल्यों के प्रति घातक प्रभाववाला न हो।

(7) जन–श्रम–प्रधान उद्योगनीति हो, यंत्रप्रधान नहीं। जन–श्रम के सहायक के रूप में मशीनों का यथायोग्य विकास हो।

मुनाफाखोरी व एकाधिकार की प्रवृत्ति पर नियंत्रण के लिए उपाध्याय निम्न उपाय सुझाते हैं :

(1) निगम–व्यवस्था,

(2) संसदीय नियंत्रण,

(3) प्रबंध में श्रमिकों का सहभाग तथा

(4) विकेंद्रीकरण की आर्थिक आयोजना।

वांछित उद्योगनीति के विकास की चुनौती का सामना करने के विषय में उपाध्याय एम.एस. ठक्कर को उद्धृत करते हैं। ठक्कर ने मद्रास में भारतीय विज्ञान कांग्रेस के सभापति पद से बोलते हुए कहा था—

"अभी तक हमने बाहर के देशों से स्फूर्ति ली है। हमने मशीनों, कारखानों, तज्ञों तथा कारीगरों का आयात किया है। शायद यह उन परिस्थितियों में आवश्यक रहा हो। परिणाम यह हुआ है कि भारत में जो बड़े यांत्रिक उद्योग स्थापित हुए हैं वे दूसरे देशों की नकल भर हैं। देशी आविष्कारों पर विकसित उद्योग कदाचित् ही मिलेंगे। हमें पश्चिम से बड़ी उदारता से सहायता मिलेगी। हम ज्ञान, विज्ञान एवं सौहार्द को जहाँ से भी वह मिलेगा, लेंगे। किंतु प्रत्येक पुष्प से मधु लेकर भी शहद में परिवर्तित करनेवाली मधुमक्षिका की भाँति हमें संपूर्ण प्राप्त सहायता को अपनी आवश्यकता व लक्ष्यों के अनुरूप ढालकर देश में औद्योगीकरण के ऐसे ढाँचे का विकास करना होगा जिसे हम अपना कह सकें। यह दायित्व भारत के वैज्ञानिकों एवं प्राविधिकों के ऊपर है।"[34]

9. मनुष्य और मशीन

उपाध्याय मनुष्य तत्त्व पर मशीन के हावी हो जाने के विरोधी हैं। उत्पादन के केंद्रीकरण की प्रकृतिवाले मशीनीकरण के वे विरोधी हैं; लेकिन मानवश्रम को सुगम करनेवाले तथा 'अपरमात्रिक' उत्पादन देनेवाले सहयोगी यंत्र के वे समर्थक हैं। उनका मत हैं—

"...जहाँ एक ओर मशीन के श्रद्धालु भक्त हैं तो दूसरी ओर कट्टर दुश्मन भी मौजूद हैं। एक, मशीन के अभिनवीकरण के अभाव को ही भारत की गरीबी का कारण मानकर चलते हैं तो दूसरे, अभिनवीकरण और यंत्रीकरण को ही देश के विनाश के लिए जिम्मेदार

मानते हैं। वास्तव में मशीन न तो मनुष्य का शत्रु है न मित्र। वह एक साधन है तथा उसकी उपादेयता समाज की अनेक शक्तियों की क्रिया-प्रतिक्रिया पर निर्भर करती है।''[35] मशीनीकरण के संदर्भ में पश्चिम की नकल नहीं करनी चाहिए। उपाध्याय इसके लिए तर्क प्रस्तुत करते हैं, ''पश्चिम से जो मशीनें हमें मिलती हैं, वे उन देशों द्वारा पिछली कई शताब्दियों में विकसित की गईं। उनका मानकीकरण करके वे आज बाजार में बेच रहे हैं। हम उन्हें खरीदते हैं; किंतु यह भूल जाते हैं कि वे एक लंबे आर्थिक विकास का कारण नहीं, उसके परिणामस्वरूप हैं।''[36] उपाध्याय यंत्रारोपण के बजाय यंत्रों के स्वदेशानुकूल विकास के पक्षपाती हैं। हमें छोटे व कुटीर उद्योगों के संचालन एवं अपने शिल्पियों तथा कारीगरों के सहयोग के लिए अधिकतम सुलभ यंत्र चाहिए। पूँजीपतियों को उत्पादन का एकाधिकारी बनानेवाले यंत्र हमारी अर्थव्यवस्था के शत्रु हैं। दीनदयाल कहते हैं, ''हमारी मशीन हमारी आर्थिक आवश्यकताओं के अनुकूल ही नहीं; अपितु हमारे सांस्कृतिक एवं राजनीतिक जीवनमूल्यों की पोषक नहीं तो कम-से-कम अविरोधी अवश्य होनी चाहिए।''[37]

इस प्रकार उपाध्याय न तो मशीन के भक्त हैं न विरोधी। वे मशीन को समाज एवं अर्थव्यवस्था पर हावी नहीं होने देना चाहते। जब समाज एवं अर्थव्यवस्था पर मशीन हावी हो जाती है तो उसमें 'केंद्रीकरण' का दोष आता है। 'केंद्रीकरण' से पूँजीवाद व समाजवाद की दोषपूर्ण क्रिया-प्रतिक्रियाएँ होती हैं। अतः एक तनावपूर्ण असहज प्रक्रिया से विवेकपूर्वक बचने के लिए वे पुरजोर आग्रह करते हैं कि हमें विकेंद्रित अर्थव्यवस्था, कुटीर उद्योग व स्व-विकसित लघु मशीन के संयोजन की दिशा में प्रवृत्त होना चाहिए।

10. विकेंद्रित अर्थव्यवस्था

विकेंद्रित अर्थव्यवस्था के लिए विकेंद्रित राजनीतिक व्यवस्था भी जरूरी है। इसके लिए उपाध्याय स्वावलंबी समर्थ ग्राम पंचायतों व जनपद-व्यवस्था के पक्षधर हैं। हमारी अर्थव्यवस्था का आधार हमारे ग्राम तथा जनपद होने चाहिए। ग्रामों को उजाड़नेवाले आर्थिक नियोजन अंततः भारत को उजाड़नेवाले सिद्ध होंगे। शहर व ग्रामों का विषम विकास हमारी राष्ट्रीय अखंडता के लिए भी घातक होगा। संसाधनों व सत्ता के केंद्रीकरण के कारण हम पूँजीवाद व उसके प्रतिक्रियात्मक दुष्चक्र से बच नहीं सकते। अतः आर्थिक लोकतंत्र की स्थापना के लिए विकेंद्रित अर्थव्यवस्था ही भारतीय परिस्थितियों में हमारे लिए उपादेय हैं। अतः उपाध्याय कहते हैं—

''...विकेंद्रित अर्थव्यवस्था चाहिए। स्वयंसेवी क्षेत्र (Self Employed Sector) को खड़ा करना होगा। यह क्षेत्र जितना बड़ा होगा उतना ही मनुष्य आगे बढ़ सकेगा, मनुष्यता का विकास हो सकेगा, एक मनुष्य दूसरे मनुष्य का विचार कर सकेगा। प्रत्येक मनुष्य की व्यक्तिशः आवश्यकताओं और विशेषताओं का विचार करके उसे काम देने

पर उसके गुणों का विकास हो सकता है। यह विकेंद्रित अर्थव्यवस्था भारत ही संसार को दे सकता है।''[38] जो व्यवस्थाएँ भारी उद्योगों व केंद्रीकरण के दुष्चक्र में एक बार फँस गई, उन्हें वापस लौटाना कठिन है। अत: तृतीय विश्व के देशों को ग्रामोन्मुखी लघु उद्योगोंवाली विकेंद्रित अर्थव्यवस्था को अपनाना चाहिए।

''विकेंद्रीकरण से वे समस्याएँ हल होती हैं, जिनका कारण अति केंद्रीकरण है। पूँजीवाद अति केंद्रीकरण के कारण ही उत्पन्न होता है। जब लोगों को बड़े पैमाने पर उत्पादन का अवसर ही नहीं मिलेगा तो पूँजी इकट्ठी ही कैसे हो सकेगी? इसमें गाँव तो अधिकाधिक स्वावलंबी होंगे ही, व्यक्ति को प्रेरणा मिलने के कारण वस्तु का गुण तथा उत्पादन, दोनों ही बढ़ेंगे। पुरातन काल में कुटीर उद्योग जितनी उत्तम श्रेणी की वस्तुएँ तैयार करते थे उतनी आज की मशीन नहीं तैयार कर पाती। कुटीर उद्योगों में हस्तकौशल और शिल्प को जो बहुत बड़ा क्षेत्र मिलता है, वह मशीन–उद्योगों में बिलकुल नहीं मिल पाता। जिस प्रकार राजनीतिक लोकतंत्र में ग्रामपंचायत आदि इकाइयों से लोकतंत्र उठकर ऊपर की ओर चलता है, उसी प्रकार आर्थिक लोकतंत्र में ग्राम तथा कुटीर उद्योगों और इसी प्रकार विकेंद्रीकरण के अनुसार किए जानेवाले कृषि उत्पादन केंद्रों से उठकर, लोकतंत्र ऊपर जाना चाहिए। साम्यवाद केंद्रित अर्थनीति का ही एक अंग है। अत: उसकी जड़ें आसमान में है, जबकि इस अर्थव्यवस्था की जड़ें धरती के भीतर गहरी घुसी हुई हैं।''[39]

उपाध्याय के मतानुसार बड़े उद्योगों का सर्वथा निषेध विकेंद्रीकरण का हेतु नहीं है। वे बड़े उद्योगों को छोटे उद्योगों पर अवलंबित करना चाहते हैं—

''...उत्पादक वस्तुएँ बड़े उद्योग तैयार करें तथा उपभोग वस्तुएँ छोटे उद्योगों द्वारा बनाई जाएँ।...दूसरा, उपभोग–वस्तु के उत्पादन के काम में आनेवाली वस्तुओं को अलग-अलग छोटे पैमाने पर तैयार करना तथा उनका एकत्रीकरण बड़े कारखानों में करना; जैसे स्विट्ज़रलैंड में घड़ियों के पुरजे छोटे–छोटे शिल्पियों द्वारा तैयार करके, उन्हें इकट्ठा करके घड़ी के रूप में बड़े कारखाने में तैयार किया जाता है। मोटर आदि जितनी बड़ी-बड़ी चीजें हैं उनके बहुत से भाग इसी प्रकार तैयार किए जा सकते हैं। जापान में इस दृष्टि से बहुत काम हुआ है। वहाँ रेलगाड़ियाँ बनाने के लिए 77 प्रतिशत, जहाज बनाने के लिए 70 प्रतिशत तथा मोटर के निर्माण में 62 प्रतिशत इन छोटे उद्योगों द्वारा तैयार सामान प्रयुक्त होता है।...यदि उपर्युक्त दो वर्गों के उद्योगों को भलीभाँति स्थापित कर दिया जाए तो प्रतिस्पर्धी उद्योग का क्षेत्र बहुत सीमित हो जाएगा।''[40]

दीनदयाल उपाध्याय इस बात से सहमत नहीं हैं कि छोटे उद्योग आर्थिक दृष्टि से किफायती नहीं होते। उनका मत है कि बड़े उद्योगों की किफायत एक भ्रम है। वास्तविक किफायत छोटे उद्योगों में ही होती है :

''...सत्य तो यह है कि किफायतें बड़े पैमाने पर उत्पादन से नहीं, अधिक उत्पादन

के कारण होती है। अगर हम इतिहास को देखें तो ब्रिटेन में बड़े पैमाने पर कपड़ा तैयार होने पर भी भारत का कपड़ा वहाँ जाकर सस्ता पड़ता था। जापान की जो वस्तुएँ सस्ती बाजार में आकर, बाकी सब माल को निकाल देती हैं, बड़े कारखानों में नहीं, घरों में बनती है।...यदि उनकी (छोटे उद्योगों की) असुविधाएँ दूर कर दी जाएँ तथा बड़े उद्योगों को जो सुविधाएँ अतिरिक्त कारणों से प्राप्त हैं, न मिलें, तो निश्चित ही वे (छोटे उद्योग) बाजी मार ले जाएँगे। हमें मालूम है कि सन् 1930-37 के काल में छोटे-छोटे मोटर चलानेवालों ने रेलों को प्रतियोगिता में पछाड़ दिया था। यदि शासन और युद्ध रेलों की मदद को नहीं आते तो उनके लिए जीवित रहना कठिन हो जाता।''[41]

बड़े उद्योगों की किफायत भ्रमपूर्ण है। इसको निरूपित करते हुए उपाध्याय कहते हैं, ''श्री एम.एम. मेहता ने अपनी पुस्तक 'स्ट्रक्चर ऑफ इंडियन इंडस्ट्रीज' में बड़े उद्योगों की शुद्ध की विशद् व्याख्या की है। वे इस निष्कर्ष पर पहुँचे हैं कि—

(1) बड़े उद्योगों की 'किफायतें' उचित प्रतियोगिता के कारण नहीं; बल्कि उसे दबाकर, डाका डालनेवाली व्यापारिक क्रियाओं से प्राप्त होती हैं।

(2) बड़े उद्योगों की दूसरे पक्षों से अपने लिए हितकर और अच्छी शर्तें मनवाने की क्षमता, कार्यकुशलता का फल नहीं; अपितु आर्थिक एवं वित्तीय सामर्थ्य के परिणामस्वरूप हैं।

(3) बड़े उद्योग बहुधा मजदूरों का शोषण करते हैं, ऊँचे मूल्य लेते हैं तथा अपने निहित स्वार्थों की रक्षा के लिए वैज्ञानिक सुधारों को दबा देते हैं।

(4) एक बार बाजार का आधिपत्य स्थापित करने के बाद उनकी औद्योगिक कुशलता की प्रेरणा नष्ट हो जाती है।

(5) अधिकांश बड़े-बड़े उद्योग धीरे-धीरे विकास के आधार पर नहीं, बल्कि वित्तीय एवं प्रशासनिक एकीकरण के कारण बढ़े हैं।

(6) ये उद्योग मंदी के समय, जब अपनी अधिकाधिक योग्यता तथा आर्थिक क्षमता दिखाने का अवसर रहता है नहीं बढ़े, बल्कि तेजी के उस काल में बढ़े जबकि 'सिक्योरिटियों' और 'स्टॉक' से ज्यादा-से-ज्यादा कमाने का मौका रहता है।

(7) ये इतने बड़े हैं कि इनका आर्थिक दृष्टि से संचालन किया ही नहीं जा सकता।

''हम यह जानते हैं कि बैंकों, रेलों, आढ़तियों आदि सबकी सुविधा इन बड़े उद्योगों को सहज ही मिल जाती है।...(जबकि) छोटे उद्योग असंगठित होने के कारण आज की बाजार अर्थव्यवस्था में कच्चे माल की प्राप्ति से लेकर पक्के माल को बेचने तक की श्रृंखला की व्यवस्था नहीं कर पाते। एक बार यह श्रृंखला पूरी हो गई तो फिर

उनका (छोटे उद्योगों का) मुकाबला कर पाना कठिन होगा। शासन का कर्तव्य है कि इस संगठन को खड़ा करने में सहायक हो।''[42]

इन छोटे उद्योगों में अंतर्निहित अनंत संभावनाओं के विषय में भी उपाध्याय बहुत आशान्वित हैं। वे कहते हैं,"...छोटे उद्योगों का क्षेत्र जो एक बार काफी संकुचित हो गया था विशद् होता जा रहा है। जिन वस्तुओं की छोटे आधार पर उत्पादन की हम कल्पना नहीं कर सकते थे, वे अच्छी और आर्थिक आधार पर पैदा की जाने लगी है। हाल ही में चीन के एक समाचार ने, कि वहाँ इस्पात भी छोटे आधार पर पैदा किया गया है, औद्योगिक क्षेत्रों में छोटे उद्योगों के विकास की संभावनाओं को काफी बढ़ा दिया है।''[43]

विकेंद्रित अर्थव्यवस्था में छोटे व कुटीर उद्योग अर्थव्यवस्था के मेरुदंड होंगे। तो भी, आधुनिक उत्पादन-व्यवस्था एवं मानवीय आवश्यकताएँ ऐसी हैं कि बड़े उद्योगों की एकदम अवहेलना नहीं की जा सकती। अत: वे बड़े उद्योगों की अनिवार्यता को स्वीकार करते हैं; लेकिन इससे आर्थिक सत्ता का केंद्रीकरण न हो, इसके लिए वे मुख्यत: दो सुझाव रखते हैं—

(1) शासन व्यवस्था द्वारा नियमन की तथा

(2) श्रमिकों की स्वामित्व में हिस्सेदारी की व्यवस्था हो। इस विषय में वे निजी व सार्वजनिक उद्योग की रूढ़िवादी व्याख्याओं के प्रति कट्टरता को अव्यावहारिक मानते हैं। उनका इन संदर्भों में मत है—

(1) "...कोई बड़ा रूढ़िवादी व सैद्धांतिक (Theoretical) दृष्टिकोण अपनाना ठीक नहीं होगा। विश्व बैंक के अध्यक्ष श्री ब्लैक ने अक्तूबर 1957 में विश्व के प्रमुख उद्योगपतियों के सम्मेलन में कहा था, 'मैं पूँजीवाद के पुजारियों से, जो यह प्रचार करते हैं कि निजी पूँजी विश्व की सभी विकास की आवश्यकताओं को पूरा कर सकती है, उतना ही परेशान हूँ जितना कि समाजवादियों से, जो यह दावा करते हैं कि सार्वजनिक उद्यम ही संपूर्ण माँग को संतुष्ट कर सकता है।' अविकसित देशों में, व्यावहारिक दृष्टि से निजी उद्योग और शासन, दोनों की अपनी-अपनी मर्यादा होती है।...कहा गया है कि अविकसित देशों में सबसे दुर्लभ उत्पादन यदि कोई है, तो वह है जोखिम उठानेवाला उद्यमी (Enterpreneur)। ऐसी अवस्था में राज्य को स्वाभाविक ही आगे आना पड़ता है। समाजवाद से कोसों दूर भागनेवाले कई देशी राज्यों ने इसी कारण अपनी ओर से उद्योग-धंधों की स्थापना की। अत: व्यावहारिक नियम यह भी बनाया जा सकता है कि जहाँ निजी क्षेत्र न आ सकता हो, वहाँ शासन प्रवेश करे। हालाँकि शासन का कार्य साधारणतया अर्थोत्पादन नहीं है।''[44] जहाँ ऐसे उद्योजक मिलते हों, वहाँ उपाध्याय का मत है कि शासन उनका नियमन करे तथा उन पर संसदीय नियंत्रण हो।[45]

(2) बड़े उद्योगों की एक बड़ी विकृति है 'पैसे' को मालिक मानना तथा 'श्रम'

को मजदूर। उपाध्याय बड़े उद्योगों की मिल्कियत को भी श्रमिकों, प्रबंधकों व अंशधारियों में विकेंद्रित करना चाहते हैं—

"अचल उत्पादन के संबंध में जैसे भूमि में श्रम करनेवाले उत्पादक के स्वामित्व को स्वीकार किया गया है (भूमि उसकी, जो जोते); फिर क्यों न उद्योग में भी मजदूरों का स्वामित्व स्वीकार किया जाए? यह आश्चर्य का ही विषय है कि कंपनियों में एक शेयर होल्डर तो, जो बहुधा किसी उद्योग से लाभांश के अतिरिक्त और कुछ संबंध नहीं रखता, स्वामित्व के अधिकार का उपभोग करे, और जो मजदूर उस कारखाने में बराबर काम करता है, वास्तविक रूप से कलों को सक्रिय बनाता है तथा जिसकी पूरी जीविका उस उद्योग के भले-बुरे पर निर्भर है, सदैव ही परायापन अनुभव करता रहे। निःस्पृहता की यह भूमिका ठीक नहीं। अतः आवश्यक है कि अंशधारी के साथ मजदूर को भी स्वामित्व का अधिकार प्राप्त हो। उसे भी लाभ और प्रबंध में भागीदार बनाया जाए। इस प्रकार श्रमिकों के प्रतिनिधि संचालन-मंडल में रहेंगे।"[46]

'विकेंद्रीकरण' को दीनदयाल उपाध्याय अर्थव्यवस्था का केंद्रीय मुद्दा मानते हैं। विकेंद्रीकरण से ही हम सामाजिक न्याय, स्वदेशी व स्वावलंबन को प्राप्त कर सकते हैं। उनका मत है कि "आज की परिस्थिति में यदि दो शब्दों का प्रयोग कर अपनी अर्थव्यवस्था की दिशा के परिवर्तन को बताना हो तो वे हैं—'विकेंद्रीकरण' और 'स्वदेशी'।"[47]

11. अर्थ-संस्कृति

मानव जीवन में उत्पादन, वितरण एवं उपभोग—ये तीन क्रियाएँ उसके आर्थिक जीवन को रूपायित करती हैं। अनियंत्रित या असंयमित उपभोग वितरण में विषमता व लूट को प्रेरित करता है। उत्पादन की भी कोई मर्यादा नहीं रहती। यह असंस्कृत आर्थिक जीवन है। उपाध्याय की अर्थ-संस्कृति का सूत्र है अपरमात्रिक उत्पादन, समान वितरण तथा संयमित उपभोग।

उत्पादन की मर्यादा के लिए वे तीन बातें कहते हैं—

(1) उपभोग की आवश्यकता एवं अपेक्षित बचत के लिए पर्याप्त उत्पादन को अपरमात्रिक उत्पादन कहते हैं। यह उत्पादन की मर्यादा है।

(2) जिस उत्पादन को खपत के लिए बाजार खोजना पड़े, लोगों में उपभोग की लालसा जगानी पड़े, वह सामाजिक संस्कारों में असंतुलन उत्पन्न करता है। बड़े उद्योग व उपभोगवाद में 'चोली-दामन' का साथ है।

(3) प्राकृतिक संसाधनों की एक सीमा है। उनका उच्छृंखल दोहन नहीं करना चाहिए। "प्रकृति में एक संतुलन (Equilibrium) है···प्रकृति अपनी पद्धति से क्षय की पूर्ति करती रहती है।···मानव इतनी तेजी से उसका विनाश कर

रहा है कि न तो प्रकृति क्षतिपूति कर पाती है और न उसका संतुलन ही टिक पाता है। प्रत्येक क्रिया के सर्वांगीण परिणामों का विचार करने लायक ज्ञान का अभी भी मानव के पास अभाव है।''[48] अत: प्राकृतिक संसाधनों की मर्यादा का उल्लंघन करनेवाला उत्पादन वर्जनीय है।

वितरण में समानता के नियमन के विषय में भी वे तीन बातें कहते हैं—

(1) वितरण इस प्रकार होना चाहिए कि ''रोटी, कपड़ा, मकान, पढ़ाई और दवाई—ये पाँच आवश्यकताएँ प्रत्येक व्यक्ति की पूरी होनी ही चाहिए।''[49]

(2) अधिकतम व न्यूनतम आय का नियत अनुपात नहीं बिगड़ना चाहिए।

(3) वितरक निकायें, उत्पादक व उपभोक्ता के साथ संतुलनवाली हों। अतिरिक्त मूल्य उपभोक्ता के लिए शोषणकारी न हो तथा उत्पादक व वितरक में अतिरिक्त मूल्य का न्यायसंगत बँटवारा हो।

उपभोग के विषय में उनकी मान्यता है–

(1) संयमित उपभोग का तात्पर्य है स्वस्थ शरीर की आवश्यकता के अनुकूल उपभोग। इंद्रियलोलुपता को जगाकर किया जानेवाला उपभोग शारीरिक व सांस्कृतिक दोनों दृष्टियों से घातक होता है।

(2) ''अनियंत्रित उपभोग असमान वितरण का कारण है। उपभोग में संयम तथा सादा जीवन भारतीय अर्थव्यवस्था का प्राण है।...उत्पादन उपभोग का नियंत्रण नहीं करता, उपभोग ही उत्पादन का नियंत्रण करता है।''

(3) आर्थिक अभाव तथा प्रभाव दोनों ही उपभोग को असंयमित करते हैं। अत: अर्थव्यवस्था ऐसी चाहिए जो जीवन के 'अर्थायाम' की संपूर्ति करे।

(4) आत्मिक, बौद्धिक व मानसिक आनंद के अभाव में भी व्यक्ति का भौतिक उपभोग असंयमित हो जाता है। व्यक्ति जब सब प्रकार के आनंद की पूर्ति केवल भौतिक उपभोग से प्राप्त करने की कोशिश करता है तो 'उपभोगवाद' के त्रासदायी दुष्चक्र में फँसता है। अत: संयमित उपभोग के संयोजन के लिए समाज में योग्य शिक्षा व संस्कार की व्यवस्था आवश्यक है। सांस्कृतिक आनंद 'उपभोग' को संयमित करता है।

इस प्रकार उपाध्याय निरूपित करते हैं कि उत्पादन, उपभोग व वितरण कोरी आर्थिक क्रियाएँ नहीं हैं। इनके अन्य सामाजिक व सांस्कृतिक पहलू भी हैं। इन पहलुओं की उपेक्षा करनेवाला उत्पादन, उपभोग व वितरण मानव को विषमता, लोलुपता, शोषण एवं असंवेदनशीलता से ग्रस्त करेगा। अत: हमें केवल आर्थिक नियोजन व नियमन ही नहीं, वरन् एक अर्थ–संस्कृति का भी विकास करना है, जिससे हम अर्थ–विकृति से बच सकें।

12. आदर्श अर्थव्यवस्था

उपाध्याय द्वारा प्रस्तुत आर्थिक विचारों से आदर्श अर्थव्यवस्था के कुछ अभिधारणात्मक तत्त्व उभरकर सामने आते हैं जिनको निम्न प्रकार सूचीबद्ध किया जा सकता है—

(1) अर्थायाम

(2) श्रम का मूलभूत कर्तव्य एवं अधिकार 'सबको काम'

(3) उपभोगवाद, स्पर्धावाद व वर्गसंघर्ष का निषेध

(4) स्वामित्व का नहीं, स्वामित्व के केंद्रीकरण का सवाल

(5) कोई स्वामित्व समाजनिरपेक्ष नहीं; कोई व्यक्ति स्वामित्वनिरपेक्ष नहीं— न्यास-सिद्धांत

(6) पूँजीवाद व समाजवाद का निषेध

(7) आर्थिक लोकतंत्र

(8) अर्थसूत्र—ज×क×य=इ

(9) भारी औद्योगीकरण का निषेध

(10) विकेंद्रित अर्थव्यवस्था एवं लघु उद्योग

(11) अपरमात्रिक उद्योग व उत्पादन

(12) अदेवमात्रिका कृषि[50]

(13) स्वयंसेवी उत्पादन क्षेत्र

(14) श्रमिकों का स्वामित्व

(15) अर्थ-संस्कृति, आदि

बंबई के अपने प्रसिद्ध भाषण में उन्होंने कहा कि हमारी अर्थव्यवस्था का उद्देश्य होना चाहिए—

(1) प्रत्येक व्यक्ति को न्यूनतम जीवन स्तर की आश्वस्ति तथा राष्ट्र के सुरक्षा सामर्थ्य की व्यवस्था।

(2) इस स्तर के उपरांत उत्तरोत्तर समृद्धि, जिससे व्यक्ति और राष्ट्र को वे साधन उपलब्ध हो सकें जिनसे वे अपनी 'चिति' के आधार पर विश्व की प्रगति में योगदान कर सकें।

(3) उपर्युक्त लक्ष्यों की सिद्धि के लिए प्रत्येक सवय एवं स्वस्थ व्यक्ति को साभिप्राय आजीविका का अवसर देना तथा प्रकृति के साधनों को मितव्ययिता के साथ उपयोग करना।

(4) राष्ट्र के उत्पादक-उत्पादनों का विचार कर अनुकूल प्रौद्योगिकी का विकास करना।

(5) यह व्यवस्था 'मानव' की अवहेलना न कर, उसके विकास में साधक हो तथा समाज के सांस्कृतिक व अन्य जीवनमूल्यों की रक्षा करे। यह लक्ष्मणरेखा है, जिसका अतिक्रमण अर्थरचना को किसी भी परिस्थिति में नहीं करना चाहिए।

(6) विभिन्न उद्योगों में राज्य, व्यक्ति तथा अन्य संस्थाओं के स्वामित्व का निर्णय व्यावहारिक आधार पर हो।''[51]

उपर्युक्त प्रकार की अर्थव्यवस्था के नियमन में मुख्य बाधा तो राजनीतिक इच्छाशक्ति का अभाव एवं आर्थिक विचारों की समाजवाद एवं पूँजीवाद संबंधी पाश्चात्य अवधारणाओं की भ्रमोत्पादक विचारसरणी है; लेकिन उपाध्याय मानते हैं कि स्वदेशी निहित स्वार्थ भी इसमें एक बहुत बड़ी बाधा है :

''...भारत में ऐसे लोग बड़ी संख्या में हैं जिनके हित पाश्चात्य अर्थव्यवस्था एवं उत्पादन प्रणाली से जुड़े हुए हैं। पिछले सौ वर्षों में जिस अर्थव्यवस्था का भारत में विकास हुआ है, उसने भारत और पश्चिम के औद्योगिक देशों की व्यवस्था को एक दूसरे का पूरक बनाया है। इसमें भारत के हितों का संरक्षण नहीं हुआ, बल्कि उनका बराबर शोषण ही होता रहा। इस शोषण की क्रिया में पाश्चात्य आर्थिक हितों ने भारत के कुछ वर्गों को भी अपने अभिकर्ता के रूप में साझीदार बनाया है। प्रारंभ में व्यापारी व कमीशन एजेंट के रूप में और बाद में कुछ अंशों में उद्योगपति (स्वतंत्र अथवा साझीदार) के रूप में इनके हित संबंध विदेशी आर्थिक हितों के साथ बँध गए। इस वर्ग का देश के आर्थिक जीवन पर प्रभुत्व रहा है। आज भी, संख्या तथा देश की राष्ट्रीय आय में उनका योगदान कम होते हुए भी, वे समाज और देश के जीवन पर भारी प्रभाव रखते हैं। इस वर्ग की आकांक्षाएँ निश्चित हैं। वे अधिकाधिक अपने विदेशी प्रतिद्वंद्वियों का स्थान ग्रहण करना चाहते हैं।...पाश्चात्य अर्थशास्त्र के भारतीय विद्वानों से उनका सहज ही सम-संयोग मेल बैठ जाता है। भारत के सभी समाचार-पत्र, विशेषकर अंग्रेजी, उनके प्रभावक्षेत्र में हैं। सब मिलकर जाने या अनजाने में ऐसा मायाजाल रच देते हैं कि साधारणजन उसमें से निकल ही नहीं पाता।''[52] शीघ्र चमत्कारिक परिणामाकांक्षी राजनेताओं का भी इस मायाजाल से सामंजस्य हो जाता है। इस संदर्भ में उपाध्याय कहते हैं—

''...विदेशी सहायता, विदेशी विशेषज्ञों की सम्मतियाँ तथा विदेशी जीवन का चित्ताकर्षक बाह्य स्वरूप तथा थोड़ी अवधि में कुछ कर दिखाने की राजनीतिक आवश्यकताओं ने उनको (राजनेताओं को) जनजीवन से दूर हटाकर उसकी समस्याओं का यथार्थ आकलन करने में अक्षम बना दिया है।'' उपाध्याय आग्रहपूर्वक प्रतिपादित करते हैं कि ''भारत के 'स्व' का साक्षात्कार किए बिना हम अपनी समस्याओं को सुलझा नहीं पाएँगे।''[53]

दीनदयाल उपाध्याय का अर्थचिंतन समग्रतावादी है। निपट आर्थिक दृष्टि से ही संपूर्ण मानवजीवन को देखने के वे विरोधी हैं। मानवीय सांस्कृतिक मूल्यों की दृष्टि से उनका अर्थचिंतन आदर्शवादी है; लेकिन वह चिंतन अव्यावहारिक न बने अतः उन्होंने साथ-साथ व्यवहार्य व्यवस्थाओं के विवेचन का भी प्रयत्न किया है।

वे किसी वादविशेष से कट्टरतापूर्वक बँधने की बजाय शाश्वत जीवनमूल्यों के प्रकाश में यथासमय आवश्यक परिवर्तन एवं मानवीय विवेक में आस्था रखते हैं। अपनी 'भारतीय अर्थनीति : विकास की एक दिशा' पुस्तक के विषय में वे लिखते हैं—

"जैसा कि पुस्तक के नाम से प्रकट होगा, यहाँ एक दिशा की ओर संकेत भर किया गया है। विकासोन्मुख भारत की मोटी रेखाएँ खींची गई हैं। अनेक छोटी-छोटी रेखाओं का अंकन एवं चित्र में रंग भरने का काम प्रकृति और पुरुष द्वारा ही पूरा होगा। यह जैसे-जैसे होता जाएगा, चित्र वैसे ही भरता जाएगा। हमारा कर्तव्य है कि दर्शक की उत्सुकता छोड़कर निर्माता की लगन और पुरुषार्थ से उसमें जुट जाएँ।"[54]

आज तृतीय विश्व का हर देश पाश्चात्य अर्थशास्त्र से जूझ रहा है। राजनीतिक साम्राज्यवाद भी अब प्रच्छन्न आर्थिक साम्राज्यवाद का अधिष्ठान ग्रहण कर रहा है। आधुनिक पाश्चात्य तकनीकी के साथ प्रताड़ित समाजों की प्रतिभा का मेल बैठना कठिन है। आज न चाहते हुए भी तृतीय विश्व के देश साम्राज्यवादी अर्थशास्त्र से अपने को मुक्त नहीं कर पा रहे हैं। अपने स्वदेशी जन को भूखा मारकर भी साम्राज्यवादियों को बाजार देने के लिए वे बाध्य हैं। पाश्चात्य तकनीकी व तज्ञ स्वदेशी अर्थसत्ता पर ही नियंत्रण कर लेते हैं। कुछ समृद्धि के टापू खड़े कर लेते हैं। आम आदमी विषमताग्रस्त होकर उपेक्षित होता है। नेतृवर्ग एवं मध्यम प्रतिभा के धनी अल्पशिक्षित वर्ग के निहित स्वार्थों को साम्राज्यवादी पाश्चात्य अर्थशास्त्र कुछ सीमा तक पूरा करता रहता है। परिणामतः एक सांस्कृतिक अराजकता, राजनीतिक अस्थिरता व आर्थिक गुलामी का सृजन हो रहा है।

इन साम्राज्यवादी पाश्चात्य आक्रमणों से बचने के लिए माओ-त्से-तुंग व जूलियस न्येरेरे जैसे जननेताओं ने अपने देशों को इस साम्राज्यवादी मुख्य धारा से काटकर तथा राजनीतिक इच्छाशक्ति के बल पर अनेक ग्रामप्रधान एवं लघु उद्योग प्रधान स्वावलंबी प्रयोग किए हैं। लेकिन इन प्रयोगों को करने के लिए उन्होंने तानाशाही राज्यशास्त्र का उपयोग किया। अतः उन्हें अनुकरणीय नहीं माना जा सकता। दमनात्मक व्यवस्थाओं के दुष्परिणाम अब वहाँ प्रकट भी होने लगे हैं। उपाध्याय राजनीतिक व आर्थिक लोकतंत्र की आधारशिला के रूप में 'विकेंद्रीकृत' व 'स्वदेशी' आर्थिक व्यवस्था के पक्ष में अपने विचारों का नियमन करते हैं। अतः वे अधिक महत्त्वपूर्ण हैं।

उपाध्याय के आर्थिक विचार मानव्य प्रधान एवं समाजपरक है। उनका सांस्कृतिक अर्थशास्त्र आत्मरंजक भी लगता है, बुद्धिगम्य भी; लेकिन जिन निहित स्वार्थों का उन्होंने

वर्णन किया है क्या उन्हें संस्कारों के बल पर नियंत्रित किया जा सकता है? लोकतांत्रिक मानवाधिकारों के दुरुपयोग ने ही पूँजीवाद को जन्म दिया था। सरकार द्वारा नियमन तो उपाध्याय को स्वीकार है, नियंत्रण नहीं। सरकारी व संसदीय नियमन तथा आर्थिक निहित स्वार्थों में संघर्ष की अवस्था का वर्णन उपाध्याय अपने विचारों में नहीं करते हैं। उनका विवेचन ज्यादा विधायक है तथा सृजनात्मक है। यह सही है कि संघर्ष को किसी दर्शन का आधार नहीं बनाया जा सकता; लेकिन व्यवहार में उससे बचना कठिन है। दीनदयाल उपाध्याय का उत्तर है, ''संस्कार, शिक्षा, लोकमत-परिष्कार व नियमन—यही लक्ष्मणरेखा है। इसी की मर्यादा में हमें प्रयोग करने चाहिए। मानव की श्रेष्ठता में उनका अगाध विश्वास है।''

संदर्भ–

1. दीनदयाल उपाध्याय, 'राष्ट्रचिंतन' अध्याय-13, विकेंद्रित अर्थव्यवस्था, राष्ट्रधर्म पुस्तक प्रकाशन, लखनऊ, पृ. 89
2. दीनदयाल उपाध्याय, 'भारतीय अर्थनीति : विकास की एक दिशा'; अध्याय-2 : भारतीय संस्कृति में अर्थ, राष्ट्रधर्म पुस्तक प्रकाशन, लखनऊ (1958 में प्रकाशित), पृ. 10
3. वही; पृ. 16
4. 'दीनदयाल उपाध्याय, 'भारतीय जनसंघ की अर्थनीति' (भारतीय जनसंघ उत्तर प्रदेश के प्रादेशिक सम्मेलन, 1953 के अवसर पर कार्यकर्ता शिविर के लिए भेजा गया लेख); पाञ्चजन्य, जनसंघ अधिवेशनांक, 25 जनवरी, 1954, पृ. 8
5. क्र. 2; पृ. 9
6. वही; पृ. 18
7. वही; वहीं
8. वही; पृ. 20
9. वही; पृ. 23
10. क्र. 1; अध्याय-12, अर्थनीति का भारतीयकरण, पृ. 85
11. वही; अध्याय-10, छोटे उद्योग और बड़े उद्योग, पृ. 113-114
12. क्र. 4; पृ. 9
13. क्र. 2; अध्याय-10, छोटे उद्योग और बड़े उद्योग, पृ. 125
14. वही; वहीं।
15. वही; अध्याय-3 ,आधार लक्ष्य, पृ. 20
16. वही; वहीं।
17. क्र. 1; अध्याय-12, अर्थनीति का भारतीयकरण, पृ. 85
18. वही; पृ. 92-93
19. वही; पृ. 90
20. क्र. 2; अध्याय-10, छोटे उद्योग और बड़े उद्योग, पृ. 115
21. वही; अध्याय-3, आधारभूत लक्ष्य, पृ. 29
22. वही; पृ. 30
23. वही; पृ. 27

24. वही वहीं।
25. वही; पृ. 29
26. वही; पृ. 26
27. वही; अध्याय-6, उद्योग, पृ. 65
28. वही; पृ. 66
29. दीनदयाल उपाध्याय, 'राष्ट्र जीवन की समस्याएँ; राष्ट्रधर्म प्रकाशन लि., मॉडल हाउसेज, लखनऊ; प्रथम संस्करण 1960; अध्याय-9 :अर्थनीति का भारतीयकरण, पृ. 42
30. वही; पृ. 44
31. क्र. 2; अध्याय-10, छोटे उद्योग और बड़े उद्योग, पृ. 106-129
32. वही; अध्याय-8, पूंजी व प्रबंध, पृ. 82-83
33. वही; अध्याय-6 ,उद्योग अपरमात्रिक, पृ. 63
34. वही; पृ. 67
35. वही; अध्याय-7, मनुष्य और मशीन, पृ. 77-78
36. वही; पृ. 74
37. 'एकात्म दर्शन'; दीनदयाल शोध संस्थान, नई दिल्ली; अध्याय-4: राष्ट्रीय जीवन के अनुकूल अर्थरचना, पृ. 64
38. वही; अध्याय-13, विकेंद्रित अर्थव्यवस्था, पृ. 95
39. वही; अध्याय-12, अर्थनीति का भारतीयकरण, पृ. 87
40. क्र. 2; अध्याय-10, पृ. 120
41. वही; पृ. 121
42. वही; पृ. 122-123
43. वही; पृ. 123
44. वही; पृ. 126
45. दीनदयाल उपाध्याय, 'विकेंद्रीकरण की विडंबना'; पाञ्चजन्य, उद्योग अंक, दीपावली सं. 2024, 30 अक्तूबर, 1967, पृ. 14
46. वही; वहीं।
47. क्र. 37; अध्याय-4, राष्ट्रजीवन के अनुकूल अर्थव्यवस्था, पृ. 71
48. क्र. 2; अध्याय-4, प्राथमिकताएँ, पृ. 26
49. क्र. 4; पृ. 9
50. "...हमारे भारतीय शासन का यह ध्येय रहा है कि वह सिंचाई की योग्य व्यवस्था करे। कृषि को 'अदेवमात्रिका' बनाने का शास्त्रकारों का आदेश है।"—क्र. 2; अध्याय-5: कृषि, पृ. 43। (वामन शिवराम आप्टे द्वारा रचित 'संस्कृत-हिंदी कोश' में 'अदेवमात्रिक' का अर्थ निम्न प्रकार दिया है :'अदेव' : (1) जो देवताओं की भाँति न हो और (2) देवविहीन अपवित्र। सम. मातृक (वि.) जहाँ वर्षा न हुई हो, माता की भाँति दूध पिलाने या पानी देने के लिए जहाँ वर्षा का देवता काम न करता हो।)
51. क्र. 37; अध्याय-4 : राष्ट्रीय जीवन के अनुकूल अर्थरचना, पृ. 70
52. क्र. 2; अध्याय-1 : अर्थ-चिंतन, पृ. 13-14
53. वही; पृ. 14
54. वही; दो शब्द, पृ. 3

□

8

सामाजिक सक्रियता एवं विचार

सामाजिक सक्रियता

सामाजिक क्षेत्र में दीनदयाल उपाध्याय का योगदान मुख्यत: राष्ट्रीय स्वयंसेवक संघ के कार्यकर्ता के नाते ही रहा है। संघ के अनेक कार्यकर्ता समाज के विविध क्षेत्रों में भेजे गए थे। उसी क्रम में दीनदयाल उपाध्याय को राजनीतिक क्षेत्र का दायित्व मिला था; लेकिन उन्होंने कभी भी अपने आप पर राजनीति को हावी नहीं होने दिया। इसके अलावा वे लेखन के माध्यम से भी अपनी सामाजिक भूमिका अदा करते थे। वे पत्रकार भी थे। वस्तुत: दीनदयाल उपाध्याय राजनीतिक क्षेत्र में सामाजिक व सांस्कृतिक दृष्टिपथ के प्रतिनिधि थे। राष्ट्रीय स्वयंसेवक संघ के एक प्रशिक्षण शिविर में भाषण करते हुए उन्होंने कहा, संघ के स्वयंसेवकों को राजनीति से दूर रहना चाहिए जैसे कि मैं हूँ। एक राजनीतिक दल के महामंत्री का यह कथन पहेली सरीखा था। अत: स्पष्टीकरण करते हुए उन्होंने कहा, "संघ का स्वयंसेवक समाज के हर क्षेत्र में सामाजिक-सांस्कृतिक कार्यकर्ता के नाते ही जाता है। विभिन्न राजनीतिक-आर्थिक संस्थाओं में काम करते हुए भी वह उन संस्थाओं व क्षेत्र की एकांगिता को अपने ऊपर हावी नहीं होने देता। राजनीति में जाते ही आज जो सत्तावाद एवं दलवाद व्यक्ति पर हावी होता है, इसको राजनीतिक क्षेत्र की मजबूरी माना जाता है। स्वयंसेवक को इससे दूर रहना चाहिए।"[1]

राष्ट्रीय स्वयंसेवक संघ समाज में अपने विचारानुसार राष्ट्रवादी निष्ठाओं को समाजव्यापी बनाने के लिए लोकसंस्कार, लोकचेतना एवं लोकसंग्रह का कार्य करता है। राष्ट्रीय स्वयंसेवक संघ को एक राष्ट्रव्यापी आंदोलन बनाने में जिन कुछ लोगों का योगदान है, दीनदयाल उपाध्याय उनमें से एक थे। जिस सांस्कृतिक अधिष्ठान पर मा.स. गोलवलकर ने संघ को एक व्यापक आंदोलन बनाया, अनुशासित कार्यकर्ताओं की देश

भर में एक उल्लेखनीय शक्ति उत्पन्न की, दीनदयाल उपाध्याय इस कार्यकर्ता-निर्माण के कार्य में उतने ही महत्त्वपूर्ण थे जितने मा.स. गोलवलकर, एकनाथ रानाडे या बाबासाहब आपटे आदि थे। उन्होंने संगठन के मस्तिष्क का काम किया। इस संबंध में बाबासाहब आपटे ने लिखा है, ''नेता के नाते देश भर में ख्याति प्राप्त करने के बाद भी उनकी विनम्रता और आत्मीय संबंधों में परिवर्तन नहीं आया था। राजनीति, अर्थशास्त्र आदि जिन विषयों का अध्ययन मैंने कभी नहीं किया था, उस संबंध की कोई अड़चन उत्पन्न होती थी तो निशंक भाव से मैं पंडितजी के पास जाकर पूछ लिया करता था और वे हाथ का काम बाजू में रखकर भी मेरा समाधान कर दिया करते थे। उनके साथ कितने विषयों की चर्चा पिछले बीस वर्षों में ही होगी, उनका कोई ठिकाना नहीं। कई बार मेरे मन में कोई लेख लिखने की कल्पना आती थी और कई कारणों से मैं स्वयं को लिखने में असमर्थ पाता था ऐसे समय पंडितजी से भेंट हो गई तो उनके सामने लेख की रूपरेखा रखकर उनको ही लेख लिखने की प्रार्थना मैं करता था। वे प्राय: स्वीकार करते थे। एक बार 'हाँ' कहा तो मैं निश्चिंत हो जाता था।''[2]

राष्ट्रीय स्वयंसेवक संघ के प्रारंभिक काल एवं उसके संस्थापक के विषय में प्रथम शोधकार्य के नाते नारायणहरि पालकर ने डॉ. हेडगेवार का जीवनचरित लिखा। यह मूल रचना मराठी में थी। दीनदयाल उपाध्याय ने ही उसको हिंदी पाठकों को उपलब्ध करवाया। उन्होंने सहज ही पुस्तक का हिंदी अनुवाद कर दिया। राष्ट्रीय स्वयंसेवक संघ में जो साहित्य उपलब्ध है वह मुख्यत: मा.स. गोलवलकर, उमाकांत केशव उपाख्य बाबासाहब आपटे, एकनाथ रानाडे, दीनदयाल उपाध्याय व दत्तोपंत ठेंगड़ी का ही है।

अखिल भारतीय दल के महामंत्री होते हुए भी उपाध्याय संघकार्य के समक्ष राजनीति को गौण समझते थे। वे प्रतिवर्ष देश भर में लगभग तीस-चालीस दिन संघ-शिक्षा वर्गों के लिए प्रवास करते थे। संघ की प्रत्येक बैठक में अवश्य उपस्थित होते थे। इस संदर्भ में यादवराव जोशी एक घटना का वर्णन करते हैं—

''गत वर्ष (1967) विभिन्न राष्ट्रीय कार्यों में भाग लेनेवाले कुछ स्वयंसेवक नागपुर में एकत्र थे। ठीक उसी समय उत्तर प्रदेश में कांग्रेस मंत्रिमंडल का पतन हुआ था। साझा मंत्रिमंडल गठित करने हेतु विपक्षी दलों की सरगर्मियाँ तेज हो गई थीं। कुछ कार्यकर्ता, जिन्हें नागपुर पहुँचना था, इस भँवर में फँस गए और नागपुर न पहुँच सके। इस बात का पता लगने पर दीनदयाल उपाध्याय उद्विग्न हो उठे। वे बोले, ''हम पहले स्वयंसेवक हैं, और कुछ बाद में। तब भी संघ द्वारा कोई आह्वान दिया जाता है तो हमारा कर्तव्य हो जाता है कि अन्य सभी बातों को एक ओर फेंककर संघ की पुकार पर चलें।''[3] ''अर्थात् उपाध्याय संघकार्य के समक्ष अन्य कार्यों की प्राथमिकता नहीं मानते थे। राष्ट्रीय स्वयंसेवक संघ ने समाज-जीवन में जो राष्ट्रनिष्ठा, अनुशासनबद्धता तथा

संगठनकौशल उत्पन्न करने का कार्य किया है, उनमें दीनदयाल उपाध्याय की एक महत्त्वपूर्ण भूमिका रही है।

1. अखिल भारतीय विद्यार्थी परिषद्

राष्ट्रीय स्वयंसेवक संघ पर प्रतिबंध के दौरान सन् 1948 में अखिल भारतीय विद्यार्थी परिषद् की स्थापना हुई थी, जिसका 9 जुलाई, 1949 को औपचारिक पंजीकरण हुआ। उत्तर भारत में विद्यार्थी परिषद् को छात्रों का महत्त्वपूर्ण संगठन बनाने में उपाध्याय की भी महत्त्वपूर्ण भूमिका रही है। अपनी स्थापना के तुरंत बाद परिषद् ने सविधान-निर्मातृ-सभा को ज्ञापन देने के लिए भारतीयकरण उद्योग नाम से एक हस्ताक्षर अभियान चलाया था। संविधान के भारतीयकरण की दृष्टि से इसमें चार माँगें थीं :

(1) संविधान में देश का नाम 'भारत' रखा जाए।

(2) राष्ट्रगीत 'वंदेमातरम्' हो।

(3) 'हिंदी' को राष्ट्रभाषा घोषित किया जाए।

(4) संविधान का निर्माण हिंदी में हो।

'भारतीयकरण उद्योग' योजना के लिए जिस क्रियान्वयन समिति का निर्माण किया गया, उपाध्याय उस समिति के सदस्य थे।[4] अखिल भारतीय विद्यार्थी परिषद् द्वारा प्रकाशित पुस्तक 'एज्युकेशनल चेंज'[5] में शिक्षा-संबंधी दीनदयाल के विचारों को भी संदर्भित किया गया है। राष्ट्रीय स्वयंसेवक संघ की वैचारिक अवधारणा के आधिकारिक प्रवक्ता होने के नाते संघ के कार्यकर्ताओं द्वारा चलाए गए विभिन्न क्षेत्र के प्रकल्पों एवं संगठनों में उपाध्याय की शिक्षकवत् भूमिका रहती थी। इस दृष्टि से विद्यार्थी परिषद् के विकास में, जो कि आज देश में छात्रों का सबसे बड़ा संगठन है, दीनदयाल उपाध्याय का भी गणनीय योगदान रहा है।

2. विश्व हिंदू परिषद्

30 अगस्त, 1964 को बंबई में स्वामी चिन्मयानंद के संदीपनी आश्रम में 'विश्व हिंदू परिषद्' नामक एक सामाजिक-धार्मिक संगठन की स्थापना हुई। इस संगठन की स्थापना बैठक में भाग लेनेवाले लोगों में प्रमुख थे संत तुकड़ोजी महाराज, मास्टर तारा सिंह, बी.जी. देशपांडे, मा.स. गोलवलकर तथा स्वामी चिन्मयानंद।[6] बैठक के संयोजक एस.एस. आपटे थे, जो धार्मिक क्षेत्र के इस कार्य के लिए राष्ट्रीय स्वयंसेवक संघ द्वारा नियुक्त थे। दीनदयाल उपाध्याय का इस परिषद् से कोई सीधा संबंध न था; लेकिन परिषद् की विचार-दृष्टि को प्रस्तुत करनेवाला प्रथम आलेख 'विश्व हिंदू परिषद् : एक सामयिक योजना' दीनदयाल उपाध्याय ने ही लिखा था। उन्होंने विश्व हिंदू परिषद् को अपने लेख में इस प्रकार परिभाषित किया—

"हिंदू की अनेक परिभाषा विद्वानों ने की है। प्राय: वे अव्याप्ति अथवा अतिव्याप्ति के दोष से पूर्ण हैं। पर, परिभाषा की कठिनाइयों के उपरांत भी, विश्व के करोड़ों मानव हैं जो अपने को हिंदू कहते हैं अथवा कहे जाते हैं। हिंदू नाम से ख्यात समाज भी है और गुण-दोषमय समाज की जीवनधारा भी है। हिंदुत्व के इस बोध की अभिव्यक्ति ही विश्व हिंदू परिषद् है।"

विश्व हिंदू परिषद् के उद्देश्य को वे इस प्रकार वर्णित करते हैं, "हिंदू तत्त्वज्ञान के आधार पर कर्मकांड तथा आचरण-संहिता के विधान की आवश्यकता है। कर्मकांड देश-काल-परिस्थिति के अनुसार बदलता है। चले आए कर्मकांड में अनेक रूढ़ियाँ बन गई हैं। अनेक का परिष्कार नहीं हुआ। यह काम है, जो हिंदू जगत् को करना होगा।...जिसका शुभारंभ विश्व हिंदू परिषद् की फलश्रुति के रूप में होना चाहिए।"[7]

इस सामयिक योजना के प्रारंभ होने में उपाध्याय की भी भूमिका थी। विश्व हिंदू परिषद् के मंच पर वे सहज रूप से आमंत्रित रहते थे। राजनीतिक दल का महामंत्रित्व इसमें बाधा नहीं माना जाता था। इस प्रकार के मंचों पर पूर्णत: राजनीति-निरपेक्ष होकर भूमिकाएँ निभाना उपाध्याय की कार्यशैली व प्रतिभा का कौशल था।

3. भारतीय मजदूर संघ

23 जुलाई, 1955 को भोपाल में भारतीय मजदूर संघ की स्थापना हुई। दत्तोपंत ठेंगड़ी इसके संस्थापक महामंत्री थे। दीनदयाल उपाध्याय ही इस भारतीयतावादी 'स्वतंत्र ट्रेड यूनियन आंदोलन' (किसी भी राजनीतिक दल से असंबद्ध) के प्रेरणास्रोत थे। इस संदर्भ में मनोहरभाई मेहता लिखते हैं—

"एकात्म मानववाद के महान् उद्गाता दीनदयालजी के मार्गदर्शन से उत्प्रेरित 'यथार्थ श्रम संगठनवाद' और 'विशुद्ध सांस्कृतिक राष्ट्रवाद', इन दो मूलभूत अवधारणाओं के आधार पर मजदूर संगठन खड़ा करने का विचार ठेंगड़ीजी के माध्यम से क्रियान्वित हुआ। उन्हें पूरी तरह विश्वास हुआ था कि इन्हीं अवधारणाओं के बल पर श्रमिक क्षेत्र में पूँजीवाद व साम्यवाद के साथ वैचारिक युद्ध में विजय प्राप्त की जा सकती है।"[8]

भारतीय मजदूर संघ की निम्न प्रसिद्ध घोषत्रयी का आधार भी दीनदयाल उपाध्याय के आर्थिक विचार ही हैं :

(1) राष्ट्र का औद्योगीकरण,

(2) उद्योगों का श्रमिकीकरण तथा

(3) श्रमिकों का राष्ट्रीयकरण।

भारतीय मजदूर संघ भारत के मजदूर संगठनों की मालिका में द्वितीय स्थान पर माना जाता है। दीनदयाल उपाध्याय समाज के विविध क्षेत्रों के संगठनों की राजनीतिक दलों से

संबद्धता से सहमत नहीं थे। अत: उपाध्याय समाज के ऐसे अनेक संगठनों से जुड़े थे जो उनके राजनीतिक दल जनसंघ से संबद्ध नहीं थे[9], लेकिन भारतीय जनसंघ में इस मत के भी लोग थे जो सोचते थे कि 'भारतीय मजदूर संघ' को दल से संबद्ध करना चाहिए। उनका कहना है कि भारतीय मजदूर संघ की स्थापना 31 दिसंबर व 1-2 जनवरी, 1954-55 को जोधपुर में संपन्न हुए भारतीय जनसंघ के तृतीय अधिवेशन में पारित एक प्रस्ताव[10] के आधार पर हुई थी। वास्तव में यह विवाद उपाध्याय की मृत्यु के बाद ही उठा। आज भारतीय मजदूर संघ का नेतृत्व कर रहे दत्तोपंत ठेंगड़ी 'ट्रेड यूनियन आंदोलनों' के दलीय उपयोग को मजदूरों के अहित में मानते हैं। वे एकात्म मानववाद की वैचारिक संबद्धता से आगे संगठनात्मक संबद्धता को मजदूर संघ की मूल प्रेरणा के प्रतिकूल मानते हैं। उपर्युक्त जोधपुर अधिवेशन में ठेंगड़ी भी उपस्थित थे। उनका मानना है, 'विशुद्ध ट्रेड यूनियन पद्धति' का अर्थ है, 'किसी भी ट्रेड यूनियनेतर संगठन के अंतर्गत कार्य न करने की पद्धति।' राजनीतिक दल से असंबद्ध रहने का तात्पर्य इसमें अंतर्निहित है।

कोई राजनीतिक दल इस प्रकार के आनुषंगिक संगठनों के बिना कार्य कर सकता है या नहीं, यह तो एक विवाद का मुद्दा है; लेकिन यह बात सत्य है कि भारतीय मजदूर संघ के लोग दीनदयाल उपाध्याय को बड़ी श्रद्धा से स्मरण करते हैं तथा अपनी विचारधारा का प्रेरणास्रोत मानते हैं। जनता पार्टी के निर्माण के समय भी यह असुविधाजनक मुद्दा रहा। जनता पार्टी में भारतीय मजदूर संघ को दलीय संबद्धता ग्रहण करने के लिए आमंत्रित किया गया। ठेंगड़ी ने इसके लिए उसी 'विशद्ध ट्रेड यूनियन' पद्धति का तर्क देते हुए इस आमंत्रण को अस्वीकार कर दिया था।

4. अखिल भारतीय ग्राहक पंचायत

पूना के बिनुमाधव जोशी ने सन् 1974 में 'अखिल भारतीय ग्राहक पंचायत' की स्थापना की। अर्थात् इस संगठन की स्थापना उपाध्याय की मृत्यु के बाद हुई। बिंदुमाधव जोशी इस 'उपभोक्ता आंदोलन' के प्रारंभ का श्रेय दीनदयाल उपाध्याय के साथ आए अपने संपर्क को देते हैं। वे कहते हैं—

"उत्पादन और उपभोग की अराजकता ने ग्राहक पंचायत का कार्य करने की प्रेरणा दी। उपभोक्ता की जागरूकता के अभाव में उत्पादन मूल्य एवं उपभोग मूल्य में बहुत अंतर रहता है। यह शोषण है। उपभोक्ता का उत्पादन पर नियंत्रण न रहने के कारण सार्थक उपभोग्य वस्तुएँ के स्थान पर 'उपभोगवाद' को प्रश्रय देनेवाली वस्तुओं का उत्पादन होता है तथा प्रचार माध्यमों का प्रयोग कर उपभोक्ता पर उनका आरोपण होता है। मैंने दीनदयालजी के साहित्य से इस संदर्भ में एक सूत्र ग्रहण किया, उत्पादन में वृद्धि, वितरण में समता तथा उपभोग में संयम यह भारतीय 'अर्थायाम' है।"

"उत्पादन में वृद्धि तथा उपभोग में संयम परस्पर विरोधी नहीं हैं क्या?" यह पूछने पर जोशी कहते हैं, "दीनदयालजी ने इसे स्पष्ट किया है, 'उत्पादन' में वृद्धि का तात्पर्य अभाव के अभाव से है। उपभोग पर उत्पादन का हावी होना अवांछनीय है तथा उपभोग में संयम से तात्पर्य दारिद्रयपूर्ण जीवनयापन नहीं है, वरन् तात्पर्य यह है कि उपभोक्ता अपने पर अनावश्यक वस्तुओं का मुनाफाखोर आरोपण न होने दे एवं विवेकपूर्वक अपने उपभोग का निर्धारण करे।"[11]

उत्पादन व वितरण पर उपभोक्ता का नियंत्रण ही वास्तव में आर्थिक नियोजन पर समाज के अंकुश का परिचायक है। सामाजिक रूप से जागरूक होकर उपभोक्ता के नाते संगठित होने के उद्‌देश्य से उपाध्याय उपभोक्ता आंदोलन की कल्पना करते थे। अभी यह आंदोलन नया है। महाराष्ट्र व गुजरात के कुछ बड़े शहरों में ही इसकी गतिविधियाँ हैं।

5. पत्रकारिता

दीनदयाल उपाध्याय सामाजिक चेतना के प्रसार के लिए पत्रकारिता का भी उपयोग करते थे। उन्होंने 'पाञ्चजन्य' साप्ताहिक तथा 'राष्ट्रधर्म' मासिक को संचालित किया, जो अब भी चल रहे हैं। 'हिमालय' व 'स्वदेश' दैनिक थोड़े दिन चलकर बंद हो गए। उपाध्याय स्वयं इन पत्रों के कभी औपचारिक रूप से संपादक नहीं रहे। उन्होंने इन पत्रों के माध्यम से अनेक संपादकों का शिक्षण किया। कुछ घटनाएँ यहाँ उल्लेखनीय हैं—

(क) जुलाई 1953 को 'पाञ्चजन्य' ने एक 'अर्थ अंक' निकाला। आर्थिक विषयों पर बहुत सामग्री एकत्र कर अच्छी मेहनत के साथ यह अंक तैयार किया गया था। संपादक महेंद्र कुलश्रेष्ठ को उन्होंने अंक की समीक्षा लिखकर भेजी। उनका आग्रह था कि सामग्री चयन में निष्पक्षता व पूर्णता रहनी चाहिए। अत: उन्होंने लिखा, "पंचवर्षीय योजना में श्री रणदिवे की आलोचना को क्यों स्थान दिया गया? जबकि अन्य दलों की आलोचना का समावेश नहीं है।" पत्रकारिता में शिष्टाचार की अवहेलना नहीं होनी चाहिए। अत: इसी समीक्षा में वे लिखते हैं, "संपादकीय में श्री अशोक मेहता की शासन के साथ सहयोग की नीति की आलोचना करते हुए 'मूर्खतापूर्ण' शब्द के स्थान पर यदि किसी सौम्य शब्द का प्रयोग होता तो वह पाञ्चजन्य की प्रतिष्ठा के अनुरूप होता।"[12]

(ख) भानुप्रताप शुक्ल 'पाञ्चजन्य' के साथ पिछले 22 सालों से संबद्ध हैं। वे अपना अनुभव बताते हैं, "पाञ्चजन्य से उनके संबंध दिखते नहीं थे। हम लोग अनुभव करते थे कि उनका सान्निध्य बड़ा मृदु एवं शिक्षाप्रद है। वे आते थे। पत्रकारिता पर चर्चा होती थी। न्यूज कैसे बनाना, शीर्षक कैसे लगाना आदि से लेकर छोटी-बड़ी सब सैद्धांतिक व्यावहारिक बातें होती थीं। हम उनसे बहस भी करते थे।" इस संबंध में शुक्लजी ने एक घटना का वर्णन किया—

''एक बार दीनदयालजी लखनऊ आए। तब संत फतेह सिंह किसी विषय पर आमरण अनशन कर रहे थे। हमने पाञ्चजन्य में शीर्षक दिया था, 'अकाल तख्त के काल।' उन्होंने यह शीर्षक हटवा दिया तथा समझाया, सार्वजनिक जीवन में इस प्रकार की भाषा का उपयोग नहीं करना चाहिए जिससे परस्पर कटुता बढ़कर आपसी चर्चा-विमर्श अथवा साथ काम करने की संभावनाएँ ही समाप्त हो जाएँ।...अपनी बात को दृढ़ता से कहने का अर्थ कटुतापूर्वक कहना नहीं होना चाहिए।''[13]

(ग) इसी संदर्भ में 'ऑर्गेनाइजर' के संपादक के.आर. मलकानी लिखते हैं, ''जब तीन दिनों से भी कम अवधि में हरियाणा, पश्चिम बंगाल तथा पंजाब की गैर-कांग्रेसी सरकारें गिरा दी गईं तब हमने एक व्यंग्यचित्र छापा जिसमें चव्हाण लोकतंत्र के बैल को काटते हुए दर्शाए गए थे। बहुतों को लगा, यह कुछ अतिवाद है। पंडितजी की प्रतिक्रिया थी, ''चाहे व्यंग्यचित्र में ही क्यों न हो, गौ-हत्या का यह दृश्य मन को धक्का पहुँचानेवाला है।''[14]

इस प्रकार दीनदयाल उपाध्याय ने सार्वजनिक जीवन के प्रति सचेत, सुरुचिपूर्ण एवं संस्कारक्षम पत्रकारिता को अपने से संबद्ध कार्यकर्ताओं व समाचार-पत्रों के माध्यम से विकसित करने का प्रयत्न किया। वे 'ऑर्गेनाइजर' में 'पॉलिटिकल डायरी' तथा 'पाञ्चजन्य' में 'विचार-वीथी' नाम से अनेक वर्षों तक स्थायी स्तंभ भी लिखते रहे।

6. सामाजिक सुधार

सामाजिक बुराइयों पर दीनदयाल प्रहार करते हैं। पर, उनका लहजा विधायक रहता था। समाज में दलितों व महिलाओं की स्थिति के बारे में, हिंदू के नाम पर राजनीति करनेवाले सामान्यत: अनुदार माने जाते हैं। मध्यमवर्गीय सनातन हिंदू मानसिकता एवं रामराज्य परिषद् जैसी संस्थाओं के साथ जनसंघ का नाम जुड़ जाने के कारण जनसंघ तथा दीनदयाल भी इन विषयों में अनुदार होंगे, ऐसी सामान्यत: धारणा रहती थी; लेकिन दीनदयाल उपाध्याय सामाजिक एवं ऐतिहासिक बुराइयों के खिलाफ संवैधानिक संरक्षणों के पक्षधर थे। अत: उन्होंने आग्रहपूर्वक जनसंघ के संविधान में मंडल समितियों के गठन में महिलाओं तथा अनुसूचित जाति व जनजाति के सदस्यों के लिए दो-दो स्थान आरक्षित करवाए।[15] इसी प्रकार 'परिवार नियोजन' के लिए कृत्रिम उपायों के उपयोग के बारे में भी काल्पनिक श्रेष्ठता व पवित्रता के आवरण में विरोधी तथा अनुदार दृष्टिकोण यत्र-तत्र दिखाई देता है। जनसंघ की नागपुर अ.भा. प्रतिनिधि सभा के अधिवेशन के समय मध्य प्रदेश के एक प्रतिनिधि ने 'परिवार नियोजन' के लिए केवल ब्रह्मचर्यपूर्वक संयमी जीवन को स्वीकार करना चाहिए, भारतीय जनसंघ कृत्रिम उपायों के उपयोग का विरोध करे, ऐसा प्रस्ताव रखा। उपाध्याय ने समझाया कि कल्पना लोक में रहने का लाभ नहीं है। हमें व्यावहारिक

बनना चाहिए तथा उस प्रस्ताव को बहुमत से अस्वीकृत कर दिया गया।[16]

कानून का पालन न करना, कर-अदायगी न करना[17] तथा अवैधानिक आचरण कर समाज में भ्रष्टाचार फैलाना आदि लोकतांत्रिक व संविधानवादी समाज की भयानक बुराइयाँ हैं जो कि लोकतंत्र की जड़ें ही खोखली करती हैं। उपाध्याय ने इन विषयों पर लोकजागरण के लिए संगठन के कार्यकर्ताओं को शिक्षित करने का महती प्रयत्न किया।

लोक कल्याणकारी राज्य की अवधारणा ने समाज में कर्मचारियों का एक बहुत बड़ा वर्ग उत्पन्न कर दिया है। राजनीतिक व आर्थिक जीवन में अधिक लोगों की सहभागिता की अच्छाई के साथ जो अनेक बुराइयाँ आई हैं उनमें एक बड़ी बुराई है 'रिश्वतखोरी '। दीनदयाल उपाध्याय ने एक शिक्षाप्रद ललित लेख लिखा। रिश्वतखोरी के समाजशास्त्र व मनोविज्ञान का विशद् विवेचन करते हुए इसके निवारण हेतु उपाध्याय कहते हैं—

''हम इस पाप को यदि जड़मूल से मिटाना चाहते हैं तो इस पर चारों ओर से हमला करना होगा। प्रथम तो यह भाव व्यापक रूप से समाज में उत्पन्न करना होगा कि रिश्वत लेना और देना कानून की दृष्टि से ही दंडनीय नहीं, सामाजिक रूप से भी पाप है। जो इस पाप के दोषी हैं वे समाज में अधिकाधिक निंदनीय हों, इसका यत्न करना होगा। ऐसे लोग मताधिकार से वंचित किए जाने चाहिए। उनको जो दंड दिया जाए, वह जेल की चारदीवारी तक सीमित नहीं रखा जाए; किंतु वह समाज को भी दिखाई दे।''[18]

सामाजिक बुराई से बचने का तरीका सामाजिक संस्कार व शिक्षा ही है। विविधायामी संगठनों व प्रयत्नों से जुड़कर दीनदयाल उपाध्याय ने इस संदर्भ में सतत् सक्रिय प्रयत्न किए।

7. लोकमत-परिष्कार

लोकतांत्रिक समाज की समस्याओं की जड़ अपरिष्कृत लोकमत है। लोकमत को विवेकवान् बनाना सामाजिक समस्याओं के निदान की गारंटी है। लोकमत को परिष्कृत करने के सरकारवादी प्रयत्नों को उपाध्याय अन्य सामाजिक बुराइयों की तुलना में एक बड़ी बुराई मानते हैं। अतः वे सांस्कृतिक प्रयत्नों से लोकमत-परिष्कार के हामी हैं। 'लोकमत' के समाज-विज्ञान को विश्लेषित करते हुए वे अपना मत प्रकट करते हैं—

''...लोकमत परिष्कार का काम कौन करे? रूस एवं अन्य साम्यवादी देशों में यह काम राज्य के द्वारा किया जाता है। मार्क्स के सिद्धांतों के अनुसार मजदूरों की क्रांति के पश्चात् प्रतिक्रांति की संभावना है। उसे रोकने के लिए कठोर उपायों के अवलंबन की आवश्यकता है। साथ ही अभी तक जीवन के जो मूल्य स्थापित हुए हैं, वे पूँजीवादी अर्थव्यवस्था पर आधारित हैं। उन्हें हटाकर नए प्रगतिवादी मूल्यों की प्रतिष्ठा करनी होगी। यह कार्य लेनिन ने राज्य को, जो कि उसके अनुसार सर्वहारा के प्रतिनिधियों एवं

क्रांतिदर्शी महानुभावों द्वारा चलाया जाता है, सौंपा। किंतु उसका परिणाम यह हुआ कि वहाँ लोकमत-परिष्कार के नाम पर व्यक्ति की सभी स्वतंत्रताएँ समाप्त कर दी गईं तथा कुछ व्यक्तियों की तानाशाही ही संपूर्ण जनता की इच्छा के नाम पर चलने लगी। जो दवा दी गई उससे मर्ज तो ठीक नहीं हुआ; हाँ, मरीज अवश्य चल बसे। अर्थात् समस्याएँ दोनों ओर हैं। एक ओर अपरिष्कृत लोकमत, जिसकी दिशा कभी सोच-विचार कर निश्चित नहीं होती। शेक्सपियर ने अपने नाटक 'जूलियस सीजर' में उसका बड़ी स्पष्टता से चित्रण किया है। जो जनता ब्रूटस के साथ होकर जूलियस सीजर का वध कर हर्ष मना रही थी, वही थोड़ी देर में, एंटोनियो के भाषण के उपरांत ब्रूटस का वध करने को उद्यत हो गई। मॉबोक्रेसी और ऑटोक्रेसी, दो पाटों के बीच से, डेमोक्रेसी को जीवित रखना एक कठिन समस्या है।"

"अत: जनता को सुसंस्कृत करने का सबसे अधिक महत्त्व है। जब तक इस काम को करनेवाले राज्य के मोह से दूर, भय से मुक्त, उदार पुरुष एवं संगठक रहेंगे, लोकमत सही दिशा में चलता जाएगा।"[19]

दीनदयाल राष्ट्रीय स्वयंसेवक संघ के कार्य को ऐसा ही मानते थे। इसी कार्य के पोषण हेतु उन्होंने अपना जीवन सर्वस्व लगाया। राष्ट्रीय स्वयंसेवक संघ का इस दृष्टि से मूल्यांकन अभी यहाँ संभव नहीं है। भारत के विविध सामाजिक-सांस्कृतिक आंदोलनों, जिनमें राष्ट्रीय स्वयंसेवक संघ भी एक है, के प्रभाव का इस दृष्टि से अनुसंधान होना चाहिए। समाजशास्त्र के अध्येताओं के लिए यह बहुत उपादेय सिद्ध होगा।

सामाजिक विचार

दीनदयाल उपाध्याय का वैचारिक अधिष्ठान सामाजिक व सांस्कृतिक था। इस सामाजिक-सांस्कृतिक दृष्टि के प्रकाश में उन्होंने राजनीतिक व आर्थिक विषयों का विवेचन किया। राजनीतिक जीवन के अलावा सामाजिक जीवन, जिसमें परिवार, विवाह, स्त्री-पुरुष संबंध, जाति, पंथ व लोकाचार आदि विषय आते हैं, पर उपाध्याय ने ज्यादा बोला या लिखा नहीं है। वे जिस सामाजिक चेतना की बात करते थे वह मुख्यत: समाज की राजनैतिक-सांस्कृतिक चेतना थी। राष्ट्रीय स्वयंसेवक संघ के कार्यक्रमों में संपन्न हुए बौद्धिक वर्गों में यथा प्रसंग सभी विषय आते थे; लेकिन उससे कोई क्रमबद्ध सामाजिक विचार नहीं उभरता।

उपाध्याय पश्चिम के तकनीकी अर्थों में समाजवाद का प्रबल विरोध करते हैं; लेकिन उनका एकात्मवाद वस्तुत: 'समष्टिवाद' ही है। समष्टि का हित ही व्यक्तिगत आचरण के धर्म-अधर्म का निर्णय करता है। इस संदर्भ में उपाध्याय ने महाभारत के धर्मयुद्ध का बड़ा रोचक वर्णन किया है। महाभारत में पांडवों का पक्ष इसलिए धर्मपक्ष

था क्योंकि पांडवपक्ष में हर महारथी ने सामूहिक हित के लिए व्यक्तिगत धर्म-अधर्म की चिंता नहीं की; जबकि कौरवपक्ष में सभी लोग अपनी वैयक्तिक धर्म की मर्यादा के सम्मुख सामूहिक धर्म की अवहेलना करते हैं। सामूहिक धर्म की अवहेलना के कारण कौरवपक्ष अधर्मपक्ष था तथा सामूहिक धर्म के लिए व्यक्तिगत लोकापवाद की चिंता न करते हुए कार्य करने के कारण पांडवपक्ष धर्मपक्ष था। वे लिखते हैं—

"(कौरव पक्ष में) सबका मिलकर कोई एक कार्य संचालन नहीं था। सबको अपनी-अपनी ही चिंता थी। भीष्म को प्रतिज्ञा की चिंता थी। द्रोणाचार्य को पुत्र का मोह था। दुर्योधन को मात्र अपने राज्य की चिंता थी। उधर पांडवों के पक्ष में सबका मिलकर कार्य था। उनमें से प्रत्येक ने अपने-अपने व्यक्तिवादी दृष्टिकोण को छोड़ा। भगवान् कृष्ण के नेतृत्व में एकजुट होकर जो भी कार्य आया, निभाया। कर्ण से भीख माँगना था, माँगी; बोलने का क्षण आया, बोला; निजी गुप्त रहस्य का उद्‌घाटन कर स्वयं लांछित होने का प्रश्न आया, तो भी चिंता नहीं की। जैसा कृष्ण ने कहा, सब करते रहे। अपना-अपना आग्रह छोड़कर समष्टि के लिए ही कार्यरत हुए। उनका समष्टि का विचार करते हुए कार्य करने का ढंग ही धर्म हुआ और व्यक्तिवादी आधार पर सोचने के कारण कौरव पक्ष अधर्म का पक्ष गिना गया। जीत धर्म की हुई, अधर्म की नहीं; यानी समष्टिवाद ही धर्म है। व्यक्तिवाद अधर्म है।" अपने इसी भाषण में उपाध्याय आगे कहते हैं, "सच-झूठ सबकी कसौटी समष्टि का हित है।" उनका तर्क है—

"जैसे किसी की हत्या करना पाप है, किंतु युद्ध में लड़नेवाले सैनिक को कोई हत्यारा नहीं कहता। शत्रु पर वार करना, यह सैनिक का धर्म है। युद्ध में सैनिक रोज हिंसा करता है, उसे परमवीर चक्र देकर हम सम्मानित करते हैं; क्योंकि इस कार्य में वह व्यक्तिवादी ढंग से नहीं सोच रहा। राष्ट्र का विचार कर उसने आचरण किया है। इसलिए वह अभिनंदनीय है। यही आचरण यदि कोई व्यक्तिगत जीवन में करे तो उसे फाँसी की सजा होगी; किंतु युद्ध में शत्रु का विनाश करना राष्ट्ररक्षा का पुनीत कर्तव्य बन जाता है। शत्रुपक्ष में जाकर जासूसी करते समय कितने ही कार्य करने पड़ते हैं जिन्हें व्यक्तिगत जीवन में अनुचित ही कहा जाएगा। झूठ बोलना, चोरी करना तथा कितने ही प्रकार के कर्म करके शत्रु पक्ष के भेद लेने होते हैं। राष्ट्र के हित में की गई चोरी चोरी नहीं रहती; यानी कर्म का महत्त्व इस बात पर है कि वह किस विचार से किया गया।"[20]

इन विचारों में उपाध्याय ने समष्टिवाद का कुछ अधिक ही उत्साही वर्णन किया है अन्यथा महाभारत में 'धर्म' पक्ष की इतनी सरल व्याख्या न की जाती; क्योंकि कौरव पक्ष यदि संगठित होकर भी कार्य करता तो भी यदि राज्याधिकार-विषयक एवं द्रौपदी के साथ किया गया उनका व्यवहार 'अधर्म' था तो संगठित होने से वह 'धर्म' नहीं बन जाता। संगठित 'अधर्म-गिरोहों' को भला धर्मसम्मत कैसे कहा जा सकता है तथा कोई

अच्छा प्रयत्नविशेष असंगठित होने मात्र से बुरा नहीं माना जा सकता। लेकिन, उपाध्याय ने वैयक्तिक मान–अपमान को भूल सामूहिक हित के लिए व्यक्ति की उदात्त भावनाओं के पोषण के लिए ही उपर्युक्त वर्णन किया है। बहुधा ऐसे उदाहरण अपने संपूर्ण अर्थ में सटीक नहीं होते हैं। सामाजिक जीवन में भी साध्य–साधन की पवित्रता का विवेक आवश्यक है। उपर्युक्त उदाहरण में उसका भी उल्लंघन हुआ है। संसार के विभिन्न समुदायों द्वारा यदि 'स्वहित' की कसौटी पर ही सत्य को कसा जाने लगा तो विश्व बड़ा अन्यायी व बर्बर बन जाएगा। तब 'एकात्म मानव' की कल्पना भी असंभव होगी। तत्कालीन समाज की सामुदायिक विभक्ति की सच्चाइयों को उदाहरणार्थ प्रस्तुत करते हुए उपाध्याय ने व्यक्तिवाद के निषेध तथा समष्टिवाद के पोषण के लिए ये विचार प्रस्तुत किए हैं। इस सीमित अर्थ में ही उपर्युक्त दृष्टिकोण का समर्थन संभव है। अन्यथा उपाध्याय द्वारा दिया गया उदाहरण एक खतरनाक संसार का निर्माण करेगा जो 'शत्रुवाद' पर आधारित होगा, 'एकात्मवाद' पर नहीं।

भारतीय सामाजिक जीवन विषयक उपाध्याय की दृष्टि सनातनी थी। वे विकृतियों के परिष्कार की बात करते हैं, लेकिन विकृतियों को ठीक करने के उग्र प्रयत्नों को, वे समाज के लिए अहितकर मानते हैं। उदाहरणार्थ वे 'जातिवाद' के विरोधी हैं लेकिन वर्ण–व्यवस्था के प्रखर समर्थक हैं।

1. वर्ण-व्यवस्था

उपाध्याय 'वर्ण–व्यवस्था' को 'राष्ट्रपुरुष'[21] की संज्ञा देते हैं। उनका मत है कि वर्ण–व्यवस्था ने एक समय समाज को अच्छी प्रकार संगठित किया है।[22] उसमें आज दिखाई देनेवाली विकृति के कारण उसके प्रति मन में हेयता का भाव नहीं लाना चाहिए। उनका आग्रह है कि हमें वर्ण व्यवस्था का मूलभाव समझना चाहिए, "लोग जब पूछते हैं कि भारत की वर्ण–व्यवस्था यदि इतनी श्रेष्ठ और पूर्ण थी तो भारत का पतन फिर क्यों हुआ? प्राचीन काल में यदि वर्ण–व्यवस्था से समाज को पूरा–पूरा लाभ था तो बुराइयाँ क्यों कर उत्पन्न हुईं?—तब इसका अर्थ संपूर्ण व्यवस्था को खराब मानना नहीं हो सकता और न ही संपूर्ण व्यवस्था को नष्ट करना ही उपाय हो सकता है। व्यवस्था के आंतरिक भाव में आई क्षीणता ही इसका असली कारण गिनी जाएगी। इस क्षीणता को हटाने के लिए आवश्यक है कि हम अधिक तन्मयता के साथ उस व्यवस्था के आंतरिक चैतन्य को जागृत करने का यत्न करें। प्राण जगा पाएँगे तो विकृतियाँ पलक मारते भाग खड़ी होंगी, शरीर स्वस्थ होगा और बाह्य ढाँचा भी कार्यक्षम दिखाई पड़ने लगेगा।"[23] उपाध्याय के अनुसार समाज के विभिन्न समुदायों की 'परस्परानुकूलता' व 'परस्परावलंबन' वर्णव्यवस्था का आंतरिक भाव है। 'सर्व–समभाव ही वर्णव्यवस्था है।'[24]

इस सर्व-समभाव में आई विकृति का भी उपाध्याय वर्णन करते हैं। एक घटना को उद्धृत करते हुए वे कहते हैं : एक अपराधी व्यक्ति मुकदमा जीतने के बाद अपने वकील को कहता है, "महाराज, आपकी कृपा से छूट गया। मैंने कई डाके डाले, चोरी भी की, लोगों को सताने के सब बुरे कर्म किए। किंतु महाराज, जनेऊ की कसम खाकर कहता हूँ कि मैने कभी अपना धर्म नहीं छोड़ा।" वकील ने आश्चर्य भरे शब्दों में पूछा, "सो कैसे?" वह बोला, "महाराज, इतनी उम्र गुजर गई, किंतु दूसरों का छुआ हुआ भोजन नहीं किया, अपना धर्म नहीं छोड़ा।" यानी उस व्यक्ति की मान्यता में धर्म का मतलब है, "बिना छुआ भोजन करना।" कुछ लोगों के मत में तो धर्म का यही मतलब है कि हरिजनों के कान में अगर वेदमंत्र पड़ जाए तो शीशा गलाकर कान में डाल देना चाहिए। इस प्रकार हम देखते हैं कि धर्म के नाम पर ऐसी कई चीजें चल पड़ी हैं जो वास्तव में धर्म नहीं है।"[25] वर्ण-व्यवस्था में भेद देखना व्यवस्था के मूलभाव को ही नकारना है; तो भी उपाध्याय जात-पाँत, छुआछूत आदि के खिलाफ उग्रतापूर्वक आंदोलन करनेवालों से सहमत नहीं हैं। ऐसे प्रयत्नों के संबंध में वे कहते हैं—

"लोग 'जाति-पाँति तोड़क मंडल' बनाते हैं। जाति तो हमारे शरीर का अंग है। हाथ-पैर तोड़क मंडल नहीं बनाए जा सकते। रूढ़ियाँ तो उपयोगी नहीं, अपने आप समाप्त हो जाती हैं। इसके लिए योजना तथा प्रयत्न करने की आवश्यकता नहीं।[26] जैसे वृक्ष अपनी सहज स्वस्थ अवस्था में पतझड़ के दौरान अनावश्यक पीत पत्तों को त्याग देता है तथा बाद में नवीन पत्ते ग्रहण करता है; स्वस्थ समाज भी अनावश्यक रूढ़ियों को इसी प्रकार सहज भाव से त्याग देता है। अतः हमें राष्ट्र के 'प्राणेंद्रिय' की पुष्टि के लिए कार्य करना चाहिए। 'प्राणायाम' से शरीर स्वस्थ रहता है। संघ राष्ट्रपुरुष के 'प्राणेंद्रिय' पुष्टि का कार्य करता है।"[27]

2. परिवर्तनाकांक्षा

उपाध्याय समाज जीवन के सहज विकास के पक्षपाती थे। वे परिवर्तन के लिए परिवर्तन एवं क्रांति की भाषा बोलनेवालों से भी असहमत थे। वे सामाजिक सनातनता के समर्थक हैं एवं परंपरा को अपरिवर्तनीय नहीं वरन् प्रवाह के रूप में परिभाषित करते थे—

"परंपरा का अर्थ अपरिवर्तन नहीं। हमारी परंपरा सनातन है। परिवर्तन प्रकृति का नियम है।···परिवर्तन विपरीत भी होता है। शव में परिवर्तन होता है, वह सड़ता है। जीवित शरीर का परिवर्तन विकास की ओर जाता है।···परिवर्तन जीवित समाज का द्योतक है। जहाँ परिवर्तन नहीं, वहाँ सनातन नहीं; किंतु परिवर्तन जड़ से परंपरा के प्रवाह से संबंधित होना चाहिए।"

इस विकास प्रक्रिया को ही वे संस्कृति कहते हैं, "यही विकास है। इसी को संस्कृति कहते हैं। जिस परंपरा में परिवर्तन की योग्य क्षमता होती है उसे ही संस्कृति का सम्मानित पद दिया जाता है।"

"जहाँ परिवर्तन नहीं होते, तो उसे 'तमस्' का लक्षण माना जाता है। तमस् अथवा तमोगुण का मतलब है 'आलस।'...यथास्थिति में स्वत: विकार होने लगते हैं।"

गतिशीलता विकास की प्रक्रिया है। यथास्थिति जीवनहीनता का परिचायक है। अत: निष्क्रियता से सामाजिक जीवन में यथास्थिति आती है। उपाध्याय इस संदर्भ में कहते हैं, "उदास व सुस्त बच्चे से नटखट श्रेष्ठ है, कहीं अच्छा है। उदास बच्चा बीमार है, नटखट चैतन्य युक्त है। वह तोड़-फोड़ करता है, तो आनंद की बात नहीं पर वह अकर्मण्य नहीं...यह सत्य है। वह जोड़ते-तोड़ते ही निर्माण कर लेगा। तमसपूर्ण आलसी वृत्ति से कर्मण्य राजसी वृत्ती भली है। समाज में चैतन्यपूर्ण जागरूकता है तो वह राजसी वृत्ति सात्विक बन जाएगी। उसे संस्कृति का पाठ पढ़ाएँ, वही राष्ट्रनिर्माण करेगा।"

"यथास्थिति कभी नहीं रह सकती। आगे बढ़ना या पीछे हटना, दोनों में से एक अवश्य होगा। इसलिए आगे बढ़ो।"[28]

विकास के समाजशास्त्र व मनोविज्ञान की व्याख्या करते हुए वे कहते हैं कि विकास का स्वाभाविक परिणाम होगा समाज-जीवन में विभिन्नता व विविधताओं का उत्कर्ष। इन विविधताओं में 'एक स्वरलहरी' उत्पन्न करना। जैसे, विविध रेखाओं के समन्वय से एक सुंदर चित्र बनता है, वैसे ही सामाजिक विविधताओं का समायोजन व समन्वय करना, यह 'धर्म' का कार्य है।[29]

इस प्रकार समाज में उत्पन्न ठहराव की स्थिति में उपाध्याय वाल्टेयरी गतिशीलता के प्रवक्ता थे। उनकी दृष्टि में समाजव्यापी ठहराव का मुख्य कारण था समाज-जीवन की परंपरा के 'आंतरिक भाव में क्षीणता' आ जाना। केवल ऊपरी कर्मकांड को ही हम संस्कृति समझ बैठे। वे उदाहरण देते हैं कि कर्मकांड के रूप में 'कुंभ का विराट मेला' होता है; लेकिन उसमें जो 'अखिल भारत दृष्टि' उत्पन्न होने का आंतरिक भाव है, वह समाप्त हो गया है।[30] परिणामत: हमारी अच्छी बातें ही हमारी आंतरिक दुर्बलताएँ बन गईं। इस दृष्टि से भारतीय जनसंघ की स्थापना के समय उन्होंने जो 'सांस्कृतिक पुनरुत्थान' नामक वैचारिक प्रस्ताव प्रस्तुत किया उसमें हिंदू समाज को सचेत करते हुए कहा—

"(हिंदू समाज)...अपनी इतिहाससिद्ध अंतरंग सामाजिक दुर्बलताओं का शीघ्रता से निराकरण करे। विशेषकर जातिभेद के कारण उत्पन्न ऊँच-नीच और विभिन्नताओं को तत्काल दूर किया जाए और पिछड़े हुए वर्गों तथा अन्य हिंदुओं के बीच पूर्ण साम्य की स्थापना की जाए। साथ ही समाज हेतु धार्मिक पर्वों और उत्सवों को सामूहिक, संगठित तथा अनुशासित रूप से मनाया जाए।"[31]

अपने परिवर्तनाकांक्षी उद्देश्यों की प्राप्ति के लिए उपाध्याय ने कार्यकर्ताओं को उद्बोधन दिया कि ''यद्यपि हमें अपने उज्ज्वल अतीत का अभिमान है और हम उसमें जो कुछ अच्छा है उससे स्फूर्ति भी लेते हैं; परंतु दूसरी ओर हम यह भी मानते हैं कि आज हम उस अति प्राचीन युग में नहीं रह सकते। हम तो अब उससे भी अधिक उज्ज्वल भविष्य निर्माण करने के लिए बद्धपरिकर हैं। इसलिए हमें बहुत सी पुरानी रूढ़ियों एवं अंधविश्वासों को छोड़ना होगा।''[32]

सामाजिक यथास्थितिवाद के विरोधी होते हुए भी उपाध्याय में परिवर्तन की उग्रता का अभाव होने के कारण कुछ लोगों ने संघ व उपाध्याय के समाजदर्शन को यथास्थितिवादी माना। वास्तव में विकास की प्रक्रिया का संयोजन एवं समाज को संस्कारित करने का कार्य मंदगति एवं बहुत परिश्रम से साध्य होता है। इससे तत्काल चमत्कार नहीं होते। जो व्यक्ति 'समाज सुधारक' की भूमिका में रहते हैं उनमें बहुधा परिवर्तन की व्यग्रता रहती है। वे समाज की विकृतियों पर सीधी चोट करते हैं। 'क्रांतिवादी' तो समाज को समूल उलट देने की मानसिकतावाले होते हैं। अत: दोनों ही प्रकार के लोगों को उपाध्याय का सौम्य वाल्टेयर बहुत रंजक न लगा हो तो कोई आश्चर्य की बात नहीं।

समाज-परिवर्तन की इस वाल्टेयरी प्रक्रिया को गति देने में 'शिक्षा' को उपाध्याय निर्णायक मानते हैं। औपचारिक शालेय शिक्षा तथा अनौपचारिक संस्कार-व्यवस्था के माध्यम से समाज के सब 'पुरुषार्थों' को प्राप्त करने की वे कामना करते हैं। सामाजिक विषयों में उन्होंने 'शिक्षा' पर तुलनात्मक रूप से अधिक क्रमबद्ध विचारों का प्रणयन किया है।

3. शिक्षा

व्यष्टि और समष्टि को जोड़नेवाला प्रथम सूत्र है शिक्षा। दीनदयाल उपाध्याय 'शिक्षा' को ही समाज की जननी मानते हैं। उनका विवेचन है—

''नए घटकों को पुराने घटकों से अपने संबंध का भान रहे तथा वे पुराने घटकों की जीवन की अनुभूति को अपनी अनुभूति मानकर और समझकर आगे चलें तो उस समूह को समाज नाम प्राप्त होता है। अर्थात् एक के बाद एक मानव जब दूसरों को, जो प्राय: उसके बाद जन्मे हों, विभिन्न क्षेत्रों के अपने संपूर्ण अनुभव को अथवा उसमें सारभूत अंश को विभिन्न उपायों द्वारा प्रदान या संसर्गित करता है तो इस प्रकिया में एक निरंतर गतिमान् मानव-समूह की सृष्टि होती है जिसे समाज कहते हैं। यदि शिक्षा न हो तो समाज का जन्म ही न हो।''[33]

समाज में शिक्षा के स्थान की प्राथमिकता एवं गरिमा का बोध कराते हुए दीनदयाल कहते हैं, ''हमारे शास्त्रकारों के अनुसार यह ऋषि-ऋण है जिसे चुकाना प्रत्येक का

कर्तव्य है। जब हम भावी संतति की शिक्षा की व्यवस्था करते हैं तो हमारी उनके प्रति उपकार की भावना नहीं रहती; अपितु हमें जो कुछ धरोहर अपने पूर्वजों से प्राप्त हुई है उसे आगे की पीढ़ी को सौंपकर उनके ऋण से उऋण होने की मनीषा रहती है। जॉन बुकन ने इसी भाव को इन शब्दों में व्यक्त किया है, ''हम ऋषि के ऋण से उऋण हो सकते हैं यदि हम भविष्य को अपना ऋणी बनाएँ।''[34]

दीनदयाल उपाध्याय मानते हैं कि शिक्षा हर व्यक्ति का जन्मसिद्ध अधिकार है। समाज द्वारा इसकी व्यवस्था होनी चाहिए। शिक्षा का विक्रय समाज के लिए घातक होगा। अतः शिक्षा सुनिश्चित व निःशुल्क होनी चाहिए। इस संदर्भ में वे लखते हैं, ''बच्चे को शिक्षा देना समाज के अपने हित में है। जन्म से मानव पशुवत् पैदा होता है। शिक्षा व संस्कार से वह समाज का अभिन्न घटक बनता है। जो काम समाज के अपने हित में हो उसके लिए शुल्क लिया जाए, यह तो उलटी बात है। कल्पना करें कि कल शिक्षाशुल्क का बहिष्कार करके अथवा उसे देने में असमर्थ होने के कारण बच्चे पढ़ना बंद कर दें तो क्या समाज इस स्थिति को सहन करेगा? पेड़ लगाने और सींचने के लिए पेड़ से पैसा नहीं लेते। हम तो अपनी ओर से पूँजी लगाते हैं और जानते हैं कि पेड़ के फलने पर हमें फल मिलेंगे ही। शिक्षा भी इसी प्रकार विनियोजन है। व्यक्ति शिक्षित होकर समाज के लिए काम करेगा ही; किंतु जो व्यवस्था बचपन से ही हमें व्यक्तिवादी बनाती हो उससे समाज की अवेहलना करनेवाले निकलें तो आश्चर्य ही क्या? भारत में सन् 1947 से पूर्व सभी देशी राज्यों में कहीं भी शिक्षा के लिए शुल्क नहीं लिया जाता था। उच्चतम श्रेणी तक शिक्षा निःशुल्क थी। गुरुकुलों में तो भोजन व रहने की व्यवस्था भी आश्रम में होती थी। केवल भिक्षा माँगने के लिए ब्रह्मचारी समाज में जाता था। कोई भी गृहस्थ ब्रह्मचारी को खाली हाथ नहीं लौटाता था अर्थात् समाज द्वारा शिक्षा की व्यवस्था की जाती थी।''[35]

आज की बदली परिस्थिति में जब हमने लोक कल्याणकारी राज्य की स्थापना की है, इस सामाजिक दायित्व को वहन करने का दायित्व 'राज्य' का है : ''प्रजा को शिक्षा की उपेक्षा न करने देना, शिक्षा संबंधी कार्यों में उनकी सहायता करना, प्रत्येक स्थान पर विद्वान् गुरुओं का प्राचुर्य रखना, देश-काल निमित्तों को शिक्षा के अनुकूल रखना, स्थान-स्थान पर शिक्षाश्रमों की व्यवस्था करना, सर्वतः उनके उत्साह को बढ़ाए रखना राज्य के परंपरागत कर्तव्य हैं।''[36] राज्य को शिक्षा के प्रति उत्तरदायी मानते हुए भी उपाध्याय शिक्षा के सरकारीकरण के विरुद्ध हैं। वे शैक्षिक स्वायत्तता के हिमायती हैं—

''शिक्षा का व्यय राज्य द्वारा होने के उपरांत भी उसका सरकारीकरण नहीं होना चाहिए। प्रत्येक क्षेत्र में शिक्षा संस्थाओं का प्रबंध करने के लिए शिक्षकों तथा शिक्षाविदों के स्वायत्त निकाय होने चाहिए। सरकार के विभाग के रूप में उनका चलना ठीक नहीं।

सरकारी और गैर-सरकारी शिक्षा संस्थाओं का भेद समाप्त कर देना चाहिए। सभी क्षेत्रों के शिक्षकों के वेतनक्रम व अन्य सुविधाएँ ऐसी हों जिससे योग्य व्यक्ति शिक्षाक्षेत्र में आने में संकोच न करें। शिक्षा संस्थाओं को मैनेजरों अथवा प्रबंध समिति की निजी संपत्ति बनने देना उचित नहीं।''[37]

स्वतंत्रता का दुरुपयोग कर निजी संपत्ति बनाने की प्रवृत्ति की ओर से भी सावधान रहना आवश्यक है। अतः स्वायत्तता का तात्पर्य शिक्षा की दुकानदारी न होकर संविधानतः सुपरिभाषित स्वायत्त राष्ट्रीय निकाय के अधीन शिक्षा व्यवस्था का होना है। यही वस्तुतः दीनदयाल उपाध्याय को अभिप्रेत था।

इसी प्रकार उपाध्याय शिक्षा के दोहरे ढाँचे, जिसमें 'पब्लिक स्कूल' व सरकारी अथवा निजी स्कूल की व्यवस्था होती है, के खिलाफ हैं। वे पब्लिक स्कूलों को 'राष्ट्रीयतानाशक'[38] प्रभाव छोड़नेवाले स्कूलों के नाते वर्णित करते हैं।

''शिक्षा समाज में भेद निर्माण करनेवाली न होकर एकात्म भाव निर्माण करनेवाली हो। भारत के 'पब्लिक स्कूल' इस उद्देश्य के प्रतिकूल हैं। आवश्यकता है, सभी शिक्षण संस्थाओं का स्तर ऊँचा उठाया जाए।''[39]

समाज व राज्यसंस्था के द्वारा जहाँ शिक्षा का योग्य नियमन होना चाहिए वहीं शिक्षातत्त्व का दुरुपयोग कर साम्राज्यवादी बाहरी ताकतें हमारे समाज को अस्वस्थ न करें इसका भी ध्यान रखना जरूरी है। इस दृष्टि से वे भारत में मजहबी आधार पर चलनेवाली, विशेषकर ईसाई मिशनरी संस्थाओं को खतरनाक मानते हैं—

''भारत में बहुत सी शिक्षा संस्थाएँ ईसाई मिशनों के द्वारा चलाई जा रही हैं।···बहुधा ईसाई धर्म प्रचार के द्वारा चलाई गई शिक्षासंस्थाओं एवं शिक्षाक्षेत्र में उनके द्वारा किए गए प्रयत्नों की मुक्तकंठ से प्रशंसा की जाती है। इतना ही नहीं, आज के अनेक पढ़े-लिखे व्यक्ति तथा देशभक्त कहे जानेवाले भारतीय संस्कृति के प्रेमी भी अपने बच्चों को शिक्षा के लिए इन ईसाई स्कूलों में भेजते हैं।''

''किसी भी बाहरी शक्ति का हस्तक्षेप देश की आंतरिक स्थिति एवं उसकी आधारभूत संस्थाओं में अनुचित माना जाता है। हम अपनी राजनीति पर किसी का हस्तक्षेप एवं प्रभाव नहीं सहन कर सकते। आर्थिक क्षेत्र में भी बाहरी सहायता व पूँजी···भय का कारण बन जाती है···शिक्षा के क्षेत्र में विदेशियों को अधिकार देना कहाँ तक उचित है? अपरिपक्व मस्तिष्क पर विदेशी शक्तियों को प्रभाव डालने की अनुमति देना, जड़ को काटने की स्वतंत्रता देना ही है।''[40]

दीनदयाल उपाध्याय मानते हैं कि शिक्षा केवल शालेय उपक्रम मात्र नहीं है, वरन् एक संपूर्ण सामाजिक प्रक्रिया है। शालेय शिक्षा उसका महत्त्वपूर्ण भाग होते हुए भी, केवल शालेय शिक्षा से समाज सर्वांग रूप से सुशिक्षित नहीं हो सकता। अतः वे एक

शिक्षक-त्रयी का वर्णन करते हैं। उनकी मान्यता है कि "शिक्षा के व्यापक अर्थों में समाज का प्रत्येक घटक ही शिक्षक[41] है। अत: प्रथम शिक्षक है समाज, द्वितीय शालेय-अध्यापक व तृतीय है व्यक्ति स्वयं।" इस शिक्षकत्रयी को भारतीय शास्त्रकारों ने इन वाक्यों में प्रतिबिंबित किया है—

(क) 'माता प्रथम गुरुः'

(ख) 'आचार्य देवी भव'

(ग) 'आत्मदीपो भव'

ये तीनों शिक्षकों के शिक्षा देने के अलग-अलग माध्यम है : प्रथम 'संस्कार', द्वितीय 'अध्यापन' व तृतीय 'स्वाध्याय'।[42]

(क) माता प्रथम गुरुः (संस्कार) : 'संस्कार' ही शिक्षा का प्रथम माध्यम है जो व्यक्ति समाज द्वारा ग्रहण करता है। संस्कार की दृष्टि से समाज का प्रत्येक व्यक्ति शिक्षक हैं। व्यक्ति सबसे पहले जिस सामाजिक घटक के संपर्क में आता है, वह 'माता' है। अत: कहा गया 'माता प्रथम गुरुः'। फिर व्यक्ति क्रमशः समाज के अन्य घटकों के संपर्क में आता है। एक सामाजिक परिवेश रहता है, जिसका नवजात व विकसित हो रहे बालक पर अनजाने में ही प्रभाव होता रहता है। इसी प्रभाव को उपाध्याय 'संस्कार' कहते हैं। माता-पिता, परिजन-पुरजन-गुरुजन, अग्रपाठी-सहपाठी, समाज के नेता और अधिष्ठता—ये सभी, विभिन्न प्रकार के संस्कार निरंतर डालते रहते हैं। अत: समाज का प्रत्येक व्यक्ति शिक्षक है। उसका यह सामाजिक दायित्व है कि वह अपने व्यवहार से सत्संस्कारी परिवेश का निर्माण करे। इस दायित्वबोध से शून्य होकर समाज यदि केवल शालेय शिक्षा व शिक्षक पर ही आश्रित होगा तो उसकी प्रगति नितांत संदिग्ध ही मानी जाएगी। शिक्षा में सर्वजन-सहभागिता आवश्यक है। यह केवल कुछ विशेषज्ञों मात्र का विषय नहीं है। इसे 'शैक्षिक लोकतंत्र' की भी संज्ञा दी जा सकती है।

(ख) आचार्य देवो भव (अध्यापन) : शिक्षालयों की व्यवस्था कर औपचारिक अध्यापन के माध्यम से शिक्षा देना एक सर्वमान्य शैक्षिक तरीका है। 'अक्षरज्ञान' व कुछ पाठ्यक्रम के माध्यम से हम व्यक्ति को शिक्षित करते हैं। यह औपचारिक शिक्षा निर्जीव कर्मकांड न बन जाए, अत: आवश्यक है कि शिक्षा के व्यापक अर्थों को समझनेवाले व्यक्ति अध्यापक बनें तथा समाज 'शिक्षक' को सर्वाधिक सम्मानित पद के नाते स्वीकार करे। शिक्षक की वर्तमान स्थिति व अपने सुझावों को प्रतिपादित करनेवाला एक वर्णनात्मक लेख उपाध्याय ने 'ऑर्गेनाइजर' में लिखा। उपाध्याय ने अपने स्नेही शालेय अध्यापक को अपनी अध्यापक बनने की इच्छा जताई तो उनके इन शुभेक्षु अध्यापक ने जो कुछ कहा, उसका वर्णन करते हुए उपाध्याय लिखते हैं—

"वे चुप हो गए। उनके चेहरे पर ठंडी उदासी छा गई। फिर उन्होंने पर्याप्त कड़वाहट

के साथ कहा, "कृपा कर तुम और कुछ भी कर लो, चाहे तुम मोची बन जाओ चाहे सड़क के किनारे बैठकर जूते गाँठने का कार्य करो, लेकिन इस गँदले 'मास्टरी' के काम को मत अपनाओ···अध्यापक बनने से तुम्हारी इस लोक व परलोक, दोनों लोकों के जीवन की समस्त संभावनाएँ निश्चित रूप से समाप्त हो जाएँगी।"[43]

अपने शुभेच्छु पूर्वाध्यापक की राय न मानते हुए अपाध्याय ने टीचर्स ट्रेनिंग कॉलेज में प्रवेश लिया तथा वहाँ के अनुभव को वे अपने लेख में इस प्रकार वर्णित करते हैं—

"यथासमय मैंने प्रशिक्षण महाविद्यालय में प्रवेश लिया। मैंने वहाँ देखा कि शिक्षण का यह उदात्त कार्य आज आदर्शवादी व सेवाभावी लोगों को आकर्षित नहीं कर पा रहा है। केवल वे लोग जो अन्यत्र स्थान पाने में असमर्थ होते हैं, अध्यापक बन जाते हैं।"

"भा.ना. सेवाओं (आई.सी.एस.) से लेकर नायब तहसीलदार तक की विभिन्न परीक्षाओं में ये प्रशिक्षणार्थी बैठते थे; लेकिन इनमें जो अनुत्तीर्ण हो जाते, वे ही अध्यापक बनने की सोचते थे। जॉनसन ने कहा है, शेष सब धंधों से बचे हुए अधमजनों का धंधा राजनीति है, वस्तुतः भारत में अध्यापन कुंठाग्रस्त लोगों के लिए बचा हुआ है। एक प्रकार से यह आत्महत्या का पूर्व सोपान है।" (अंग्रेजी से अनुदित)

जिस शिक्षक को हमारी प्राचीन समाज-व्यवस्था ने 'आचार्य देवो भव' कहा, उसके आभामंडल का यह अपखंडन बहुत ही चिंताजनक है। यदि हमें अपने समाज को सही अर्थों से सुशिक्षित करना है तो अध्यापक की गरिमा को पुनःस्थापित करना होगा। औपचारिक रूप से इसके लिए दीनदयाल उपाध्याय निम्न सुझाव प्रस्तुत करते हैं[44]—

(1) व्यासपूर्णिमा के दिन अध्यापकों का सार्वजनिक सम्मान होना चाहिए।

(2) विधानपरिषदों में अध्यापक प्रतिनिधियों को चयनित किया जाए। प्राथमिक स्कूल तक के अध्यापकों को इसके लिए मतदान का अधिकार होना चाहिए।

(3) अध्यापकों को ग्रामपंचायत व जिलापरिषदों में भी प्रतिनिधित्व प्राप्त होना चाहिए।

(4) कुलपति पदों पर शिक्षाविदों को ही नियुक्त किया जाए।

(5) विभिन्न शपथग्रहण-समारोह हमारे यहाँ न्यायाधीशों द्वारा संपन्न करवाए जाते हैं। ऐसे समारोहों के लिए कुलपतियों को भी सम्मानित किया जाना चाहिए।

उपाध्याय मानते हैं कि समाज व शिक्षक की मानसिकता में परिवर्तन आवश्यक है। इन औपचारिक सुझावों को यदि केवल कर्मकांडी ढंग से लागू किया जाए तो इनका भी लाभ नहीं होगा। उपाध्याय 'शिक्षक' को शालेय शिक्षा की 'धुरी' मानते हैं। इसको स्वस्थ किए बिना कोई भी शिक्षापद्धति समाज को अपेक्षित परिणाम नहीं देगी। अतः 'शिक्षासुधार' की प्रथम शर्त है 'शिक्षक सुधार'। इसके लिए भी समाज, सरकार व

शिक्षक का साझा उत्तरदायित्व है। इनमें से कोई भी अकेला यह कार्य नहीं कर सकता।

उपाध्याय का यह मत है कि औपचारिक अध्यापन का कार्य-क्षेत्र भी अब केवल शाला तक सीमित नहीं रह गया है। इस औपचारिक शिक्षण में अब रेडियो, सिनेमा व समाचार-पत्रों आदि की भी भूमिका है। प्राचीनकाल में कथा और कीर्तन को भी समाज की औपचारिक शिक्षा का भाग माना जाता था। आज भी जब हम 'शिक्षा' पर विचार करते हैं तो इन सब माध्यमों के द्वारा 'शिक्षा' को सर्वांगत: नियोजित करने का विचार करना चाहिए।

(ग) आत्मदीपो भव (स्वाध्याय) : समाज की शिक्षक अवस्था तथा औपचारिक अध्यापन व्यवस्था के बाद व्यक्ति स्वयं ही अपना शिक्षक होता है। 'स्वाध्याय' मनुष्य का स्वयं अध्यापन है। पठन, मनन और चिंतन के सहारे मनुष्य ज्ञान को आत्मगम्य करता है। बिना स्वाध्याय के न तो प्राप्त ज्ञान टिकता है और न बढ़ता है। स्वाध्याय के बिना ज्ञान को जीवन का अंग बनाकर 'तेजस्वीय' बनाने का तो प्रश्न ही नहीं। अत: 'स्वाध्यायन्मा प्रमद:' (स्वाध्याय में आलस मत करो), यह कुलपति का स्नातक को दीक्षांत के अवसर पर आदेश रहता है। पुस्तकालय आदि की व्यवस्था स्वाध्याय के लिए आवश्यक है।''[45]

उपाध्याय समाज में शिक्षामय वातावरण के लिए घर व नगर में पुस्तकालयों की स्थापना तथा पठन-पाठन का स्वभाव बनाने पर बहुत जोर देते हैं। इसके बिना शालेय शिक्षा का भी वांछित टिकाव व विकास संभव नहीं है—

''शालेय शिक्षा अकेली ही मनुष्य का निर्माण नहीं करती। संस्कार और अध्यापन का बहुत-सा ऐसा क्षेत्र है जो शालेय क्षेत्र के बाहर है। यदि इन दोनों क्षेत्रों में विरोध रहा तो विद्यार्थी के जीवन में एक अंतर्द्वंद्व उपस्थित हो जाता है। एक समन्वित, एकीकृत, सर्वांगपूर्ण, अखंड व्यक्तित्व का विकास होने के स्थान पर उसकी प्रकृति में विभक्त निष्ठाओं का समावेश हो जाता है। समाज और उसके बीच एक खाई पड़ जाती है।''[46]

आज केवल औपचारिक शिक्षा पर जो ज्यादा जोर दिया जा रहा है तथा वांछित परिणामों को न प्राप्त कर सकने की कुंठा के कारण शिक्षापद्धति की निंदा तथा परस्पर आरोप-प्रत्यारोप का वातावरण बन रहा है, उपाध्याय इसे समाज की अस्वस्थ अवस्था का परिचायक मानते हैं। औपचारिक शिक्षा तो संस्कार व स्वाध्याय के बीच की कड़ी है। शिक्षा की सर्वांगपूर्णता की प्रथम शर्त है संस्कारक्षम समाज, अर्थात् व्यक्ति-व्यक्ति में शिक्षा के विषय में उत्तरदायित्व की भावना आवश्यक है। परिवार, हाट-बाजार, खेत-खलिहान ये सब शिक्षालय ही हैं। समाज में यह चेतना उत्पन्न करना सामाजिक, राजनीतिक व सांस्कृतिक आंदोलनों, संगठनों एवं नेताओं का कार्य है। इस कार्य को किए बिना केवल सरकारी माध्यम से शिक्षा की सर्वांगपूर्ण व्यवस्था की कल्पना करना सर्वथा अव्यवहार्य

है। समन्वित शिक्षकत्रयी ही समाज में सर्वांगपूर्ण शिक्षानीति की प्रत्याभूति है।

स्वभाषा की अपरिहार्यता : शिक्षा के माध्यम के संबंध में स्वभाषा पर दीनदयाल उपाध्याय का बहुत जोर है। वे भाषा को केवल अभिव्यक्ति का माध्यम नहीं मानते, "...भाषा केवल अभिव्यक्ति का माध्यम ही नहीं, वह स्वयं भी एक अभिव्यक्ति है। भाषा के एक-एक शब्द, वाक्यरचना, मुहावरे आदि के पीछे समाज जीवन की अनुभूतियाँ, राष्ट्र की घटनाओं का इतिहास छिपा हुआ है। फिर स्वभाषा व्यक्ति को अलग-अलग प्रकोष्ठों में नहीं बाँटती।[47] अंग्रेजी भाषा के दुष्परिणामों की ओर संकेत करते हुए उपाध्याय कहते हैं—

"आज शिक्षा के क्षेत्र में अंग्रेजी के प्रभुत्व एवं एकाधिकार ने हमें इन भाषाओं (विश्व की रूसी, फ्रेंच, जर्मन आदि अन्य भाषाओं) से भी दूर कर दिया है। फलत: आज हम दुनिया को अंग्रेजी भाषा-भाषी जगत् के चश्मे से देख रहे हैं। अंग्रेजी हमको दुनिया के साथ जोड़नेवाली कड़ी नहीं बल्कि बहुत बड़े भाग से तोड़नेवाली सिद्ध हो रही है।"[48]

उपाध्याय के संपूर्ण वैचारिक प्रतिपादन में शिक्षा व संस्कार व्यवस्था का सर्वाधिक महत्त्व है। वे समाज के चतुर्विध पुरुषार्थों की प्राप्ति की मूलभूत आधारशिला 'शिक्षा' को ही मानते हैं। इस संदर्भ में किसी वाद व व्यवस्था विशेष के आग्रह को उपाध्याय असंगत मानते हैं। 'शिक्षा' से प्राप्त सामर्थ्य समाज को सदैव सही रास्ता खोज लेने के लिए सिद्ध करता है। अत: राजनीतिक व आर्थिक कारणों से योजनाकार जब शिक्षा की अवहेलना करते हैं तब उपाध्याय उसे अनुचित करार देते हैं। पंचवर्षीय योजनाओं में शिक्षा मद में व्यय की कटौती की उन्होंने आलोचना की। चौथी पंचवर्षीय योजना पर टिप्पणी करते हुए उन्होंने कहा, 'इस योजना की सबसे कमजोर कड़ी है, 'शिक्षा।'

"...इस मद में 1965-66 में 180.13 करोड़ की रुपए की जगह अब केवल 98.38 करोड़ रुपए का प्रावधान है।...शिक्षा का क्रम तो अबाध रूप से चलना चाहिए। उसे यदि बीच में तोड़ दिया गया या कमजोर कर दिया गया तो आगे जोड़ना बहुत कठिन हो जाएगा।"[49]

4. सनातन धर्म

दीनदयाल उपाध्याय ने भारतीय दर्शन को उसकी सनातन परंपरा के रूप में स्वीकार किया। वे परिवर्तनों के निषेधी नहीं, पर परंपरा के अनुसमर्थक हैं। इसी कारण वे राष्ट्रवाद की किसी मूलधारा के विश्वासी हैं। अत: भारतीय समाज, धर्म, संस्कृति व राष्ट्रीयता सभी एकात्म होकर उनके विचारों में परिलक्षित होते हैं। उनका मत है कि हमारी समाज-व्यवस्था हमारे राष्ट्रीयत्व का द्योतक है—

"...वर्णाश्रमधर्म समाज की एक प्रणाली है; किंतु हमने उसको धर्म की वेशभूषा

से सज्जित किया है। विवाह (Biologoical and Sociological) जीवन और समाज की एक आवश्यकता है। हमने इसको धर्मकृत्य माना है। संतानोत्पत्ति हम धर्म समझकर करते हैं तो संतान भी माता-पिता की सेवा धर्म समझकर ही करती है। मरने के बाद श्राद्ध क्रिया भी धर्म मानकर की जाती है। यद्यपि इन सब कार्यों की तह में समाजरचना, जाति की सनातन परंपरा (Continuity of Race) तथा राष्ट्रीयत्व है।…जीवन के प्रत्येक कृत्य को हमने धार्मिक रंग में रँगा है और धर्म से प्रेरणा लेकर ही हमने जीवन की रचना की है। इसीलिए अनेक विद्वानों ने कहा भी है कि भारत धर्मप्राण देश है। आज अपनी इस आत्मा की प्रेरणा को अचेतन से चेतन के क्षेत्र में लाने पर ही राष्ट्रजीवन में जो विकृति दिखाई देती है; जो विक्षुब्ध, संघर्षमय, अनिश्चितता की अवस्था है, वह दूर की जा सकती है।''[50]

समाज-जीवन में इस धर्मतत्त्व के उपाध्याय इतने आग्रही हैं कि 'स्वराज्य' व 'स्वधर्म' को समानार्थी के नाते विवेचित करते हैं—

''महर्षि दयानंद और महात्मा गांधी महान् सुधारक थे। वे सामाजिक कुरीतियों को सहन नहीं करते थे। पर न तो उन्होंने धर्म की उपेक्षा की न उसके महत्त्व से इनकार किया। इसके विपरीत उन्होंने धर्म के नाम पर लोगों से अपील की और उन्हें सफलता मिली। साधारण जनता की निगाहों में 'स्वधर्म' व 'स्वराज्य' को अलग नहीं किया जा सकता।''[51]

धर्मतत्त्व की बड़ी कठिनाई यह है कि उसके साथ अपरिवर्तनीयता का भाव जुड़ा हुआ सा रहता है। वह जब अपनी व्यापकता का प्रदर्शन करता है तो वह इतना व्यापक है कि संपूर्ण विश्व में, ब्रह्मांड में वह सर्वसमावेशी के रूप में अपनी गरिमा का उद्घोष करता है। तब वह ज्ञान, गरिमा, स्नेह, प्रेम व आत्मीयता का सागर बन जाता है। लेकिन उसकी व्यावहारिक संस्कृति ऐसी है जो जिज्ञासु कम व आस्थावान् ज्यादा है। वह परीक्षण कम करता है, श्रद्धालु अधिक है। अतः वह जब सीमित होने लगता है तो वैश्विक प्रेम से पतित होकर सीधा 'संप्रदाय' के रूप में सिमट जाता है। तब फिर गरिमासंपन्न श्रद्धाएँ 'सांप्रदायिकता' बन जाती हैं। तब फिर बिना शर्त का जड़चेतनव्यापी प्रेम; म्लेच्छ, काफिर व शैतानों की व्याख्या करने लगता है। तब समाज न केवल धर्मों के नाम पर बँट जाता है वरन् उनकी असहिष्णुता इतनी बढ़ जाती है कि दूसरे धर्मावलंबी को सहज इनसान के नाते भी प्यार नहीं कर पाता।

धर्म के इसी समाजशास्त्र के कारण एक ओर 'धर्म', निरपेक्ष-श्रद्धा से गरिमामंडित होता है, तो दूसरी ओर सांप्रदायिक व कर्मकांडी सामाजिक 'अफीम' के रूप में व्याख्यायित होता है। उपाध्याय की धर्मचेतना ने जहाँ 'एकात्म मानववादी' न्यायसंगत राजनीति व अर्थनीति को जन्म दिया, वहीं उनके धर्मतत्त्व का परिसीमन 'हिंदूधर्म' के रूप में हुआ,

जिसके आधार पर 'हिंदूराष्ट्र' की कल्पना ने जन्म लिया। भारतीय जन का वह हिस्सा जो ऐतिहासिक कारणों से हिंदू नहीं कहलाता, उसका समाज में स्थान तथा 'मुख्यधारा' के वाहक हिंदू समाज से उसके रिश्ते कैसे होने चाहिए, यह हमारे युग का यक्षप्रश्न रहा है। उपाध्याय ने इस विषय में काफी कुछ कहा है; लेकिन उसमें मुसलिम सांप्रदायिकता व मुसलिम समाज में कोई अंतर नहीं किया गया है। कहीं-कहीं हिंदू समाज का भी विवेचन गैर-मुसलिम समाज के रूप में हुआ है। परिणामतः मुसलिम समस्या को हिंदू समाज की समस्या न मानते हुए, हिंदू समाज के समानांतर मुसलमानों को गैर-हिंदू किंवा गैर-भारतीय के नाते भी विवेचित किया जा सकता है। हिंदू-मुसलिम संबंधों की हिंदू राष्ट्रवादी दृष्टि के कारण ही राष्ट्रीय स्वयंसेवक संघ व भारतीय जनसंघ सदा समाज में विवादास्पद संगठन बने रहे हैं। एक ओर उनकी असंदिग्ध देशभक्ति की प्रशंसा की जाती है तो दूसरी ओर उन्हें सांप्रदायिक एवं फासिस्ट कहा जाता है। हम यहाँ उपाध्याय द्वारा विवेचित 'हिंदू-मुसलिम' संबंधी विचारों का अध्ययन करेंगे।

5. मुसलिम-समस्या

दीनदयाल उपाध्याय मुसलिम समस्या को केवल एक सांप्रदायिकता की समस्या नहीं मानते। वे उसे अराष्ट्रीयतावादी, पृथकतावादी राजनीतिक महत्त्वाकांक्षा की समस्या मानते हैं। उन्हें मुसलमानों से शिकायत उनके मजहब के कारण नहीं वरन् मजहब के साथ ही उनके द्वारा स्वीकार किए गए परकीय विदेशियत से है—

"इसलाम एक मत है और मतों के प्रति हम सदा ही सहिष्णु रहे हैं : एकम् सद् विप्रा बहुधा वदन्ति। मत भिन्न होने से राष्ट्रीयता भिन्न नहीं हो जाती। यदि आज हिंदू मुसलमान बन जाए तो क्या उसकी भाषा बदल जाएगी? उसके पूर्वज बदल जाएँगे? उसका इतिहास बदल जाएगा? उसकी मातृभूमि को पदक्रांत करनेवाला गजनी और गोरी तो आक्रामक ही रहेंगे, पर भारत का मुसलमान बदल गया। वह नल-दमयंती की प्रेमकथा छोड़कर 'शीरी-फरहाद' के गीत गाने लगा। कोयल की कूक की बजाय उसे बुलबुल की तान याद आने लगी। वह हनुमान और भीम की वीरगाथाओं के स्थान पर रुस्तम और सोहराब के गीत गाने लगे। गंगा और यमुना के पानी में उसे कोई मिठास दिखाई नहीं दी।"

"फारस में अल्लाह से खुदा बन गया तो फिर भारत में 'अल्ला' ईश्वर क्यों नहीं बन गया?···मैं मुसलमानों को सलाह देता हूँ कि वे रसखान का अनुसरण करें। बाबर ने अपने आपको नहीं बदला क्योंकि वह शासक था। यदि धर्मभूमि के प्रति ही मुसलमानों को आकर्षण होता तो अरबी को अपनाना था; पर उन्होंने तो फारसी को अपनाया···अपने नाम के आगे 'खान' जोड़ने में शान समझता है पर 'खान' शब्द तो अरबी नहीं है। यह तो

मंगोलियन लोग अपने नाम के आगे लगाते थे। फिर मुसलमान की संस्कृति कहाँ की है? फारस की, अफगानिस्तान की, तुर्किस्तान की, अरब की, मंगोल की या सबकी खिचड़ी? यहाँ का मुसलमान रोजा तोड़ेगा तो छुहारे से, यहाँ की कोई चीज उसे नहीं सुहाती।''[52]

दीनदयाल उपाध्याय के अनुसार, ''अकबर, जहाँगीर, शाहजहाँ और औरंगजेब सभी देशज थे; किंतु उनका राज्य स्वराज्य नहीं था।''[53] देशज मुसलमानों में उस परकीय राज की स्मृति एवं आकांक्षा आज भी बनी हुई है। उसी आकांक्षा का परिणाम पाकिस्तान के रूप में हमारे सामने आया, ''पाकिस्तान का निर्माण क्यों हुआ? कुछ लोग कहते हैं कि हिंदू-मुसलमान मिलकर नहीं रह सकते थे। यह पूर्ण सत्य नहीं है। मुसलमानों के दिमाग में मुगल साम्राज्य की पुनर्स्थापना का स्वप्न अब भी है और वर्तमान पाकिस्तान उसको प्राप्त करने की एक सीढ़ी मात्र है।''

मुसलमानों की इस सामाजिक एवं मनोवैज्ञानिक पृष्ठभूमि का वर्णन कारते हुए वे निष्कर्षतः निम्न बातें कहते हैं—

(1) हमारे देश में मुसलमानों के बारे में बड़ा भ्रम पाया जाता है। मजहब अलग होने से कोई फर्क नहीं पड़ता; लेकिन मुसलमान बनने के बाद व्यक्ति राष्ट्र का शत्रु बन जाता है।

(2) व्यक्तिशः मुसलमान अच्छा हो सकता है; लेकिन सामूहिक रूप से खराब है। व्यक्तिशः हिंदू खराब हो सकता है; पर सामूहिक रूप से अच्छा होता है। इस सामूहिक प्रकृतिभेद को समझना चाहिए।

(3) हिंदू में धार्मिक सहिष्णुता बहुत है। एक ही परिवार में विभिन्न धार्मिक मतों के लोग रह सकते हैं; लेकिन मुसलमान बनते ही नई प्रवृत्ति ग्रहण कर लेता है कि सब दुनिया को मुसलमान बनाऊँगा।...हमने भी 'कृण्वन्तो विश्वमार्यम्' कहा; लेकिन मुसलमान गैर-मुसलिम को 'काफिर' मानता है, दूसरों के प्रति असहिष्णु हो जाता है। उसके साथ पनपनेवाली राजनीतिक आकांक्षा उसको हिंदुस्तान से अलग कर देती है।

(4) मुसलमान धार्मिक या सामाजिक समस्या नहीं वरन् राजनीतिक समस्या है। भारत में इसलाम धर्म का प्रचार मौलवी तथा फकीरों के द्वारा नहीं हुआ। यहाँ आक्रमणकारियों द्वारा इसलाम का प्रसार हुआ। वे अपने को हिंदुस्तान का विजेता मानते हैं।

(5) भारतीय मुसलमान कहते हैं कि उनकी इस्लामिक संस्कृति है। संस्कृति का संबंध राष्ट्र से होता है, मजहब से नहीं। आज अफगानिस्तान, इंडोनेशिया, अरब आदि मुसलिम देशों का मजहब समान, पर संस्कृति भिन्न-भिन्न है। यहाँ का मुसलमान अपनी संस्कृति भारत की संस्कृति से भिन्न समझता है।

तब यह देश उसका कैसे हो सकता है? इसलिए मुसलमान यहाँ का राष्ट्रीय नहीं है।

(6) इंडोनेशिया का मुसलमान रामायण पढ़ता है पर भारत का नहीं। इसका कारण है, पृथक राजनीतिक आकांक्षा के लिए कृत्रिम संस्कृति व परंपरा के निर्माण का प्रयत्न।

(7) मुसलिम सांप्रदायिकता की जब तक राजनीतिक पराजय नहीं होती तब तक उन्हें शेष समाज से एकात्म नहीं किया जा सकता। गांधीजी व कांग्रेस ने इस मूलप्रवृत्ति को समझे बिना मुसलमानों को राष्ट्रीयधारा में एकात्म करने का प्रयत्न किया। इसके पहले कबीर व नानक ने भी ऐसे प्रयत्न किए, लेकिन सफलता नहीं मिली। मुसलमानों के राजनीतिक पराभव का प्रयत्न कुछ मात्रा में शिवाजी ने किया। अंग्रेजों के बीच में आ जाने से वह अधूरा रह गया। अंग्रेजों ने मुसलमानों की राजनीतिक आकांक्षा को और भड़काया। पाकिस्तान तो छोटा राज्य है। भारत के लिए उसे परास्त करना कठिन काम नहीं, पर यहाँ मुसलमानों की राजनीतिक आकांक्षाओं को परास्त करना कठिन राजनीतिक प्रक्रिया है।

जब तक पाकिस्तान को राजनीतिक पराजय नहीं दी जाती तब तक हिंदुस्तान के मुसलमानों की मनोवृत्ति बदलना सरल नहीं है। राजनीतिक पराभव से उसकी आक्रामक वृत्ति समाप्त होकर वह अपने असली हिंदू रूप में आ जाएगा।''[54]

मुसलिम समाज के प्रति अपने उपर्युक्त विश्लेषण के कारण उपाध्याय मुसलमानों को उनके वर्तमान स्वरूप में राष्ट्रीयजन मानने को तैयार नहीं हैं। उनके साथ संबंधों के विषय में वे कहते हैं कि लोग पूछते हैं कि हिंदू राष्ट्र में मुसलमान व ईसाई का क्या होगा?...''वे भला व्यवहार करेंगे तो हम भी भला व्यवहार करेंगे; किंतु वे यदि शत्रु मानेंगे तो हम उनको मित्र मानकर कैसे चलेंगे? वे हिंदुओं के साथ मित्रतापूर्वक रहेंगे तो हम उनको मित्र कहेंगे। वे अगर शरणार्थी बनकर रहना चाहेंगे तो हम उनको शरणार्थी मानेंगे और यदि वे शत्रु बनकर रहेंगे तो एक योग्य शत्रु से जैसा व्यवहार करना चाहिए वैसा व्यवहार करेंगे। इसमें हमें घबराहट क्यों हो?'' अपने पूर्ववर्णित तथ्यों में कुछ और जोड़ते हुए उपाध्याय मुसलमानों के बारे में अलग से विचार करने को अनुचित मानते हैं तथा इसे तुष्टीकरण की घुटनाटेक नीति के रूप में प्रतिपादित करते हैं।''

''...वे मसजिद में नमाज पढ़ें इसमें हमें क्या कठिनाई है? हमारे विजेता वीरों ने, शिवाजी ने, नलवा ने किसी भी मसजिद को नहीं गिराया।...हम इस देश को मातृभूमि कहते हैं। हरेक मुसलमान कहता है 'दारुल हरब' (युद्धभूमि)। हम कहते हैं, हम यहीं जन्म लेंगे। हमारा मुसलमान भाई कहता है 'मेरे मौला बुला ले मदीने मुझे।'...हिंदू से

मुसलमान बनते ही पूर्वज क्यों बदल जाते हैं? वह कर्बला की याद कर छाती क्यों पीटता है? उसके सामने रामायण, महाभारत, हल्दीघाटी का युद्ध नहीं आता। उसके सामने 'दजला-फरात' के युद्ध आते हैं। इसलाम यहाँ भारत में विदेशी आक्रांता, गुलाम बनानेवाला बनकर आया, भारत की राष्ट्रीयता को बदलनेवाला बनकर आया। मुसलमानों का अलग से विचार क्यों? क्योंकि वे पारसी, यहूदियों की तुलना में अधिक संख्या में हैं? मुसलमान यदि अधिक संख्या में हैं तो उनका सामना करने के लिए सामर्थ्य उत्पन्न करें।''[55]

6. हिंदू-मुसलिम एकता

उपाध्याय 'हिंदू-मुसलिम एकता' के तत्त्वत: खिलाफ हैं। राष्ट्रीयता व अराष्ट्रीय सांप्रदायिकता में एकता नहीं हो सकती। वे कहते हैं, ''परस्पर विरोधी चीजों में समन्वय नहीं होता। तब संघर्ष आवश्यक होता है। रावण से संघर्ष, मुसलमानों से संघर्ष, विकार से समन्वय नहीं।''[56] वे कांग्रेस की हिंदू-मुसलिम एकता नीति से असहमत हैं—

''...मुसलमानों को भारतीय बनाने के लिए हमें अपनी गत अर्द्धशताब्दी पुरानी नीति बदलनी पड़ेगी। कांग्रेस ने हिंदू-मुसलिम ऐक्य का प्रयत्न किया, गलत आधार पर। उसने राष्ट्र की और संस्कृति की सही एवं अनादि से चली आनेवाली एकता का साक्षात्कार करने तथा सभी को उसका साक्षात्कार कराने के स्थान पर, अनेकता का ही साक्षात्कार किया तथा अनेक को कृत्रिम एवं राजनीतिक सौदेबाजी के आधार पर एक करने का प्रयत्न किया। भाषा, रहन-सहन, रीति-रिवाजों की कृत्रिम ढंग से रचना की। ये प्रयत्न कभी सफल नहीं हो सकते थे। राष्ट्रीयता और अराष्ट्रीयता का समन्वय संभव नहीं।''[57]

उपाध्याय हिंदू-मुसलिम एकता विषय को ही अप्रासंगिक मानते हैं, ''मुसलमान व ईसाई के समान हिंदू एक मजहब नहीं; हिंदू राष्ट्रीयता है। हिंदू उपासना पद्धतियों में 90 प्रतिशत राष्ट्रीयता व दस प्रतिशत मोक्ष प्राप्ति की बातें हैं। हिंदू और हिंदुस्तान एक-दूसरे से जुड़े हैं''[58] तथा जब तक हिंदू जीवित है, इसलाम को कोई खतरा नहीं है। राम और अल्लाह में भेद नहीं। विष्णुसहस्रनाम में एक नाम अल्लाह का और जुड़ जाने से कोई हानि नहीं। अत: झगड़ा मजहब का नहीं, महत्त्वाकांक्षा का है। मसजिद से चलनेवाली राजनीति से झगड़ा है।''[59]

अत: सवाल मुसलमानों की वृत्ति में परिवर्तन का है, हिंदू-मुसलिम एकता का नहीं। ऑर्गेनाइजर में एक सवाल के जवाब में उपाध्याय कहते हैं, ''हिंदुत्व कोई मजहब नहीं है, यह तो विविध मजहबों का साझापन है। ईसाइयत और इसलाम भी इसके अंग के नाते यहाँ बने रहें, इसमें कोई हानि नहीं है। वास्तव में तो वे केवल तभी यहाँ अस्तित्व में रह सकते हैं जबकि यहाँ का राष्ट्रजीवन हिंदुत्व-प्रभावित रहे। अन्यथा ये दोनों यहाँ 'क्रूसेड्स' अथवा स्पेन के इतिहास को दोहराएँगे। अतएव इन मजहबों के अनुयायियों

को पृथकतावाद अथवा पर-भूमि-निष्ठा को त्याग देना चाहिए। इन्हें राष्ट्रीय धारा के साथ एकरस होना चाहिए।''[60]

उनके मतानुसार मुसलमान व ईसाइयों को भी हिंदूसमाज के एक भाग के नाते रहना चाहिए। उन्हें राष्ट्रीयता की धारा के साथ एकात्म होना चाहिए। उपाध्याय की मान्यता है कि 'हिंदू-मुसलिम एकता' के नारे में अंग्रेजों ने हमें षड्यंत्रपूर्वक फँसाया है। उन्होंने कूटनीतिपूर्वक हमारी स्वदेशियत पर चोट कर हमारा विदेशीकरण किया है। मुगलों की तुलना में अंग्रेज अधिक धूर्त थे। उन्होंने ऐसे ही लोगों को हमारा नेता बना दिया। उपाध्याय हिंदू-मुसलिम एकतावादियों को मुसलिमपरस्त घोषित करते हुए उन पर तीव्र प्रहार करते हैं—

''यदि देश की बागडोर उन नेताओं के ही हाथ में है जो देशज होते हुए भी कुतुबुद्दीन, अलाउद्दीन, मुहम्मद तुगलक, फिरोजशाह तुगलक, शेरशाह, अकबर और औरंगजेब से किसी भी प्रकार भिन्न नहीं. तो यही कहना पड़ेगा कि उनका गुरुत्वाकर्षण केंद्र भारतीय जीवन में नहीं है।''[61]

अत: उपाध्याय हिंदू-मुसलिम एकता के नाम पर मुसलिम तुष्टीकरण की प्रवृत्ति को राष्ट्रविघातक मानते थे। उनका मत था, ''यदि हम एकता चाहते हैं तो भारतीय राष्ट्रीयता, जो हिंदू राष्ट्रीयता है तथा भारतीय संस्कृति, जो हिंदू संस्कृति है, का दर्शन करें। उसे मानदंड मानकर चलें। भागीरथी की इस पुण्यधारा में सभी प्रवाहों का संगम होने दें।''[62]

इसलिए उन्होंने राष्ट्रीय एकता एवं एकात्मता के लिए हिंदू पुनर्जागरण एवं संगठन का रास्ता स्वीकार किया। यह मार्ग उन्हें राष्ट्रीय स्वयंसेवक संघ के संपर्क से प्राप्त हुआ। मा.स. गोलवलकर की उपस्थिति में उन्होंने अपने अंतिम भाषण में यह कहा कि ''हिंदू-मुसलिम एकता के नारे लगानेवाले भूल गए कि हिंदू एकता भी कोई चीज है। आज हिंदू-मुसलिम एकता होगी, तो मुसलमान को हिंदू के साथ मिलना है। अत: हिंदू का भी कोई अस्तित्व होना चाहिए। इस बात को पहले स्वीकार कर लें कि हमारा राष्ट्रजीवन हिंदू राष्ट्रजीवन है।''[63]

7. हिंदू जागरण

उपाध्याय की इस संदर्भ में हिंदू जागरण की प्रेरणा भारत के मध्यकालीन इतिहास में है, जो हिंदू-मुसलिम संक्रमण का काल है। उसी संक्रमणकालीन संघर्ष की कड़ी के रूप में वे भारत के विभाजन को देखते हैं तथा उस संघर्ष को जारी रखने का आह्वान करते हैं—

''...हाँ, कुछ गलती की है, जिसके कारण देश का हमने एक भाग खो दिया। यदि

हमने स्पष्ट दृष्टि रखी होती तो ऐसा न होता। पर कोई बात नहीं। आज भी लड़ाई पूरी नहीं हुई। समाप्त कहाँ हुई है। जो भाग खो गया है उसे वापस लेना है। लेगा वही, जिनमें हिंदुत्व की प्रेरणा है। अनेक बार हमारे हाथ से राज्य गए हैं, पर हमने हार नहीं मानी। यह लड़ाई राष्ट्रीयता की दृष्टि से है। आज भी महाराणा प्रताप ने जो प्रतिज्ञा की थी, वह अधूरी है। छत्रपति शिवाजी व गुरु गोविंद सिंह की प्रतिज्ञाएँ भी अधूरी हैं। उन्हें पूरा करना होगा, इसे अच्छी प्रकार समझ लें।''[64]

हिंदूसमाज में व्याप्त भाषा व क्षेत्रवाद तथा इतिहास की ओर देखने की हीन दृष्टि को वे ललकारते हैं तथा हिंदू के नाते विजयिष्णु भाव लेकर जागृत होने की प्रेरणा देते हैं—

''...आज उलटा हो रहा है। जो चीज अच्छी हुई वह अपने नाम, जो बुरी हुई वह समाज के नाम। हमने अच्छी बातों का श्रेय जाति, प्रांत व संस्थाओं को दिया, खराबी का समाज को। यथा, जयचंद हिंदू था पर पृथ्वीराज व दुर्गादास, चौहान व राठौर; गुरु गोविंद सिंह सिख व शिवाजी मराठा थे। पूर्वी बंगाल में पिटनेवाले हिंदू पर सुभाष बाबू बंगाली थे।''

''महमूद गजनवी व गोरी ने उत्तर-भारत के कुछ हिस्सों पर अधिकार कर लिया, हम सारे भारत को गुलाम समझने लगे। मद्रास में, केरल में हमारे स्वतंत्र राज्य थे।''

''हम अपनी पॉजिटिव बातों को भूलते हैं। अपनी विजय, वास्तविकता का विचार नहीं करते। पृथ्वीराज हारा, यह हमें अवश्य याद आता है, पर उसने गोरी को सत्रह बार शिकस्त दी, यह हम कभी नहीं सोचते। हम भूल जाते हैं कि हमने मुगल तख्त को चूर-चूर किया है। हमें पाकिस्तान बनने की पीड़ा होनी चाहिए। पर हम यह क्यों भूल जाते हैं कि संपूर्ण भारत को पाकिस्तान बनाने का मुसलिम मनोभाव पूर्ण नहीं हो सका। हमने उन्हें वैसा नहीं करने दिया। हमें अपनी पॉजिटिव चीजें अपनी आँखों से ओझल नहीं कर देनी चाहिए।...हम हिंदू हैं, हमें इसी नाते से खड़ा होना चाहिए। यही हमारा अभीष्ट है, यही हमारे जीवन का व्रत है।''[65]

हिंदू समाज के विषय में उनकी आकांक्षा है कि ''हम राष्ट्रीय स्तर पर आक्रामक, धार्मिक स्तर पर सहिष्णु तथा सामाजिक स्तर पर समरसतापरक बनें। हम किसी उपासना पद्धति के विरोधी या शत्रु नहीं। प्रखर राष्ट्रवाद का यह संघर्ष जारी रहेगा।''[66]

उपाध्याय ने ये विचार सामान्यत: राष्ट्रीय स्वयंसेवक संघ के मंच से अभिव्यक्त किए हैं। भारतीय जनसंघ के राजनीतिक मंच से व्यक्त उनके विचारों में इतनी उग्रता नहीं है; लेकिन स्पष्टता का अभाव भी नहीं है। वे किसी की नाराजगी की परवाह किए बिना अपने मंतव्य का प्रकटीकरण वहाँ भी करते रहे हैं। सन् 1965 में पाकिस्तानी आक्रमण के समय उन्होंने भारतीय जनसंघ के महामंत्री के नाते यह माँग की ''भारत-

पाकिस्तान सरहद पर सीमा से दस मील अंदर तक के प्रदेश में मुसलमानों की, बस्तियों को वहाँ से हटाकर दूसरी जगह बसाया जाए और उन स्थानों पर किसी मुसलिमेतर लड़ाकू जाति को बसाया जाए।''[67]

इसी प्रकार वे अन्य राजनीतिक दलों द्वारा अल्पसंख्यक-बहुसंख्यक के नाते प्रतिपादित अभियानों को भी स्वीकार नहीं करते। मुसलमानों के खिलाफ होनेवाले पक्षपात के आरोप के प्रतिकार में वे 'ऑर्गेनाइजर' के अपने प्रसिद्ध कॉलम 'पॉलिटिकल डायरी' में लिखते हैं—

''कांग्रेस नेताओं का इरादा बुरा नहीं था; लेकिन वे अंग्रेजों के जाल में फँस गए थे। उन्होंने हिंदुओं का शुद्ध राष्ट्रीय स्वातंत्र्य के लिए आह्वान किया; लेकिन मुसलमानों में अपने आह्वान को परिणामकारी बनाने के लिए उन्होने अनेक गारंटियों व शर्तों को स्वीकार किया। ये मुसलिमों के 'खिलाफ' भेदभाव नहीं वरन् उनके 'पक्ष में' भेदभाव था।''[68]

डॉ. लोहिया ने हिंदू-मुसलिम एकता के लिए यह सुझाव रखा था कि भारतीय संविधान में इस प्रकार का संशोधन किया जाए जिससे यह सुनिश्चित हो सके कि भारत के प्रधानमंत्री व राष्ट्रपति में से एक अवश्यमेव मुसलमान हो। उपाध्याय ने अपने इस कॉलम में लिखा—

''जब भी आप किसी समुदाय का मन जीतने के लिए उसे कीमत के बतौर राजनीतिक सत्ता का लोभ देने की बात सोचेंगे उसी क्षण आप देखेंगे कि भारत में पृथकतावाद का बीजारोपण हो गया है। पिछले चालीस वर्षों के इतिहास में इस तथ्य की साक्षियाँ भरी पड़ी हैं।''[69]

भारतीय जनसंघ की स्थापना के समय उन्होंने जो 'सांस्कृतिक पुनरुत्थान' के विषय में ऐतिहासिक प्रस्ताव रखा था उसमें भी उन्होंने हिंदू समाज से ही यह आग्रह किया था ''…हिंदू समाज का राष्ट्र के प्रति कर्तव्य है कि भारतीय जन के उन भागों के राष्ट्रीयकरण का महान् कार्य हाथ में ले जो विदेशियों द्वारा स्वदेश पराङ्मुख और विदेशाभिमुख बना दिए गए हैं। हिंदू समाज को चाहिए कि उन्हें आत्मसात् कर ले। केवल इसी प्रकार सांप्रदायिकता का अंत हो सकता है तथा राष्ट्र की एकनिष्ठता तथा दृढ़ता निष्पन्न हो सकती है।''[70]

हिंदू-मुसलिम संदर्भ में उपाध्याय के विचारों का यह आयाम बहुत ही उग्रतावादी है। ये विचार स्वातंत्र्यवीर सावरकर के उन विचारों से काफी मेल खाते हैं जिनका प्रतिपादन है कि धर्मांतरण ही राष्ट्रांतरण है। भारतीय मानस ने इन विचारों को सामान्यत: स्वीकार नहीं किया। इसलिए ये विचार तथा इन विचारों के कारण दीनदयाल उपाध्याय पर्याप्त विवाद के विषय रहे। उन्हें सांप्रदायिक संगठन के नेता के नाते अभिहित किया गया।

राष्ट्र के विषय में इसी चिंतन के कारण हिंदू समाज के प्राचीन ध्वज 'भगवा-

ध्वज' को ही उपाध्याय राष्ट्रध्वज की संज्ञा देते हैं तथा तिरंगे को राष्ट्रध्वज के अज्ञान में से उत्पन्न हुआ ध्वज मानते हैं।

8. राष्ट्रध्वज और राज्यध्वज

उपाध्याय की मान्यता है कि भारतीय संस्कृति का प्रतीक है 'यज्ञ' तथा इसका प्रतीक है 'भगवा-ध्वज'। "…ज्यों-ज्यों समय आगे बढ़ता गया, इन यज्ञों को बहुत स्थानों पर ले जाना कठिन हुआ। यज्ञ की महत्ता कम होती गई। इसलिए अपनी संस्कृति की विशेषताओं को अक्षुण्ण रखते हुए प्रतीकस्वरूप ध्वज का आविष्कार हुआ। अग्नि की उठती हुई ज्वालाओं के रूप में उसी रंग, उसी आकार में उसकी प्रतिष्ठापना हुई। इस ध्वज को लेकर हम युद्धों में विजयी होते थे।…श्रेष्ठ ध्वजों की रक्षा के लिए लड़ते समय अपना व्यक्तिगत जीवन अर्पित करते हुए हर्ष हो, ऐसा प्रतीक यह ध्वज ही था।"[71]

"आजकल कई बार लोग भ्रमवश ऐसा कहते पाए जाते हैं कि प्राचीन काल में हमारा कोई राष्ट्र नहीं था, इसलिए राष्ट्रध्वज भी पहले कभी नहीं था। परंतु यह अंग्रेजों द्वारा फैलाई गई दुर्बुद्धि का प्रभाव है…इस गलतफहमी का शिकार होने के कारण ही प्राचीन राष्ट्रजीवन और प्राचीन राष्ट्रध्वज का विस्मरण हुआ। ऐसे लोग नया राष्ट्रध्वज बनाने की कल्पना लेकर आगे बढ़े। अज्ञानवश उन्होंने यह सोचा कि जिस प्रकार भारत को नया राष्ट्र बनाना है, वैसे ही उसे नया राष्ट्रध्वज भी देना है। भारत के सनातन राष्ट्रजीवन के विस्मरण का यह दुःखद परिणाम निकला कि लोग राष्ट्रध्वज की खोज करने लगे।"[72]

तिरंगे झंडे के इतिहास के संदर्भ में उपाध्याय भारतीय क्रांतिकारी आंदोलन का उल्लेख करते हुए एक भारतीय युवक के राष्ट्रध्वज के विषय में निरुत्तरित होने की घटना का वर्णन करते हैं—

"भारतीय युवक इतना तो जानता था कि यूनियन जैक भारत का ध्वज नहीं है; किंतु उस बेचारे को यह पता नहीं था कि भारत का ध्वज कौन सा है? तब भारतीय युवकों ने फ्रांस में एक ध्वज बनाया। उसमें भारत के प्रांतों की गिनती के कुछ तारे, कमल के फूल तथा तीन रंगों की पट्टियाँ थीं। यह झंडा सन् 1907 में फहराया गया। फिर सन् 1921 में कांग्रेस के विजयवाड़ा अधिवेशन में महात्मा गांधी ने तीन रंग की पट्टियों के साथ चरखा लेकर झंडा प्रदान किया। उस समय अंग्रेजों के खिलाफ आंदोलन की धूम थी। यह झंडा आजादी की लड़ाई में अगुवाई करता रहा। लाल, हरा और सफेद रंग के इस झंडे में लाल रंग हिंदुओं का, हरा मुसलमानों का तथा सफेद रंग बाकी सबका कहा गया था; किंतु बाद में अनेक छोटे-छोटे वर्गों की ओर से माँग आने लगी कि उनका अलग रंग भी ध्वज में दिया जाए। इस विवाद के हल के लिए एक झंडा कमेटी बनाई

गई। इसके अध्यक्ष जवाहरलाल नेहरू ही थे। इस कमेटी ने भी असंदिग्ध शब्दों में यही निर्णय दिया कि केसरिया ध्वज ही राष्ट्रध्वज हो सकता है। फिर भी अंग्रेजों द्वारा प्रसूत मिली-जुली संस्कृति और खिचड़ी राष्ट्रवाद के प्रभाव में आकर झंडा कमेटी की इस रिपोर्ट को कार्यान्वित नहीं किया गया। तिरंगे झंडे को ही स्वीकार कर लिया। केवल भगवा, हरा और सफेद रंगों का अर्थ बदलकर बताया जाने लगा कि ये समूह के द्योतक नहीं, गुणों के द्योतक हैं। देश की स्वतंत्रता प्राप्ति के लिए हुए आंदोलनों में इसी ध्वज को लेकर त्याग और बलिदान हुए अनेक लोगों ने यातनाएँ सहीं और फाँसी के फंदे चूमे।…आज भी उन्हीं रंगों का चक्रांकित तिरंगा ध्वज हमारा राज्यध्वज है और हमारे लिए परम श्रद्धा और आदर का केंद्रबिंदु है। फिर भी यह प्रश्न सहज ही उठता है कि जितना प्राचीन हमारा राष्ट्रजीवन है उसकी शताब्दियों लंबी गौरव परंपरा को व्यक्त करने में क्या यह ध्वज समर्थ हो सकता है?…नि:संदेह जिस राष्ट्रीय प्रतीक को लेकर वेदकाल से आज तक हम स्फूर्ति पाते रहे, जिसमें सदियों के उत्थान-पतन के रोमांचकारी क्षणों की गाथाएँ गुंफित हैं…वह परम पवित्र भगवा-ध्वज ही हमारी अखंड राष्ट्रीय परंपरा का प्रतीक बनकर हमारे सामने उपस्थित होता है।''[73]

इस प्रकार तिरंगे का इतिहास उकेरते हुए उसे वे सम्मानास्पद किंतु 'राज्यध्वज' के नाते मान्यता प्रदान करते हैं। 'राष्ट्रध्वज' के नाते भगवा-ध्वज का प्रतिपादन करते हैं। उपाध्याय को दोनों को अलग सम्मान देने में कोई कठिनाई नहीं होती; क्योंकि वे राज्यसत्ता को राष्ट्र की एकमात्र प्रतिनिधि सत्ता नहीं मानते। वे समाज को राष्ट्रसत्ता का प्रतिनिधि मानते हैं। अत: 'भगवा-ध्वज' को संवैधानिक मान्यता की कभी उन्होंने माँग नहीं की। सामाजिक राष्ट्रचेतना के उन्नयन के लिए कार्यरत राष्ट्रीय स्वयंसेवक संघ में 'भगवा-ध्वज' को 'गुरु' स्थान प्राप्त है, संघ के स्वयंसेवकों के समक्ष ही वे ऐसा प्रतिपादन करते थे। उन्होंने कभी इसे राजनीतिक मुद्दा नहीं बनाया। अपनी विशिष्ट व्याख्यावाली राष्ट्रीय चेतना के जागरण के लिए उनका माध्यम था, 'स्वयंसेवक' जो राष्ट्रीय स्वयंसेवक संघ की शाखा में निर्मित होता था। वह स्वयंसेवक ही उपाध्याय द्वारा संकल्पित सामाजिक कार्यकर्ता था। उनके द्वारा संचालित भारतीय जनसंघ को भी मुख्यत: इन स्वयंसेवकों का ही संबल प्राप्त था।

9. स्वयंसेवक

राष्ट्रीय स्वयंसेवक संघ के स्वयंसेवकों की ध्येयनिष्ठा, अनुशासनप्रियता, कष्टसहिष्णुता तथा परिश्रमशीलता पर्याप्त प्रसिद्ध है। उनकी मनोवैज्ञानिक ढंग से की गई मानसिक संरचना को ही इसका श्रेय है। इस मानसिक संरचना के कार्य में दीनदयाल उपाध्याय का संघ के आजीवन-प्रचारक के नाते निर्णायक योगदान रहा है। उनके अनुसार

''स्वयंसेवक का मतलब 'Volunteer' नहीं; वरन् 'ध्येयसमर्पित व्यक्ति' स्वयंसेवक होता है।''[74] संघ में कार्यकर्ताओं की स्वयंसेवक व नेता, ऐसी दो श्रेणियाँ नहीं होतीं। सभी स्वयंसेवक होते हैं। स्वयंसेवक सदैव अपने व्यवहार के प्रति चौकस रहे, अत: उसे समझाया जाता है, ''स्वयंसेवक और संघ अलग-अलग नहीं किए जा सकते। स्वयंसेवक को देखकर लोग संघ समझते हैं। स्वयंसेवक अच्छा तो संघ अच्छा, स्वयंसेवक खराब तो संघ खराब।''[75] अत: यह कहा जाता है, 'मैं भी स्वयंसेवक था' यह दुर्भाग्यपूर्ण स्थिति कभी नहीं आनी चाहिए। स्वयंसेवक जमाने के साथ नहीं चलता।''[76] उपाध्याय कहते हैं : ''अनुशासन और अहंकार दोनों साथ-साथ नहीं चल सकते। अनुशासन के लिए बुद्धि आवश्यक है। बुद्धि के साथ अनुशासन, लोकसंग्रह तथा ध्येयनिष्ठा स्वयंसेवकत्व के तीन आधार हैं।''[77]

उपाध्याय सिखाते हैं कि व्यक्ति को अपने निकट लाने का मनोविज्ञान स्वयंसेवक को आना चाहिए। व्यक्ति को संपर्क करने के लिए आवश्यक है कि ''अहंकार की बाधा भी न हो और आत्मविश्वास भी कम न हो। यह परस्पर स्नेह से संभव है।''[78]

''एक बार जो विरोधी बना वह सदा विरोधी रहेगा, यह सोचना जीवन की बड़ी भूल होगी। हम दूर रहकर विरोधियों के तर्क को बल देते हैं। (हम तो)...लोगों को अपना समझते हैं। उनसे मिलना ही चाहिए।''[79]

उनका सामाजिक विचार मुख्यत: राष्ट्रीय स्वयंसेवक संघ द्वारा स्वीकृत समाजदर्शन ही है। प्राचीन भारतीय समाज व्यवस्था का आधुनिकता के साथ विकास। अत: वर्ण-व्यवस्था जैसी प्राचीन भारतीय व्यवस्थाओं का पोषण लेकिन जातिवाद का विरोध। समाज परिवर्तन की क्रांतिवादी धारणाओं का विरोध एवं सहज विकास की प्रक्रियाओं का संयोजन। इसके लिए शिक्षा को आधारभूत माध्यम मानकर योग्य शिक्षानीति का नियमन, सनातनधर्म में आस्था, हिंदू-मुसलिम समस्या के प्रति हिंदू राष्ट्रवादी दृष्टिकोण, राष्ट्रध्वज के बारे में सामाजिक-सांस्कृतिक विचारपद्धति तथा सामाजिक ध्येयनिष्ठ कार्यकर्ता के नाते 'स्वयंसेवक' की अवधारणा ही उपाध्याय के सामाजिक विचारों को रूपायित करते हैं। उनकी इस विचारसरणी से सहमति-असहमति का मुद्दा अलग है। यह विचारसरणी निश्चित रूप से वैशिष्ट्यपूर्ण है।

संदर्भ–

1. लेखक स्वयं जून 1964 में राजस्थान राष्ट्रीय स्वयंसेवक संघ के वार्षिक संघ-शिक्षा-वर्ग, उदयपुर में इस भाषण में उपस्थित था।
2. बाबासाहब आपटे, 'पुनीत स्मृति'; राष्ट्रधर्म, दीनदयाल उपाध्याय स्मृति अंक, जून-जुलाई, 1968, पृ. 41
3. यादवराव जोशी (दक्षिण भारत, क्षेत्रीय प्रचारक); 'मौन स्मृति', उपर्युक्त, पृ. 138

4. पाञ्चजन्य; श्रावण कृष्ण 11, सं. 2006 (सन् 1949), पृ. 16
5. Bal Apte, "Educational Changes"; A.B.V.P. Delhi Publication, 1977.
6. पाञ्चजन्य; 14 सितंबर, 1964, पृ.2
7. पाञ्चजन्य; 10 जनवरी, 1966, पृ. 6
8. Enlightened by the guidance of Deendayalji, the great exponent of Integral Humanism, the idea of forming a labour organisation based on the twin principles of genuine trade unionism and unadulterated cultural nationalism, became crystalised in Thengdiji's mind. He was convinced that the ideological battle against capitalism and communism has to be fought and decisively won mainly in the labour field. -- Manhar Mehta, Vice-President, B.M.S.; How B.M.S. was born, Organiser, 17 July, 1983 (Three pictures are placed in the article M.S. Golwalkar, Thengadi and Deendayal).
9. The Jana Sangh does not control auxiliary organisations financially or ortherwise in keeping with its policy. It does not believe in controlled auxiliary organisations. Nevertheless, many Jana Sangh workers work in the Akhil Bharatiya Vidyarthi Parishad, Bharatiya Mazdoor Sangh and Mahila Agadhe. These organisations are not affiliated to the party but are in ideological agreement with it." (From an interview with Mr. Deendayal Upadhyaya in Bombay in July, 1961). -- Motilal A. Jhangiani, Jana Sangh and Swatantra--A profile of the Rightist Parties in India; Manaktalas, Bombay, p.41.
10. प्रस्ताव क्र. 2 : श्रम "…अत: जनसंघ अनुभव करता है कि ऐसे राष्ट्रीय श्रमिक संगठन का निर्माण किया जाए जो—
    (क) वर्गवाद की भूमिका से ऊपर उठकर राष्ट्रीय एकात्मता की दृष्टि से विचार करे और पूँजीवाद तथा साम्यवाद की अभारतीय प्रवृत्तियों से मुक्त रहे।
    (ख) ट्रेड यूनियनों और उनके कार्यकर्ताओं का रचनात्मक दृष्टि से मार्गदर्शन करे…
    (ग) देश के सभी श्रमिक संगठनों को राष्ट्रीय मजदूर संघ में शामिल होने के लिए निमंत्रित करना, जिसमें उद्योगों के अनुसार यूनियन हो और जिनका संचालन 'विशुद्ध ट्रेड यूनियन पद्धति' से किया जाए—भारतीय जनसंघ, जोधपुर अधिवेशन के संकल्प, तृतीय वार्षिक अधिवेशन में पारित प्रस्ताव; प्रकाशक—दीनदयाल उपाध्याय, प्रधानमंत्री, भारतीय जनसंघ, अजमेरी द्वार, दिल्ली, पृ. 3
11. बिंदुमाधव जोशी का केंद्र पूना है। सन् 1954 से 1962 तक राष्ट्रीय स्वयंसेवक संघ तथा भारतीय जनसंघ में कार्यकर्ता रहे। उसके बाद 'उपभोक्ता आंदोलन' के प्रारंभ की प्रेरणा दीनदयाल उपाध्याय के द्वारा मिली। वह जल्दी प्रारंभ न हो सका। 1974 से अ.भा. ग्राहक पंचायत के केंद्रीय संगठक हैं। दिनाँक 21/4/1984 को पूना में भेंटवार्त्ता; साक्षात्कार-पंजिका, पृ. 67
12. 'अर्थ अंक' पर दीनदयालजी की सम्मति; पाञ्चजन्य, 28 दिसंबर, 1953
13. भेंटवार्त्ता; भानुप्रताप शुक्ल, दिल्ली, 27 जनवरी, 1985; साक्षात्कार-पंजिका, पृ. 11
14. When the three non-Congress governments of Haryana, West Bengal and Punjab were toppled in less than three days, we published a cartoon

depicting Chavan, butchering the democratic bull. Many thought it was a overstating the case. Panditji's reaction was : "The sight of cow slaughter is shocking even in a cartoon. --Organiser, 1968.

15. भारतीय जनसंघ का संविधान; अनुच्छेद-9 : मंडल समितियाँ—"(2) मंडल समिति अधिकतम 21 सदस्यों की होगी जिसमें उपर्युक्त निर्वाचित सदस्यों के अतिरिक्त शेष की नियुक्ति प्रधान द्वारा होगी। प्रत्येक मंडल समिति में दो स्थान महिला तथा दो स्थान अनुसूचित जाति-जनजाति सदस्यों के लिए सुरक्षित रखे जाएँगे। भारतीय जनसंघ : घोषणाएँ व प्रस्ताव, 1951-1972, भाग-1; भारतीय जनसंघ, विट्ठल भाई पटेल भवन, नई दिल्ली, पृ. 187

16. पाञ्चजन्य; 21 नवंबर, 1966, पृ. 10

17. सरकार का विरोध आज एक पद्धति बन गई है। सरकार की गलतियाँ निकालना लोगों का अधिकार है, पर कर्तव्यों से भी च्युत नहीं होना चाहिए। यह सरकार भ्रष्टाचारी और घूसखोर है इसलिए इसको हम इनकम टैक्स नहीं दें, ऐसा कहनेवाले और करनेवाले गलती पर हैं। आज जनतंत्र में जनता मालिक है और सरकार नौकर है। हम इनकम टैक्स दें, पर साथ ही अपनी शक्ति बढ़ाएँ। दि 31/11/1953 को जलगाँव में नागरिकों के समक्ष दीनदयाल उपाध्याय का भाषण; पाञ्चजन्य, 30 नवंबर, 1953, पृ. 9

18. दीनदयाल उपाध्याय, 'रिश्वत का बाजार कैसे ठंडा करें'; पाञ्चजन्य, 28 सितंबर, 1953

11. दीनदयाल उपाध्याय : 'राष्ट्रजीवन की दिशा।' संपादक : रामशंकर अग्निहोत्री व भानुप्रताप शुक्ल; राष्ट्रधर्म प्रकाशन, लखनऊ, पृ. 83-84

20. दीनदयाल उपाध्याय का यह अंतिम भाषण है जो उन्होंने दिनांक 4/2/1968 को बरेली में संघ के शीत शिविर में दिया था। यही भाषण 'राष्ट्रजीवन की दिशा 'नामक पुस्तक में 'मैं और हम' शीर्षक से प्रकाशित हुआ है। पृ. 28-29

21. संघ-शिक्षा-वर्ग; बौद्धिक वर्ग पंजिका, दिल्ली; दिनांक 19/5/1954, पृ. 5

22. दिल्ली में मा.स. गोलवलकर की उपस्थिति में दिया गया अंतिम भाषण; दीनदयाल शोध संस्थान, बौद्धिक वर्ग पंजिका, पृ.16

23. दीनदयाल उपाध्याय, 'राष्ट्रजीवन की दिशा'; राष्ट्रधर्म पुस्तक प्रकाशन, लखनऊ; अध्याय-12 : सामंजस्यपूर्ण समाज व्यवस्था, पृ. 127

24. वही; पृ. 130

25. वही; अध्याय-1 : 'परम वैभव नेतुमेतत् स्वराष्ट्रम' पृ. 91-92

26. क्र. 21; 11 जून, 1960 (दूसरा बौद्धिक वर्ग), पृ. 93

27. वही।

28. दीनदयाल उपाध्याय, 'आगे ही बढ़ो, बढ़ते ही रहो' (रक्षाबंधन के अवसर पर कानपुर में दिए गए भाषण के आधार पर); पाञ्चजन्य, 4 सितंबर, 1968 'परिवर्तनाकांक्षा' शीर्षक के अंतर्गत उद्धृत किए गए अन्य उपर्युक्त संदर्भ भी इसी भाषण से लिए गए हैं।)

29. क्र. 21; 9/6/1968, पृ. 12

30. वही; 12/6/1959, पृ. 47

31. पाञ्चजन्य; अधिवेशन परिशिष्टांक, 11 जनवरी, 1953, पृ. 16
32. दीनदयाल उपाध्याय, 'राजनैतिक सौदेबाजी में हमारा विश्वास नहीं' (25 जुलाई, 1953 को लखनऊ की सार्वजनिक सभा में दिए गए भाषण से); पाञ्चजन्य, 27 जुलाई, 1953, दे, पृ. 8
33. दीनदयाल उपाध्याय, 'राष्ट्रचिंतन' अध्याय-14 : शिक्षा, पृ. 94
34. वही; पृ. 95
35. एकात्मदर्शन अध्याय-4 : राष्ट्रजीवन के अनुकूल अर्थरचना, पृ. 61-62
36. भारतीय जनसंघ : सिद्धांत और नीति; भारतीय जनसंघ प्रकाशन, दिल्ली, पृ. 20
37. वही; पृ. 21
38. पॉलिटिकल डायरी (हिंदी) : स्वभाषा-सुभाषा; जयको प्रकाशन, बंबई, पृ. 92
39. क्र. 36; पृ. 21
40. विचार-वीथी : मिशनरी और शिक्षा संस्थाएँ; पाञ्चजन्य, 24 अक्तूबर, 1955, पृ. 4
41. क्र. 33; अध्याय-14 : शिक्षा, पृ. 98
42. वही; पृ. 99
43. Deendayal Upadhyaya, "Trachers Day : Some Thoughts" Organiser, 17 September, 1962.
44. वही; पृ. 12
45. क्र. 33, अध्याय-14 : शिक्षा, पृ. 100
46. वही; वहीं।
47. वही; पृ. 101
48. क्र. 36; पृ. 22
49. दीनदयाल उपाध्याय, 'चतुर्थ योजना : उद्देश्य और संभावनाएँ'; पाञ्चजन्य, 8 अप्रैल, 1966, पृ. 7
50. क्र. 33; अध्याय-17 : चिति (2), पृ. 125
51. दीनदयाल उपाध्याय, 'जनसंघ ही क्यों?' पाञ्चजन्य, जनसंघ अंक, दिनांक 25 जनवरी, 1960, पृ. 7
52. दीनदयाल उपाध्याय, 'भारतवर्ष की राष्ट्रीयता का आधार भारत की संस्कृति' (दिनांक 13/11/1953 को जलगाँव के नागरिकों के सम्मुख भाषण); पाञ्चजन्य, 30 नवंबर, 1953, पृ. 8
53. क्र. 23; अध्याय-15 : 'गुरुपूजा : स्वदेशी-विदेशी', पृ. 160
54. संघ-शिक्षा-वर्ग, आंध प्रदेश, दिनांक 17/5/1965; दीनदयाल शोध संस्थान, बौद्धिक-वर्ग-पंजिका।
55. बौद्धिक-वर्ग-पंजिका, राजस्थान संघ-शिक्षा-वर्ग, राजस्थान; 28 मई, 1963, मध्याहोत्तर, दूसरा बौद्धिक वर्ग, पृ. 7
56. क्र. 21; दिल्ली, संघ-शिक्षा-वर्ग, दिनांक 10/8/1961, दूसरा बौद्धिक वर्ग, पृ. 122
57. क्र. 33; अध्याय-6 : 'अखंड भारत—साध्य और साधन', पृ. 35-36
58. क्र. 55; संघ-शिक्षा-वर्ग, राजस्थान; 28 मई, 1963, पृ. 5

59. वही, दिनांक 1 जून, 1966
60. Hinduism is not a religion. It is a commonwealth of religions. There is no harm in Christianity and Islam continuing along with the other sects of Hinduism. In fact, they can exist only if Hinduism is the dominent note of our national life, otherwise they may both repeat the history of the crusades or that of Spain. However, their followers should not continue to loser separatist or extra territorial loyalties. They should be one with the national current. --Organiser, Republic Day Special,1962; p-20.
61. क्र. 23; अध्याय-15 : 'गुरूपूजा : स्वदेशी-विदेशी', पृ. 160
62. क्र. 33; अध्याय-6 'अखंड भारत: साध्य और साधन', पृ. 36
63. क्र. 22; पृ. 13
64. क्र. 55; राजस्थान, संघ-शिक्षा-वर्ग; 28 मई, 1963 मध्याह्नोत्तर, पृ. 6
65. क्र. 22; लखनऊ में दिया गया भाषण, तिथि अनंकित।
66. वही; संघ-शिक्षा-वर्ग, आंध प्रदेश दिनांक 17 मई, 1965, पृ. 15
67. पाञ्चजन्य; 21 जून, 1965, पृ. 2 (हैदराबाद में जनसंघ महामंत्री दीनदयाल उपाध्याय की प्रेस कॉन्फ्रेंस)।
68. The motive of the Congress leaders was not bad. But they fell into trap of the Britishers. While to the Hindu they appealed purely in the name of national independence, they qualified their appeal to the Muslim with a number of guarantees and conditions, which did not discriminate 'against', but 'for' the Muslims. Deendayal Upadhyay, "Political Diary;" Organiser, 30 April, 1962.
69. The moment you think in the terms of winning communities on the basis of paying them a price in the form of political power, that very moment you sow the seeds of separation. The history of the last forty years bears ample testimony to this fact." --do
70. पाञ्चजन्य; अधिवेशन पारशिष्टांक, 11 जनवरी, पृ. 16
71. क्र. 23; अध्याय-16 : हमारा राष्ट्रध्वज, पृ. 166
72. वही, पृ. 172-173
73. वही, पृ. 173-174
74. क्र. 21, दिल्ली, संघ-शिक्षा-वर्ग, 22 जून, 1962 (दूसरा बौद्धिक वर्ग), पृ. 139
75. वही, पृ. 138
76. वही, पृ. 141
77. वही, पृ. 144
78. वही, 8 फरवरी, 1959; शीत-शिविर, दिल्ली शाखा, पृ. 35
79. वही, पृ. 37

□

9

भारतीय चिंतन का प्रभाव

दीनदयाल उपाध्याय 20वीं सदी के उत्तरार्द्ध के महापुरुष हैं, जब विश्व में अनेक विचार परंपराएँ बहुत प्रखरता से प्रचलित थीं। 16वीं शताब्दी के यूरोपीय पुनर्जागरण के बाद की चार शताब्दियों में विचारों ने एक वैश्विक आयाम ग्रहण कर लिया था। अब दृश्यमान विश्व कोई अबूझ पहेली नहीं रह गया था। साहसिक विश्वयात्रियों ने भू-पटल की परिक्रमा कर डाली थी। विज्ञानवाद, भौतिकवाद एवं मानववाद ने ईश्वर की रहस्यमय सत्ता को एक चुनौती दे दी थी। रहस्यात्मकता पर विज्ञान ने चोट की, श्रद्धामूलक आस्थाओं को तर्क ने हिला दिया तथा भगवतकृपा के स्थान पर विवेक का भरोसा प्रभावी हो चला था। 'थियोक्रेसी' को चुनौती देते हुए सेक्युलरिज्म, लोकतंत्रात्मक व्यक्तिवाद व समाजवाद की धारणाएँ प्रबल हो गई थीं। यूरोप का कायापलट हो गया था।

भगवतकृपा व भगवद्भय से मुक्त मानव ने प्रकृति विजय एवं विश्व विजय के अभियान संयोजित किए। साहसपूर्वक खोज लिए गए। नए-नए भू-प्रदेशों पर यूरोपीय साम्राज्यों का निर्माण हुआ। 20 वीं सदी इन साम्राज्यों को चुनौती की सदी थी। राष्ट्रवाद साम्राज्यवाद पर प्रहारक बन गया था।

पश्चिम का ज्ञान-विज्ञान पश्चिम के साम्राज्यवाद के माध्यम से ही एशिया व अफ्रीका के महाद्वीपों में पहुँचा। पश्चिम के संपर्क से इन समाजों की चिंतनधारा निर्णायक रूप से प्रभावित हुई; लेकिन एशियाई राष्ट्रवादी मानस पश्चिमी साम्राज्यवाद के साथ-साथ पश्चिमी ज्ञान की प्रभुता को भी स्वीकार करना अपने स्वाभिमान पर चोट समझता था। अत: उसने पश्चिम के ज्ञान को नकारा। दीनदयाल उपाध्याय भारतीय राष्ट्रवाद की इसी धारा की उपज थे।

1. भारतीय पुनर्जागरण

भारतीय पुनर्जागरण का काल सामान्यत: राजा राममोहन राय के नेतृत्व से प्रारंभ हुआ माना जाता है। ब्रह्मसमाज, आर्यसमाज, प्रार्थनासमाज एवं रामकृष्ण मिशन आदि के माध्यम से यह जागरण प्रस्फुटित हो रहा था। स्वामी दयानंद, विवेकानंद, रामतीर्थ एवं रामकृष्ण परमहंस जैसे भारतीय मनीषियों ने भारतीय समाज के स्वत्व को झकझोरा। इस काल के कतिपय महापुरुषों पर अंग्रेजी प्रभाव भी पर्याप्त था। इस पुनर्जागरण की कोख से जो राजनीतिक आंदोलन उत्पन्न हुआ उस राजनीतिक आंदोलन का चरित्र अपने जन्मकाल से ही विभक्त था। राष्ट्रवाद की एक धारा अंग्रेजी साम्राज्य को उसके पश्चिमी ज्ञान व संस्थाओं के सहित संपूर्णत: नकारती थी तथा दूसरी धारा अंग्रेजी संस्थाओं व ज्ञान को आदर देते हुए केवल विदेशी प्रभुसत्ता के नाते अंग्रेजी साम्राज्य को अस्वीकार करती थी।

प्रथम धारा के प्रवक्ता मुख्यत: लोकमान्य तिलक एवं महर्षि अरविंद थे, जो पाश्चात्य ज्ञान-विज्ञान से भारतीय ज्ञान परंपरा को श्रेष्ठ मानते थे। 'पुनश्च हरिओम' तथा 'वेदांतिक स्वराज्य' की बात करते थे। वे भारतीय परंपरा को ग्रीक ज्ञान परंपरा के समकक्ष मानते थे, जो अधुनिक यूरोप की ज्ञान परंपरा का आधार बनी है। ग्रीक परंपरा का सहोदर भारत अपनी ज्ञानराशि में स्वयं समर्थ है। उसे पाश्चात्य उच्छिष्ट नहीं चाहिए। 'स्वराज्य मेरा जन्मसिद्ध अधिकार है' की घोषणा में 'स्वराज्य' का अर्थ 'स्वत्वपूर्ण राज्य' की स्थापना था। स्वत्व अर्थात् भारतीयत्व जो कि मुख्यत: हिंदू परंपरा के तत्त्वज्ञान, मूल्य दृष्टि एवं दर्शन पर आधारित था। तिलक परंपरा के स्वराज्यवादी इसी राष्ट्रवादी विचारप्रवाह के प्रतिनिधि थे।

दूसरी धारा, जिसका प्रतिनिधित्व दादाभाई नौरोजी व गोपाल कृष्ण गोखले सरीखे महापुरुष करते थे, जो अंग्रेजी राज्य को भारत कै लिए वरदान मानते थे, पश्चिमी ज्ञान-विज्ञान एवं व्यवस्था को आधुनिक मानव की सर्वश्रेष्ठ उपलब्धि मानते थे। वे विदेशी अंग्रेजों को हटाकर भारतीय जन द्वारा संचालित पाश्चात्य व्यवस्थाओं वाला भारतीय सुराज्य चाहते थे। दादाभाई नौरोजी ने अपनी विख्यात पुस्तक लिखी, 'अनब्रिटिश रूल इन इंडिया'। वे भारत में भारतीयों द्वारा संचालित संसदीय लोकतंत्र की उस परंपरा को स्थापित करना चाहते थे जिसका विकास मुख्यत: इंग्लैंड में हुआ था। पाश्चात्य ज्ञान की ओर देखने की उनकी दृष्टि देशी-विदेशी की नहीं, वरन् आधुनिकता की थी। वे प्राचीन भारतीय जीवनदर्शन व पाश्चात्य आधुनिक जीवनदर्शन में मेल के हिमायती थे।

दीनदयाल उपाध्याय ने जिस विचारधारा से प्रभावित होकर सार्वजनिक जीवन में प्रवेश किया वह तिलकवादी भारतीय परंपरा की विचारधारा थी। राष्ट्रीय स्वयंसेवक संघ के संस्थापक डॉ. केशव बलीराम हेडगेवार तिलकवादी कांग्रेसी थे, जो तिलक की मृत्यु के बाद श्रीअरविंद को भारतीय राजनीति का नेतृत्व सौंपना चाहते थे। श्रीअरविंद ने यह

स्वीकार नहीं किया। महात्मा गांधी के नेतृत्ववाली राजनीति मुख्यतः गोखले विचारों की अनुगामिनी थी। यद्यपि कुछ विचारक यह मानते हैं कि वे उद्दश्यों की दृष्टि से गोखले के निकट थे और साधनों में तिलक के अनुयायी थे। डॉ. हेडगेवार ने अपने को उससे अलग कर 'हिंदू राष्ट्र के संगठन' के लिए नए संगठन राष्ट्रीय स्वयंसेवक संघ की स्थापना की। दीनदयाल उपाध्याय इसी हिंदूवादी राष्ट्रवाद के प्रवक्ता थे जो भारतीय सांस्कृतिक परंपरा की विशुद्धता में विश्वास करता था। इसलिए यह स्वाभाविक है कि हम दीनदयाल उपाध्याय के चिंतन को समझने से पूर्व इस परंपरा का कुछ विस्तार से परिचय प्राप्त करें।

2. वैदिक विचार परंपरा

भारतीय विचार परंपरा वैदिक विचारधारा से प्रारंभ होती है, जो विश्ववादी है। इसमें संपूर्ण विश्व को एक इकाई माना गया है: माता भूमिः पुत्रो अहं पृथिव्याः[1] (भूमि माता है तथा हम पृथ्वी के पुत्र हैं)। वैदिक विचार परंपरा मनुष्य में 'आर्यत्व' की प्रतिष्ठापक है। वैदिक विचारधारा में 'आर्य' शब्द नस्लवादी न होकर श्रेष्ठ जन का परिचायक है। वैदिक ऋषि घोषणा करते हैं : कृण्वन्तो विश्वमार्यम्[2] (हम संपूर्ण विश्व को आर्य बनाएँ)। निश्चय ही यह नस्ल परिवर्तन का नहीं, वरन् संस्कार संपादन का उद्घोष था।

वैदिक विचार परंपरा केवल आध्यात्मिक अथवा आत्मा-परमात्मापरक विचार करनेवाली परंपरा नहीं है। वह लौकिक समाज की समता व राष्ट्रीय समृद्धि का भी चिंतन करती है। इसके अनुसार वर्ण-व्यवस्था भारत की सुविचारित समाज-व्यवस्था है। वर्ण-व्यवस्था-संपन्न तथा भौतिक रूप से समृद्ध राष्ट्र के गीत वैदिक साहित्य की विशेषता है—

आ ब्रह्मन् ब्राह्मणो ब्रह्मवर्चसी जायताम्।
आ राष्ट्रे राजन्यः शूर इषव्योऽतिव्याधी महारथो जायताम्।
दोग्ध्री धेनुर्वोढ़ानड्वानाशुः सप्तिः पुरनिध्रर्योषा,
जिष्णू रथेष्ठाः सभेयो युवास्य यजमानस्य वीरो जायताम्
निकामे निकामे नः पर्जन्यो वर्षतु,
फलवत्यो न औषधयः पच्यन्ताम्।
योगक्षेमो नः कल्पताम्॥[3]

(संपूर्ण राष्ट्र में ब्राह्मण ब्रह्मतेज से युक्त हों, क्षत्रिय धनुष पर बाण चढ़ाने में समर्थ हों, निरोग और महारथी हों। गउएँ दूध देनेवाली, बैल बोझ ढोने में समर्थ, घोड़े तीव्रगामी, स्त्रियाँ गृहकार्य में निपुण हों, युवा संतानें विजिगीषु, सभा में बैठने योग्य और बलसंपन्न हों। हमारी आवश्यकतानुसार राष्ट्र में वर्षा होती रहे, औषधियाँ फल देती रहें और सभी

का योगक्षेम चलता रहे)।

भूमि व जन का भावमय तादात्म वैदिककाल से ही भारत में परिलक्षित होता है। अथर्ववेद का पृथिवीसूक्त बहुत विस्तार एवं विभूति के साथ भूमि व जन के राष्ट्रवाची संबंधों को निरूपित करता है। ऋग्वेद का 'संज्ञानसूक्त' सामाजिक जीवन की समता व समरसता को निम्न मंत्रों में उद्भासित करता है :

सं गच्छध्वं सं बदध्वं, सं वो मनांसि जानताम्।
देवा भागम् यथा पूर्वे, संजानाना उपासते॥[4]
समानी व आकूतिः, समाना हृदयानि वः।
समानमस्तु वो मनो, यथा वः सुसहासति॥[5]

दान, यज्ञ, गौपालन व कृषि–अर्थशास्त्र की तत्कालीन समाजशास्त्रीय विवेचना भी वैदिक ज्ञान का हिस्सा है। ऋग्वेद के 'धनान्नदान सूक्त' का यही विषय–वस्तु है। परम शक्ति, जो अति मानवी है तथा प्राकृतिक शक्तियाँ, जो भूमि के समान ही देवरूपा हैं, सभी पूज्य मानी गई हैं। भारतीय वैदिक चिंतन ब्रह्म, प्रकृति व मानव के सम्यक् संबंधों को विश्लेषित करता है।

समाज में विचारों का भेद स्वाभाविक है; लेकिन विचारभेद के कारण लक्ष्यभेद नहीं होता। अतः वैचारिक सहिष्णुता का प्रतिपादन करते हुए ऋग्वेद में कहा गया है: एकं सद् विप्रा बहुधा वदंति[6] (सत्य एक है, विद्वान् लोग उसको अनेक प्रकार से बखानते हैं)। शुभ संकल्पों के साथ दीनता रहित दीर्घ आयुष्य वैदिक समाज को वांछित था—अदीनाः स्याम शरदः शतम्[7] (हम सौ वर्ष तक दीनता रहित होकर जीवें)। तन्मे मनः शिवसंकल्पमस्तु[8] (मेरा मन उत्तम संकल्पों वाला हो)। उपार्जन एवं दान का अनुपात बताते हुए वैदिक ऋषि कहते हैं : शतहस्त समाहर सहस्रहस्त सं किर[9] (सैकड़ों हाथों से अर्जन करो, हजारों हाथों से बाँटो)।

वैदिक विचारधारा ब्रह्मवादी है। मानव को ब्रह्म के साक्षात्कार के लिए प्रेरित व उत्साहित करती है। प्रकृति के प्रति विनम्र एवं पूज्यभाव रखनेवाली है। मानव के लौकिक जीवन को सुखी करनेवाली तथा आंतरिक, बाह्य व परमशक्ति के क्रियाविज्ञान को विवेचित करती है। वह मनुष्य के ज्ञान की पुस्तकबंद पूर्णता के प्रति आग्रही नहीं है। अतः 'नेति–नेति' कहते हुए मानव को नवीन अनुसंधानों के लिए जागृत करती है।

3. औपनिषदिक विचार परंपरा

ब्रह्म, प्रकृति व पुरुष के संबंधों के तर्कयुक्त संशोधनों का वैदिक प्रयत्न कालांतर में उपनिषदों के माध्यम से आगे बढ़ा। सामान्यतः वेद की प्रत्येक शाखा के लिए एक उपनिषद्[10] है। यह वैदिक ज्ञान पर उठाए गए युगीन सवालों को समाधान देने का

विद्वज्जनों का सामूहिक प्रयत्न है। उपनिषद् विमर्श में से उत्पन्न ज्ञान है; जबकि वैदिक ज्ञान अपौरुषेय माना जाता है, जो ऋषियों द्वारा अनुभूत ज्ञान का उपदेश है। वैदिक विचार 'कर्मकांड' प्रधान है, उपनिषदों को 'ज्ञानकांड' कहा जाता है।

उपनिषत्साहित्य में जो ज्ञानमंथन हुआ वह वैदिक साहित्य की लौकिकता को विरल करनेवाला था। कर्मकांड के स्थान पर ब्रह्मविद्या व आत्मविद्या की श्रेष्ठता प्रतिपादन करनेवाला था। दीनता रहित सौ वर्ष का सानंद जीवन जीने की कामना पर उपनिषत्काल में मोक्ष की इच्छा ने प्राधान्य ग्रहण किया। कठोपनिषद् के उपोद्घात में शंकराचार्य ने लिखा है—

"जिससे मुमुक्षुओं की संसार-बीजभूत अविद्या नष्ट होती है, जो विद्या उन्हें ब्रह्म प्राप्ति करा देती है और जिससे दु:खों का सर्वथा शिथिलीकरण हो जाता है, वही अध्यात्मविद्या उपनिषद् है।"[11]

उपनिषद्-विचार परंपरा लौकिक एवं सामाजिक जीवन की उपेक्षा तो नहीं करती; लेकिन वह सामूहिक जीवन संचालन की विद्या कम तथा आत्मोन्नति एवं आत्मविज्ञान का शास्त्र अधिक है। वैदिक देवता प्राकृत है; यथा सूर्य, अग्नि, वायु तथा इंद्रादि। उपनिषद्काल में मानवाकार देवों का सृजन हुआ। विष्णु, शिव तथा शक्ति की उपासना प्रारंभ हुई।

भारतीय विचार परंपरा का औपनिषदिक काल विविधायामी विचारमंथन का काल था, जो भारतीय चिंतन की गतिशीलता को पुन:-पुन: उद्घाटित करता है।

4. रामायण एवं महाभारत-विचार

ब्रह्म, जगत् और धर्म के विषय में जो खुला विमर्श उपनिषद् परंपरा में हुआ उससे विभिन्न मतों का सृजन होना स्वाभाविक था। मतभेदों की स्थिति में सत्य के स्वरूप को व्यक्ति अपनी प्रज्ञा व चेतना के अनुकूल ही ग्रहण कर पाता है। उपनिषद् की सूक्ष्मता सामाजिक रूप से ग्रहण की जा सके, यह संभव नहीं था। ईश्वरीय सत्ता का मानवीकरण रामायण व महाभारत की विशेषता है। तात्त्विक रूप में आम आदमी की सहभागिता का वृहदीकरण हुआ। शास्त्रीयता के स्थान पर सत्यानुभूति को प्रमाण मानने का विचार प्रबल हुआ—

सत्यमेवेश्वरो लोके सत्ये धर्म: सदाऽऽश्रित:।
सत्यमूलानि सर्वाणि सत्यान्नास्ति परं पदम्॥
दत्तमिष्टं हुतं चैव तप्तानि च तपांसि च।
वेदा: सत्यप्रतिष्ठानास्तस्मात्सत्यपरो भवेत्॥[12]

(जगत् में सत्य ही ईश्वर है। सदा सत्य के ही आधार पर धर्म की स्थिति रहती है।

सत्य ही सबकी जड़ है। सत्य से बढ़कर दूसरा कोई 'परमपद' नहीं है। दान, यज्ञ, होम, तपस्या और वेद इन सब का आश्रय सत्य है। इसलिए सबको सत्यपरायण होना चाहिए।)

राम का चरित्र तो वेद एवं उपनिषद् की मर्यादाओं की स्थापना करनेवाला ही है; लेकिन श्रीकृष्ण के उद्भव ने भारतीय चिंतन परंपरा में क्रांतिकारी परिवर्तन किया। वैसे तो संपूर्ण महाभारत ही विचारप्रधान ग्रंथ है; लेकिन श्रीमद्भगवद्गीता इसमें सर्वाधिक महत्त्वपूर्ण है। गीता को उपनिषदों का ही सार माना जाता है।

श्रीकृष्ण ने नवीन भागवतधर्म की स्थापना की जिसके द्वारा प्रकृति-पूजा का 'समाजीकरण' किया गया तथा ब्रह्मसाक्षात्कार का 'भक्तिकरण'। इंद्रादि देवों के स्थान पर गोवर्द्धन एवं गोपूजा की परंपरा स्थापित की गई। दुरूह ब्रह्मकल्पना का मानवीकरण करते हुए ज्ञानकांड के स्थान पर भक्तिकांड को प्रतिष्ठापित किया गया। भागवतधर्म के मध्ययुगीन व्याख्याता संत सूरदास ने 'उद्धव-गोपी संवाद' में औपनिषदिक ब्रह्म के स्थान पर सगुण भक्ति की श्रेष्ठता का रसमय वर्णन किया है। श्रीमद्भागवत में भी लिखा है :

अकामः सर्वकामो वा मोक्षकाम उदारधीः।
तीव्रेण भक्तियोगेन यजेत पुरुषं परम्॥[13]

(जिसके मन में कोई कामना नहीं है, या जो सब कुछ पाने की कामना करनेवाला है, अथवा जो उदारबुद्धि पुरुष मोक्ष की ही कामना करता है—सबको तीव्र भक्तियोग के द्वारा परमपुरुष भगवान् श्रीहरि की ही आराधना करनी चाहिए।)

उपनिषद्काल में कर्मकांड व ज्ञानकांड का संयोग हुआ तो रामायण व महाभारत में ज्ञानकांड व भक्तिकांड का सम्मिलन हुआ। श्रीमद्भगवद्गीता तथा श्रीमद्भागवत क्रमशः 'कर्म तथा ज्ञान' एवं 'ज्ञान तथा भक्ति' विषयों की विवेचनावाले ग्रंथ है।

कर्म, ज्ञान तथा भक्ति के अधिष्ठान पर भारत में 'धर्म' भाव का उन्नयन हुआ। महाभारत धर्म-अधर्म की विवेचना का ग्रंथ माना जाता है। महाभारतकार यतो धर्मस्ततो जयः की घोषणा करते हुए कहता है—

"धर्म एव हतो हन्ति धर्मो रक्षति रक्षितः।
तस्माद्धर्मं न त्यजामि मा नो धर्मो हतोऽवधीत्॥"[14]

(धर्म ही आहत होने पर मनुष्य को मारता है और वही रक्षित होने पर रक्षा करता है। अतः मैं धर्म का त्याग नहीं करता। इस भय से कि त्यागा हुआ किंवा आहत हुआ धर्म हमारा ही वध न कर डाले।)

लौकिक व पारलौकिक, मानवीय व अतिमानवीय तथा भौतिक व आध्यात्मिक सत्यों को एक साथ अनुसंधानित करते हुए भारतीय विचार परंपरा ने एक समृद्ध ज्ञान का सृजन किया। वेद, उपनिषद्, रामायण व महाभारत भारतीय विचार परंपरा को एक अविच्छिन्न धारा के रूप में प्रस्तुत करते हैं।

5. दर्शनशास्त्र-परंपरा

भारतीय विचार परंपरा वादे वादे जायते तत्त्वबोधा (विचार-विमर्श से तत्त्व का बोध होता है) की परंपरा है। वेद, उपनिषद्, रामायण व महाभारत के आधार पर जिस धर्म का प्रणयन हुआ वह सनातनधर्म, आर्यधर्म तथा कालांतर में हिंदूधर्म कहलाया। सनातन धर्म कठोर अर्थों में संस्थाबद्ध धर्म न था। अत: अनेक प्रतिभा संपन्न दार्शनिकों ने मुख्यधारा के पक्ष व विपक्ष में अपने दार्शनिक मतों का प्रतिपादन किया। इससे अनेक दर्शनों का प्रणयन हुआ। इस दर्शन परंपरा के मुख्यत: नास्तिक व आस्तिक दो भेद माने जाते हैं। नास्तिक दर्शनों में मुख्य तीन हैं—लोकायत, बौद्ध व जैनदर्शन तथा आस्तिक दर्शनों में षड्दर्शनों की परंपरा है।

आस्तिक व नास्तिक के विभाजन का आधार है वेद। वेदों को प्रमाण माननेवाले आस्तिक तथा वेदों के प्रमाण को जो अमोघ नहीं मानते थे वे नास्तिक कहलाए। नास्तिक दर्शन के प्रथम व्याख्याता महर्षि चार्वाक माने जाते हैं। उनका मत था कि अगले जन्म में कर्मफल के भय या नर्क भय अथवा स्वर्ग एवं अपवर्ग-लोभ के वशीभूत होकर कर्म करने की आवश्यकता नहीं है—

यावज्जीवेत् सुखं जीवेत् ऋणं कृत्वा धृतं पिबेत्।
भस्मीभूतस्य देहस्य, पुनरागमनं कुत:॥[15]

(जब तक जीओ सुख से जीओ; ऋण लो और घी पीओ। शरीर भस्म हो जाने के बाद फिर जन्म नहीं लेता है।)

लेकिन बौद्ध व जैन-दर्शन वेद को प्रमाण न मानते हुए भी भौतिकवादी नहीं वरन् आत्मवादी थे। अनीश्वरवादी होते हुए भी 'निर्वाण' में इनका विश्वास था। वस्तुत: वैदिक कर्मकांड में आई विकृतियाँ एवं पोथी-पंथवाद के खिलाफ भगवान् बुद्ध ने अनुभूत सत्यों का प्रचार किया। वे अपने विचार को 'चार आर्य सत्यों' के रूप में व्याख्यायित करते थे। इन आर्य सत्यों की व्याख्या के द्वारा ही बौद्धदर्शन का विकास हुआ। कालांतर में शंकराचार्य ने बुद्ध को भी विष्णु का अवतार घोषित कर बौद्धमत को मुख्य वेदांती धारा में समाहित कर दिया।

निन्दसि यज्ञविधेरहह श्रुतिजातम्।
सदय हृदय दर्शित पशुघातम्।
केशव धृत बुद्ध शरीर जय जगदीश हरे॥[16]

(हे कृष्ण, वेदों द्वारा समर्थित यज्ञ विधि की निंदा करने और पशुबलि को रोकने में दया दिखाने के लिए, तुमने बुद्ध का शरीर धारण किया, तुम्हें मेरा प्रणाम है)।

ऐतिहासिक दृष्टि से जैनदर्शन के उन्नायक भगवान् महावीर माने जाते हैं तथा उनका दर्शन भी वेद प्रमाण को न माननेवाला है। जैन मतावलंबी वैदिक ब्राह्मण संस्कृति

के समानांतर ही श्रमण संस्कृति के अस्तित्व की विवेचना करते हैं। वे भगवान् ऋषभदेव को आदिपुरुष मानते हैं—

"जैनों के अनुसार कल्पार्द्ध में कर्मभूमि की व्यवस्था के आद्य संस्थापक भगवान् ऋषभदेव थे। उन्होंने ही सर्वप्रथम कृषि, वाणिज्य, राज्यशासन, उद्योग-शिल्प आदि जीविकोपार्जन के षट्कर्मों का उपदेश भारतवासियों को दिया था।"[17]

जैन मत भी आत्मोन्नति एवं पुनर्जन्म का विश्वासी है। वैदिक कर्मकांड में व्याप्त हिंसा व आडंबर के खिलाफ आवाज उठाने के कारण ही इन्हें मुख्यत: वेदविरोधी माना जाता है। 'स्याद्वाद' व 'अनेकांत-दर्शन' की मान्यता के कारण यह भारतीय परंपरा की सहिष्णु व उदारवादी धारा का ही अंग है।

आस्तिक दर्शनों में 'षड्दर्शन' प्रमुख है। वैशेषिक, न्याय, सांख्य, योग, पूर्व मीमांसा तथा उत्तर मीमांसा—ये छह दर्शन हैं। इनके व्याख्याता ऋषि क्रमश: महर्षि कणाद, महर्षि गौतम, महर्षि कपिल, महर्षि पतंजलि, महर्षि जैमिनि तथा महर्षि व्यास हैं।

वैदिक और औपनिषदिक साहित्य में जीव, जगत्, आत्मा, परमात्मा आदि विषयों में जिस तत्त्व की विवेचना की गई है उसी विषयवस्तु को अपने-अपने तर्क एवं आग्रहों के साथ पुन: प्रतिपादित कर इन दार्शनिकों ने षड्दर्शन की परंपरा स्थापित की। इसी परंपरा से भारत में अनेकानेक संप्रदायों का निर्माण हुआ। वैष्णव, शैव, शाक्त एवं विभिन्न द्वैताद्वैतवादी मत प्रचलित हुए। सभी मतों में एकसूत्रता स्थापित करने का कार्य जगद्गुरु शंकराचार्य ने किया। आज शंकराचार्य को प्रचलित सनातन धर्म के संस्थापक की सी प्रतिष्ठा प्राप्त है।

इस क्रम में संपूर्ण भारतीय विचार परंपरा क्रमश: अधिक सूक्ष्मतावादी होती चली गई। वैदिक काल की लौकिक समृद्धि व अदीन जीवन जीने की आकांक्षा तत्त्व मीमांसाओं में उलझ गई। विदेशी यूनानी आक्रमण ने हमारे लौकिक जीवन की उपेक्षा को उजागर कर दिया। तब आचार्य कौटिल्य चाणक्य ने एक लौकिक कृति का 'अर्थशास्त्र' के नाम से सृजन किया। यह ग्रंथ भारतीय दर्शन के उदात्त आत्मतत्त्व तथा सत्य अहिंसावादी नैतिक दर्शन के लगभग विपरीत था। कौटिल्य का यह व्यावहारिक कूटनीतिदर्शन युग की माँग था। अर्थशास्त्र ग्रंथ ने उसे पूर्ण किया।

भारतीय विचार परंपरा आगे इतनी अविच्छिन्न न बह सकी जितनी चाणक्य तक थी। इस विचार परंपरा को आगे बढ़ाने में अब क्षेत्रीय संतों व विद्वानों को संस्कृत, पाली व प्राकृत भाषाओं का अखिल भारतीय अधिष्ठान प्राप्त नहीं रहा। अत: मध्यकाल में भारतीय विचार परंपरा विभिन्न क्षेत्रों में क्षेत्रीय आधार पर क्षेत्रीय भाषाओं में अपने मूल प्रवाह से कुछ जुड़ती-कुछ पृथक होती, प्रवाहित होती रही।

6. मध्यकालीन व आधुनिक भारतीय विचार परंपरा

मध्यकाल में इसलाम व भारतीय विचारों का संक्रमण हुआ। कुछ सूफी साहित्य का निर्माण हुआ। इसलाम भारत में एक वैचारिक व व्यावहारिक संस्कृति के साथ ही राजनीतिक साम्राज्यवाद भी लेकर आया। अत: भारतीय व इसलामी संश्लेषण पर्याप्त कटुताजनक रहा। इस काल में भी भारतीय विचार परंपरा के वाहक विद्यारण्य स्वामी, तुलसीदास, सूरदास, रामदास, तुकाराम तथा एकनाथ जैसे संत ही रहे।

मध्यकालीन भारतीय चिंतनधारा अपनी प्राचीन सकारात्मक क्षमता की तुलना में पर्याप्त शिथिल, आत्मरक्षापरक तथा कुछ मात्रा में प्रतिक्रियावादी भी हो गई थी। इस संदर्भ में स्वामी विवेकानंद के विचार उद्धरणीय हैं—

"रामानंद, कबीर, दादू, चैतन्य व नानक के द्वारा स्थापित पंथों के सभी संतों ने परस्पर दार्शनिक मतभेद होते हुए भी मानव समता का समान रूप से प्रचार किया। उनकी समस्त शक्ति जनता पर इसलाम की विजय के वेगवान् प्रवाह को रोकने में ही खर्च हो गई और नए विचारों तथा आकांक्षाओं को जन्म देने का उनको अवकाश ही नहीं मिला। यद्यपि उन्होंने जनता को उसके प्राचीन धर्म पर अधिष्ठित रखने और मुसलमानों के कट्टरवाद को भंग करने में निस्संदेह सफलता पाई, तथापि वे केवल जीने के लिए संघर्ष करते रहे। वे आत्मरक्षापरक थे।

"...हमें भारत के संपूर्ण इतिहास में यह बात दिखाई देती है कि प्राय: प्रत्येक आध्यात्मिक उत्थान के पीछे छोटे या बड़े भाग में राजनीतिक एकता स्थापित हुई जिसने उसको जन्म देनेवाली मूल आध्यात्मिक आकांक्षा को बलवती बनाया है; किंतु मरहठा एवं सिक्ख राज्यों के प्रादुर्भाव के पूर्व जो आध्यात्मिक जागृति आई वह प्रतिक्रियात्मक थी। पूना और लाहौर के राजदरबारों में उस बौद्धिक प्रभा की एक किरण भी खोजने का प्रयत्न निष्फल होगा जो मुगल दरबारों को घेरे रहती थी। फिर मालव और विजयनगर साम्राज्य की बौद्धिक आभा से इसकी तुलना बहुत दूर की बात है। बौद्धिक दृष्टि से भारतीय इतिहास का यह सबसे अंधकारमय काल था। ये दोनों साम्राज्य, जो मुसलमानों के विरुद्ध जन-उन्माद और घृणा का पूर्ण प्रतिनिधित्व करते हुए उल्कापात के समान भारतीय गगन पर चमके, जब वे अपनी घृणा के लक्ष्य मुसलमानों के साम्राज्य को खंड-खंडित करने में समर्थ हो गए, उसी क्षण प्रेरणाशून्य भी हो गए।"[18]

अंग्रेजों से संपर्क आने के बाद पश्चिमी विचार परंपरा एवं भारतीय विचारों का परस्पर मेल हुआ। भारतीय पुनर्जागरण का काल इसी की उपज था।

हमारे चरित्रनायक दीनदयाल उपाध्याय जिस भारतीय परंपरा की उपज थे, वह यही उपर्युक्त विवेचित भारतीय परंपरा है। उपाध्याय सनातन धर्म की मुख्य भारतीय विचार परंपरा से प्रभावित थे। उन्होंने अपने साहित्य एवं विचार प्रतिपादन में वेद, पुराण,

स्मृतियाँ, उपनिषद् तथा वेदांत को बहुतायत से संदर्भित किया है। इसी धारा में से उन्होंने अपनी तकनीकी शब्दावली का संयोजन किया है। इस भारतीय विचार परंपरा को जिन दो तात्कालिक महापुरुषों से दीनदयाल उपाध्याय ने ग्रहण किया वे राष्ट्रीय स्वयंसेवक संघ के द्वितीय सरसंघचालक मा.स. गोलवलकर तथा अ.भा. प्रचार-प्रमुख उमाकांत केशव आपटे थे। भारतीय चिंतनधारा के तीन स्थलों—प्रथम, नास्तिक लोकायत, बौद्ध व जैन दर्शनों; द्वितीय, मुसलिम संपर्क तथा तृतीय, पाश्चात्य संपर्क-से उत्पन्न विचारप्रवाहों को उपाध्याय उत्साह से ग्रहण नहीं करते हैं। इन विचार-दर्शनों के साहित्य को वे सामान्यत: अपने प्रतिपादन में संदर्भित भी नहीं करते हैं।

7. दैशिक शास्त्र

आधुनिक महापुरुषों में विवेकानंद, तिलक व अरविंद दीनदयाल उपाध्याय को अपनी विचार दिशा के अधिक अनुकूल दिखाई पड़ते हैं। गांधी व विनोबा को भी वे कुछ मात्रा में उद्धृत करते हैं, पर अधिक नहीं। जिस पुस्तक से उन्होंने सर्वाधिक ग्रहण किया है, वह बालगंगाधर तिलक स्मारक के नाते प्रकाशित हुई 'दैशिक शास्त्र' पुस्तक है, जो वैदिक साहित्य से लेकर वेदांतदर्शन तक के साहित्य का संकलित सामाजिक विचारदर्शन व्याख्यायित करती है। इस पुस्तक के विषय में उपाध्याय लिखते हैं—

"आज आवश्यकता है कि लोगों को इसका भी ज्ञान करवाया जाए कि भौतिक क्षेत्र में भी भारत का प्राचीन चिंतन बहुत कुछ दे सकता है। आज से चालीस वर्ष पूर्व एक तप:पूत तत्त्वदर्शी महात्मा श्री 108 सोम्वारी बाबाजी महाराज से इन सिद्धांतों का ज्ञान प्राप्त कर, स्व. श्री बद्रीशाह टुलधारिया ने 'दैशिक शास्त्र' नाम से एक पुस्तक प्रकाशित की। पुस्तक की प्रेरणा लोकमान्य तिलक के 'कर्मयोग शास्त्र' से मिली। गीता के आधार पर कर्मयोग का प्रतिपादन कर लोकमान्य भारत की आध्यात्मिकता को निवृत्ति से प्रवृत्ति के क्षेत्र में खींच लाए। भारतीय संस्कृति के सत्य तत्त्वों को हिमालय की कंदराओं से निकालकर जीवन के चौराहे पर ला खड़ा कर दिया।

"दैशिक शास्त्र में···राष्ट्र की व्यवहार संहिता के मौलिक सिद्धांतों का विवेचन किया गया है। लोकमान्य ने स्वयं पुस्तक की पांडुलिपि और विषय के विवेचन की सराहना की। यह कहा जा सकता है कि 'कर्मयोग शास्त्र' और 'दैशिक शास्त्र' दोनों पूरक ग्रंथ हैं। राष्ट्र के निर्माण में लगे हुए प्रत्येक व्यक्ति के लिए आवश्यक है कि वह इन दोनों का अध्ययन करे।"[19]

उपाध्याय ने लगभग दो दशकों के अध्ययन व अनुभव के बाद अपनी विचारधारा को 'एकात्म मानववाद' नाम से भारतीय जनसंघ की सिद्धांत और नीति प्रलेख में उद्घोषित किया। उसकी प्रस्तावना में वे शंकराचार्य व चाणक्य का स्मरण करते हुए कहते हैं :

"आज भारत के इतिहास में क्रांति लानेवाले दो पुरुषों की याद आती है। एक वह, कि जब जगद्गुरु शंकराचार्य सनातन बौद्धिक धर्म का संदेश लेकर देश में व्याप्त अनाचार समाप्त करने चले थे; और दूसरा वह, कि जब 'अर्थशास्त्र' धारणा का उत्तरदायित्व लेकर संघ राज्यों (Republics) में बिखरी राष्ट्रीय शक्ति को संगठित कर साम्राज्य की स्थापना करने चाणक्य चले थे। आज इस प्रारूप को प्रस्तुत करते समय वैसा ही तीसरा महत्त्वपूर्ण प्रसंग आया है, जबकि विदेशी धारणाओं के प्रतिबिंब पर आधारित मानव संबंधी अधूरे व अपुष्ट विचारों के मुकाबले विशुद्ध भारतीय विचारों पर आधारित मानव कल्याण का संपूर्ण विचार 'एकात्म मानववाद' के रूप में उसी सुपुष्ट भारतीय दृष्टिकोण को नए सिरे से सूत्रबद्ध करने का काम हम प्रारंभ कर रहे हैं।"[20]

दीनदयाल उपाध्याय भारतीय विचार परंपरा में शांकर वेदांत, कौटिल्य अर्थशास्त्र व स्वयं द्वारा निरूपित 'एकात्म मानववाद' की एक नव 'प्रस्थानत्रयी'[21] की स्थापना करते हैं।

20 वीं सदी का कोई भी 'शास्त्र' कितना भी 'दैशिक' हो, पाश्चात्य विचारों के प्रभाव से परोक्ष अथवा प्रत्यक्षत: मुक्त रह सके, यह लगभग असंभव था। दीनदयाल उपाध्याय 'दैशिक शास्त्र' के प्रबल पक्षधर थे। अत: उन्होंने अपनी अवधारणाओं को प्रतिपादित करनेवाली तकनीकी शब्दावली को आग्रह एवं प्रयासपूर्वक प्राचीन भारतीय वाङ्मय से ही चुना। उनके द्वारा व्याख्यायित 'एकात्म मानववाद' पाश्चात्य विचार परंपरा से किस प्रकार व कितना प्रभावित हुआ है, इसका अध्ययन हम अगले अध्यायों में 'एकात्म मानववाद' का अध्ययन करते समय करेंगे। इसके पूर्व भारतीय विचार परंपरा से अपनी अधुनातन अवधारणा को मंडित करने के लिए उन्होंने जिन दार्शनिक अभिधारणाओं का आधार ग्रहण किया है, उनका विवेचन करेंगे। हमारे अगले अध्याय का यही विषय है।

संदर्भ–

1. अथर्ववेद (12/1/12), कल्याण मासिक, हिंदू संस्कृति अंक, गोरखपुर, गीता प्रेस, 1950; पृ. 2
2. विख्यात वैदिक वचन
3. यजुर्वेद, 22/22; क्र. 1, पृ. 2
4. ऋग्वेद, 10/191/2; क्र. 1, पृ. 11
5. ऋग्वेद, 10/191/4, क्र. 1, पृ. 11
6. ऋग्वेद, 1/164/46, क्र. 1, पृ. 18
7. यजुर्वेद, 36/24, क्र. 1, पृ. 1
8. यजुर्वेद, 64/1, क्र. 1, पृ. 19
9. अथर्ववेद, 3/24/5, क्र. 1, पृ. 20

10. पातंजल महाभाष्य में लिखा है : ''ऋग्वेद की 21, यजुर्वेद की 100, सामवेद की 1000 और अथर्ववेद की 9 शाखाएँ है। अर्थात् कुल मिलाकर चारों वेदों की 1130 शाखाएँ हैं। प्राचीन साहित्य से यह भी पता चलता है कि जितनी शाखाएँ थीं उतनी ही संहिताएँ थीं, उतने ही ब्राह्मण और आरण्यक थे, उतने ही कल्पसूत्र और उपनिषदें थीं; परंतु हमारे दुर्भाग्य से इन दिनों कोई भी विभाग पूरा-का-पूरा नहीं मिलता। प्रत्येक शाखा की एक विशिष्ट उपनिषद् थी। इसलिए 1130 उपनषिदें उपलब्ध होनी चाहिए; परंतु मिलती हैं 108, जो उपनिषद्-साहित्य की सारभूत है।'' पं. श्री रामगोविंदजी त्रिवेदी, 'हिंदू संस्कृति और उपनिषद्'; क्र. 1, पृ. 289
11. वही; वहीं
12. श्रीवाल्मीकीय रामायण की सूक्तियाँ; अयोध्याकांड 109/13-14; क्र. 1, पृ. 21
13. श्रीमद्भागवत की सूक्तियाँ 2/3/10; क्र. 1, पृ. 21
14. महाभारत की सूक्तियाँ; वन पर्व 313/128; क्र. 1, पृ. 21
15. उमेश मिश्र, 'भारतीय दर्शन'; लखनऊ, हिंदी समिति, उत्तर प्रदेश सरकार, 1964, पृ. 91
16. जयदेव कृत दशावतार स्तोत्र, श्लोक 9
17. डॉ. तेजसिंह गौड़ 'जैनधर्म का संक्षिप्त इतिहास'; प्रकाशक : जयध्वज प्रकाशन समिति, मद्रास, पृ. 3
18. स्वामी विवेकानंद, 'उत्तिष्ठत जाग्रत'; संकलनकर्ता—एकनाथ रानाडे; अनुवादक : देवेंद्रस्वरूप अग्रवाल, राजेंद्र नगर, लखनऊ-4, पंचम संस्करण, 1972, पृ. 151
19. दीनदयाल उपाध्याय, 'एक मूल्यवान सम्मति'; लोकमान्य के सपनों का भारत, लेखमाला पठनीय; पाञ्चजन्य, 24 अगस्त, 1959, पृ. 13
20. जनसंघ : सिद्धांत और नीति; नई दिल्ली, भारतीय जनसंघ प्रकाशन।
21. प्राचीन 'प्रस्थानत्रयी' के अंतर्गत 'एकादश उपनिषद्', 'श्रीमद्भगवद्गीता' व व्यास कृत 'ब्रह्मसूत्र' की गणना की जाती है।

□

10

दार्शनिक अभिधारणाएँ

दीनदयाल उपाध्याय अपने विचार दर्शन के प्रतिपादन में संस्कृतिपरक पारिभाषिक प्रत्ययों का उपयोग करते हैं। सामान्यत: उनकी सैद्धांतिक शब्दावली को सुन या पढ़कर ऐसा नहीं लगता कि वे कोई नई या विशेष बात कर रहे हैं; लेकिन परंपरागत दार्शनिक प्रत्ययों को उन्होंने जिस आधुनिक संदर्भ में प्रस्तुत किया है, वह संदर्भ ही उन्हें मौलिक दार्शनिक भंगिमा से मंडित करता है। ग्रीक दर्शन की जानी-मानी अभिधारणाओं को लेकर जब प्लेटो ने अपने क्रांतिदर्शी नवीन विचारों का प्रतिपादन किया तब बहुतों को ध्यान नहीं आया कि इसमें कोई विशेष बात है। इस संदर्भ में रिचर्ड ल्यूई नैटिलशिप का यह विवेचन उद्धरणीय हैं:

"दर्शनज्ञ (दार्शनिक) सहज जाने-माने तथ्यों को लेकर मनन शुरू करता है और साधारणजन की मान्यताओं के समान निष्कर्ष पर भी पहुँचता है; लेकिन निष्कर्ष तक आते-आते एक चिंतन-प्रणाली का उपयोग करके वह सत्य के तर्कसंगत रूप को प्रस्तुत करने में सफल हो जाता है। ऊपर-ऊपर देखने से दर्शनज्ञ का सत्य चालू सत्य जैसा ही लगता है। उसका सत्य भी प्राय: उसी भाषा में पेश होता है जिसमें कोई भी दूसरा आदमी उसे व्यक्त करता है, किंतु दर्शनज्ञ की दृष्टि में वह सत्य बिलकुल निराला हुआ करता है; क्योंकि उसमें ऐसी बड़ी बात का समावेश हो जाता है जो बहुतेरे लोगों को सूझ नहीं पाती।"[1]

भारतीय संदर्भ में यही कथन दीनदयाल उपाध्याय द्वारा संयोजित दार्शनिक अभिधारणाओं पर भी लागू होता है।

उपाध्याय के प्रतिपाद्य विषय की एक कठिनाई यह है कि उनके दर्शन 'एकात्म मानववाद' तथा उसमें अंतर्निहित दार्शनिक अभिधारणाओं में क्रमबद्धता का अभाव है। उपाध्याय दार्शनिक प्रतिभा के धनी व्यक्ति थे; लेकिन प्रत्यक्षत: एक नवोदित अखिल

भारतीय राजनीतिक दल के प्रमुख होने के नाते निरंतर देश-भ्रमण एवं संगठनात्मक व्यावहारिक बातों में उनका समय और श्रम प्राथमिकतापूर्वक लगता था। अपनी अभिधारणाओं को एक व्यवस्थित दर्शन का आकार वे दे ही रहे थे कि विधाता ने असमय ही उन्हें अपने पास बुला लिया। अत: उनके विचारों को क्रमबद्धता के साथ नियोजित करने के लिए विशेष प्रयत्न अपेक्षित है।

दीनदयाल उपाध्याय को दलीय तथा तात्कालिकता के दायरों से मुक्त होकर चिंतन प्रस्तुत करने का अवसर राष्ट्रीय स्वयंसेवक संघ के वार्षिक संघ शिक्षा वर्गों में प्राप्त होता था। उनकी दार्शनिक अभिधारणाओं का इन वर्गों के अवसरों पर दिए गए 'बौद्धिक वर्गों'[2] में क्रमश: परिपक्व होता चला गया। भारतीय जनसंघ के कार्यकर्ता-अभ्यास-वर्गों का भी वे इस दृष्टि से उपयोग करते थे। इन शिक्षा वर्गों व अभ्यास वर्गों के माध्यम से परिपक्व हुआ उनका विचारदर्शन कुछ-कुछ क्रमबद्धता के साथ दो अवसरों पर प्रकट हुआ। प्रथम, 11 अगस्त से 15 अगस्त, 1964 को भारतीय जनसंघ का प्रशिक्षण शिविर, जो ग्वालियर में संपन्न हुआ था उसमें उपाध्याय ने भारतीय जनसंघ के लिए 'सिद्धांत और नीति' प्रलेख का प्रारूप प्रस्तुत किया था। द्वितीय, 22, 23, 24 तथा 25 अप्रैल, 1965 को बंबई में दीनदयाल उपाध्याय ने अपने 'एकात्म मानववाद' चिंतन पर लगातार चार भाषण दिए। लेकिन उनके दर्शन का बड़ा भाग संघ-शिक्षा-वर्गों के बौद्धिक वर्गों में अंतर्निहित है, जो लगभग बीस वर्षों तक उनके द्वारा दिए गए भाषणों में बिखरा पड़ा है तथा उनमें से अधिकांश अनुपलब्ध हैं।[3]

भारतीय स्वातंत्र्य के पश्चात् देश में व्याप्त वैचारिक परावलंबिता की पीड़ा उनके लिए असह्य थी। इसी वेदना में से उनका चिंतन प्रस्फुटित हुआ था। इस संदर्भ में अपनी तीव्र अनुभूतियों को व्यक्त करते हुए वे अपने सिद्धांत और नीति प्रलेख में लिखते हैं, ''राष्ट्र को सुनिश्चित व सुनियोजित दिशा में प्रगत करने के स्थान पर, शासक और शासित विभ्रम और विरक्ति के शिकार बनकर, किंकर्तव्यविमूढ़ हो, प्रवाहपतित से चलते दिखाई देते हैं। अनास्था और आत्मविश्वासहीनता की यह अवस्था राष्ट्र के अस्तित्व और अस्मिता के लिए संकटपूर्ण एवं अशोभनीय है। इसे बदलकर देश के पुरुषार्थ को सचेत करना होगा।

''वर्तमान परिस्थिति का सबसे प्रमुख कारण राष्ट्रजीवन की आत्मा का साक्षात्कार न करते हुए, उसके ऊपर विदेशी और विजातीय विचारधाराओं तथा जीवनमूल्यों को थोपने का प्रयत्न है। शीघ्र उन्नति की आतुरता में दूसरे देशों का अंधानुकरण करने और 'स्व' के तिरस्कार की वृत्ति पैदा हुई है। इससे राष्ट्रमानस में कुंठा घर कर गई है।''[4]

यही कुंठा वह चुनौती थी जिसने दीनदयाल के अंतर्निहित दार्शनिक को जगाया। अपने दर्शन के सम्मुख मानवीय जीवन की जिन चुनौतियों को दीनदयाल उपाध्याय ने

महसूस किया उनका उल्लेख करते हुए उनके विचारक साथी दत्तोपंत ठेंगड़ी लिखते हैं :

"आज मानव के सम्मुख अनेक मूलभूत एवं विस्मयकारी समस्याएँ उपस्थित हैं। उदाहरणार्थ, कैसे सामंजस्य हो—

- वैयक्तिक स्वातंत्र्य के साथ सामाजिक अनुशासन,
- वैयक्तिक विकास की प्रेरणा के साथ सामाजिक समता का आग्रह
- आर्थिक विकास के साथ सामाजिक न्याय,
- मूलभूत जैविक एकता के साथ दृश्यमान विभिन्नता,
- राज्याधिकार के साथ औद्योगिक व नागरिक स्वशासन,
- व्यवस्था के साथ सहजता,
- समाज व्यवस्था के साथ राज्यविहीनता,
- आत्मसंयम के साथ आत्मप्रकाशन,
- विवेकीकरण के साथ बुद्धि मर्यादा एवं चेतना,
- भौतिक अग्रता के साथ आध्यात्मिक उत्तोलन,
- विशेषज्ञता के साथ समग्र दृष्टि,
- राष्ट्रीय आत्मनिर्भरता के साथ अंतरराष्ट्रीय सहयोग। और, पुन: कैसे सुनिश्चित करें—
- स्वेच्छाचारिताविहीन स्वातंत्र्य,
- सैनिकीकरणविहीन अनुशासन,
- विशेषाधिकारविहीन प्रतिष्ठा,
- एकरूपताविहीन एकता,
- गतिहीनतामुक्त स्थायित्व,
- जोखिमविहीन गतिशीलता,
- सत्तावादविहीन राज्याधिकार,
- मानवीयता क्षतिमुक्त औद्योगिक प्रगति,
- अनगढ़ भौतिकतावादविहीन भौतिक समृद्धि
- क्षितिजीय विभाजनविहीन अनुलंब समाज-व्यवस्था,
- संकेंद्रीयतावादविहीन मानववाद।

राष्ट्रीय धरातल पर भी अनेक भीषण एवं चुनौतीपूर्ण समस्याएँ हैं। उदाहरणार्थ, कैसे सामंजस्य करें—

- अद्यतन आधुनिक तकनीकी ज्ञान के साथ रोजगार अवसरों की वृद्धि,
- विकेंद्रित उत्पादन प्रक्रिया के साथ उत्पादन क्षमता में अभिवृद्धि,
- राष्ट्रीयकरण के साथ लोक-उत्तरदायित्व,

- शहरीकरण की प्रगति के साथ सांस्कृतिक पृष्ठभूमि,
- स्थानीय स्तर पर सूक्ष्म (Micro) आयोजना के साथ राष्ट्रीय स्तर पर वृहद् (Micro) आयोजना,
- अपनी पृथक पहचान की सुरक्षा के साथ अपने प्राकृतिक जनसमुदायों की एकात्मता,
- भारतीय जीवनमूल्यों के साथ आधुनिक वैज्ञानिक एवं तकनीकी अग्रता,
- युगधर्म के साथ सनातनधर्म।

कैसे प्राप्त करें

- विश्वराज्य, जो विभिन्न राष्ट्रीय संस्कृतियों के उन्नयन तथा सहयोग के आधार पर समृद्ध एवं विकसित हो, और
- मानवधर्म, जो भौतिकवाद सहित सभी पंथों की पूर्णता के साथ समृद्ध एवं विकसित हो।

"पंडितजी इस बात के कायल थे कि ये मूलभूत समस्याएँ 'भारतीयत्व' के आधार के बिना नहीं सुलझाई जा सकतीं।"[5]

ये प्रश्न आज भी उतने ही ज्वलंत हैं जितने कि दीनदयाल उपाध्याय के समय थे। सार रूप में हम इन प्रश्नों को चार भागों में बाँट सकते हैं—प्रथम, प्रकृतिजन्य विरोधाभासों में सामंजस्य की समस्या; द्वितीय, समाजशास्त्रीय विकृतियों से मुक्त मानवीय व्यवस्था की सुनिश्चिति की समस्या; तृतीय, भारतीय परिस्थिति में अंतर्निहित विरोधाभासों की समस्या तथा चतुर्थ, 'विश्वराज्य' व 'मानवधर्म' की स्थापना की समस्याएँ। ये प्रश्न आज मानव के समक्ष चुनौती बनकर खड़े हैं। यह चुनौती ही दीनदयाल उपाध्याय की वैचारिक अवधारणा की पृष्ठभूमि बनी। इन्हीं समस्याओं के समाधान के लिए उपाध्याय ने चिंतन प्रारंभ किया। ये चुनौतियाँ एक प्रकार से उस रोग की पहचान है जिनके निदान के लिए दीनदयाल उपाध्याय ने 'एकात्म मानववाद' की दार्शनिक विचारधारा प्रस्तुत की। भारतीय दर्शन के आधार पर इन चुनौतियों का सामना किया जा सकता है। उपाध्याय की इस आस्था के कारण को स्पष्ट करते हुए डॉ. मुरली मनोहर जोशी अपने एक प्रतिवेदन में कहते हैं, "भारतीय संस्कृति का सार ब्रह्मांड में विद्यमान विविधता में मूलभूत एकता को स्वीकार करता है। अति प्राचीनकाल में भारतीय ऋषि-मुनियों ने 'यत् पिण्डे तद्ब्रह्माण्डे' इस सिद्धांत का प्रतिपादन किया था। जो 'संपूर्ण' में है, वही उसके 'अंश' में है। अर्थात् 'अंश' तथा 'पूर्ण' एक ही पदार्थ के द्योतक हैं।···भारतीय दर्शन पर आधारित समाज रचना···आधुनिक द्वंद्वों को सुलझाने में समर्थ है।"[6]

राष्ट्रीय आत्मसाक्षात्कार के अभाव की पृष्ठभूमि, चुनौतीपूर्ण समस्याओं की पहचान

तथा भारतीय संस्कृतिपरक समाधान को दीनदयाल उपाध्याय ने अपने विचारदर्शन में जिन अंतर्निहित अभिधारणाओं के आधार पर विकसित किया है उनको पारिभाषिक अर्थों में समझना आवश्यक है। जिन अभिधारणामूलक प्रत्ययों का उन्होंने अपने विचारदर्शन में बार-बार उपयोग किया तथा उन्हीं पारिभाषिक प्रत्ययों के आधार पर अपने दर्शन का महल खड़ा किया, इस अध्याय में उनको बिंदुबद्ध करते हुए व्याख्यायित करने का प्रयत्न हमें अभिप्रेत है।

1. व्यष्टि

मानवीय चेतना के समक्ष यह एक सनातन प्रश्नवाचक बना हुआ है, 'मैं कौन हूँ?' ईश्वरवादियों, अध्यात्मवादियों तथा भौतिकवादियों ने इसका क्रमश: भिन्न-भिन्न उत्तर प्राप्त किया, 'मैं ईश्वर का पुत्र हूँ', 'मैं आत्मा हूँ' तथा 'मैं पाँचभौतिक शरीर हूँ।'

इसी प्रकार का दूसरा प्रश्न है, 'चेतना' भौतिक शरीर का स्वयंभू अंग है अथवा किसी 'महत् चेतन तत्त्व' का परिणाम है हमारा सचेत शरीर? ईश्वरवादी, चेतना का कारण, भौतिक तल से परे ईश्वरीय सत्ता को मानते हैं; आत्मवादी, चेतना को स्वयंभू मानते हैं; भौतिकवादी, चेतना को भौतिक जगत् की ही एक स्थिति मानते हैं।

सचेतन व्यक्ति की इस पहचान ने ही विभिन्न विचारधाराओं का सृजन किया है। ईश्वरवादी व्यक्ति की सत्ता को नितांत लाचार एवं उसकी कृपा एवं कहर पर अवलंबित मानते हैं। इसी अवधारणा ने 'थियोक्रेसी' की विचारधारा एवं निरंकुश पोपशाही का सृजन किया।

आत्मवादी लोगों में ईश्वरवादी व निरीश्वरवादी दोनों ही आते हैं। प्राचीन ग्रीस, चीन व भारत में आत्मवादी विचारकों का बाहुल्य था। व्यक्ति आत्मवान् होने के कारण स्वयं समर्थ भी है तथा 'आत्मा' परमात्मा का अंश होने के कारण 'परमसत्ता' के अंतर्गत भी है। शरीर के अधिष्ठान के बिना आत्मा 'अव्यक्त' रहती है तथा आत्माविहीन शरीर भी अव्यक्त ही रहता है। अत: आत्मा व शरीर के मेल से ही 'व्यष्टि' अपने को 'व्यक्त' करती है। इसलिए 'व्यक्ति' सज्ञा का सृजन हुआ। मनुष्य आत्मा का व्यक्त रूप है। आत्मवादी सामान्यत: नैतिकतावादी एव अराज्यवादी होते हैं।

भौतिकतावादी सामान्यत: 'मानववादी' होते हैं। वे ईश्वरवादियों को अंधविश्वासी एवं आत्मवादियों को रहस्यवादी व आदर्शवादी मानते हैं। वे कहते हैं कि व्यक्ति की सत्ता का कारण है कि व्यक्ति महसूस करता है कि 'मैं हूँ', इसलिए वह है। उसका अस्तित्व किसी अतिमानवी सत्ता पर अवलंबित नहीं है। मैं कौन हूँ? का जवाब है, 'मैं मानव हूँ'। आज पाश्चात्य ज्ञान-विज्ञान सामान्यत: इसी अवधारणा पर अवलंबित है। वे मस्तिष्क को भौतिक शरीर का अभिन्न अंग मानते हैं, जो शरीर में अहसास उत्पन्न

करता है। 'व्यक्तिवादी' तथा 'समाजवादी' विचारों का अधिष्ठान यही 'मानव' है।

उपाध्याय इन सभी विचारों को एकांगी व अत्याग्रही मानते हैं। उपाध्याय स्वयं ईश्वर विश्वासी है; लेकिन सामाजिक संरचना में वे ईश्वरीय सत्ता का आग्रह नहीं रखते। 'थियोक्रेसी 'के विरोधी हैं। उनके अनुसार 'शरीर', 'मन', 'बुद्धि' तथा 'आत्मा' के समुच्चय का नाम 'व्यष्टि' है। आधिभौतिक शरीर तथा आध्यात्मिक चेतना (आत्मा) मिलकर 'मन' तथा 'बुद्धि' को प्रकाशित करते हैं। इन चारों के संतुलन को ही वे 'मानव' का व्यक्तिकरण मानते हैं। यह 'व्यष्टि' है।

उपाध्याय के अनुसार व्यक्ति न तो पृथक् रूप से 'पूर्ण सत्ता' है तथा न ही 'अपूर्ण', वरन् वह समष्टि तथा 'सृष्टि' के साथ 'एकात्म' सत्ता है। सृष्टि, समष्टि व व्यष्टि एक 'अविभक्त' इकाई है। ऊपर से दिखनेवाली यह तीनों इकाइयाँ तत्त्वत: 'एक' ही हैं। अत: भौतिकवादियों के 'व्यक्तिवाद' व 'समाजवाद' की मूल अवधारणा को ही वे नकारते हैं।

'मैं कौन हूँ?' का उत्तर वेदांत देता है, 'अहं ब्रह्मास्मि' (मैं ब्रह्म हूँ) 'ब्रह्म कौन है?' वेदांत कहता है 'सर्वं खलिदं ब्रह्म' (यह जो कुछ है सो ब्रह्म है)। मानव ब्रह्म का व्यक्तिकरण है। अत: वह अपूर्ण नहीं है; अपितु वह समष्टि व सृष्टि का सजीव एवं अविभाज्य अंग है।

अपने दर्शन में दीनदयाल शरीर, मन, बुद्धि व आत्मा के समुच्चय को व्यष्टि के नाते परिभाषित करते हैं। अपने विवेचन में भौतिकवादियों की इस बहस से वे परे रहते हैं कि बुद्धि शरीर से अलग कैसे है? क्या मस्तिष्क शरीर का वैसा ही अंग नहीं है जैसे हाथ, पैर, नाक, कान आदि तथा मन और आत्मा मनुष्य के बौद्धिक चैतन्य से अलग कैसे हैं? इसी तरह वे ईश्वरवादियों, जिनका नेतृत्व धार्मिक संप्रदाय एवं धार्मिक ग्रंथ करते हैं, से भी अधिक बहस नहीं करते। वे केवल ईश्वरीय अथवा 'अपौरुषेय' विचारों की किसी पुस्तक विशेष का निषेध करते हैं तथा थियोक्रेसी को अमान्य करते हैं। इस बहस से दूर रहना उनकी दार्शनिक विवेचना की कमजोरी भी मानी जा सकती है तथा एक सकारात्मक दृष्टिकोण भी, जो केवल अपनी बात कहता है तथा खंडन-मंडन की वाग्मिता से बचता है।

उपर्युक्त विचारों का प्रतिपादन दीनदयाल उपाध्याय ने कहीं व्यष्टि विवेचना के नाते अलग से नहीं किया है। इस विवेचन का आधार राष्ट्रीय स्वयंसेवक संघ के शिक्षा-वर्गों में दिए गए बौद्धिक वर्गों में आया यथाप्रसंग 'व्यक्ति' विचार है। अत: अपने संदर्भ के लिए जितना परमावश्यक था उतना ही विवेचन उन्होंने अपने भाषणों में किया। इसीलिए तार्किक अपूर्णता इस विवेचन की नियति रही है। उनके 'व्यक्ति' विचार का केंद्रीय मुद्दा यह है कि जब हम व्यक्ति के व्यक्तित्व के विकास का विचार करें तो यह चतुरायामी होना चाहिए, एकांगी नहीं; तथा वह समाज से पृथक नहीं वरन् एकात्म होना चाहिए।

2. समष्टि

उपाध्याय के अनुसार समाज एक जीवमान एवं प्राकृतिक इकाई है। वह केवल व्यक्तियों का समूह मात्र नहीं है। समाज बनते नहीं हैं, पैदा होते हैं। समाज का भी अपना एक 'सामूहिक मन' होता है, सामूहिक बुद्धि होती है, उसकी एक सामान्य इच्छा भी होती है।

सामान्यत: जब उपाध्याय समाज की बात करते हैं तो वे राष्ट्रीय समाज की बात करते हैं। राष्ट्रीय समाज को वे संसार की स्वाभाविक इकाई मानते हैं। संप्रदायों, विशेषकर इसलाम व ईसाइयत ने राष्ट्रीयताओं से परे मानवसमाज को एक करने की कोशिश की, पश्चिमी साम्राज्यवाद भी मानव-एकता की बात करता था। साम्यवाद मजदूर की राष्ट्रीय पहचान से इनकार करता है। लेकिन ये सभी विफल हुए क्योंकि राष्ट्रीय समाज संसार की कृत्रिम नहीं वरन् प्राकृतिक इकाई है।

व्यक्तियों के जोड़ का नाम समाज नहीं है। समाज स्वयंभू है। व्यक्ति के व्यक्तित्व को समाज पूर्ण करता है। व्यक्ति समाज का दृश्यमान प्रतिनिधि होता है। व्यक्ति एक सामाजिक प्राणी है तथा समाज व्यक्तियों का सामूहिक व्यक्तित्व है। अत: व्यक्ति बनाम समाज अथवा समाज बनाम व्यक्ति के समीकरणों को दीनदयाल उपाध्याय बौद्धिक विभ्रम मानते हैं।

समाज स्वयंभू एवं स्वयं पूर्ण है। कोई इकाई उसका पूरा प्रतिनिधित्व नहीं करती। समाज का पूर्ण प्रतिनिधित्व न तो कोई व्यक्तिविशेष करता है, न जातिविशेष न संप्रदायविशेष तथा न राज्य ही। ये सब वे इकाइयाँ हैं जो समाज के विभिन्न आयामों का प्रतिनिधित्व करती हैं। 'समाजवाद' के नाम पर चलनेवाले 'राज्यवाद' के उपाध्याय कटु आलोचक हैं।

समाज की उत्पत्ति के लिए पाश्चात्य 'सामाजिक समझौता' सिद्धांत की वे आलोचना करते हैं। व्यक्ति ने अपने स्वार्थों की पूर्ति के लिए परस्पर समझौता करके 'समाज' बनाया, इस विचार को वे गलत एवं अस्वाभाविक मानते हैं। वे तर्क प्रस्तुत करते हैं, जन्म के लिए व्यक्ति को माता-पिता की आवश्यकता होती है। माता-पिता का अस्तित्व ही समाज की अस्मिता का परिचायक है। व्यक्ति अपना नाम, भाषा, सुख-दु:खानुभूति आदि समाज से प्राप्त करता है। अत: वह समाज का निर्माता नहीं हो सकता। व्यक्तिगत स्वार्थों की पूर्ति का व्यक्तिवादी पश्चिमी सिद्धांत इस 'सामाजिक समझौते' की गलत अवधारणा पर आधारित है।

यहाँ यह बात ध्यान देने योग्य है कि हॉब्स, लॉक व रूसी द्वारा प्रतिपादित सामाजिक 'समझौते का सिद्धांत' राज्योत्पत्ति का विचार है न कि समाजोत्पत्ति का। व्यक्तियों के परस्पर समझौते से 'राज्य' उत्पन्न हुआ। इसके लिए राज्यविहीन प्राकृतिक अवस्था की कल्पना की गई। लेकिन पाश्चात्य विचारक समाज व राज्य में ज्यादा अंतर नहीं करते।

वे स्वभावत: समाज को एक राजनीतिक इकाई मानते हैं। उपाध्याय दोनों ही अवस्थाओं में इस सामाजिक 'समझौता सिद्धांत' से अपनी असहमति प्रकट करते हैं।

उपाध्याय 'समाजसत्ता' को 'राष्ट्रसत्ता' के अधिक निकट मानते हैं बजाय 'राज्य सत्ता' के। वे समाज, राष्ट्र व राज्य को एक सा ही मानने के कारण पश्चिमी विचारों की आलोचना करते हैं।

दीनदयाल उपाध्याय समाज की उत्पत्ति एवं ऐतिहासिक क्रमविकास का विवेचन नहीं करते हैं। वे सीधे समाज के विषय में अपनी धारणा की अभिव्यक्ति करते हैं कि यह 'सजीव', 'स्वयंभू' तथा संपूर्ण इकाई है। वह व्यक्ति या राज्यनिर्मित कृत्रिम इकाई नहीं है तथा न ही उसकी तुलना किसी भौतिक एवं निर्जीव 'मशीन' से की जा सकती है। वे समाज को 'मशीन' तथा व्यक्ति को उसका 'पुर्जा' मानने की अवधारणा के विरोधी हैं।

उपाध्याय समाज की उत्पत्ति की बजाय उसके वर्तमान अस्तित्व के विषय में ही अपने विचार प्रकट करते हैं। यहाँ प्लेटो व दीनदयाल के विचार में सादृश्य देखा जा सकता है। अपनी सुप्रसिद्ध कृति 'रिपब्लिक' में प्लेटो कहते हैं, "प्रश्न यह नहीं है कि समाज किन अवस्थाओं से गुजरकर विकसित हुआ है, बल्कि यह है कि वह आज तक अस्तित्व में क्यों कर बना है?…मानवसमाज का जन्मदाता सामान्य तत्त्व क्या है? विविध रूपवती इच्छा ही वह तत्त्व है। समाज द्विविध सत्यता पर टिका है। एक यह कि मनुष्य स्वयं पूर्ण नहीं है, दूसरा सहायक तथ्य है कि अन्य मनुष्य उसकी आवश्यकता मानते हैं। प्रत्येक मनुष्य अपने लिए अपूर्ण भले ही हो, परंतु उसमें ऐसी सामर्थ्य रहती है कि वह दूसरे के अभाव की पूर्ति कर सकता है। इसे हम 'परस्परता' का सिद्धांत कह सकते हैं।"[7]

ग्रीक नगरराज्य, थियोक्रेटिक समाज, राष्ट्रीय राज्यकल्पनाओं एवं मानववादी वैज्ञानिक औद्योगीकरण आदि के प्रकाश में 'समाज' अवधारणा के क्रमिक विकास एवं परिष्कार का कोई 'लेखा-जोखा' उपस्थित करते हुए अपने दृष्टिकोण को प्रस्तुत करने के स्थान पर उपाध्याय पुन: अपनी प्रासंगिक आवश्यकता के अनुकूल ही समाज-अवधारणा या समष्टि-विचार का विवेचन करते हैं। अत: अन्य विचारप्रवाहों, विशेषकर जो मैकियावेली से लेकर मार्क्स व मिल तक पश्चिम में बहुत विमर्श एवं वाद-विवाद के साथ विवेचित हुए, से उपाध्याय की विवेचना तुलनीय नहीं लगती।

3. संस्कृति

'संस्कृति' उपाध्याय की बहुत प्रिय अवधारणा है। संस्कृति शब्द का प्रयोग इतने व्यापक अर्थों में हुआ है कि उसकी ठीक-ठीक परिभाषा करना कठिन है। मानवीय चेतना एवं कर्म का कोई आयाम संस्कृति से बाहर नहीं है। संभवत: पश्चिम में जितने व्यापक अर्थों में 'राजनीति' शब्द का प्रयोग होता है, भारतीय विचार उससे भी कहीं

व्यापक अर्थों में 'संस्कृति' शब्द का प्रयोग करता है।

उपाध्याय 'कल्चर' शब्द के अनुवाद के रूप में संस्कृति अवधारणा को ग्रहण नहीं करते वरन् 'संस्कृति' को भारतीय अवधारणा का मौलिक शब्द मानते हैं। संस्कृति को समझने के लिए 'संस्कार' शब्द को समझना आवश्यक है। भारत में 'सोलह संस्कारों' की सामाजिक व्यवस्था स्थापित की गई थी।

'संस्कार' वे अच्छाइयाँ हैं जो व्यक्ति अपने सामाजिक परिवेश एवं वातावरण के प्रभाव से ग्रहण करता है तथा वे अच्छाइयाँ व्यक्ति के स्वभाव का अंग बन जाती हैं। व्यक्तियों की इन स्वभावजनित अच्छाइयों से उत्पन्न सामाजिक कृतियाँ ही 'संस्कृति' है। उपाध्याय कहते हैं, संस्कारों द्वारा निर्मित वस्तु संस्कृति है।

'संस्कार' के साथ ही जुड़ा हुआ शब्द है 'कुसंस्कार'। वास्तव में 'कुसंस्कार' उचित शब्द रचना नहीं है। 'सम्यक्' कारक की संयुक्ति से संस्कार शब्द बना है। 'सम्यक्' के पहले नकारात्मक प्रत्यय 'कु' लगाकर कृत्रिम रूप से यह शब्द बनाया गया है। 'सम्यक्' कारक कभी 'कु' अथवा अवांछनीय नहीं हो सकते। लेकिन अच्छाई के साथ ही 'स्वभाव में बद्धमूलता' को भी संस्कारों का एक आवश्यक तत्त्व माना गया है। अत: स्वभाव में बद्धमूल होती बुराइयों के लिए 'कुसंस्कार' शब्द का प्रयोग होने लगा।

उपाध्याय 'संस्कार' का विलोम 'विकार' शब्द को मानते हैं। जैसे संस्कारों द्वारा संस्कृति प्रकट होती है, वैसे ही विकारों द्वारा 'विकृति'। संस्कृति और विकृति दोनों ही 'प्रकृति 'की अंतर्निहित संभावनाएँ हैं। मानवीयता की धारणा के दस लक्षण हैं, जिन्हें 'मानवधर्म' कहा गया है—

धृति: क्षमा दमोऽस्तेयं शौचमिन्द्रियनिग्रह:।
धीर्विद्यासत्यमक्रोधो दशक धर्मलक्षणमू॥[8]

(धैर्य, क्षमा, इंद्रियदमन, चोरी न करना, पवित्रता, इंद्रियों पर नियंत्रण, बुद्धिमत्ता ज्ञान, सत्य और क्रोध न करना—धर्म के ये दस लक्षण हैं)।

धर्म के ये लक्षण वे संस्कार हैं जिनसे मानव संस्कारवान् बनता है। इसी प्रकार मानव प्रकृति में ही 'विकार' भी अंतर्निहित है, जिनके प्रभाव से मानव 'विकृति' ग्रस्त होता है। भारतीय वाङ्मय में 'षड्विकार' गिनाए जाते हैं—'काम, क्रोध, मद, लोभ, मोह तथा मत्सर।' इन छहों के मेल से जो मानव-क्रिया होगी वह समाज व व्यक्ति दोनों को विकारग्रस्त अर्थात अवांछनीय दु:खों से युक्त करेगी।

'प्रकृति' के कारक प्रकृष्ट होते हैं। अर्थात्, वे न 'उत्कृष्ट' होते हैं और न 'निकृष्ट'। वे अच्छाई-बुराई से निरपेक्ष केवल 'तथ्य जगत्' के प्रतिनिधि होते हैं। प्रकृति के तथ्य 'कारकों' में जो मानव को सुखी व संतुष्ट बनाते हैं, वे 'सम्यक्' कारक हैं तथा जो मानवीय सुख अथवा अच्छाइयों में बाधक हैं, वे 'उलटे कारक' हैं अर्थात् 'विकार' हैं।

विकृति से मनुष्य को बचाने के लिए आवश्यक हैं कि विकारों का शमन किया जाए। विकारों के 'शमन' का आधार संस्कार है। अत: दीनदयाल उपाध्याय कहते हैं कि 'प्राकृत' व्यक्ति को सामाजिक प्राणी बनाने की प्रक्रिया 'संस्कृति' है। प्रकृति का अवांछनीय परिवर्तन 'विकृति' है।

विभिन्न सामाजिक संस्कृतियों के निर्माण का आधार अच्छाई की भिन्नतामूलक अवधारणाएँ हैं। सामाजिक रूप से क्या वांछनीय है तथा क्या अवांछनीय है, इसका निर्धारण 'चिति' से होता है।

संस्कृति ही किसी राष्ट्रीय समाज की पहचान का आधार होती है। ''संस्कृति का विचार न रहा तो स्वराज्य की लड़ाई एक स्वार्थी पदलोलुप लोगों की राजनीतिक लड़ाई मात्र रह जाएगी।''[9] इसीलिए उपाध्याय अपने को तथा अपने दल को 'संस्कृतिवादी' कहते हैं तथा अन्य दलों से जनसंघ को अलग करनेवाली यही मुख्य अभिधारणा है। ग्वालियर के ऐतिहासिक प्रशिक्षण शिविर में उपाध्याय ने कहा, ''ऊपरी नीतियों और घोषणाओं को देखते हुए कई बार लगता है कि जनसंघ व समाजवादियों में कोई अंतर नहीं है और कई बार लोग कहते हैं कि व्यक्तिवादी स्वतंत्र पार्टी और जनसंघ तो समान है। चाहे बाह्य रूप से ऐसा लगता भी हो परंतु जब मूल सिद्धातों की पृष्ठभूमि में दृष्टि डालें तो जनसंघ और अन्य दलों में बहुत बड़ा अंतर है। जनसंघ मूलत: 'संस्कृतिवादी' है। संस्कृति की आधारशिला पर हमारा आर्थिक, राजनीतिक और सामाजिक चिंतन जुड़ा है।''[10]

इसीलिए उनकी राष्ट्र कल्पना 'सांस्कृतिक राष्ट्रवाद' की कल्पना है। उनकी राजनीति 'संस्कृतिवादी' है। अर्थनीति उनके लिए 'सांस्कृतिक अर्थायाम' है। लोकतंत्र का अधिष्ठान केवल 'बहुमतीय राज्यसत्ता' नहीं वरन् 'लोकमत-परिष्कार 'है। लोकसंस्कारों के कार्य को उपाध्याय सर्वाधिक महत्त्वपूर्ण मानते थे। उनकी दृष्टि में राष्ट्रीय स्वयंसेवक संघ का कार्य 'लोकसंग्रह व लोकसंस्कार' का कार्य था। अत: वे अपने आपको एक राजनीतिक नेता या कार्यकर्ता मानने के स्थान पर सदैव संघ का स्वयंसेवक ही मानते थे तथा वे कहते थे, मैं राजनीति में संस्कृति का राजदूत हूँ।

4. 'चिति'

'चिति' एक वैदांतिक अवधारणा है। विश्वनाथ प्रसाद वर्मा ने दीनदयाल-स्मृति भाषण-माला में अपने विचार प्रकट करते हुए 'चिति' के विषय में कहा :

''निरपेक्ष वास्तविकता को भी हम 'चिति' अवधारणा से अभिहित कर सकते हैं, जो अंतरिक्ष की एक आनुष्ठानिक प्रक्रिया के लिए प्रयुक्त वैदिक शब्द है। 'वाजसनेयि संहिता' में यह 'चिति' (स्त्रीलिंग) विवेक या समझ को ध्वनित करती है। 'संक्षेप शारीरक' में यह ('चिति') आत्मदीप्त चैतन्य है। 'देवी माहात्म्य' (5.36) में 'चिति'

का प्रयोग पुल्लिंग अर्थों में सुबुद्ध मस्तिष्क या प्रज्ञा का परिचायक है। 'देवीभागवत पुराण' (43/45) में इसका प्रयोग स्त्रीलिंग देवी के रूप में हुआ है।''[11]

इस प्रकार एक 'निरपेक्ष वास्तविकता', 'अंतरिक्ष की एक आनुष्ठानिक प्रक्रिया', 'समझ या विवेक', 'आत्मदीप्त चैतन्य', 'सुबुद्ध मस्तिष्क' या 'प्रतिभा' तथा 'दैवी शक्ति' के अर्थ में 'चिति' शब्द का प्रयोग भारतीय वाङ्मय में हुआ है।

उपाध्याय ने इसे संभवत: 'दैशिक शास्त्र' से ग्रहण किया है। दैशिक शास्त्र में 'जाति' शब्द का उपयोग 'राष्ट्र' के अर्थ में हुआ तथा जाति के दो प्रधान तत्त्व माने हैं, 'चिति' तथा 'विराट्।'[12]

''सृष्टि के आरंभ में प्रत्येक अमैथुनिक जनसमुदाय की जो विशेष प्रकार की मानसिक प्रवृत्ति होती है और दायधर्मानुसार जिसको उसकी मैथुनिक संतति प्राप्त करती है, 'चिति' कही जाती है। यह 'चिति' जाति के प्रत्येक व्यक्ति में परमसुख की भावना रूप से रहती है···किंतु यह 'चिति' समस्त व्यक्तियों में सदा एक ही प्रकार से व्याप्त नहीं रहा करती है। अभ्युदयकाल में 'चिति' जाति के समस्त अथवा अधिकांश व्यक्तियों में व्याप्त रहती है और अवपातकाल में केवल शुद्धवंश के कुलीनवंश के हृदयरूपी गुफा में शरण ले लेती है। जिस व्यक्ति में जितना शुद्ध जातीय रक्त वर्तमान रहता है उसमें उतना ही 'चिति' का प्रकाश होता है। जिस व्यक्ति में जितनी संकरता होती है उसमें उतना ही 'चिति' का अभाव होता है।···हमारे आचार्यों के अनुसार एक 'चिति' और एक प्रकार के प्राकृतिक निमित्तवाला जनसमुदाय जाति 'राष्ट्र' कहा जाता है।''

'चिति' की उपर्युक्त अवधारणा को अधुनातन विज्ञान व समाजशास्त्र की कसौटी पर कसकर स्वीकार कर पाना कठिन है। 'अमैथुनिक जनसमुदाय की मैथुनिक संतति' का विचार जीवशास्त्रीय विवेचना के साथ संगत नहीं लगता। 'परमसुख की भावनास्वरूप चिति' के न्यून होने का कारण भी पारस्परिक 'संकरता' को बताया जाना तथा एक ही जाति (राष्ट्र) में 'कुलीन 'व 'शुद्ध रक्त 'व्यक्तियों तथा 'अकुलीन', 'अशुद्ध रक्त' व्यक्तियों का विभाजन भी वर्तमान समाजशास्त्र के लिए अग्राह्य है। दीनदयाल उपाध्याय ने 'दैशिक शास्त्र' से 'चिति' अवधारणा को प्राप्त किया; लेकिन वे उपर्युक्त प्रकार से 'चिति' का विश्लेषण नहीं करते हैं। उपाध्याय ने सबसे पहले सन् 1948 में राष्ट्रधर्म के अंक 3-4 में 'चिति' विषय पर लेख लिखा था, ''व्यक्ति की आत्मा के समान ही राष्ट्र की भी आत्मा होती है। राष्ट्र की इस आत्मा को हमारे शास्त्रकारों ने 'चिति' कहा है।'' तत्पश्चात् संघ-शिक्षा-वर्गों में वे पुन:-पुन: 'चिति' अवधारणा का प्रतिपादन करते रहे हैं। ''चिति परम सुख का साक्षात्कार है।'' राष्ट्र का चैतन्य 'चिति'। 'चिति' का आत्मसाक्षात्कार करवाने वाले अच्छे कार्य, वे अच्छे कार्य ही संस्कृति हैं। संस्कृति मनुष्यों के प्रयत्नों के परिणाम से होती है। 'चिति' ईश्वरप्रदत्त होती है। 'चिति' के पोषक

कार्य 'संस्कृति' व विपरीत 'विकृति।' ''जिन जनसमूहों के पास एक 'चिति' है वह समाज है। 'चिति' अलग होने से समाज (राष्ट्र भी अलग-अलग हो जाते हैं।'' आदि वाक्यों का प्रयोग 'चिति' के प्रतिपादन में करते हैं। अपने 'सिद्धांत और नीति 'प्रलेख में 'चिति' के विषय में उपाध्याय लिखते हैं—

''...प्रत्येक राष्ट्र की अपनी विशेष प्रकृति होती है जो ऐतिहासिक अथवा भौगोलिक कारणों का परिणाम नहीं अपितु जन्मजात है। इसे 'चिति' कहते हैं। राष्ट्रों का उदयावपात 'चिति' के अनुकूल अथवा प्रतिकूल व्यवहार पर निर्भर है।...'चिति' स्वयं को अभिव्यक्त करने तथा व्यक्तियों को पुरुषार्थ के संपादन की सुविधा प्राप्त कराने के लिए अनेक संस्थाओं को जन्म देती है।...जाति, वर्ण, पंचायत, संघ, विवाह, संपत्ति, राज्य आदि इसी प्रकार की संस्थाएँ हैं।''[13]

'एकात्म मानववाद' विषयक बंबई में दी गई अपनी ऐतिहासिक भाषणमाला में उपाध्याय कहते हैं :

''...मैकडूगल के अनुसार समूह की एक मूल प्रकृति है। किसी समूह की कोई मूल प्रकृति होती है। 'चिति' ही किसी समाज की वह प्रकृति है जो जन्मजात है तथा जो ऐतिहासिक कारणों से नहीं बनी।...संस्कृति में ऐतिहासिक कारणों तथा वातावरण से उत्पन्न स्थिति के सामूहिक परिणामों से बहुत बातें जुड़ जाती हैं। (परंतु) 'चिति' तो मूलभूत होती है। 'चिति' को लेकर तो प्रत्येक समाज पैदा होता है और उस समाज की संस्कृति की दिशा 'चिति' निर्धारित करती है।...युधिष्ठिर के लिए सम्मान और दुर्योधन के लिए अनादर राजनीतिक कारणों से नहीं है। कृष्ण भगवान् ने कंस को पछाड़ दिया, मामा की हत्या की, उस समय के राजा को हटाया। परंतु कृष्ण को हम भगवान् का अवतार मानते हैं, कंस को हम असुर कहते हैं। यह क्यों? इसका निर्णायक यदि कुछ है तो वह हमारे मन की प्रकृति या 'चिति' थी, उसके अनुकूल जो-जो हुआ, हम संस्कृति में जोड़ते गए।''[14]

संघ-शिक्षा-वर्गों के बौद्धिक वर्गों को संकलित व संपादित कर तैयार की गई पुस्तक 'राष्ट्र जीवन की दिशा में उपाध्याय ने निम्न प्रकार से 'चिति' को व्याख्यायित किया है :

''यह 'चिति' जनसमूह के प्रत्येक व्यक्ति में मातृभूमि के प्रति परमसुख की भावना रूप से रहती है। वह सर्वोत्कृष्ट सुख जिसके समक्ष अन्य सब बातें फीकी लगें, इस 'चिति' द्वारा प्रस्थापित होता है। इसकी झलक व्यक्ति के सब प्रकार के कार्यों में दिखाई पड़ती है। उसके समस्त व्यापार, निःशेष चेष्टाएँ, अखिल कर्म इसी 'चिति' के प्रकाश से चैतन्य रहते हैं। जब तक 'चिति' जागृत और निरामय रहती है तब तक राष्ट्र का अभ्युदय होता है। इसी चेतना के आधार पर राष्ट्र संगठित होता है। 'चिति' से जागृत हुई समष्टि की

प्राकृतिक क्षात्रशक्ति अर्थात् अनिष्टों से रक्षा करनेवाली शक्ति 'विराट' कही जाती है।''[15]

'चिति' के संदर्भ में इतने अधिक उद्धरणों को संदर्भित करने का तात्पर्य यह है कि उपाध्याय द्वारा प्रतिपादित इस अगोचर तत्त्व को भली प्रकार समझा जा सके। इन संदर्भों को पढ़कर कुछ क्रमबद्ध सवालों का यदि जवाब खोजें तो वे इस प्रकार के होंगे—

'चिति' क्या है?

(1) 'चिति' राष्ट्र की आत्मा है।

(2) 'चिति' राष्ट्र का चैतन्य है।

(3) 'चिति' राष्ट्रीय संस्कृति की नियामक है।

(4) 'चिति' राष्ट्र की विशेष प्रकृति है।

(5) 'चिति' राष्ट्र की विभिन्न संस्थाओं की जन्मदात्री है।

(6) 'चिति' राष्ट्र के उदयावपात (उत्थान-पतन) को निर्धारित करती है।

'चिति' का नियामक कौन है?

(1) 'चिति' ईश्वरप्रदत्त होती है।

(2) 'चिति' ऐतिहासिक अथवा भौगोलिक कारणों का परिणाम नहीं अपितु जन्मजात है।

(3) हर समाज 'चिति' को लेकर पैदा होता है।

'चिति' संबंधी अवधारणा वस्तुतः उपाध्याय के 'राष्ट्रवादी' मानस की उपज है। विशेष प्रकृति व विशिष्ट संस्कृतिबोधक उनका राष्ट्रवाद, जो विभिन्न भारतीय राजनीतिक दलों द्वारा प्रतिपादित 'मिश्रित संस्कृतिवाद' तथा पाश्चात्य विचारकों द्वारा प्रतिपादित 'राष्ट्रीय राज्य अवधारणा' एवं 'क्षेत्रीय राष्ट्रवाद' से पृथक है। इस पृथकता को सिद्ध करने के लिए 'चिति' को एक शास्त्रीय आधार के रूप में प्रतिपादित किया गया है। भारतीय परिवेश के ऐसे गरिमापूर्ण शब्दों से यह मंडित है कि बहुत कुछ न समझने पर भी यह चमत्कारिक एवं पारिभाषिक तार्किकता का अहसास उत्पन्न करती है। इस अवधारणा में बौद्धिक कौशल ज्यादा है। तर्क की तुला पर 'चिति' की इतिहास, भूगोल एवं समाजनिरपेक्ष 'ईश्वरप्रदत्तता' तथा जन्मजात स्वयंभू स्थिति को तोलना कठिन है।

'चिति' न तो संपूर्ण मानवता की होती है, न राष्ट्र के अंतर्गत आनेवाले अन्य जनसमुदायों की। वह केवल 'राष्ट्रीय 'होती है तथा यह ईश्वर द्वारा निर्धारित है, अतः अटल एवं अपरिवर्तनीय है। समाजशास्त्र, मनोविज्ञान, जीवशास्त्र, इतिहास व भूगोल से निरपेक्ष इस 'चिति' सत्ता को समझ पाना वस्तुतः कठिन है। यह भी कहा जा सकता है कि 'चिति' अवधारणा के जन्मजात होने का विचार प्रगतिविरोधी है; क्योंकि यह सामाजिक

कर्म एवं परिवेश द्वारा अपरिवर्तनीय है। लेकिन यह सत्य है कि दीनदयाल ने इस अवधारणा के आधार पर अपने दर्शन को एक गंभीरता व भारतीय संदर्भ प्रदान किया है।

उपाध्याय के विचारक साथी दत्तोपंत ठेंगड़ी ने 'चिति' के लिए तुलनात्मक रूप से सरल शब्द का उपयोग किया है 'राष्ट्रीय चित्त'। प्रत्येक राष्ट्र का अपना अंत:करण एक चित्त होता है। धर्म राष्ट्र के चित्त का संग्रहालय है।[16]

प्राचीन भारतीय शास्त्रों में 'चिति' का तात्पर्य सामान्यत: चेतना, आत्मचेतना तथा अपरा शक्ति आदि रहा है जिसका संदर्भ मुख्यत: संपूर्णतावादी है, राष्ट्रीय अथवा क्षेत्रीय नहीं। श्रीअरविंद ने भी अपने साहित्य में 'चैत्य पुरुष' का वर्णन किया है। उसका भी संबंध मानवीय अंत:चेतना से है। दैशिक शास्त्र में 'चिति' राष्ट्रवाचक तत्त्व है। वस्तुत: भू-सांस्कृतिक एवं जैविक कारणों से जो मानव समुदायों में पृथकतावाचक वैशिष्ट्य उत्पन्न होता है, उपाध्याय ने अपनी राष्ट्रवादी अवधारणा के मंडन के लिए, उसका अपने प्रकार से उपयोग किया है। सामूहिक चित्त अथवा मन समाजशास्त्र व मनोविज्ञान के लिए अगोचर नहीं है। एक सहज सत्य के नाते इसकी मान्यता है; लेकिन इसके नियम राष्ट्रविशेष पर नहीं, हर प्रकार के मानवीय समुदाय पर लागू होते हैं।

5. विराट्

'राट्' व 'विराट्' शब्दों का प्रयोग वैदिक साहित्य में है, जो राज्य एवं समाज-व्यवस्था का द्योतक है। 'भविष्य पुराण' के अनुसार यह समाज एक ही पिता प्रजापति ब्रह्मा या विराट् ने बनाया है।

"ऋग्वेद में संपूर्ण मानवसमाज की एक विराट्-पुरुष के रूप में कल्पना की गई है जिसके सहस्रों सिर, सहस्रों आँखें, सहस्रों पैर हैं। यह विराट् पुरुष संपूर्ण भूमि विस्तार से भी बढ़कर है। जैसे कि एकात्म मानव देह के मुख, बाहु, उदर और पैर, ये चार प्रमुख अवयव हैं…उसी प्रकार मानवसमाजरूपी विराट् पुरुष के भी समाज में ज्ञान-विज्ञान का विस्तार करनेवाले ज्ञानवान् पुरुष, दुर्जनों से समाज की रक्षा करनेवाले शूरवीर पुरुष, समाज के भरण-पोषण की सामग्री का उत्पादन एवं विपणन करनेवाले उद्यमी पुरुष और विभिन्न समाजोपयोगी कामों में लगे लोगों की सुविधाओं का ध्यान रखनेवाले सेवापरायण पुरुष—ये चार प्रमुख अंग हैं :

सहस्रशीर्षा पुरुष: सहस्राक्ष: सहस्रपात्।
स भूमिं विश्वतो वृत्वाऽत्यतिष्ठद्दशांगुलम्॥
ब्राह्मणोऽस्य मुखमासीद् बाहू राजन्य: कृत:।
ऊरू तदस्य यद्वैश्य: पद्भ्यां शूद्रो अजायत॥[17]

(ऋग्वेद 10/90/1, 12)

(विराट् पुरुष के हजार सिर हैं, हजार आँखें हैं, हजार पैर हैं। संपूर्ण पृथ्वी के चारों ओर से व्याप्त कर वह पुरुष दशांगुल भाग पर स्थिर हो गया। उसका मुख ब्राह्मण हुआ, भुजाएँ क्षत्रिय हुईं, जंघा वैश्य और पैरों से शूद्र हुआ)।''

'दैशिक शास्त्र' के अनुसार राष्ट्र का प्रथम तत्त्व 'चिति' व दूसरा 'विराट्' है। ''चिति से जागृत और एकीभूत हुई समष्टि की प्राकृतिक क्षात्रशक्ति विराट् कही जाती है।...यह विराट् जातिरूप शरीर का प्राण है।'' दैशिक शास्त्र में एक पूरा अध्याय ही 'विराटाध्याय' नाम से अभिलिखित है। इसमें तीन आह्निकाएँ हैं। प्रथम, राज्य विभाग; द्वितीय, वर्णाश्रम विभाग; तथा तृतीय, अर्थायाम। ''...भगवती प्रकृति ने सामाजिक जीवों को परस्पर श्रेय के लिए 'विराट्' शक्ति दी है। जब संसार में सत्त्व का आधिक्य होता है तो समाज और व्यक्तियों की अवस्था सरल होती है। कोई समाज किसी समाज का एवं कोई व्यक्ति किसी व्यक्ति का अनिष्ट नहीं चाहता। एक समाज दूसरे समाज का, एक व्यक्ति दूसरे व्यक्ति का अनिष्ट करने लगता है; तब उस समय यह विराट् अव्यक्त रूप से निराधार होकर काम करता है। और जब सत्त्व का ह्रास व रजस् की वृद्धि होने लगती है तो समाजों और व्यक्तियों की अवस्था जटिल होने लगती है। उस समय विराट् उस जटिलता को सुलझाने के लिए कुछ ऐसे व्यक्तियों को अपना आधार बनाकर जिनमें उसका तेज विशेषतया व्याप्त रहता है, एक व्यवस्थापक शक्ति को उत्पन्न कर देता है जो शक्ति समाज को अपनी छाया में ले लेती है। ज्यों-ज्यों समाज में जटिलता बढ़ती जाती है त्यों-त्यों इस व्यवस्थापिका शक्ति की आवश्यकता भी बढ़ती जाती है।''[18]

वैदिक व पौराणिक विराट्-कल्पना समाजव्यवस्थापरक है तथा दैशिक शास्त्र में उसे सामाजिक व्यवस्था के साथ ही राज्योत्पत्ति की अवधारणा से भी संबद्ध कर दिया गया है। इस अवधारणा का पुराना होना तो स्वाभाविक ही है। राजनीतिशास्त्र व समाजशास्त्र की अधुनातन धारणाएँ तुलनात्मक रूप से अधिक विकसित व सुपरिभाषित है। दीनदयाल उपाध्याय ने विराट्-अवधारणा को प्राचीन साहित्य से ही ग्रहण किया है; लेकिन उसे अधुनातन संदर्भ देने के प्रयत्न के साथ।

समाज की शक्ति है विराट्। अद्यतन विकसित लोकतांत्रिक राज्यावधारणा से संगत करते हुए उपाध्याय लोकचेतना व लोकसंगठन की शक्ति को 'विराट्' कहते हैं। बंबई के अपने प्रसिद्ध भाषण में उपाध्याय कहते हैं—

''जैसे राष्ट्र का अवलंब चिति होती है वैसे ही जिस शक्ति से राष्ट्र की धारणा होती है उसे 'विराट्' कहते हैं। 'विराट्' राष्ट्र की वह कर्मशक्ति है जो 'चिति' से जागृत और संगठित होती है। विराट् का राष्ट्रजीवन में वही स्थान है जो शरीर में 'प्राण' का। प्राण से ही सभी इंद्रियों को शक्ति मिलती है, बुद्धि को चैतन्य प्राप्त होता है और आत्मा शरीरस्थ रहती है। राष्ट्र में भी विराट् के सबल होने पर ही उसके भिन्न-भिन्न अवयव

अर्थात् संस्थाएँ सक्षम और समर्थ होती हैं। 'विराट्' के आधार पर ही 'प्रजातंत्र' सफल होता है और बलशाली बनता है।'' उपाध्याय आह्वान करते हैं, हम विराट् को जागृत करें। ''हमें अपने राष्ट्र के विराट् को जागृत् करने का काम करना है। अपने प्राचीन के प्रति गौरव का भाव लेकर, वर्तमान का यथार्थवादी आकलन कर और भविष्य के प्रति महत्त्वाकांक्षा लेकर इस कार्य में जुट जाएँ। हम भारत को न तो पुराने समय की प्रतिच्छाया बनाना चाहते हैं और न रूस या अमेरिका की अनुकृति।''[19] उपाध्याय मानते हैं कि जैसे शरीरस्थ 'प्राण' प्राणायाम से सबल बनता है वैसे ही लोकसंग्रह, लोकसंस्कार व लोकचेतना के माध्यम से राष्ट्र का 'विराट्' सबल होता है। वे राष्ट्रीय स्वयंसेवक संघ के कार्य को राष्ट्र का 'प्राणायाम' मानते हैं।

दीनदयाल उपाध्याय 'सनातनधर्मी' हैं। वे प्राचीन से कटकर आधुनिक बनने की प्रवृत्ति को समाज-जीवन के लिए अहितकर मानते हैं। अतः भारतीय राष्ट्रजीवन के पुनर्निर्माण की वेला में पाश्चात्य संपर्क व प्रभाव के कारण कटी हुई नई पीढ़ी को अपनी प्राचीन अवधारणाओं से सुसंबद्ध करना चाहते हैं। विराट् व चिति की अवधारणा उनके इसी प्रयत्न का परिचायक है।

6. राष्ट्र

भूमि, जन तथा संस्कृति के संघात से राष्ट्र बनता है। ''संस्कृति राष्ट्र का शरीर, चिति आत्मा तथा विराट् उसका प्राण है।'' यह उपाध्याय द्वारा की गई राष्ट्र की भारतीयकृत परिभाषा है। आधुनिक समाज एवं राजनीति शास्त्र के लिए 'राष्ट्र' एक नवीन अवधारणा है जो यूरोपीय पुनर्जागरण के बाद विकसित एवं परिभाषित हो सकी। राष्ट्रवाद की भावना मानव में भौगोलिक एवं सांस्कृतिक कारणों से सहज ही उत्पन्न हुई थी; लेकिन साम्राज्यवाद के प्रतिकार में उसका उद्‌भव हुआ तथा प्रतिक्रियावादी अधिष्ठान पाकर वह स्वयं साम्राज्यवाद का कारण भी बनीं। विदेशी साम्राज्यवाद के खिलाफ स्वदेशी राष्ट्रवाद तथा स्वदेशी बहुमतीय साम्राज्यवाद के खिलाफ संघीय व लोकतांत्रिक राष्ट्रवाद का उद्‌भव हुआ। 19वीं सदी के यूरोप में राष्ट्रवाद पर व्यापक बहस हुई तथा प्रयोग भी हुए जिसमें 'मानवतावादी राष्ट्रवाद', 'राष्ट्रीय राज्य', 'नस्लवादी राष्ट्रवाद', 'राष्ट्रीयताबहुल संघराज्य', 'क्षेत्रीय राष्ट्रवाद', 'संवैधानिक राष्ट्रवाद', 'उदारवादी राष्ट्रवाद', 'आध्यात्मिक राष्ट्रवाद' तथा 'लोकतंत्रीय राष्ट्रवाद' आदि राष्ट्रवाद की विविधायामी व्याख्याओं का उद्‌भव हुआ। इन विभिन्न व्याख्याओं के मुख्यतः दो ही प्रकार हैं—आक्रामक तथा उदार राष्ट्रवाद। प्रतिक्रियात्मक राष्ट्रवाद साम्राज्यवाद के खिलाफ उठकर स्वयं साम्राज्यवादी बन जाता है। मैजिनी के आदर्शवादी मानववादी राष्ट्रवाद की धज्जियाँ उनके स्वयं के ही देश इटली में उद्‌भूत 'फासीवाद' ने बड़ी बेरहमी से उड़ा दी। उदार राष्ट्रवाद की अवधारणा

'जन' में सार्थक एकता की खोज का प्रयत्न है जो मानव की स्वतंत्रता, भ्रातृत्व व समानता की रक्षक सिद्ध हो सके। इस संदर्भ में विलियम एबेन्सटाइन का यह कथन उद्धरणीय है—

''अट्ठारहवीं शताब्दी के अंतिम चरण से लेकर उन्नीसवीं सदी के मध्य तक राष्ट्रवाद मानववादी, लोकतंत्रवादी विचारों से संप्रेरित था। यह फ्रेंच, अमेरिकन, चेक, इटैलियन, आयरिश तथा पोलिश राष्ट्रवाद के प्रारंभिक दिनों की कहानी है। इसके विपरीत पिछले अस्सी सालों में राष्ट्रवाद अब पृथकतावाद, असहिष्णुता, कट्टरता, अल्पसंख्यकों का उत्पीड़न, नस्लवाद और अंततः साम्राज्यवाद व आक्रमणों से संबद्ध हो गया। अखिल जर्मनवाद, जारवादी साम्राज्यवाद, जापानी सैन्यवाद, फासीवाद और अब साम्यवादी साम्राज्यवाद इसी बात के प्रमाण हैं।[20]

इस बहस को अपनी सक्रियता एवं रचनाओं से जिन यूरोपीय विद्वानों ने समृद्ध किया उनमें ब्रिटेन के लॉर्ड ऐक्टन[21], इटली के महान् राष्ट्रनेता जूजेप मैजिनी[22], फ्रांस के विद्वान् अर्नेस्ट रीनाँ[23], चेकस्लोवाकिया के थॉमस गॉदिन्यू मैसारिक[24] तथा अंग्रेज अर्थशास्त्री जे.ए. हॉब्सन[25] मुख्य हैं।

मैजिनी ने अपने मानवतावादी राष्ट्रवाद के उन्नीस सूत्र लिखे हैं। इनमें सत्रहवाँ सूत्र है—

''प्रत्येक 'जन' का अपना जीवनलक्ष्य होता है। सामान्यतः स्वीकृत मानवीय जीवनलक्ष्य की संपूर्ति में जो सहयोगी होता है वह जीवनलक्ष्य ही उसकी राष्ट्रीयता का निर्माण करता है। राष्ट्रीयता पवित्र होती है।[26]

अर्नेस्ट रीनाँ राष्ट्र की नस्ल, भाषा, मजहब, भू-क्षेत्र, वर्गीय हित संबंधी अवधारणाओं का खंडन करते हुए कहते हैं—राष्ट्र एक आध्यात्मिक सारतत्त्व है। (Nation is a 'Spiritual Principle') इसके दो मुख्य तत्त्व हैं—'समृद्ध परंपरा की स्मृतियों का साझापन' तथा 'समझौतेपूर्वक साथ रहने और जीने की बलवती इंच्छा।' रीनाँ राष्ट्र के अस्तित्व को 'सतत जनमत-संग्रह' (Daily Plebiscite) बताते हैं।

लॉर्ड ऐक्टन 'राष्ट्रीय राज्य' को खतरनाक मानते हैं, ''शासकीय राष्ट्रीयता अपनी ही जीवनीशक्ति को उद्ध्वस्त करती है तथा स्वशासन के अपने मूल आधार को खो बैठती है।''[27] अतः ऐक्टन 'बहुराष्ट्रीय राज्य' के हिमायती थे।

इन सदाशयी विद्वज्जनों द्वारा संकल्पित राष्ट्रीयता अभी संसार में कहीं भी स्थापित नहीं हुई है। यह निश्चित है कि 20वीं सदी में विकसित राष्ट्रवाद पर इनका प्रभाव खूब है। मैजिनी द्वारा प्रतिपादित प्रत्येक जन का 'विशेष जीवनोद्देश्य' उपाध्याय के 'चिति' विचार के काफी निकट दिखता है तथा रीनाँ का 'आध्यात्मिक सारतत्त्व' विराट् अवधारणा के निकट लगता है।

उपाध्याय का यह आग्रह है कि भारतीय राष्ट्रवाद अवधारणा मौलिक है जबकि पश्चिमी राष्ट्रवाद प्रतिक्रिया की उपज है। भारत के मौलिक व प्राकृतिक राष्ट्रवाद को वे 'हिंदू राष्ट्रवाद' कहते हैं। वे क्षेत्रीय राष्ट्रवाद की कल्पना का निषेध करते हुए 'सांस्कृतिक राष्ट्रवाद' का समर्थन करते हैं। वे 'राष्ट्र' अवधारणा को 18वीं या 19वीं शताब्दी की उपज नहीं मानते। उनकी मान्यता है कि यूरोप के संदर्भ में चाहे यह बात सही हो लेकिन भारत एक अनादि एवं प्राचीन राष्ट्र है। वे भारतीय इतिहास को अविच्छिन्न राष्ट्रीय परंपरा का प्रवाह मानते हैं। उन्होंने इस विचार को व्यक्त करते हुए लिखा—

''राष्ट्रीयत्व के विकास में स्वदेश का महत्त्व सबसे अधिक होता है। अतः इस युग में स्वतः ही अपनी संपूर्ण मातृभूमि के दर्शन का प्रयत्न किया गया। किसी भी मत अथवा संप्रदाय को माननेवाले क्यों न हों उनके सम्मुख हिमालय से लेकर कन्याकुमारी तक आसिंधु-सिंधुपर्यंत भारत का चित्र रहता था। प्रत्येक संप्रदाय के आचार्य ने यही प्रयत्न किया कि उनके संप्रदाय के लोग संपूर्ण भारत को पवित्र मानें। इतना ही नहीं, भारत की इस एकता का प्रत्यक्ष ज्ञान कर सकें इसलिए प्रत्येक संप्रदाय में तीर्थयात्रा की पद्धति प्रचलित हुई। ये तीर्थ तो भारत के एक छोर से लेकर दूसरे छोर तक बिखरे हुए हैं। सूर्य के बारह मंदिर, गाणपत्यों के द्वादश विनायक, शैवों के अठारह ज्योतिर्लिंग, शाक्तों के इक्यावन शक्तिक्षेत्र तथा वैष्णवों के अगणित तीर्थक्षेत्र संपूर्ण भारत में बिखरे पड़े हैं। इन विस्तृत पुण्यक्षेत्रों के होते हुए प्रांतीयता की संकुचित भावना का प्रवेश असंभव ही था। मर्यादापुरुषोत्तम राम की दक्षिणयात्रा ने उत्तर-दक्षिण का जो गठबंधन किया वह जनसाधारण के आचार-विचार और भावना में अटूट हो गया। महाभारतकार ने इसी एकता को दिखाने के लिए एक बार नहीं, दो-दो, तीन-तीन बार भारत का एक छोर से लेकर दूसरे छोर तक अत्यंत भावुकतापूर्ण वर्णन किया है। पुराणकारों ने भारत की भूमि के कण-कण की पवित्रता का गुणगान किया है।

''...हमारी यह भावना बराबर बनी रही है कि हम स्वयं अपने स्वामी बने रहें। ईश्वरदत देश आर्यावर्त में हम स्वतंत्रापूर्वक रहें। यह एक ऐसी भावना है जो राजनीतिक भी है ओर भौगोलिक भी। इसके अनुसार लोग आरंभ से ही समझते रहे हैं कि आर्यावर्त में हिंदुओं का ही राज्य रहना चाहिए।''[28]

दीनदयाल उपाध्याय भारत को प्राचीनकाल से ही भौगोलिक, सांस्कृतिक एवं राजनीतिक रूप से 'एक राष्ट्र' प्रतिपादित करते हैं। इस राष्ट्रभावना की प्रखरता को दर्शाते हुए उपाध्याय कहते हैं, ''हम हर साल रावण को मारते हैं। बदले की इतनी भावना के कारण राष्ट्र जिंदा है।''[29]

''वैदिक सूक्तों में राष्ट्र की विजय, समृद्धि व उत्थान की कामना की गई है। स्वस्तिवाचन में भी राष्ट्र शब्द का व्यवहार होता है। अतः हम पहले से ही राष्ट्र हैं।''[30]

देश अर्थात् भूमि और जन के साथ जुड़ी सांस्कृतिक एकता के बोध में 'राष्ट्र' धारणा के बीज अंतर्निहित रहते हैं। 'राष्ट्र' अथवा 'नेशन' शब्द तो प्राचीन हैं; लेकिन अवधारणा नवीन है। राष्ट्र की अवधारणात्मक व्याख्या जो दीनदयाल करते हैं, लगभग वैसी ही व्याख्या श्रीअरविंद भी करते हैं; लेकिन वे भी राष्ट्रकल्पना को इतनी प्राचीन नहीं मानते।

"...ग्रीस, इटली, गॉल, मिस्र, चीन, मीडोपर्शिया, भारतवर्ष, अरब, इस्राइल आदि सभी इकाइयाँ एक ऐसे शिथिल सांस्कृतिक और भौगोलिक समुदाय से आरंभ हुई थीं, जिसने इनको पृथक और विशिष्ट सांस्कृतिक इकाइयाँ बना दिया था।"[31]

श्रीअरविंद, राष्ट्रीय समुदायीकरण तक पहुँचने के तीन चरणों की व्याख्या करते हैं। समुदायीकरण का प्रथम चरण भू-सांस्कृतिक था,[32] द्वितीय चरण मजहबी व राजनीतिक साम्राज्यवाद का था तथा तृतीय चरण राष्ट्र का है। सामान्यत: सभी भारतीय व पाश्चात्य विद्वान भारतीय संस्कृति की प्राचीनता के विश्वासी हैं, लेकिन आज संसार में जिन अर्थों में राष्ट्र इकाई से अर्थबोध ग्रहण किया जाता है, वह आधुनिक है। इसलिए हमारे देश के अनेक नेता कहते रहे हैं कि हमें 'भारत में राष्ट्र बनाना है' अथवा 'हम नया राष्ट्र बनने चले हैं'। दीनदयाल उपाध्याय ऐसे वाक्यों के उग्र विरोधी थे।

भारत प्राचीन राष्ट्र है, इस विचार के साथ ही उनकी प्रबल धारणा है कि भारत 'हिंदू राष्ट्र' है। वे मानते हैं, 'रेखागणित व न्याय में कुछ बातें स्वयंसिद्ध होती हैं। जैसे, मैं मनुष्य हूँ यह स्वयंसिद्ध है।[33] वैसे ही यह हिंदू राष्ट्र स्वयंसिद्ध है। इसे उपाध्याय 'क्षेत्रीय राष्ट्रवाद' के स्थान पर 'सांस्कृतिक राष्ट्रवाद' को स्वीकार करना कहते हैं। संस्कृति राष्ट्र की नियामिका शक्ति है, भारतीय संस्कृति हिंदू संस्कृति है, अत: भारत हिंदू राष्ट्र है। वैसे उपाध्याय एक संस्कृति व एक राष्ट्रीयता के प्रबल समर्थक हैं, लेकिन कहीं-कहीं 'द्विराष्ट्रवाद' का प्रतिपादन करते से जान पड़ते हैं। "एक देश में रहनेवाले जन भी संस्कृति के आधार पर बँट जाते हैं। जितनी संस्कृतियाँ, उतने ही राष्ट्र। पाकिस्तान में हिंदू नागरिक हैं पर राष्ट्रीय नहीं, संस्कृति उन्हें हमसे जोड़ती है।"[34]

क्षेत्रीय राष्ट्रवाद के उपाध्याय उग्र निषेधी हैं। केवल कोई व्यक्ति 'देशज' होने से राष्ट्रीय नहीं होता। राष्ट्रीय होने के लिए संस्कृति को माननेवाला होना जरूरी है। वे इसलामीकृत व पाश्चात्यकृत देशज भारतीय जनों को 'धर्मभ्रष्ट' व राष्ट्रीयता की मुख्य धारा से कटे हुए मानते हैं—

"प्रत्येक परकीय शासक कुछ देशज लोगों को अपने धर्म में दीक्षित करने का प्रयत्न करता है। उनका प्रत्येक क्षेत्र में वह गुरु बन जाता है और इस प्रकार उनके बलबूते पर अपना शासन लादे रहता है। मुसलिम शासकों ने यहाँ यही किया। करोड़ों लोगों को भारतीय धर्म से भ्रष्ट कर अपने मजहब में दीक्षित किया। फलत: मुसलिम उपासना विधि को स्वीकार करनेवाला हिंदू स्वधर्म भ्रष्ट होकर भारतीयता का विरोधी हो

गया। उसने भारत की भूमि को दारूल हरब, भारत के निवासियों को काफिर और भारत की संस्कृति को बेगानी समझना शुरू किया। ऐसे लोगों ने जिस परंपरा का विकास किया वह भारत की न होकर फारस और अरब की परंपरा थी, और इसीलिए उसका विरोध हर स्वतंत्रता प्रेमी को करना पड़ा। अकबर, जहाँगीर, शाहजहाँ और औरगंजेब सभी देशज थे, किंतु उनका राज्य स्वराज्य नहीं था।

मुसलमानों के समान अंग्रेजों ने भी भारतीयों को धर्मभ्रष्ट किया, किंतु उन्होंने मजहब परिवर्तन की बीच की कड़ी पर विशेष बल नहीं दिया। फलस्वरूप हमारे लिए इन धर्मभ्रष्टों का बहिष्कार करके जहाँ हमने अपनी विशुद्ध राष्ट्रीय परंपरा की, संख्या बल में कुछ कमी होने पर भी रक्षा की थी, वहाँ अंग्रेजों के काल में ये धर्मभ्रष्ट व्यक्ति उलटे हमारे नेता बनकर हमें भी पतन की ओर खींचने लगे। यदि देश की बागडोर उन नेताओं के ही हाथ में है, जो कि देशज होते हुए भी कुतुबुद्दीन, अलाउद्दीन, मुहम्मद तुगलक, फिरोजशाह तुगलक, शेरशाह, अकबर और औरंगजेब से किसी भी प्रकार भिन्न नहीं, तो यही कहना पड़ेगा कि उनका गुरुत्वाकर्षण भारतीय जीवन में नहीं है। हमारा कर्तव्य है कि हम सभी धर्मभ्रष्टों को शुद्ध करके भारतमाता का पुजारी बना दें।[35]

उपाध्याय की मान्यता है कि "भारत तभी तक भारत है जब तक यहाँ हिंदू है। यहाँ के एक-एक कण में हमारे पूर्वजों की मिट्टी समाई है। मुसलमान और ईसाई के समान हिंदू कोई मजहब नहीं है, हिंदू राष्ट्रीयता है। हिंदू उपासना पद्धतियों में 90 प्रतिशत राष्ट्रीयता व 10 प्रतिशत मोक्ष प्राप्ति की बातें हैं। हिंदू और हिंदुस्तान एक दूसरे से जुड़े हैं। जो हिंदुस्तान को पुण्यभूमि माने, मातृभूमि माने, उसके इतिहास को अपना माने, उसकी पराजय से जिसका मस्तक ग्लानि से झुक जाए, जय से हर्षित हो उठे, वह हिंदू है।"[36]

उपाध्याय कहते हैं कि हिंदू संस्कृति में उपासना पद्धति की आजादी है। "जब तक हिंदू जीवित है, इसलाम को काई खतरा नहीं है। राम और अल्लाह में कोई भेद नहीं। विष्णु सहस्त्रनाम में एक नाम अल्लाह का और जुड़ जाने से कोई हानि नहीं। अत: झगड़ा मजहब का नहीं, महत्त्वाकांक्षा का है। मसजिद के अंदर से चलनेवाली राजनीति से झगड़ा है।"[37] उनके अनुसार हिंदू न तो 'नकारात्मक' अवधारणा है न 'प्रादेशिक'। हिंदू सांस्कृतिक व राष्ट्रवाचक अवधारणा है। संस्कृति मजहब नहीं होती वरन् 'राष्ट्र का सकारात्मक दिशा-बोध (Positive Direction) होती है।"[38]

दीनदयाल उपाध्याय की राष्ट्र संबंधी अवधारणा काफी विवादास्पद रही है, मिश्रित संस्कृति (Composit Culture) में विश्वास करनेवाले लोग इस धारणा के प्रबल विरोधी हैं, जिनकी यह धारणा है कि भारतीय संस्कृति के विकास में हिंदुओं के साथ-साथ मुसलमान व ईसाइयों का भी योगदान है। आधुनिक संदर्भों में विभिन्नता में एकता के प्रतिपादन से ही भारतीय संस्कृति की राष्ट्रवादी व्याख्या की जा सकती है।

उपाध्याय 'राष्ट्र' व 'राज्य' में भेद करते हैं। सामान्यत: उनके द्वारा गिनाए गए भेदों को निम्न प्रकार सूचीबद्ध कर सकते हैं[39]—

(1) राष्ट्र एक जीवमान इकाई है, जबकि राज्य का निर्माण राष्ट्र अपनी आवश्यकतानुसार करता है। राज्य निर्मित इकाई है।

(2) राष्ट्र की आवश्यकता सतत है, जबकि 'राज्य' की यथाप्रसंग (जैसे, झगड़े के समय पुलिस की आवश्यकता)।

(3) राष्ट्र संस्कृति का सकारात्मक अधिष्ठाता है, जबकि राज्य 'विकृति के नियमन' का उपकरण है।

(4) 'राज्य' राष्ट्र का नियुक्त प्रतिनिधि है (यथा, संयुक्त राष्ट्रसंघ में), राज्य राष्ट्र का वकील है।

(5) 'राज्य' बदला जा सकता है, किंतु कोई भी प्रजातंत्र राष्ट्र को नहीं बदल सकता। राष्ट्र का अस्तित्व बहुमत और अल्पमत पर आधारित नहीं रहता। राष्ट्र स्वयंभू सत्ता है।

(6) राज्य 'राष्ट्र' की विभिन्न इकाइयों में से एक है।

(7) राज्य नष्ट होने पर भी राष्ट्र विद्यमान रहता है।

(8) एक राष्ट्र में अनेक राज्य भी संभव है (भारतवर्ष में कई गणराज्य थे; कहीं संघ राज्य, कहीं वैराज्य था, तो कहीं राजतंत्र)।

(9) राष्ट्र 'स्वराज्य' का आकांक्षी होता है, 'परराज्य' में राष्ट्र की आत्मा दब जाती है।

(10) 'राष्ट्र' की आराधना व 'राज्य' पर चौकसी आवश्यक है।

उपाध्याय राष्ट्रीयता का अस्तित्व अमिट मानते हैं तथा वे किसी 'मानवीय चिति' की कल्पना नहीं करते हैं। उनके अनुसार, ''शून्य में मानव एकता का विचार नहीं किया जा सकता। राष्ट्रीयताओं को समाप्त कर इसलाम व ईसाइयत ने दुनिया को एक करने का प्रयत्न किया, लेकिन वह अस्वाभाविक था। अत: इनकी असफलता निश्चित थी। इन अप्राकृतिक प्रयत्नों से समाज की हानि हुई, मानवीय एकता की स्थापना व राष्ट्रीयताओं का तिरोहन तो नहीं हो सका, परंतु इन्होंने राष्ट्रीय जनों में मजहबी दरार उत्पन्न कर दी। इसी प्रकार कम्युनिज्म का अंतरराष्ट्रीयतावाद भी असफल हुआ। 'राष्ट्रवाद' के आधार पर स्वयं कम्युनिज्म ही बँट गया। 'विश्ववाद' व 'अंतरराष्ट्रीयता' के सब नारे अंतत: 'साम्राज्यवाद' के औजार बने।''[40] उपाध्याय की मान्यता है कि राष्ट्र की हस्ती अमिट है, ''राष्ट्र मानव जीवन की स्वाभाविक इकाई है। दुनिया में राष्ट्रवाद की सत्ता प्रभावी रही है। दुनिया में सभी बड़े तत्त्वज्ञानों का उपयोग सब राष्ट्र अपने-अपने मतलब के लिए करते हैं।''[41]

राष्ट्रीय स्वयंसेवक संघ द्वारा प्रतिपादित राष्ट्र की अवधारणा, उपाध्याय जिसके व्याख्याता बने, अपनी दार्शनिक एवं व्यावहारिक प्रतिस्थापनाओं के लिए पर्याप्त 'विवादास्पद' रही है। जहाँ संघ ने अपनी अवधारणा को 'शुद्ध राष्ट्रवाद' तथा 'सांस्कृतिक राष्ट्रवाद' नाम दिया है, वहीं इस अवधारणा के कारण उसे 'सांप्रदायिक' व 'फासीवादी' होने के आरोप झेलने पड़े हैं। वस्तुतः राष्ट्रवाद के संदर्भ में उदारवाद व उग्रवाद का परदा बहुत झीना है। इटली के मैजिनी का राष्ट्रवाद मानवीय व उदार राष्ट्रवाद था, उसी इटली के मुसौलिनी का राष्ट्रवाद उग्रवादी 'फासीवाद' बन गया।

राष्ट्रीय स्वयंसेवक संघ के मंच से राष्ट्रवाद की अपनी व्याख्या में उपाध्याय जितने उग्र थे, वहीं भारतीय जनसंघ के मंच से की गई उनकी व्याख्याएँ उतनी उग्र दिखाई नहीं देती हैं। परंतु वहाँ विचार-भेद नहीं, अभिव्यक्ति का फर्क है। राष्ट्रीय स्वयंसेवक संघ व उपाध्याय की देशभक्ति या राष्ट्रभक्ति की भावना तो निर्विवाद है, लेकिन उनकी 'राष्ट्रवाद' संबंधी अवधारणा उतनी निर्विवाद नहीं रही। उसमें तर्कसंगतता व उदारीकरण की बहुत गुंजाइश है। यह बीजभूत तर्क प्रवणता इस अवधारणा में अंतर्निहित है।

7. सृष्टि-परमेष्टि

जगत् की संपूर्णता की दृष्टि से उपाध्याय चार अभिधानों का उल्लेख करते हैं— व्यष्टि, समष्टि, सृष्टि तथा परमेष्टि। सृष्टि का अर्थ है 'रचना'। यह संसार ब्रह्म की 'सृष्टि' है। वैदिक परंपरा के अनुसार सृष्टि के कर्ता 'ब्रह्मा', भर्ता अर्थात् पालनकर्ता 'विष्णु' तथा संहर्ता अर्थात् संहार करनेवाला 'महेश' है। यह कर्ता, भर्ता व संहर्ता की ईश्वरीय सत्ता ही 'परमेष्टि' है। इस संदर्भ में उपाध्याय कहते हैं—

"समाज व राष्ट्र स्वयंभू इकाई है। राष्ट्र के आगे सृष्टि तथा सृष्टि को व्याप्त करनेवाली है परमेष्टि। इन सबकी अलग-अलग सत्ताएँ हैं, जैसे कि व्यक्ति की होती है। इन सत्ताओं का अलग-अलग स्वरूप न पहचानते हुए, किसी एक को ही पूर्ण मानकर विचार करनेवाले 'व्यक्तिवादी' या 'समाजवादी' लोग एकांगी अवधारणाओं वाले हैं।"[42] (इसी प्रकार 'विश्ववादी' या 'परमात्मावादी' लोगों के बारे में भी कहा जाता है)।

'व्यक्तिवादी', 'समाजवादी', 'विश्ववादी' तथा 'परमात्मवादी', ये सभी संज्ञाएँ उपाध्याय को एकांगी लगती हैं, अतः वे 'समग्रता' अथवा 'एकात्मतावाद' के समर्थक हैं। व्यष्टि, समष्टि, सृष्टि व परमेष्टि की चार सत्ताओं का उल्लेख तो वे करते हैं लेकिन सृष्टि व परमेष्टि की ज्यादा विवेचना नहीं करते। दीनदयाल उपाध्याय मुख्यतः राष्ट्रवादी हैं, अतः सृष्टि की सत्ता को स्वीकारते हुए भी 'समष्टि' सत्ता के आगे 'सृष्टि' सत्ता के साथ मानवीय एकता को व्यावहारिक नहीं मानते—

"इस संपूर्ण सृष्टि से एकात्मता कैसे प्राप्त करें? जिसको हम देख नहीं सकते,

अनुभव नहीं करते, उससे एकात्मता कैसे? व्यावहारिक रूप में मानव ने अपना लक्ष्य माना है सारे मानवों में एकात्मता स्थापित करना। मानव एकता अभी तक तो असाध्य ही रही है, पर आगे भी असाध्य रहेगी, यह नहीं कहा जा सकता। फिर भी उसको लेकर आज हम नहीं चल सकते।''[43]

अंततोगत्वा 'मानव एकता' को सुसाध्य करने के लिए वे 'हिंदू संगठन' का ही आग्रह करते हैं। पश्चिम का भौतिकवाद मानवीय एकता में बड़ी बाधा है। उसने मनुष्य को संवेदनाहीन करके संकुचित व विद्वेषी बना दिया है। ''अत: मानव की एकता का आधार आध्यात्मिक होगा। 'अध्यात्म' केवल भारत व हिंदू समाज के पास है। मानव एकता के निर्माण व संरक्षण के लिए इस सिद्धांत की रक्षा करना आवश्यक है। मानव एकता के आधार की रक्षा के लिए हिंदू समाज के संगठन का कार्य हमने अपनाया है।''[44]

दीनदयाल उपाध्याय 'कर्मवादी' एवं 'परमार्थवादी' हैं, अत: वे सृष्टि-चक्र की

तात्त्विक व्याख्या को अपने 'कर्मवाद' व 'परमार्थवाद' का आधार मानते हैं। "दूसरों के लिए जिंदा रहना प्रकृति की शिक्षा है। यह सृष्टि का चक्र है, संपूर्ण भूत जगत अन्न से पोषित है। अन्न पर्जन्य से उत्पन्न होता है। पर्जन्य यज्ञ से, यज्ञ ब्रह्मा से तथा ब्रह्मा अक्षर से उत्पन्न है। कर्म इन सभी का आधार है, कर्म यज्ञमय है।"[45]

मुख्यत: सामाजिक, सांस्कृतिक व राजनीतिक विचार-प्रवणता ही उपाध्याय की दार्शनिक अवधारणाओं को अभिप्रेत विषय-वस्तु रहा है। अत: परमेष्टि का यत्र-तत्र उल्लेख मात्र हुआ है, विश्लेषण नहीं।

8. धर्म

'धर्म' भारतीय संस्कृति का वैशिष्ट्य माना गया है। कहते हैं कि विश्व की अन्य भाषाओं में इसका कोई पर्यायवाची नहीं है। इसकी व्याख्या भी कठिन मानी गई है। हर व्याख्या में कोई-न-कोई 'अव्याप्ति' या 'अतिव्याप्ति' दोष दिखाई देता है। 'धर्म' शब्द यथाप्रसंग नवीन अर्थबोध ग्रहण कर लेता है।

'धर्म' शब्द व्याकरण की रीति से 'धृ धारणे' धातु के आगे 'मन' प्रत्यय लगाने से बनता है। इसकी व्युत्पत्ति तीन प्रकार से हो सकती है—

(1) ध्रियंते लोको अनेन इति धर्म: अर्थात् जो लोक को धारण करे, वह धर्म है।

(2) धरति धारयति वा लोकम् इति धर्म: अर्थात् जो लोक को धारण करे वह धर्म है।

(3) ध्रियंते य: स धर्म: अर्थात् जो दूसरों से धारण किया जाए, वह धर्म है।

महाभारत में धर्म का लक्षण बताया गया है—

धारणाद्धर्ममित्याहुधर्मो धारयते प्रजा:।
यत् स्याद्धारण संयुक्तं स धर्म इति निश्चय:॥

(कर्ण. 69/58)

(धारण करने से लोग इसे धर्म कहते हैं। धर्म प्रजा को धारण करता है। जो धारण के साथ रहे, वही निश्चित रूप से धर्म है)।

निरुक्त में 'धर्म' शब्द का अर्थ नियम बताया गया है। इन दोनों के मेल से धर्म का यही वास्तविक अर्थ होता है कि "जिस नियम ने इस लोक या संसार को धारण कर रखा है, वही धर्म है।"[46] वैशेषिक दर्शन के रचयिता महर्षि कणाद के अनुसार "यतो भ्युदयनि: श्रेयससिद्धि: स धर्म:" अर्थात् जिससे लौकिक उन्नति और पारलौकिक कल्याण (मोक्ष) प्राप्त हो, वह धर्म है।

महर्षि मनु कहते हैं—

वेदोऽखिलो धर्म मूलम् स्मृति शीलं च सदविदाम्
आचारश्चैव साधुनाम् आत्मनस्तुष्टि रेव च। (2/6)

अर्थात् समस्त वेद (ऋक्, यजु:, साम और अथर्व) धर्म का मूल है। श्रुति-स्मृति के ज्ञाताओं का चरित्र धर्म है। महापुरुषों का चरित्र धर्म है। अथवा, जो हमें संतुष्ट करे, वह धर्म है।

''दैशिक शास्त्रानुसार मनुष्य के परस्पर 'प्रत्यर्थी सहज गुणों' की साम्यावस्था की धारणा अर्थात् मनुष्य में स्वभाव से अथवा सन्निकर्षों के कारण जो अनेक 'प्रतिद्वंद्वी गुण' हो जाते हैं, उनका साम्य बनाए रखना 'धर्म' कहा जाता है।''[47] (सहज गुण प्रतिद्वंद्वी होते हैं यथा, विवेक और तृष्णा)।

उपर्युक्त सभी परिभाषाओं से विषय बहुत स्पष्ट नहीं होता है। ''वे नियम, जिससे प्रजाओं की धारणा होती है, धर्म है।'' तब यह सवाल बना ही रहता है कि ये नियम कौन से हैं? इनका नियामक कौन है? वह क्या है, जिससे लौकिक व पारलौकिक उन्नति प्राप्त होती है? निश्चय ही इस 'क्या' का उत्तर निर्विवाद नहीं हो सकता। इसमें मत-मतांतर रहेंगे। क्या वेद नाम की चार पुस्तकों में लिखे विचार 'धर्म' के अंतिम रूप से निर्णायक हैं? वेद पुस्तकें हैं या ज्ञान साधना की अनंत प्रक्रिया का नाम वेद है? अत: भारत तथा शेष संसार में मानव की उदात्त धारणाओं को जगानेवाले भिन्न-भिन्न महापुरुषों ने 'धर्म' के विषय में जो मत रखे, वे मत या संप्रदाय ही 'धर्म' कहलाने लगे, यथा वैदिक धर्म, बौद्ध धर्म, जैन धर्म आदि। इसी प्रकार ईसाई, मुसलिम व यहूदी आदि 'धर्म' है। 'धर्म' जब संप्रदायों में आबद्ध हो गया तो स्वयं ही 'अधर्म' बन गया। उसने प्रतिपक्षी या असहमतों के 'धर्म' शोध पर प्रतिबंध लगाया। योगीराज श्रीअरविंद ने इसका अच्छा विवेचन किया है—

''हमें इस बुराई की जड़ पर दृष्टि डालनी चाहिए। इसकी जड़ शुद्ध, सच्चा धर्म नहीं है, बल्कि इसकी जड़ में मनुष्य का वह अज्ञानपूर्ण मतिभ्रम है, जिसके कारण वह धर्म तथा विशिष्ट मत, संप्रदाय, धार्मिक समाज या गिरजे-मंदिर को एक ही चीज समझकर, इसमें घपला कर देता है। इस भ्रम की और मनुष्य की प्रवृत्ति इतनी प्रबल है कि प्राचीन सहिष्णु मूर्तिपूजक पैगन धर्म (Paganism) तक ने धर्म तथा सदाचार के नाम पर सुकरात का वध किया। आइसिस (Isis) के मत तथा मिथ्र (Mithra) जैसे अ-राष्ट्रीय धर्मों को मंद-मंद दु:ख, कष्ट दिया। प्रारंभिक ईसाइयों के जिस धर्म को, यह विनाशकारी तथा समाज-विरोधी समझता था, उसे अत्युग्र यातनाएँ दीं। यहाँ तक कि इससे भी मूलत: अधिक सहिष्णु हिंदू मत में धर्म ने पारस्परिक घृणा को जन्म दिया तथा मौके-मौके पर बौद्ध, जैन, शैव और वैष्णव पर उपद्रव ढहाए।···मंदिरों, गिरजों और मत संप्रदायों ने दर्शन तथा विज्ञान के मार्ग में जबरदस्त रुकावट डाली, एक गिओर्डानो ब्रूनो (Gordano Bruno) को जला दिया तथा एक गेलिलियो (Galileo) को बंदी

बनाया।...दर्शन और विज्ञान को, खुला क्षेत्र प्राप्त करने के लिए, आत्मरक्षा के भाव में धर्म पर आक्रमण कर उसे नष्ट-भ्रष्ट कर देना पड़ा।"[48] श्री अरविंद के अनुसार, "...धर्म मनुष्य के अंदर एक ऐसी प्रेरणा, प्रवृत्ति एवं विधि व्यवस्था है, जिसका लक्ष्य स्पष्ट रूप से भगवान ही है।" उनके अनुसार धार्मिक मत व संप्रदाय, जब 'धर्म भावना' के स्थान पर 'संप्रदाय भावना' से कार्य करता है, तो स्वयं का ही शत्रु बन जाता है।

कालांतर में वस्तुत: जो कार्य विज्ञान एवं दर्शन ने किया, वह कार्य 'धर्म' की निरंतरता का कार्य था, जो दुर्भाग्य से 'धर्म' के खिलाफ खड़ा हो गया। क्योंकि संस्थाबद्ध धर्म के अंधविश्वासों को तोड़ने के लिए वह आवश्यक था। सौभाग्य से भारत में इस प्रकार सांप्रदायिक कठमुल्लापन का भाव तुलनात्मक रूप से बहुत कम रहा है। यहाँ धर्म तत्त्व के अनुसंधान क्षेत्र में, वादे वादे जायते तत्त्वबोधा: का न्याय सामान्यत: चलता रहा, अत: यहाँ दर्शन व विज्ञान धर्म के विरोधी के नाते नहीं वरन् धर्म के अंग के नाते विकसित हुए। दीनदयाल उपाध्याय 'धर्म' को उसकी मूल गरिमामय प्रतिष्ठा के साथ स्वीकार करते थे, लचकहीन सांप्रदायिक मताग्रह के रूप में नहीं।

मध्ययुगीन पाश्चात्य इतिहास ने धर्म को 'धारणा के नियमों' के निरंतर शोध के उपकरण के स्थान पर 'संप्रदाय' का समानार्थी बना दिया। मध्ययुगीन इस अपराध की सजा 'धर्म' तत्त्व को देना एक भूल होगी, ऐसा उपाध्याय मानते थे। अत: वे धर्म को 'रिलीजन' के अनुवाद के रूप में ग्रहण करने के बजाय, उसके मूल उदात्त अर्थ में ही ग्रहण करते हैं। जीवन के लौकिक एवं पारलौकिक उन्नयन एवं नियमन के लिए आज 'विज्ञानवाद', 'संविधानवाद' तथा 'अध्यात्मवाद' की धारणाओं को, मानव ने विकसित किया है। उपाध्याय 'धर्म' को इन धारणाओं के साथ स्वीकार करते हैं, लेकिन प्राचीन 'धारणाओं' से कटकर जीने की इच्छा को वे गलत मानते हैं, अस्वाभाविक एवं प्रतिक्रिया से उत्पन्न मानते हैं, अत: वे आधुनिक 'विज्ञानवादियों, 'संविधान' व 'अध्यात्मवादियों' द्वारा 'धर्म' को जबरदस्ती 'संप्रदाय' के कटघरे में धकेलने के लिए, उनका साथ देने को तैयार नहीं है, वरन् 'धर्म' को संप्रदाय निरपेक्ष गरिमा प्रदान करने के हामी हैं। वे धर्म की उस अवधारणा के हिमायती नहीं हैं जिसके अनुसार "विश्वनाथ के मंदिर में हरिजन प्रवेश से, धर्म चला जाता है।[49] उपाध्याय कहते हैं, "धर्म का संबंध मंदिर-मसजिद से नहीं है। उपासना व्यक्ति धर्म का एक अंग हो सकती है, किंतु धर्म तो व्यापक है। मंदिर-मसजिद लोगों में धर्माचरण की शिक्षा के प्रभावी माध्यम भी रहे हैं, किंतु जिस प्रकार विद्यालय 'विद्या' नहीं है, वैसे ही मंदिर धर्म से भिन्न है।"[50]

वे धर्म की परिभाषा इस प्रकार करते हैं, "धर्म धारणा से है। किसी भी वस्तु, व्यक्ति या प्रकृति की धारणा जिन तत्त्वों से होती है, वही उसका धर्म है, जैसे अग्नि का धर्म ऊष्णता है।"[51]

"धारणा के नियम देश, काल, परिस्थिति के अनुसार बदलते रहते हैं। जैसे शरीर की सुरक्षा धर्म है, सर्दियों में गरमी धारणा का नियम है, तो गरमियों में ठंडी वस्तुएँ धारित की जाती है।"[52]

'धर्म' की यह अवधारणा भारतीय जीवन की विशेषता है। इसी कारण भारत दीर्घजीवी हुआ है। धार्मिक व्यवस्थाओं के कारण, समाज में सदैव व्यवस्थित जीवन का एक प्रयत्न चलता रहता है, अत: भारत को 'धर्म-निरपेक्ष' घोषित करने के वे बहुत खिलाफ हैं।

उपाध्याय अवधारणत: 'सेक्युलर स्टेट' के समर्थक हैं, लेकिन वे 'सेक्युलर समाज' तथा 'सेक्युलर' का अनुवाद 'धर्मनिरपेक्षता' करने के विरोधी हैं। वे कहते हैं कि राज्य-धर्म तो 'लौकिक' ही होता है, लेकिन समाज की धारणा केवल 'लौकिक' अथवा 'भौतिकवाद' से नहीं हो सकती। समाज को भौतिक व आध्यात्मिक, दोनों प्रकार की उन्नति चाहिए, अत: समाज केवल भौतिकवादी अथवा 'सेक्युलर' नहीं हो सकता। 'सेक्युलर स्टेट' अर्थात् 'लौकिक राज्य' को समाज की आध्यात्मिक उन्नति में सहयोगी होना चाहिए, तभी व्यापक अर्थों में 'समाज' के 'धर्म' का पालन हो सकेगा।

सेक्युलर का अर्थ क्या माना जाए? सामान्यत: सेक्युलर के लिए भौतिक, धर्महीन, धर्मरहित, धर्मनिरपेक्ष, अधार्मिक, निधर्मी, असांप्रदायिक आदि शब्दों का प्रयोग होता है। ये सभी शब्द समानार्थी नहीं हैं। पश्चिम में 'सेक्युलर स्टेट' की अवधारणा 'चर्च राज्य' के खिलाफ उत्पन्न हुई, लेकिन भारतवर्ष में वास्तविक रूप से राज्य की कल्पना के अंतर्गत लौकिक राज्य की ही कल्पना है। हमारे यहाँ धर्मगुरु को कभी राजा का स्थान नहीं मिला। "...आज भारतवर्ष के नेतागण यद्यपि पश्चिमी आदर्शों को अपनाकर भावी भारत की रचना करना चाहते हैं। उसके अनुसार पश्चिम के अर्थ में 'सेक्युलर स्टेट' का अर्थ लौकिक राज्य ही लगाया जा सकता है, किंतु भारतीय जनता धर्मराज्य या रामराज्य की भूखी है और वह केवल लौकिक उन्नति में ही संतोष नहीं कर सकती।...फलत: हमारे राज्य के लिए, लौकिक राज्य 'सेक्युलर स्टेट' का ठीक पर्याय होने पर भी मंजूर नहीं होगा। हमारे यहाँ बिना धर्म के तो किसी के भाव की, उसके अस्तित्व की ही कल्पना कठिन है। अत: हम समझते हैं कि हमारा राज्य, धर्म को तिलांजलि नहीं दे सकता, इसलिए अधार्मिक, धर्मनिरपेक्ष, धर्मरहित, धर्महीन, धर्मविरत आदि शब्द न तो हमारे राज्य के आदर्श को ही प्रकट करते हैं और न ही सेक्युलर स्टेट का ठीक पर्याय ही हो सकते हैं।" उपाध्याय समाधान देते हैं, "असांप्रदायिक शब्द से राज्य के ठीक-ठीक आदर्श का ही बोध नहीं होता अपितु 'सेक्युलर' के शाब्दिक नहीं तो पाश्चात्य व्यावहारिक अर्थ के भी यह बहुत निकट है। रूस को छोड़कर किसी राज्य ने भी रिलीजन (मत) को समाप्त नहीं किया और आज तो रूस ने भी पूजा के स्वातंत्र्य को मान लिया है, यद्यपि राज्य की ओर से वहाँ किसी को कोई सुविधा नहीं मिलेगी। शेष सभी राज्यों में सभी संप्रदायों को अपने मत के

द्वारा आत्मिक, शारीरिक स्वतंत्रता है तथा इंग्लैंड के राजा को छोड़कर, शेष किसी में संप्रदाय के प्रति पक्षपात नहीं है। अत: उन राज्यों को भी पवित्र रोमन साम्राज्य के विरोध में चाहे लौकिक समझा जाए किंतु असांप्रदायिक कहना ही अधिक युक्तिसंगत होगा। असांप्रदायिक शब्द के द्वारा हमारे नेताओं का अर्थ भी अधिक स्पष्ट होता है, क्योंकि आज सेक्युलर शब्द का प्रयोग केवल पाकिस्तान से, जिसने अपने को 'इसलामी राज्य' घोषित किया है, भिन्नता दिखाना ही है।...उपर्युक्त सभी कारणों से 'असांप्रदायिक' शब्द ही 'सेक्युलर' का निकटतम भाषांतर है, उसी का प्रयोग किया जाना चाहिए।''[53]

' असांप्रदायिक राज्य' सेक्युलर स्टेट' का उचित भाषांतर होते हुए भी राज्य के आदर्श की योग्य अभिव्यक्ति नहीं करता है अत: उपाध्याय 'असांप्रदायिक–धर्म राज्य' के समर्थक हैं। अवधारणत: उपाध्याय का 'धर्मराज्य' लोकतांत्रिक संविधानवादी शासन ही है। लेकिन 'थियोक्रेटिक स्टेट' के अनुवाद के रूप में 'धर्मराज्य' भाषांतर को वे अस्वीकार करते हैं। 'धर्मराज्य' भारत की मौलिक व विधायक कल्पना है, पश्चिम 'कानून के राज्य' की कल्पना करके उस तक पहुँचा है, अत: पश्चिम ने 'पांथिक राज्य' या 'वैयक्तिक राज्य' की तुलना में जब 'धर्मराज्य' को स्वीकार किया है, तब हम अपनी मूल अवधारणा को छोड़कर पश्चिम की नकल करें, इसे दीनदयाल अनुचित समझते हैं। अपने 'सिद्धांत व नीति' प्रलेख में भारतीय जनसंघ की आदर्श राज्य की कल्पना को 'धर्मराज्य' घोषित करते हुए वे लिखते हैं—

''भारतीय राज्य का आदर्श 'धर्मराज्य' रहा है। यह एक असांप्रदायिक राज्य है। सभी पंथों और उपासना पद्धतियों के प्रति सहिष्णुता एवं समादर का भाव भारतीय राज्य का आवश्यक गुण है।...धर्मराज्य किसी व्यक्ति अथवा संस्था को सर्वसत्तासंपन्न नहीं मानता। सभी नियम और कर्तव्यों से बँधे हैं। कार्यपालिका, विधायिका और जनता सबके अधिकार धर्माधीन है। स्वैच्छाचरण की कहीं भी अनुमति नहीं। अंग्रेजी का Rule of Law (विधि के अनुसार शासन) 'धर्मराज्य' की कल्पना को व्यक्त करनेवाला निकटतम शब्द है। निरंकुश और अधिनायकवादी प्रवृत्तियों को रोकने तथा लोकतंत्र को स्वच्छंदता में विकृत होने से बचाने में 'धर्मराज्य' ही समर्थ है।''[54]

अपने बंबई के भाषण में आग्रह एवं विस्तार के साथ दीनदयाल उपाध्याय प्रतिपादित करते हैं, ''धर्मराज्य' का अर्थ 'थियोक्रेटिक स्टेट' नहीं है, थियोक्रेटिक स्टेट का अर्थ है, जहाँ पर किसी पंथ गुरु का राज हो। एक पंथ के लोगों को सब अधिकार हों, और अन्य पंथावलंबी या तो रह ही न सकें, अथवा दास या दूसरी श्रेणी के नागरिक बनकर रहें। रोमन साम्राज्य इसी आधार पर चलता था। 'खिलाफत' के पीछे भी यही कल्पना थी।...राज्य और मजहब को जोड़ने की आवश्यकता नहीं। इससे व्यक्ति का ईश्वर की उपासना करने का सामर्थ्य नहीं बढ़ता। हाँ, राज्य अपने कर्तव्यों से अवश्य च्युत हो ज़ाते हैं।

'धर्मराज्य' में यह नहीं होता, अर्थात् प्रत्येक को अपने संप्रदाय की पूर्ण स्वतंत्रता रहती है।''[55] वैसे उपाध्याय लोकतंत्र के उत्साही समर्थक रहे हैं, किंतु 'धर्म' के समर्थन में उन्होंने 'धर्म की संप्रभुता' का ऐसा वर्णन किया है कि संदेह होने लगता है कि कहीं दीनदयाल उपाध्याय 'संवैधानिक राजतंत्र' का तो समर्थन नहीं कर रहे?

''धर्मराज्य आज के प्रजातंत्र से भिन्न है। प्रजारंजन राजा का कर्तव्य होने के उपरांत भी वह मूलत: धर्म से नियंत्रित है। प्रजा का भी नियंत्रण धर्म से होता है। जैसे धर्मानुयायी प्रजाजन को दंड देने का अधिकार राजा को नहीं है, वैसे ही धर्मपालक राजा को हटाने का अधिकार प्रजा को नहीं है। प्रजातंत्र, राजा और प्रजा के हितों में स्थायी विरोध मानकर, राजा को बराबर प्रजा के नियंत्रण में रखने के लिए विरोधी दल के रूप में एक निरंतर चलनेवाले विद्रोह की तलवार राजा के सर पर लटकाकर रखता है। प्रजातंत्र का यह स्वरूप मानव विकास के उपयुक्त नहीं तथा संभवत: ईश्वर और शैतान की द्वैतवादी ईसाई विचारधारा में से यह उत्पन्न हुआ है। प्रजा राजा को हटा सकती है, यदि वह धर्म के विरुद्ध काम करे। राजा को हटाना प्रजा का धर्म नहीं है, अपितु धर्म का पालन करना प्रजा का धर्म है। जब राजा धर्म के पालन के मार्ग में बाधक बन जाए तो उसे हटाना धर्म हो जाता है।''[56]

अधार्मिक या अधर्म करनेवाले राजा के खिलाफ विद्रोह करनेवाले जनों को उपाध्याय 'धार्मिक' की संज्ञा देते हैं। सत्ता परिवर्तनकारी अनेक महापुरुषों, राम, कृष्ण, चाणक्य, विद्यारण्य स्वामी व रामदास आदि के नामों का उल्लेख करते हुए कहते हैं, ये 'सत्ता लोभी' नहीं, 'धर्म संस्थापक' थे।[57]

इस प्रकार राजा को हटाने तथा स्थापित करनेवाली प्रभुता उपाध्याय धर्म में स्थापित करते हैं। लेकिन धर्म-अधर्म की निर्णायक व्यवस्था का कहीं उल्लेख नहीं करते। सत्ता परिवर्तन का 'धर्मराज्य शास्त्र' का तरीका केवल विद्रोह ही है क्या? धर्मदंड का धारक 'पुरोहित' का होना ही उपाध्याय को वस्तुत: अभिप्रेत है क्या? उनका कहना है :

''हमारे यहाँ धर्म के नियमों और उसकी व्याख्या का अधिकार राजा को कभी नहीं दिया गया। तब यह विचार आता है कि आखिर समाज जीवन में प्रभुसत्ता (Sovereighity) किसके पास रहेगी? हमारे यहाँ यद्यपि शासक को विष्णु का अवतार माना गया⋯तो प्रजा भी 'जनता जनार्दन' है। राजा ही कर्ताधर्ता है, वह कोई भूल नहीं करता (King does no Wrong), ऐसी बात हम लोगों ने नहीं मानी। हमारी मान्यता और पद्धति के अनुरूप राज्याभिषेक के समय राजा तीन बार घोषणा करता है 'अदंड्योस्मि', किंतु उसी समय राजपुरोहित पालाशदंड उसके सर पर स्पर्श प्रहार करते हुए कहता है, 'धर्म ही तेरे लिए दंड है (धर्मदण्ड्योऽसि) अर्थात् प्रभुसत्ता धर्म की है, धर्म ही राजा पर भी शासन करेगा। आजकल कहते हैं प्रभुसत्ता जनता में निहित है। किंतु हमारे यहाँ जनता को यह

अधिकार नहीं दिया गया। जनता की प्रभुसत्ता तभी स्वीकार की गई है, जब राजा कर्तव्य में प्रमाद करे। आजकल जिसे 'Inherent right to revolt with the people', कहते हैं, अपने यहाँ वैसी कोई मान्यता नहीं है।...प्रभुसत्ता न प्रजा की, न राजा की; प्रभुसत्ता सदैव धर्म की मानी गई है।''[58]

उपाध्याय 'धर्म' का नियामक बहुमत को भी नहीं मानते हैं, वे अनेक उदाहरण देते हुए यह सिद्ध करने का प्रयत्न करते हैं। फ्रांस के जनरल द गॉल ने बहुमत द्वारा किए जानेवाले हिटलर के समक्ष आत्मसमर्पण को स्वीकार नहीं किया, आजादी की लड़ाई में अंग्रेजों के खिलाफ बहुमत नहीं लड़ा था। लिंकन ने गलत जनमत को स्वीकार नहीं किया, न दासप्रथा स्वीकार की, न विभाजन; गृहयुद्ध स्वीकार किया। इसी आधार पर कश्मीर, गोआ आदि में जनमत-संग्रह की बात को वे गलत मानते हैं, क्योंकि 'राष्ट्रीय एकता हमारा धर्म है' तथा अंत में प्रतिपादन करते हैं, ''अच्छी प्रकार समझ लें कि बहुमत में या जनता में 'धर्म' नहीं है। 'धर्म' शाश्वत है। इसलिए प्रजातंत्र की व्याख्या में जनता का शासन ही पर्याप्त नहीं, यह शासन जनता के हित में भी होना चाहिए। जनता के हित का निर्णय तो धर्म ही कर सकता है। अत: जनराज्य को धर्मराज्य भी होना आवश्यक है। सच्चा प्रजातंत्र वहीं हो सकता है जहाँ स्वतंत्रता और धर्म, दोनों हों। धर्मराज्य में इन सभी कल्पनाओं का समावेश हो जाता है।''[59]

'धर्मराज्य' अवधारणा के संपूर्ण विवेचन में प्राकृतिक व सामाजिक नियमों के प्रकाश में बनाई जानेवाली मूल विधि को संविधान तथा संविधान के अनुसार चलनेवाले कानून के राज्य को 'धर्मराज्य' कहना उचित लगता है, इसी प्रकार प्राकृतिक नियमों के समाजीकरण व संहिताकरण के अभाव में या उल्लंघन के समय विद्रोह, क्रांति या सत्याग्रह भी सामाजिक या प्राकृतिक 'धर्म' के अंतर्गत मानना युक्तिसंगत लगता है। उपाध्याय द्वारा प्राचीन भारतीय 'धर्म तत्त्व' को जितना उत्साहपूर्वक समर्थन प्राप्त हुआ है, वह कहीं-कहीं तर्क की सीमा पार करता दिखाई देता है। 'धर्म' का नियामक राजा भी नहीं, प्रजा भी नहीं, इन द्वारा सुनिश्चित कोई संस्था भी नहीं, तो फिर कौन? इसका उत्तर उपाध्यायजी नहीं देते। इस प्रकार सत्ता पर अंकुश अर्थात् 'धर्मदंड' का भी धारक कौन होगा? क्या राजपुरोहित? संभवत: ऐसी उपाध्याय की मानसिकता नहीं है। क्योंकि लोकतंत्र, लोकचेतना व लोकमत-परिष्कार का जिस तर्कयुक्त व आग्रहपूर्ण ढंग से उपाध्याय ने विवेचन किया है, उससे इसकी संगति नहीं है। दार्शनिक दृष्टि से उपाध्याय की धर्मराज्य विषयक अवधारणा, शायद लोगों को स्वीकार हो भी जाए, लेकिन कुछ लोगों का यह संदेह है कि इस संपूर्ण दार्शनिक विवेचन के पीछे उनके मन में धर्मराज्य की कल्पना के माध्यम से, देश पर हिंदू-धर्म का आधिपत्य स्थापित करना है। इसी संदेह के कारण दीनदयाल उपाध्याय लोगों की आलोचना के पात्र बने हैं।

9. सुख

चाणक्य के अर्थशास्त्र में यह प्रश्न उपस्थित किया गया है, 'सुखस्य मूलम् किम्?' (सुख का मूल क्या है?) चाणक्य ने अपने अर्थशास्त्र में पूर्ण समीकरण के साथ इसका उत्तर दिया है—

सुखस्य मूलम् धर्मः, धर्मस्य मूलम् अर्थः
अर्थस्य मूलम् राज्यम्, राजस्य मूलम् इन्द्रिय जयः।

(धर्म सुख का कारण है, अर्थ धर्म का कारण है, राज्य से अर्थ की प्राप्ति होती है, और राज्य का आधार इंद्रियों पर नियंत्रण है।)

अर्थात् राज्य, अर्थ एवं धर्म आदि व्यवस्थाएँ, मूलतः मनुष्य के 'सुख' को सिद्ध करने के लिए उत्पन्न हुई है। 'सुख' के लिए दीनदयाल उपाध्याय लिखते हैं :

"मनुष्य की सभी क्रियाओं का उद्देश्य एक ही है—आनंद अथवा सुख की प्राप्ति। वैसे तो संपूर्ण सृष्टि ही आनंदमय है। प्रत्येक प्राणी वही कार्य करता है, जो उसके लिए सुखकारक हो। प्राणी ही क्यों, जड़ पदार्थों में भी जितना कुछ होता है, वह सभी आनंद प्राप्ति के लिए है। संपूर्ण चराचर में एक ही आनंद का नाद गुंजरित हो रहा है। साधारण जीवधारी अन्य प्राणी भी सुख के लिए ही क्रियाएँ करते हैं। कुत्ते को डंडा दिखाया तो वह भागता है और रोटी दिखाई तो वह करीब आता है। एक समय भागने तथा दूसरे समय समीप आने की यह क्रिया उसकी सुख कामना ही है।"[60]

अतः दार्शनिकों की यह अखंड समस्या रही है कि सुख क्या है? तथा इसे कैसे प्राप्त किया जाए? संपूर्ण समाज व्यवस्था के प्रयोग एवं वैयक्तिक विकास के उद्यम, इन्हीं प्रश्नों के समाधान के लिए संयोजित हुए हैं। उपाध्याय के अनुसार व्यक्ति का सुख चतुर्आयामी है। 'भौतिक, मानसिक, बौद्धिक व आध्यात्मिक सुख'[61] इन चारों सुखों की प्राप्ति से ही मनुष्य सुखी होता है, लेकिन इन चारों को समझना एवं इनमें संतुलन रखना दुष्कर कार्य है। इन चारों ही सुखों का मूलाधार 'प्राणेषणा' है। अमरता की आकांक्षा प्राणेषणा के ही कारण है। 'जीवेत् शरदः शतम्' तथा 'मृत्योर्मामृतम् गमयः'[62] आदि उक्तियाँ जीवन के प्रति आकर्षण का परिचायक है। अतः जीवन रक्षक एवं रंजक बातें 'सुख' तथा प्राणघातक बातें 'दुःख' लगती हैं। सुख की भावना मनुष्य में आकर्षण व दुःख की भावना विकर्षण पैदा करती है। स्थायी, समग्र एवं एकात्म सुख ही मनुष्य का वास्तविक सुख है। उपाध्याय ने इस त्रिविध सुख का विवेचन प्रस्तुत किया है।

(क) स्थायी सुख : "एकांगी व तात्कालिक सुख में बालसुलभ आकर्षण एवं मोह होता है, लेकिन अंततोगत्वा वह घातक एवं दुःख का कारण बनता है, यथा इंद्रिय सुख व्यक्ति को लुभाता है, लेकिन उससे होनेवाली शारीरिक, मानसिक व बौद्धिक क्षति के कारण अंततः व्यक्ति शारीरिक रूप से रोगी, मानसिक रूप से स्वार्थी व बौद्धिक रूप

से विवेकशून्य बनता है, परिणामत: वह स्वयं तथा समाज, दोनों के लिए दु:ख का कारण बनता है।''[63] उपाध्याय तात्कालिक सुख को 'प्रेय' तथा स्थायी सुख को 'श्रेय' की संज्ञा देते हैं।

'प्रेय' पहले सुखकर लगता है, बाद में दु:खदायी बन जाता है। 'श्रेय' वस्तु प्रारंभ में कष्टप्रद लगती है, बाद में लाभदायक सिद्ध होती है, 'कड़वी भेषज बिन पिए, मिटे न तन को ताप।'[64] अत: श्रेय तथा प्रेय सुख को समझकर विवेकपूर्ण व्यवहार करने से ही व्यक्ति सुखी हो सकता है। हर एकांगी सुख प्रेय होता है, चाहे वह शारीरिक हो, मानसिक हो, बौद्धिक हो अथवा आत्मिक, समग्र सुख ही मनुष्य के लिए 'श्रेयस्' होता है।

(ख) समग्र सुख[65] : शरीर, मन, बुद्धि व आत्मा का सम्यक् सुख ही समग्र सुख है।

(ख.1) शारीरिक सुख : ''इंद्रियों तथा विषयों के संयोग से प्राप्त सुख राजस् सुख माना जाता है।'' इस सुख से आकर्षित व्यक्ति 'तृष्णाग्रस्त' हो जाता है, जो अंतत: मनुष्य को दु:खी करती है। अत: इस विषय में 'संयम' अति आवश्यक है। भौतिक जीवन की आवश्यकताओं को सामान्यत: 'रोटी, कपड़ा और मकान' की आवश्यकता के नाते प्रतिपादित किया जाता है। मनुष्य के भौतिक सुख के लिए ये आवश्यक भी हैं, किंतु जो केवल इनको ही सुख का एक मात्र स्रोत मानते हैं, उपाध्याय इस मान्यता से अपनी असहमति एवं विरोध अभिव्यक्त करते हैं। भौतिक सुख की एकांगी आवश्यकता मनुष्य को सुखी तो नहीं ही करती, 'लोलुपता' व तृष्णाग्रस्त कर उसे दु:खी बनाती है। अत: वे प्रतिपादित करते हैं कि समाज व्यवस्था तथा शिक्षा ऐसी होनी चाहिए कि मनुष्य के मानसिक, बौद्धिक व आत्मिक सुख को अनाहत रखते हुए मनुष्य की भौतिक आवश्यकताओं की पूर्ति की जा सके, अन्यथा केवल 'रोटी, कपड़ा और मकान' से व्यक्ति सुखी नहीं हो सकता।

(ख 2) मानसिक सुख : मनुष्य में स्वाभिमान-जनित एवं भावात्मक अनुभूतियाँ होती हैं। मनुष्य को स्वाभिमान व स्नेहपूर्ण रोटी चाहिए। जेल की रोटी, मनुष्य की सुखानुभूति का कारण नहीं बन सकती, श्रीकृष्ण ने दुर्योधन के राजप्रासाद के भोजन को ठुकराकर, विदुर के यहाँ स्नेहपूर्वक केले के छिलके खाए। व्यक्ति अपने मनोभावों की अभिव्यक्ति के लिए अनेक कला क्षेत्रों का विकास करता है। एक सीमा से ज्यादा भौतिक व बौद्धिक अनुशासन वह स्वीकार नहीं करता। भावनाएँ आहत होने पर व्यक्ति आत्महत्या तक कर लेता है, अथवा भावनाओं पर चोट पहुँचानेवाले के प्रति आक्रामक बन जाता है। अत: सामाजिक वातावरण मनुष्य के लिए 'मनोरंजक' होना चाहिए, वह कुंठाग्रस्त न हो, इसकी चिंता करना जरूरी है। उपाध्याय कहते हैं, 'लेकिन मन चंचल है', उस पर भी विवेक का अनुशासन चाहिए, अन्यथा मनुष्य के 'उच्छृंखल' बन जाने की संभावना है।

(ख. 3) बौद्धिक सुख : ''...मनुष्य के पास बुद्धि भी है, वह चिंतन करता है।

चिंतन का भी सुख है। अन्य प्राणियों के पास इतनी विकसित बुद्धि नहीं, जितनी मनुष्य के पास है। वह क्षणिक व शाश्वत सुख के भेद को समझना चाहता है···वह विवेक का प्रयोग करने लगता है। व्यक्ति सोचता है कि हीरे को छोड़कर वह काँच का टुकड़ा क्यों ले?···इसलिए वह खुद का सुख भी चाहता है। जीवन लक्ष्य, जिसे उसने बुद्धि द्वारा स्वयं स्वीकृत किया है, उसकी सुख-दुःख की वेदनाओं का निकष बनता है। लक्ष्य की ओर बढ़ते समय मार्ग के काँटे भी उसे सुखकर लगते हैं। सत्य के लिए वह लाख कष्ट झेलने में आनंद का अनुभव करता है। अपनी मान्यताओं को स्थापित करने के लिए वह चाहे जिस वस्तु का त्याग कर सकता है। केवल मन का सुख उसे संतुष्ट नहीं कर पाता। मन तो चंचल है। हजार प्रकार की बातों में रमते रहना मन का काम है। इस मन को वश में करने से मनुष्य लक्ष्य की ओर बढ़ सकता है। इसलिए उसे बुद्धि के सुख की आवश्यकता अनुभव होती है।'' इस उद्धरण में उपाध्याय ने बौद्धिक सुख की कुछ आदर्शवादी व्याख्या की है, सामान्यतः 'विचार-स्वातंत्र्य' व 'सूचनाएँ प्राप्त करने का अधिकार' को मनुष्य के बौद्धिक सुख के लिए आवश्यक माना जाता है, अतः वे व्यवस्थाएँ अवांछनीय हैं जो व्यक्ति के 'वैचारिक स्वातंत्र्य' को छीनती हैं तथा उसे 'सूचनाएँ प्राप्त करने के अधिकार' से वंचित करती है।

(ख. 4) आत्मिक सुख : ''बुद्धि का सुख भी अंतिम चिरानंद सुख नहीं है। बुद्धि से भी ऊपर आत्मा का सुख है। माँ बच्चे को गोद में लेकर आत्मिक सुख का अनुभव करती है। इसके सामने सभी अन्य सुख तुच्छ है। भयमुक्त और स्वार्थमुक्त होने पर सिवाय आनंद के अन्य कुछ रह नहीं जाता। इसीलिए इसकी खोज में व्यक्ति विशालता स्वीकार करता जाता है।'' आध्यात्मिक सुख को परमानंद कहा जाता है। व्यक्ति का व्यक्तित्व जब इतना विशाल बन जाए कि उसमें पराएपन का भाव ही न रहे, वह ईर्ष्या, द्वेष मोह, मत्सर, स्पर्धा व संघर्षों से ऊपर उठ जाए, उस समय मिलनेवाला आनंद 'परमानंद' होता है, आध्यात्मिक आनंद होता है। स्नेह, समर्पण, सेवा, शांति व सत्य का परिवेश व्यक्ति को आध्यात्मिक सुख का अनुभव करवाता है। जितनी मात्रा में व्यक्ति वह पा सके, उतना उसको अवसर रहे, समृद्ध सांस्कृतिक वातावरण में व्यक्ति आत्मोन्नति के लिए प्रवृत्त होता है। इस आयाम की उपेक्षा सामाजिक भोलापन है।

(ग) एकात्म सुख : जहाँ यह सही है कि व्यक्ति को सुखी होने के लिए भौतिक, मानसिक, बौद्धिक तथा आत्मिक सुख का सम्यक संयोजन आवश्यक है, वहाँ यह भी सही है कि कोई भी व्यक्ति अकेला सुखी नहीं हो सकता। वैयक्तिक सुख की स्वार्थ लालसा भी व्यक्ति को दुःखी बनाती है, क्योंकि व्यक्ति एक सामाजिक प्राणी है, अतः यदि व्यक्ति ने समाज की उपेक्षा करके वैयक्तिक स्वार्थ की ही साधना की, तो सुख की खोज करता हुआ भी वह दुःखी होगा। स्वार्थी व्यक्तियों का समुदाय शोषण, उत्पीड़न व

लूट के दुर्गुणों से युक्त हो जाएगा, अत: सामाजिक कर्तव्य-बोध व परोपकार की वृत्ति से ही व्यक्ति व समाज, दोनों सुखी हो सकते हैं। व्यक्ति तथा समाज के सम्मिलित सुख का नाम ही 'एकात्म सुख' है।

उपाध्याय कहते हैं कि यह गलतफहमी है कि मनुष्य अपने अकेले के परिश्रम से सुखी हो सकता है, क्योंकि ऐसा कोई कार्य है ही नहीं, जो व्यक्ति अकेला कर सके। जब हम भोजन भी करते हैं तब हम किसान, अनाज मंडी, दुकानदार, माली तथा रसोइया आदि अन्य कितने ही लोगों पर अवलंबित रहते हैं। इन सबका सुख ही मेरा सुख हो सकता है, मेरा सुख इन सब का सुख होगा। इस तरह सुख का आधार परस्परावलंबन है। व्यक्ति के दु खी रहते समाज सुखी नहीं हो सकता तथा समाज के दु:खी रहते व्यक्ति का सुख असंभव है। उपाध्याय उनसे असहमत हैं जो व्यक्ति के व्यक्तित्व को मिटाकर समाज को सुखी करना चाहते हैं तथा समाज की उपेक्षा कर उन्मुक्त वैयक्तिक स्पर्धा से व्यक्ति को सुखी करने की योजना करते हैं। वे 'एकात्म सुख' के प्रतिपादक हैं।

सुख के बारे में समाज की अवधारणा ही सामाजिक संस्कृतियों का निर्माण करती है। "जिन समाजों ने जो सुख की दिशा पहचानी, वैसी ही उनकी संस्कृति बन गई। पश्चिम ने भौतिकवाद में सुख माना, अत: उनकी भौतिकवादी संस्कृति बनी। भारतीय संस्कृति एकात्मवादी है, 'ईशावास्योपनिषद्' में कहा है कि जो केवल भौतिकवाद का विचार लेकर चलते हैं, वे अंधकार को प्राप्त होते हैं, जो केवल अध्यात्मवाद को लेकर चलते हैं, वे घोर अंधकार को प्राप्त होते हैं। पहले से (भौतिकवाद से) मृत्यु को जीतना चाहिए और दूसरे से (आत्मवाद से) अमरता प्राप्त करनी चाहिए। शरीर के लिए भौतिक सुख तथा जीवन की सार्थकता के लिए आध्यात्मिक सुख चाहिए। वास्तव में भौतिक व आत्मिक सुख अलग-अलग नहीं है, कपड़े के ताने-बाने के समान परस्पर गुंफित है।"[66]

स्वतंत्रता व समानतापरक मनुष्य की भौतिकवादी आवश्यकताओं का प्रतिपादन, एकांगी है। मानव की परिस्थितिनिरपेक्ष आवश्यकताएँ चतुर्पुरुषार्थ की है। उनको पूर्ण करनेवाली समाजरचना ही वैज्ञानिक समाज-रचना हो सकती है। उनके अनुसार एकात्म, समग्र व स्थायी सुख के साथ चतुर्पुरुषार्थों की संपूर्ति करनेवाली समाज-रचना 'एकात्म मानववादी' समाज-रचना है।

10. चतुर्पुरुषार्थ

'विराट् पुरुष' की आवश्यकताएँ चतुर्विध हैं। पश्चिम की भौतिकवादी मानव अवधारणा ने, मनुष्य के लिए 'रोटी, कपड़ा और मकान' तथा 'विचार-स्वातंत्र्य' की आवश्यकताओं का एकांगी विचार रखा है। दीनदयाल उपाध्याय के अनुसार···जितनी भौतिक आवश्यकताएँ हैं, उनकी पूर्ति का महत्त्व हमने स्वीकार किया है, परंतु उन्हें

सर्वस्व नहीं माना। मनुष्य के शरीर, मन, बुद्धि और आत्मा की आवश्यकताओं की पूर्ति, उसकी विविध कामनाओं, इच्छाओं तथा एषणाओं की संतुष्टि और उसके सर्वांगीण विकास की दृष्टि से व्यक्ति के सामने कर्तव्य रूप में हमारे यह चतुर्विध पुरुषार्थ की कल्पना रखी गई है। धर्म, अर्थ, काम और मोक्ष, ये चार पुरुषार्थ हैं। पुरुषार्थ का अर्थ उन कर्मों से है जिनसे पुरुषत्व सार्थक हो। धर्म, अर्थ, काम और मोक्ष इनकी इच्छा मनुष्य में स्वाभाविक होती है और उनके पालन से उसको आनंद प्राप्त होता है।''[67]

व्यक्ति की आवश्यकताओं को रोटी, कपड़ा और मकान तथा विचार स्वातंत्र्य के रूप में व्यक्त करनेवाले लोग मूलत: व्यक्तिवादी हैं। पुरुषार्थ अवधारणा व्यष्टि व समष्टि को विभक्त कर, उसकी आवश्यकताओं का निरूपण नहीं करती। धर्म, अर्थ, काम व मोक्ष 'विराट-पुरुष' की आवश्यकता है जो कि एक सामाजिक व्यक्तित्व है।

धर्म व्यक्ति एवं समाज की प्रथम आवश्यकता है, क्योंकि व्यक्ति एक सामाजिक प्राणी है। मनुष्य की सामाजिकता ही 'धर्म' का परिचायक है। अत: 'धर्म' को आधारभूत पुरुषार्थ कहा गया है। व्यक्ति में से यह धर्म अथवा सामाजिकता निकाल लेने पर जो बचता है वह तो 'पशुत्व' है। 'पशुत्व' की आवश्यकता निश्चय ही मानव से भिन्न है। धर्म-पुरुषार्थ शिक्षा व संस्कार व्यवस्थामूलक है। ये ही व्यक्ति के आधारभूत कर्तव्य एवं अधिकार हैं, मानव के नाते व्यक्ति की प्रथम आवश्यकता है। अर्थ साधन पुरुषार्थ है। 'धर्म' जहाँ मानव के लिए आधारभूत है, वहीं 'अर्थ' धर्म का आधारभूत है। बिना अर्थ के 'धर्म' नहीं टिक सकता। अर्थाभाव से धर्म नष्ट होने लगता है। एक सुभाषित है 'बुभुक्षित: किम् न करोति पापम्, क्षीणा : नरा निष्करुणा भवंति' (भूखा व्यक्ति कुछ भी अपराध कर सकता है, क्योंकि भूख उसे 'निष्करुण' अर्थात् संवेदनशीलताविहीन बना देती है।) भूखा सब पाप कर सकता है। विश्वामित्र जैसे ऋषि ने भी भूख से पीड़ित होकर, शरीर धारण करने के लिए चांडाल के घर में चोरी करके, कुत्ते का मांस खाया था। अत: हमारे यहाँ आदेश है कि अर्थ का अभाव नहीं होने देना चाहिए, क्योंकि वह धर्म का घातक है।''[68]

''अर्थ के अभाव के समान ही अर्थ का प्रभाव भी धर्म का घातक होता है। प्रभाव का अर्थ आधिक्य मात्र नहीं। जब व्यक्ति और समाज में अर्थ साधन न रहकर साध्य बन जाए तथा जीवन की सभी विभूतियाँ अर्थ से ही प्राप्त हों, तो वहाँ अर्थ का प्रभाव उत्पन्न हो जाता है। तब व्यक्ति अर्थ-संचय के लिए नानाविध पाप करने लगता है। इसी प्रकार जिस व्यक्ति के पास अधिक धन हो, उसके विलासी बन जाने की संभावना रहती है। यहाँ व्यक्ति को धन के सदुपयोग का ज्ञान नहीं होता, वहाँ भी अर्थ का प्रभाव होता है।''[69]

अत: अर्थशास्त्र की मर्यादा उत्पादन और वितरण है। 'उपभोग' धर्मशास्त्र का विषय है।[70] समाज में धर्म रहने से 'अर्थ' व्यक्ति को सुखी करता है तथा अर्थाभाव

'धर्म' को ही मिटा देता है, इसलिए धर्म व अर्थ अन्योन्याश्रित पुरुषार्थ हैं। धनात् धर्मं ततः सुखम्' ऐसा कहा गया है।

प्राचीन शास्त्र के अनुसार 'अर्थ' के अंतर्गत केवल 'वित्त-शास्त्र' नहीं वरन् 'दंड-नीति' भी आती है, दंड-नीति का अर्थ है, 'प्रशासन व्यवस्था या कार्यपालिकीय कर्म'। धर्मानुसार 'दंड-नीति' का संचालन भी अर्थ पुरुषार्थ है। शासन धर्मविहीन होकर निरंकुश हो जाता है तथा धर्म शासनविहीन होकर अराजकता ग्रस्त हो जाता है। अराजकता में 'मात्स्य-न्याय' (जिसकी लाठी, उसकी भैंस) काम करने लगता है, अतः धर्म की रक्षा के लिए राज्य-व्यवस्था आवश्यक है।

''अर्थ पुरुषार्थ धर्म का रक्षक माना गया है, संस्थापक नहीं। अर्थात् अर्थ पुरुषार्थ मनुष्य की भौतिक आवश्यकताओं की पूर्ति तथा प्रशासनिक व्यवस्था से संबंधित पुरुषार्थ है। कर्म करना व्यक्ति का धर्म है, 'स्वधर्मम् निधनम् श्रेयः' आजकल उसे अधिकार का रूप दे दिया गया है (काम का मौलिक अधिकार)। अर्थ वृत्ति-मूलक है, अतः व्यक्ति को रोटी के लिए रोजी चाहिए।''[71] इस प्रकार शिक्षाशास्त्र, समाजशास्त्र व विधिशास्त्र जहाँ धर्म के विषय हैं, वहीं अर्थशास्त्र (उत्पादन वितरण) व दंड-नीति (राज्य-व्यवस्था) अर्थ पुरुषार्थ के अंतर्गत आते हैं।

काम संतुष्टि पुरुषार्थ है। 'काम' मन का गुण है व तृप्ति चाहता है। मन चंचल है अतः कामनाएँ अनंत हैं। कामनाएँ जब धर्म व अर्थ के नियंत्रण से बाहर हो जाती हैं तो व्यक्ति को पुरुषार्थहीन कर देती है। 'धर्म व अर्थ' के बाद आने पर काम पुरुषार्थ है तथा धर्म व अर्थ की अवहेलना करने पर 'काम' विकार है (षट्विकारों में काम प्रथम है)। धर्मानुरूप साधनों के उपयोग से कामनाओं को संतुष्ट करना पुरुषार्थ है। धर्महीन अर्थ, 'काम' को उच्छृंखल करता है। काम हावी हो जाने पर धर्म व अर्थ दोनों नष्ट होते हैं। ''धर्म को छोड़कर वैभव मिला तो वह वैभव नहीं है, पराभव है। हो सकता है कि मन की विकृति के कारण (काम के हावी होने के कारण) पराभव को ही हम वैभव समझें।''[72]

'काम' पूर्ति का अमोघ साधन अर्थ नहीं है। अर्थ केवल भौतिक कामनाओं की पूर्ति करता है। कामनाओं को धर्म का आधार मिलने पर साहित्य एवं विभिन्न ललित कलाओं का निर्माण होता है, जो मन को वासनाओं के भटकाव से बचाते हैं। व्यक्ति का सुसंस्कृत-मनोरंजन करते हैं, इससे व्यक्ति व समाज का सम्यक विकास होता है। मन संस्कारित होने पर उसमें उपभोग की लालसा कम हो जाती है, संयम एवं, साधना में आनंद आने लगता है तथा मानव का 'काम पुरुषार्थ' सार्थक हो जाता है। जीवन जीने की कला, साहित्य व विविध ललित कलाएँ तथा मनोविज्ञान 'काम' पुरुषार्थ के विषय हैं।

मोक्ष को परम पुरुषार्थ कहा गया है। यह भौतिक आवश्यकताओं की पूर्ति व संस्कारित मन से आगे की स्थिति है, जब मनुष्य को अर्थ एवं काम संबंधी अभाव व

प्रभाव प्रभावित नहीं करते। मनुष्य कामनाजयी बन जाता है, तनाव व तृष्णा से मुक्त हो जाता है। लेकिन मोक्ष को परम पुरुषार्थ मानकर शेष पुरुषार्थों की उपेक्षा करने से अर्थात् 'मोक्ष' को ही लक्ष्य घोषित करने से जीवन में दारिद्रय व दोहरापन आता है। जब तक मनुष्य धर्मानुसार सामाजिक जीवन नहीं जीता, भौतिक आवश्यकताओं की पूर्ति के लिए कर्म नहीं करता, अपनी चित्त वृत्तियों को संस्कारित नहीं करता, मोक्ष पुरुषार्थ को सार्थक नहीं कर सकता। चतुर्पुरुषार्थ, मानव व्यक्तित्व के समग्र विकास की संपूर्ण प्रक्रिया है। इसको विभाजित करके केवल धर्म की बात करना, केवल अर्थ की बात करना, या केवल मोक्ष की बात करना, अवांछनीय है। उपाध्याय महाभारत का उदाहरण देते हुए लिखते हैं, "विदुरजी ने कहा, अर्थ बंधन कारक है, धर्म बंधनकारक है और काम तो बंधनकारक है ही। सब से बड़ी वस्तु है मोक्ष। मोक्ष प्राप्ति के बाद कुछ भी पाना शेष नहीं रहता। फिर कोई कामना भी नहीं रहती। इसलिए निष्काम भाव से मोक्ष पा लेना यही सबसे बड़ा पुरुषार्थ है। विदुर के इस विवाद का अंत युधिष्ठिर ने किया। उन्होंने कहा, कोई भी पुरुषार्थ बड़ा नहीं है। चारों को जो एक साथ लेकर चलेगा, वही पुण्य है। एक को पाने का जो प्रयास करेगा, वह अधूरा है और एक को प्राप्त करने का प्रयास करनेवाला पापी भी है। एक का विचार करना मानव जीवन के टुकड़े करना है, किंतु यह सही है कि मानव जीवन के टुकड़े नहीं किए जा सकते।"[73] अतः चतुर्पुरुषार्थों का एकात्म व समग्र विचार करना आवश्यक है।

दीनदयाल उपाध्याय आज मानव के दुःख का बहुत बड़ा कारण यह मानते हैं कि उसने संपूर्ण पुरुषार्थ को सार्थक करने की बजाय केवल अर्थ पुरुषार्थ के अर्धांश (संपत्ति संचय) के लिए ही अपना संपूर्ण समय व शक्ति समर्पित कर दी है। उनके अनुसार, "पेट भरने के लिए (भौतिक आवश्यकताओं की पूर्ति के लिए) दो-तीन घंटे पर्याप्त होने चाहिए।" शेष समय चिंतन, मनन, साहित्य व समाज सेवा आदि में लगाना चाहिए।[74] तभी व्यक्ति तथा समाज अपने पूर्ण पुरुषार्थ को सार्थक करते हुए आनंदित हो सकता है।

चतुर्पुरुषार्थ की महत्ता को प्रतिपादित करते हुए उपाध्याय इनको 'तरुणोपाय' बताते हैं, "धर्म, अर्थ, काम और मोक्ष, इन चार पुरुषार्थों पर आधारित हिंदू जीवन-दर्शन ही हमें संकट से उबार सकता है। विश्व की सब समस्याओं का उत्तर समाजवाद नहीं, हिंदुत्ववाद है। यही एक ऐसा जीवन-दर्शन है, जो जीवन का विचार करते समय उसे टुकड़ों में नहीं बाँटता है, अपितु संपूर्ण जीवन को एक इकाई मानकर उसका विचार करता है।"[75]

11. अधिलवण

विषयों का दार्शनिक विश्लेषण करना एवं उसके लिए किसी भारतीय प्रत्यय को

खोज निकालना दीनदयाल उपाध्याय के स्वभाव की विशेषता थी, इसी वैशिष्ट्य के कारण 'अधिलवण' अवधारणा को उन्होंने खोज निकाला। सामान्यत: प्राचीन परंपरावादी व धर्मशास्त्रीय जन 'परिवार नियोजन' के खिलाफ देखे जाते हैं। उपाध्याय ने भारतीय दार्शनिक परंपरा को ही परिवार नियोजन के पक्ष में गवाही के लिए ला खड़ा किया तथा 'परिवार नियोजन' के उद्‌देश्यों का मंडन किया। यह अधिलवण अवधारणा दीनदयाल उपाध्याय ने दैशिक शास्त्र से प्राप्त की।

भारतीय परंपरा में गुणवान मनुष्यों को उत्पन्न करने, गुणवत्ता को विकसित करने एवं अनचाही संतानों से समाज को मुक्त रखने के लिए जो चिंतन किया तथा प्रयोग हुए, उनका विवेचन दैशिक शास्त्र के 'देवीसंपदयोगक्षेमोध्याय:' में किया गया है। तदनुसार गुणवान संतानों को पैदा करने के लिए 'अधिजनन' प्रक्रिया जो मुख्यत: 'जीवशास्त्रीय' है, का वर्णन है। गुणवत्ता को विकसित करने के लिए 'अध्यापन' कला की विवेचना है जो 'शिक्षा शास्त्रीय' है तथा अनचाही संतानों से बचने के लिए 'अधिलवण' अथवा 'जातियलवन' अवधारणा का विश्लेषण किया गया है। दैशिक शास्त्र में अधिलवण को पारिभाषित करने के लिए 'वनस्पति शास्त्र' का सहारा लेते हुए कहा गया है कि जिस प्रकार वृक्ष को बूढ़ा व निष्प्राण होने से बचाने के लिए गलित शाखा-प्रशाखाओं को विधिपूर्वक काटने-छाँटने का उपक्रम किया जाता है, वृक्ष की हरीतिमा व आयु को बढ़ाया जाता है, उसी प्रकार "जाति (राष्ट्र) रूपी वृक्ष में अनभीष्ट अंश को उत्पन्न न होने देकर और उत्पन्न हुए अनभीष्ट अंश (अनचाही संतानों) को निकालकर, उसको अवपात से बचाए रखना, इसको हमारे दैशिक शास्त्र में 'जातीयलवन' कहा जाता है। जातीयलवन के बिना कोई जाति बहुत दिनों तक हरी-भरी नहीं रह सकती, शीघ्र ही उसका क्षयकाल उपस्थित हो जाता है, अत: जातीयलवन के अनेक अंग हैं। इनमें तीन अंग मुख्य हैं : (1) बाल ब्रह्मचर्य, (2) वानप्रस्थ प्रथा और (3) युद्ध।"[76]

अधिलवण का दैशिक शास्त्रीय विवेचन पुरानी मान्यताओं पर आधारित है। उन तर्कों एवं समाजशास्त्रीय अवधारणाओं की आज पुष्टि नहीं की जा सकती। उपाध्याय का एक सूत्र है, "स्वदेशी को युगानुकूल व विदेशी को स्वदेशानुकूल बनाकर ग्रहण करना।" उपाध्याय ने अपने विवेचन में दैशिक शास्त्र के लेखक की मान्यताओं को बिलकुल भी प्रस्तुत न करते हुए केवल मूल बात को ग्रहण किया कि 'अनचाही संतानों' को रोकने की प्रक्रिया, भारतीय अवधारणा में विद्यमान है तथा उसे 'अधिलवण' या 'जातीयलवन' कहते हैं। उन्होंने इसका अपने प्रकार से उपयोग किया, अपने ही तर्कों तथा उदाहरणों के साथ वे लिखते हैं—

"भारत में प्राचीन समाजशास्त्रियों ने 'जनसंख्या-नियंत्रण' के विषय में कुछ विचार प्रतिपादित किए हैं, यद्यपि माल्थस के समान कोई अवधारणा प्रस्तुत नहीं की। उन्होंने

निश्चित रूप से संदर्भित किया है कि अधिक जनसंख्या धर्म की हानि का कारण बनती है तथा अंततोगत्वा 'प्रलय' को निमंत्रित करती है। उन्होंने जनसंख्या नियंत्रण के साधन के रूप में 'ब्रह्मचर्य', 'वानप्रस्थ' तथा 'अधिलवण' का नियमन किया।''[77]

उपाध्याय ने इस अवधारणा को विकसित करते हुए प्रतिपादित किया कि भारतीय परंपरा में 'योजित पितृत्व' की व्यवस्था का उल्लेख है, उन्होंने परिवार नियोजन के लिए महाभारत की एक कथा का हवाला देते हुए लिखा है—

''शास्त्रोक्त सोलह संस्कारों में प्रथम 'गर्भाधान' संस्कार यह प्रदर्शित करता है कि हमारे प्राचीन शास्त्रकारों ने न केवल 'योजित पितृत्व' का विचार रखा वरन् धार्मिक कर्तव्य के रूप में उसका आग्रह किया। गर्भधारण अनियोजित या संयोगवश होनेवाला विषय नहीं था। यह महाभारत में उल्लिखित है कि चार बच्चों के होने के बाद पांडु ने एक बार फिर कुंती के समक्ष यह इच्छा प्रकट की कि वह एक बार और 'भगवान् का आह्वान 'कर एक बच्चा प्राप्त करे। कुंती ने इसे यह कहते हुए अस्वीकार कर दिया कि वह औरत जो चार से अधिक बच्चे रखती है वह मानवी नहीं, गर्दभी है। वह चार बच्चों को पहले ही जन्म दे चुकी है, और बच्चा पैदा नहीं करेगी। सामान्यत: यह कहा जा सकता है कि बच्चों की संख्या को सीमित रखने का विचार बहुत पहले से भारत में था। अत: 'परिवार नियोजन' का विचार भारतीय परंपरा व संस्कृति के विपरीत नहीं है, तथा इसमें कुछ भी अधार्मिक या अनैतिक नहीं है।''[78]

दीनदयाल उपाध्याय ने अवधारणा या सिद्धांतत: परिवार नियोजन का 'अधिलवण' की प्राचीन भारतीय परंपरा तथा शास्त्रीय एवं पौराणिक साक्ष्यों के साथ समर्थन व्यक्त किया, लेकिन सरकार की प्रक्रियाजनित बातों से असहमति जाहिर की। अधिलवण अभिधारणा का केवल इसी प्रसंग पर उपाध्याय ने उपयोग किया है। दैशिक शास्त्रकार ने 'जातीयलवन' का तीसरा प्रकार 'युद्ध' लिखा है तथा अपने विवेचन में उसे 'आधिलवणिक युद्ध' कहा है, उपाध्याय ने इस अवधारणा का प्रसंगानुकूल सीमित उपयोग किया है।

इस अध्याय में वर्णित दार्शनिक अभिधारणात्मक प्रयत्नों का उपयोग दीनदयाल उपाध्याय ने कुछ सुनिश्चित अर्थों के साथ किया है। उनकी एकात्म मानववाद विचारधारा तथा उससे संबद्ध राजनीतिक, सामाजिक व आर्थिक विचारों में बार-बार इन प्रत्ययों का उपयोग हुआ है। इन दार्शनिक अभिधारणाओं पर ही उपाध्याय की चिंतन प्रक्रिया का पूरा विवेचन आधारित है। व्यष्टि, समष्टि, सृष्टि, परमेष्टि, संस्कृति, धर्म, चिति, विराट्, राष्ट्र, सुख, पुरुषार्थ एवं अधिलवण अवधारणाएँ उपाध्याय ने भारतीय दर्शन परंपरा से प्राप्त की है। इन अभिधारणाओं को उपाध्याय ने अपने ढंग से परिभाषित भी किया है। पाश्चात्य विचार श्रृंखला की पृष्ठभूमि में आजाद हुए भारत को जिस 'युगानुकूल' व 'स्वदेशानुकूल'

विचार-दर्शन की आवश्यकता थी, दीनदयाल उपाध्याय ने उसे प्रणीत किया। उनके उस 'एकात्म मानववाद विचार-दर्शन' का अध्ययन हम अगले अध्याय में करेंगे।

संदर्भ–

1. रिचर्ड ल्यूई नैटिलशिप, 'प्लेटो के रिपब्लिक का विवेचन' (Lectures on the Republic of plato), अनुवादक—गौरी शंकर लहरी, भोपाल (म.प्र.) हिंदी ग्रंथ अकादमी, 1973, प्राक्कथन, पृ: 1.
2. राष्ट्रीय स्वयंसेवक संघ के शिक्षा वर्गों में दिए जानेवाले भाषणों को 'बौद्धिक वर्ग' कहा जाता है।
3. अपने अनुसंधान के निमित्त जब मैं राष्ट्रीय स्वयंसेवक संघ के मुख्यालय नागपुर गया तो ज्ञात हुआ कि संघ शिक्षा के तृतीय वर्ष के शिक्षण वर्गों में दिए गए उनके बौद्धिक वर्गों की पत्रिकाएँ जला दी गई हैं। 'तलघर' की एक बार हुई सफाई के दौरान ऐसा हो गया। विभिन्न स्थानों से खोजकर सन् 1957 से 1967 तक के प्रतिवर्ष के, संघ शिक्षा वर्गों में दिए गए बौद्धिकों में से कम-से-कम एक बौद्धिक वर्ग प्राप्त किया जा सके, इसका प्रयत्न किया। सौभाग्य से इसमें काफी सफलता मिली।
4. भारतीय जनसंघ घोषणाएँ व प्रस्ताव, 1951-72, भाग-1, नई दिल्ली, भारतीय जनसंघ, विट्ठलभाई पटेल भवन, सिद्धांत और नीतियाँ, पृ 3-4.
5. D.B. Thengadi, 'His legacy our mission', Jayabharath Publication, kallai road, Calicut-2, p-23-24
6. भारतीय जनता पार्टी कार्यकारी दल की रिपोर्ट, भोपाल में राष्ट्रीय कार्यकारिणी की बैठक में 20 जुलाई, 1985 को पार्टी अध्यक्ष को प्रस्तुत की गई। संयोजक : कृष्णलाल शर्मा, विचारधारा अध्याय, पृ. 20
7. क्र. 1, पृ. 55-56
8. मनुस्मृति। (6/92)
9. दीनदयाल, गुरुजी, ठेंगड़ी :एकात्मदर्शन; दीनदयाल शोध संस्थान, नई दिल्ली, पृ. 16
10. पाञ्चजन्य, 24 अगस्त, 1964; पृ. 7
10. पांचजन्य, 24 अगस्त, 1964; पृ. 7
11. Dr V.P. verma, 'Integral Humanism and modern Indian Thought' Deen Dayal Memorial Lectures, 1978 (Unpublished), typed manuscript p.14, "The absolute reality can also conceptuated as 'Chiti' which is Vedic word signifying a ritualist process in space. In the Vajaseneyi Samhita, chiti (feminine) cannaotes understanding. In the Samkshepa Sariraka also, It (chiti) Signifies conscious self-resplendence and luminosity. in the Devimahatmaya (V.36), chiti is used as masculine and implies the thinking mind or intellect. In the Devi-Bhagavata Purana (43 & 45) it is used in the sense of female Goddess."
12. बद्रीशाह टुलधारिया; दैशिक शास्त्र, गौरीशंकर कैलाश, अल्मोड़ा हिमालय (उ.प्र.); चित्रशाला प्रेस, सदाशिव पेठ, पूना, द्वितीय आन्हिका, 'जाति' शब्द का अर्थ; पृ. 20.
13. क्र. 4, पृ. 6

14. क्र. 9, पृ. 34-35
15. दीनदयाल उपाध्याय, 'राष्ट्र जीवन की दिशा' संपादक—रामशंकर अग्निहोत्री, भानुप्रताप शुक्ल; राष्ट्रधर्म पुस्तक प्रकाशन, लखनऊ; अध्याय 'राष्ट्र का स्वरूप : चिति', पृ. 61
16. दत्तोपंत ठेंगड़ी, 'पं. दीनदयाल उपाध्याय : व्यक्ति दर्शन', संपादक—कमल किशोर गोयनका; दीनदयाल शोध संस्थान, नई दिल्ली; 'हमें प्रकाश की ओर ले चलो', पृ. 67-68
17. डॉ. हरिश्चंद्र बर्थवाल, 'पंडित दीनदयाल उपाध्याय : व्यक्तित्व एवं जीवनदर्शन'; दीनदयाल शोध संस्थान, नई दिल्ली; पृ. 17
18. क्र. 12, पृ. 61
19. क्र 9, पृ. 73
20. ..."From the late eighteenth to the middle of nineteenth century, nationalism was essentially inspired by humanitarian, democratic ideas; this was the story of early French, American, Czech, Italian, Irish, and Polish nationalism. In the last eighty years, on the other hand, nationalism has tended to ally itself with parochialism, intolerance, bigotry, persecution of minorities, racialism and finally, imperialism and aggression the record of Pan Germanism. Tarist imperialism, Japanese militarism, Fascism and finally, Communist imperiasism."---William Ebenstein, 'Modern Political Thought', Oxford and IBH Publishing Co., Chapter XIV, Nationalism : Peaceful or Aggressive, p.741.
21. Lord Acton, 'Nationality and Liberty' (From 'Nationality' Home and Foreign Reviews (July 1862) : Reprinted in Lord Acton, History of Freedom and other Essays (1907), n.20, p.744.
22. Giuseppa Mazzini, 'Humanitarian Nationalism' (From 'Pact of Kraternity of Young Europe'(1934), Reprinted in 'life and writing of Giuseppa Mazzini, III. Smith Elder and Co., 1905);11.20,p.751.
23. Ernest Renan, 'What is a Nation?' (1882; Translated by Alfred Zimmern, Oxford University Press, 1939) n 20,p.753.
24. Thomas G. Masaryk, 'Democratic Nationalism' (From Thomas G. Masaryk, on thoughts and Life: Conversation with Karel Coper, 1938), n.20 p.767.
25. J.A.Hobson, 'Imperialism Incomputible with Free Government' (From J.A.Hobson, Imperialism, 1902); n.20, p.771.
26. "Every people has its special mission, which will co-operate towards the fulfilment of the general mission of humanity. That mission constitutes its Nationality. Nationality is sacred."; n.21; p.753.
27. "Ruling nationality. destroy their own vitality and lose their chief basis of self government."; n.21; p.742.
28. दीनदयाल उपाध्याय, 'भारतीय राष्ट्रधारा का पुण्य प्रवाह', राजीव लोचन अग्निहोत्री, अटल बिहारी वाजपेयी : संपादक राष्ट्रधर्म, अंक-1, श्रावण पूर्णिमा 2004 (1947)।
29. दीनदयाल उपाध्याय, बौद्धिक वर्ग पंजिका; संघ कार्यालय झंडेवाला, दिल्ली से चमनलालजी द्वारा प्राप्त; दिल्ली संघ शिक्षा वर्ग; 19/5/1954; पृ.7

30. दीनदयाल उपाध्याय, बौद्धिक वर्ग पंजिका, संघ शिक्षा वर्ग, राजस्थान प्रदेश; जयदेवजी पाठक से प्राप्त, 28 मई, 1963, मध्याह्न में दिया गया बौद्धिक वर्ग, पृ. 1
31. श्रीअरविंद, 'मानव एकता का आदर्श : युद्ध और आत्मनिर्णय 'श्री अरविंद साहित्य, खंड-5, श्री अरविंद सोसाइटी, पांडिचेरी- 2 (1969), बारहवाँ अध्याय; पूर्व राष्ट्रीय साम्राज्य निर्माण का प्राचीन क्रम-राष्ट्र निर्माण का आधुनिक क्रम, पृ. 90
32. श्री अरविंद भारतवर्ष में गुप्त व मौर्य सामाज्यों को साम्राज्यवादी चरण का अंग मानते हैं, जो राष्ट्र इकाई के विकसित होने की पूर्व दशा है; क्र. 31, पृ. 89-90
33. 28 मई, 1963; प्रातःकाल बौद्धिक वर्ग; क्र. 30, पृ. 2
34. दि 9/8/1961 का बौद्धिक वर्ग, क्र. 29, पृ. 101
35. क्र. 15, अध्याय-15 : गुरुपूजा, स्वदेशी-विदेशी; पृ 160-162
36. 28 मई, 1963; मध्याह्नोत्तर बौद्धिक वर्ग, क्र. 30, पृ. 5
37. 9/6/1966 का बौद्धिक वर्ग, क्र. 30
38. बौद्धिक वर्ग पंजिका, दिल्ली; 27/6/1962 का बौद्धिक वर्ग, क्र. 29, पृ. 131-136
39. क्र. 15, अध्याय-14 : 'राष्ट्र और राज्य', पृ. 46-50
40. 12 जून, 1959 का बौद्धिक वर्ग, क्र. 29, पृ. 48-49
41. दिनांक 25-7-1967 का बौद्धिक वर्ग, क्र. 30, पृ. 2
42. दिनांक 10-8-1961 का बौद्धिक वर्ग, क्र. 29, पृ. 112
43. बौद्धिक वर्ग पंजिका, दीनदयाल शोध संस्थान, दिल्ली; आंध्र प्रदेश संघ शिक्षा वर्ग, बौद्धिक वर्ग, दि. 11-5-1957, पृ. 5
44. क्र. 43, पृ. 8
45. बौद्धिक वर्ग, 13-6-1958, क्र. 29
46. गोविंद नारायणजी आसोपा, 'धर्म' शब्द का लक्षण और रहस्य, कल्याण मासिक, गीता प्रेस, गोरखपुर, हिंदू संस्कृति विशेषांक, पृ. 369
47. क्र. 12, विराटाध्याय द्वितीय आह्निक, वर्णाश्रम विभाग, पृ. 87
48. योगीराज अरविंद, धर्म की सीमाएँ (Limitations of Religion as the law of life, 'Arya'), क्र.46, पृ. 53-54
49. बौद्धिक वर्ग, 9-6-1958, क्र. 29, पृ. 11
50. क्र 9, 'व्यष्टि-समष्टि में समरसता', पृ. 41 -4 2
51. राजस्थान, बौद्धिक वर्ग, 7-6-1965, क्र. 30
52. क्र 43, (स्थान, तिथि अनांकित)।
53. क्र 15, अध्याय- 6 'सेक्युलर : अर्थ-अनर्थ', पृ. 67-68
54. क्र. 4, पृ. 7
55. क्र. 9, अध्याय-3; व्यष्टि-समष्टि में समरसता, पृ. 48-49
56. दीनदयाल उपाध्याय, 'राष्ट्र चिंतन', राष्ट्रधर्म पुस्तक प्रकाशन, लखनऊ; तृतीय आवृत्ति, वर्ष प्रतिपदा, 2029, धर्मराज्य क्या और क्यों? पृ. 137
57. बौद्धिक वर्ग, 11 जून, 1960, क्र. 29, पृ. 87
58. क्र. 15, अध्याय-18 : सारांश (जीवनदर्शन), पृ. 200
59. क्र. 9, अध्याय-3 : व्यष्टि-समष्टि में समरसता, पृ. 52-53

60. क्र. 15, अध्याय-1 : परमसुख का मार्ग, पृ. 15
61. बौद्धिक वर्ग, दि. 14-6-1958, क्र. 29, पृ. 17
62. दि. 10 जून, 1960, क्र. 29, पृ. 67
63. क्र. 29, पृ. 63
64. क्र. 30, बौद्धिक वर्ग, 9-6-1966
65. इस शीर्षक के अंतर्गत उद्धृत सभी वाक्य व वाक्यांश 'राष्ट्रजीवन की दिशा (क्र. 15) के प्रथम अध्याय 'परमसुख का मार्ग' से लिए गए हैं।
66. बौद्धिक वर्ग, 10-8-1961, क्र. 29, पृ. 108
67. क्र. 9, अध्याय-2, एकात्म मानववाद, पृ. 24
68. वही, पृ. 26
69. वही, वहीं।
70. बौद्धिक वर्ग, 11 जून, 1960, क्र. 29, पृ. 17
71. वहीं, पृ. 77
72. क्र. 43, 'साध्य को साधन न बना लें', पृ. 1
73. क्र. 15, अध्याय-18 : सारांश (जीवनदर्शन), पृ. 193
74. 11 जून, 1960; क्र. 29, पृ. 79
75. दीनदयाल उपाध्याय, 'समाजवाद, लोकतंत्र अथवा मानववाद', पाञ्चजन्य, 2 जनवरी, 1961; पृ. 14
76. क्र. 12, पंचम अध्याय, 'देवीसंपद्योगक्षेम', तृतीय आह्निक (अधिलवण), पृ. 154
77. "Sociologists in ancient India appear to have possessed some idea of 'Population Control' though they might not have propounded a theory such as Malthus did. They have definitely referred to excess population as course to lose of Dharma, ultimately leading to Pralaya'. They prescribed 'Brahmacharya'. 'vanaprastha' and 'Adhilavana' as means of pupulation control."—Deendayal Upadhyay,"The Family Planning Policy, Issues of National Policy"; Ed. by P R.Daswani, Jaico Books, Bombay.
78. 'Garbhadhan' the first of the 'sixteen samskaras' enjoined in shastras shows that the ancient shastrakaras not only had the idea of 'Planned parenthood', they even insisted on it as a religious duty. Conception could not be a matter of accident. It is mentioned in the Mahabharata, that after the birth of his four children, Pandu expressed a desire that Kunti should once again 'invoke a God' and get a child. To this Kunti refused saying that she who bears more than four children is not a human being, but a donkey (Gardabhi). She had already given birth to four and would not bear any more. Generally speaking, there was an idea since long in India of limiting the number of children. Hence the concept of family planning is not against our tradition and culture and certainly there is nothing irreligious or immoral about it."; no.77.

□

11

एकात्म मानववाद

1. ऐतिहासिक पृष्ठभूमि

'एकात्म मानववाद' एक ऐतिहासिक विचार श्रृंखला की कड़ी के रूप में उत्पन्न हुआ। यह प्रांचीन यूनान व प्राचीन भारत के आधुनिक संस्करणों 16वीं, 17वीं सदी के यूरोपीय पुनर्जागरण तथा 20 वीं सदी के भारतीय पुनर्जागरण के मेल का परिणाम था। 'थियोक्रेटिक' रोमन साम्राज्य के रूप में स्थापित ईश्वरी राजसत्ता को चुनौती दी गई थी। 'ईश्वर' एवं 'रहस्यवाद 'के खिलाफ, प्राचीन ग्रीक दर्शन के प्रकाश में, 'मानववाद' का प्रणयन हुआ था। 15वीं शताब्दी के मध्य में कोंसटनटिनोपल (Constantinople) के पतन (1453) के बाद भूमध्य-रेखीय सभ्यता का चरित्र ही बदल गया। धरती के पटल की छानबीन शुरू हो गई, कोलंबस ने नई दुनिया को खोज निकाला। कॉपरनिकस, गेलिलियो और न्यूटन के वैज्ञानिक अनुसंधानों ने चिंतन की दिशा एवं दृष्टि को ही बदल दिया।

इटैलियन पुनर्जागरण यूरोपव्यापी हो गया। अगोचर सत्ताओं के स्थान पर विवेक, विज्ञान, विमर्श व साहस की सत्ताओं की स्थापना हुई। पदार्थ एवं उसकी प्रतिक्रियाओं का वैज्ञानिक व समाजशास्त्रीय विवेचन प्रारंभ हुआ। मेकियावेली से लेकर मार्क्स व मिल तक की एक विचारक श्रृंखला उत्पन्न हुई, जिसमें से 'पार्थिव मानववाद' उसकी 'लौकिक प्रवृति' (Secular) एवं अनेक नवीन वादों का विकास हुआ। 'राष्ट्रीय राज्य' की नवीन राजनीतिक इकाई उत्पन्न हुई तथा व्यक्तिवाद व समाजवाद की परस्पर उग्र विरोधी धारणाओं का प्रणयन हुआ।[1]

नवीन खोजों तथा साहसिक पूँजीवाद के प्रकाश में यूरोपीय लोगों ने नई दुनिया में समुद्र पार व्यापार प्रारंभ किया। यूरोपीय पुनर्जागरण तथा यूरोपीय साम्राज्यवाद का विकास साथ-साथ ही हुआ था। यूरोपीय संपर्क, उसके साम्राज्यवाद की चोट एवं प्रजागृत

आत्मसम्मान में से 20 वीं सदी में एशियाई पुनर्जागरण का जन्म हुआ। भारत ने उसका नेतृत्व किया। एशियाई पुनर्जागरण 'यूरोपीय मानववाद एवं भारतीय आत्मवाद' का संगम स्थल बन गया। राजा राममोहन राय, स्वामी विवेकानंद व दयानंद जैसे लोगों ने, इस पुनर्जागरण के शंख को फूँका। अपनी अमेरिका व यूरोप की यात्रा के बाद ओजस्वी संन्यासी स्वामी विवेकानंद ने इस पुनर्जागरण को इन शब्दों में अभिव्यक्त किया—

"यूरोप तथा अमरीकावासी तो यवनों (ग्रीकों) की समुन्नत मुखोज्ज्वलकारी संतान हैं, पर दु:ख है कि आधुनिक भारतवासी प्राचीन आर्यकुल गौरव नहीं रह गए। किंतु राख से ढँकी हुई अग्नि के समान, इन आधुनिक भारतवासियों में, छिपी हुई पैतृक शक्ति अब भी विद्यमान है। यथासमय महाशक्ति की कृपा से उसका पुन:स्फुरण (Renaissance) होगा।" यूरोपीय उपलब्धियों का जिक्र करते हुए स्वामीजी ने कहा, "जो हमारे पास नहीं है, शायद जो पहले भी नहीं थी, जिसका स्पंदन यूरोपीय विद्युदाधार (डाइनेमो) से उस महाशक्ति को बड़े वेग से उत्पन्न कर रहा है, जिसका संचार समस्त भूमंडल में हो रहा है, हम उसी को चाहते हैं। वही उद्यम, वही स्वाधीनता की प्रीति, वही स्वावलंबन, वही अटल धैर्य, वही कार्यदक्षता, वही एकता और वही उन्नति की इच्छा हम चाहते हैं। बीती बातों की उधेड़बुन छोड़कर अनंत तक विस्तारित अग्रसर दृष्टि की हम कामना करते हैं और सिर से लेकर पैर तक की सब नसों में बहनेवाले रजोगुण की उत्कट इच्छा रखते हैं।" पाश्चात्य व पौर्वात्य की पूरकता को उन्होंने उद्‌घाटित किया—

"भारत में रजोगुण का प्राय: सर्वथा अभाव ही है। इसी प्रकार पाश्चात्य में सत्वगुण का अभाव है। इसलिए यह निश्चित है कि भारत से बही हुई सत्वधारा के ऊपर पाश्चात्य जगत् का जीवन निर्भर करेगा, और यह भी निश्चित है कि तमोगुण को रजोगुण के प्रवाह से बिना दबाए हमारा ऐहिक कल्याण नहीं होगा और बहुधा पारलौकिक कल्याण में भी विघ्न उपस्थित होंगे।"

इन दोनों की एकात्मता की कामना करते हुए स्वामीजी आह्वान करते हैं,…"हमें निर्भीक होकर अपने घर के सब दरवाजे खोल देने होंगे। संसार के चारों ओर से प्रकाश की किरणें आएँ, पाश्चात्यों का तीव्र प्रकाश भी आए। जो दुर्बल है, दोषयुक्त है, 'उसका नाश होगा ही। यदि वह चला जाता है तो जाए, उसे रखकर हमें क्या लाभ होगा? जो वीर्यवान, बलप्रद है, वह अविनाशी है, उसका नाश कौन कर सकता है?"[2]

"भारतीय धर्म के आधार पर क्या तुम यूरोप जैसा समाज बना सकते हो? मुझे विश्वास है कि यह संभव है और यह होना भी चाहिए।"[3]

पुनर्जागरण के इसी आह्वान में से भारतीय स्वाधीनता संग्राम उदित हुआ था। एक वैचारिक मंथन शुरू हुआ, जिसमें से राजा राममोहन राय के 'ब्रह्मवाद', विवेकानंद के 'समन्वित वेदांत' तथा दयानंद के 'आर्यत्व' के संदेश रुपायित हुए थे। इसी धारा का

लोकमान्य तिलक के 'कर्मवादी स्वराज्यवाद', अरविंद के 'वेदांतिक स्वराज्य', गोखले, रानाडे व नौरोजी के 'उदारवादी सुराज्यवाद' के चिंतन के रूप में विकास हुआ। इसी को महात्मा गांधी के रामराज्य व सर्वोदय के विचारों ने, जवाहरलाल नेहरू के 'प्रजातंत्रवादी समाजवाद' ने तथा आचार्य नरेंद्र देव के 'भारतीय समाजवाद' ने और आगे बढ़ाया। साम्यवाद की भी भारतीयतापरक वैदांतिक व्याख्याएँ प्रस्तुत की गईं। प्रतिभा-संपन्न मार्क्सवादी भारतीय एम.एन. रॉय ने गैर-साम्यवादी बनकर 'नव मानववाद' का विचार प्रतिपादित किया। विनायक दामोदर सावरकर ने 'हिंदुत्व दर्शन' को राजनीतिक विचारधारा का आधार बनाया। इस सारे चिंतन में भारतीय पुनर्जागरण प्रतिपादित, पाश्चात्य एवं भारतीय विचारों का परस्पर मंथन व सम्मिश्रण हो रहा था। इसी दौरान भारत स्वतंत्र हुआ। विचार-मंथन चलता ही रहा। इस विचार शृंखला की नवीनतम कड़ी है दीनदयाल उपाध्याय प्रणीत 'एकात्म मानववाद'। स्वातंत्र्योत्तर भारत में इस विचार मंथन की प्रक्रिया का उपाध्याय निम्न शब्दों में वर्णन करते हैं—

"स्वातंत्र्योत्तर काल में भारतीय राजनीतिक दर्शन का विचार बिलकुल नहीं हुआ, यह कहना सत्य नहीं होगा। किंतु अभी संकलित प्रयत्न करना बाकी है। गांधीजी की परंपरा को आगे बढ़ाते हुए तथा भारतीय दृष्टिकोण से विचार करते हुए, सर्वोदय के विभिन्न नेताओं ने महत्त्वपूर्ण कल्पनाएँ रखी हैं। किंतु विनोबा भावे ने 'ग्रामदान' के कार्य को जो अतिरेकी महत्त्व दिया है, उससे उनका वैचारिक क्षेत्र का योगदान पिछड़ गया है। जयप्रकाश बाबू भी जिन पचड़ों में पड़ गए हैं, उससे उनका चिंतन का कार्यक्रम रुक गया है। रामराज्य परिषद् के संस्थापक स्वामी करपात्रीजी ने भी 'रामराज्य और समाजवाद' लिखकर पाश्चात्य जीवन दर्शनों की मीमांसा की है तथा अपने विचार रखे हैं, किंतु उनकी दृष्टि मूलत: सनातनी होने के कारण वे सुधारवादी आकांक्षाओं व आवश्यकताओं को पूर्ण नहीं करते। राष्ट्रीय स्वयंसेवक संघ के सरसंघचालक श्री मा.स. गोलवलकर भी समय-समय पर भारतीय दृष्टिकोण से राजनीतिक प्रश्नों का विवेचन करते हैं। भारतीय जनसंघ ने भी 'एकात्म मानववाद' के आधार पर उसी दिशा में कुछ प्रयत्न किया है। हिंदूसभा ने 'हिंदू समाजवाद' ने नाम पर समाजवाद की कुछ अलग व्याख्या करने का प्रयत्न किया है, किंतु वह विवरणात्मक रूप से सामने नहीं आया है।डॉ. संपूर्णानंद ने भी जो 'समाजवाद' पर विचार व्यक्त किए हैं, उनमें भारतीय जीवन-दर्शन का अच्छा विवेचन है। चिंतन की इस दिशा को आगे बढ़ाने की आवश्यकता है।"[4]

भारत का एक वैशिष्ट्य है कि वह विभिन्न मानवीय तथा सांस्कृतिक धाराओं को अपने में समा लेता है। यूरोप का जड़वाद भी इसका अपवाद नहीं रहेगा। इस संदर्भ में श्री अरविंद, जो भारतीय पुनर्जागरण एवं स्वातंत्र्य समर के अग्रदूत तथा प्रतिभासंपन्न दार्शनिक थे, अपनी भावप्रधान शैली में लिखते हैं—

"...हिमालय के दर्रों से औरों ने प्रवेश करना शुरू किया तो भारत से शांति खिसक गई। भारत को संघर्ष की सदियाँ बितानी पड़ी। अतः क्षोभ का काल आया, जिसमें उसी के बिखरे विचारों से उत्पन्न समस्याएँ बड़े आग्रहपूर्ण रूप से वापस आईं और उस पर अपनी दृष्टि, अपने विचार लादने की कोशिश करने लगीं। उसके लिए वह अपने ही अतीत के बौद्धिक परीक्षणों की स्मृतियाँ थीं, जिन्हें उठाकर एक ओर रख दिया गया था। इतना ही नहीं, भुला दिया गया था। उसने उन्हें उठा लिया। नए प्रकाश में उन पर फिर से विचार किया और फिर से अपना अंग बना लिया। उसने यूनानियों के साथ यही किया। सीरियनों के साथ, मुसलमानों के साथ ऐसा ही किया। वह अपने लौटते हुए सभी बच्चों के साथ ऐसा ही करेगा, चाहे वह ईसाई धर्म हो या यूरोपीय विज्ञान और जड़वाद। आज उसे जितनी सामग्री को आत्मसात करना है, वह इतिहास में अद्वितीय और अनुपम है, परंतु उसके लिए यह बच्चों का खेल है।"[5]

राजा राममोहन राय से लेकर दीनदयाल उपाध्याय तक लगभग अस्सी वर्ष का कालखंड है, जिसमें पाश्चात्य एवं भारतीय जीवन-दर्शन, व्यवहार व तत्त्वज्ञान में एक सतत् संघर्ष चल रहा है। इस मंथन का नवरसायन 'एकात्म मानववाद' ही होगा क्या, यह तो कहना कठिन है, लेकिन यह विचार भारत की इस शताब्दी की एक प्रखर मनीषा का प्रतिनिधित्व करता है, जो भारत को भारत बनाए रखना चाहती है पर दुनिया से कटकर नहीं, जो भारत को आधुनिक बनाना चाहती है पर पश्चिम की प्रतिकृति नहीं, जो जागतिक ज्ञान-विज्ञान का उत्कर्ष चाहती है पर अध्यात्म को छोड़कर नहीं, जो संसार के नवीनतम प्रयोगों में योगदान करना चाहती है पर स्वयं को भूलकर नहीं। विवाद केवल तत्त्वों के अनुपात व प्रक्रिया का है। कुछ भारत को ज्यादा भारत व कम दुनिया बनाना चाहते हैं, कुछ दुनिया बनाने के आग्रह में भारत तत्त्व पर कम जोर देना चाहते हैं। किसी का आधुनिकता पर ज्यादा जोर है तो किसी का मौलिकता पर, किसी का अध्यात्म पर ज्यादा जोर है तो किसी का पदार्थवाद पर, किसी को नए प्रयोग का बहुत उत्साह है तो किसी को प्राचीन का ज्यादा आकर्षण है। इस सारे विवाद को अपने में समेटकर चलने की आकांक्षा प्रत्येक भारतीय विचारक की रही है। सफल तो कोई भी नहीं हो पाया; क्योंकि हरेक का अपना-अपना आग्रह भी रहा है।

आज भारतीय पटल पर जवाहरलाल नेहरू के 'लोकतांत्रिक समाजवाद' का विचार इक्कीसवीं सदी के स्वर्णिम सपने ले रहा है। नेहरूवाद के खिलाफ भारत के विरोधी दलों ने 'गांधीवाद' को अपना शस्त्र बनाया है। दीनदयाल उपाध्याय के 'एकात्म मानववादी' सहकारी अपने को 'गांधीवादी-समाजवादी' घोषित कर रहे हैं। चरणसिंह 'ग्रामोन्मुखी गांधीवाद' के प्रवक्ता बने, जनता दल भी अपने को 'समाजवादी गांधीवादी' कहता है। लोकतंत्र, समाजवाद व पंथनिरपेक्षता पर आम सहमति सी दिखाई पड़ती है। 'गांधीवाद'

भारतीयता का प्रतीक बन गया है। इन्हीं संदर्भों में हमारे लिए विश्लेषणीय है, दीनदयाल उपाध्याय का 'एकात्म मानववाद'।

2. वैचारिक पृष्ठभूमि

'एकात्म मानववाद' की पृष्ठभूमि के दो आयाम हैं : प्रथम, पाश्चात्य जीवनदर्शन तथा द्वितीय, भारतीय संस्कृति। 'मानववाद' मुख्यत: पाश्चात्य अवधारणा है तथा 'एकात्मता' भारतीय। पाश्चात्य प्रयोगों में लौकिक जीवन का वैशिष्ट्य है। अत: कहा जा सकता है कि पाश्चात्य 'मानववाद' के भारतीयकरण की प्रक्रिया की फलश्रुति है 'एकात्म मानववाद'।

(क) पाश्चात्य जीवनदर्शन : पश्चिम ने जिस प्रकार की तानाशाहियों, क्रूरताओं तथा अमानवीय धार्मिक सत्ताओं का जीवन भोगा, उसकी तीव्र प्रतिक्रिया अवश्यंभावी थी। अत: यूरोपीय पुनर्जागरण अपने पूर्ववर्ती जीवन का उग्रतापूर्वक निषेध करता है। ईश्वरीय सत्ता के विरुद्ध 'मानव' की प्रतिष्ठा, निरंकुश सामाजिक व्यवस्था के विरुद्ध 'व्यक्तिवाद' की प्रतिष्ठा, पांथिक विश्ववाद (Religious Universalism) के विरुद्ध लौकिक सत्ता (Secular State) की प्रतिष्ठा, ईश्वरीय दया के विरुद्ध मानवीय साहस की प्रतिष्ठा, रहस्यात्मक सच्चाई के खिलाफ विवेक की प्रतिष्ठा तथा स्थापित मान्यताओं के खिलाफ अनुसंधान की प्रतिष्ठा की कहानी यूरोपीय पुनर्जागरण एवं 'मानववाद' के उद्भव की कहानी है।

पाश्चात्य जीवन के धार्मिक अंधविश्वास ने मानव के अध्यात्म तल को इतना रहस्यवादी, परमात्मावादी तथा ढोंगी बना दिया था कि प्रतिक्रियावश वह जड़वादी या भौतिकवादी हो गया। इस भौतिकवाद ने उसे असंवेदनशील यांत्रिकता की ओर धकेला तथा स्वभावत: प्रतिक्रियावादी बना दिया। इसीलिए 'मानववाद' जहाँ यूरोपीय पुनर्जागरण की संस्कृति है वहीं 'जड़वाद' उसकी विकृति। व्यक्तिवाद की विकृति है पूँजीवाद, मानवीय साहस की विकृति है साम्राज्यवाद, राष्ट्रवाद की विकृति है फासी एवं नाजीवाद, लौकिकता की विकृति है असंवेदनीय यंत्रवाद तथा उसके विवेक व अनुसंधान की विकृति है असंयमित भोगवाद।

दीनदयाल पाश्चात्य जीवन की श्रेष्ठता को स्वीकारते हैं। लेकिन उसकी विकृति के खिलाफ ज्यादा चौकस हैं, क्योंकि उनको लगता है कि पाश्चात्य के मोह में लोग उसकी विकृति को नजरअंदाज कर रहे हैं, भारत को पश्चिम की अनुकृति बना रहे हैं तथा समाज में एक संभ्रम उत्पन्न हो रहा है। इस विषय में वे लिखते हैं, ''गांधीजी के जाने के बाद, राज्य सत्ता जिनके हाथ में आई, वे भारत की भाषा व भावना को न समझ पाए और न उसका वह सपना रख पाए, जो उसको अपना लगता।···हमने अपने संपूर्ण

जीवन को तथा समस्याओं को अंग्रेजीयत के चश्मे से देखा। फलतः हमारी राजनीति, अर्थनीति, समाज व्यवस्था, साहित्य और संस्कृति पर अंग्रेजीयत की गहरी छाप है। भारतीयता केवल ऊपर-ऊपर दिखती है।...विभिन्न राजनीतिक दल, वे समाजवादी हों या गैर-समाजवादी, यूरोप की राजनीतिक विचारधाराओं से ही प्रभावित हैं, वे भारत को किसी-न-किसी की अनुकृति बनाना चाहते हैं।''[6]

उपाध्याय का मत है कि पश्चिम की अच्छी बातों में भी एक पारस्परिक तालमेल का अभाव है : ''राष्ट्रवाद, प्रजातंत्र, समाजवाद या समता समाजवाद, सभी के मूल में समता का ही भाव है, समता समानता से भिन्न है। इसे 'Equitability' का पर्याय मान सकते हैं। इन तीन प्रवृत्तियों ने यूरोप की राजनीति को प्रभावित किया है। ये सब आदर्श हैं, जो अच्छे हैं। मानव की दैवी प्रवृत्तियों में से इनका जन्म हुआ है। किंतु अपने में कोई भी विचारपूर्ण नहीं है। इतना ही नहीं, इनमें से प्रत्येक आदर्श, व्यवहार में एक-दूसरे का घातक बन जाता है। राष्ट्रवाद, विश्व शांति के लिए खतरा पैदा करता है। प्रजातंत्र, पूँजीवाद के मेल से शोषण का कारण बन गया। पूँजीवाद को समाप्त कर समाजवाद आया, तो उसने प्रजातंत्र तथा उसके साथ ही व्यक्ति की स्वतंत्रता की बली ले ली। अतः आज पश्चिम के सामने यह प्रश्न खड़ा है कि इन सभी अच्छी बातों का तालमेल कैसे बैठाया जाए?''[7]

इसलिए दीनदयाल उपाध्याय पश्चिम के आंधानुकरण के विरोधी हैं, लेकिन वे सभी मानवीय प्रयत्नों को आदर देना चाहते हैं, नवीन प्रयोगों में उनका उपयोग भी करना चाहते हैं, अतः सभी संशोधित अच्छी बातों को वे पाश्चात्य अवधारणा के आधार पर नहीं, मानवीय प्रयोगों की संकल्पना के आधार पर स्वीकार करना उचित समझते थे—

''विश्व का ज्ञान हमारी थाती है। मानव जाति का अनुभव हमारी संपत्ति है। विज्ञान किसी देश विशेष की बपौती नहीं। वह हमारे भी अभ्युदय का साधन बनेगा।''[8] वे पश्चिम के प्रगतिभूत 'परिणामों' की नकल नहीं करना चाहते थे। वे उन प्रगति के 'कारणों' का अध्ययन कर उनसे सीखने का आग्रह करते थे। उनकी पाश्चात्य दर्शन की ओर देखने की यह नजर तथा यूरोपीय साम्राज्यवाद के प्रतिकार में भारतीय अधिष्ठानवाले शुद्ध राष्ट्रीयतावाद के आग्रह का परिणाम यह हुआ कि पश्चिम की सब अच्छी बातें मानव जाति के खाते में जमा की गईं तथा उनकी कमियों को पाश्चात्य जीवन-दर्शन की कमजोरियों के रूप में उल्लिखित किया गया। सामान्यतः पश्चिम के प्रतिक्रियावाद, जड़वाद, एकांगी दृष्टिकोण, जीवन का खंड-खंड विचार तथा उपभोगवाद की दीनदयाल उपाध्याय ने बहुत आलोचना की। पश्चिमी विचार हमें क्यों अग्राह्य है? उन कारणों को निम्न प्रकार बिंदुबद्ध किया जा सकता है[9]—

(1) पश्चिम का विचार केवल ज्ञानेंद्रियों पर ही निर्भर है। केवल ज्ञानेंद्रियों से

पूर्ण ज्ञान प्राप्त नहीं होता, पूर्ण ज्ञान 'प्रज्ञा' से ही आता है। हमारे ऋषि-मुनियों ने अंदर से देखकर 'समग्रता का दर्शन' किया। हमारा केंद्र 'पूर्णता' है, अन्यों का एकांगी।

(2) पश्चिम द्वारा उपस्थित किया गया 'व्यक्ति' बड़ा या 'समाज'?, यह सवाल ही गलत है। व्यक्ति और समाज अविभक्त है।

(3) 'प्रकृति विजय' की अवधारणा अहंवादी है। प्रकृति मातृवत् पूज्य है, उसका उच्छृंखल दोहन नहीं होना चाहिए। पूँजीवादी शोषण व समाजवादी तानाशाही इसी अहंकार का परिणाम है।

(4) 'समर्थ ही जीवित रहता है' (Survival of the Fittest) की जीवशास्त्रीय अवधारणा की समाजशास्त्रीय मान्यता ने समाज में 'जंगल के कानून' की व्यवस्था उत्पन्न की। 'स्पर्धा' व 'संघर्ष' से विकास होता है, इस गलत अवधारणा का यही आधार है। यह असभ्यता है। सभ्यता के विकास का मतलब ही यह है कि 'कमजोर भी जीवित रह सके'। 'मात्स्य न्याय न रहे', इसीलिए राज्य की स्थापना हुई। समर्थ दुर्बल को समाप्त न कर सके, इसी के लिए हम समाज व्यवस्था व 'कानून के शासन' की स्थापना करते हैं।

(5) 'ईश्वर' व 'शैतान' का द्वैत पश्चिम को बाइबिल की देन है। इसी द्वैतवादी भावना से डार्विन व मार्क्स निर्देशित हुए थे। दलीय संघर्षवादी जनतंत्र व वर्ग-संघर्षवादी साम्यवाद इसी मनोभाव की उपज है।

(6) मनुष्य की दैवी संपदा की उपेक्षा कर उन्होंने मानव को एक 'स्वार्थी मनुष्य' माना है। उनका राज्यशास्त्र, समाजशास्त्र, अर्थशास्त्र, सब 'Srlflnterest' पर आधारित है। यहाँ तक कि परमार्थिक भावों को भी इसी दृष्टि से स्वीकार किया है। 'Honesty is the best Policy' की अवधारणा का यही आधार है।

(7) पश्चिम नई दुनिया में साम्राज्यवादी उत्पीड़न का अपराधी है। साम्राज्यवादी उत्पीड़न एवं शोषण के बल पर यूरोप की औद्योगिक क्रांति सफल हुई। जो पश्चिम की नकल करेगा, उसे शोषणवादी उद्योगवाद को अपनाना होगा।

(8) राष्ट्रीय 'राज्य', संवैधानिक 'राज्य', 'समाजवाद' तो 'राज्यवाद' ही है, इन कल्पनाओं ने समाज की अनौपचारिक सांस्कृतिक व्यवस्थाओं को आहत किया। राजनीति सर्वग्रासी बन गई।

(9) पश्चिम का विचार प्रतिक्रियात्मक है, चर्च राज्य की प्रतिक्रिया में लौकिक राज्य, ईश्वरवाद की प्रतिक्रिया में मानववाद, निरंकुश समाज व्यवस्था की

प्रतिक्रिया में व्यक्तिवाद तथा शोषण की प्रतिक्रिया में समाजवाद का प्रणयन हुआ, अतः यह मानव के विधायक विवेक का प्रतिनिधित्व नहीं करता है। प्रतिक्रियावश समाज की पूर्व स्थितियों में संपन्न हुई मानवीय सकारात्मकता का भी निषेध करता है, यथा, मानव को संवेदनशील बनाने में 'धर्म' की निर्णायक भूमिका रही है। अध्यात्मवाद का निषेध भी अंधविश्वास या ईश्वरीय रहस्यवाद की अतिरेकी प्रतिक्रिया है, जिसने उसे जड़वादी बना दिया।

(10) भौतिकतावाद में से स्वतंत्रता समानता व भ्रातृत्व की प्रेरणा नहीं मिल सकती, इसीलिए मेजिनी द्वारा कल्पित 'मानवतावादी यूरोपीय राष्ट्रवाद' आज तक भी व्यवहार में नहीं आ सका तथा स्वयं यूरोप, अमेरिका व रूसी साम्राज्यवाद में विभक्त हो गया।

दीनदयाल उपाध्याय द्वारा प्रस्तुत किया गया पश्चिम का उपर्युक्त विश्लेषण, आधुनिक गांधीवादी विचारदृष्टि के अनुकूल है। पश्चिमी जगत् के प्रसिद्ध गांधीवादी विल्फ्रेड वेलॉक ने गांधीजी के विषय में लिखा है :

''गाधीजी पश्चिमी सभ्यता की निंदा प्रधानतः इस कारण करते थे, क्योंकि वह व्यक्तिगत संपत्ति व शक्ति के लिए मनुष्य को यंत्र के समान बनाकर मानवीय श्रम का शोषण करती है। इसके परिणामस्वरूप एक ऐसा समाज उत्पन्न होता है, जिसमें परस्पर विरोधी वर्ग अपने विरोधी आदर्शों के द्वारा हिंसक क्रांति तथा प्रति–क्रांति में जुटे रहते हैं। इस पदार्थवाद में से वस्तुओं और सेवाओं की निरंतर पूर्ति के लिए एक भयंकर होड़ (स्पर्धा), अंतरराष्ट्रीय तनाव तथा अंत में विश्वयुद्ध और विश्वक्रांति का जन्म होता है।''[10] पश्चिम के प्रति इस दृष्टिकोण को जवाहरलाल नेहरू अतिवादी मानते थे। उन्होंने अपने एक पत्र में महात्मा गांधी को लिखा था :

''मैं सोचता हूँ कि आप पश्चिम की समस्या को बहुत गलत आँकते हैं और उसकी बहुत सी कमियों को जरूरत से ज्यादा महत्त्व देते हैं। आपने कहीं पर कहा है कि भारत को पश्चिम से कुछ नहीं सीखना है और भूतकाल में वह बुद्धिमत्ता के चरम शिखर पर पहुँच गया था। मैं इस दृष्टिकोण से एकदम असहमत हूँ और यह नहीं सोचता कि तथाकथित रामराज्य पुराने जमाने में बहुत अच्छा था और न मैं फिर उसे वापस लाना चाहता हूँ। मेरे ख्याल में पश्चिमी या औद्योगिक सभ्यता की भारत में अवश्य विजय होगी। हो सकता है कि उसमें बहुत सी तब्दीलियाँ करनी पड़ें और नई चीजें जोड़नी पड़ें, लेकिन फिर भी वह मुख्यतः औद्योगिकता पर आधारित होगी। आपने औद्योगिकता की बहुत सी जाहिरा बुराइयों की कड़ी आलोचना की है और उसके गुणों की ओर मुश्किल से ध्यान दिया है। इन बुराइयों को हर कोई जानता है। पश्चिम के ज्यादातर विचारकों की यह राय है कि ये बुराइयाँ उद्योगवाद की वजह से नहीं हैं, बल्कि उस पूँजीवादी तरीके

की वजह से है जो कि दूसरों के शोषण पर निर्भर करता है।"[11]

दीनदयाल उपाध्याय का हिंदुत्ववादी तथा राष्ट्रवादी मन, पश्चिम के विचारों के खिलाफ जितना उसकी तर्कसंगत बुराइयों के कारण था, उतना ही उसकी विदेशियत के कारण भी था। साथ ही जवाहरलाल नेहरू की पश्चिम प्रभावित 'लोकतांत्रिक समाजवाद' की अवधारणा के आधार पर चलनेवाली कांग्रेस के समानांतर एक राष्ट्रवादी विकल्प उत्पन्न करना था, अत: उपाध्याय पश्चिम की विकृति के प्रति ज्यादा सावधान व मुखर हो गए। उन्होंने अतिवादी होकर पश्चिम के पूर्ण विचार को ही मानवीय विकृति में से उत्पन्न विचार घोषित कर दिया। उन्होंने कहा, "यदि संघर्ष है तो वह प्रकृति का अथवा संस्कृति का द्योतक नहीं है, विकृति का द्योतक है। जिस मात्स्य न्याय या जीवन संघर्ष को पश्चिम के लोगों ने ढूँढ़ निकाला, उसका ज्ञान हमारे दार्शनिकों को था। मानव जीवन में काम, क्रोधादि षट्विकारों को हमने स्वीकार किया है, किंतु इन सब प्रवृतियों को हमने अपनी संस्कृति या शिष्ट व्यवहार का आधार नहीं बनाया।"[12] षट्विकारों के साथ पश्चिम द्वारा स्वीकृत मानवीय प्रवृत्तियों को निम्न प्रकार समीकृत किया जा सकता है—

काम : उपभोगवाद
क्रोध : प्रतिक्रियात्मक विचार
मद : प्रकृति पर विजय तथा भौतिकतावादी मानववाद
लोभ : स्वार्थ
मोह : लोलुपता (अतिवादी महत्त्वाकांक्षाएँ)
मत्सर : संघर्ष एवं स्पर्धा (शक्तिशाली की विजय)।

एक विशेष परिस्थिति में विचार करने के कारण पश्चिम का ऐसा कृष्णपक्षीय विवेचन उपाध्याय ने किया, लेकिन वे शुक्ल पक्ष से अनभिज्ञ नहीं थे। स्वतंत्रता, समानता व बंधुता का आदर्श, विवेक एवं अनुसंधान का आधार एवं साहसिक प्रयोगवाद, पश्चिम द्वारा अर्जित श्रेष्ठत्व के लिए कारणीभूत है। इन घोषित श्रेष्ठताओं को पूरी तरह से प्राप्त न कर सकने के जो अनेक कारण हैं; उपाध्याय मानते हैं कि उनमें से बड़ा कारण यह है कि मानव की विकारमूलक प्रवृत्ति को उन्होंने, इन अच्छे लक्ष्यों को प्राप्त करने की प्रक्रिया के रूप में स्वीकार कर लिया, परिणामस्वरूप इस प्रवृत्ति ने उनके हर अच्छे आदर्श को परस्पर लड़वा दिया। अत: पश्चिम से व्यवहार करते समय हमें चौकस रहना चाहिए। वह व्यवहार भी बराबरी के स्तर पर होना चाहिए। हमें अपने 'स्वत्व' तथा सांस्कृतिक मूल्यों के अधिष्ठान पर विभिन्न प्रयोग करके मानवीय विकास की प्रक्रिया में सहभागी बनना चाहिए, किसी पर अवलंबित नहीं रहना चाहिए। अत: वे कहते हैं—

"नि:संदेह आज विश्व से हम कुछ लें, परंतु विश्व ऐसी स्थिति में नहीं है कि

हमारा कुछ मार्गदर्शन कर सके। वह तो स्वयं चौराहे पर है। ऐसी अवस्था में हम उससे किसी प्रकार का मार्गदर्शन नहीं पा सकते। हमें तो यह सोचना चाहिए कि अब तक की विश्व की प्रगति को देखते हुए कहीं ऐसी संभावना है या नहीं कि हम उसकी प्रगति में अपना योगदान कर सकें? विश्व की प्रगति का अध्ययन कर लेने के बाद हम भी उन्हें कुछ दे सकते हैं, यह विचार हमें विश्व का अंग बनकर करना चाहिए। हम केवल स्वार्थी न बनकर, विश्व की प्रगति में सहयोगी बनें। यदि हमारे पास कोई वस्तु है, जिससे कि विश्व का लाभ होगा तो वह देने में हमें कोई आपत्ति नहीं होनी चाहिए। मिलावट के युग के अनुरूप, विशुद्ध विचारों को विकृत करके उनका मिश्रित रूप न लें, बल्कि उनको सुधारकर तथा मंथन करके ग्रहण करना चाहिए। हमें विश्व पर बोझ बनकर नहीं, उसकी समस्याओं के छुटकारे में सहायक बनकर रहना चाहिए। हमारी परंपरा और संस्कृति विश्व को क्या दे सकती है, यह हमें विचार करना है।''[13]

पश्चिम की प्रगति एवं विचार प्रवाह के प्रति उपाध्याय का उपर्युक्त चिंतन 'अपनी अहमियत' का इजहार करवाने वाला है। वे पश्चिम को मानवीय सभ्यता की मुख्यधारा मानकर उसमें डूबने का तैयार नहीं हैं। अपने राष्ट्रीय स्वत्व के साथ मानव सभ्यता की धारा को समृद्ध करने की मानसिकता से उपाध्याय ने भारतीय संस्कृति को अपने चिंतन का आधार बनाया। उसी आधार पर उनका 'एकात्म मानववाद' विकसित हुआ।

(ख) भारतीय संस्कृति : भारतीय संस्कृति में एक दीर्घकालिक निरंतरता है। एशिया व यूरोप की तुलना करते हुए श्री अरविंद लिखते हैं, ''यूरोप शताब्दियों में जीता है और एशिया युगों में। यूरोप राष्ट्रों में बँटा है, एशिया सभ्यता व संस्कृतियों में। सारे यूरोप की एक ही सभ्यता है, जिसका स्रोत एक ही है, वह पुरानी और कहीं से ली हुई है। एशिया में तीन सभ्यताएँ है, जिनमें से हरेक मौलिक और स्थानीय है। यूरोप की हर चीज छोटी और अल्पजीवी है। उसे अमरता का रहस्य नहीं मिला है।...आज यूरोप विज्ञान, दर्शन, सभ्यता आदि के जिन शिखरों पर हाँफते-हाँफते चढ़ रहा है, उन ऊँचाइयों तक एशिया बहुत पहले चढ़ चुका है, लेकिन उसके बाद कुछ ढील आ गई थी, ह्रास और अधोगति नहीं आई।''

भारत के लिए आगे श्री अरविंद लिखते हैं, ''संसार के इतिहास में ऐसा कोई देश नहीं है जो इस तरह इतने दिनों तक विदेशी राज्य के नीचे पिसकर भी ऐसी अदम्य शक्ति दिखला सका हो। यही नैतिक बल, यही जड़ तक पहुँचने की क्षमता, अपने 'स्व' के ऊपर पूरा अधिकार—ये एशिया की शक्ति के रहस्य हैं। शास्त्र हमें बतलाते हैं, जो अपने ऊपर शासन कर सके, वही जगत का स्वामी हो सकता है। 'स्वराट' ही 'सम्राट' बन सकता है।''[14]

भारतीय जीवन में तुलनात्मक रूप से सकारात्मकता अधिक है, क्योंकि यहाँ का

जीवन सतत् प्रवहमान रहा, यहाँ की 'प्रतिक्रियाएँ' धारा को मोड़ देने या अवरुद्ध करनेवाली नहीं, वरन् समुद्र में आई लहरों के समान है। भारत का जीवन संस्कृति का जीवन था, केंद्रित शासनों ने भारत की जनपदीय संस्कृति की बहुत क्षति की। इस संदर्भ में श्री अरविंद विवेचन करते हैं—

"भारत में बड़े-बड़े राज्यों की स्थापना जनतंत्रात्मक विधान के लिए घातक हुई। अभी तक प्रतिनिधि चुनने का विचार नहीं आया था और निर्वाचित प्रतिनिधियों के बिना राज्यों में लोकतंत्र असंभव है। यूनानियों को अपनी प्रिय स्वाधीनता से 'हेलेनिक' जगत् में प्रवेश करते ही हाथ धोने पड़े। रोम को साम्राज्य बनते ही अपनी पुरानी पद्धति को छोड़कर, सर्व-समर्थ राजाओं के विधान को स्वीकार करना पड़ा। जनतंत्र सारे संसार से लुप्त हो गया। आखिर में निर्वाचन पद्धति के विकास ने उसे एक नए शरीर में जन्म दिया।...चंद्रगुप्त और अशोक के साम्राज्य नई तरह के थे। इनके ऊपर शायद हेलेनिक साम्राज्यों का प्रभाव था। यहाँ सामंतों-प्रजाजनों का स्थान न रहा, एक व्यक्ति अपने अधिकारियों की सहायता से एकछत्र राज्य करता था। फिर भी हिंदू राजा सीजरों की तरह बिलकुल निरंकुश नहीं बन पाया। वह हमेशा उन विधि-विधानों का पालन करवाता था, जिनको बनाने में उसका कोई हाथ न होता था। वह जनमत की ज्यादा अवहेलना भी नहीं कर सकता था। जब राजा बहुत ज्यादा निरपेक्ष बन गए, तब भी उनका कर्तव्य था समाज में सुव्यवस्था और कल्याण के लिए कार्य करना, उन्हें कभी प्रजा की अवहेलना करने का अधिकार नहीं मिला। भारत में निरंकुश निर्द्वंद्व राजाओं का प्रवेश हुआ मुसलमानों के साथ, जो इस गुण को यूरोप और ईरान से लाए थे, लेकिन भारतीय स्वभाव ने कभी इसे पूरी तरह स्वीकार नहीं किया।"[15]

तत्त्वत: दीनदयाल उपाध्याय का भारतीय जीवन के प्रति दृष्टिकोण श्री अरविंद की चिंतनधारा के अनुकूल है, लेकिन तथ्यत: मौर्य एवं गुप्त साम्राज्य के बारे में उनका मत श्री अरविंद से भिन्न है, वे उन लोगों में है जो गुप्तकाल को भारत का 'स्वर्ण युग' मानते हैं, लेकिन उसके कारण रक्षात्मक है, विधायक नहीं। क्योंकि विदेशी ताकतें, भारत की राजनीति-निरपेक्ष सांस्कृतिक जिंदगी में हस्तक्षेप करने लगी थी, इन विदेशी ताकतों को मुँहतोड़ जवाब था मौर्य साम्राज्य एवं कौटिल्य चाणक्य। इसलिए उपाध्याय अखिल भारतीय दृष्टि से सांस्कृतिक एकता के लिए प्रयत्नशील शंकराचार्य तथा राजनीतिक एकत्व के लिए प्रयत्नशील चाणक्य के प्रति वर्तमान संदर्भों में अधिक अनुकरणशील भाव रखते हैं। साथ ही वैविध्यमूलक भारतीयता का जनपदीय सांस्कृतिक व राजनीतिक विकास उन्हें भी वरेण्य था। अत: उन्होंने केंद्र में 'एकात्मक शासन' व निचले स्तरों पर 'जनपदीय व पंचायती स्वशासन' के पक्ष में अपने विचार प्रस्तुत किए।

दीनदयाल उपाध्याय भारतीय संस्कृति के प्रति एक राष्ट्रवादी के नाते स्वाभिमान का भाव रखते हैं तथा तात्विक दृष्टि से उसकी तर्कसंगत निरंतरता के कायल हैं, अत:

उन्होंने भारतीय संस्कृति के शुक्ल पक्ष का अधिक विवेचन किया है। सब अच्छी बातें भारतीय संस्कृति के खाते में तथा बुरी बातें मानवीय स्वभावदोष, कालबाह्यता तथा विदेशी संपर्क के खाते में जमा है। एक विचारशील व्यक्ति होते हुए भी, भारतीय संस्कृति के प्रति उपाध्याय की 'भक्त' दृष्टि है। दुनिया की अन्य तथा विशेषकर पश्चिमी संस्कृति की तुलना में, वे भारतीय संस्कृति के क्षात्र-तेज-संपन्न उग्र समर्थक हैं। उनकी इस भारतीय दृष्टि को हम निम्न प्रकार से बिंदुबद्ध करने का प्रयत्न कर सकते हैं :

(1) भारतीय संस्कृति की पहली विशेषता यह है कि वह संपूर्ण जीवन का, संपूर्ण सृष्टि का संकलित विचार करती है। उसका दृष्टिकोण एकात्मवादी (Integrated) है। टुकड़ों-टुकड़ों में विचार करना विशेषज्ञ की दृष्टि से ठीक हो सकता है, परंतु व्यावहारिक दृष्टि से उपयुक्त नहीं।''[16]

(2) भारतीय जीवन अध्यात्म प्रधान है, लेकिन भौतिक उत्कर्ष की उपेक्षा नहीं करता। हमारा केंद्र है पूर्णता, एकांगिता नहीं।

(3) भारतीय संस्कृति व्यष्टि, समष्टि, सृष्टि व परमेष्टि को स्वतंत्र सत्ताओं के बावजूद अविभक्त मानती है।

(4) 'धर्म' भारतीय संस्कृति की सर्वाधिक महत्त्वपूर्ण विशेषता है। 'धर्म' के कारण भारत में राजा, प्रजा, समाज, व्यक्ति सभी सुसंयमित हुए, कोई भी उच्छृंखल नहीं हो सका। 'प्रकृति के शाश्वत व खोजे हुए नियम धर्म है।'

(5) भारतीय संस्कृति मजहबवादी नहीं है। वह किसी पुस्तक या व्यक्ति को अंतिम प्रमाण नहीं मानती। इसका वैशिष्ट्य है : वादे वादे जायते तत्त्व बोधा: (तत्त्व का बोध विचार-विमर्श से होता है), इसीलिए भारतीय परंपरा उपनिषदों व दर्शनों की परंपरा है।

(6) भारतीय संस्कृति 'पर-मत-सत्कारवादी' है। दूसरे के मत के प्रति असहिष्णुता अभारतीयता है। भारत का विचार है, 'एकं सद् विप्रा: बहुधा वदंति' (एक ही सत्य को विद्वान लोग बहुत प्रकार से बखानते हैं), इसलिए भारत में संसार के सर्वाधिक संप्रदाय विद्यमान है।

(7) भारत का समाज-दर्शन 'विराटपुरुषवादी' है। संस्कृति अवधारणा 'चिति' मूलक है, राष्ट्र 'संस्कृतिवादी 'तथा व्यक्ति 'आत्मवादी' है।

(8) भारतीय संस्कृति मानव की 'चतर्पुरुषार्थी' आवश्यकताओं की प्रतिपादक है, जो शाश्वत, परिस्थिति निरपेक्ष एवं मनुष्य की सकारात्मक आवश्यकताएँ हैं।

(9) भारतीय संस्कृति, जीवन का केंद्र 'राज्य 'को नहीं, धर्म व संस्कृति को मानती है।

(10) भारत का विचार 'यत् पिंडे तत् ब्रह्माण्डे' तथा 'आत्मवत सर्वभूतेषु' (जो पिंड में है, वही ब्रह्मांड में है तथा संपूर्ण भूत जगत में एक ही आत्मा व्याप्त है) का है। अत: भारतीय संस्कृति संघर्ष व स्पर्धावादी नहीं वरन् 'पूरकता' व 'समन्वयवादी' है।

(11) भारतीय संस्कृति का ईश्वरवाद एक मजहबी नहीं है। गीता में भगवान् श्रीकृष्ण कहते हैं, 'ये यथा मां प्रपद्यन्ते तांस्तथैव भजाम्यहम्' (गीता : 4/11) 'जो मुझे जिस रूप में भजता है, मैं उसे उसी रूप में मिल जाता हूँ।' अर्थात् हर व्यक्ति अपनी कल्पना के अनुसार ईश्वर की आराधना करने के लिए स्वतंत्र है। अत: भारत में ईश्वरवादी, अनीश्वरवादी, एकेश्वरवादी, बहुदेववादी, सगुण भक्त, निर्गुण भक्त, आत्मवादी, नियतिवादी तथा ब्रह्मवादी आदि सब प्रकार के लोगों का समावेश है। नास्तिक लोग या लोकायतवादी भी भारतीय परंपरा में बेगाने नहीं माने जाते।

(12) भारतीय संस्कृति 'यज्ञमयी' है। यज्ञ का भाव है 'इदम् न मम्' (यह मेरा नहीं है) संपत्ति के विषय में 'न्यासी' का भाव यज्ञ भाव माना जाता है। संपत्ति के विषय में व्यक्तिवाद या राज्यवाद के स्थान पर 'न्यास' सिद्धांत भारत की विशेषता है।

(13) भारतीय संस्कृति 'विश्ववादी' है। 'विश्ववाद' अंतरराष्ट्रीयतावाद से भिन्न है।

(14) भारतीय संस्कृति 'संस्कारवादी' है। संस्कारित समाज स्वायत्त समाज होता है। औपचारिक व्यवस्थाओं का बंधन व्यक्ति को कुंठित करनेवाला होता है। यूरोप की प्रतिक्रियाओं का मूल कारण मानव पर आरोपित 'व्यवस्थावाद' है। संस्कारों का नियंत्रण स्वयं स्वीकृत होता है जबकि 'कानून' आरोपित। भारत की 'राज्य विहीनता' का आधार उसकी 'संस्कार' दृष्टि है।

(15) भारतीय संस्कृति 'समन्वयवादी' है। व्यक्ति व समाज में समन्वय, भौतिकता व अध्यात्मिकता में समन्वय, राष्ट्र एवं विश्व में समन्वय, विभिन्न विचारों व पंथों में समन्वय तथा हर प्रकार के संघर्ष को शमित करने की अद्‌भुत समन्वय क्षमता भारतीय संस्कृति का वैशिष्ट्यपूर्ण लक्षण है।

सामान्यत: अपने विभिन्न लेखों व भाषणों में दीनदयाल उपाध्याय ने भारतीय संस्कृति को उपर्युक्त प्रकार से वर्णित किया है। लेकिन वे भारत की कमजोरियों के प्रति भी सचेत थे। एकांगिता, कालबाह्यता तथा निहित स्वार्थता के अनेक रोग भारत को अंदर से खोखला कर रहे हैं, अत: वे सांस्कृतिक श्रेष्ठता के नाम पर यथास्थितिवाद के खिलाफ थे। वे लिखते हैं—

"हमने अपनी प्राचीन संस्कृति का विचार किया है, लेकिन हम कोई पुरातत्त्ववेत्ता नहीं हैं। हम किसी पुरातत्त्व संग्रहालय के संरक्षक बनकर नहीं बैठना चाहते। हमारा ध्येय संस्कृति का संरक्षण नहीं, अपितु उसे गति देकर सजीव व सक्षम बनाना है।...हमें अनेक रुढ़ियाँ समाप्त करनी होंगी, बहुत से सुधार करने होंगे।...आज यदि समाज में छुआछूत और भेदभाव घर कर गए हैं, जिनके कारण लोग मानव को मानव समझकर नहीं चलते आए जो राष्ट्र की एकता के लिए घातक सिद्ध हो रहे हैं, हम उनको समाप्त करेंगे।"[17]

पुरानी संस्थाओं में उत्पन्न निहित स्वार्थों के विषय में उपाध्याय कहते हैं, "...पुरानी संस्थाओं में जिनका निहित स्वार्थ है, उन्हें धक्का लगेगा। कुछ लोग जो प्रकृति से अपरिवर्तनवादी हैं, उन्हें भी सुधार और सृजन के इन प्रयत्नों से कुछ कष्ट होगा। किंतु बिना औषध के रोग ठीक नहीं होता, व्यायाम का कष्ट उठाए बिना बल भी नहीं आता। अतः हमें यथास्थिति का मोह त्यागकर नवनिर्माण करना होगा।"[18]

दीनदयाल उपाध्याय पश्चिम की विकृति के प्रति सावधान थे, भारतीय संस्कृति के उपासक थे। उनकी भारतीय प्रकृति समन्वय दृष्टिवाली थी, अतः न वे किसी विदेशी विचार को एकदम हेय मानते थे तथा न ही हर स्वदेशी चीज को वरेण्य। उनका सूत्र था, "हम मानव के ज्ञान और उपलब्धियों का संकलित विचार करें। इन तत्त्वों में जो हमारा है उसे युगानुकूल और जो बाहर का है उसे देशानुकूल ढालकर हम आगे चलने का विचार करें।"[19] 'स्वदेशी' को युगानुकूल व विदेशी को 'स्वदेशानुकूल' बनाने की अपनी मानसिकता के कारण उन्होंने कहा, "हम भारत को न तो किसी पुराने समय की प्रतिच्छाया बनाना चाहते हैं और न रूस या अमेरिका की अनुकृति।"[20]

पाश्चात्य विचारों के प्रति भी वे छुआछूतवादी नहीं थे। वे लोकतंत्र व समाजवाद में समन्वय को संभव मानते थे, समन्वय का आधार पश्चिमी प्रवृत्तियाँ नहीं हो सकतीं; भारतीयता ही इसके लिए समर्थ सिद्ध हो सकती है। वे कहते हैं, "भारत पर पश्चिमी राजनीति का प्रक्षेपण करने के स्थान पर हमें अपने ही राजनीतिक दर्शन का विचार करना होगा। इसमें हम पश्चिम के चिंतन का लाभ उठा सकते हैं, किंतु न तो हम उससे अभिभूत हों, न उसे ध्रुव सत्य मानकर चलें। यह देश और काल, दोनों ही दृष्टियों से ठीक नहीं होगा।"[21]

"प्रजातंत्र और समाजवाद, दोनों परस्पर विरोधी न होकर समन्वित हो सकते हैं, किंतु यह समाजवाद राज्याधिष्ठित अथवा शासन केंद्रित नहीं होगा। राज्य को समाज की एकमेव प्रतिनिधि संस्था मानना भूल है। इसी मान्यता के कारण राज्य को समाप्त करने का वादा करके भी कम्युनिज्म ने राज्य को सर्वग्राही बना दिया। समाज अपने हित के लिए कुटुंब से लेकर राज्य तक तथा विवाह से लेकर संन्यास तक अनेक संस्थाओं का निर्माण करता है।...समाजवाद और प्रजातंत्र दोनों की सफलता, गैर-सरकारी तथा राजनीति

निरपेक्ष आंदोलनों तथा शिक्षा पर निर्भर है। लोक संस्कार का सर्वाधिक महत्त्व है। दयानंद, गांधी और हेडगेवार ने जिस प्रकार प्रेरणा पैदा की, उस ओर यदि देश का ध्यान गया तो समाज की धारणाशक्ति प्रबल होगी। इससे ही राष्ट्र की 'चिति' जागृत होकर उसका 'विराट्' प्रबल होगा।''[22]

समन्वय की इस विचार-यात्रा में से 'एकात्म मानववाद' पैदा हुआ। उपाध्याय ने 'लोकतंत्रात्मक समाजवाद' को अपने विचार का आधार, संभवत: दो कारणों से नहीं बनाया। प्रथम, कांग्रेस द्वारा लोकतंत्रात्मक समाजवाद की पाश्चात्य अवधारणा के 'राज्यवादी' स्वरूप का तब आग्रहपूर्वक प्रतिपादन हो रहा था, उपाध्याय इससे असहमत थे तथा भारतीय विचारों की उपेक्षा के कारण कांग्रेस व अन्य दलों की विचार-प्रक्रिया से कुछ नाराज भी थे। दूसरा कारण था, एक स्वतंत्र पहचानवाला राजनीतिक दल उत्पन्न करना, जो भारत पर पाश्चात्य विचारों के आरोपण का प्रतिकार कर सके, विश्व में भारत की स्वतंत्र छवि को उभार सके। अपने दल के विषय में उन्होंने कहा—

''हमें ज्ञान का आदान-प्रदान विश्व के प्रत्येक देश से करने में कोई संकोच नहीं होना चाहिए, पर ऐसा करते समय हमें अपने जीवनमूल्यों को स्मरण रखना होगा।...भारतीय जनसंघ आत्मा का साक्षात्कार करनेवाले उन लोगों का आंदोलन है जो केवल विरोध के लिए नहीं जीते हैं वरन् देश को निर्माण की नई राह पर तीव्र गति से ले जाना चाहते हैं।''[23]

बंबई के अपने ऐतिहासिक भाषण में जब उपाध्याय ने 'एकात्म मानववाद' की व्याख्या प्रस्तुत की, तब बहुत भावपूर्ण शब्दों में उन्होंने अपने व्याख्यान का समापन किया—

''विश्व का ज्ञान और आज तक की अपनी संपूर्ण परंपरा के आधार पर हम ऐसे भारत का निर्माण करेंगे, जो हमारे पूर्वजों के भारत से भी अधिक गौरवशाली होगा, जिसमें जन्मा मानव अपने व्यक्ति का विकास करता हुआ, संपूर्ण मानवता ही नहीं, अपितु सृष्टि के साथ एकात्मता का साक्षात्कार कर 'नर से नारायण' बनने में समर्थ हो सकेगा। यह हमारी संस्कृति का शाश्वत दैवी और प्रवहमान रूप है। चौराहे पर खड़े विश्व-मानव के लिए यही हमारा दिग्दर्शन है। भगवान हमें शक्ति दें कि हम इस कार्य में सफल हों, यही प्रार्थना है।''[24]

दीनदयाल उपाध्याय द्वारा प्रणीत एकात्म मानववाद की यही ऐतिहासिक व तात्त्विक पृष्ठभूमि है। इतिहास की वह धारा, जिसके कारण यूरोप तथा एशिया में पुनर्जागरण का संचार हुआ, परिणामस्वरूप पाश्चात्य एवं भारतीय विचारों में परस्पर मंथन हुआ। पाश्चात्य विचार व भारतीय संस्कृति की तात्त्विक पृष्ठभूमि में, जहाँ पाश्चात्य प्रयोगों तथा भारत की प्राचीन संस्कृति का महत्त्व है, वहीं स्वातंत्र्योत्तर भारत का राजनीतिक चिंतन निर्णायक रूप से 'एकात्म मानववाद' के सृजन का कारण बना।

इस प्रकार हम महसूस करते हैं कि दीनदयाल उपाध्याय ने बहुत विवेकपूर्वक

पश्चिमी विचारधारा व भारतीय संस्कृति में मेल बैठाने का प्रयत्न किया, लेकिन कभी-कभी भारत के प्रति उनकी भक्त दृष्टि तथा पश्चिम के प्रति उनकी नाराजगी कुछ अतिवादी बातों के लिए कारणीभूत बनती है। वस्तुतः उनके व्यक्तित्व का मुख्य स्वर संतुलनवादी है, तो भी चिंतन में भारत व पश्चिम का एक द्वंद्व निरंतर बना रहता है। अपनी इस ऐतिहासिक व तात्विक पृष्ठभूमि पर 'एकात्म मानववाद' ने अपने को किस रूप में रूपायित किया, अब हम उसकी अवधारणाएँ तथा तर्कसंगतता पर विचार करेंगे।

3. विकास-क्रम एवं नामकरण

'एकात्म मानववाद' की अवधारणात्मक विकास-यात्रा का प्रारंभ, राष्ट्रीय स्वयंसेवक संघ द्वारा स्वीकृत 'शुद्ध राष्ट्रवाद' की धारणा से होता है। भारतीय संस्कृति, जो कि हिंदू संस्कृति है, के अधिष्ठान पर स्वतंत्र भारत का नवनिर्माण होना चाहिए, यह एक राजनीतिक आकांशा थी जो विधायक रूप से भारतीयतापरक चिंतन की परिणाम थी तथा कांग्रेस द्वारा प्रतिपादित मिश्रित राष्ट्रवाद तथा पाश्चात्य वैचारिक दर्शन की प्रतिक्रिया से भी उत्पन्न हुई थी। इसी आकांक्षा में से भारतीय जनसंघ की स्थापना हुई। दीनदयाल उपाध्याय इसके विचारक और संगठक बने।

भारतीय जनसंघ के प्रथम अधिवेशन दिसंबर 1952 में सांस्कृतिक पुनरुत्थान विषयक प्रस्ताव दीनदयाल उपाध्याय ने रखा था।[25] यह प्रस्ताव एक प्रकार से 'हिंदू राष्ट्रवादी' प्रस्ताव है। भारतीय संस्कृति के आधार पर भारतीय जनसंघ की अर्थनीति का प्रारूप उपाध्याय ने जनसंघ के उत्तर प्रदेश के प्रादेशिक सम्मेलन के अवसर पर आयोजित कार्यकर्ता शिविर 1953 में पहली बार प्रस्तुत किया।[26] 1958 में हुए भारतीय जनसंघ के अधिवेशन में समाजवाद व पूँजीवाद पर खुले रूप से तथा समान रूप से प्रहार किए गए।[27] कहा गया कि समाजवाद व पूँजीवाद, दोनों ही शक्ति के केंद्रीकरण के विदेशी विचार हैं, जनसंघ विकेंद्रीकरण व भारतीयता का उपासक है। अपनी इस नीति का विश्लेषण करते हुए, उपाध्याय ने एक भाषण 11 मार्च, 1959 को लखनऊ में गंगाप्रसाद स्मारक हॉल में दिया। इसमें पश्चिमी विचारों का खंडन करते हुए 'विकेंद्रित अर्थव्यवस्था' तथा 'मानववाद' का पक्ष प्रस्तुत किया गया।[28] इस भाषण में अपनी विचारधारा के लिए उन्होंने 'मानववाद' शब्द का प्रथम बार प्रयोग किया, जो कि सामाजिक व आर्थिक 'यंत्रवादी' विचार के प्रतिकार में प्रतिपादित किया गया था। इसके बाद 2 जनवरी, 1961 के 'पाञ्चजन्य' में उपाध्याय ने 'समाजवाद, लोकतंत्र अथवा मानववाद'[29] शीर्षक से एक लंबा लेख लिखा। लेकिन तब तक शायद अपनी विचारधारा का निरुपण 'मानववाद' शब्द से ही किया जाए, इसके बारे में बात ठीक से तय नहीं हो पाई थी, अतः जब यही लेख उनकी पुस्तक 'राष्ट्र-चिंतन' में संकलित होकर आया तो शीर्षक बदलकर 'समाजवाद,

लोकतंत्र और हिंदुत्ववाद'[30] कर दिया गया। अंतत : 11 अगस्त से 15 अगस्त, 1964 को संपन्न हुए भारतीय जनसंघ के ग्वालियर प्रशिक्षण शिविर में उपाध्याय द्वारा 'सिद्धांत और नीति 'प्रलेख प्रस्तुत किया गया, जिसमें अपनी दल की विचारधारा को 'एकात्म मानववाद' के नाम से अभीहित किया गया।[31] 22 से 25 अप्रैल, 1965 को उपाध्याय की भारतीय जनसंघ बंबई द्वारा एक भाषणमाला संपन्न करवाई गई, जिसमें उन्होंने विस्तारपूर्वक अपने विचारदर्शन का विवेचन किया।[32] फरवरी 1968 में उपाध्याय की हत्या हो गई और इस प्रकार से विचार का यह क्रम आगे न बढ़ सका।

इस वैचारिक विकासक्रम की प्रक्रिया में सर्वाधिक योगदान राष्ट्रीय स्वयंसेवक संघ के शिक्षावर्गों में उपाध्याय द्वारा दिए गए बौद्धिक वर्गों का है,[33] लेकिन उनमें व्यवस्था एवं क्रमबद्धता का अभाव है। तुलनात्मक रूप से भारतीय जनसंघ के माध्यम से प्रलिखित व विश्लेषित हुई सामग्री अधिक व्यवस्थित व क्रमबद्ध है।

इस वैचारिक यात्रा में कुल मिलाकर भारतीय व पश्चिमी साहित्य का अध्ययन तो उपाध्याय ने किया ही। उनके बारे में यह मशहूर था कि यदि दिल्ली में वे संघ या जनसंघ कार्यालय में नहीं हैं तथा किसी कार्यक्रम में भी नहीं गए हैं तो फिर वे सप्रू हाउस की लाइब्रेरी गए होंगे। अपने विचारों को व्यवस्थित करने में उनको सर्वाधिक सहयोग जिस एक व्यक्ति का मिला, वे थे राष्ट्रीय स्वयंसेवक संघ के द्वितीय सरसंघचालक मा.स. गोलवलकर तथा तत्कालीन भारतीय साहित्य की दृष्टि से जिस साहित्य ने उन्हें प्रभावित किया है, वह गांधी और विनोबा का साहित्य है। तकनीकी शब्दावली के लिए उन्हें 'दैशिक शास्त्र' से बहुत सहयोग प्राप्त हुआ। इस सब घोलमेल से जो एक नवरसायन तैयार हुआ, वह 'एकात्म मानववाद' उपाध्याय की अपनी मौलिक प्रतिभा का परिणाम था।

नामकरण : 'एकात्म मानववाद' नाम से जाने गए इस विचार को अन्य भी अनेक नामों से उपाध्याय व उनके साथी पुकारते रहे हैं। 'एकात्मतावाद', 'समन्वित मानववाद', 'परिपूर्ण मानव', 'समग्र मानव का विचार' आदि। उपाध्याय ने अपने संघ शिक्षा वर्ग के एक बौद्धिक वर्ग में इसे 'षट्पदीवाद'[34] भी कहा। उन्होंने अपने 'सिद्धांत और नीति 'प्रलेख को ही अपने विचारों की अभिधारणा के लिए अधिकृत किया; अत: अंतिम रूप से 'एकात्म मानववाद' नाम को मान्यता प्राप्त हुई।

'वाद' परंपरा भी अभारतीय परंपरा है। भारतीय परंपरा में 'धर्म' तथा 'दर्शन' शब्द विचारधाराओं के प्रतिपादन के लिए सामान्यत: प्रयुक्त होते हैं। भारतीय साहित्य 'मानव धर्म' का वर्णन करता है, मानववाद का नहीं। 'सांख्य' व 'वैशेषिक' आदि सामान्यत: 'दर्शन' के नाम से जाने जाते हैं। युगधर्म के अनुसार उपाध्याय ने 'वाद' प्रत्यय को अपने विचारदर्शन के नामकरण में स्थान दिया। इस संदर्भ में दत्तोपंत ठेंगड़ी अपने प्रसिद्ध भाषण 'एकात्म मानववाद : एक अध्ययन' में कहते हैं—

"इसका नाम वाद या 'इज्म' क्यों रखा गया? वैसे पंडितजी स्वयं 'वाद' के पक्षपाती कभी नहीं थे। उनका मत था जो सत्य और सनातन है वह न तो 'वाद' के चौखटे में ठीक बैठेगा और न बदलती हुई परिस्थितियों का मुकाबला कर सकेगा।···किंतु आज कुछ लोगों की आकलन की शक्ति की भी एक सुनिश्चित पद्धति बन गई है, और वह पद्धति 'वाद' अथवा 'इज्म' की है। अत: सर्वसाधारण की सुविधा के लिए ही 'वाद' अथवा 'इज्म' शब्द का प्रयोग पंडितजी ने किया।"[35]

इसी प्रकार 'मानववाद' भी एक पाश्चात्य अवधारणा है जो भौतिकवादी है तथा ईश्वरीय सत्ता के खिलाफ उत्पन्न हुई है। इस संदर्भ में अपने 'सिद्धांत व नीति' प्रलेख में दीनदयाल लिखते हैं—

"मानवतावाद के नाम से कई विचारधाराएँ प्रचलित रही हैं। किंतु उनका विचार भारतीय संस्कृति के चिंतन से अनुप्राणित न होने के कारण वे मूलत: भौतिकवादी हैं। मानव के नैतिक स्वरूप अथवा व्यवहार के लिए वे कोई तात्त्विक विवेचन प्रस्तुत नहीं कर पाईं। आध्यात्मिकता को अमान्य कर, मानव तथा मानव एवं जगत के संबंधों और व्यवहार की संगति नहीं बिठाई जा सकती।"[36]

'एकात्मता' भारतीय संस्कृति का केंद्रीय विचार है। वस्तुत: उपाध्याय का विचार 'एकात्मता दर्शन' है, लेकिन वह 'मानव' के लिए है। 'मानव' को पश्चिमी प्रतिक्रिया ने ईश्वर के खिलाफ प्रस्तुत किया तथा बाद में उसे यंत्रवत् व्याख्यायित कर दिया। उपाध्याय मानव को ईश्वर के खिलाफ नहीं, यंत्रवत् भी नहीं, वरन् एक स्वयंपूर्ण एवं संवेदनशील इकाई के नाते प्रस्तुत करना चाहते हैं। इसी पाश्चात्य संदर्भ के कारण उन्होंने 'वाद' शब्द को अपनाया। 'एकात्मता' तत्त्व 'मानव' तथा 'वाद', दोनों को भारतीयकृत करता है।

4. जीवन-दर्शन

'एकात्म मानववाद' विचारदर्शन ने मानव की व्यष्टि तथा विभिन्न सामुदायिक समष्टियों के परस्पर रिश्तों को मुख्यत: अपने विवेचन का विषय बनाया है। इस संदर्भ में दत्तोपंत ठेंगड़ी कहते हैं—

"पश्चिम में सभी इकाइयों, संस्थाओं एवं कल्पनाएँ का विचार पृथक-पृथक (Compartmentalisation) आधार पर किया गया है। व्यक्ति का व्यक्ति के नाते, परिवार का परिवार के नाते, समाज का समाज के नाते और मानवता का मानवता के नाते वहाँ विचार किया गया। किंतु इन समस्त इकाइयों में कुछ संबंध है। इसका विचार नहीं किया गया है। व्यक्ति का विचार करते समय अन्य सामाजिक अवयवों (Community) को भुला दिया गया। यही बात परिवार, समाज और मानवता का विश्लेषण करते समय हुई···उनके यहाँ एक-एक इकाई का विचार हुआ। समझने के लिए कहा जा सकता है कि

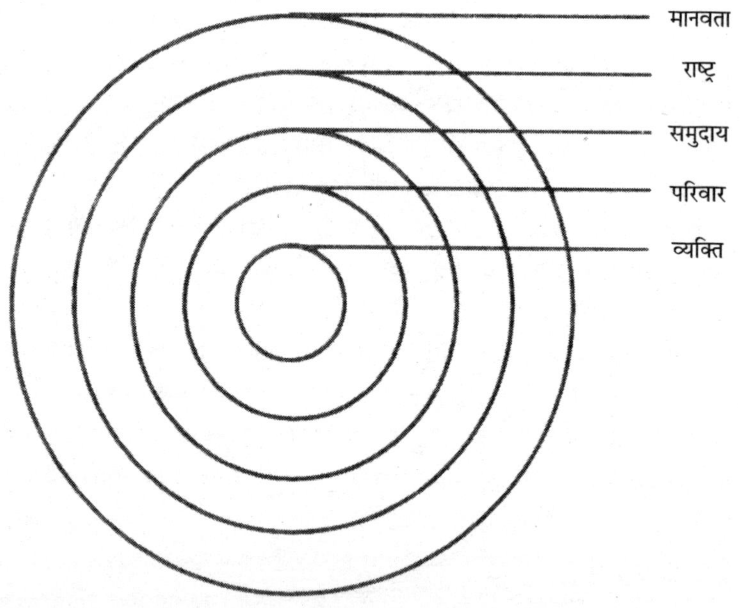

सकेंद्री रचना (Concentric)

बीच में एक बिंदु है, जो व्यक्ति है। उसको आवृत्त करनेवाला उससे बड़ा घेरा परिवार है।

उसको आवृत्त करनेवाला किंतु पिछले घेरे से असंबद्ध एक दूसरा बड़ा घेरा समुदाय (Community) का है। उसको आवृत्त करनेवाला, उससे बड़ा घेरा राष्ट्र का है और उससे ऊपर जो घेरा है वह मानवता का है। यहाँ तक वे लोग पहुँच गए हैं।

यह रचना सकेंद्रीय है। इसमें व्यक्ति केंद्रबिंदु है। अब उससे संबंध न रखते हुए अन्य घेरे परिवार (Family),समुदाय (Community), राष्ट्र (Nation) और मानवता (Humanity) के हैं। ये एक-दूसरे को आवृत्त अवश्य करते हैं पर एक-दूसरे से अलग हैं और एक-दूसरे से निर्गमित नहीं होते। अपने यहाँ जो रचना दी गई है, वह सनातन रचना है और नवीन नहीं है। इसे कुंडलित, सर्पिल या उत्तरोत्तर वृद्धि करनेवाली (Spiral) अखंड मंडलाकार रचना कहा जाता है। इसका प्रारंभ व्यक्ति से होता है और व्यक्ति को लेकर, व्यक्ति से संबंध न तोड़ते हुए, उसी से संबद्धता कायम रखते हुए, अगला घेरा परिवार का है। उसे खंडित न करते हुए उसी से संबद्ध दूसरा घेरा राष्ट्र का है। सातत्य रूप से उससे ऊपर का घेरा मानवता का है और चरम शिखर पर चराचर विश्व का घेरा है।[37]

ठेंगडी इन दोनों रचनाओं के अंतर को इस प्रकार विवेचित करते हैं कि पश्चिमी विचार के अनुसार हर सामुदायिक इकाई एक-दूसरे को आवृत्त तो करती है पर परस्पर

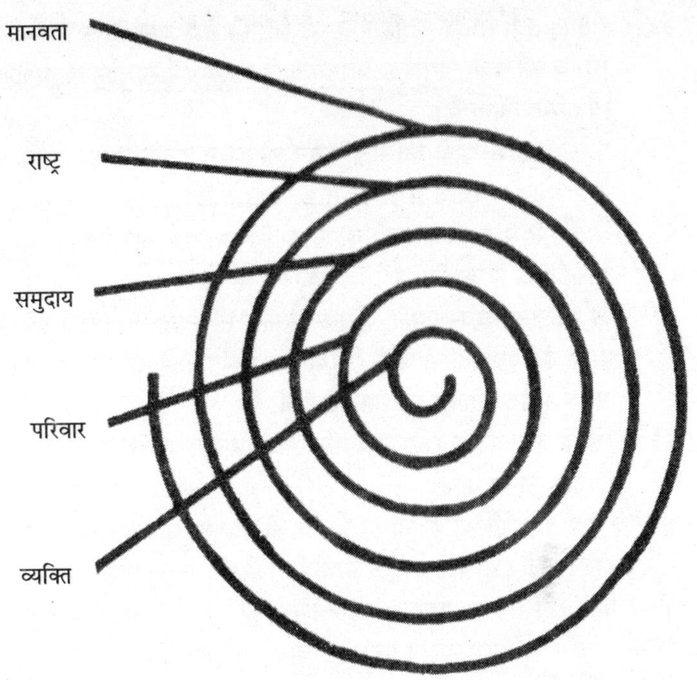

अखंड मंडलाकार (Spiral System)

असंबद्ध है। इसलिए हर इकाई का हित-चिंतन एकांतिक (Exclusive)है, अतः इनमें हित-विरोध व निरंकुशता आती है, जबकि एकात्म मानववादी अथवा भारतीय जीवन-रचना व्यक्ति एवं समाज की विभिन्न इकाइयों में असंबद्धता (Exlusiveness) को स्वीकार नहीं करती। परस्पर संबद्धता के परिणामों से यह विकसित समाज चेतना है, अतः इसमें हित विरोधी नहीं, वरन् पूरकता रहती है, समन्वय रहता है। व्यक्ति बिंदु का विकास ही मानवता तक के सर्पिल या मंडलाकार जीवन प्रक्रिया से हुआ है, अतः व्यक्ति तथा मानवता के हित परस्पर विरोधी एवं संघर्षमूलक नहीं हो सकते। इस अवधारणा के अनुसार जो जीवन दृष्टि संबंधी निष्कर्ष निकाले गए हैं, वे निम्न हैं—

(1) व्यक्ति व विभिन्न सामाजिक इकाइयाँ परस्पर अविच्छिन्न हैं। इनमें पृथकता देखनेवाली जीवन दृष्टि गलत है।

(2) व्यक्ति से मानवता तक की सामाजिकता एक विकास-क्रम का परिणाम है। इस विकास चेतना की अवहेलना में से आरोपण एवं निरंकुशता की मनोवृत्ति उत्पन्न होती है।

(3) व्यक्ति तथा समाज के हित परस्पर विरोधी नहीं वरन् पूरक है। व्यक्ति व समाज की पृथकतामूलक अवधारणा ने संघर्ष एवं स्पर्धामूलक मनोविज्ञान विकसित किया है।

(4) पारस्परिक संबद्धता का मनोविज्ञान शोषण व उत्पीड़न का निषेध करता है, परमार्थ व स्वार्थ में अभेद उत्पन्न करता है।

(5) व्यक्ति से मानवता तक की चेतना का विकास एक मानवीय प्रक्रिया है जो सांस्कृतिक है जबकि असंबद्ध इकाइयों को कृत्रिम व्यवस्थाओं से जोड़ने के प्रयत्न से व्यवस्थावाद, जो कि अंतत: 'राज्यवाद' के रूप में परिभाषित होता, की प्रधानता हो जाती है। यांत्रिक संबद्धताओं की प्रक्रिया मानव की सहज संवेदनशीलता को आहत करती है।

(6) सकेंद्री जीवनरचना खंड-खंड मानव का दर्शन है, जबकि अखंड मंडलाकार एकात्म मानव का।

व्यक्ति व समाज के संबंधों के आधार पर उनकी आवश्यकता एवं कार्यशीलता का एक रेखाचित्र दीनदयाल उपाध्याय प्रस्तुत करते हैं। जिसमें व्यक्ति तथा समाज के सब तत्त्व, व्यक्ति और समाज तथा समाज एवं व्यक्ति को जोड़नेवाली क्रियाएँ एवं इस क्रियाशील संबद्धता के परिणामस्वरूप सिद्ध होनेवाले चतुर्पुरुषार्थ का दिग्दर्शन है।[38]

रेखाचित्र में अंकित घन परिपूर्ण मानव जो विराट् पुरुष है, उसका है। यह घन छह समान वर्गों से निर्मित है जो विभिन्न समीकरणों को संयोजित करते हैं। एक बिंदु रेखीय सूत्र है जो इस घन के विभिन्न वर्गों में सुसूत्रता निर्माण करता है। रेखाचित्र के अगले पृष्ठ पर इन समीकरणों का विवेचन प्रस्तुत किया गया है।

(क) समष्टि व व्यष्टि के संबंध : समाज और व्यक्ति को जोड़नेवाले चार स्तंभ हैं : (1) शिक्षा, (2) कर्म, (3) योगक्षेम व (4) यज्ञ।

(क.1) शिक्षा : 'शिक्षा' सामाजिक कर्म है (इस स्तंभ का सूत्र समष्टि से व्यष्टि की तरफ आता है)। परिवार समाज का लघु रूप है, हर परिवार एक शिक्षालय है। हमारे यहाँ कहा गया है, माता प्रथम गुरू:।

निष्पत्तियाँ

—शिक्षा व्यक्ति का जन्मसिद्ध अधिकार है तथा अपने आपको समाज कहनेवाले समुदाय का प्रथम कर्तव्य है कि वह अपनी संतान को शिक्षित व संस्कारित कर समर्थ बनाए।

—आश्रम व्यवस्था का पालन होना चाहिए। जातीयलवन, योजित पितृत्व तथा सक्षम मातृत्ववाली समाज व्यवस्था चाहिए।

व्यष्टि-समष्टि संबंध एवं चतुर्पुरुषार्थों का एकात्म धन

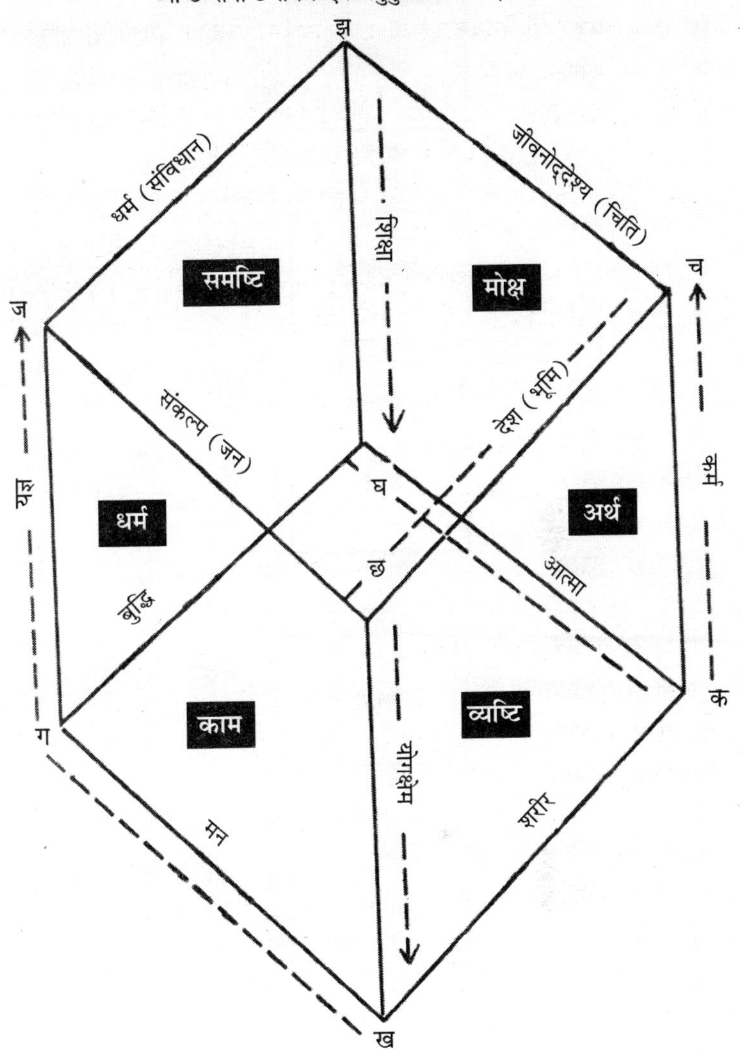

(क. 2) कर्म : 'कर्म' वैयक्तिक क्रिया है (इस स्तंभ का सूत्र व्यष्टि से समष्टि की तरफ जाता है) जो व्यक्ति समाज द्वारा प्रदत्त शिक्षा के प्रतिदान में करता है।

निष्पत्तियाँ

—कर्म करना हर व्यक्ति का कर्तव्य है तथा कर्म करने के अवसर पाना अधिकार है।

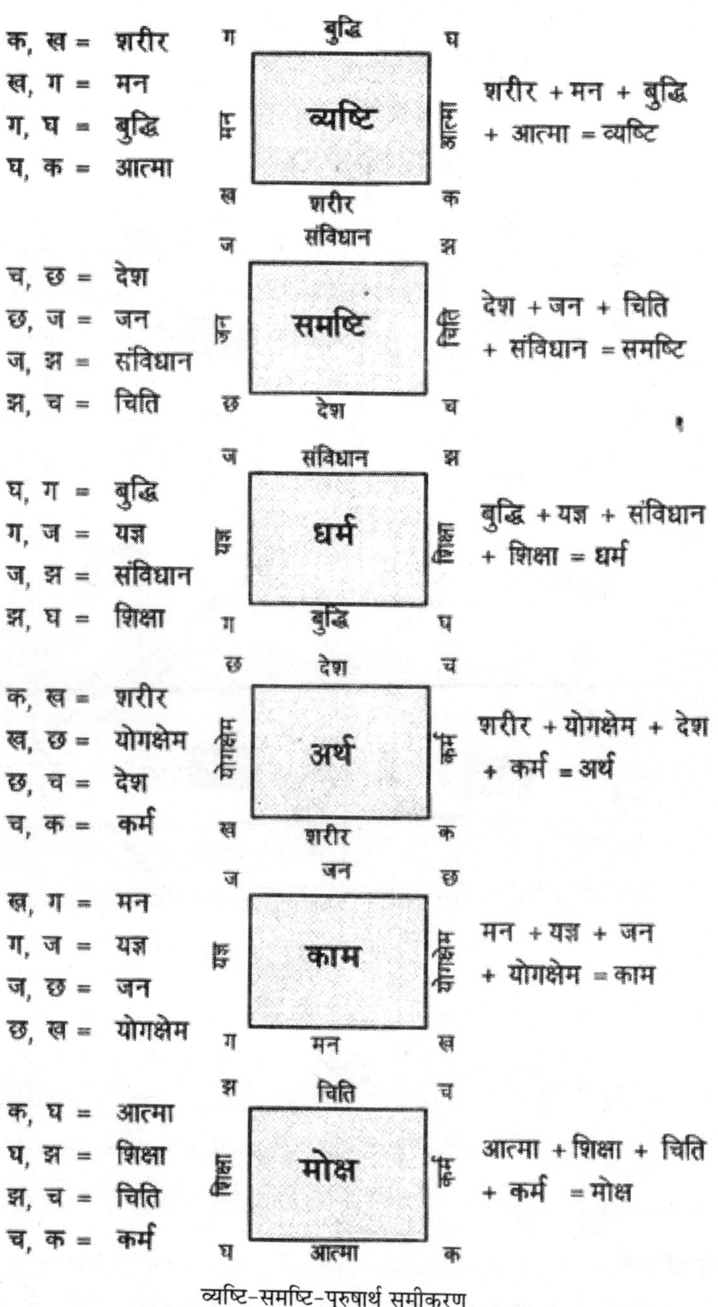

व्यष्टि-समष्टि-पुरुषार्थ समीकरण

—समाज व्यवस्था ऐसी होनी चाहिए कि व्यक्ति को कर्म की प्रेरणा रहे तथा व्यक्ति में समाज के प्रति दायित्ववान रहने का संस्कार उत्पन्न हो।

(क. 3) योगक्षेम : 'योगक्षेम' कर्मफल है (इस स्तंभ का सूत्र समष्टि से व्यष्टि की तरफ आता है) जो कि समाज व्यक्ति को कर्म के प्रतिदान में देता है।

निष्पत्तियाँ

—कर्मफल केवल पारिश्रमिक नहीं, संपूर्ण योगक्षेम है। कर्म का प्रतिदान केवल धन नहीं हो सकता यथा 'जीवनरक्षा' या 'विद्या-दान' की कोई आर्थिक कीमत नहीं हो सकती। योगक्षेम से तीन तात्पर्य हैं : (1) सराहना व समादर, (2) भौतिक आवश्यकताओं की पूर्ति एवं (3) सुरक्षा।

—कर्म एवं कर्मफल का संतुलन बिगड़ने से व्यक्ति व समाज के रिश्तों में तनाव आता है, अत: व्यक्ति में निष्काम कर्म की प्रेरणा तथा समाज में योगक्षेम वहन करने की प्रेरणा बने रहना संतुलनकारी रहता है।

(क. 4) यज्ञ : व्यक्ति द्वारा किया गया सामाजिक कर्म है (इस स्तंभ का सूत्र व्यष्टि से समष्टि की तरफ जाता है)। 'यज्ञ शेष' ग्रहण करना व्यक्ति का धर्म है।

निष्पत्तियाँ

—योगक्षेम के लिए कर्मफल के रूप में जो मिले उसमें से समाज के लिए तथा आनेवाली पीढ़ियों के लिए बचाना, यज्ञ है।

—समाज की देयता (कर) चुकाकर जब व्यक्ति उपभोग करता है तो वह उपभोग धर्मयुक्त अर्थात् 'यज्ञ शेष' का उपयोग है। करवंचन अधर्म है।

(ख) चतुर्पुरुषार्थ सिद्धि : शिक्षा, कर्म, योगक्षेम व यज्ञ का संतुलन बिगड़ने से समाज का धन विकृत हो जाता है। विकृत घन चतुर्पुरुषार्थ के वर्गों को आहत करता है, परिणामत: समाज सुखी नहीं रह सकता, तनाव कुंठाओं का शिकार बन जाता है।

(ख. 1) धर्म—(बुद्धि+यज्ञ+संविधान+शिक्षा) धर्म पुरुषार्थ की सिद्धि के लिए समाज द्वारा उत्तम शिक्षा व्यवस्था तथा विधान का नियोजन होना चाहिए। व्यक्ति बुद्धिमान एवं यज्ञकर्मी होना चाहिए। असंगत शिक्षा व आरोपित विधान तथा निर्बुद्धि व्यक्ति या करवंचक लोग धर्म पुरुषार्थ को विकृत करते हैं। धर्म पुरुषार्थ आधारभूत है। इसके बिगड़ने पर शेष का बिगड़ना सुनिश्चित है। अत: उपाध्याय आग्रहपूर्वक शिक्षा-संस्कार व संस्कृतिवाद का निरुपण करते हैं। वे राज्य एवं व्यवस्थाओं को समाज की आधारभूत नियामिका शक्ति नहीं मानते।

(ख. 2) अर्थ—(शरीर+योगक्षेम+देश+कर्म) अर्थ पुरुषार्थ की सिद्धि के लिए कर्म एवं कर्मफल का संतुलन चाहिए। कर्मप्रवण व्यक्ति तथा भूमि एवं जन में आत्मीयता

चाहिए। कर्म एवं कर्मफल में संतुलन व व्यवस्था का नियामक धर्म व धर्मराज्य है। आधारभूत पुरुषार्थ धर्म की सिद्धि के बिना यह पुरुषार्थ सिद्ध नहीं किया जा सकता।

(ख. 3) काम—(मन+यज्ञ+जन+योगक्षेम) काम पुरुषार्थ की सिद्धि, योगक्षेम व यज्ञ संतुलन तथा संस्कारित मन के सृजन से होती है। यज्ञ तथा योगक्षेम क्रमश: धर्म एवं अर्थ के प्रतिनिधि हैं। धर्म अर्थाधारित काम ही सुखकारी होता है। धर्म एवं अर्थ की अवहेलना करने पर काम पुरुषार्थ नहीं रहता, विकार बन जाता है।

(ख. 4) मोक्ष—(चिति+कर्म+शिक्षा+आत्मा) मोक्ष पुरुषार्थ की सिद्धि कर्म एवं शिक्षा के संतुलन तथा आत्मसाक्षात्कार व चिति जागरण से होती है। मोक्ष पुरुषार्थ भी शेष तीन पुरुषार्थों के समान वैयक्तिक नहीं वरन् समाज पुरुष का ही पुरुषार्थ है। धर्म, अर्थ व काम पुरुषार्थ की सिद्धि ही मोक्ष प्राप्ति की प्रक्रिया है।

(ग) विराट्दर्शन : चारों पुरुषार्थों का संकलित विचार एकात्म मानव की नियति है। उपाध्याय द्वारा प्रतिपादित यह रूपरेखा उनके उस जीवनदर्शन की परिचायक है जो व्यष्टि व समष्टि को अविभक्त मानती है। उनके रिश्तों की व्याख्या करती है, उनके समग्र सुख व पूर्ण पुरुषार्थ का विवेचन करती है। पाश्चात्य जीवनदर्शन का आधार मुख्यत: भौतिक विज्ञान है, उपाध्याय के दर्शन का आधार समाजशास्त्र, मनोविज्ञान व धर्मशास्त्र है। मानव का यह एकात्म व संकलित विचार ही उनके द्वारा प्रतिपादित 'विराट्दर्शन' है।

5. समाजशास्त्रीय प्रवृत्तियाँ

हर दार्शनिक अपने विचारों की सच्चाई को प्राकृतिक सत्यों के निकष पर कसता है, क्योंकि प्राकृतिक सत्यों के प्रतिकूल विचार अव्यवहार्य होते हैं। उन विचारों को समाज पर आरोपित करने का प्रयत्न समाज में प्रतिक्रिया उत्पन्न करता है। अत: पश्चिम के विचारकों ने जब अपने दार्शनिक विचारों का प्रणयन किया तो दकार्ते, डार्विन और न्यूटन जैसे वैज्ञानिकों द्वारा शोधित प्राकृतिक सत्यों को अपने विचारों की वैज्ञानिकता का साक्षी बनाया। दीनदयाल उपाध्याय भी अपने विचारों की वैज्ञानिकता को प्राकृतिक साक्ष्यों से पुष्ट करते हैं। उनकी साक्षियाँ भौतिकविज्ञान, वनस्पतिविज्ञान, जीवविज्ञान, समाजशास्त्र व मनोविज्ञान आदि सभी शास्त्रों में से जुटाई गई है। भारत का प्राचीन विज्ञान विश्लेषण भी उनकी अभिधारणाओं का आधार है। प्राकृतिक सत्यों के रूप में उपाध्याय जिन एकात्म मानववादी प्रवृत्तियों को विश्लेषित करते हैं, उन्हें निम्न प्रकार वर्णित किया जा सकता है।

(क) एकात्मता[39] **:** जो 'पिंड' में है वही 'ब्रह्मांड' में है, भारतीय दार्शनिकों की यह पुरानी मान्यता है। 'अंश' एवं 'संपूर्ण' तत्त्वत: एक है, यह इस दार्शनिक तत्त्व की निष्पत्ति है। इसी में से 'एकत्व' अथवा 'अद्वैत' के दर्शन का प्रचलन हुआ। "...संपूर्ण चराचर जगत् में एकात्म भाव की अवधारणा भारतीय दर्शन की विशेषता है। 'यत् पिण्डे

तत् ब्रह्माण्डे'—जो क्षुद्र में है, वह ही विराट् में भी है। इस व्याख्या के अनुसार 'विराट्' अनेक छोटी इकाइयों का योग नहीं है और 'सूक्ष्म' विराट् का छोटा टुकड़ा न होकर उसका लघु 'चित्त' है। वटवृक्ष विराट् है, बीज सूक्ष्म है। बीज में वृक्ष अपनी संपूर्ण विशालता सहित समाया हुआ है और सूक्ष्म बीज विशाल वृक्ष बन जाता है। जो सूक्ष्म है वही विराट् है, जो विराट् है वही सूक्ष्म भी है। अत: सूक्ष्म और विराट्, व्यष्टि एवं समष्टि तथा मनुष्य एवं समाज में द्वंद्व नहीं है एकात्म भाव है, जो जीवन को टुकड़ों में नहीं बाँटता। यह खंड दृष्टि नहीं, अपितु समग्र दृष्टि प्रदान करता है।''[40]

दीनदयाल उपाध्याय वृक्ष व बीज में एकात्मता देखकर सामाजिक एकात्मता जो कि 'द्वंद्ववाद' का निषेध कर 'समन्वय' का प्रतिपादन करती है, का निरुपण करते हैं। बीज तथा वृक्ष में अभेद देखते हैं। कार्ल मार्क्स के अनुसार बीज 'वाद' (Thesis) है, प्रस्फुटन 'प्रतिवाद' (Anti Thesis) है, और वृक्ष 'समवाद' (Synthesis) है। तद्नुसार पूँजीवाद 'वाद' है। वर्गसंघर्ष 'प्रतिवाद' समाजवाद 'समवाद' है। मार्क्स कहते हैं कि 'वाद' व 'समवाद' क्रांतिकारी रूप से व तत्त्वत: भिन्न होते हैं, 'पूँजीवाद' से एकदम भिन्न वस्तु है 'समाजवाद'। मार्क्स वैसे प्रतिभासंपन्न विचारक हैं, लेकिन यहाँ उनसे तर्क की भूल हुई है, क्योंकि 'बीज' और 'फल' तत्त्वत भिन्न वस्तुएँ नहीं है। वृक्ष या फल बीज का ही विस्तार है। पूँजीवाद रूपी बीज का फल 'समाजवाद' कैसे होगा, यदि समाजवाद, पूँजीवाद से प्रकृतित: भिन्न है? अत: बीज और वृक्ष की प्रक्रिया में संघर्ष नहीं 'विकास' की गवाही है। 'भेद' नहीं 'अभेद' अथवा 'एकत्व' की गवाही है। इस तर्क की अधिक विवेचना भी की जा सकती है, लेकिन यह एक सुखद संयोग है कि दीनदयाल व मार्क्स, दोनों ने अपने परस्पर विरोधी माने जानेवाले दर्शनों के पक्ष में प्रकृति के एक ही गवाह को साक्षी के लिए प्रस्तुत किया।

आधुनिक विज्ञान भी 'एकात्मता' के पक्ष में है। दीनदयाल उपाध्याय कहते हैं, ''हम यह तो स्वीकार करते हैं कि जीवन में अनेकता अथवा विविधता है, किंतु उसके मूल में निहित एकता को खोज निकालने का हमने सदैव प्रयत्न किया है। यह प्रयत्न पूर्णत: वैज्ञानिक है। विज्ञानवेत्ता का प्रयत्न रहता है कि वह जगत में दिखनेवाली अव्यवस्था में से व्यवस्था ढूँढ निकाले, उनके नियमों का पता लगाए तथा तदनुसार व्यवहार के नियम बनाए। रसायनशास्त्रियों ने संपूर्ण भौतिक जगत में से कुछ आधारभूत तत्त्व (Elements) ढूँढ़ निकाले तथा बताया कि सृष्टि उनसे ही बनी है। भौतिकी उससे भी आगे गई। उसने उन तत्त्वों के मूल में निहित शक्ति अर्थात् चेतना को ढूँढ़ निकाला। आज संपूर्ण जगत में चेतना का आविष्कार है।''[41]

एकात्म मानववाद में 'एकात्मता' केंद्रीय प्रवृत्ति है। इसके विश्लेषण की निष्पत्ति के रूप में अन्य दो प्रवृत्तियों का जन्म हुआ है। प्रथम है कि प्रकृति का एकात्म चरित्र हमें

'समग्रता' का संदेश देता है तथा एकांगिता का निषेध करता है। 'समग्रता' का संयोजन संघर्ष से नहीं, 'समन्वय' से ही हो सकता है। दूसरी प्रवृत्ति है कि 'समन्वय' का आधार है 'परस्पर पूरकता'।

(ख) समग्रता : प्रकृति का अर्थ ही है 'संतुलित समग्र'। जब प्रकृति का संतुलन बिगड़ता है तो भूकंप, ज्वालामुखी व अकाल आदि संहारक क्रियाएँ ही प्रकृति का नियम बन जाती हैं अत: किसी एक आयाम का तात्कालिक कारणों से आग्रह करना तथा अन्य आयामों की उपेक्षा करना दूरगामी दृष्टि से असंतुलन उत्पन्न करना है, यथा, वैयक्तिक स्वतंत्रता के एकांगी आग्रह ने सामाजिक स्वतंत्रता की अवहेलना की, उसमें से पूँजीवादी शोषण ने जन्म लिया तो सामाजिक समानता के एकांगी आग्रह ने व्यक्ति के व्यक्तित्व को ही ग्रसित कर निरंकुश तानाशाही को पैदा किया।

मानवीय सुख समग्रता व सर्वकालिकता में है। इस समग्र सर्वकालिकता के संयोजन के लिए वैयक्तिक व सामाजिक रूप से क्रिया व्यवहारों का संयोजन कर चतुर्पुरुषार्थों की सिद्धि की जाती है, जिनका विवेचन पीछे किया जा चुका है।

सामाजिक समग्रता की दृष्टि व विवेकसंगत आयोजना से, समाज में परस्पर संतुलन सुस्थापित किया जा सकता है। इसी प्रकार प्रकृति के साथ व्यवहार करते समय भी समग्रता व संतुलन का ध्यान रखना आवश्यक है। प्रकृति के संसाधन किसी एक पीढ़ी के असंयमी उपभोग के लिए नहीं है, यदि उपभोग के समय हमने केवल अपने तात्कालिक सुख का ही ध्यान रखा तो प्रकृति हमें दंडित करेगी, यथा, अपनी तात्कालिक कागज, फर्नीचर व ईंधन की आवश्यकता की पूर्ति के लिए हम जंगल काटते हैं। इससे पर्यावरण में असंतुलन आता है। अत: एकपक्षीय, एकआयामी, तात्कालिक व केवल उपभोगवादी दृष्टि अवांछनीय है। प्रकृति हमें समग्रता व संतुलन का संदेश देती है। इसलिए भारतीय विचार 'प्रकृति' से मातृवत व्यवहार का निर्देश देता है तथा उपभोग में 'संयम' के नियम का पालन करने का आग्रह करता है।

सुख का एकांगी व उपभोगवादी चिंतन समाज एवं व्यक्ति को शोषण की प्रेरणा देता है। शोषण की प्रवृत्ति समाज और प्रकृति, दोनों का उत्पीड़न करती है। पर्यावरण को बिगाड़ती है तथा भावी पीढ़ियों के लिए कठिनाइयाँ उत्पन्न करती है। उपाध्याय कहते हैं, "प्रकृति की संपदा अपार होते हुए भी उसकी मर्यादा है" अत: "हम प्रकृति से उतना तथा इस प्रकार लें कि वह उस कमी को पुन: स्वयं पूरित कर ले।" पश्चिम का उद्योगवाद, एकांगी होने के कारण ही यांत्रिक व अमानवीय होकर, प्रकृति के लिए संहारक बन गया है। समग्रतावादी अर्थव्यवस्था प्रकृति के शोषण पर नहीं, पोषण पर अवलंबित होगी। "शोषण नहीं, दोहन हमारा आधार होना चाहिए।"[42] प्रकृति का स्तन्य हमारे लिए जीवनदायी हो, ऐसी व्यवस्था करनी चाहिए। प्रकृति के साथ उच्छृंखल

व्यवहार 'समग्रता एवं संतुलन' की दृष्टि से अदूरदर्शिता का परिचायक है।

एकात्म मानववाद की द्वितीय प्रवृत्तिमूलक अभिधारणा 'समग्रता' है, जिसकी निष्पत्तियाँ हैं उच्छृंखलता तथा शोषण का निषेध करते हुए 'संतुलन' व 'संयम' का पुरस्कार करना। समग्रता व संतुलन 'पुरुषार्थ चातुष्ट्य' की सिद्धि की आधारभूत शर्त है।

(ग) पूरकता : दीनदयाल उपाध्याय की मान्यता है कि पश्चिमी दार्शनिकों ने डार्विन के जीवशास्त्रीय सिद्धांत (शक्तिशाली ही जीवित रहेगा) का समाजीकरण करके मनुष्य को गलत दिशा दी है। प्रकृति में यत्र-तत्र संघर्ष के उदाहरण भी हैं, लेकिन हमें उसमें समन्वय की खोज करनी चाहिए, क्योंकि हमारे अस्तित्व का कारण संघर्ष नहीं, वरन् 'परस्परावलंबन' व पूरकता है। ''वनस्पति और प्राणी, दोनों एक-दूसरे की आवश्यकता को पूरा करते हुए ही जीवित रहते हैं। हमें ऑक्सीजन वनस्पतियों से मिलती है तथा वनस्पतियों के लिए आवश्यक कार्बन डाइऑक्साइड प्राणी-जगत् से प्राप्त होती है। इस परस्पर पूरकता के कारण ही संसार चल रहा है।''

''संसार में एकता का दर्शन कर, उसके विविध रूपों के बीच परस्पर पूरकता को पहचानकर, उनमें परस्परानुकूलता का विकास करना तथा उनका संस्कार करना संस्कृति है। प्रकृति को ध्येय की सिद्धि के अनुकूल बनाना संस्कृति तथा प्रतिकूल बनाना विकृति है। संस्कृति, प्रकृति की अवहेलना नहीं करती, उसकी ओर दुर्लक्ष्य नहीं करती, बल्कि प्रकृति में जो भाव सृष्टि की धारणा करनेवाले तथा उसको अधिक सुखमय एवं हितकर बनानेवाले हैं, उनको बढ़ावा देकर दूसरी प्रवृत्ति की बाधा को रोकना, यही संस्कृति है।''[43]

इस प्रकार उपाध्याय केवल प्रकृतिवादी नहीं हैं। प्रकृति के केवल संघर्षवादी साक्ष्यों को ग्रहण करना वे विकृतिमूलक मानते हैं। काम, क्रोध, मद, लोभ, मोह व मत्सर भी मानव प्रकृति के अंग हैं, लेकिन इनके आधार पर हम समाज रचना नहीं कर सकते। अत: इन विकारों द्वारा उत्पन्न की जानेवाली बाधाओं को दूर करनेवाली समाज-रचना करनी होगी। उपाध्याय संस्कृतिवादी हैं। प्रकृति के 'तत्त्वों' में संस्कार व विकार के भेद करते हैं। वे कहते हैं कि संघर्ष व स्पर्धा विकृति के परिचायक हैं, परस्परावलंबन तथा पूरकता संस्कृति के द्योतक हैं। संस्कृति कभी प्रकृति के प्रतिकूल नहीं होती, लेकिन प्रकृति का अंधानुगमन भी नहीं करती। अत: उन्होंने प्रकृति में संघर्ष के उदाहरण हैं यह मानते हुए भी प्रकृति की मूल प्रवृति 'पूरकता' व 'परस्परावलंबन' की है, इसको पहचानने का आग्रह किया। ''सृष्टि में किसी में कोई कमी है, किसी में कोई। प्रकृति का अर्थ यही है कि 'अंधे और लगड़े' को जोड़ो। पूरकता पैदा करो, यही दैवी भाव है, जहाँ पूरकता नहीं, वहाँ आसुरी भाव है।''[44]

'संघर्ष' अवधारणा का समाजीकरण समाज में एक निरंतर कलह का सृजन करेगा, जो अराजकता उत्पन्न करेगा। अराजकता की प्रतिक्रिया में आनेवाला 'राज्यवाद' स्वभावत:

निरंकुश व तानाशाही प्रवृत्तिवाला होगा। तानाशाही पुन: समाज में प्रतिक्रिया पैदा करेगी। इस प्रकार समाज एक अखंड कलह-चक्र का शिकार हो जाएगा। अत: हमें प्रकृति के 'पूरकता' संदेश को समाज व्यवस्था का आधार बनाना चाहिए। इसी से समाज में निरंतरता व सौख्य का निर्माण संभव है।

(घ) आत्मीयता : पश्चिम की बड़ी असफलता यह है कि वह 'स्वतंत्रता' व 'समानता' के दैवी भावों में समन्वय नहीं कर सका। इसका मुख्य कारण उनका भौतिकवादी द्वंद्वात्मक दर्शन है। भौतिकवादी सुखानुभूति व्यक्ति में स्वार्थ का भाव जगाती है। सामाजिक समझौता सिद्धांत भी इसी 'स्वार्थ' पर टिका है। समझौते के कारण उत्पन्न 'पूरकता' मजबूरी की 'पूरकता' होती है। स्वयं का सुख ही उसकी मूल प्रेरणा होने के कारण वह समझौता भंग करता है। ऊपर से 'पूरकता' का ढोंग करता हुआ भी दूसरे के शोषण के लिए प्रेरित होता है। परिणामत: 'स्वतंत्रता' विचार सामाजिक न होकर वैयक्तिक बन गया तथा समानता विचार के समाजीकरण ने स्वतंत्रता का गला घोंट दिया।

पश्चिम अपने द्वारा ही घोषित तृतीय उद्‌घोष 'बंधुता' का कोई दर्शन उत्पन्न नहीं कर सका। बंधुता का आधार सहानुभूति व आत्मीयता होती है जो 'जड़वाद' के आधार पर अनुभूत नहीं की जा सकती। 'एकात्म मानववाद' की व्याख्या के दौरान उपाध्याय कहते हैं, ''स्वतंत्रता, समानता व बंधुता एक ही तत्त्व में अंतर्निहित है, जिसे 'आत्मीयता' कहते हैं। मानव की आध्यात्मिक चेतना ही उसे समग्रता व पूरकता की दृष्टि देती है, इस दृष्टि का चेतन तत्त्व है 'आत्मीयता'। हम किसी का 'पूरक' बनकर उस पर अहसान नहीं करते वरन् अपने 'आत्मीयजन' के सहयोग का सुख प्राप्त करते हैं। 'सहानुभूति' मानवता का गुण है, आत्मीयता के कारण सहानुभूति होती है।''

दीनदयाल उपाध्याय कहते हैं, ''कार्ल मार्क्स ने जिस प्रेरणा से 'समाज के ठेकेदारों' से लड़ाई की वह 'भूखों के प्रति सहानुभूति' से पैदा हुई थी। सहानुभूति का यह भाव 'भौतिकवाद' से उत्पन्न नहीं हो सकता। 'सहानुभूति' के अभौतिक प्रेरणा स्रोत पर ही प्रहार कर मार्क्स ने भूल की। सहानुभूति व समाजनिष्ठा के बल पर ही व्यक्तियों के द्वारा समाज कल्याण के कार्य करवाए जा सकते हैं।''[45]

कार्ल मार्क्स ने कहा, 'प्रत्येक से क्षमता के अनुसार लेना तथा प्रत्येक को आवश्यकता के अनुसार देना' समान नहीं। उपाध्याय कहते हैं कि ''समानता की कल्पना अप्राकृतिक है। मानवीय समता का आधार तो ममता है, ममता के कारण आत्मीयता है। भौतिकवाद ने ममता, सहानुभूति व आत्मीयता सब पर चोट कर मानव की सहज संवेदनशीलता पर चोट की। इससे समाज की बहुत क्षति हुई। एकात्म मानववादी चिंतन इस सत्य की अनुभूति करता है कि समाज के प्रति व्यक्ति की आत्मीयता, उसे प्रतिदान में आत्मीयता ही देगी। 'आत्मीयता' व्यक्ति व समाज के संबंधों में संतुलन स्थापित करती है।''[46]

प्रकृति, व्यक्ति तथा समाज के सहज सत्यों के विषय में वैज्ञानिक, मनोवैज्ञानिक तथा समाजशास्त्र के सत्यों के निकष पर उपाध्याय ने एकात्म मानववाद की अंतर्निहित प्रवृत्तियों को विवेचित किया। एकात्मता, समग्रता, पूरकता तथा आत्मीयता की अभिधारणाओं में वे सत्य के दर्शन करते हैं। 'जड़वाद' के अधिष्ठान पर रचित संघर्ष, स्पर्धा, स्वतंत्रता, समानता व बंधुता की पृष्ठभूमि पर ही उपाध्याय ने अपनी एकात्मतावादी अभिधारणाओं का विवेचन किया है।

यहाँ यह भी उल्लेखनीय है कि दीनदयाल उपाध्याय के अतिरिक्त एम.एन. रॉय के चिंतन में भी 'नव-मानववाद' (Radical Humanism) अवधारणा मिलती है, नव-मानववाद के सर्वांग विवेचन के अभाव में इन दोनों की तुलना यहाँ करना संभव नहीं है। लेकिन यह तुलना भारतीय चिंतन के इतिहास में एक महत्त्वपूर्ण योगदान होगी, अत: वह स्वतंत्र रूप से की जानी चाहिए।

6. समीक्षा

'एकात्म मानववाद' कोई नवीन 'वाद' नहीं है। यह प्राचीन भारतीय संस्कृति की, नवीन वैश्विक विचार प्रवाह के संदर्भ में, एक युगानुकूल व्याख्या है। भारतीय जनसंघ के जिस ऐतिहासिक प्रशिक्षण शिविर में इस अवधारणा को प्रथम बार प्रस्तुत किया गया, तब कहा गया था कि भारतीय जीवनदर्शन की युगानुकूल व्याख्या करने का यह अभिनव प्रयास है।[47] यह न केवल भारतीय संस्कृति का युगानुकूल विवेचन है वरन् वैश्विक विचारों के लिए 'पूरक' भारतीय चिंतन है। "...एकात्म मानववाद का विचार प्रचलित वादों में न्यूनताओं को दूर कर उन्हें परिपूर्ण बनाने के लिए किया गया है, उसे प्रस्तुत करते समय कटुता को बढ़ाना दीनदयाल उपाध्याय को कभी भी अभीष्ट नहीं था।"[48]

विवेचन में, चूँकि 'एकात्म मानववाद' के विचार प्रतिपादन का संदर्भ पाश्चात्य 'वाद' परंपरा थी, अत: पश्चिमी विचारों के खंडन में एक नवीन वाद की स्थापना का आभास होता है, लेकिन वास्तव में स्थिति ऐसी नहीं है, उपाध्याय आधुनिक अर्थात् पाश्चात्य विचार परंपरा को भारतीय चिंतन से संबद्ध व समृद्ध करने का प्रयत्न करते हैं। बंबई के अपने प्रसिद्ध भाषण के अंत में उन्होंने कहा, "हमने 'मानव' के समग्र एवं संकलित रूप का थोड़ा विचार किया है। इस आधार पर हम भारतीय संस्कृति के शाश्वत मूल्यों के साथ राष्ट्रीयता, प्रजातंत्र, समता और विश्व एकता के आदर्शों को समन्वित रूप में रख सकेंगे। इनके बीच का विरोध नष्ट होकर वे परस्पर पूरक होंगे। मानव अपनी खोई हुई प्रतिष्ठा और जीवनोद्देश्य को प्राप्त कर सकेगा।"[49]

अपने विचार का विवेचन प्रारंभ करते हुए जो समस्या उपाध्याय ने रखी थी वह यह थी कि पश्चिम के सभी अच्छे विचारों जो कि मानव की दैवी प्रवृत्तियों में से जन्में

हैं, इनमें परस्पर तालमेल का अभाव है। यह 'तालमेल कैसे बैठाया जाए?'[50] अत: पश्चिम के विचारों का निषेध उपाध्याय का लक्ष्य नहीं था वरन् उनको भारतीय मूल्यों से मंडित करते हुए सामंजस्य के साथ प्रस्तुत करने का लक्ष्य था। उपाध्याय मानव की वैचारिक विकास यात्रा में भारत के सार्थक योगदान के आकांक्षी थे।

अब सवाल उत्पन्न होता है क्या ऐसा हो पाया? एक व्यक्ति इतने अल्पकाल में जितना कर सकता है उपाध्याय ने किया; लेकिन उनकी बहुत मर्यादाएँ थीं। विश्व की विचार शृंखला से एकात्म मानववाद अपने को संबद्ध कर सके, इतना विकास इस विचार का नहीं हो पाया। पश्चिम के विचार प्राचीन व अधुनातन का एक सांगोपांग मेल प्रस्तुत करते हैं, यूनान के प्राचीन ज्ञान तथा अधुनातन यूरोपीय विज्ञान ने इसको समृद्ध किया। पश्चिम का विचार कोई एक व्यक्ति, एक देश तथा एक लघु काल में विकसित विचार नहीं है। वैज्ञानिकों, समाजशास्त्रियों, राजनीतिज्ञों व राजनेताओं की एक सुदीर्घ मालिका ने इस विचार को समृद्ध किया। चार सौ वर्ष का लंबा इतिहास इससे जुड़ा है।

कॉपरनिकस, गैलिलीयो, न्यूटन, डार्विन जैसे वैज्ञानिक; कोलंबस जैसे साहसिक यात्री; नीत्से, दान्ते व शेक्सपियर जैसे साहित्यकार; कनिंघम, मेक्सवेबर, केलविन, एडम स्मिथ, कीन्स, गैलब्रेथ तथा शूमाकर जैसे अर्थशास्त्री; मैजिनी, मुसोलिनी, लिंकन, लेनिन, हिटलर, स्टालिन, क्रुश्चेव, जिलास व एटली जैसे राजनेता; मेकियावेली, पेटरार्च (Petrarch), बेकन, पेस्कल (Pascal), मोन्टेसक्यू, वाल्टेयर, एरैसमस (Erasmus), हॉब्स, लॉक, रूसो, कान्ट, हेगेल, पेलोखेनोव, ऑगस्ट काम्टे, कार्ल मार्क्स, जॉन स्टुअर्ट मिल, हेराल्ड जे. लॉस्की, टी.एच. ग्रीन, बर्ग एवं बरट्रेन्ड रसेल जैसे विचारकों की यह मालिका, बहुत समृद्ध एवं सशक्त है। अब भी लोक कल्याणकारी राज्य तथा नव वाम (Neo Left) के विभिन्न प्रयोग चल रहे हैं। चिंतन, प्रयोग व विश्लेषण के एक सतत् चक्र में से पश्चिम के विचार रूपायित हुए हैं। संघर्ष व समन्वय के जिस आयाम को उपाध्याय ने उजागर किया है वह पश्चिम में अजाना नहीं है। 'लोकतांत्रिक समाजवाद' जैसी अवधारणाओं का विकास एक वांछित तालमेल का ही प्रयास है। आर.एच. ट्वान, ई.एफ.एम. डार्विन, फ्रेड्रिक पोलक, फ्रेनिक्स विलियम तथा नॉर्मन थॉमस जैसे विचारक इस समस्या का गहरा विश्लेषण प्रस्तुत कर चुके हैं। इसी पूरी परंपरा के समानांतर एशिया या भारतीय परंपरा का प्रतिनिधित्व किसी एक व्यक्ति के प्रयत्न द्वारा नहीं किया जा सकता। दीनदयाल उपाध्याय अपने 'एकात्म मानववाद' के लिए ऐसा दावा प्रस्तुत भी नहीं करते।

उपाध्याय स्वयं मानते हैं कि भारतीय विचार परंपरा का अभी संकलित विचार नहीं हुआ है।[51] एशिया का तो बिलकुल नहीं, लेकिन एशियायी तथा भारतीय पुनर्जागरण के बाद विचारों की यहाँ भी एक समृद्ध परंपरा विकसित हुई है। स्वामी विवेकानंद, राजा राममोहन राय, महर्षि दयानंद, स्वामी रामतीर्थ, श्रीअरविंद, लोकमान्य तिलक, दादाभाई

नौरोजी, गोपाल कृष्ण गोखले, महादेव गोविंद रानाडे, रवींद्रनाथ टैगोर, महात्मा गांधी, राजगोपालाचारी, डॉ. अंबेडकर, जवाहरलाल नेहरू, आचार्य नरेंद्र देव, डॉ. राधाकृष्णन, डॉ राममनोहर लोहिया, पं. दीनदयाल उपाध्याय, विनोबा भावे तथा जयप्रकाश नारायण जैसे विचारकों ने अधुनातन भारतीय चिंतन हमें उपलब्ध कराया है जो अपने अतीत की धारा से कटा हुआ नहीं है तथा न ही पश्चिम के आधुनिक ज्ञान से असंबद्ध है। लेकिन भारत के स्तर पर कुछ खास प्रयोग हम लोग नहीं कर सके तथा अपने विचार को विज्ञान, अर्थशास्त्र, समाजशास्त्र व अन्य विधाओं से परिपुष्ट करके, पश्चिम के ज्ञान के साथ जुड़कर किसी मानवीय विचार की नई यात्रा का पर्व प्रारंभ हो सकता, यह स्थिति नहीं आ सकी।

दीनदयाल उपाध्याय की यह दृष्टि सर्वथा उपयुक्त है कि हम भारतीय चिंतन परंपरा का ऐसा विकास करें कि वह अधुनातन विश्व विचार परंपरा का एक सार्थक हिस्सा बन सके। इसके लिए दीनदयाल उपाध्याय द्वारा लिखित व विवेचित साहित्य बहुत ही अल्प है तथा उस साहित्य का भारतीय व पश्चिमी परंपरा से संपर्क तो नहीं के बराबर है। भारतीय परिस्थितियाँ इसके लिए कितनी परिपक्व है, यह कहना अभी कठिन है। कभी-कभी तो यह लगता है कि भारतीय सामाजिक व राजनीतिक आंदोलन विचारधाराओं से अपने आपको असंबद्ध कर रहे हैं, चुनावी राजनीति इन आंदोलनों पर हावी हो गई है। लोहिया, दीनदयाल व जयप्रकाश के बाद की राजनीति भारतीय चिंतन की धारा को आगे बढ़ाती दिखाई नहीं दे रही है। ऐसे में दीनदयाल उपाध्याय का सपना सच्चा कैसे होगा, यह कहा नहीं जा सकता, इस संदर्भ में दीनदयाल के अल्प विवेचन व लेखन की मर्यादा को स्वीकारना होगा।

उपाध्याय के विवेचन की एक और मर्यादा है। वह है उनका प्रखर राष्ट्रवाद, जो उनको वैश्विक धारा के साथ एकरस होने से निरंतर रोकता रहा है, जहाँ उनका विवेक उन्हें 'मानव्य' की एकात्मता की ओर उन्मुख करता है वहीं उनका राष्ट्रवाद उन्हें भारतीयता के मंडन व पाश्चात्य के खंडन में किंचित अतिवादी बना देता है। यह उपाध्याय की तत्कालीन राष्ट्रीय परिवेशगत तथा दलीय आवश्यकता थी। दल के एकनिष्ठ कार्यकर्ता होने के कारण अपने ही काल के अन्य भारतीय विचारकों के साथ उनका अधिक वैचारिक आदान-प्रदान नहीं हुआ, डॉ. लोहिया से उनका संक्षिप्त सा आदान-प्रदान रहा, वह भी संभवत: वैचारिक कम तथा राजनीतिक ज्यादा था। कारण चाहे जितने संगत हों लेकिन चिंतन के क्षेत्र में उपाध्याय की इस मर्यादा ने 'एकात्म मानववाद' के विकास को भी मर्यादित कर दिया। इसी राष्ट्रवादी मानस के कारण उपाध्याय विचारों के प्रतिपादन में भारतीय पारिभाषिक शब्दावली के परम आग्रही रहे। भारतीय संदर्भ में इसका लाभ होता है, पुराने शब्द नया अर्थ ग्रहण करते हैं। लेकिन वैश्विक संदर्भ में वे विचारों के प्रवाह से अपने को काट लेते हैं। साथ ही यह भी सही है कि उनके राष्ट्रवादी मानस ने ही, उनको विश्व विचार में भारतीयता के विचारों को साथ लेकर सहभागी होने के लिए प्रेरित

किया। भारतीयता के विचारों का इतना आग्रह न रखते हुए पश्चिम की आधुनिक विचारोंवाली मुख्यधारा से जुड़ने की मानसिकतावाले विचारकों में जवाहरलाल नेहरू मुख्य थे। इसी कारण दीनदयाल उपाध्याय नेहरू से असहमत थे। 'लोकतांत्रिक समाजवाद' और 'एकात्म मानववाद' में मुख्य अंतर भारतीयता के आग्रह का ही है। इस संदर्भ में उपाध्याय महर्षि अरविंद तथा महात्मा गांधी के अधिक निकट हैं, लेकिन यह निकटता पुस्तकीय ज्यादा है, व्यावहारिक रूप से वैचारिक आदान-प्रदान व प्रयोगों का अभाव उन्हें गांधी व अरविंद के विचारों के साथ भी एकरस नहीं होने देता।

इन मर्यादाओं के बावजूद उपाध्याय ने अपने विचारों के प्रतिपादन के लिए जो नाम 'एकात्म मानववाद' खोजा वह बहुत व्यापक संभावनाओं वाला तथा सटीक लगता है। पश्चिम में मानवतावाद की मुख्यत: भौतिकवादी व्याख्या हुई तथा यह मानववाद दो उग्र खेमों में बँट गया। व्यक्तिवादी उदार मानववाद तथा साम्यवादी उग्र मानववाद के खेमों में बँटे 'मानववाद' में 'एकात्मता' की समस्या एक वैश्विक समस्या है। 'लोकतंत्रात्मक समाजवाद', 'लोक कल्पाणकारी राज्य की अवधारणा', नव वाम (Neo Left) और यूरो-कम्युनिज्म' के प्रयत्न इसी दिशा में किए गए हैं। 'एकात्म मानववाद' प्रत्यय इस संदर्भ में सार्थक पारिभाषिक सामर्थ्य से युक्त है। यदि इसमें विवेचना की प्रखरता एवं चिंतन क्रम का विशदीकरण लाया जा सके तो विचार परंपरा की दृष्टि से उपाध्याय का यह बहुमूल्य योगदान संसार स्वीकार कर लेगा।

भारतीय चिंतन विश्व विचार में दो मुख्य बातें जोड़ सकता है, वह है 'धर्म' और 'संस्कृति'। पश्चिम का 'व्यवस्थावाद' व्यक्ति को यांत्रिक बनाता है। व्यक्ति की संवेदनशीलता एवं अनौपचारिक नियमन व्यवस्था की अनुपम उदाहरण है, भारत की ये दो बातें। जो व्यवस्था तंत्र की अविरोधी हैं किंतु मानवीय संवेदना व स्वायत्तता की संरक्षक हैं। गांधी, अरविंद तथा उपाध्याय ने इस विषय को आग्रहपूर्वक रखा है। 'एकात्म मानववाद' ने इन अवधारणाओं को विवेचित करने का जितना प्रयत्न किया है वह तो अपर्याप्त ही है। भारत के सामाजिक व राजनीतिक आंदोलन जब तक इनके आधार पर व्यवस्था के अंतर्गत प्रयोग नहीं करते, इन अवधारणाओं का सार्थक विकास नहीं हो सकता। अभी इस दृष्टि से नेतृत्व का नितांत अभाव है। दीनदयाल उपाध्याय को यदि कुछ अधिक समय मिला होता तो शायद वे इस दिशा में कुछ सार्थक प्रयोग कर पाते।

'एकात्म मानव' की ऐतिहासिक व तात्त्विक पृष्ठभूमि, जिसका संदर्भ पाश्चात्य व भारतीय विचार है, के विषय में उपाध्याय ने प्रारंभिक तौर पर एक आधारभूत कार्य किया है। उसके विकास का दायित्व आनेवाली पीढ़ी को लेना होगा।[52] एकात्म मानववाद का तात्त्विक सार, संक्षेप में उपाध्याय के ही शब्दों में इस प्रकार दोहराया जा सकता है—

''हमारी संपूर्ण व्यवस्था का केंद्र 'मानव' होना चाहिए। जो 'यत् पिण्डे तत् ब्रह्माण्डे'

के न्याय के अनुसार समष्टि का जीवमान प्रतिनिधि एवं उसका उपकरण है। भौतिक उपकरण मानव के सुख के साधन हैं, साध्य नहीं। जिस व्यवस्था में, भिन्न रुचि लोक का विचार केवल एक औसत मानव अथवा शरीर, मन, बुद्धि व आत्मायुक्त अनेक ऐषणाओं से प्रेरित पुरुषार्थ चातुष्ट्यशील, पूर्ण मानव के स्थान पर एकांगी मानव का ही विचार किया जाए, वह अधूरी है। हमारा आधार एकात्म मानव है जो एकात्म समष्टियों का एक साथ प्रतिनिधित्व करने की क्षमता रखता है। एकात्म मानववाद के आधार पर हमें जीवन की सभी व्यवस्थाओं का विकास करना होगा।''[53]

संदर्भ–

1. B.N. Ganguli, "Ideologies and the Social Sciences" Chapter-II, "Humanism : A Parent Ideology"; Arnold Heinemann Publishers (India) Pvt. Ltd., p.14-55
2. स्वामी विवेकानंद, 'स्वाधीन भारत जय हो', श्री रामकृष्ण आश्रम, नागपुर; अध्याय-2 : 'हमारी वर्तमान समस्या', पृ.21, 22, 24 व 25 (स्वामीजी ने उपरोक्त निबंध 14 जनवरी, 1899 से प्रकाशित होनेवाले रामकृष्ण मिशन के पाक्षिक पत्र 'उद्‌बोधन 'की भूमिका के तौर पर लिखा था।)
3. क्र. 2, अध्याय-6 : 'मेरे वीर देशवासियों के प्रति', पृ. 45
4. दीनदयाल उपाध्याय द्वारा लिखा गया अप्रकाशित लेख 'स्वतंत्रता के साधन और सिद्धि', दीनदयाल शोध संस्थान की फाइल से प्राप्त, दिल्ली।
5. श्री अरविंद, 'एशिया की भूमिका', वंदेमातरम्, 9 अप्रैल, 1909 (रवींद्र, लाल कमल, अरविंद सोसाइटी, पांडिचेरी-605002 से उद्धृत, पृ.67)।
6. क्र. 4, पृ. 3
7. एकात्म दर्शन, दीनदयाल शोध संस्थान, नई दिल्ली, अध्याय-1 : राष्ट्रवाद की सही कल्पना, पृ. 10
8. भारतीय जनसंघ : घोषणाएँ व प्रस्ताव, भाग-1, विट्‌ठलभाई पटेल भवन, रफी मार्ग, दिल्ली, भारतवर्ष, और नीतियाँ 'सिद्धांत', पृ. 4
9. बौद्धिक पंजिका, राजस्थान; 4 जून, 1964 को संघ शिक्षा वर्ग में दिए गए बौद्धिक वर्ग के आधार पर।
10. विल्फेड वेलॉक, 'गांधी : एक सामाजिक क्रांतिकारी', अखिल भारत सर्व सेवा संघ प्रकाशन, राजघाट, काशी; पृ.10, ("Gandhi: as a Social Revolutionary" पुस्तक का चंद्रकला मित्तल द्वारा हिंदी अनुवाद)।
11. इलाहाबाद से 11 जनवरी, 1928 को महात्मा गांधी के नाम लिखा गया पं. नेहरू का पत्र। 'जवाहर लाल नेहरू वाङ्मय ', तृतीय खंड, पृ. 14, प्रकाशक : सस्ता साहित्य मंडल, एन-7, कनॉट सर्कस, नई दिल्ली-110001
12. क्र. 7, अध्याय-2, 'एकात्म मानववाद', पृ.18
13. वही, अध्याय-1, 'राष्ट्रवाद की सही कल्पना', पृ. 11
14. क्र. 5, वंदेमातरम् में लिखा गया लेख 'यूरोप और एशिया', 3 जुलाई, 1908, पृ. 69-71

15. वही, 'प्राचीन भारत की राज्य व्यवस्था', वंदेमातरम्, 20 मार्च, 1908
16. क्र. 7, अध्याय-2, 'एकात्म मानववाद', पृ. 16
17. वही, अध्याय-4, 'राष्टजीवन के अनुकूल अर्थ-रचना', पृ. 72
18. वही, पृ. 71
19. वही, अध्याय-2, 'एकात्म मानववाद', पृ. 15
20. वही, अध्याय-4, 'राष्ट्र-जीवन के अनुकूल अर्थ-रचना', पृ. 73
21. क्र. 4, पृ. 3
22. वही, पृ. 5
23. पाञ्चजन्य, 21 फरवरी, 1966; पृ.10 (उत्तर प्रदेश जनसंघ के मुरादाबाद अधिवेशन में दीनदयाल उपाध्याय का भाषण)।
24. क्र. 7, अध्याय-4, 'राष्ट्रजीवन के अनुकूल अर्थ-रचना', पृ. 73
25. भारतीय जनसंघ : घोषणाएँ व प्रस्ताव, भाग-4; आंतरिक प्रश्नों पर प्रस्ताव, 52.25 सांस्कृतिक पुनरुत्थान (31 दिसंबर, 1952, कानपुर, पहला सा.अ.), पृ. 25
26. पाञ्चजन्य, जनसंघ अधिवेशनांक (बंबई), 25 जनवरी, 1954 ('भारतीय जनसंघ की अर्थनीति'—भारतीय जनसंघ उत्तर प्रदेश के प्रादेशिक सम्मेलन, 1953 के अवसर पर कार्यकर्ता शिविर के लिए दीनदयाल उपाध्याय द्वारा भेजा गया लेख), पृ.19
27. पाञ्चजन्य, 23 फरवरी, 1959; बंगलौर अधिवेशन के पश्चात्-3, दीनदयाल उपाध्याय, पृ. 19
28. पाञ्चजन्य, 30 मार्च, 1959; 'विकेंद्रित अर्थव्यवस्था से ही मानव मूल्यों की रक्षा', महामंत्री दीनदयाल उपाध्याय (19 मार्च, लखनऊ, गंगा प्रसाद स्मारक हॉल में भाषण), पृ. 21
29. पाञ्चजन्य, 2 जनवरी, 1961; समाजवाद, लोकतंत्र अथवा मानववाद-दीनदयाल उपाध्याय, पृ. 21
30. दीनदयाल उपाध्याय, 'राष्ट्र-चिंतन'; राष्ट्रधर्म पुस्तक प्रकाशन, लखनऊ; अध्याय-10, 'समाजवाद, लोकतंत्र और हिंदुत्ववाद, पृ. 69
31. पाञ्चजन्य, 24 अगस्त, 1964; भारतीय जनसंघ प्रशिक्षण शिविर में भारतीय जीवनदर्शन की युगानुकूल व्याख्या प्रस्तुत करने का अभिनव प्रयास (सिद्धांत और नीति); पृ. 7
32. 'एकात्म दर्शन', दीनदयाल शोध संस्थान, नई दिल्ली (इस पुस्तक में दीनदयाल उपाध्याय के बंबई मे दिए गए चार भाषण; एक भाषण मा.स. गोलवलकर (गुरुजी) तथा एक भाषण दत्तोपंत ठेंगड़ी का संकलित है)। इन भाषणों को 'एकात्म मानववाद' नामक पुस्तिका में भारतीय जनसंघ ने भी प्रकाशित किया है।
33. इस संदर्भ में राजस्थान संघ शिक्षा वर्ग में दिए गए दिनांक 4 व 5 जून, 1964 का बौद्धिक वर्ग सर्वाधिक महत्त्वपूर्ण है।
34. 'षट्पदी' राष्ट्रीय स्वयंसेवक संघ के शारीरिक कार्यक्रम में एक पदविन्यास है, जिसमें सब दिशाओं में नजर व पैर ले जाते हुए व्यक्ति छह कदमों में यह विन्यास पूर्ण कर अपनी सिद्ध स्थिति में आ जाता है।
35. दत्तोपंत ठेंगड़ी, 'एकात्म मानववाद : एक अध्ययन', भारतीय संस्कृति पुनरुत्थान समिमि उ.प्र. (पं. दीनदयाल उपाध्याय स्मारक शिक्षा समिति, कानपुर द्वारा फरवरी 1970 में आयोजित व्याख्यान माला में ठेंगड़ी का अभिभाषण), पृ. 8, यह भाषण 'एकात्म दर्शन'-

(क्र. 7) में भी संकलित है।

36. क्र. 8, पृ. 12.
37. क्र. 35, पृ. 27-29
38. बौद्धिक वर्ग पंजिका, राजस्थान; बौद्धिक वर्ग, दिनांक 5 जून, 1964 (उदयपुर) के आधार पर (इसी बौद्धिक वर्ग में छह फलकोंवाले 'एकात्म-घन' के प्रतिपादन के समय अपने विचार को 'षद्पदीवाद' कहा था)।
39. अंग्रेजी शब्द 'इंटेग्रल' संभवत: 'एकात्म' भाव को ठीक संप्रेषित नहीं करता…इंटेग्रल से जो हमारी विजुअल इमेज बनती है, वह बनती है कि बहुत सारी चीजें इकट्ठी हैं। चीजों को इकट्ठा करके एक जगह रखा है। तो इंटेग्रल के पीछे जो भाव है वह भावना उपाध्याय जी के दर्शन का जो मूलाधार है उस आधार से 'इंटेग्रल' शब्द मेल नहीं खाता। उपाध्याय 'चिति' की बात करते हैं।…यह तो हमारा भीतरी एकत्व है, जो विभिन्न रूपों में व्यक्त होता है…इंटेग्रल में बिखरों को इकट्ठी करने की भावना है। इस शब्द से शायद वह अर्थ ध्वनित नहीं होता है जो कि हिंदी के 'एकात्म' शब्द से ध्वनित होता है। हमारी आत्मा एक है, चित्त एक है, हम एकात्म है।"—डॉ. आर.सी. पांडेय, अध्यक्ष, दर्शन विभाग, दिल्ली विश्वविद्यालय द्वारा दीनदयाल शोध संस्थान में आयोजित कार्यशाला 'एकात्म मानववाद के विविध आयाम' दिनांक 12-13 फरवरी, 1979 के उद्घाटन समारोह पर भाषण से, पृ. 3-4, (उपाध्याय ने केवल 'एकत्व' के लिए नहीं वरन् 'समग्रता' के लिए भी 'एकात्म' शब्द का प्रयोग किया। इंग्लिश के 'इंटेग्रल 'में 'समग्रता' का भाव ज्यादा है, 'एकत्व' का कम; तो हिंदी के 'एकात्मता' में एकत्व का भाव ज्यादा तथा समग्रता का कुछ कम है, इसलिए शायद दोनों शब्द परस्पर पूरक हैं।)
40. डॉ. मुरली मनोहर जोशी, भौतिकी विभाग, इलाहाबाद विश्वविद्यालय द्वारा दीनदयाल शोध संस्थान में आयाजित दीनदयाल जयंती पर 25 सितंबर, 1984 को दिए गए भाषण से, पृ. 3
41. क्र. 7, अध्याय- 2, 'एकात्म मानववाद', पृ. 17
42. वही, अध्याय-4, 'राष्ट्रजीवन के अनुकूल अर्थ-रचना ', पृ. 59
43. वही, अध्याय- 2, 'एकात्म मानववाद', पृ.18
44. क्र. 33, राजस्थान; 4 जून, 1964 का बौद्धिक वर्ग, पृ. 6
45. बौद्धिक वर्ग पंजिका, दिल्ली; बौद्धिक वर्ग, 18-6-1962, पृ.158
46. क्र. 45, बौद्धिक वर्ग, 26-6-1963, पृ. 182
47. पांञ्चजन्य, 24 अगस्त, 1964, पृ. 7
48. क्र. 35, पृ. 8
49. क्र. 7, अध्याय-4, 'राष्ट्रजीवन के अनुकूल अर्थ-रचना', पृ. 73
50. वही, अध्याय-1, 'राष्ट्रवाद की सही कल्पना', पृ. 10
51. क्र. 4, पृ. 4
52. अक्तूबर 1985 को भारतीय जनता पार्टी की राष्ट्रीय कार्यकारी परिषद् ने दीनदयाल उपाध्याय के 'एकात्म मानववाद' को दलीय विचारधारा के नाते स्वीकार किया है।
53. क्र. 8, भारतीय जनसंघ : घोषणाएँ व प्रस्ताव, भाग-1, 'सिद्धांत और नीतियाँ', पृ. 12

□

12

उपसंहार

दीनदयाल उपाध्याय का राजनीतिक जीवन चरित उनके कर्तृत्व एवं उनकी विचार-सरणी में समाहित है। उनका कर्तृत्व राष्ट्रीय स्वयंसेवक संघ के प्रचारक तथा भारतीय जनसंघ के महामंत्री व अध्यक्ष के नाते उनकी कृतियों से रूपायित होता है। इसी प्रकार पराक्रमवादी सांस्कृतिक राष्ट्रवाद जो कि हिंदू राष्ट्रवाद है और भारतीयतावादी राजनीतिक चिंतन जिसका परिपाक 'एकात्म मानववाद' के रूप में हुआ, उनकी विचार सरणी का प्रतिनिधित्व करता है।

दीनदयाल उपाध्याय कर्तृत्व के धनी थे। स्वतंत्र भारत में, आजादी के आंदोलन से आभामंडित हुए राजनीतिक व्यक्तियों व दल की सरकार के खिलाफ विरोधी दल को प्रखरतापूर्वक उभारना एक दुर्धर्ष चुनौतीवाला कार्य था। महात्मा गांधी के आशीर्वाद एवं जवाहरलाल के चमत्कारिक व्यक्तित्व ने कांग्रेस को भारतीय समाज पर जिस प्रकार स्थापित किया था, उसके विरोध में राजनीति करना सरल काम नहीं था। सरदार पटेल की मृत्यु के बाद दल के भीतर भी नेहरू चुनौतीविहीन हो गए थे। पाश्चात्य उद्योगवाद, सेक्युलरिज्म व समाजवाद की कांग्रेस नीति, समाज की मुख्य धारा बन गई थी। दीनदयाल उपाध्याय ने अखंड भारत, धर्मराज्य, विकेंद्रित अर्थव्यवस्था व एकात्म शासन के विचारवाला, नीतिगत विकल्प खड़ा करने तथा इसी नीति को समाज में प्रभावी रूप से क्रियान्वित कर सकनेवाले सुगठित दल, भारतीय जनसंघ को विकसित करने का सफल प्रयत्न किया।

भारत की राष्ट्रीय अखंडता पं. नेहरू के अंतरराष्ट्रीय शांतिवाद का शिकार रही है। कश्मीर-आंदोलन, बेरूबाड़ी-हस्तांतरण के खिलाफ जन-आंदोलन, गोवा-मुक्ति आंदोलन, चीन के तिब्बत प्रवेश का विरोध, कच्छ-करार का विरोध व ताशकंद-समझौते के खिलाफ जन-अभियान चलाकर उपाध्याय ने सामान्यत: उपेक्षित सुरक्षा नीति एवं पाकिस्तान

के साथ बरती जानेवाली तुष्टीकरण की नीति का जमकर विरोध किया। सन् 1962 के चीनी आक्रमण व सन् 1965 के पाकिस्तान से हुए युद्ध ने भारतीय जनसंघ व दीनदयाल की आवाज को बुलदियाँ दीं। सन् 1962 व 1967 के निर्वाचनों में जनसंघ ने प्रगति की कुलाचें भरीं। यह दीनदयाल के कर्तृत्व-संपन्न नेतृत्व का ही परिणाम था।

दीनदयाल उपाध्याय आर्थिक दृष्टि से भी बहुत सन्नद्ध राजनेता थे। पाश्चात्य औद्योगीकरण, फिर चाहे वह समाजवादी रूप में लाया जाए, चाहे पूँजीवादी रूप में; उपाध्याय ने औद्योगीकरण के इस केंद्रीकरण प्रवृत्तिवाले शोषक पाश्चात्य स्वरूप का विरोध किया। वे मानते थे कि आरोपित औद्योगीकरण ने भारतीय लोककलाओं, परंपरागत वैज्ञानिक विधियों व शिल्प पर आक्रमण किया है अतः उन्होंने इसका प्रतिकार किया। मशीन मानव पर हावी न हो, उत्पादन उसे उपभोगवाद से ग्रसित न करे, लोक सहभागात्मक सहज विकास हो, बिचौलियों को बढ़ावा देनेवाली विपणन व्यवस्था न हो, यह वे चाहते थे। उपाध्याय का मत था, जैसे 'प्रत्येक को वोट' राजनीतिक लोकतंत्र का निकष है, वैसे ही 'प्रत्येक को काम' आर्थिक लोकतंत्र का मानदंड होना चाहिए। अपनी इन्हीं नीतियों के प्रकाश में उपाध्याय ने पंचवर्षीय योजनाओं व विभिन्न आर्थिक नीति-निर्णयों को आलोचित किया। दीनदयाल उपाध्याय संपत्ति पर स्वामित्व के सवाल को गलत मानते हैं। वे स्वामित्व के केंद्रीकरण के विरोधी हैं। पूँजीवाद स्वामित्व को कुछ हाथों में केंद्रित कर देता है तो समाजवाद राज्य को स्वामित्व का एकाधिकारी बना देता है। ये दोनों व्यवस्थाएँ एकाधिकारवादी है, अतः अमानवीय हैं। दीनदयाल 'न्यास' सिद्धांत के पक्षपाती हैं। राष्ट्रहित, उद्योगहित, श्रमिकहित व उपभोक्ता के हित में समन्वय के पक्षधर हैं। वे आर्थिक संस्कृति के नियामक हैं। अपरमात्रिक उत्पादन, सम्यक् वितरण व संयमित उपभोग उनकी अर्थ संस्कृति के आधार हैं। आर्थिक विषयों में उपाध्याय ने बहुत क्रमबद्ध, गहन एवं गवेषणात्मक साहित्य का सृजन किया है। राष्ट्रीय अखंडता व सुरक्षा के विषय में वे जितनी ख्याति प्राप्त कर सके, उनका आर्थिक चिंतन उतना लोकप्रसिद्ध न हो सका, यह उनके दल की मानसिक बनावट का परिणाम था।

लोकतांत्रिक मर्यादाओं का ध्यान रखते हुए, दायित्ववान दल को विकसित करने का, उन्होंने गंभीर प्रयत्न किया। इस संदर्भ में उनके महामंत्री-प्रतिवेदन उनकी अंतर्निहित राजनीतिज्ञता के परिचायक हैं। वे केवल चुनावी राजनीति करनेवाले राजनेता न थे। वे आदर्शवादी राजनीतिज्ञ, लोकसंग्रही तथा लोकशिक्षक थे। भारतीय जनसंघ को उन्होंने राष्ट्रीय पुनर्निर्माण की अपनी अवधारणाओं की क्रियान्विति के औजार के नाते विकसित करने का प्रयत्न किया। अतः वे जीवन पर्यंत लघु मार्ग से सत्ता प्राप्त करने की अवसरवादी राजनीति से जनसंघ को सदैव बचाते रहे। गैर-कांग्रेसवादी साझे मोर्चों के अबाध प्रयोग के वे पक्ष में नहीं थे, लेकिन उनकी मृत्यु के बाद उनका दल भी गैर-कांग्रेसवाद की नकारात्मक राजनीति

में तिरोहित हो गया। अनेक लोगों का मत है कि यदि दीनदयालजी होते तो ऐसा नहीं होता।

पाश्चात्य विचार-सरणी के अंधानुयायी बनने के वे खिलाफ थे। अतः भारतीय संवैधानिक संरचना को वे भारतीयकृत करना चाहते थे। धर्म व मजहब को एक मानने के वे खिलाफ थे, अतः भारत में धर्मनिरपेक्ष राज्य के स्थान पर धर्मराज्य का उन्होंने पुरस्कार किया। वे पंथनिरपेक्ष धर्मराज्य के हिमायती थे, उनका यह विचार पश्चिम के कानून के शासन के विचार के नजदीक है। इसी प्रकार पाश्चात्य प्रकार के संघात्मक व एकात्मक संवैधानिक ढाँचे के भी वे समर्थक नहीं थे। हमने संघवाद को इस प्रकार स्वीकार किया है, जिससे बह विकेंद्रीकरण की हमारी जरूरत को तो पूरा नहीं करता, लेकिन विघटन का विधायक बनता है। अतः वे 'अखंड मंडलाकार पंचवलयी एकात्म शासन' के पुरस्कर्ता हैं। आज का हमारा ढाँचा अंग्रेजों द्वारा छोड़ी गई नौकरशाही के आधार पर टिका है। उपाध्याय पंचायतों व जनपदों को उत्तरदायित्वपूर्ण संवैधानिक स्वायत्तता देने के पक्षधर हैं।

विचार-दर्शन की दृष्टि से दीनदयाल भारतीयतावादी हैं। वे पश्चिम की विचार प्रक्रिया को प्रतिक्रियावादी व एकांगी मानते हैं। चर्च राज्य की प्रतिक्रिया में सेक्युलर स्टेट, ईश्वरवाद की प्रतिक्रिया में मानववाद, पाथिक समष्टिवाद की प्रतिक्रिया में व्यक्तिवाद तथा व्यक्तिवादी पूँजीवाद की प्रतिक्रिया में समाजवाद आदि का चक्र मानव की परिस्थिति सापेक्ष क्रिया-प्रतिक्रियाओं की अराजकता का परिचायक है। भारतीय विचारपरंपरा मानव का विधायक विश्लेषण करती है। मानव को व्यष्टि व समष्टि में बाँटती नहीं है अपितु व्यष्टि-समष्टि में एकात्मता की विधायक है। इसी विचार-प्रक्रिया में से दीनदयाल उपाध्याय ने अपने 'एकात्म मानववाद' का विकास किया। पश्चिम द्वारा मानव की आवश्यकताओं का रोटी, कपड़ा, मकान तथा विचार स्वातंत्र्य के रूप में किया गया निरूपण भी वे असंगत व एकांगी मानते हैं। मानव की सर्वांगपूर्ण आवश्यकता का निदेशन, भारत की चतुर्पुरुषार्थ अवधारणा में है। धर्म, अर्थ, काम व मोक्ष मानव की व्यष्टि व समष्टिगत एकात्म आवश्यकता है। इनको समझकर हमें अपनी राजनीतिक व आर्थिक व्यवस्थाओं का विधायन करना चाहिए।

दीनदयाल राज्य की आवश्यकता का प्रतिपादन करते हैं; लेकिन वे राज्यवादी नहीं हैं। वे शिक्षा, संस्कार एवं धर्मवादी हैं। कानून समाज का अधिष्ठाता नहीं, वरन् सहायक है। अतः वे लोकतंत्रात्मक व्यवस्थाओं से भी अधिक महत्त्व लोकतंत्र-संस्कृति को देते हैं जिसका माध्यम है, लोकमत-परिष्कार। अर्थशास्त्र नियंत्रित उद्योगवाद के वे विरोधी हैं, धर्म नियंत्रित अर्थ के वे हिमायती हैं। अतः वे अर्थ-संस्कृति का निरूपण करते हैं। समाज की नियामिका शक्ति राजनीति को नहीं वरन् संस्कृति को मानते हैं। अतः राष्ट्रीय स्वयंसेवक संघ के सांस्कृतिक कार्य को ही वे अपने जीवन का प्रधान कार्य मानते हैं। वे

कहते थे, 'मैं राजनीति में संस्कृति का राजदूत हूँ।' शिक्षा व संस्कारों की समाजशास्त्रीय अवधारणाओं का विशद विवेचन उपाध्याय ने अपने प्रतिपादनों में किया है।

राष्ट्रीय संदर्भ में 'हिंदू राष्ट्र' की उनकी अवधारणा व हिंदू-मुसलिम समस्या की ओर देखने का उनका नजरिया पर्याप्त विवादास्पद रहा है। उसके कारण उन पर सांप्रदायिक व फासीवादी होने के आक्षेप लगते रहे हैं। उपाध्याय भारत में मिश्रित संस्कृति की अवधारणा के खिलाफ थे। वे भारत की एक ही संस्कृति मानते हैं, जो कि हिंदू संस्कृति है; मुसलिम व ईसाई भी उसमें शामिल हैं। यह एक ऐसा मुद्दा है जिसके कारण राष्ट्रीय स्वयंसेवक संघ का पूरा आंदोलन ही विवादग्रस्त रहा है। उनके संस्कृतिवाद को बहुत ही खतरनाक सांप्रदायिकता के रूप में विवेचित किया जाता है। उपाध्याय ने मुसलमानों के लिए व सामान्यत: गैर-हिंदू कहलाए जाने वाले भारतीयों के लिए मोहम्मदपंथी हिंदू, ईसापंथी हिंदू आदि की अवधारणाएँ प्रस्तुत की थीं; लेकिन वे अपनी इन अवधारणाओं को योग्य रीति से पारिभाषित कर व्यवहार देते, इसके पहले ही नियति ने उनको संसार से बुला लिया, अत: इस संदर्भ में उनका यह नवसृजित आयाम सामने नहीं आ सका।

दीनदयाल उपाध्याय ऋषि व्यक्तित्व थे। उनके संदर्भ में कहे गए पेंसिलवेनिया विश्वविद्यालय के नॉर्मन डी. पॉमर का यह सुदीर्घ उद्धरण यहाँ उद्धरणीय लगता है—

"मैं उनकी वैविध्यपूर्ण बौद्धिक अभिरुचियों के समान ही उनकी सौम्यता व भद्रता, उनकी शालीनता, उनका विनीत भाव, उनका प्रखर आत्मविश्वास तथा सामर्थ्य और उनकी भावप्रवण मानवीय गुणवत्ताओं से प्रभावित था।

"उनके साथ आए मेरे अत्यल्प संपर्क में ही, उनकी बहुत-सी विशेषताओं को मैंने महसूस किया, जिनको उनके साथी, उनके बारे में बोलते हुए चिह्नित करते हैं। उनके स्वभाव के वे लक्षण उनके सामान्य से सान्निध्य से ही ध्यान में आते थे। हमें पुन:-पुन: बताया गया है कि वे दयालु हृदय, 'सौम्य' तथा 'सादगी की प्रतिमूर्ति' थे, वे अद्‌भुत निरहंकारिता व नि:स्वार्थता के धनी थे। उन्होंने एक अनुकरणीय जीवन जीया, वे जिज्ञासु पाठक व नित्य विद्यार्थी थे। वे कुशल संगठक थे पर उन्हें राजनेता बनने में अरुचि थी। बे सच्चे लोकतंत्रवादी व मौलिक विचारक थे। वे आधुनिक दृष्टि के धनी थे, उनकी दृष्टि समग्रतावादी थी। सारत: वे एक विविधायामी व्यक्तित्व थे।"[1]

विश्व के महान् राजनीतिक विचारकों में उपाध्याय की गणना करते हुए पॉमर कहते हैं—

"दीनदयाल उपाध्याय जिस वर्ग से संबंधित हैं, वस्तुत: वर्तमान विश्व में राजनीतिक चिंतक के नाते उनसे अग्र-श्रेष्ठतावाले राजनेता थोड़े ही होंगे। मौलिक राजनीलिक चिंतक के नाते उनकी पहचान का क्रमश: विस्तार हो रहा था। भारत के एक बड़े राजनीतिक दल में उनकी सक्रिय भूमिका के साथ-साथ यही वह वैशिष्ट्य था, जिसने मुझे प्रथमत:

उनकी ओर आकृष्ट किया।''[2]

दीनदयाल उपाध्याय की विलक्षण संगठन-क्षमता के संदर्भ में जयप्रकाश नारायण का यह आकलन ध्यान देने योग्य है—

''...मैं उनके सब विचारों से सहमत नहीं था, लेकिन किसी को भी प्रथम मिलन में ही प्रभावित कर लेने की उनमें क्षमता थी।...दीनदयाल उपाध्याय उत्कृष्ट कोटि के संगठक थे। संपूर्ण देश उनकी सांगठनिक क्षमता का कायल है, उसकी प्रभावोत्पादकता आज तक भी बनी हुई है। वे महान् सामाजिक विचारक व नीतिमान पुरुष थे।''[3]

उपाध्याय सत्तास्पर्धी नहीं वरन् सिद्धांतवादी राजनेता थे। उनकी कार्यपद्धति का मूल्यांकन करते हुए, संघ के ही दो कार्यकर्ताओं द्वारा उनके विषय में किए गए भिन्न-भिन्न मूल्यांकनों को यहाँ संदर्भित करना प्रासंगिक रहेगा :

(1) भारतीय जनसंघ महाराष्ट्र के पुराने कार्यकर्ता व व भूतपूर्व एम.एल.सी. श्री जी.वी. कानितकर, उपाध्याय की कार्यपद्धति को निम्न शब्दों में मूल्यांकित करते हैं—

''दीनदयालजी राजनीतिक नेता कम व शैक्षिक सांस्कृतिक कार्यकर्ता ज्यादा थे। उनके नेतृत्व में Masses में पहुँचनेवाले जन-आंदोलन तथा राजनीतिक समस्याओं के आधार पर Mobilization के कार्य जनसंघ में कम होते थे। राष्ट्रींय सुरक्षा, राष्ट्रीय अखंडता आदि मुद्दे एवं राष्ट्रीय संस्कृति के आधार पर राज्य-दर्शन की विवेचना जनसंघ के कार्यकर्ताओं को अधिक प्रिय थी। दैनिक जीवन और जन-समस्याओं की व्यावहारिक राजनीति से हम अपने आपको भावनात्मक व व्यावहारिक रूप से ज्यादा नहीं जोड़ पाए। दीनदयालजी की मान्यता थी, हमें अपने सैद्धांतिक आधार को दृढ़ करते हुए तथा क्रमश: जनचेतना को जगाते हुए, अपने दल का विकास करना चाहिए।''[4]

(2) संघ के पुराने स्वयंसेवक तथा पत्रकार व 'महाराष्ट्र टाइम्स 'के सहायक संपादक श्री डी.वी. गोखले दीनदयाल उपाध्याय के पारदर्शी जीवन से बहुत-बहुत प्रभावित हैं, लेकिन वे पूरे संघ आंदोलन के बारे में 'शासन करने की इच्छाशक्ति के अभाव' से नाराज हैं। वे कहते हैं, ''राजनीतिज्ञ की विशेषता होती है कि तत्काल उपस्थित विषयों का तत्काल व्यावहारिक निदान प्रस्तुत कर, यथासंभव अच्छा फल प्राप्त करे। दीनदयालजी इस अर्थ में राजनीतिज्ञ नहीं थे। अत: उनमें राजनीतिक घटनाचक्र में अपने आपको तत्काल निर्णायक की भूमिका में लाने की महत्त्वाकांक्षा नहीं थी। इसलिए वे तात्कालिक घटनाचक्र में ज्यादा प्रभावी व्यक्ति सिद्ध नहीं हो सके। उनका बल संगठन की शक्ति व वैचारिक चिंतन पर था। राजनीतिक नेतृत्व की प्रखरता पर नहीं।''[5]

उपाध्याय ने भी जन-आंदोलनों के अभाव को अनुभव किया था। इसीलिए कालीकट के अपने ऐतिहासिक अध्यक्षीय भाषण में उन्होंने कहा—

''हमें उन लोगों से भी सावधान रहना चाहिए जो प्रत्येक जन-आंदोलन के पीछे कम्यूनिस्टों का हाथ देखते हैं और उसे दबाने की सलाह देते हैं। जन-आंदोलन बदलती हुई व्यवस्था के युग में स्वाभाविक और आवश्यक है। वास्तव में वे ही समाज की जागृति के साधन और उसके द्योतक हैं। हाँ, यह आवश्यक है कि वे आंदोलन दुस्साहसपूर्ण और हिंसात्मक न हों, प्रत्युत वे हमारी कर्मचेतना को संगठित कर एक भावात्मक क्रांति का माध्यम बनें। एतदर्थ हमें उनके साथ चलना होगा, उनका नेतृत्व करना होगा। जो राजनीतिक, आर्थिक तथा सामाजिक क्षेत्र में यथास्थिति बनाए रखना चाहते हैं वे इस जागरण से घबराकर निराशा और आतंक का वातावरण बना रहे हैं। हमें दु:ख है कि हम उनके साथ सहयोग नहीं कर सकते। वे कालचक्र की गति को थामना चाहते हैं, भारत की नियति को टालना चाहते हैं, यह संभव नहीं होगा।''[6]

अपने इस भाषण के बाद उपाध्याय तो जीवित नहीं रहे, लेकिन संभवत: इसी प्रेरणा से अंतत: भारतीय जनसंघ सन् 1973-74 में हुए बिहार के जे.पी. आंदोलन में उत्साहपूर्वक शामिल हुआ। सन् 1977 में जो सत्ता परिवर्तन हुआ, वह मात्र सत्ता परिवर्तन न था वरन् भारत में लोकतंत्र के विकास का एक निर्णायक चरण था। इस बढ़े हुए चरण एवं आगत परिवर्तन की पृष्ठभूमि में उपाध्याय की कर्मण्यता का अहसास, लोगों ने जनसंघ को एक शक्तिशाली सक्रिय राजनीतिक संगठन के रूप में गतिशील देखकर किया। जयप्रकाशजी ने कहा कि 'यह देश का दुर्भाग्य है कि वे हमें छोड़कर युवा उम्र में ही चले गए और आज हमारे बीच नहीं हैं, जबकि देश को उनके निर्देशन की आवश्यकता है।'[7]

दीनदयाल अपने युग की गणमान्य प्रतिभा थे। उनके स्वभाव ने उन्हें 'अजातशत्रु' बनाया था। वे एक लोकतांत्रिक संसदीय व्यवस्था में विरोध पक्ष के नेता थे, तो भी वे 'विरोधवादी' नहीं थे। उनके सौम्य राजनीतिक नेतृत्व के विषय में मा.स. गोलवलकर ने कहा—

''पं. दीनदयालजी एक विरोधी दल के प्रमुख व्यक्ति थे। उनका तो यह कर्तव्य ही था कि जो अनिष्ट दिखे, जो-जो कुछ त्रुटिपूर्ण दिखाई दे, उसके विषय में अपना मत वे असंदिग्ध शब्दों में प्रकट करें। यह उन्होंने किया भी परंतु उनके सब लेखों को देखें तो हमें दिखाई देगा कि उनके हृदय के अंदर कोई कटुता नहीं थी। शब्दों में भी कटुता नहीं थी, बड़े प्रेम से बोला करते थे। मेरा तो बहुत संबंध था। कभी किसी पर जरा भी नाराज नहीं हुए। बहुत खराबी होने पर भी खराबी करनेवाले के प्रति अपशब्द का प्रयोग नहीं किया। वे युधिष्ठिर के समान थे। दुर्योधन में दुराक्षर था इसलिए वे 'दुर्योधन' नहीं 'सुयोधन' कहा करते थे। दीनदयालजी भी इसी परंपरा के थे इसीलिए उनमें कटुता दिखाई नहीं दी। शब्दों में नहीं, हृदय के अंदर नहीं, वाणी में भी नहीं।''[8]

राजनीतिक क्षेत्र के कार्यकर्ता होने पर भी कभी किसी ने उपाध्याय का व्यक्तिगत

विरोध नहीं किया। इसका मुख्य कारण था कि वे नेतापद व सत्ता की स्पर्धा–राजनीति से मुक्त थे। उनके जीवनव्रत के समक्ष विरोधी व असहमत सभी नत् थे। यह आज भी रहस्य है कि क्या उनकी हत्या 'राजनैतिक षड्यंत्र' का परिणाम थी? यदि यह सच भी हो तो यह षड्यंत्र व्यक्ति दीनदयाल के खिलाफ नहीं हो सकता, व्यक्ति के नाते वे किसी को चुभते न थे, वे स्वभाव से संत थे, उनके व्यक्तित्व की ताकत पाकर जो दल बलवान बन रहा था, उस दल को शक्तिहीन करने के विचार से ही कोई दीनदयाल का परोक्ष शत्रु बन सकता था। यह सच है कि हिंदुस्तान की राजनीति में भारतीय जनसंघ ने उनके नेतृत्व में अप्रतिम विकास किया था। सन् 1967 के महानिर्वाचन व कालीकट अधिवेशन में जनसंघ की सफलता से किसी को भी ईर्ष्या हो सकती थी। संभव है दीनदयाल उपाध्याय इसी ईर्ष्या के शिकार हो गए हों। उनके राजनीतिक जीवन चरित का यह पटाक्षेप बहुत विषादकारी था। उनके निधन पर हिंदुस्तान टाइम्स ने ठीक ही लिखा था, "...देश दूसरे दीनदयाल को तरसेगा, और वह सहज सुलभ नहीं है।"

यह तो आवश्यक नहीं है कि सभी दीनदयाल उपाध्याय के विचारों से सहमत हों, उनके विचारों की आलोचना भी हुई है, इस शोध प्रबंध के विभिन्न हिस्सों में भी उसे सहज ही देखा जा सकता है। तर्क की तुला पर हर बात को सर्वत्र खरी पाना कठिन है, लेकिन उनकी वैचारिक निष्ठा, कर्तव्य–बोध एवं गहन चिंतन आदि प्रवृत्तियाँ ऐसी हैं जिनको उनके घोरतम आलोचक भी नकार नहीं सकते। उनके इसी ईमानदार व गंभीर प्रयत्न के परिणामस्वरूप राजनीतिक परिदृश्य में उनका एक महत्त्वपूर्ण स्थान बना और यह सदा बना रहेगा।

संदर्भ–

1. "...I was impressed by the breadth of his intellectual interests as well as by his gentleness and courtesy, his modesty, his unassuming nature, his quiet self-confidence and strength, and his warm human qualities. Even in my casual contacts with him I was impressed by many of the qualities which his intimate associates tend to single out when they speak of him. Many of these qualities can be indentified by a simple content analysis of these informed evaluations. Deendayalji, we are told repeatedly, was "kind hearted", "gentle", "the soul of simplicity", he was a "selfless" person, with a remarkable "Lack of ego"; he led "an exemplary life";he was "a voracious reader", "always the student"; he was " a skillful organiser", but "a reluctant politician"; he was "a true democrat", he was "a basic thinker"; he was "very modern in his outlook"; he had "a comprehensive outlook"; he was, in short, " a many faceted personality." ; "Upadhyaya's Integral Humanism : The Concept and Applications; ed.by --Dr.Mahesh J. Mehta, Publisher— Deendayal Upadhyay Committee of America, IX. koster Blvd; 4A

Edison, N.J.08817, p.6,7

2. "···Deendayal Upadhyaya belongs in this group. In fact, as a politicial thinker he has had few superiors among the political leaders of the modern world. He has been incresingly recognized as "a basic political thinker". It was this quality, along with his active role in a major Indian political party, that first attracted me to him." --Do, p.9.
3. "···even during this brief acquaintance he impressed me very much. I was not in agreement with all his ideas, but he had the capacity to impress anyone even during a single meeting." ···Pandit Deendayal Upadhyaya was an organiser par excellence. The whole country recognised his organising capacity and is still impressed by it. He was a great statesman and social thinker. Destination : Nations's Tribute to Deendayal Upadhyaya;-- ed. Sudhakar Raje, Deendayal Research Institute,Delhi; p.12.
4. श्री जी.वी. कानितकर से दिनांक 14.1.1984 को बंबई में भेंटवार्त्ता, साक्षात्कार पंजिका, पृ. 34-35
5. श्री डी.वी. गोखले से दिनाँक 20/1/84 को बंबई में भेंटवार्त्ता, क्र. 4, पृ. 47
6. दीनदयाल उपाध्याय का भारतीय जनसंघ के चौदहवें वार्षिक अधिवेशन कालीकट में, दिनांक 28 दिसंबर, 1967 को अध्यक्षीय भाषण; भारतीय जनसंघ : दिशा-बोध, भारतीय जनसंघ प्रकाशन, पृ. 79
7. n. 3, p.12
8. 'पॉलिटिकल डायरी' नामक पुस्तक का लोकार्पण करते हुए बंबई में दिनांक 17 मई, 1968 को श्री गुरुजी ने दीनदयालजी को युधिष्ठिर की परंपरा का अनुगामी कहा था। दृष्टव्य: श्री गुरुजी : समग्र दर्शन, खंड-5, पृ. 110, प्रकाशक : भारतीय विचार साधना, धंतोली, नागपुर-12

□

संदर्भिका

प्रतिवेदन एवं प्रलेख

1. इलेक्शन कमीशन रिपोर्ट ऑन दि फर्स्ट जनरल इलेक्शन इन इंडिया, 1951-52; वाल्युम-2 (स्टेटिस्टिक्स), मैनेजमेंट ऑफ पब्लिकेशन, गवर्नमेंट ऑफ इंडिया, दिल्ली, 1955।
2. भारतीय विधान परिषद् के वाद-विवाद की सरकारी रिपोर्ट (हिंदी संस्करण) अंक 2, संख्या-1
3. भारतीय जनसंघ : घोषणाएँ व प्रस्ताव, 1951-72 (पाँचों भाग); भारतीय जनसंघ केंद्रीय कार्यालय, विट्ठलभाई पटेल भवन, रफी मार्ग, नई दिल्ली, 1973.
   (क) सिद्धांत और नीतियाँ; घोषणा-पत्र, संविधान (प्रथम खंड)
   (ख) आर्थिक विषयों पर प्रस्ताव (द्वितीय खंड)
   (ग) प्रतिरक्षा व वैदेशिक मामलों पर प्रस्ताव (तृतीय खंड)
   (घ) आंतरिक प्रश्नों पर प्रस्ताव (चतुर्थ खंड)
   (च) शिक्षा आदि व दलीय गतिविधियों पर प्रस्ताव (पंचम खंड)
4. डॉ. आर.सी. पांडेय, अध्यक्ष—दर्शनविभाग, दिल्ली विश्वविद्यालय, कार्यशाला 'एकात्म मानववाद के विविध आयाम', उद्घाटन भाषण, 1979; दीनदयाल शोध संस्थान, दिल्ली।
5. डॉ. मुरली मनोहर जोशी, भौतिकी विभाग, इलाहाबाद विश्वविद्यालय; दीनदयाल स्मृति भाषण-माला 'एकात्म मानववाद', 25 सितंबर, 1984; दीनदयाल शोध संस्थान, दिल्ली।
6. डॉ. विश्वनाथ प्रसाद वर्मा, 'इंटिग्रल ह्यूमनिज्म एंड मॉडर्न इंडियन थॉट', दीनदयाल मेमोरियल लेक्चर, 1978, दीनदयाल रिसर्च इंस्टीट्यूट, दिल्ली।

7. पं. दीनदयाल उपाध्याय द्वारा भारतीय जनसंघ के चौदहवें वार्षिक अधिवेशन पर दिया गया अध्यक्षीय भाषण, कालीकट (केरल), दि. 28 दिसंबर, 1967; 'भारतीय जनसंघ : दिशा-बोध', भारतीय जनसंघ प्रकाशन, नई दिल्ली-1
8. भारतीय जनसंघ के महामंत्री पं. दीनदयाल उपाध्याय द्वारा प्रस्तुत वार्षिक प्रतिवेदन:
   (क) द्वितीय वार्षिक अधिवेशन, मुखर्जी नगर, बंबई; 22 से 25 जनवरी, 1954, शिवाजी प्रिंटिंग प्रेस, दादर, बंबई।
   (ख) षष्ठ वार्षिक अधिवेशन, अंबाला छावनी, चैत्र 14, 15, 16 शकाब्द, 1980 (4, 5, 6 अप्रैल, 1958), स्वदेश प्रेस, लखनऊ।
   (ग) सप्तम अधिवेशन, बंगलौर; 23 से 25 दिसंबर, 1958 (टंकित प्रति)।
   (घ) अष्टम वार्षिक अधिवेशन, रघुजी नगर, नागपुर; 23, 24, 25 जनवरी, 1960
   (च) नवम् वार्षिक अधिवेशन, लखनऊ, 30-31 दिसंबर, 1960
   (छ) आमचुनाव 1962 के संबंध में भारतीय प्रतिनिधि सभा अधिवेशन, कोटा; 26-27 मई, 1962।
   (ज) दशम् वार्षिक अधिवेशन, भोपाल (म.प्र.), 29, 30, 31 दिसंबर, 1962
   (झ) एकादश अधिवेशन, अहमदाबाद, 28 दिसंबर, 1963 (टंकित प्रति)
   (ट) तेरहवाँ अधिवेशन, जालंधर, 30 अप्रैल व 1-2 मई, 1966
   (ठ) चतुर्थ महानिर्वाचन के संबंध में, भारतीय प्रतिनिधि सभा अधिवेशन, नई दिल्ली; 21, 22 व 23 अप्रैल, 1967
9. पं. दीनदयाल उपाध्याय द्वारा एक परिचर्चा के अंतर्गत लिखा गया, अप्रकाशित लेख, 'स्वतंत्रता के साधन और सिद्धि', पंजिका, दीनदयाल शोध संस्थान, दिल्ली।

पत्र—

1. जवाहरलाल नेहरू का महात्मा गांधी को 11 जनवरी, 1928 को इलाहाबाद से लिखा पत्र।
2. दीनदयाल उपाध्याय का पत्र श्रीमान् मामाजी को; लखीमपुर खीरी, 29-7-1942
3. भैयाजी (प्रभाकर बलवंत) दाणी का एकनाथ रानाडे को 25 मार्च, 1949

4. मा.स. गोलवलकर का देवेंद्र स्वरूप को, 29-6-1959
5. वल्लभभाई पटेल का मा.स. गोलवलकर को, 19-9-1948
6. वल्लभभाई पटेल का वेंकटराम शास्त्री को, 16 जुलाई, 1949

पंजिकाएँ

1. दीनदयाल उपाध्याय के संघ शिक्षा वर्ग के बौद्धिक वर्गों की पंजिका; श्री चमन लाल, केशव कुंज, झंडेवाला, नई दिल्ली।
2. दीनदयाल उपाध्याय के राजस्थान संघ शिक्षा वर्गों के बौद्धिक वर्गों की पंजिका; श्री जयदेव पाठक, भारती भवन, न्यू कॉलोनी, जयपुर।
3. दीनदयाल उपाध्याय के बौद्धिक वर्गों की पंजिका; दीनदयाल शोध संस्थान, झंडेवाला, नई दिल्ली।
4. 'पाञ्चजन्य' साप्ताहिक की पंजिकाएँ 1947 से 1968 तक, भारत प्रकाशन लिमिटेड, 29 रानी झाँसी रोड, नई दिल्ली।
5. 'राष्ट्रधर्म' मासिक की पंजिकाएँ 1947 से 1967 तक, अभिलेखागार, दीनदयाल शोध संस्थान, 7-ई, रानी झाँसी रोड, नई दिल्ली।

पत्र-पत्रिकाएँ

1. राष्ट्रधर्म, मासिक, लखनऊ।
2. पाञ्चजन्य, साप्ताहिक, लखनऊ-दिल्ली।
3. ऑर्गेनाइजर, साप्ताहिक, दिल्ली (अंग्रेजी)।
4. वंदेमातरम्, साप्ताहिक, कलकत्ता।
5. कल्याण, मासिक, गोरखपुर।
6. हिंदुस्तान टाइम्स, दैनिक, दिल्ली (अंग्रेजी)।

हिंदी पुस्तकें

अग्निहोत्री, रामशंकर (संपादक) — अविस्मरणीय बाबासाहब आपटे, सुरुचि साहित्य, नई दिल्ली, गुरु पूर्णिमा, सं 2030, जुलाई, 1973

अरविंद — मानव एकता का आदर्श : युद्ध और आत्मनिर्णय, श्री अरविंद साहित्य, खंड-5, श्री अरविंद सोसाइटी, पांडिचेरी, 1969

उपाध्याय, दीनदयाल — सम्राट चंद्र गुप्त, राष्ट्रधर्म पुस्तक प्रकाशन, लखनऊ, 1946

— जगद्‌गुरु शंकराचार्य, राष्ट्रधर्म पुस्तक प्रकाशन, लखनऊ, 1947

— राष्ट्रजीवन की दिशा, संपादक-राम शंकर अग्निहोत्री, भानुप्रताप शुक्ल राष्ट्रधर्म पुस्तक प्रकाशन, लखनऊ, 17 सितंबर, 1971

— राष्ट्रजीवन की समस्याएँ, राष्ट्रधर्म पुस्तक प्रकाशन, लखनऊ, 1960

— राष्ट्रचिंतन, राष्ट्रधर्म पुस्तक प्रकाशन, लखनऊ, तृतीय अवृत्ति, वर्ष प्रतिपदा, 2029

— पॉलिटिकल डायरी (हिंदी) अनु.पु.प्र. मिश्र जयको पब्लिशिंग हाउस, 125-महात्मा गांधी रोड, बंबई; प्रथम संस्करण, 1968

— अखंड भारत क्यों? भारतीय जनसंघ (उ.प्र.), एस.पी. सेनमार्ग, लखनऊ, 1952

— एकात्म दर्शन (दीनदयाल, गुरुजी, ठेंगड़ी), दीनदयाल शोध संस्थान, नई दिल्ली, 1979

— भारतीय अर्थनीति : विकास की एक दिशा; राष्ट्रधर्म प्रकाशन लिमिटेड, लखनऊ, 1958

गुप्त, मन्मथनाथ — भारतीय क्रांतिकारी आंदोलन का इतिहास, संपादक—बनारसी दास चतुर्वेदी, आत्माराम एंड संस, दिल्ली; 1966

गोपाल, एस. (संपादक) — जवाहर लाल नेहरू वाङ्मय (खंड-3), प्रकाशक : मार्तंड उपाध्याय, मंत्री, सस्ता साहित्य मंडल, एन-77, कनॉट सर्कस, नई दिल्ली-1, पहला संस्करण—1974

गोलवलकर, मा.स. — श्रीगुरुजी : समग्र दर्शन (सातों खंड), भारतीय विचार साधना, नागपुर।

— ध्येय दर्शन, राष्ट्रधर्म प्रकाशन लि., लखनऊ, भारत प्रेस, दिसंबर 1946

— विचार दर्शन, पांडुरंग क्षीरसागर, प्रकाशन विभाग, रा. स्व. संघ, नागपुर।

— गुरुजी का संदेश, जगत् कुमार शास्त्री, साहित्य मंडल, दिल्ली; 1949

— पत्र रूप श्रीगुरुजी; भारतीय विचार साधना, नागपुर।

— अन्याय को चुनौती, राष्ट्रधर्म पुस्तक प्रकाशन, लखनऊ।

गोयनका, कमल किशोर (संपादक) — पं. दीनदयाल उपाध्याय : व्यक्ति-दर्शन, दीनदयाल शोध संस्थान, नई दिल्ली, अगस्त 1972

गौड़, तेजसिंह — जैन धर्म का संक्षिप्त इतिहास, जयध्वज प्रकाशन समिति, मद्रास।

जयप्रकाश नारायण — मेरी विचार यात्रा, कांतीभाई शाह; सर्व सेवा संघ प्रकाशन, राजघाट, वाराणसी।

टुलधरिया, बद्रीशाह — दैशिक शास्त्र, अल्मोड़ा हिमालय (उ.प्र.) चित्रशाला प्रेस, सदाशिव पेठ, पूना।

ठेंगड़ी, दत्तोपंत — एकात्म मानववाद : एक अध्ययन, भारतीय पुनरुत्थान समिति, लोकहित प्रकाशन, लखनऊ प्रकाशक—भानुप्रताप शुक्ल, 1970

पालकर, नारायण हरि — डॉ हेडगेवार, प्रकाशन-हरि विनायक दात्ये, 309, शनिवार पेठ, पुणे, गुरु पूर्णिमा, शक् 1882

प्यारेलाल — पूर्णाहुति, नवजीवन पब्लिशिंग हाउस, अहमदाबाद, 1956-58

बर्थ्वाल, डॉ. हरिश्चंद्र — पं. दीनदयाल उपाध्याय : व्यक्तित्व एवं जीवनदर्शन, दीनदयाल शोध संस्थान, नई दिल्ली।

बोस, शिशिर कुमार (संपादक) — नेताजी संपूर्ण वाङ्मय (खंड-1, 2), प्रकाशन विभाग, सूचना और प्रसारण मंत्रालय, भारत सरकार, नई दिल्ली, जनवरी 1982, दिसंबर 1983

भिषिकर, चं.प. — श्री भैयाजी दाणी, लोकहित प्रकाशन, संस्कृति भवन, लखनऊ, रक्षाबंधन 2041, अनुवादक—ओंकार भावे

मयोक, बलराज — डॉ. श्यामा प्रसाद मुखर्जी : एक जीवनी, दीपक प्रकाशन, नई दिल्ली, 1954

— कश्मीर समस्या और जम्मू सत्याग्रह, भारतीय जनसंघ प्रकाशन, दिल्ली ।

मिश्र, उमेश — भारतीय दर्शन, हिंदी समिति, उ.प्र. सरकार, लखनउ, 1964

यादव, पुतीलाल — युगपुरुष दीनदयाल, राष्ट्रभाषा प्रकाशन, कानपुर, 1973

रवींद्र (संपादक) — लाल कमल, अरविंद सोसायटी, पांडिचेरी 605002

रानाडे, एकनाथ (संकलनकर्ता) — उत्तिष्ठत जाग्रत 1 स्वामी विवेकानंद, अनुवादक-देवेंद्र स्वरूप अग्रवाल, लोकहित प्रकाशन, लखनऊ, पंचम संस्करण, 1972

रिचर्ड ल्यूई नैटिलशिप — 'प्लेटो' के रिपब्लिक का विवेचन, भोपाल, हिंदी ग्रंथ अकादमी, 1973; अनुवादक-गौरी शंकर लहरी

विल्फ्रेडवेलॉक — गांधी : एक सामाजिक क्रातिकारी, हिंदी अनुवाद-चंद्रकला मित्तल, अ.भा. सर्व सेवा संघ प्रकाशन, राजघाट, काशी ।

विवेकानंद — स्वाधीन भारत जय हो, श्री राम कृष्ण आश्रम, नागपुर।

सीतारामैया, पट्टाभि — कांग्रेस का इतिहास, मार्तण्ड उपाध्याय, सस्ता साहित्य मंडल, नई दिल्ली 1935

ENGLISH PUBLICATIONS

Allen Gledhill — "The Republic of India", London, George Allen & Union Ltd.;1951.

Ambedkar, B.R. — "Thoughts on Pakistan", Bombay, Thacker & Co. Ltd.; 1941. "Pakistan or the Partition of India", Bombay, Thacker & Co. Ltd. 1st edition December,1940; 2nd edition February, 1945.

Apte, Bal — "Educational Change", Delhi, Akhil Bharatiya Vidyarthi Parishad, 1977.

Baxter Craig — "A Biography of an Indian Political

Party : Jana Sangh" Bombay, Oxford University Press (Indian Branch),1971.

Collins Larry & Lappierre, Dominique — "Mountbatten and the Partition of India: March 22 - Aug. 15,1947", New Delhi, Vikas Publishing House Pvt. Ltd.;1982.

Coupland Reginald — "The Constitutional Problem in India", Oxford, Oxford University Press; 1944. "India : A Restatement", London, Oxford University Press; 1945. "The Future of India", London; Oxford University Press, 1944.

Curran Jean A., Jr. "Militant Hinduism in Indian Politics : A Study of the RSS", New York, Institute of Pacific Relations; 1951.

Daswani, P.R. (ed.) — "Issues of National Policy", Bombay, Jaico Publishing House.

Ebenstein William — "Modern Political Thought", Oxford and IBH Publishing Co. Second Edition Reprint; 1974.

Ganguli, B.N. — "Ideologies and the Social Sciences" Heinemann Publishers (India) Pvt.Ltd.

Ghu rye, G.S. — "Social Tensions in India", Bombay Popular Prakashan; 1968.

Golwalkar, M.S. — "We : Our Nationhood Defined", Nagpur, Bharat Prakashan; 1939.

Hough, Richard — "Mountbatten : Hero of Our Time" London, Weidenfeld &Nicholson; 1980.

Jhangiani, Motilal A — "Jana Sangh and Swatantra : A Profile of the Rightist Parties In India",
Bombay, P.C. Manaktala & Sons PvtiLtd., 1967.

Madhok, Balraj — "Kashmir Problem : A Story of Bungling", Delhi, Bharatiya Sahitya Sadan; 1952.

"Shyama Prasad Mukherjee", New Delhi, Deepak Prakashan; 1954. "Kashmir, Centre of New Alignments" New Delhi, Deepak Prakashan; 1956.

Malkani, K.R. — "The RSS Story", New Delhi, Impex India; First edition 1980.

Masani, M.R. — "The Communist Party of India : A Short History", New York, The Macmillan Company; 1954.

Mehrotra, Nanak Chand — "Lohia : A Study", Delhi, Atm a Ram & Sons; 1978.

Mehta, Dr. Mahesh J.(ed.) — "Upadhyaya's Integral Humanism : The Concept and Applications" Deendayal Committee of America, 9-Koster Blvd. 4 A Edision, N.J. 08817

Menon, V.P. — "The Integration of the Indian States", Bombay, Orient Longman; 1961. "The Transfer of Power in India", Princeton, Princetion University Press; 1957.

Mishra, Dwarika Prasad — "Living an Era", Vol II, New Delhi, Vikas Publishing House Pvt.Ltd, 1978

Mookerjee, Uma Prasad (ed)— "Shyama Prasad Mookerjee : His Death in Detention : A Case for Inquiry", A. Mookerjee, Calcutta, Second Edition; 1953

Munshi, K.M. — "Pilgrimage to Freedom, 1902-1950 : Indian Constitutional Document Vol .1", Bombay, Bhartiya Vidya Bhawan; 1967

Panjabi, K.L. — "The Indomitable Sardar", Bombay, Bharatiya Vidya Bhawan: 1962.

Prasad, Rajendra — "India Divided", Bombay, Hind Kitab Publishers; 1946. (Printed on Indian Hand Made paper)

Pyarelal — "The Last Phase" Vol.1, Ahmedabad, Navjeevan Publishing House; 1956.

Sudhakar Raje (ed.) — "Destination : Nation's Tribute to Deendayal Upadhyay", New Delhi, Deendayal Research Institute; 1978.

Thengadi, D. B. — "His Legacy Our Mission", Calicut-2, Jayabharath Publication.

Upadhyaya, Deendayal — "Devaluation : A Great Fall", Vijayawada-2,(Andhra Pradesh), Bharatiya Jana Sangh; 1966. "The Two Plans : Promises, Performances, Prospects", Lucknow, Rashtra Dharama Prakashan Ltd.; 1958.

Weiner Myron — "Party Politics in India : The Development of a Multi-Party System", Princeton, Princeton University Press; 1957.

अनुसंधान के दौरान साक्षात्कार लिया गया, उनकी सूची

क्र.म.	नाम	स्थान	दिनांक
1.	श्री जयगोपाल	लखनऊ	36.11.1983
2.	पं. वचनेश त्रिपाठी	लखनऊ	36.11.1983
3.	श्री बापूराव लेले	दिल्ली	29.12.1983
4.	श्री सुरेंद्र मोहन	दिल्ली	31.12.1083
5.	श्री नानाजी देशमुख	दिल्ली	01.01.1984
			11.10.1984
6.	श्री राजाभाऊ नेने	बंबई	12.01.1984
			23.04.1984
7.	श्री ब.ना. जोग	बंबई	12.01.1984
8.	श्री श्याम राव अरगड़े	बंबई	12.01.1984
9.	श्री जी.वी. कानितकर	बंबई	14.01.1984
10.	श्री बालूजी महाशब्दे	बंबई	16.01.1984
11.	श्री झमटमल बाधवानी	बंबई	17.01.1984
12.	श्री वेद प्रकाश गोयल	बंबई	18.01.1984
13.	श्री मधुकर महाजन	बंबई	20.01.1984
14.	श्री डी.वी. गोखले	बंबई	20.01.1984
15.	श्री भाकुर केलकर	दिल्ली	28.03.1984
16.	श्री बापूराव मोघे	दिल्ली	28.03.1984
17.	श्री महावीर दत्त गिरी	दिल्ली	28.03.1984
18.	श्री नारायण स्वरूप जोशी (लंदन)	दिल्ली	28.03.1984
19.	डॉ. मुरली मनोहर जोशी (इलाहाबाद)	दिल्ली	04.04.1984
20.	श्री चंद्रपाल सिंह	ग्वालियर	13.04.1984
21.	श्री बाबा साहब नातू	ग्वालियर	13.04.1984
22.	श्री कु.सी. सुदर्शन	दिल्ली	11.04.1984
23.	श्री बाला साहब देवरस	नागपुर	16.04.1984

24.	श्री बाला साहब सकदेव	नागपुर	17.04.1984
25.	श्री भाऊराव जुगादे	अचलपुर	18.04.1984
26.	श्री भैय्याजी सहस्रबुद्धे	खामगाँव	19.04.1984
27.	श्री ग.बा. बेहरे	पुणे	20.04.1984
28.	श्री मामाराव दाते	पुणे	20.04.1984
29.	श्री काका राव थिटे	पुणे	20.04.1984
30.	श्री बिंदुमाधव जोशी	पुणे	21.04.1984
31.	श्री चं.प. भिषिकर	पुणे	21.04.1984
32.	श्री माझगाँवकर	पुणे	22.04.1984
33.	श्री नारायणराव गोडबोले	पुणे	22.04.1984
34.	श्री रामदास कालसकर	बंबई	24.04.1984
35.	डॉ. अशोकराव मोडक	बंबई	25.04.1984
36.	श्री प्रभाकर पंत पटवर्धन	बंबई	25.04.1984
37.	श्री देवेंद्र स्वरूप अग्रवाल	दिल्ली	18.05.1984
			17.03.1985
38.	श्री दत्तोपंत ठेंगड़ी	दिल्ली	26.01.1985
39.	श्री भानुप्रताप शुक्ल	दिल्ली	27.01.1985

□

अनुक्रमणिका

छ

ज

प

म

ह

ऋ

□□□